Para Elisabeth,
con cariño y
amistad.

[illegible signature]

10. oct. 2011.

LA ESCLAVITUD EN LA GRANADA DEL SIGLO XVI

Género, raza y religión

Ambrosio de Vico

AURELIA MARTÍN CASARES

LA ESCLAVITUD EN LA GRANADA DEL SIGLO XVI

Género, raza y religión

GRANADA
2000

LA ESCLAVITUD EN LA GRANADA DEL SIGLO XVI.
I.S.B.N.: 84-338-2613-1. Depósito legal: GR/209-2000
Edita: Editorial Universidad de Granada.
Campus Universitario de Cartuja. Granada.
Fotocomposición: Portada Fotocomposición, S. L. Granada.
Imprime: Imprenta Comercial. Motril. Granada.
Printed in Spain *Impreso en España*

A LAS Y LOS NADIES

SUEÑAN las pulgas con comprarse un perro y sueñan los nadies con salir de pobres, que algún mágico día llueva de pronto la buena suerte, que llueva a cántaros la buena suerte; pero la buena suerte no llueve ayer, ni hoy, ni mañana, ni nunca, ni en lloviznita cae del cielo la buena suerte, por mucho que los nadies la llamen y aunque les pique la mano izquierda, o se levanten con el pie derecho, o empiecen el año cambiando de escoba.
Los nadies: los hijos de nadie, los dueños de nada.
Los nadies: los ningunos, los ninguneados, corriendo la liebre, muriendo la vida, jodidos, rejodidos:
Que no son, aunque sean.
Que no hablan idiomas, sino dialectos.
Que no profesan religiones, sino supersticiones.
Que no hacen arte, sino artesanía.
Que no practican cultura, sino folklore.
Que no son seres humanos, sino recursos humanos.
Que no tienen cara, sino brazos.
Que no tienen nombre, sino número.
Que no figuran en la historia universal, sino en la crónica roja de la prensa local.
Los nadies, que cuestan menos que la bala que los mata.

El libro de los abrazos,
EDUARDO GALEANO

PRÓLOGO

La obra de Aurelia Martín Casares marca sin duda un hito importante en la historiografía de la esclavitud en el periodo moderno, y no solamente en el caso español. En efecto, creo que es el primer trabajo de gran amplitud dedicado prioritariamente a la esclavitud femenina, a partir de un *corpus documental masivo*, constituido por 2.500 documentos notariales, muy claramente definido por la unidad de tiempo (el siglo XVI) y de lugar (la ciudad de Granada), lo que otorga a la obra una cohesión evidentísima. Este rasgo está fortalecido por la homogeneidad de fuentes, ya que las escrituras de compraventa constituyen, con las cartas de horro y los testamentos, ya más escasos, la mayoría aplastante de los documentos utilizados. Aurelia Martín supo también beneficiarse de los expedientes matrimoniales de la Curia de Granada y la verdad es que, entre las fuentes primarias, la única ausencia, la de los libros de defunciones, se debe sencillamente a la desaparición de los mismos.

Sin embargo, quisiera subrayar que la *calidad realmente excepcional*, según mi opinión, de esta obra se debe a la originalidad de los planteamientos de la autora, tratados con rigor crítico, y con la matización adecuada, con pocas excepciones. Aunque el concepto de "género", heredado de las investigadoras norteamericanas (*Gender History*), resulte eficiente para el estudio de la división sexual del trabajo, no creo que haya sido el más operatorio. En cambio, me parece muy lograda la investigación en el tema de la *productividad de la esclavitud femenina*, ya que, hasta la fecha, este tipo de esclavitud aparecía en la gran mayoría de los trabajos (inclusive los míos) como una muestra de ostentación, la expresión de una mentalidad suntuaria. Quizá, esta interpretación pueda aún resultar válida en las ciudades cortesanas (Valladolid, Madrid), pero la obra de Aurelia demuestra que en las ciudades provistas de actividades industriales, tales como Granada y, muy probablemente Córdoba y Valencia, cambia enormemente la decoración. Desde mi punto de vista sería muy interesante estudiar el caso de Nápoles siguiendo el mismo planteamiento.

Los *resultados* obtenidos por Aurelia Martín Casares merecen ser destacados. Aunque no se trate de una sorpresa, la aceptación general de la esclavitud por la sociedad en la época resulta una confirmación interesante. La única excepción toca a los niños moriscos en tiempos de la Guerra de Granada. La misma Iglesia comparte este consenso. Así que los esclavos de la España Renacentista no encontraron ningún abogado, al contrario de los Indios americanos, por ejemplo. Este aspecto de la cuestión queda siempre olvidado.

Por otra parte es imposible callar el estudio, auténticamente espléndido, dedicado por la autora al *mercado esclavista*, especialmente en la coyuntura propia de la Guerra de Granada y de los años 1570, que produjo un cambio profundo de la estructura de la población esclava con el fuerte crecimiento del número de moriscos reducidos al estado servil. La autora no cae en la trampa de infravalorar el papel de la nobleza en la esclavitud por su participación discreta en el mercado, pues observa que dicha nobleza consigue muchos esclavos a través del botín de guerra y de donativos de los reyes, es decir, fuera del mercado.

Ahora bien, el resultado más evidente es el *predominio neto de las mujeres en de la población granadina*, con un porcentaje que, según los años, oscila entre el 55 y el 70% del total, es decir, de los 5.500 a 6.000 esclavos que vivían entonces en Granada, por lo menos en los años 1570. Este predominio corresponde al papel fundamental de las mujeres esclavas en las actividades productivas, especialmente en la industria textil, del cuero y de los productos alimenticios. Eso sin olvidar que contribuyen a esta producción industrial muchos esclavos jóvenes, niños y niñas menores de 15 años.

En una economía en la cual los salarios femeninos quedan siempre por debajo de los masculinos, dentro de la población asalariada, resulta aún más elocuente apuntar que *el precio de las mujeres en el mercado es siempre notablemente superior* al precio de los hombres. Aurelia, ofrece sobre el particular una demostración estadística, con un gráfico muy lúcido que abarca a los esclavos de 16 a 26 años. Incluso, cuando a raíz de la Guerra de Granada, el mercado, muy saturado, padece una caída espectacular, se conserva la diferencia, de 10% a 30%. A lo largo del siglo, el precio conoce variaciones, de 60 a 95 ducados, con el paréntesis de los años 1569-71, cuando la cotización se hunde a unos 40-45 ducados.

Queda uno o varios interrogantes. ¿Por qué es más elevado el precio de las mujeres? Aurelia contesta: por la mayor fuerza productiva de las mujeres en estos lances. Nosotros consentimos esta explicación. Solamente, pensamos que puede intervenir también la posibilidad de un aprovechamiento sexual por parte del dueño, no en el sentido de la reproducción biológica, pues Aurelia Martín, establece que el número de matrimonios entre esclavos es escaso, aunque la Iglesia hiciera tímidos esfuerzos en este sentido, y que las mujeres esclavas solteras parían pocos niños, sino como objeto sexual. Arriesgamos también la hipótesis de una vida más larga de las mujeres, aunque no podemos fundarnos en la realidad actual para concluir que ocurría lo mismo en el siglo XVI.

Dejamos a los lectores la satisfacción de descubrir las mil contribuciones a la Historia, mayores y menores, a veces imprevisibles, de esta obra tan lograda. Es cierto que Aurelia Martín, en alguna ocasión, se excede algo. Así cuando, en su apasionado alegato, no duda en escribir que "las mujeres fueron las verdaderas víctimas de la esclavitud", sin contemplar el caso de los galeotes de la chusma, todos hombres, o de los trabajadores en los ingenios de azúcar (donde también trabajaron algunas mujeres), o de los infelices que los jinetes tártaros mataban al encuentro, mientras raptaban a mujeres y niños. Lo hicimos notar a Aurelia, que siendo una investigadora de buena fe, no vaciló en admitir el error. Pero, queda bien claro que ¡ellas también lo pasaron muy mal! En cambio, no dudo un minuto que los lectores lo pasaran muy bien y que, además, aprenderán mucho. Es exactamente lo que me ocurrió al leer esta obra auténticamente pionera.

Bartolomé BENNASSAR

del siglo, el precio conoce variaciones de 60 a 95 ducados, con el paréntesis de los años 1569-71, cuando la [illegible]

[illegible]

INTRODUCCIÓN

La esclavitud también formó parte de la sociedad española y muy especialmente de la andaluza. En Granada vivieron eslavas y esclavos procedentes de África Subsahariana, del Magreb árabo-berber, de Turquía, de la India, de América y del propio Reino de Granada. No estamos ante una *sociedad esclavista* como pudo serlo la Grecia antigua o la Cuba colonial española; pero sí ante una *sociedad con esclavas y esclavos*. Este libro pretende recuperar la memoria de aquellas personas.

Tanto en el siglo XVI como en el Siglo de Oro, la esclavitud estaba completamente asumida por los teóricos y políticos de la época, la iglesia admitía y consentía la presencia de personas esclavizadas en la sociedad cristiana, y la legislación señalaba la esclavitud como algo normal. La esclavitud formaba parte de la vida cotidiana de los habitantes de la península ibérica; nadie combatió abiertamente los principios del pensamiento aristotélico, ni siquiera aquellos que conocían la crueldad y los abusos de este comercio inhumano.

En la ciudad, las esclavas y los esclavos "de casa" (*esclavitud doméstica*) realizaban todos aquellos trabajos que nadie quería hacer, obviamente sin ningún incentivo ni posibilidad de promocionarse. De hecho, la ausencia de salario y de derechos les obligaba a abandonar la fantasía de volver a sus tierras o de comprar su libertad. A menudo las deplorables condiciones de vida les llevaban al alcoholismo.

A pesar de los riesgos, algunas personas esclavizadas, principalmente hombres, intentaron escaparse y hubo quienes lo consiguieron. Pero la mayoría eligió no oponerse al sistema porque estaban convencidos de su fracaso o su muerte segura. Desde luego, en Granada, no existieron revueltas colectivas organizadas.

La mayor parte de la mano de obra esclava importada a Granada durante la primerta mitad del siglo XVI procedía del espacio entonces conocido como *Guinea* que comprendía *grosso modo* los actuales países de Senegal, Gambia, Guinea Bissau, Guinea Conackry, parte de Mali y de Burkina Fasso. Para la sociedad andaluza de la época todas las negras y los negros eran esclavos en potencia. La llegada de los primeros barcos negreros tripulados por cristianos a la península ibérica puede situarse en la segunda mitad del siglo XV. Tres siglos más tarde, aún había esclavas y esclavos en Granada.

Es cierto que los portugueses monopolizaron el tráfico esclavista negroafricano hacia la península ibérica, pero nada indica que los españoles se hubiesen comportado de forma más benévola en caso de haber ejercido su dominio en el África Occidental Subsahariana. Es importante no perder de vista que para los europeos, la trata de seres humanos era uno de los negocios más rentables en la zona, puesto que, a pesar de que la búsqueda del oro africano mantuvo durante mucho tiempo su atención, los cristianos no consiguieron reconducir la producción del metal hacia la costa atlántica, de manera que los árabes continuaron beneficiándose del oro sudanés a través del desierto. Lo contrario ocurrió en América, donde el negocio de metales preciosos era mucho más rentable para los españoles que la trata de indígenas.

La importancia de la *esclavitud doméstica* se ha infravalorado en la Historia de España. En este sentido, la Granada del quinientos es un marco histórico privilegiado para el conocimiento de la esclavitud urbana, porque en ella coexisten mal que bien, más mal que bien, dos culturas: la musulmana y la cristiana. Y porque en Granada se dan los tres tipos de esclavitud propios del mundo moderno: las cabalgadas, la esclavitud de comercio y, sobre todo, la guerra.

En cuanto a la metodología utilizada para el análisis de la esclavitud granadina, he tenido muy en cuenta la Historia Social y la Antropología histórica.Y muy especialmente la categoría analítica del género, pues como dice Natalie Z. Davis: "Nuestro propósito es comprender el significado de los sexos, de los grupos de género en el pasado histórico. Nuestro propósito es descubrir el alcance de los roles sexuales y del simbolismo sexual en las diferentes sociedades y periodos, para encontrar qué significado tuvieron y cómo funcionaron para mantener el orden social o promover su cambio".[1]

[1] DAVIS, Natalie Z.: "Women's History in Transition: The European case", *Feminist Studies*, nº 3, 1975, p. 90.

Algunas lecturas sobre Antropología fueron de gran valor, pero las lecturas históricas sobre la esclavitud, aunque me aportaron algo, se mostraban deficientes porque todas repiten con insistente machaconería un modelo con el que yo no estoy de acuerdo, ni puedo estarlo, porque así me lo indica la multitud de fuentes que he utilizado.

La base documental de este trabajo son los protocolos notariales, fuente que hoy se considera especialmente importante. Analizados los distintos casos en los que se implicaban personas esclavizadas (compraventas, cartas de horro, poderes, testamentos, trueques, donaciones, servicios, obligaciones de pago, etc.) procedí a la informatización de los datos y realicé los gráficos y cuadros que consideré oportunos. Ahora bien, puesto que pretendía analizar la esclavitud en un contexto social, tenía que buscar fuentes que me informaran sobre la sociedad granadina en su conjunto, y la mejor de todas era el censo de 1561, realizado por los eclesiásticos, en el que se detallan los moradores y moradoras de cada una de las casas de la ciudad, incluidas las personas esclavizadas.

Por otra parte, comprendí desde el principio que la utilización de una fuente documental única forzaría la interpretación histórica. Por eso, tuve que recurrir a otras fuentes, variadas y múltiples, para impedir una imagen distorsionada. Fundamentalmente, los expedientes matrimoniales, los pleitos civiles, los procesos inquisitoriales, las ordenanzas locales y los inventarios de bienes de ciertas personas, especialmente de la nobleza. Además, tuve muy en cuenta las fuentes impresas (Luis del Mármol Carvajal, Francisco Bermúdez de Pedraza, Francisco Henríquez de Jorquera, etc.) que, en buena parte, ratifican muchas de las impresiones de las que yo había partido.

Lo que he planteado hasta ahora, el análisis profundo de las fuentes y la lectura de muchos artículos sobre la esclavitud, me llevó a incidir en varios hechos fundamentales. Primero, que la esclavitud en Granada, en la ciudad de Granada, era más importante de lo que se había creído hasta ahora, aunque varía a lo largo de la centuria, los esclavos oscilan entre un 2% y un 14% de la población. Se trata de un segmento importante, a veces importantísimo, de la población, y por tanto, creo, muy digno de análisis. Segundo, que la esclavitud es algo totalmente aceptado por los teóricos políticos de la época, incluyendo los eclesiásticos. Y asumido colectivamente por el conjunto de la sociedad, porque todos vienen a pensar, salvando algunas diferencias, más o menos significativas, que el esclavo es una mercancía. Tercero, que la mayoría de los esclavos eran esclavas. Y además, éstas eran más caras en el mercado, incluso cuando la oferta de las mismas era ampliamente superior a la de esclavos. Cuarto, que la esclavitud no es, en contra de lo que se ha dicho con frecuencia, un lujo. Si la esclavitud existe en los tiempos modernos, aparte de porque pueda ser un lujo para unos pocos, es porque es productiva para la inmensa mayoría de los propietarios. Bien sé que la infravaloración del trabajo productivo del esclavo se ha asumido por el hecho de pensar que en el Antiguo Régimen sólo eran productivos los hombres. Sin embargo, la presencia de esclavas en el mundo productivo no se reduce al ámbito doméstico en el sentido que puede entenderse a partir del siglo XVIII, sino que el "trabajo doméstico" puede ser, y de hecho lo es, un trabajo productivo, y a veces altamente productivo. Quinto, que el número de liberaciones es mínimo. Es cierto que una parte del inconsciente colectivo considera que la manumisión es buena, porque es grata a Dios, sobre todo si se considera que el manumitido es buen cristiano. Pero, sea cual sea la importancia de esta parte en el imaginario, las cifras demuestran que la liberación está relacionada directamente con la producción y con la rentabilidad. Pocos esclavos se liberan en edad productiva, algunos en la infancia, los más en la senectud. Las razones que hay para ello las deja muy claro Cervantes: "Ahorran y dan libertad a sus negros cuando ya son viejos y no pueden servir, y echándoles de casa con título de libres, los hacen esclavos del hambre, de quien no piensan ahorrarse si no es con la muerte".[2]

Todo esto, pienso yo, lo expresan claramente las fuentes, es lo que he intentado demostrar a lo largo de este libro que, como es obvio, metodológicamente divido en los capítulos correspondientes. Lo que pretendo demostrar, en mi opinión queda claro en las páginas que siguen, o por lo menos, mi intención es que quede claro. Pero, tan importante o más que lo que quede claro, me importan los problemas que esta tesis pueda suscitar. Pues, la esclavitud en la España de la Edad Moderna y creo que en todo el mundo occidental europeo, es un debate abierto. Es en fin, algo parecido, desde el punto de vista historiográfico a lo que decía Marc Bloch: plantear preguntas, responder a las preguntas, y que las respuestas planteen, al mismo tiempo, otras preguntas.

[2] Citado por Guy Jean-Pierre TARDIEU: *Le noir dans la littérature espagnole aux XVIe et XVIIe siècles.* Tesis doctoral, Universidad de Burdeos, 1977, p. 41.

La esclavitud en la Granada de la Edad Moderna es un fenómeno, por utilizar el lenguaje de Ferdinand Braudel, de larga duración. Sin duda, cuando tiene mayor importancia es en el siglo XVI. Pienso que a lo largo de este libro demuestro que la esclavitud, aunque no es propia del modo de producción capitalista en su etapa manufacturera, que comienza precisamente en el siglo XVI, es un elemento clave de la sociedad granadina del quinientos y buena parte del seiscientos. Y si es clave, no lo es porque sea un artículo de lujo, sino porque se incardina plenamente en el proceso productivo, como fuerza de trabajo barata y "dócil", en los términos que he tratado de demostrar.

Este libro tiene su origen en mi tesis doctoral, defendida el 1 de abril de 1998, que me valió el títuto de doctora por la Universidad de Granada y por la Escuela de Altos Estudios en Ciencias Sociales de París (E.H.E.S.S.), codirigida por la dra. Cándida Martínez López y el dr. Bernard Vincent, que obtuvo la máxima calificación por unanimidad. El tribunal estuvo presidido por D. Antonio Domínguez Ortiz y compuesto por los profesores D. Bartolomé Bennassar, D. Bernard Vincent, D. Juan Luis Castellano, Dña. Isabel Poutrin y Dña. Margarita Birriel.

Por último, me gustaría dejar constancia en estas páginas de mi agradecimiento a todas aquellas personas e instituciones que han colaborado de una manera u otra en la realización de esta investigación. En primer lugar, mi más sincero agradecimiento a mis directores de tesis por su apoyo constante y su paciencia. Me siento discípula de ambos, de los que he aprendido mucho tanto profesionalmente como a nivel personal. Tampoco puedo menos que expresar mi gratitud a aquellas instituciones que han apoyado económicamente este trabajo a través de becas de investigación: Instituto de la Mujer del Ministerio de Asuntos Sociales, Centro de Investigaciones Etnológicas Ángel Ganivet de la Diputación Provincial de Granada y Centro de Estudios Mudéjares del Instituto de Estudios Turolenses. Mi reconocimiento al Instituto Universitario de Estudios de la Mujer y al Departamento de Historia Moderna de la Universidad de Granada, y a l'École des Hautes Études en Sciences Sociales de París, por haber contribuido sólidamente a mi formación. Agradezco a D. Antonio Domínguez Ortiz su paciencia por haber atendido amablemente a mis preguntas. Al profesor Bartolomé Bennassar le estoy profundamente agradecida por haberse brindado a prologar este libro. El historiador Ismail Diadié Haidara me facilitó generosamente documentación para el estudio del África Occidental Subsahariana. Amalia García Pedraza y Enrique Soria Mesa, compañeros de archivo, me iniciaron en el viaje a la paleografía y se convirtieron en grandes amigos. A Juan Luis Castellano, como profesor y amigo, le agradezco sus consejos siempre oportunos. A Stella Martín de las Heras, por su valiosa ayuda y su paciencia.

CAPÍTULO PRIMERO
IMÁGENES ESTEREOTIPADAS Y NUEVAS PROPUESTAS DE ANÁLISIS

1. LA DIMÉNSIÓN HISTÓRICA DE LA ESCLAVITUD

Sin lugar a dudas, dos épocas y dos espacios geográficos han sido privilegiados para el estudio de la esclavitud: la antigüedad grecolatina y las plantaciones del continente americano. Esta focalización no implica que no hayan existido esclavos y esclavas en otras épocas y espacios, pero, en cierto modo, ha avivado su ocultación. Si bien esta nuclearización ha sido recordada y denunciada por muchos y muchas investigadoras, el porqué de la misma no se ha cuestionado.

Considero que los factores que han contribuido a la invisibilización de la esclavitud en otros ámbitos y periodos históricos están relacionados con el hecho de constituir un fenómeno que suscita juicios de valor y condenas morales. Admitir la esclavitud en épocas tan lejanas en el tiempo como la antigüedad helénica o en sociedades "viciadas" como las coloniales es más asequible que admitirla en nuestros propios países europeos. A todo ello hay que añadir la importancia que Marx ha tenido en la historiografía. Como es sabido, su obra se fija sobre todo en las relaciones de producción y, por tanto, casi exclusivamente habla de esclavos en el modo de producción esclavista.

En los periodos históricos en que el modo de producción principal no era el esclavista, el interés puesto en el análisis de las clases antagónicas como motor de la evolución ha conllevado la desaparición de los "otros" grupos, en este caso del contingente esclavo, que aparece desprovisto de su protagonismo histórico.

El enorme interés suscitado para explicar el tránsito del modo de producción esclavista al feudal, o la desaparición del esclavismo, ha creado una importante producción histórica que ha contribuido al anquilosamiento del estudio de las sociedades con personas esclavizadas. Prestigiosos teóricos, tanto estudiosos del mundo antiguo como medievalistas europeos, entre los que se encuentran Moses J. Finley, Marc Bloch, Georges Duby, Pierre Dockes y, más recientemente, Pierre Bonassie han consagrado un importante número de páginas a la transición del esclavismo al feudalismo[1]. Del mismo modo, la historiografia rusa se ha preocupado ampliamente de esta cuestión: Stauerman y Trofimova, Kovaliov, etc.[2].

La mayoría de las reflexiones producidas por los autores citados se apoyan en el materialismo histórico como referente metodológico. Esta conceptualización, discutida o retomada por los "historiadores del tránsito", es precisamente la que ha derivado en la asociación de la esclavitud al modo de producción esclavista y ha conllevado el velamiento de la esclavitud en otros periodos, además de potenciar la idea de una imposibilidad de simultaneidad entre esclavitud y regímenes de producción no-esclavistas o semi-esclavistas, ya sean feudales o capitalistas incipientes, como en los tiempos modernos.

Los autores citados situan la desaparición de la esclavitud en suelo europeo en torno a los siglos X-XI. Marc Bloch, uno de los pioneros, insinúa que la institución de la esclavitud no se extinguió de golpe, sino que persistió durante la Alta Edad Media, no obstante, la invisibilización a la que antes aludía, le llevó a asegurar que "la Europa de los tiempos modernos, salvo raras excepciones, no ha conocido la esclavitud en su propio suelo"[3].

becomes invisible

Posteriormente, Charles Verlinden subrayó la pervivencia de la esclavitud en la Edad Media y demostró que la esclavitud, si bien pudo

[1] FINLEY, Moses: *Ancient slavery and modern ideology*. Penguin Books, Londres, 1992. La primera edición es de 1980. En español se tradujo en Crítica, Barcelona, 1982; BLOCH, Marc: "¿Cómo y por qué terminó la esclavitud antigua?" en *La transición del esclavismo al feudalismo*, Akal, 1976, pp. 148-159; DUBY, Georges: *Guerriers et paysans*, Gallimard, París, 1973. Existe una versión española en la editorial siglo XXI; DOCKES, Pierre: *La libération médiévale,* Flammarion, París, 1979. Traducido al español en Fondo de Cultura Económica, México, cinco años después. (Tengo que señalar que la versión en español está desgraciadamente bastante mal traducida.); BONASSIE, Pierre: *Del esclavismo al feudalismo en la Europa Occidental*, Crítica, Barcelona, 1993, p. 17.

[2] STAUERMAN, E.M Y TROFIMOVA, M.K: *La esclavitud en la Italia imperial*, Madrid, Akal, 1979. KOVALIOV, S.I: *Historia de Roma*, Madrid, Akal, 1973.

[3] BLOCH, Marc: "¿Cómo y por qué terminó la esclavitud antigua?" en *La transición del esclavismo al feudalismo*, Akal, 1976, pp. 148-159.

haberse desvanecido en la Francia del Norte (en zonas como Normandía) continuó constituyendo un importante contingente de mano de obra medieval, sobre todo en las sociedades mediterráneas[4], lo que apoya mi hipótesis de trabajo. A su vez, Jacques Heers, denunció la proposición de esquemas supuestamente válidos para todos los países de Occidente exclusivamente a partir de la observación de los pueblos del norte[5]. Heers consideraba, además, que "negar la existencia de auténticos esclavos durante todo el periodo llamado medieval en nuestras sociedades cristianas ha constituido una de las más graves lagunas de la Historia Medieval"[6].

Por último, Pierre Bonassie, en un sugestivo y reciente libro, expresa abiertamente que el trabajo de Verlinden no representa ningún avance teórico, sino que oscurece las cuestiones anteriormente planteadas: "metiendo en un mismo saco dos tipos muy distintos de esclavitud que se dieron en la Europa Medieval: la esclavitud rural de la Alta Edad Media y la esclavitud de trata de la Baja Edad Media (esclavitud urbana con vocación artesanal o doméstica, un fenómeno marginal que casi no salió de los grandes puertos de la cuenca mediterránea)"[7].

Es cierto que Verlinden, en un trabajo más descriptivo que teórico, no define lo que para él significa esclavitud, esclavismo o servidumbre, pero no es menos cierto que, en su apuesta por la continuidad de la esclavitud, hizo visible la existencia de personas esclavizadas en las sociedades mediterráneas. Por otro lado, Verlinden fue el pionero en buscar las razones de la esclavitud en las Indias Occidentales en sus precedentes medievales, idea que no habría que descartar, pues si el fenómeno esclavista continuó existiendo durante la Edad Media y la

[4] VERLINDEN, Charles: *L'esclavage dans l'Europe médiévale*. Tomo 1: *Péninsule Ibérique-France*, Brujas, 1955; Tomo 2: *Italie,* Gante, 1977. No existe una traducción de esta obra. Se ha publicado un artículo de Verlinden en *Anuario de Estudios Medievales*: "Aspects quantitatifs de l'esclavage méditarranéen au bas moyen âge", nº 10, 1980, pp. 769-789.

[5] HEERS, Jacques: *Esclaves et domestiques au moyen-age dans le monde méditerranéen*, Fayard, París, 1981. Se tradujo al español 8 años después en las ediciones Alfons el Magnanim, Valencia, 1989.

[6] Ibidem, p.7.

[7] BONASSIE, Pierre: *Del esclavismo al feudalismo en la Europa Occidental*, Crítica, Barcelona, 1993, p. 17. (El original en francés se publicó el mismo año en Toulouse). Es extraño que Bonnassie no critique el trabajo de Jacques Heers, en la misma línea que el de Verlinden, y más curioso aún que no lo cite en su bibliografía.

Edad Moderna en los principales países colonizadores (España y Portugal), ¿qué nos impide pensar que fuese trasladado al nuevo continente en su versión más rigurosa? Según esta hipótesis, se podría pensar en el esclavismo americano como una agudización de la esclavitud peninsular, y no como un fenómeno aislado.

Hasta ahora nos hemos referido al fenómeno esclavista en territorio europeo, pero el estudio de la esclavitud en África negra también ha producido importantes avances teóricos. El antropólogo Claude Meillassoux ha contribuido enormemente al análisis de la esclavitud en los mercados interiores de África occidental[8]. Asimismo, cabe destacar el trabajo de Claire. C. Robertson y Martin A. Klein para el continente africano[9]. Las sociedades orientales árabo-musulmanas han sido estudiadas, entre otros, por Bernard Lewis, pero sus reflexiones están fundamentalmente dirigidas a las cuestiones raciales y a la reconstrucción descriptiva[10]. Por otra parte, yo misma realicé un estudio[11] sobre la esclavitud en la República Islámica de Mauritania, muy enraizada en el sistema tribal, demostrando que la disminución (no la desaparición) de la población esclava a finales de nuestro siglo estaba íntimamente relacionada con la sequía de los años 70, que arruinó a numerosos propietarios lo que les obligó a liberar a sus dependientes[12]. En la actualidad

[8] MEILLASSOUX, Claude: *L'Anthropologie de l'esclavage. Le ventre de fer et d'argent*, PUF, París, 1986. MEILLASSOUX, Claude (comp.): *L'esclavage en Afrique précolonial*, Maspero, París, 1975. Este último es una compilación de artículos de diversos autores, antropólogos en su mayoría, entre los que se encuentran Marc Piault, Jean Pierre Olivier de Sardan, Marc Augé, etc.

[9] ROBERTSON, Claire.C. y KLEIN, Martin. A. (comp.): *Women and Slavery in África*, The university of Wisconssin Press, Madison, 1983. Este libro recoge artículos de numerosos investigadores, entre ellos: Claude Meillassoux, John Thorton, Herbert. S.Klein, etc.

[10] LEWIS, Bernard: *Race and slavery in the middle east*, Oxford University Press, New York, 1990. Traducido al francés en Gallimard, París, 1993. No ha sido aún traducido al español. La esclavitud en Marruecos y Túnez (siglo XIX) ha sido estudiada respectivamente por Mohamad Ennaji y Abdelhamid Largueche. ENNAJI, Mohamad: *Soldats, domestiques et concubines. L'esclavage au Maroc au XIXe siècle,* Baland, Le Nadir, 1994. LARGUECHE, Abdelhamid: *L'abolition de l'esclavage en Tunesie. A travers les Archives 1841-1846*, Alif, Túnez, 1990.

[11] "Dîplome d'Études Approfondies", equivalente a la tesina española.

[12] MARTÍN CASARES, Aurelia: *Contribution à l'étude de l'esclavage en Mauritanie.* Dîplome d'Etudes Approfondies en Anthropologie Social. École del Hautes Études en Sciences Sociales, París, 1991. La última ley aboliendo la esclavitud en Mauritania data de 1981.

ha surgido una corriente de denuncia contra el trabajo de los menores en Marruecos, Kuwait, Mauritania y Europa que retoma el concepto de esclavitud[13].

1.1. *Esclavitud, esclavismo y servidumbre en la Historia*

El término *esclavismo* se refiere a las sociedades en que la economía descansa sobre explotaciones agrarias que utilizan masivamente la mano de obra esclava, ya sean latifundios, gran propiedad o incluso pequeñas y medianas propiedades. El esclavismo conceptualiza, por tanto, las relaciones de explotación en las que la producción depende, exclusiva o fundamentalmente, de la mano de obra esclava y que se produciría, por tanto, en las llamadas "sociedades esclavistas"[14]. E*sclavitud* se refiere, de un modo más amplio, a las sociedades "con esclavos y esclavas" donde las relaciones dominantes de producción no son única ni necesariamente esclavistas. La esclavitud puede coexistir con la mano de obra asalariada.

No obstante, el "estado de esclavo"[15], es decir, la condición jurídico social de un individuo privado de libertad es bastante similar en las sociedades esclavistas y no-esclavistas. Uno de los objetivos de esta investigación es desvelar el funcionamiento de la esclavitud en la Gra-

13 Su origen se debe al libro *Esclaves d'aujourdui* de la periodista Dominique Torrés. La versión española: *Esclavos de hoy*, Flor del viento, Barcelona, 1997.

14 No obstante, habría que plantearse el uso indiscriminado que se viene haciendo del esclavismo para la Antigüedad y para las heterogéneas sociedades coloniales americanas. Considero de primera importancia especificar los periodos y áreas geográficas a las que se adscribe la caracterización de una sociedad como esclavista. Si bien ciertas sociedades del Imperio romano fueron esclavistas ¿lo fué la Iberia romana? El propio Moses Finley, uno de los teóricos que más se ha acercado al fenómeno esclavista en la Antigüedad griega, distingue entre varios tipos de personas esclavizadas y señala que existieron numerosos campesinados serviles, de estatuto jurídico vago a mitad de camino entre los hombres libres y los esclavos. (Ver FINLEY, Moses: *Ancient slavery and modern ideology*. Penguin Books, Londres, 1992. La primera edición es de 1980. En español se tradujo en Crítica, Barcelona, 1982.)

15 La noción "estado de esclavo" remite a la terminología empleada por Claude Meillassoux, y se refiere a "la condición social y jurídica de un individuo privado de "estatus". El estatus se define por un conjunto de prerrogativas mientras que el estado por un conjunto de negaciones. Ob. cit., 1986, p. 327.

nada del quinientos y aportar una imagen nueva de la esclavitud urbano-doméstica. Si no existe esclavismo propiamente dicho en la Granada del siglo XVI, sin duda existe una esclavitud numéricamente importante, que coexiste, en primer lugar, con una explotación de la tierra a través de arrendamientos a labradores, y en segundo lugar, con una servidumbre doméstica asalariada y profundamente jerarquizada. Esto significa que la esclavitud granadina convive con un modo de producción cercano al feudal y con un salariado incipiente.

Como ya se ha dicho, el estudio de las transformaciones sociales, como el tránsito del esclavismo al feudalismo, ha sido una de las cuestiones históricas más atractivas para los historiadores de los últimos tiempos. A pesar de ello, la confusión entre *esclavitud, servidumbre feudal* y *servidumbre doméstica asalariada* (y, por extensión, entre *esclavo, siervo* y *criado*) continúa siendo una constante en multitud de trabajos que tratan de las relaciones de dependencia y las dinámicas de dominación. Tanto en inglés como en francés existe una clara diferencia entre el término que designa la servidumbre en general ("servitude") y el que define las relaciones serviles feudales ("servage", en francés, y "serfdom", en inglés); mientras que en español se ha venido utilizando el mismo vocablo ("servidumbre") para ambas realidades[16]. Por otra parte, los adjetivos "doméstica" o "asalariada" matizan de manera crucial el término servidumbre. En este sentido, la *servidumbre doméstica* de los tiempos modernos engloba al conjunto del personal de servicio (ya se trate de personas libres o esclavizadas) cuyo referente común sería el hecho de atender los trabajos de la casa en cualquiera de sus aspectos; mientras que la *servidumbre asalariada* únicamente se refiere a los sirvientes contratados y nunca a las personas esclavizadas.

En la servidumbre feudal europea, el señor exigía la renta sobre una base de prestaciones fijas; esto significa que los siervos debían dar cada año la misma cantidad de producto, fuese cual fuese su volumen

[16] La traducción ha sido uno de los problemas que han contribuido al oscurecimiento de estos conceptos. Aunque se ha venido utilizando el término *servidumbre* para denominar las relaciones serviles feudales, quizá sería más acertado utilizar un nuevo término (por ejemplo: *servilismo)* para las mismas. El *servilismo* definiría exclusivamente las relaciones de servidumbre propias del feudalismo y el concepto de *servidumbre*, en un sentido más amplio, las relaciones de dependencia en que existen sirvientes de diversas condiciones.

de producción[17]. Uno de los efectos de las prestaciones fijas era impedir al siervo guardar reservas y situarlo, por tanto, en una posición de deuda respecto al señor, lo que implica un grado de dependencia alto, pero no extremo como ocurre en el esclavismo[18].

El funcionamiento de ambos sistemas de explotación (esclavismo y servidumbre feudal) y las relaciones de dependencia que entrañan no son intercambiables. Una de las diferencias fundamentales, y pocas veces puesta de relieve, es que la disparidad entre estos dos modos de explotación está íntimamente ligada al modo de reproducción. La Antropología ha contribuido a desvelar que la masa de personas esclavizadas se renueva a través de la guerra y el comercio mientras que los siervos no se compran en el mercado, sino que se reproducen por crecimiento demográfico natural. Por tanto, a diferencia de las personas esclavizadas de las sociedades esclavistas, los siervos viven en familia, condición indispensable para la reproducción.

Por lo que respecta a la servidumbre doméstica asalariada de los tiempos modernos, habría que destacar que estos trabajadores y trabajadoras no constituyen una propiedad privada del amo por lo que no pueden ser comprados ni vendidos. Además, es frecuente la existencia de un supuesto salario que se plasma mediante un contrato, ya sea escrito o verbal (a pesar de que en numerosos casos se vean en la obligación de pleitear para poder cobrarlo). Los criados y criadas de la nobleza se caracterizan, además de por su elevado número, por su marcada jerarquización interior. Por lo que, exceptuando las capas más altas del servicio de la nobleza, la mayor parte de la servidumbre doméstica de la Edad Moderna proviene de capas sociales marginales y desprovistas de recursos económicos[19]. La pobreza, la orfandad y la marginación se encuentran en el origen de este sector.

[17] Si bien es cierto que en determinados puntos las prestaciones son proporcionales a la cosecha.

[18] Véase MEILLASSOUX, Claude: 1986, Ob. cit., p. 90-93.

[19] Quisiera precisar que el término *servidumbre doméstica* engloba a todas las personas que trabajan en un espacio que tiene como referente la "casa" en el que pueden coexistir esclavos/as y sirvientes asalariados de diferentes grados. La importancia de este espacio como referente obligado del sector doméstico se pone de relieve en diversas declaraciones de los propios sirvientes que he recogido en la documentación utilizada para esta monografía: "y no por ser criado de casa a dejado de decir la verdad", "todos los de la casa saben que es soltero", "su oficio es servir en casa de gente principal", "vino una negra que dijo ser de su casa", etc.

2. HACIA UNA RENOVACIÓN METODOLÓGICA

El pionero en el estudio de la esclavitud en la España Moderna es Antonio Domínguez Ortiz, el cual publicó en 1952 un extenso artículo sobre la esclavitud en Castilla[20]. En este trabajo señalaba la sorpresa que para muchos podía constituir la existencia de este fenómeno en los tiempos modernos, pues la esclavitud se había considerado propia de la Antigüedad, de los pueblos islámicos o de las colonias de ultramar. En la misma década se publicaron otros artículos sobre la esclavitud en la España peninsular[21]. No obstante, estas investigaciones no llegaron a tejer un entramado de estudios que fuese creciendo poco a poco.

Quizá hubo un cierto interés político por olvidar o dejar de lado lo que popularmente podría entenderse como "la historia negra" de España, y mientras que las élites constituían uno de los puntos de mayor interés histórico, los grupos marginales parecían no haber existido. Habría que esperar una década más para que la problemática de la dependencia esclava volviera a resurgir de la mano de Vicenta Cortés Alonso[22], resultando de su trabajo una monografía sobre la esclavitud valenciana (1479-1516). En 1970, Claude Larquié publicó un artículo sobre la esclavitud en Madrid (1650-1700)[23], y en 1974 salió a la luz,

[20] DOMÍNGUEZ ORTIZ, Antonio "La esclavitud en Castilla durante la Época Moderna", *Estudios de Historia Social en España,* Tomo II, Instituto Balmes, Madrid, 1952, pp. 367-428.

[21] A este trabajo pionero se unen otros artículos publicados también en los años 50: LÓPEZ ESTRADA, F: "Bautismo de esclavos en Antequera 1614-1624", *Anales de la Universidad Hispalense,* XI, 1950, pp. 39-41; GUAL CAMARENA, M: "Un seguro contra crímenes de esclavos", *Anuario de Historia del Derecho Español,* 1952, pp. 457-458; LARREA PALACÍN, A: "Los negros de la provincia de Huelva", *Archivo del Instituto de Estudios Africanos,* nº 20, 1952; MARRERO RODRIGUEZ, M: "De la esclavitud en Tenerife" *Revista de Historia,* nº 100, 1952, pp. 428-441; CARRIAZO, J: "Negros, esclavos y extranjeros en el barrio sevillano de San Bernardo", *Archivo Hispalense,* nº XX, 1954, pp. 64-65.

[22] CORTÉS ALONSO, Vicenta: *La esclavitud en Valencia durante el reinado de los reyes católicos, 1479-1516*, Publicaciones del Archivo Municipal de Valencia, 1964.

[23] LARQUIÉ, Claude: "Les esclaves de Madrid à l'époque de la decadance 1650-1700", *Revue Historique*, vol. 244, 1970, pp. 41-74. El mismo año Henry KAMEN publicó: "Mediterranean slavery in its last phase: the case of Valence 1660-1700", *Anuario de Historia Económica y Social*, Tomo III, 1970, pp. 211-234. Dos años más tarde, Sanchis Llorens se unió al pequeño grupo: SANCHÍS LLORENS, Rogelio: "Aportación de Alcoy al estudio de la esclavitud en el Reino de Valencia", pp. 9-74.

de la pluma de Vincente Graullera Sanz, la que sería la segunda monografía sobre la esclavitud en Valencia (siglos XVI y XVII)[24].

A partir de los años ochenta y, sobre todo, a principios de los noventa, comienzan a surgir publicaciones, en su gran mayoría fruto de encuentros fortuitos de documentación sobre el tema, pero también aparecen valiosas tesis doctorales, como la de Manuel Lobo Cabrera sobre las Canarias orientales en el siglo XVI[25] y la de Alfonso Franco Silva sobre Sevilla (1450-1550)[26].

Por otra parte, algunos trabajos sobre la esclavitud en la España de los tiempos modernos son difíciles de localizar por encontrarse en revistas muy especializadas o poco conocidas. Sin embargo, artículos muy citados gracias a su publicación en revistas de amplia tirada tienen una menor base documental o resultan metodológicamente menos innovadores que otros menos conocidos. De hecho, he tenido acceso a algunos trabajos que desgraciadamente no han sido objeto de publicación, pero que considero importantes. Me refiero, por ejemplo, a la tesis de Christine Fournie, paleógrafa de formación, sobre la esclavitud en los procesos inquisitoriales (siglo XVII)[27] y al único trabajo de investigación realizado por un negroafricano: la tesis de Alfred Ndamba sobre la Córdoba del siglo XVII[28].

Por otro lado, el recientemente publicado libro del antropólogo Isidoro Moreno sobre la hermandad de los negros de Sevilla aporta una nueva visión del funcionamiento de las cofradías de esclavos y libertos[29].

[24] GRAULLERA SANZ, Vicente: *La esclavitud en Valencia en los siglos XVI y XVII*, Institución Alfonso el Magnánimo, Valencia, 1978.

[25] LOBO CABRERA, Manuel: *La esclavitud en las Canarias orientales en el siglo XVI (Negros, moros y moriscos)*, Ediciones del Exmo Cabildo Insular de Gran Canaria, 1982.

[26] FRANCO SILVA, Alfonso: *La esclavitud en Andalucía 1450-1550*, Univ. de Granada, Granada, 1992. Este historiador ya había publicado varios artículos con anterioridad sobre el tema.

[27] FOURNIE, Christine: *Contribution à l'étude de l'esclavage en Espagne au siècle d'or: Les esclaves devant l'Inquisition.* Tesis de archivista paleógrafa, École National de Chartes, 1987-88.

[28] NDAMBA, Alfred: *Les esclaves à Cordue au debut du XVIIe siècle (1600-1621)*, Tesis doctoral, Université de Toulouse-le-Mirail, 1975.

[29] MORENO, Isidoro: *La antigua hermandad de los Negros de Sevilla. Etnicidad, Poder y Sociedad en 600 años de Historia*, Universidad de Sevilla, 1997. Asimismo, se acaba de publicar un regesto documental de fuentes notariales, realizado por Carlos Asenjo, que puede ser de utilidad para el estudio de la esclavitud en la zona de Guadix. ASENJO

La distribución geográfica de estas investigaciones sobre la esclavitud en la España de los tiempos modernos está directamente relacionada con la realidad histórica del fenómeno: las regiones de mayor concentración de personas esclavizadas han sido las más estudiadas. A la cabeza se encuentra la región meridional, con trabajos sobre Sevilla, Córdoba, Málaga, Huelva, Cádiz y Almería[30]. Igualmente las Islas Canarias conocieron un gran desarrollo de la esclavitud. Le sigue la franja

---

SEDANO, Carlos: *Sociedad y esclavitud en el Reino de Granada. Siglo XVI. Las tierras de Guadix y Baza*, publicaciones de la Academia granadina del notariado, Granada 1997

[30] Para Sevilla, a los trabajos mencionados hay que añadir: BERNARD, Alexis: *Les esclaves à Seville au XVIIe siècle*, (Memoria DEA), Universidad de Lyon, 1994. Para Málaga: VINCENT, Bernard: "La esclavitud en Málaga en 1581", *Minorías y marginados en la España del siglo XVI*, Diputación de Granada, 1987; CABRILLANA CIÉZAR, Nicolás: "Málaga y el comercio norteafricano 1517-151", *Cuadernos de la Biblioteca Española de Tetuán*, 1979; PEREIRO BARBERA, Mª Presentación: "Esclavos en Málaga en el siglo XVI. Arcaismo productivo/cohesión ideológica", *Baetica*, nº 9, 1986, pp. 321-329; GÓMEZ GARCÍA, Mª Carmen y MARTÍN VERGARA, Juan Mª: *La esclavitud en Málaga entre los siglos XVII y XVIII*, Diputación Provincial de Málaga, 1993 y BRAVO CARO, Juan Jesús: "El Municipio de Málaga y la toma de Túnez (1535). Los esclavos como botín de guerra", *V Jornadas nacionales de Historia militar, Sevilla*, (en prensa). Para Cádiz: SANCHO, Hipólito: "Perfil demográfico de Cádiz en el siglo XVI", *Estudios de Historia Social España*, vol. II, Insituto Balmes, 1952, pp. 602-603; José H. GALLEGO, *Historia 16*, nº 147. Para Huelva: IZQUIERDO LABRADO, Julio: "La esclavitud en Huelva y Palos a fines del siglo XVI", *Huelva y su historia*, nº 6 (2ª época), Huelva, 1997. Para Granada: SÁNCHEZ MONTES, Francisco "La esclavitud en Granada en el siglo XVII. Su reflejo en las fuentes parroquiales", *Chronica Nova*, nº 15, 1986-87; De la OBRA SIERRA, Juan: "El esclavo extranjero en la Granada de principios del siglo XVI", *Anuario de Historia Contemporánea*, 1985, pp. 5-27. Para Almería: CABRILLANA CIÉZAR, Nicolás: *Almería morisca* (capítulos 6, 9 y 14), Publicaciones de la Universidad de Granada, 1989; VINCENT, Bernard: "L'homme merchandise. Les esclaves à Vera (Almería) 1569-1571" en *Pouvoirs et société dans l'Espagne moderne. Mélanges offerts à Bartolomé Benassar*, Presses Universitaires du Mirail, Toulouse, 1994, pp. 193-203; "L'esclavage en milieu rural espagnol au XVIIe siècle: l'example de la region d'Almería" en *Figures de l'esclave au Moyen Age et à l'époque moderne*, L'Harmattan, París, 1996; ANDÚJAR CASTILLO, Francisco: "Del esclavo morisco al berberisco: Sobre la esclavitud en la Almería del siglo XVII", *Boletín del Instituto de Estudios Almerienses*, nº 11/12, 1992-1993, pp. 81-101; "Entre la administración y la esclavitud de los niños moriscos. Vélez Blanco, Almería (1570-1580)" en *Mélanges Loius Cardaillac*, II, Zaghouan, FTERSI, 1995, pp. 739-750; "La esclavitud en Almería en el siglo XVII (1621-1627)" en *Actas del II Congreso de Historia de Andalucía*, vol II, Córdoba, 1995

nororiental, sobre todo Valencia y Murcia, pero también Cataluña[31]. En tercer lugar estarían Castilla y Extremadura[32]. Cabe destacar el papel que tuvieron las ciudades portuarias como centros distribuidores de personas esclavizadas. La creencia en la inexistencia de personas esclavizadas en el País Vasco estaba, sin duda, relacionada con un problema historiográfico. Sin embargo, acaba de publicarse un volumen sobre la esclavitud en Euskadi[33]. De hecho, en la documentación consultada para la Granada del siglo XVI aparecen algunos vascos comprando esclavos.

Sólo existe un libro, escrito por Williams D. Phillips, que ofrezca un panorama global de la esclavitud peninsular desde la época romana hasta el siglo XVIII, aunque realizado sobre la base de la historiografía existente. La amplitud del periodo que abarca resta profundidad a su análisis, hecho que se agrava especialmente en el estudio de los tiempos modernos. En cuanto al libro de José Luis Cortés López[34] sobre la esclavitud negra en la España peninsular del siglo XVI, éste ha sido tachado de plagio por Alfonso Franco Silva[35]. Por otra parte, Bernard Vincent, que codirigió este trabajo de investigación, está preparando un libro sobre la esclavitud en la península ibérica. Este trabajo será el fruto de varios años de docencia y reflexión en torno a la esclavitud en un seminario que se ha venido desarrollando en la Escuela de Altos Estudios en Ciencias Sociales de París y que culminó con un encuentro sobre "Formas de dependencia servil" (1996) que reunió a investigadores de diversas disciplinas, y en el cual tuve la ocasión de participar[36].

[31] MIRET Y SANS, J: "La esclavitud en Cataluña en los últimos tiempos de la Edad Media", *Revue hispanique*, nº 41; PEÑAFIEL RAMÓN, Antonio: *Amos y esclavos en la Murcia del setecientos*, Murcia, Real Academia Alfonso X el sabio, 1992.

[32] LÓPEZ BENITO, Clara Isabel: "La sociedad salmantina en los inicios del siglo XVI: los esclavos", *Actas I Congreso Historia de Salamanca*, vol II, Salamanca, 1992; FERNÁNDEZ MARTÍN, Luis: *Comediantes, esclavos y moriscos en Valladolid-siglos XVI y XVII*, Secretariado de Publicaciones, Universidad de Valladolid, 1988, p. 135.

[33] AZPIAZU, José Antonio: *Esclavos y traficantes. Historias ocultas del país vasco*, Ttartalo, Donostia, 1997.

[34] CORTÉS LÓPEZ, Jose Luis: *Los orígenes de la esclavitud negra en España*, Mundo Negro, Madrid, 1986 y *La esclavitud negra en la España peninsular del siglo XVI*, Universidad de Salamanca, 1989.

[35] FRANCO SILVA, Alfonso: Ob. cit., 1993, p. 14.

[36] En breve se publicaran las actas del Coloquio.

Hasta el momento, el fenómeno esclavista en Granada no había sido tratado en profundidad, y en ningún momento desde la perspectiva de género, por lo que el libro que presento es innovador y viene a cubrir una laguna importante de la Historia social. Granada posee una situación geográfica idónea para el estudio de la esclavitud: a las puertas del continente europeo, recibe esclavas y esclavos desde la otra orilla del mediterráneo, fruto de la piratería, las conquistas y el comercio con los norteafricanos. La proximidad de Málaga y Almería, cuyo contacto con Berbería es constante, y la relativa cercanía de Sevilla, importante centro redistribuidor de esclavos procedentes de las colonias portuguesas, son decisivas. Todas estas particularidades influyen decididamente en el mercado esclavista granadino. Pero sobre todo su condición de último reducto musulmán de la península proporcionará un importante número de esclavas y esclavos moriscos en la segunda mitad del siglo XVI. Por tanto, a lo largo de la centuria elegida se dan cita en la capital granadina, la esclavitud por guerra, por comercio y por piratería; convirtiendo la ciudad en el marco ideal para el estudio de las relaciones de dependencia esclava ya que difícilmente coinciden las tres problemáticas en una misma región.

Si hacemos un balance de la historiografía descrita hasta ahora, la idea de una evolución positiva en las perspectivas metodológicas es una falacia. Me atrevo a hacer esta afirmación porque considero que no ha habido avances relevantes en la metodología con que se ha venido abordando la esclavitud en la España moderna. Los tópicos generados en los primeros años de investigaciones han venido transmitiéndose de pluma en pluma hasta casi la saciedad, apenas si se han producido innovaciones importantes. Es más, algunos artículos recientes hacen gala de un arcaísmo en los planteamientos históricos difícilmente superable.

Aunque considero que apoyarse en investigaciones espacialmente bien delimitadas, centrarse en un época determinada y situarse en una disciplina concreta puede ser fructífero para abordar y profundizar en el estudio de la esclavitud, opino que la excesiva rigidez a veces conduce a la pobreza intelectual. Al menos, en lo que a mi trabajo respecta, puedo afirmar que tanto el enfoque antropológico del fenómeno esclavista como las nuevas investigaciones sobre género y raza han sido decisivas para penetrar mejor en el complejo mundo de la esclavitud en la Granada del siglo XVI.

Existe una percepción estereotipada del fenómeno esclavista en la Edad moderna que se ha ido transmitiendo de unos investigadores a otros y que ha contribuido a la formación de un imaginario de la esclavitud que no se corresponde con la realidad. Uno de los vicios de las primeras décadas de la historiografía sobre la esclavitud en la España peninsular fue la subestimación del fenómeno[37]. Éste y otros tópicos heredados sobre la esclavitud adquieren a veces la fuerza de una ley incuestionable. En consecuencia, la necesidad de renovar la historiografía de la esclavitud es, para mí, uno de los puntos más importantes de este trabajo.

Los lugares comunes que encierran el grueso de las investigaciones se refieren tanto a la percepción del fenómeno esclavista en su globalidad histórica como a la manera de exponer las particularidades locales. Es cierto que a fuerza de leer y releer los documentos de la Edad Moderna, el fenómeno esclavista se convierte en un entorno cotidiano para los estudiosos/as del tema. Este universo se presenta en las fuentes estructurado a través de una serie de paradigmas que responden a la ideología dominante de la época y que, como impulsado por la costumbre, pasarán a formar parte del cuadro ideológico del investigador/a, filtrándose en sus interpretaciones.

La concepción del Estado, y por tanto de la España unificada del siglo XVI, está marcada por una ética fundamentada en el dominio del pueblo. El objetivo era la homogeneidad política y religiosa. La imagen de salvajes de los pueblos sometidos (y en consecuencia del contigente esclavo) es la base de la legitimación ideológica del imperialismo. La interiorización de este marco ideológico de inferioridad de los esclavos en la investigación sobre la esclavitud ha llevado a producir numerosos errores de fondo en los planteamientos globales. El efecto de esta interiorización es un pretendido distanciamiento irreal del objeto de estudio que permeabiliza las interpretaciones subjetivas del fenómeno y se presta a interpretaciones y actitudes acientíficas.

Precisamente, hoy día, la investigación de dinámicas de dominación basadas, entre otras cuestiones, en categorías raciales tales como el color de la piel, debe vigilarse desde el punto de vista metodológico con un cuidado muy especial. La alteridad se debe enfocar al enriquecimiento del pluralismo y, por esta razón, hay que manejar de manera crítica las categorías que en el siglo XVI determinaban el puesto a

[37] "Les esclaves ne furent jamais très nombreux en Espagne" LARQUIÉ, Claude: Ob. cit., 1970, p. 47.

ocupar en una sociedad cuyo ideal era la homogenización religioso-cultural y la rigidez de las jerarquías sociales.

En este capítulo no voy a hacer un recorrido de todas las cuestiones tratadas en la historiografía existente con las que estoy o no de acuerdo, tampoco convertiré estas páginas en un listín de títulos publicados (para ello, véase la bibliografía). Mi interés se centrará en analizar globalmente las imágenes de la esclavitud a las que se ha recurrido más frecuentemente, así como los tópicos metodológicos más comunes con que se presenta el fenómeno esclavista en la España moderna, también analizaré la interiorización de ciertos valores por parte de los investigadores.

2.1. *La percepción de las categorías raciales*

En el caso de la esclavitud, las fórmulas empleadas en las transacciones comerciales son si no idénticas, sí muy similares en todos los Reinos de España. Uno de los paradigmas utilizados para definir la "mercancía" humana en las compraventas es el color de la piel. Pero esta práctica, que *a priori* puede parecer inofensiva, tiene unas razones sociales muy concretas, ya que el uso de un marcador biológico como elemento identificador de las personas esclavizadas tiene la función de legitimar las diferencias sociales naturalizándolas. La clasificación de las personas a través del "color de piel" pretende una biologización de las desigualdades sociales ya que las categorías raciales, percibidas como naturales, son estratégicamente necesarias para el funcionamiento del poder en una sociedad con personas esclavizadas como la España moderna.

Sin embargo, la generalidad de los artículos y libros que he analizado sobre la esclavitud en los distintos reinos españoles retoma la categoría color, utilizándola dentro de la misma lógica dominadora. Parece "natural" hablar de razas y que se clasifique a las personas esclavizadas sobre la base del color de su piel, sin cuestionarse el porqué de esta clasificación. La mayoría de los estudiosos de la esclavitud en la península ibérica utilizan reiterativamente la oposición blanco/negro dando la impresión de que es la raza y no la economía lo que establece las diferencias sociales. Hablar en términos de "raza" lleva a una naturalización del discurso especialmente negativa para la investigación de las dinámicas de dominación.

En realidad, el color, tal y como aparece definido en las fuentes, puede convertirse a veces en una nebulosa cuya coherencia se debe principalmente a su función discriminatoria. La lectura atenta de las descripciones del color de las personas esclavizadas en la Granada moderna revela movilidad, arbitrariedad y definiciones contradictorias. Veamos algunos ejemplos: "negro que tira a membrillo cocido", "moreno blanco", "blanca que tira a morena", "blanco mulato", "membrillo cocho claro", "un poco mulata", "mulato de color membrillo", "casi negro", etc.

Las categorías raciales son una representación de las relaciones de poder y, por tanto, se construyen socialmente. La percepción del color variará según la escala de valores de la persona que lo describa: una persona de "tez clara" para un senegalés del XVI bien podía ser un "negro" para un cristiano viejo de entonces. La profesora Evelyn Brooks Higginbotham, en sus investigaciones sobres las mujeres afroamericanas, defiende que el concepto de raza es una construcción social, y como tal, no es una categoría natural ni transhistórica. Para esta investigadora: "Al igual que el género y la clase, la raza debe ser entendida como una construcción social predicada sobre la base del reconocimiento de la diferencia que supone la simultánea diferenciación social y el posicionamiento de unos grupos vis a vis de otros. Aún más, la raza es una representación de las relaciones de poder entre categorías sociales a través de las cuales son identificados o se identifican a sí mismos/as los/as individuos"[38].

Las investigaciones sobre los cromosomas revelan la falacia de la raza como una medida exacta de las diferencias genotípicas y fenotípicas entre los seres humanos. La división de la humanidad en razas es un hecho cultural y la forma de hacer esta separación muestra una extremada variabilidad histórica[39]. Se ha probado la imposibilidad de identificar los componentes puramente biológicos de cualquier rasgo o conducta. Sin embargo, el concepto de raza, cito de nuevo a Evelyn Brooks, continúa impregnando los significados más simples: hace que el pelo sea bueno o malo, que la pronunciación sea correcta o incorrecta, etc.

[38] BROOKS HIGGINBOTHAM, Evelyn: "African-american women's history and the metalanguague of race", *Feminism and History*, Londres, Oxford University Press, 1996, pp. 183-208.

[39] HARDING, Sandra: *Ciencia y feminismo*, Madrid, Morata, 1996, p. 158.

La actual profusión de trabajos, en su mayoría gestados en los estudios de género, que analizan otras dinámicas de dominación y, muy especialmente las discriminaciones en función de la raza parecen no haber llegado al colectivo de investigadores que trabajan sobre la esclavitud en la España moderna[40]. A pesar de los avances a los que me estoy refiriendo, la gran mayoría de los trabajos que he leído sobre la esclavitud en la España de los siglos XVI-XVIII obvian absolutamente las nuevas perspectivas metodológicas respecto al análisis de las categorías raciales. Olvidan que la construcción del concepto de raza y, por tanto, la discriminación a través del uso de categorías raciales, hunde sus raíces, precisamente, en el contexto social de la esclavitud. Un análisis del uso de las categorías raciales en la Edad moderna no es sólo imprescindible para el estudio de la esclavitud sino también para la comprensión de la sociedad global y de las estrategias políticas y religiosas de cohesión.

Si el anacronismo es uno de los peligros de la Historia, como señala Willy Jansen[41], también el etnocentrismo a menudo inconsciente, se desliza en el estudio de comportamientos y fenómenos de otras culturas explicados a través de valores y normas de nuestra cultura. La comunicación entre los saberes y la interdisciplinariedad en el estudio de la esclavitud es el camino a seguir, a pesar de que, en la actualidad académica, las ciencias se perfilan en disciplinas cada vez más rígidas y limitadas, quizá con la intención de impedir invasiones entre las diversas parcelas de poder establecidas.

Durante el estudio de la historiografía sobre la esclavitud, apenas he encontrado trabajos que analicen el empleo del color como diferenciador social en los tiempos modernos. El análisis más completo se ha realizado en el campo de la literatura; me refiero al libro de Baltasar Fra Molinero sobre la imagen de los negros en el teatro del Siglo de Oro. Para él: "Los tonos de pigmentación distintos se convierten todos en uno sólo, el "color negro", significante de una condición social de

[40] Alfonso Franco Silva llega a afirmar que los documentos notariales son inexpresivos en cuanto al racismo, es más, que en Sevilla "no se trató nunca al parecer de un racismo expreso, declarado, violento sino de un racismo sutil". FRANCO SILVA, Alfonso: Ob. cit., 1993, p. 25.

[41] JANSEN, Willy: "Ethnocentrism in the estudy of Algerian women", *Current issues in Women's history,* Routledge, Londres, 1989.

inferioridad. De la posición de inferioridad social impuesta se pasó a pensar en la inferioridad de su ser moral e intelectual"[42]. Asimismo, el portugués José Augusto Nunes ha analizado en un artículo las representaciones mentales de los africanos para los portugueses[43]. Los valores que el autor utiliza pueden ser transportados a la realidad española de la época: el negro estaba asociado a la muerte, era el color de la tristeza y el sufrimiento, pero también el color del infiel, el color del demonio. La imagen de un Satanás negro aparece también en la Andalucía del XVI: María, una mujer procesada por la Inquisición, declaró que conocía al diablo y que era un hombre negro[44]. Este ejemplo indica que el imaginario colectivo no hace más que responder a las demandas de la ideología dominante cuya meta es mantener el poder jerarquizado.

No propongo que nos olvidemos de utilizar la categoría "color" que las fuentes nos ofrecen para el análisis de la esclavitud, sino que seamos conscientes del valor ideológico y de sus implicaciones discriminatorias. Quizá conviene recordar que el contexto social que ha propiciado la construcción de la noción de raza, convirtiéndola en el instrumento por excelencia de la dominación, tiene sus orígenes, precisamente, en el contexto de la esclavitud.

2.2. *La interiorización de la inferioridad de las personas esclavizadas*

Numerosos investigadores al interiorizar los valores dominantes del XVI español, asimilan a su vez la percepción del esclavo como un ser de segundo orden, lo que les lleva a utilizar en incontables ocasiones, una terminología que sólo puede ser asociada a los animales. Esta adecuación a los valores jerarquizados de la época se traduce en el

[42] FRA MOLINERO, Baltasar: "La imagen de los negros en el teatro del Siglo de Oro", siglo XXI, Madrid, 1995, p. 17. Asimismo el autor señala que los negros creados por el teatro español son diferentes porque aceptan la esclavitud voluntariamente por lo que su vida merecerá ser narrada.

[43] NUNES DA SILVA HORTA, José Augusto: "A imagem do Africano pelos Portugueses: o Horizonte Referencial das Representaçoes anteriores aos contactos dos séculos XV e XVI", *Primeiras jornadas de Historia Moderna*, vol II, Lisboa, 1986, pp. 1013-1036.

[44] "Se le apareçía el demonio en figura de hombre negro (...) y tenía sus ajuntamientos carnales con ella como si fuera hombre y tenía el mismo ser y miembros y forma de hombre, aunque negro (...)"A.H.N, Inquisición, Leg. 1953, exp. 19, causa 21, fol. 8r-9r.

tratamiento que se hace de las personas esclavizadas como seres no pertenecientes al universo humano y, por tanto, naturalmente inferiores. La historiografía es ávida en ejemplos.

Los términos de referente animal, como "cruce" o "cruzamiento", son más que frecuentes: "Casi todos ellos (los mulatos) eran el resultado del *cruce* entre negra y blanco libre (...)"[45] o "El *cruzamiento* entre moros y negros (...)"[46]. Pero, quizá el vocablo que más éxito ha tenido entre los investigadores sea el de "hembras" para denominar a las mujeres esclavas; sin embargo, apenas se utiliza el término "macho" para los hombres. Los ejemplos son tan numerosos que pueden encontrarse fácilmente[47]. En un principio, la abundancia de trabajos en los que se hablaba de "hembras", un término que jamás hubiese sido utilizado para las reinas o las mujeres nobles, me asombraba enormemente; ahora, me sorprende descubrir un trabajo en que dicho término no aparezca[48]. En ocasiones se conjugan las categorías raciales con la terminología sexista dando lugar a alocuciones doblemente discriminatorias como: "la hembra negra"[49].

Otros vocablos utilizados en la historiografía reciente para referirse a las personas esclavizadas son "pieza", "cabeza" o "ejemplares", asimilando sin reservas la terminología utilizada en las fuentes de la época. Pero, la interiorización de las jerarquías imperantes en el XVI español llega aún más lejos: los senegaleses, guineanos o congoleños (es decir, los "negros") son percibidos casi desprovistos de racionalidad y como pertenecientes a una cultura inferior que raya la animalidad[50]. El desco-

[45] FRANCO SILVA, Alfonso: Ob. cit., 1993, p. 139.

[46] LOBO CABRERA, Manuel: Ob. cit., 1982, p. 154.

[47] "(...) el amo incrementa su ganado", en LOBO CABRERA, Manuel: Ob. cit., 1982, p. 179.

[48] Manuel Lobo Cabrera utiliza la expresión "esclavos varones" contraponiéndola a "esclav*os* hembras". LOBO CABRERA, Manuel: Ob. cit., 1982, p. 174.

[49] FRANCO SILVA, Alfonso: Ob. cit., 1993, p. 87.

[50] "Comprendemos la facilidad relativa de los negros, con un primitivismo exagerado y escasísimo bagaje cultural en adaptarse a las nuevas formas de vida" en el prólogo de Antonio de BETHENCOURT MASSIEU al libro de Manuel LOBO CABRERA: Ob. cit., 1982, p. 24. En este mismo libro dice su autor "Los negros arrancados de sus selvas, provistos de un bajo y primitivo nivel de vida, sin fortaleza y transplantados a un mundo donde todo lo desconocían" , p. 102. Vicenta CORTÉS ALONSO suscribe la opinión de Manuel LOBO CABRERA en la página 58 de su libro (Ob. cit., 1964). Igualmente Juan de la OBRA SIERRA dice: "A los negros sólo les quedaría el deseo de volver a sentirse, o de sentirse por primera vez un ser racional", Art. cit., 1985, p. 17. La historiografía es ávida en ejemplos, podría citar gran cantidad de textos.

nocimiento de la historia de África y la perspectiva etnocéntrica se encuentran en los orígenes de este error fundamental.

Igualmente la historiografía hace hincapié en la "docilidad" de los esclavos subsaharianos, como si se tratara de una característica intrínseca a la "raza negra". Como justificación a esa pretendida "docilidad" natural de los negroafricanos se ha mencionado el hecho de que no rehusaran al bautismo[51]. El mito de la mejor consideración de las personas esclavizadas originarias del África subsahariana por parte de los propietarios y de la sociedad en general se ha ido forjando, en parte, debido a esta imagen de "docilidad natural"[52].

La mayor vulnerabilidad de las mujeres y los hombres negroafricanos residentes en la España peninsular no tiene que ver con su "naturaleza" menos agresiva sino con la situación de aislamiento de su grupo, la separación de sus parientes y la lejanía de su tierra. De hecho, el lugar de origen de las personas procedentes del África subsahariana en muy pocos casos es reseñado en las cartas de compraventa, lo que puede ser ilustrativo de su desconocimiento. La ignorancia de las creencias religiosas de los negroafricanos y, en general, de su cultura, hacía que los cristianos no los vieran como un peligro, de ahí también la transmisión de esa imagen de docilidad. La posición de mayor indefensión de los esclavos y esclavas subsaharianos en una cultura ajena y dominadora, lo que Claude Meillassoux define como "asocialización", es lo que conduce al acatamiento del orden social imperante con interiorización de los valores dominantes.

Si los subsaharianos son considerados dóciles e irracionales, a veces hasta inhumanos y, en general, inferiores, los moriscos y berberiscos se presentan envueltos en un cierto halo de racionalidad, pero sobre todo de peligrosidad causada principalmente por su confesionalidad y su proximidad.

[51] "Los esclavos se dividían en dos razas: los negros africanos dóciles y asimilables, ninguno rehusaba al bautismo y, los blancos (...)". DOMINGUEZ ORTIZ, Antonio y VINCENT, Bernard: *Historia de los moriscos; vida y tragedia de una minoría*, Alianza, Madrid, 1978, p. 265.

[52] "Esta mayor consideración por los negros se vio traducida en un mejor trato general (...)": WILLIAMS D. PHILIPS, *Historia de la esclavitud en España*, Playor, Madrid, 1990, p. 188.

2.3. *Tres imágenes tópicas: el esclavo miembro de la familia, el hombre animal y la esclava de placer*

De las tres imágenes que presenta el epígrafe de este capítulo, la concepción de la persona esclavizada como "miembro de la familia" es la idea más frecuente entre los estudiosos de este tema. Hay quienes se atreven a asegurar: "La vida del esclavo en la intimidad del hogar del dueño resultaba a juzgar por los documentos notariales, bastante aceptable y nada dura (...) Les integraban dentro de la familia, como criados, compañeros y guardianes de sus hijos. Si les eran fieles y se portaban bien podían tener absoluta seguridad de que al fallecimiento del amo eran liberados"[53]. Quizá un cierto sentimiento de culpabilidad histórica puede encontrarse en los cimientos de la construcción de esta imagen[54].

Luis Fernández Martín asegura que "en general esclavos y esclavas eran tratados como familiares servidores de la casa, cuidaban de los niños y se ganaban la confianza y el afecto de sus amos"[55]. Antonio Peñafiel va aún más lejos y asevera que "algunos norteafricanos llegan a elegir esta vida de servidumbre por su variedad y aliciente (...) Buscando, pues, aventuras, pagadas, eso sí, con el precio de su libertad, de acuerdo con un deseo de vagabundaje que les llevará a recorrer la península de ciudad en ciudad y de propietario en propietario"[56]. Desde luego, la mayoría de los historiadores se decantan claramente por la bondad de los amos en el trato de sus esclavos, pero una parte de ellos, al contrastar las fuentes sobre las que han trabajado con esta imagen paternalista del esclavo miembro de la familia, se dan cuenta de que no existe tal correspondencia. Este reconocimiento lleva a la producción

[53] FRANCO SILVA, Alfonso: Ob. cit., 1993, p. 103.

[54] "No por ser un esclavo la Iglesia hacía menos ceremonioso su bautizo, sino que era una ceremonia solemne como la de cualquier persona" GÓMEZ GARCÍA, Mª Carmen y MARTÍN VERGARA, Jose Mª: Ob. cit., 1993, p. 123. En cuanto a la alimentación de los esclavos van aún más lejos y afirman: "creemos que la misma no difería mucho de la que realizaba el resto de la población, si bien no es aventurado pensar que la calidad de la misma podía ser algo menor", p. 57.

[55] FERNÁNDEZ MARTÍN, Luis: Ob. cit., 1988, p. 145.

[56] PEÑAFIEL RAMÓN; Antonio: *Amos y esclavos en la Murcia del setecientos*, Murcia, 1992, p. 104.

de un discurso ambiguo e incluso contradictorio que empieza constatando el maltrato de las personas esclavizadas para concluir diciendo que son parte integrante del núcleo familiar. Considero que este empeño por convertir al esclavo o la esclava en un miembro de la familia tiene que ver con un oculto sentimiento de culpabilidad.

La difusión de la imagen del esclavo "miembro de la familia" está, a su vez, íntimamente relacionada con la creencia en las liberaciones frecuentes. Entre los difusores de esta idea se encuentra el propio Ferdinand Braudel en su conocida obra sobre el Mediterráneo[57]. Esto se debe a un análisis quizá demasiado somero de las fuentes, me refiero a la lectura descontextualizada de algun testamento o carta de ahorría en la que se mencione "el amor" como razón última para la liberación de un esclavo o esclava. De hecho, una de las fórmulas que suele reflejarse con relativa frecuencia en las cartas de libertad a la hora de ahorrar a un dependiente esclavo es "por el amor que le tengo". Sin embargo, esta frase tiene en la mayoría de los casos carácter de simple formalidad, ya que como veremos en el capítulo 10, el porcentaje de liberaciones era mínimo. Lo más frecuente era que se impusiesen ciertas condiciones a la libertad (como servir durante un número determinados de años a algún familiar), que las ahorrías se hiciesen realidad varios años después de haber sido prometidas verbalmente (en ocasiones veinte años después), que se liberasen personas de avanzada edad sin apenas posibilidades de supervivencia, que los herederos no aceptaran la libertad, etc. Esto no implica que no pudiesen existir lazos de afectividad, siempre en el marco de unas marcadas diferencias sociales, en situaciones concretas y entre individuos puntuales. Además, no tendríamos que olvidar que en la mayoría de los casos, la libertad no era gratis.

La segunda imagen estereotipada es la del "hombre-animal". Este concepto se refiere a la utilización de los esclavos como bestias de carga, centrándose en cuestiones como el herraje de sus rostros u otras características que pondrían de relieve su brutal tratamiento por parte

[57] "A Valladolid, vers 1555 encore capital de la Castille, des esclaves servent dans les grandes maisons "bien nourris des restes de la cuisine" et souvent rendus libres par les testaments de leurs maîtres". BRAUDEL, Ferdinand: *La Méditerranée et le monde méditerranéeen à l'époque de Philipe II,* Armand Collin, París, 1966, p. 92-94.

de los propietarios[58]. El paralelismo existente entre la carta de compraventa de un mulo y la de un esclavo o una esclava es innegable, como ha puesto de manifiesto Jesús Bravo Lozano[59], sin embargo, caben numerosas matizaciones. Los historiadores que toman por bandera la imagen de las personas esclavizadas reducidas al estado animal presentan a estas personas como víctimas de una humillación suprema, posicionándose en el lado opuesto de los que prefieren hacerlos miembros de la familia. No cabe práctica más inhumana que la de herrar en el rostro a una persona, pero el herraje no constituía la norma sino que solía producirse como castigo, siendo más frecuente en los casos de huida. Quizá hubiera sido más interesante intentar comprender el porqué del paralelismo universo animal/universo esclavo en la mentalidad moderna, en lugar de denunciar estos hechos de manera aislada. Se debe poner de relieve que la asimilación de una persona esclavizada a un animal viene dada por la ideología dominante y jerarquizada del XVI que se materializa en la figura del "mercader de bestias y esclavos", pero que evidentemente no es más que una ficción al servicio del poder. Stella para reforzar la imagen del hombre-animal, cita a Verlinden[60] cuando asevera que los moriscos castrarían a los esclavos subsaharianos para enviarlos posteriormente a Berbería, lo que me parece una idea desacertada por dos razones: en primer lugar, porque a los moriscos se les prohibió la posesión de personas esclavizadas y, en segundo lugar, porque hubiese sido mucho más sencillo y económico comprar eunucos procedentes de la trata transahariana. Por otra parte, esta imagen del "hombre-animal" nos remite de nuevo a la masculinización del colectivo de esclavos y esclavas, invisibilizando a las mujeres.

Mi propuesta se encamina a reconocer la heterogeneidad del grupo: existen diferentes estados de esclavitud, es decir, diferentes modos de "ser esclavo o esclava", no hay un modelo único. La vida de las esclavas de los artesanos granadinos poco tiene que ver con la de los escla-

[58] Uno de los difusores de esta representación es Alessandro Stella en su artículo: "Herrado en el rostro con una s y un clavo: l'homme-animal dans l'Espagne des XVe-XVIIIe siècles" en *Figures del l'esclave au Moyen-Age et dans le monde moderne*, L'Harmattan, París, 1992, 147-163.

[59] BRAVO LOZANO, Jesús: "Mulos y esclavos en Madrid 1670", *Cuadernos de Historia Contemporánea*, 1, 1980, p. 10-30.

[60] VERLINDEN, Charles: Ob. cit., 1955, p. 814.

vos de las minas de Almadén. No hay que decidirse por convertir a la población esclava en miembros de la familia ni tampoco en bestias de carga, porque ambos casos sólo pueden ser ejemplos extremos del estado de esclavitud y, por lo tanto, responden a situaciones concretas. Existe una dinámica de dominación que divide a las personas en libres y no-libres, pero que encierra variedad de estados de esclavitud inasimilables. Desde mi punto de vista, la heterogeneidad de relaciones y experiencias entre el grupo de mujeres y hombres esclavos y sus propietarios es un hecho indiscutible; por eso, es inútil encauzar nuestras investigaciones en un sólo sentido.

En tercer lugar, trataré la imagen de la llamada "esclava de placer". Resulta inadmisible, y desgraciadamente más que frecuente, obviar la explotación sexual de las mujeres esclavas. Pero más intolerable resulta aún el hecho de considerar dentro de los límites de la "normalidad" que estas mujeres fuesen violadas por sus amos. La mujer esclava casi nunca es tratada en la historiografía como una víctima de las vejaciones de su amo, sino que se considera "natural" que el propietario "satisfaga" sus pretendidamente imparables necesidades biológicas[61]. La sexualidad masculina se presenta como una virilidad "naturalmente" desenfrenada sobre lo que no cabe debate alguno. Los términos se invierten hasta el punto de que se trata de "satisfacer las apetencias sexuales del amo" y no de abusar de la sexualidad y el cuerpo de las mujeres esclavas, en muchos casos mujeres adolescentes o menores. A menudo se utiliza una terminología aséptica para describir esta realidad; se habla, por ejemplo, de "concubinas del dueño"[62]. Esta imagen está en cierto modo relacionada con las representaciones mentales del harén en los fantasmas masculinos. Trabajos

[61] Carlos ASENJO SEDANO (1992) llega a expresarse en los siguientes términos: "Había también una íntima y doméstica promiscuidad erótica para cuya satisfacción la esclava cumplía un papel muy adecuado, precisamente entre un pueblo proclive a especiales fantasías libidinosas, a las que la reinante ortodoxía católica no parecía dejar cabe, y que, ahora por el uso o abuso de esclavas, encontraba un cauce sumiso para su satisfacción" en "Trabajo, honra y esclavos en la Granada de los siglos XVI y XVII" en *Revista del Centro de Estudios Históricos de Granada y su Reino*, 6, 2ª época, 225.

[62] "El encarecimiento de las mujeres se debía a su capacidad de procreación (...) A ello había que añadir el hecho de que en muchos casos se convertían en concubinas del dueño" FRANCO SILVA, Alfonso: Ob. cit., 1992, p. 81.

como el de Pierre Guichard han contribuido poderosamente a la creación de un imaginario orientalista de la esclavitud femenina envuelta en una halo de seducción y misterio: las esclavas del harén andalusí "cautivarían" el corazón de sus amos en un delirio amoroso que resulta difícilmente creíble[63]. La mirada masculina de Guichard y la utilización exclusiva de fuentes literarias desvirtúan enormemente la realidad vivida por estas mujeres explotadas por sus propietarios[64]. El propio Ibn Hazm expresa la contradicción en su conocida obra *El collar de la Paloma*: "así se ve a menudo un hombre enamorado de una de sus esclavas, sobre la cual posee todos los derechos de un amo, sin que nadie pueda impedirle maltratarla y aún menos vengarse de ella"[65]. En el caso de las personas esclavizadas de la Granada del siglo XVI, la posibilidad de explotarlas sexualmente aparece reflejada en el propio texto del documento de compraventa: "para que podáis hacer de ella/él como de cosa propia", un derecho del propietario apoyado por la ideología patriarcal imperante.

Manuel Lobo Cabrera habla de "la predilección sentida por los amos hacia las esclavas negras", algo difícilmente verificable a través de las fuentes conservadas[66]. También existe el mito de las hermosas indias que enamoraban a los conquistadores. En el caso de las mujeres esclavas, tan absurdo es creer en el enamoramiento por parte de los propietarios como cargar a las esclavas con el estigma de la "promiscuidad", que las presenta como si de ellas partiese la voluntad de mantener relaciones sexuales con sus amos.

La propia terminología (esclava de placer) utilizada para definir a estas mujeres sometidas nos remite a una concepción del placer ligada a la virilidad y al dominio masculino: hay placer en este dominio masculino. La explotación sexual de mujeres privadas de libertad y,

[63] GUICHARD, Pierre: Al-Andalus. *Estructura antropológica de una sociedad islámica en Occidente,* Servicio de publicaciones de la Universidad de Granada, 1995 (publicada por primera vez en 1976). Especialmente en las páginas 165-170 trata de las esclavas concubinas.

[64] Dice Guichard: "Lo cierto es que en este ambiente de placeres mundanos, las mujeres de las que cabe fácilmente enamorarse (...)". Ob. cit., p. 168.

[65] HAZN, Ibn *El collar de la paloma.*

[66] LOBO CABRERA, Manuel: "Le población esclava del Telde en el siglo XVI", *Hispania*, vol 42, 1982, pp. 47-89.

por tanto, en un grado de subordinación máxima es entendida como placer en la historiografía. El simple hecho de tener a estas mujeres dominadas y en continua disposición se enjuicia como un placer. En realidad no se trata de un tema estrictamente sexual sino de poder.

2.4. *Esclavitud y ostentación*

Entre las imágenes que se han venido transmitiendo de la esclavitud en la historiografía reciente, quizá una de las más arraigadas sea la del esclavo como objeto de lujo. Ferdinand Braudel, por ejemplo, considera que la esclavitud es una extraña fidelidad al pasado, "la marca quizá de un cierto lujo"[67]. Algún autor llega incluso a afirmar que "es posible que la adquisición de los esclavos estuviera más relacionada con la búsqueda de prestigio que con factores económicos"[68]. Esta imagen se ha venido transmitiendo desde los orígenes de la historiografía de la esclavitud y ha servido de comodín a los historiadores.

En mi opinión, el esclavo o la esclava pueden indicar prosperidad económica desde el momento en que se posee el capital necesario para invertirlo en mano de obra exterior a la célula familiar, e incluso puede implicar en algunos casos un cierto prestigio. Sin embargo, asociar exclusivamente la esclavitud urbana a un lujo superfluo o a la mera ostentación, me parece una actitud desmedida. Además, si la esclavitud fuese un indicador de prestigio, las mujeres esclavas que son, sin lugar a dudas, más caras en el mercado granadino serían las verdaderas portadoras del lujo, y no los hombres. Para mí, la razón de ser de la esclavitud no es más que la explotación de otros seres humanos y, por tanto, la apropiación de su fuerza de trabajo en función de su rentabilidad económica.

La imagen de una esclavitud suntuaria está en contradicción con la realidad española. De hecho, en el norte de España, zona donde residían más representantes de la nobleza, aunque una buena parte de ellos fuesen pobres hidalgos, el número de personas esclavizadas es menor. El verdadero indicador del prestigio social de la nobleza no eran los

[67] BRAUDEL, Ferdinand: Ob. cit., p. 93.

[68] P. LANSLEY, Nicholas: "La esclavitud negra en la parroquia sevillana de Santa María la mayor, 1515-1519", *Archivo Hispalense*, nº 33, 1983, p. 54

esclavos y las esclavas sino la enorme masa jerarquizada de criados y criadas libres "de casa" que iban desde el mayordomo a la fregona, cada uno y una de ellos con sus funciones específicas y una cualificación laboral comprobada.

Tener una esclava o un esclavo no era un signo de distinción social sólo accesible a muy contados individuos como sostienen algunos. La variedad de profesiones entre los propietarios constituye una buena prueba de ello. De hecho, numerosos investigadores/as se desmienten a sí mismos respecto a la imagen del esclavo de lujo, al constatar que la mayoría de los dueños no eran nobles[69]. Al contrario, es frecuente encontrar personas esclavizadas sirviendo en casas de personas modestas.

Considero que el uso abusivo de una justificación de la esclavitud urbana en razón de la ostentación de los propietarios tiene que ver con una traslación de la imagen del orientalismo dieciochesco al universo social del siglo XVI. Las personas esclavizadas que resisten dispersadas en suelo peninsular durante el XVIII español quizá podrían asociarse al exotismo o la ostentación. No obstante, los casos de Cartagena y Cádiz constituyen dos reductos de contingente esclavo productivo aún importantes de la España del setecientos. En dicho siglo, el colectivo de propietarios se reduce casi exclusivamente a los grupos económicamente más privilegiados, es decir a los nobles. Muchos de estos representantes de la nobleza están en contacto con el continente americano, son virreyes o poseen otros cargos oficiales asociados a Indias. En este contexto hablar de ostentación o de lujo puede resultar más coherente ya que el mundo esclavo constituye relativamente una rareza.

2.5. *¿Esclavos o esclavas? La masculinización del colectivo de personas esclavizadas*

Creo haber constatado que existe una orientación perversa en cuanto a la investigación de la esclavitud en la España moderna se refiere, debido por un lado a cómo se ha entendido y transmitido la imagen del propio fenómeno esclavista a través del uso de categorías racistas,

[69] COLLANTES DE TERÁN SÁNCHEZ, A: "Contribución al estudio de los esclavos en la Sevilla medieval", *Homenaje al profesor Carriazo*, vol. II, Núñez de Contreras, Sevilla, 1972, p. 72.

xenofobia, interiorización de la inferioridad de las personas esclavizadas, asimilación al mundo animal, etc. A todo ello hay que añadir el análisis androcéntrico que impregna la casi totalidad de los estudios.

Las investigaciones sobre la esclavitud en la España moderna realizadas hasta el momento presentan a la población esclava como un grupo formado substancialmente por hombres, cuando la realidad es que la mayoría de los esclavos en Granada a lo largo de todo el siglo XVI, y muy especialmente durante los años de la sublevación de las Alpujarras, eran esclavas. Sin embargo, el uso del masculino genérico "esclavos" provoca indefectiblemente una imagen masculinizada y, por tanto, falsa, del conjunto de personas esclavizadas.

Es preciso llamar la atención sobre la masculinización del contingente esclavo en la historiografía reciente. Por una parte, el modo de expresión que utilizan los historiadores nos haría pensar que las mujeres esclavas apenas si existieron. Por otra parte, esta situación se acentúa cuando descubrimos que los historiadores que han trabajado sistemáticamente en los Archivos, aún siendo conscientes de la superioridad numérica de las esclavas, no llegan a convertirlas en sujetos del discurso histórico sino que únicamente expresan su predominio cuantitativo en las breves líneas consagradas al "sexo de los esclavos". Es importante subrayar que no se trata de una cuestión exclusivamente cuantitativa sino de la introducción del elemento género en el análisis.

Frases como: "La tarea por tanto exige una enorme paciencia y una enorme simpatía por este *hombre anónimo* que fue *esclavo*" son más que frecuentes en la historiografía sobre la esclavitud[70]. Existe una indudable negación de las mujeres esclavas y una invisibilización de las mismas en la historiografía[71]. Como dice Gerda Lerner: "Al hacer que el término "hombre" incluya el de mujer, y de este modo se arrogue la representación de la humanidad, los hombres han dado origen a un error conceptual de vastas proporciones. Al tomar la mitad por el todo

[70] FRANCO SILVA, Alfonso: *La esclavitud en Andalucía 1450-1550*, Univ. de Granada, Granada, 1992. (La cursiva es mía).

[71] El plural "esclavos" puede referirse tanto a un colectivo exclusivamente masculino, como a un grupo formado mayoritariamente por hombres-esclavos en el que también existen mujeres-esclavas, o incluso, a un conjunto primordialmente compuesto por mujeres-esclavas en el que hay algún esclavo; mientras que, la palabra "esclavas" se remite únicamente a un colectivo femenino.

no sólo ha perdido la esencia de lo que estaban escribiendo sino que lo han distorsionado de tal manera que no pueden verlo con corrección"[72].

Pero ¿cómo destacar esta presencia femenina sin hacer demasiado tediosa la lectura con la repetición de ambos géneros gramaticales? En una primera fase de redacción de este libro, intenté solventar la invisibilización del colectivo de mujeres esclavas bajo un plural de referente masculino (esclavos) utilizando la expresión "esclavos/as" lo que resultó improcedente por dificultar excesivamente la lectura[73]; luego experimenté una solución que, en realidad, me sugirieron directamente los documentos con los que estaba trabajando: el empleo del giro "esclavos y esclavas" es muy frecuente en las fuentes del quinientos. La Nueva Recopilación de las Leyes del Reino (1566), por ejemplo, evidencia la presencia de las mujeres en el interior de los grupos sociales sobre los que legisla explicitando: "moriscos y moriscas", "judíos y judías" o "los moriscos, sus mujeres y sus hijos". En el caso de la población esclava se pone aún más interés en especificar el sexo; así los textos de cronistas cristianos como Luis del Mármol hablan incesantemente de "esclavos y esclavas"[74]. Pero también las fuentes musulmanas hacen esta distinción esencial; por ejemplo, cuando Ibn Battuta describe el reino de Mali en 1352, habla de "esclavos de ambos sexos" o de "esclavos y esclavas"[75]. La diferencia de sexos ha sido siempre esencial en esclavitud porque, entre otras razones, hombres y mujeres no tenían los mismos precios ni funciones.

Posteriormente opté por hablar de "personas esclavizadas" por dos razones, primero porque el colectivo así definido no aparece masculinizado y segundo, porque esta expresión refuerza la idea de esclavización como un estado no-natural. Quizá el inconveniente de esta terminología sea, precisamente, que ni los esclavos ni las esclavas son jurídicamente "personas" ni están considerados socialmente como tales. Finalmente he intentando utilizar giros (mundo esclavo, población esclava, contingente esclavo, etc.) siempre que he podido.

[72] LERNER, Gerda: *El origen del patriarcado*, Crítica, Barcelona, 1990, p. 319.

[73] Hay quienes han optado por utilizar plurales terminados en "@".

[74] MÁRMOL CARVAJAL, Luis del: *Rebelión y castigo de los moriscos,* Arguval, Málaga, 1991.

[75] "Cuando alguién se pone de viaje le siguen sus esclavos y esclavas portando sus cobertores y vasijas para comer y beber" en IBN BATTUTA: *A través del Islam*, Alianza Universidad, Madrid, 1989.

2.6. *Género, Historia y esclavitud*

Si bien la invisibilización de las esclavas es un hecho indiscutible en la historiografía, el problema fundamental lo constituye, no obstante, la ausencia de una perspectiva de género en el análisis de la esclavitud. El hecho de reconocer que existen mujeres en el grupo de personas esclavizadas o, incluso, de constatar que se trata de un colectivo mayoritario no implica la incorporación de una metodología de género en el estudio de la esclavitud. De hecho, existen trabajos que utilizando parámetros androcéntricos y tradicionales hablan de las mujeres esclavas en la España moderna[76].

Introducir una nueva visión de la esclavitud en la España moderna, que incluya el género y las nuevas aportaciones metodólogicas de la Historia de las mujeres, es fundamental para la renovación historiográfica de las Ciencias Sociales. La Historia de las mujeres se consagró en sus primeros tiempos al rescate y compilación de mujeres extraordinarias. Así se crearon Diccionarios de mujeres ilustres (pintoras, escritoras, reinas, guerreras, etc) cuyo ánimo era reconstruir una identidad femenina en el pasado, ofrecer modelos de mujeres relativamente poderosas y dejar constancia de la presencia de las mujeres en la Historia. Más adelante, las investigadoras se dieron cuenta de que rescatar del olvido a esta mujeres excepcionales, aún siendo un paso adelante, no era más que un punto de partida y que su propuesta resultaba parcial. En este momento se produjo el verdadero arranque metodológico que supuso una revolución para las Ciencias Sociales y que evoluciona hacia conclusiones globales. Ya no se trata de reproducir, como dijo Arlette Farge, "las victorias desconocidas o las humillaciones muy conocidas, sino tomar todo el campo histórico en su totalidad sin restringirlo al dominio femenino"[77].

Por otro lado, se ha venido negando la posibilidad de reconstruir una Historia de las mujeres bajo el pretexto de una supuesta inexistencia de fuentes para su estudio. Cándida Martínez señala a este respecto que "debemos desechar desde el principio la idea de imposibilidad de hacer

[76] Por ejemplo, véase: LOBO CABRERA, Manuel: "La mujer esclava en España en los comienzos de la edad moderna", *Baética*, vol. 15, 1993.

[77] FARGE, Arlette: "Pratique et effets de l'historie des femmes" en PERROT, Michelle: *Une histoire des femmes est-elle possible?*, Rivages, París, 1984.

este tipo de Historia. Se ha construido la historia de otros grupos carentes de palabra y de poder (esclavos, metecos, colonos, campesinos), y su estudio se ha considerado un avance fundamental para conocer las relaciones sociales y de producción de una sociedad dada. Nosotros/as sabemos que no fallan las fuentes sino las categorías históricas con que se interrogan"[78].

En este contexto surgió el concepto de género, una categoría de análisis fundamental que parte de la Historia de las mujeres frente a la Historia tradicional y que supone una revisión de las relaciones de dominación. En la gestación del concepto de género y su posterior desarrollo fueron parte importante conceptos como el androcentrismo de la ciencia. El término androcentrismo nació del cuestionamiento de la cientificidad y se utiliza básicamente para expresar que las ciencias, u otras realidades, toman como punto de referencia al varón, centrándose en los hombres e invisibilizando a las mujeres. Esta producción de saber que se presenta a menudo como "científica", es decir asexuada, universal y desprendida de cualquier subjetividad ha estado en manos de los varones hasta hace unos años y se daba por cierto que su punto de vista era el de toda la sociedad. Este hecho afecta tanto a la recogida de datos como a las hipótesis planteadas y los resultados obtenidos[79]. El androcentrismo de las ciencias se haya íntimamente ligado al sexismo del lenguaje, que oculta, deforma y tiende a homogeneizar negativamente la realidad. El lenguaje , en su afán de colectivizar la diversidad en sustantivos masculinos –el Hombre, los esclavos– que englobarían a las mujeres en su interior, nos lleva a producir errores de expresión y entendimiento que restan cientificidad a las investigaciones. De nuevo cito a Gerda Lerner: "La falacia androcéntrica, elaborada en todas las construcciones mentales de la civilización occidental no puede ser rectificada añadiendo simplemente a las mujeres. Para corregirla es necesaria una reestructuración radical del pensamiento y el

[78] MARTÍNEZ LÓPEZ, Cándida: "Textos para la Historia de las mujeres en la Antigüedad" en MARTÍNEZ, Cándida y NASH, Mary (ed.): *Textos para la Historia de las Mujeres en España*, Cátedra, Madrid, 1994, pp. 29-124.

[79] Para ejemplificar lo dicho, podríamos imaginar que si se encontraba un objeto sin identificar en la tumba de un hombre, se pensaba que podía tratarse de un arma, mientras que si el mismo objeto aparecía en la tumba de una mujer se trataba de un mortero para cocinar.

análisis, que de una vez por todas se acepte el hecho de que la humanidad está formada por hombres y mujeres a partes iguales"[80].

Otra de las aportaciones importantes de la Historia de las mujeres ha sido la polémica suscitada en torno a la bipolaridad naturaleza/cultura, que además diseñó casi por completo las discusiones sobre el origen del patriarcado en un principio. Numerosos intelectuales atacaron las nuevas corrientes de pensamiento preconizando que si el origen de la opresión femenina estaba en la naturaleza, una lucha contra natura sería demasiado grave, por lo que las investigadoras debían abandonar sus reivindicaciones. Esta mediatización de las mujeres por razones pretendidamente naturales lleva a justificar la aplicación tradicional de los papeles y espacios, lleva a justificar la situación de discriminación de las mujeres por razones naturales (y no culturales), lleva a asegurar el poder público/político para los hombres, lleva a determinar los comportamientos sociales de hombres y mujeres, etc. Todo ello en el marco de un intencionado interés por mantener el orden social imperante, el que produce la ideología patriarcal dominante.

Asimismo, otro de los avances substanciales de la Historia de las Mujeres ha sido el cuestionamiento de la idea de progreso histórico en Occidente. No puede haber progreso político mientras no se incluya a las mujeres. La propia división aceptada de la Historia en épocas es cuestionada y se intenta analizar cómo afecta esta periodicidad a las mujeres. La historiadora Joan Kelly llega a preguntarse: "¿Tuvieron las mujeres Renacimiento?" y apunta que "Italia estuvo muy adelantada respecto al resto de Europa, aproximadamente desde 1350 a 1530, a causa de su temprana consolidación en auténticos estados, de la economía mercantil e industrial que los mantenía y del funcionamiento de unas relaciones sociales postfeudales e incluso postgremiales. Esos lazos reorganizaron la sociedad italiana según líneas modernas y abrieron las posibilidades de expresión social y cultural, que caracterizan el Renacimiento. Pero precisamente esos desarrollos afectaron adversamente a las mujeres hasta el punto de que no hubo renacimiento para ellas –o al menos no lo hubo durante el Renacimiento–"[81]. Marcela

[80] LERNER, Gerda: Ob. cit., p. 320.

[81] KELLY, Joan: "¿Tuvieron las mujeres Renacimiento?", en AMELANG, James y NASH, Mary (eds.): *Historia y género: Las mujeres en la Europa Moderna y Contemporánea*, Alfons el Magnànim, Valencia, 1990, pp. 93-126.

Lagarde sostiene que la modernidad fue pensada por los hombres a partir de sus necesidades e intereses y que se incluyó a las mujeres como enseres del menaje patriarcal. Dice la autora: "las mujeres entraron en la modernidad subsumidas en los hombres y en lo masculino, representadas y pensadas por ellos, amparadas bajo el manto de la humanidad"[82].

Una vez analizado el contexto en el que surge esta categoría (género), veamos qué es el género. La nueva acepción del término género nació del cuestionamiento de la dicotomía sexual masculino/femenino y está ligada al intento de deshacer el determinismo biológico de la misma. Una de las primeras conclusiones derivadas de la aparición del concepto de género fue reconocer que la desigualdad entre hombres y mujeres no es un hecho inmutable, de orden natural, sino que surge de una relación social e históricamente construida. Por eso los estudios de las mujeres "superan la mera presencia histórica de la mujer en su diferencia y tratan más bien de comprender el por qué y el cómo de las diferencias genéricas en su devenir histórico. Una historia que no se pretende marginal, sino implicada con los grandes temas históricos, en los que a su vez pretende influir"[83].

El surgimiento del concepto de género responde a la necesidad de crear nuevas categorías universalistas al introducir a las mujeres. Además, el término género viene a subrayar la seriedad académica de una obra, ya que género suena neutral y se ajusta a la terminología científica, mientras que hablar de investigaciones feministas o de mujeres se prestaba a conflictividad. El género rompe la polaridad público/privado y exterior/interior, porque rompe así mismo con el determinismo biológico, es decir con la justificación de la presencia de hombres y mujeres en uno u otro espacio por razones naturales. La identificación del sexo biológico con el género social es precisamente lo que las investigadoras en Estudios de la Mujer han denunciado. Así surgió el concepto de género: separando las cualidades humanas biológicas (sexo) y las cua-

[82] LAGARDE, Marcela: *Género y feminismo. Desarrollo humano y democracia*, Madrid, Horas y horas, 1996, p. 153.

[83] MORANT, Isabel: "Familia, amor y matrimonio. Un ensayo sobre historiografía", en *Actas de las VII Jornadas de investigación interdisciplinaria. Los estudios sobre la mujer: de la investigación a la docencia,* Madrid, Universidad Autónoma de Madrid, 1991, 574.

lidades humanas sociales, que serían llamadas género, e insistiendo en la cualidad fundamental social de las distinciones basadas en el sexo. El término género, como señala Joan W. Scott, "denota rechazo al determinismo biológico implícito en términos tales como 'sexo' o 'diferencia sexual'"[84]. El género es exclusivamente una creación social, es lo que el inconsciente colectivo entiende como ser socialmente un hombre o una mujer, es decir: el conjunto de atributos que se asociarían a cada categoría biológica en una determinada sociedad. La categoría género no es estable sino que puede ir cambiando de una sociedad a otra, ya que las características sociales de un género se crean y pueden ir variando a lo largo del espacio y el tiempo[85]. El género se refiere al simbolismo sexual de las diferentes sociedades y períodos y al imaginario colectivo, pero además está por encima de las categorías masculino y femenino ya que puede aplicarse a otras formas de socialización[86]. Ya Simone de Beauvoir establecía una diferenciación entre "nacer mujer y llegar a ser mujer".

El concepto tradicional de sexo masculino/sexo femenino está ligado a la larga tradición de creación de dicotomías: el bien/el mal, blanco/negro, masculino/femenino; dos polos que además se oponen diametralmente: el "demonio" es absolutamente malo y "Dios" absolutamente bueno. Es lo que Sandra Harding llama "esquemas de contraste" (lo femenino frente a lo masculino o lo africano frente a los europeo), cuyo origen está en definir a los grupos que optaban por subyugar como "otros"[87]. En el caso de los estereotipos de género también existe una base dicotómica, dos elementos que se oponen y se expresan a través de sus diferencias: los hombres y las mujeres. Así, en el inconsciente colectivo se crean dos modelos (masculino y femenino), aceptados por todos y todas a grandes rasgos con sus correspondientes

[84] SCOTT, Joan: "El género, una categoría útil para el análisis histórico", en AMELANG, James y NASH, Mary (eds.) *Historia y género: Las mujeres en la Europa Moderna y Contemporánea*, Valencia, Alfons el Magnanim, 1990, p. 24.

[85] Por ejemplo: ser socialmente masculino en Escocia no está reñido con llevar falda.

[86] Actualmente, transexuales masculinos de colectivos españoles hablan de "cambio de genitales" y no de "cambio de sexo", porque consideran que han pertenecido al mismo sexo (social) desde que nacieron, diferenciando de esta manera el sexo biológico (los genitales) del sexo social (el género) con el que siempre se han identificado.

[87] HARDING, Sandra: Ob. cit., 1996, p. 152.

características. En la práctica cotidiana, las características de uno y otro sexo son a veces intercambiables y hacen que el estereotipo de género se convierta en algo abstracto que puede corresponder tanto a uno como a otro sexo. Es decir, existen unas características de género que conforman el estereotipo, y estas características son creadas y compartidas por un grupo social concreto. El estereotipo de género no tiene por qué corresponder siempre con el sexo que representa y la persona que no se adapta al estereotipo de género es considerado/a generalmente como una anomalía. La desviación del modelo de género sería socialmente condenada con la intención de mantener el orden sexual imperante. Sin embargo, a juzgar por las últimas investigaciones realizadas por los psicólogos sociales, se ha comprobado que los "andróginos", personas que reunirían cualidades de ambas categorías, son los/as que tienen mayor éxito social. Me refiero a hombres ("femeninos") con cualidades que corresponden al estereotipo tradicionalmente femenino: sensibilidad, dulzura, capacidad de comunicación, etc y mujeres ("masculinas") con atributos ligados al estereotipo de género masculino: determinación, valor, inteligencia, etc. Lo cierto es que la adecuación personal a los estereotipos también responde a la necesidad de sentirse socialmente integrado. En conclusión, el género no está directamente determinado por el sexo (la biología) sino que se trata de una categoría cultural creada a partir de presupuestos sociales. Resulta obligado destacar que el origen y la evolución del concepto de género está ligado al movimiento feminista en su vertiente de producción del saber.

Esta nueva categoría de análisis es útil para entender nuestros propios estereotipos y actitudes respecto al hecho de ser hombres o mujeres, así como para aplicarla a las diferentes disciplinas del saber científico, pero también para comprender otras dinámicas de dominación sobre la base de la raza o de la clase social y, muy especialmente, para el estudio de la esclavitud en tanto que dinámica de dominación.

El hecho de que la esclavitud en la España del siglo XVI se desarrolle fundamentalmente en el ámbito doméstico, urbano, y que esté muy feminizada, no implica, como se ha venido escribiendo, improductividad. De hecho, esta idea de no-productividad del sector doméstico es una de las lacras que venimos arrastrando en la historia tradicional de las sociedades urbanas con personas esclavizadas. Pierre Dockes lo expresa en los siguientes términos: "Hay sociedades, en especial, donde los esclavos prestan exclusivamente servicios domésticos, en las que son raros los que trabajan de una manera productiva"[88]. El origen de esta imagen arranca de la infravaloración del trabajo femenino y, por tanto, de la economía doméstica. La relación entre mujeres y domesticidad ha producido la desestimación del trabajo desarrollado en torno al espacio casa donde se encuentran representadas la mayoría de las personas esclavizadas en el siglo XVI. Sin embargo, la reprobación moral del trabajo esclavo en las minas o las explotaciones rurales resulta mucho más asequible que la reprobación del trabajo doméstico; un trabajo que continúa estando infravalorado en nuestras sociedades actuales. El análisis histórico de la esclavitud se debe plantear desde la introducción de las nuevas aportaciones de la Historia y la Antropología de las mujeres.

3. LAS FUENTES PARA EL ESTUDIO DE LA ESCLAVITUD

En este capítulo trataré de las posibilidades de exploración de los distintos tipos de documentos relativos a la esclavitud que he examinado sistemáticamente[89]. Considero que la clave está en conjugar los diferentes fondos documentales para llegar a una mejor comprensión del fenómeno esclavista.

3.1. *Fuentes notariales*

El soporte documental más importante de esta investigación lo constituyen las escrituras notariales conservadas en el Archivo de Protocolos de Granada. La documentación protocolaria es una fuente privilegiada para la reconstrucción de la Historia social y muy especialmente para el estudio de la esclavitud. Precisamente, el interés de esta fuente se halla en su carácter de registro ordinario ya que constituye uno de los más fieles reflejos de la cotidianidad. La calidad de los protocolos como fuente primaria tiene cada día más relevancia en las nuevas corrientes historiográficas. En lo referente al estudio de la esclavitud en

[88] DOCKES, Pierre: Ob. cit.,1984, p. 90.

[89] La transcripción de una selección de documentos de interés para el estudio de la esclavitud se puede consultar en el Apéndice documental.

la España de los tiempos modernos, las fuentes notariales tienen la cualidad de acercarnos más a la realidad que las fuentes oficiales, mucho más interesadas y manipuladas. Explotada con los soportes informáticos actuales, esta fuente permite el tratamiento estadístico seriado de una gran cantidad de datos relativos tanto a la población esclava como a sus propietarios. Para obtener un cuadro estadístico y porcentual de la realidad económico-social de la esclavitud (procedencias, edades, precios, profesiones de los propietarios, etc) en cualquier ciudad es imprescindible el estudio de los protocolos notariales. Es de destacar que a pesar de su carácter público pueden hallarse referencias a la afectividad y las relaciones humanas, imprescindibles para la Historia de las mentalidades.

Sin embargo, es cierto que la documentación notarial es una de las más áridas, entre otras razones porque, al menos en Granada, no existen índices ni catálogos de ningún tipo[90]. Por otro lado, la caligrafía de los escribanos está a menudo especialmente descuidada, ya que se trata de contratos y cartas seriadas para las que no hacía falta prestar más atención de la justa.

He trabajado sobre un total de 178 legajos que cubren el siglo XVI dividiéndolo en varios periodos fundamentales: a) principios de siglo: de 1502, año del que data el primer protocolo conservado, a 1545; b) el periodo anterior a la sublevación de las Alpujarras, 1560-1567; c) los años de la guerra en las montañas alpujarreñas 1569-1571; e) el periodo posterior al levantamiento, 1572-1580; f) finales de siglo, el año 1590. Esta división cronológica podría transmitirnos la idea de una repartición equitativa del número de legajos por años, sin embargo, nada más lejos de la realidad. Para los primeros 26 años del siglo (1502-1528) sólo se conservan 30 legajos, es decir una media 1,1 legajo por año. La media de legajos por año aumenta a 1,5 en los 15 años siguientes; pero en los 20 años que van desde 1560 a 1580 la media se dispara a 5,8 legajos por año. Esto implica que, a medida que vamos avanzando cronológicamente a lo largo del siglo XVI, el total de documentación conservada por año crece sensiblemente.

[90] Esto implica que es necesario leer, al menos, el principio de cada uno de los documentos que componen cada legajo y seleccionar aquellos que son útiles para nuestra investigación.

El total de documentos notariales analizados para el estudio de la esclavitud en la Granada del siglo XVI es de 2.449; de ellos 1.641 cartas de compraventas, 444 ventas de esclavos/as en almoneda, 253 cartas de horro, 20 cartas de poder, 12 cartas de trueque, 2 cartas de servicio de libertos, 4 cartas de soldada de esclavos/as, 45 testamentos, 10 inventarios de bienes, 8 cartas de obligación de pago de rescate, 3 donaciones de esclavos y 7 dotes. He recopilado sistemáticamente todas las cartas de compraventa de personas esclavizadas, así como las ventas en almoneda y las cartas de horro[91]. La media de folios por cada compraventa y cada carta de horro puede variar de uno a seis[92]. He podido comprobar que el texto jurídico de las mismas apenas si evoluciona durante los siglos XVI, XVII y XVIII, repitiéndose los mismos formulismos legales a lo largo de las tres centurias[93].

La documentación notarial ha sufrido pérdidas importantes, se habla de la desaparición de, al menos, seis décimas partes en Granada a raíz de un incendio que tuvo lugar en 1832. En todas las épocas han desaparecido documentos[94], pero ello no impide que podamos realizar un riguroso estudio de la sociedad de la época a partir de las fuentes conservadas, que además, en el caso de la Granada del quinientos, son especialmente abundamentes si establecemos comparaciones con otras épocas y otros espacios.

Por lo que se refiere a las compraventas, los esclavos de ambos sexos no pasan de ser una mera mercancía en estos documentos, uno de los tipos de escritura notarial fundamental para el estudio de la esclavitud. Esclavos y esclavas constituyen en las compraventas un bien objeto de transacción comercial del que se especifican sus características dentro de una lógica de dominación absoluta: el nombre (y en algunos casos el apellido), el color de la piel, el lugar de procedencia (que no aparece en todos los registros aunque sí en buena

[91] Pero, el resto de la documentación notarial no se ha consultado de manera seriada puesto que no era necesario.

[92] En las notas de pie de página únicamente señalaré el número del primer folio.

[93] Véase el Apéndice documental.

[94] Por ejemplo, con motivo del levantamiento de los moriscos alpujarreños se quemaron algunos protocolos de los pueblos sublevados. El escribano de Galera señala que: "los registros y protocolos del dicho año con el lebantamiento sucedido en la dicha billa sería posible no parezer más y averse quemado como otras cosas". APG, Leg. fol 230, 1569.

parte de ellos), la edad, las cualidades o defectos físicos de la persona vendida, algunas características psicológicas o rasgos anímicos y el precio. Este mapa básico puede ampliarse o reducirse según el escribano, las etapas cronológicas, la voluntad de los compradores, etc. Si bien la rigidez de la documentación protocolaria puede ser un factor en su contra, la gama de datos que he podido obtener a partir de una recopilación sistemática de la información contenida en más de 2.000 escrituras, me ha permitido la producción de estadísticas, tablas y cuadros de gran fidelidad histórica. No sólo he podido acercarme a la población esclava sino también a sus propietarios, de los que se informa sobre su nombre y apellidos, oficios, lugar de residencia, parroquia, etc.

Es indudable que la fuente nos ofrece unos paradigmas informativos que se enmarcan en la mentalidad de la época, es decir vehículados a través de una ideología patriarcal, sexista y racista. Las lagunas son muchas, y a veces las interrogaciones quedan en suspenso. Sin embargo, la documentación notarial nunca se podrá medir igual que las fuentes literarias en las que los autores plasman de manera mucho más contundente su subjetividad.

Otra de las escrituras más relevantes de las fuentes notariales para el estudio de la esclavitud son las cartas de horro (o de libertad); instrumento jurídico que establece la liberación para las personas esclavizadas. La información contenida en este tipo de documento es menos rígida que la de las cartas de compraventa. Las ahorrías nos permiten asimismo estudiar el precio del rescate. A menudo se señalan las razones de la liberación y a veces se especifica cómo llegó el esclavo o la esclava a manos del propietario (o si es nacido en casa). Los dueños renuncian al derecho de servidumbre y se da poder a la personas liberada para que pueda disponer de su voluntad e incluso pueda hacer testamento; además, los propietarios se obligan a no revocar la escritura. Las cartas de ahorría eran utilizadas por los libertos y libertas como salvoconducto ante las autoridades.

Los dos tipos de escrituras protocolarias expuestos hasta el momento constituyen el cuerpo central de documentos utilizados. Pero, cabe señalar que la documentación testamentaria tampoco ha sido suficientemente explotada para el estudio de la esclavitud y, sin embargo, encierra numerosas novedades. La mayor parte de las referencias a personas esclavizadas encontradas en la documentación testamentaria mencionada me han sido facilitadas por Amalia García Pedraza, lo que le agradezco enormente[95].

En los testamentos, los dueños suelen expresar sentimientos hacia sus esclavos y sus esclavas; en ocasiones les ceden ciertos bienes en reconocimiento a sus servicios, generalmente los legan en herencia a algún familiar y, pocas veces, los liberan. En el caso de los testamentos, la liberación sólo es efectiva a partir de la muerte del testador como se expresa a través de la fórmula "desde el fin de mis días". La libertad concedida en los testamentos no siempre es total ya que puede estar condicionada por ciertas limitaciones.

Al igual que los testamentos, las cartas de servicio han sido un verdadero hallazgo no sólo porque no se habían utilizado con anterioridad para el estudio de la esclavitud, sino porque además de permitirme estudiar el paradero de algunos libertos contratados para trabajar, ofrecen la posibilidad de establecer comparaciones entre la rentabilidad de las personas esclavizadas y la de los trabajadores libres. Estos contratos nos permiten conocer los salarios medios y la situación de aprendices, criadas o jornaleros.

En cuanto a las dotes, estas escrituras ponen de relieve el carácter de propiedad privada de las personas esclavizadas. En estos documentos, esclavos y esclavas no pasan de ser meros bienes transmisibles. Igualmente, las obligaciones de pago permiten conocer, por ejemplo, las dificultades de las personas esclavizadas para pagar el precio de su rescate que, en numerosos casos, se ven forzadas a fraccionar el pago o comprometerse con algún fiador.

Los inventarios de bienes son especialmente relevantes para el estudio de las personas esclavizadas de la nobleza. Sin embargo, el análisis de las posesiones del pueblo llano que posee personas esclavizadas resulta asimismo sugestivo, ya que permite conocer el resto de las propiedades y situar al esclavo o la esclava respecto al valor total de las mismas.

[95] Tuve la suerte de trabajar en el Archivo de Protocolos al mismo tiempo que Amalia García Pedraza, cuya tesis doctoral sobre la muerte en la Granada del siglo XVI está basada en el estudio de los testamentos con una base documental de 1.600 escrituras de última voluntad. Esta investigadora ha recogido todos los testamentos de la primera mitad de siglo y ha realizado catas de cinco en cinco años (años acabados en 0 y en 5) para la segunda mitad de la centuria.

Los legajos del Colegio de notarios guardan en su interior otras sorpresas que nos informan de la realidad de la esclavitud en la Granada del siglo XVI, tales como las cartas de trueque en que se intercambian personas esclavas por otros bienes, ya sean animales, otras personas esclavizadas, etc. También las cartas de poder nos ofrecen información sobre esclavos y esclavas que han huido, ya que los dueños suelen apoderar a una persona de su confianza para que vaya en su busca.

En algún caso aislado he encontrado "perlas" notariales como licencias para que los esclavos y esclavas puedan pedir limosna o trabajar durante un tiempo concreto como jornaleros, y otras rarezas.

3.2. *Fuentes eclesiásticas*

Mi intención primera era combinar la documentación notarial con la parroquial, pero pronto me di cuenta de las pocas posibilidades de explotación de los registros parroquiales para el estudio de la esclavitud. No obstante, descubrí los interesante fondos del Archivo de la Curia Episcopal de Granada y su máxima relevancia para el estudio de la esclavitud.

Los libros de bautismos apenas si ofrecen información más allá del nombre aislado de los padrinos y madrinas (sin especificar la profesión en la inmensa mayoría de los casos). De hecho, los problemas de utilizar esta fuente para el estudio de la esclavitud son muchos. En primer lugar, no trabajamos con el número de nacimientos de madre esclava sino con un número indefinido de recién nacidos de condición esclava combinado con otro, también desconocido, de menores, adolescentes y adultos de ambos sexos, igualmente de condición esclava. En los registros de bautismo no se especifica generalmente la edad de las personas esclavizadas que reciben este sacramento por lo que resulta imposible estudiar la natalidad de las esclavas a partir de esta fuente. Tomemos como ejemplo, la parroquia de San Gil de Granada. Entre 1556 y 1571 se bautizan en dicha iglesia 49 personas esclavizadas, de ellas 34 esclavas, y 15 esclavos. La proporción se inclina poderosamente hacia el sexo femenino, por lo que podríamos pensar que nacen más niñas esclavas que niños. Pero, si analizamos los bautizos de "pobres", observaremos que en el mismo periodo espacial se bautizan 45 mujeres y 49 hombres, lo que sí responde a una proporción más igualitaria, y por tanto, más "natural". Este último porcentaje sexual corrobora que se trata de recién nacidos/as, mientras que el de pe. esclavizadas desvela la presencia mayoritaria de adultos y jóvene. hecho, en varios casos la propia documentación especifica que se trata de adolescentes.

En segundo lugar, el número de bautizos de personas esclavizadas tampoco corresponde al número de esclavos y esclavas residentes en cada barrio. Muchas personas esclavizadas fueron bautizadas antes de salir de África Negra o de Orán; otras veces los propietarios no ponen interés en bautizar a sus esclavos/as y éstos permanecen sin cristianar durante años y, por último, no se bautiza a una persona esclavizada cada vez que cambia de propietario lo que era bastante habitual a lo largo de todo el siglo XVI. Por tanto, el estudio del contingente esclavo residente en cada barrio a través del análisis de los registros de bautismo no es efectivo. Es más, tampoco podemos sacar conclusiones sobre las profesiones de los propietarios ni el color o la procedencia de las personas esclavizadas, ya que, al menos en la parroquias granadinas, apenas se ofrecen estos datos en los registros parroquiales.

No obstante, una de las ventajas de esta fuente es la rapidez con que podemos obtener la información contenida en los libros parroquiales de bautismo. Pero, indudablemente se han exagerado las posibilidades de explotación de los bautizos para el estudio de la esclavitud. A pesar de lo dicho, he creído conveniente obtener una muestra de bautizos de esclavas y esclavos en iglesias granadinas; tanto de la parte alta de la ciudad (el Albaicín), originariamente poblada por moriscos, como de la ciudad baja habitada principalmente por cristianos.

En cuanto a los registros parroquiales de desposorios, esta fuente tampoco constituye una documentación crucial para el estudio de la esclavitud. Lo único que nos revela son las dificultades que tenían las personas esclavizadas para casarse, ya que la proporción de matrimonios es ínfima. Por ejemplo, en la parroquia del Sagrario, una de las colaciones granadinas de mayor densidad de población, únicamente se casan 3 parejas de personas esclavizadas en los doce años que van desde 1568 a 1579. En los registros matrimoniales no se recoge ningún dato sobre los cónyuges, ni la edad, ni el color, ni la procedencia y apenas se ofrecen datos sobre las profesiones de los propietarios.

Muchísimo más interesante, pero también más árida, es la documentación conservada en el Archivo de la Curia Episcopal de Granada. Me refiero a los expedientes matrimoniales de personas esclavizadas, así como de libertos. Esta fuente no ha sido jamás explotada para el estudio de la esclavitud y ofrece unas posibilidades inmensas. Es, sin duda, la fuente eclesiástica más relevante para conocer la vida de las personas esclavizadas. El caso de Granada es verdaderamente excepcional, ya que me consta que ni en Sevilla ni en Málaga se han encontrado expedientes matrimoniales de este tipo[96].

Indiscutiblemente, los expedientes, junto con los pleitos, son la documentación que más permite acercarse a las vidas de las personas esclavizadas. Cada expediente matrimonial consta al menos de treinta folios en los que se redactan todas las peripecias sufridas por las parejas con el fin de unirse en matrimonio.

En el archivo de la Curia de Granada se conservan siete sugestivos expedientes matrimoniales de esclavos y esclavas correspondientes al siglo XVI (entre los años 1581 y 1597); sin embargo, su número aumenta notablemente conforme avanzamos en el tiempo, ya que para el siglo XVII he podido recopilar más de 30 expedientes. Aunque se trata de un periodo fuera de los límites que había fijado para mi trabajo, he utilizado esta documentación para entender la lógica de la esclavitud que no dista, en líneas generales, de un siglo a otro.

Los casamientos solían convertirse en dilatadas batallas que llegaban a prolongarse durante años, por lo que el detalle de la información contenida en los expedientes matrimoniales resulta muy elocuente. En los expedientes se relatan situaciones pintorescas que van desde cómo un propietario ha escondido a su esclava en casa de un familiar para impedirle que se case hasta el número de días en que una pareja de esclavos casados pueden mantener relaciones sexuales.

La disposición general de los expedientes matrimoniales suele repetirse, aunque a veces presente variaciones no muy significativas. Las partes en que considero se pueden dividir éstos documentos son: declaración de voluntad de casamiento por parte de los contrayentes, pedimiento de notificación a los propietarios/as, notificación a los mismos/as y penas impuestas en caso de que se opongan, confesiones de los contrayentes, impedimentos interpuestos por los propietarios, declaraciones de los testigos y, por último, resolución del casamiento. En ciertas ocasiones el proceso se alarga enormemente sin que se llegue a

[96] Alexis Bernard en Sevilla y Juan Jesús Bravo Caro en Málaga me han informado de la inexistencia de esta fuente en ambas ciudades.

tomar una resolución, otras veces las últimas páginas no se han conservado hasta nuestros días sin razón aparente y en contadas ocasiones el matrimonio llega a buen fin.

He analizado igualmente los fondos del Archivo de la Abadía del Sacromonte, apenas conocidos, los cuales me han sido de utilidad para entender algunos aspectos de la esclavitud. Quizá lo más representativo de la información localizada en la Abadía sea una instrucción del arzobispo Don Pedro Vaca de Castro y Quiñones sobre la examinación de esclavos de Guinea contenida en el apéndice documental[97].

Para completar el análisis poblacional granadino respecto a la esclavitud, he estudiado un Censo de Granada realizado en 1561 y conservado en el Archivo de Simancas, el cual consta de 533 páginas. El estudio pormenorizado y sistemático de este censo me ha permitido el análisis estadístico y el conocimiento de la población esclava de Granada antes de la rebelión de las Alpujarras. El censo fue realizado por las autoridades eclesiásticas con la intención de controlar la población en edad de confesar residente en cada uno de los barrios de la ciudad.

Los censos y padrones de la España de los tiempos modernos que han llegado hasta nuestros días constituyen una de las fuentes más fiables para realizar estadísticas sobre el número de personas esclavizadas residentes en cada ciudad. El censo de 1561 tiene un indudable valor histórico para el análisis de la esclavitud en la ciudad de Granada, ya que en él se detallan todos los vecinos y vecinas en edad de confesar que residen en cada una de las casas de la ciudad. Asimismo se suele especificar la profesión de los propietarios y el color de las personas esclavizadas. En alguna parroquia se precisa, además, la calidad de bozal o ladino. Esta relación incluye igualmente al resto de la servidumbre doméstica residente en casa de los señores. De esta forma, he podido reconstruir las cifras globales de población esclava y libre de Granada, así como el número de dependientes libres y esclavos en cada casa. Este tipo de documentación no se había utilizado hasta el momento para el estudio de la esclavitud en ninguna ciudad de la España de los tiempos modernos.

Por último, comentar que el Archivo de la Diputación de Granada, que en un primer momento me decepcionó debido a no haber consegui-

[97] Apéndice documental, p. 502.

do ninguna información sobre personas esclavizadas en la sección de Hospitales, me proporcionó posteriormente una agradable sorpresa ya que uno de los testigos del proceso de beatificación de San Juan de Dios, cuya copia se conserva en este archivo, es un anciano esclavo, nacido en Granada, que relata sus experiencias con el santo.

3.3. *Fuentes judiciales*

Las Ordenanzas locales de las diversas ciudades andaluzas nos ofrecen, en general, una imagen bastante distorsionada de las personas esclavizadas: se les acusa reiteradamente de ladrones, se prohíbe que entren a lugares públicos, etc. Se trata de un discurso oficial realizado por y desde la ideología dominante que nos ofrece una percepción interesada y manipulada del fenómeno esclavista y de la población esclava.

El objetivo de la mayor parte de las ordenanzas es reprimir al colectivo de personas esclavizadas para mantenerlas dentro del orden estipulado por el poder. No obstante, considero que su estudio es de suma importancia para el conocimiento de la realidad social de la esclavitud. Por ello, he procedido al análisis de las Ordenanzas de Granada.

La nobleza no se acerca, generalmente, a los mercados urbanos para comprar personas esclavizadas. El número de nobles que aparecen en la documentación notarial comprando o vendiendo esclavos en el mercado granadino es ínfimo. Sin embargo, el análisis de los inventarios de bienes nos ofrece una visión muy distinta: los nobles tienen un elevado número de esclavos. No obstante, es difícil localizar estas relaciones de propiedades. He analizado el inventario del Duque de Medina Sidonia conservado en el Archivo de la Chancillería y el del III Conde de Feria en el Archivo Ducal de Medinaceli.

En cuanto a las fuentes inquisitoriales también ofrecen una visión deformada de la realidad, sin embargo, permiten el conocimiento de situaciones peculiares. Los fondos inquisitoriales del Archivo Histórico Nacional relativos a Granada han sido estudiados por José María García Fuentes y Mª Ángeles Fernández, y me han ofrecido una visión diferente de la realidad de los esclavos granadinos. Por ejemplo, el culto animista, la hechicería de las esclavas o la pervivencia del Islam se puede analizar casi exclusiavamente a través de esta documentación. A pesar de que numerosos historiadores consideran que las fuentes inquisitoriales representan un fondo viciado, creo que la documentación del Santo Oficio es tan válida como las demás siempre que seamos conscientes de su contexto y no tendamos a generalizar a partir de las mismas.

Por último, los pleitos conservados en el Archivo de la Chancillería granadina son documentos de gran riqueza que nos aportan muchísimos datos sobre la vida cotidiana de las personas esclavizadas y que me han permitido indagar otros aspectos de la esclavitud. Entre ellos, los pleitos por la libertad entablados por moriscas esclavizadas en edades inferiores a la estipulada por las leyes. Sin embargo, se trata de una paradoja legal: si la población esclava no tiene derechos ¿cómo es posible que puedan emprender pleitos por su libertad? Ocurre, como en todas partes, que existen una serie de adecuaciones y resistencias a la ley necesarias para el buen funcionamiento del sistema que permiten circunstancias contradictorias.

CAPÍTULO 2
EL PENSAMIENTO POLÍTICO, LA CORONA Y LA IGLESIA FRENTE A LA ESCLAVITUD

1. LA ESCLAVITUD EN EL PENSAMIENTO DE LA ÉPOCA

1.1. *La esclavitud no es un fenómeno histórico nuevo en la península ibérica*

La esclavitud en la península ibérica está lejos de ser un fenómeno histórico nuevo, ni mucho menos un fenómeno propio del siglo XVI; griegos y cartaginenses trajeron consigo la práctica esclavista, pero la ocupación romana fue la que desarrolló el fenómeno más ampliamente. Según Julio Mangas Manjarrés, al menos durante los dos primeros siglos después de Cristo, la mano de obra esclava era de primera importancia para la España romana[1]. Estrabón en su *Geografía* asegura que los romanos tenían empleados gran cantidad de trabajadores en la explotación de las minas de plata de Cartago Nova, de los cuales una buena parte eran esclavos[2]. También el gaditano Columela nacido en el siglo I d.C, en su tratado *De los trabajos del campo*, habla de la mano de obra esclava en la agricultura[3]. Aunque la esclavitud en la España visigoda no ha sido estudiada en profundidad, parece ser que el clero fue uno de los grupos de propietarios mayoritario en la época[4].

[1] MANGAS MANJARRÉS, Julio: *Esclavos y libertos y en la España romana*, Universidad de Salamanca, 1971.

[2] GARCÍA MERCADAL, J.: *Viajes de Extranjeros por España y Portugal de los tiempos más remotos al siglo XVI*, Aguilar, Madrid, 1952, p. 110.

[3] COLUMELA: *De re rústica* ("De agricultura..."), Gredos.

[4] SANZ AGÜERO, M.: *Historia de España. Los visigodos*, Madrid, 1978.

ırmente, los musulmanes mantienen e incrementan la escla-
ıue formaba parte de su tradición. La entrada de los musulmanes en la península ibérica en el 711 y su permanencia hasta el siglo XV, hace de España, y muy especialmente de Andalucía, un espacio peculiar y diverso del resto de los países europeos. A diferencia de lo que pasa en éstos, la esclavitud aquí era un fenómeno cotidiano.

Por otra parte, la hostilidad entre cristianos y musulmanes alimentó durante siglos un valioso tráfico esclavista. Si la esclavitud se desarrolla por contacto entre dos civilizaciones antagónicas; la guerra y el comercio, sus condiciones indispensables, estaban aseguradas. Esta coyuntura peninsular contribuyó al surgimiento de la figura de los alfaqueques medievales, profesionales bilingües que pululaban de un lado a otro de la frontera dedicados al rescate de las personas esclavizadas[5]. Dicho sea de paso, la actividad de los alfaqueques levantó sospechas de espionaje, hasta el punto que los Reyes Católicos ordenaron su prohibición en 1487[6].

Varios procesos esclavistas actuaron simultáneamente en la península ibérica durante la época medieval: Al-Andalus registraba, además de la esclavitud de los cristianos, la entrada de personas esclavizadas procedentes de las rutas comerciales que atravesaban el desierto del Sahara. Por otra parte, la zona cristiana contaba con población esclava procedente de los territorios musulmanes peninsulares, con mudéjares[7] capturados en los enfrentamientos bélicos entre los cristianos, con rebeldes sublevados (Reino de Aragón)[8] y

[5] TORRES FONTES, Juan: "Los alfaqueques castellanos en la frontera de Granada", *Homenaje a D. Agustín Millares Carlo*, vol II, Las Palmas, 1975, pp. 99-116. CARRIAZO, Juan de Mata: *En la frontera de Granada*, Sevilla, 1971.

[6] LADERO QUESADA, Miguel Angel: "La esclavitud por guerra a fines del siglo XV: el caso de Málaga", *Hispania*, nº 27, 1967, p. 7.

[7] El estatuto de mudéjar para los musulmanes residentes en España se mantuvo hasta su conversión obligatoria.

[8] Por otro lado, los rebeldes eran condenados, en ciertas circunstancias, a la esclavitud como ocurrió en el siglo XIV, en que numerosos sublevados de Cerdeña fueron vendidos como esclavos en el Reino de Aragón. Incluso Pedro el Ceremonioso empleó esclavos sardos para vigilar los bosques de su propiedad en Valldura. MADURELL MARIMON, J.: "Los seguros de vida en Barcelona", *Anuario de Historia del Derecho español*, XXV, 1955, pp. 123-188. Véase igualmente para Cataluña SALICRÜ I LLUCH, Roser: "Propietaris d'esclaus a l'àmbit rural de la vegueria de Barcelona segons el Llibre de la Guarda de 1425. El cas del Maresme", *X Sessió d'estudis mataronins*, Museu Arxiu de Santa María, Mataró, 1994, pp. 115-125. De la misma autora: "Dels capítols de 1413 als de 1422: Un primer intent de fer viable la guarda d'esclaus de la Generalitat de Catalunya", *Pedralbes* nº 13, 1993, pp. 355-366.

berberiscos[9], además, los negroafricanos comenzaron a for[illegible] del conjunto de personas esclavizadas sobre todo a parti[illegible] descubrimientos portugueses del siglo XV. Por lo que respe[illegible] la Granada musulmana, el viajero Jerónimo Münzer manifestó: "Era Granada cárcel horrible de cristianos, en la cual, por lo general, quince o veinte mil de ellos cada año se veían forzados en durísima esclavitud y arrastrando cadenas, a labrar la tierra como bestias, y a desempeñar los más inmundos trabajos"[10]. Según Miguel Ángel Ladero Quesada, "cierta tradición granadina sostiene que fueron cristianos cautivos quienes trabajaron en la construcción de algunas partes de la Alhambra: por ejemplo, la Torre de los Picos"[11].

La profusión de esclavos cristianos en manos de "infieles" peninsulares, pero también en poder de musulmanes norteafricanos, marcó definitivamente la trayectoria de dos órdenes religiosas: la de los mercedarios y los trinitarios, cuya labor piadosa se consagró al rescate de cautivos en territorio musulmán. La imagen popular de una Granada medieval en que cohabitaron pacíficamente las tres culturas confesionales más poderosas: cristianos, musulmanes y judíos, quizá sea más legendaria que real. Los continuos enfrentamientos entre los miembros de la tríada se hacen patentes a través de la esclavización de personas pertenecientes a una u otra cultura.

A medida que la unificación cristiana iba avanzando, cada nueva conquista iba acompañada de un botín humano. A finales del siglo XV, debido a estas razones, existían en España un importante contingente esclavo integrado por musulmanes del reino de Granada[12], berberiscos[13], negroafricanos y canarios[14].

[9] Berbería es el nombre que recibía antiguamente el actual norte de África: de Trípoli, por el este, a la costa atlántica marroquí por el oeste, tierras de la actual Libia, Túnez, Argelia y Marruecos.

[10] MUNZER, Jerónimo: *Viaje por España y Portugal. Reino de Granada*, Tat, Granada, 1987, p. 50. Una edición que sólo incluye el viaje de Munzer al Reino de Granada.

[11] LADERO QUESADA, Miguel Ángel: *Granada, historia de un país islámico (1232-1571)*, Gredos, Madrid, 1989 (la primera edición es de 1969), p. 169.

[12] Musulmanes y musulmanas originarios del reino de Granada fueron exportados al resto de España y, muy probablemente a otras regiones mediterráneas. En 1495, aparece en Balladur (en el rio Jalón) una esclava musulmana natural del reino de Granada que se llamaba Fátima. LEDESMA RUBIO, Mª Luisa: Ob. cit., 1996, p. 105.

[13] Existe abundante documentación, principalmente en la segunda mitad del siglo XV, sobre ataques por parte de marinos andaluces en las costas de Berbería que raportaban

La mayor parte de la península ibérica, como hemos visto, y, sin lugar a dudas, Andalucía, conoció la esclavitud en todo tiempo sobre su propio suelo, desde la llegada de los romanos hasta la unificación de la península bajo el poder católico en 1492. En consecuencia, la esclavitud no es un fenómeno nuevo en la Granada del siglo XVI, sino que había formado parte, aunque en distinto grado, de todas y cada una de las etapas históricas anteriores.

1.2. *La esclavitud estaba totalmente asumida por los teóricos de la época*

La esclavitud estaba completamente asumida por prácticamente todos los grandes teóricos de la época, siendo el pensamiento aristotélico el corpus en que se basaban para justificarla. Aristóteles en su *Política* estableció una clara diferencia entre los que han nacido amos y los que nacen esclavos, presentando las diferencias sociales como naturales y, por tanto, inmutables: "Aquellos hombres que difieren tanto de los demás como el cuerpo del alma y la bestia del hombre (...) son por naturaleza esclavos". Nadie se atrevió ni quiso cuestionar abiertamente al filósofo griego, ni siquiera Francisco de Vitoria, quien comentando el texto de Aristóteles afirma: "Quiere decir que hay en ellos una necesidad natural de ser recogidos y gobernados por otros, y que es bueno para ellos estar sometidos a otros, como los hijos necesitan estar sometidos a los padres y la mujer al marido"[15].

Hace ya tiempo, el profesor Antonio Domínguez Ortiz en un artículo célebre expresó su decepción al constatar que ninguno de los gran-

---

cautivos y otros trofeos, y de las que a menudo tenemos noticias por el cobro del quinto real sobre su producto. GARCÍA ARENAL, Mercedes: *Los españoles en el Norte de Africa.* Lorenzo de Padilla con 50 caballeros y 700 peones de Jérez trajo 400 cautivas y cautivos berberiscos. JIMÉNEZ DE ESPADA, M.: *La guerra contra el moro a fines del siglo XV*, Ceuta, 1940, p. 32.

[14] Los corsarios españoles hacían frecuentemente incursiones en las costas de Berbería llegando hasta Canarias, dónde también capturaban a los campesinos y campesinas autóctonos, vendiéndolos posteriormente como esclavos.

[15] VITORIA, Francisco de: *Relictio de Indis. Corpus Hispanorun de pace*, CSIC, Madrid, 1989, p. 73.

des teóricos del Siglo de Oro formula una condena tajante de la esclavitud[16]. Y es verdad, todos la justifican si no por naturaleza, sí por "guerra justa". El que vencía podía perdonar la vida del vencido a cambio de esclavizarla. Una vez esclavizada, la persona entraba en el mercado esclavista que nadie cuestionaba a estas alturas. Por ejemplo, Tomás de Mercado, era consciente de las injusticias que se producían a consecuencia de la esclavitud sin que existiese enfrentamiento bélico: "Como los portugueses y castellanos dan tanto por un negro, sin que haya guerra (...) desta manera vienen infinitos cautivos contra toda justicia"[17]. Pero no se planteaba ningún tipo de injusticia al hablar del mercado negrero: "cautivar o vender negro, o cualquier otra gente, es negocio lícito y de derecho de gentes"[18]. Por su parte, Bartolomé de Albornoz escribió que no tocaba a los propietarios investigar las circunstancias en que fueron cautivadas estas personas, porque su venta era legal en el Reino[19].

Como vemos, la naturaleza o la guerra justa podían ser causas suficientes para la esclavización. A los más les gustaba no indagar las causas sino justificar el fenómeno esclavista en sí mismo y algunos lo veían incluso como una acción querida por Dios: "Oh, quién será tan ciego, que no eche de ver las grandes misericordias que ha usado Dios con hombres bozales por medio de la esclavitud trayéndolos a poder de señores cristianos que les han dado la luz del Evangelio!"[20].

Tal fuerza cobra la idea que incluso Martín González de Cellorigo se distancia en este punto de Jean Bodino, uno de los pensadores más críticos en lo que a la esclavitud respecta[21]. Opina, en contra del francés, que en el estado de España al filo del seiscientos "lo que conviene

[16] DOMINGUEZ ORTIZ, Antonio "La esclavitud en Castilla durante la Edad Moderna", *Estudios de Historia Social de España*, Tomo II, Instituto Balmes, Madrid, 1952, p. 406.

[17] De MERCADO, Tomás: *Suma de Tratos y Contratos*, Nicolás Sánchez Albornoz (ed.), Instituto de Estudios Fiscales, Madrid , 1977 (original de 1571). *Biblioteca de autores españoles. Obras escogidas de filósofos,* Atlas, Madrid, 1953, p. 277.

[18] Ibidem, p. 275.

[19] "¿Qué se yo si el esclavo cautivado fué justamente captivado?" se pregunta Bartolomé de ALBORNOZ: "De la esclavitud", *Biblioteca de Autores Españoles.Obras escogidas de filósofos*, Atlas, Madrid, 1953, p. 232.

[20] MÁRQUEZ, Fray Juan: *El Gobernador Christiano*, libro 1, capítulo II.

[21] BODINO, Jean: *Los seis libros de la República*, libro I, cap. V, edición del Instituto de Estudios Políticos, Caracas, 1966.

es que introduciendo una ley o costumbre se vaya continuando la admisión de esclavos (...) porque no hay quien sujete nuestros españoles a los oficios serviles, ni a las artes mecánicas ni a la labor del campo"[22]. Sin duda, el célebre publicista exagera, pero deja muy claro que, en la práctica nadie cuestiona la esclavitud, evidentemente por los beneficios que ésta pudiera reportar.

1.3. *"Nunca tuvieron este trato por ilícito"*

La imagen de un tratamiento más benévolo por parte de los españoles hacia sus esclavos y esclavas es un reflexión que se repite con relativa frecuencia en la historiografía española. De hecho, se tiende a considerar que si la "Guinea"[23] de entonces hubiese sido española se hubiesen aplicado en ella otros principios[24]. A mi modo de ver, los españoles fueron excluidos del monopolio del comercio esclavista negroafricano por razones externas a su voluntad; ya que, de hecho, rivalizaron con los portugueses en la colonización del continente africano. Prueba de ello son los tratados de Tordesillas (1494), Alcaçovas (1479-80) y Sintra (1509) para dividir las competencias castellana y portuguesa en África. Por parte castellana, las expediciones al África Occidental Subsahariana se iniciaron entre 1474-1479; en ellas destacaron los andaluces[25]. Es más, ni castellanos ni canarios respetaron los pactos mencionados, y a pesar de ellos, realizaban cabalgadas en el Cabo de Arguin, el río Senegal, Guinea y Cabo Verde hasta bien entrado el siglo XVI[26].

[22] GONZÁLEZ DE CELLORIGO, Martín: *Memorial de la política necesaria y útil restauración a la república de España*, Instituto de Estudios Fiscales, Madrid, 1991, p. 69.

[23] Para ubicar el espacio conocido entonces como Guinea véase el mapa 2. El espacio corresponde *grosso modo* a los actuales países de Senegal, Gambia, Guinea Bissau, Guinea Conakry, parte de Mali y de Burkina Fasso.

[24] En este sentido, Antonio Domínguez Ortiz sostiene que: "si la Guinea hubiera sido española se hubieran aplicado en ella los mismos principios de libertad que en las Indias Occidentales. Pero eran los portugueses los que monopolizaban aquel tráfico y sobre ellos se hacía recaer la responsabilidad de que la esclavitud de los negros fuera o no justa". DOMINGUEZ ORTIZ, Antonio: Ob. cit., 1952, p. 409.

[25] PÉREZ EMBID, F.: *Los descubrimientos en el Atlántico y la rivalidad castellano-portuguesa hasta el tratado de Tordesillas*, Sevilla, 1948, p. 214.

[26] LOBO CABRERA, Manuel: *La esclavitud en las Canarias orientales en el siglo XVI. Negros, moros y moriscos*, Cabildo Insultar de Gran Canaria, 1982, pp. 100-103.

De hecho, una parte de éstas personas esclavizadas era exp[illegible] España peninsular.

Asimismo, no debemos olvidar que eran españoles los que [illegible] ban la llegada de los barcos negreros a América para comprar su cargamento humano. No se alzaron voces en contra de la esclavización de los canarios, frente a las costas africanas; ni de los moriscos, naturales de España. Es más, la documentación de la Bailía prueba la existencia de mercaderes españoles dedicados a gran escala a la trata negroafricana, los cuales desembarcaban su "mercancía", procedente de Guinea, en el puerto de Valencia[27].

Por lo que respecta a las razones de la no-exportación de poblaciones indígenas americanas, desde mi punto de vista, pueden tener más que ver con su baja rentabilidad que con una ideología contraria a la esclavitud. En el relato de viaje de Michele di Cunero, que acompañó a Antonio de Torres en las carabelas con 150 cautivos embarcados, se asegura que la mayoría de los indios embarcados hacia España murieron "a causa del aire inhabitual, más frío que el suyo" y, posteriormente dice el texto: "Los lanzamos al mar (...) Desembarcamos a todos los esclavos y la mitad estaban enfermos (...). No son hombres habituados a trabajos duros"[28]. El conquistador Bernal Díaz del Castillo se expresaba en los siguientes términos: "Nosotros los soldados aportamos la mayor parte de las piezas (personas esclavizadas) que habíamos apresado, a fin de aplicarles el hierro de su majestad, una G que significaba guerra (...) Cortés nos había dicho y afirmado que las mejores piezas deberían entrar en subasta según su valor y las inferiores por un precio menor. Más tarde, cuando nos hicimos con unas indias muy bellas, muchos de nosotros soldados las escondimos y no las llevamos a marcar, diciendo que habían huido. Las que estaban reservadas a Cortés eran llevadas a marcar secretamente de noche, se las tasaba a su precio justo, se les aplicaba el hierro rojo y se pagaba el quinto real. He de decir que algunas de estas esclavas que estaban entre nosotros sabían por los soldados quienes eran buenos y quienes malos: quién trataba bien a las indias que tenía y quien las maltrataban"[29]. Este texto eviden-

[27] GRAULLERA SANZ, Vicente: *La esclavitud en Valencia en los siglos XVI y XVII*, Institución Alfonso el Magnánimo, Valencia, 1978, p. 175.

[28] Citado por DELAMARRE, Catherine y SALLARD, Bertrand: *Las mujeres en tiempos de los conquistadores*, Planeta, Barcelona, 1994.

[29] En DÍAZ DEL CASTILLO, B.: *Historia verídica de la Conquista de Nueva España*, 2 vol, 1987.

cia que los soldados españoles cautivaron mujeres indias, y que según la ideología sexista imperante, no hacían más que tomar posesión de los bienes de los vencidos, al igual que venían haciéndo con mujeres de otras poblaciones derrotadas. En palabras de Verena Stolcke: "Como en todas las guerra, las mujeres indígenas formaron parte del botín más codiciado por los españoles. Pero no se trataba simplemente del goce por la fuerza sino de una forma definitiva de sellar su victoria mediante la apropiación de aquello que, según la lógica de los conquistadores, era el máximo bien de los derrotados, sus mujeres"[30].

En mi opinión, nada indica que los españoles se hubiesen comportado de manera más benévola que los portugueses respecto a la esclavitud en caso de haber ejercido su dominio en el África atlántica occidental. Es importante no perder de vista que, para los cristianos, la trata de seres humanos era uno de los negocios más rentables en África Negra puesto que, a pesar de que la búsqueda del oro africano mantuvo durante mucho tiempo la atención de los europeos, los portugueses no consiguieron reconducir la producción del metal hacia la costa atlántica, de manera que los árabes continuaron beneficiándose del oro sudanés[31]. De hecho, las grandes pistas saharianas no cesaron de vehicular el oro en dirección al Magreb y a Egipto a pesar de la instalación de los portugueses en la costa de Guinea. Según Ferdinand Braudel, en la época de Felipe II, mientras Europa pasa al régimen de la plata americana, el Islam turco vivía aún del oro africano[32]. Por tanto, aunque se exportó cuero, pimienta, tejidos, etc, al continente europeo, no cabe duda que la trata de personas esclavizadas era el negocio más rentable para los explotadores de las costas africanas ya fuesen portugueses o castellanos. Lo contrario ocurre en América, donde el negocio de los metales nobles era mucho más lucrativo para los españoles que la trata de indígenas.

Por otro lado, la esclavitud se practicaba en el área africana conquistada por los portugueses desde la antigüedad. El comercio de personas

30 Para estudios de género, Verena STOLCKE: "Mujeres invadidas: la sangre en la conquista de América", *Cuadernos inacabados,* Horas y horas, Madrid, 1993, pp. 29-46.

31 Según Jean DEVISSE la búsqueda del oro africano mantuvo durante mucho tiempo la atención de los europeos. Ob., cit., p. 725.

32 BRAUDEL, Ferdinand: *La Méditerranée et le monde méditerranéeen à l'époque de Philipe II,* Armand Collin, París, 1966, p. 167.

esclavizadas formaba parte del funcionamiento de los Imperios africanos: los portugueses no llevaron la esclavitud a Guinea sino que se aprovecharon de un mercado ya existente. En cualquier caso, considero que no se puede justificar a través de la no exportación de indígenas americanos al continente europeo lo que hubiera ocurrido de haber conquistado España la región de Guinea, puesto que, como he expuesto anteriormente, no se trata de situaciones análogas.

Cuando Alonso de Sandoval, un jesuita que dedicó su vida a la evangelización de los esclavos negroafricanos que llegaban a Cartagena de Indias, descubrió los abusos de la trata, se dirigió al Rector de la Compañía de Jesús en Angola para preguntarle sobre la legitimidad de la esclavización de los angoleños. Éste le responde en los siguientes términos: "Nosotros estamos aquí ha cuarenta años, y estuvieron aquí padres muy doctos, y en la Provincia del Brasil donde siempre huvo Padres de nuestra religión eminentes en letras, nunca tuvieron este trato por ilícito: y así nosotros, y los Padres del Brasil, compramos estos esclavos para nuestro servicio sin escrúpulo ninguno"[33].

Más adelante, en la misma carta, el Rector añade que los mercaderes que comercian con personas esclavizadas "los llevan de buena fe" y que el poseedor de la cosa "con buena conciencia" la puede vender y se le puede comprar. De esta forma, exculpa no sólo a los compradores sino también a los mercaderes, legitimando la formación de un mercado de personas esclavizadas basado en la hipotética buena intención de los especuladores. En cierto modo el rector retoma los argumentos de Tomás de Mercado y Bartolomé de Albornoz, pero va aún más lejos como pone de manifiesto su teoría de que los negroafricanos siempre mienten sobre su condición y que los abusos por parte de los negreros eran tan escasos que no merecía la pena ahondar en la cuestión de si fueron capturados legalmente o no. En la respuesta del rector al padre Sandoval se expresa en los siguientes términos: "Ningún negro dice ser bien cautivo, y assí Vuestra Reverencia no les pregunte si son bien cautivos o no, porque siempre han de decir que fueron hurtados y cautivos con mal título, entendiendo de esta manera que les darán la libertad. También digo que en las ferias donde se compran estos negros

[33] "Carta del padre Luis Brandon, Retor del Collegio de la Compañía de Jesús en San Pablo de Loanda (Angola) en 21 de Agosto de 1611 años", en SANDOVAL, Alonso: *Un tratado sobre esclavitud*, Alianza Editorial, Madrid, 1987, p. 142. El original es de 1623.

algunos vienen mal cautivos (...) más estos no son muchos y buscar entre diez o doze mil negros que cada año salen deste puerto es cosa imposible por más diligencias que se hagan"[34].

El tratado de Alonso de Sandoval fue publicado en España en 1623, después de haber sido aprobado por todas las autoridades religiosas y civiles susceptibles de censurar su contenido. Sandoval, al igual que el resto de los pensadores, no es capaz de luchar contra la esclavitud, por lo que en las primeras páginas de su tratado, admite que es conveniente que haya personas esclavizadas "porque así lo admiten los doctores de la Iglesia". Este tratado es el primer libro español que trata sobre el África del siglo XVI y una de las pocas fuentes escritas sobre la historia de este continente[35]. La originalidad de la obra de Sandoval reside en la experiencia vivida por el propio autor, cuyo contacto cotidiano con las personas esclavizadas le permite no sólo el reconocimiento de la diversidad de culturas y pueblos habitantes del continente africano sino una percepción mucho más realista de la brutalidad de la esclavitud[36]. Sandoval se adentraba en los almacenes donde se depositaban las

[34] Ibidem, p. 144.

[35] Si bien la Historia de África Negra se conoce principalmente a través de las fuentes árabes escritas a partir de la penetración del Islam (entre las que sobresale el *Tarikh es-Sudan* y el *Tarik el-Fettach*); la base de los conocimientos europeos sobre el continente africano en el siglo XVI se debe a la *Descripción del Africa Negra* del granadino El-Hassan ben Mohammed al-Wazzan ez-Zayyati, conocido como León el Africano. Para las fuentes árabes traducidas al francés, es imprescindible CUOG, Joseph M: R*ecueil des sources arabes concernant l'Afrique occidenale du VIIIéme au XVIéme siècles (Bilad Al-Sudan)*, C.N.R.S, París, 1975. Para una visión general de las fuentes cristianas, árabes y judías sobre el África Saheliana es esencial la consulta de la obra de Raymond MAUNY.

[36] "Y como en la isla de Loanda pasan tanto trabajo, y en las cadenas aherrojados tanta miseria y desventura y el mal tratamiento de comida, bevida y pasadia, es tan malo, dales tanta tristeza y melancolía, juntáseles la viva y cierta persuación que traen de que en llegando han de sacar azeite dellos o comérselos, que vienen a morir desto el tercio en la navegación, que dura más de dos meses; tan apretados, tan asquerosos y tan maltratados, que me certidican los mesmos que los traen que vienen de seis en seis con argollas por los cuellos en las corrientes, y estos mesmos de dos en dos con grillos en los pies, de modo que de pies a cabeza vienen aprisionados; debaxo de cubierta, cerrados por de fuera, do no ven sol ni luna, que no ay español que se atreva aponer la cabeza al escotillón sin almediarse, ni a perseverar dentro una ora sin riesgo grave de enfermedad. Tanta es la hediondez, apretura y miseria de aquel lugar (...) llegan hechos unos esqueletossacanlos luego a tierra en carnes vivas, poenenlos en un gran patio o corral; acuden luego a él innumerables gentes, unos llevados de su codicia, otros de su curiosidad (...)" SANDOVAL, Alonso: Ob. cit., p. 152.

personas esclavizadas procedentes de África una vez llegados a Cartagena antes de ser vendidas, tratando atraer su confianza por medio de ciertos regalos con la intención última de catequizarlos. Así fue como descubrió la multitud de lenguas que existían en el África Occidental, tantas que debía hacerse acompañar de intérpretes políglotas que estuviesen en condiciones de traducir su mensaje cristiano. Sandoval es consciente de que el Islam había penetrado ya en África del Oeste, en Angola y en el Congo por lo que el bautizo de aquellos infieles era imprescindible para su salvación. Al fin y al cabo, tanto los cristianos como los musulmanes se disputaban la conversión de los negroafricanos pero ni unos ni otros dudaron en esclavizarlos. A mdo de anécdota señalaré que si bien el Islam penetró en el África occidental en los siglos X-XI, uno de los problemas más relevantes para convertir a los reyes negroafricanos al cristianismo era que preferían la apostasía a renunciar a la poligamia[37].

Otra cuestión a plantear sería si la demanda de mano de obra esclava por parte de los españoles afincados en América y, en menor medida, por los peninsulares, alentó enfrentamientos entre los distintos reinos africanos. De esta opinión es uno de los mercaderes de personas esclavizadas cuyo testimonio recoge Sandoval: "que tenía por cierto no abría entre los negros la mitad de las guerras que avía si supiesen no habían de ir los españoles a rescatarles negros". Otro testimonio subraya los abusos cometidos por los monarcas africanos: "me consta de uno de estos Reyes que la justificación del cautiverio de muchos negros que tenía presos para vender a los Españoles que a sus tierras llegavan a rescatar, era aver preso toda la generación de cualquiera que le anojava, juntamente con el delicuente que le avía sido causa de enojo"[38].

Por todo lo anteriormente expuesto, podemos concluir que la esclavitud estaba totalmente asumida por los grandes teóricos del siglo XVI y que formaba parte de la vida cotidiana de la península ibérica; nadie combate abiertamente los principios del pensamiento aristotélico, ni siquiera aquellos que trabajan más directamente con los esclavos y conocen la crueldad y los abusos de este comercio.

[37] DEVISSE, Jean. Ob. cit., p. 729.
[38] SANDOVAL, Alonso: Ob. cit., p. 143 y 147.

:GISLACIÓN SEÑALA LA ESCLAVITUD
O ALGO NORMAL

2.1. *Legislación estatal y legislación local*

En la Corona de Castilla se justifica la esclavitud desde las *Siete Partidas.* En este texto se señalan las causas por las que una persona puede ser esclavizada: "La primera es de los que cativan en tiempo de guerra, seyendo enemigos de la fe. La segunda es de los que nascen de siervas. La tercera es cuando alguno es libre e se dexa vender. E en esta tercera ha menester cinco cosas. Ca una es que el mismo consienta de su grado que lo vendan. La segunda que tome parte del precio. La tercera que sea sabidor que es libre. La quarta que aquel que lo compra crea que es siervo. La quinta que aquel que se faze vender, que aya de veynte años arriba"[39]. Y se manifiesta que la esclavitud se transmite matrilinealmente: "Es esclavo el nacido de madre esclava, aunque el padre sea libre, y es libre el hijo de madre libre aunque el padre no lo sea. Si la madre adquiere la libertad por poco o mucho tiempo hallándose en cinta, el hijo nacerá libre"[40].

A principios del siglo XVI, las *Leyes de Toro* mantienen a este respecto la vigencia de las Siete Partidas[41]. No obstante, es sabida la distancia entre las leyes y la práctica social, y en el caso de la esclavitud ibérica, numerosas cláusulas de las Partidas habían caído en desuso, como por ejemplo la esclavitud por deuda, tan frecuente en el Imperio Romano, pero casi desconocida en la España del quinientos[42]. En la *Nueva Recopilación* no se recoge ninguna ley de los Reyes Católicos, del emperador o de Felipe II sobre la esclavitud en general[43].

[39] Partida 4ª, Ley I, Tít. XXI.

[40] Partida 4ª, Ley 2, Tít. XXI.

[41] Leyes de Toro, Ley I, fol 1: "Real Zédula de la Reyna, nuestra Señora Doña Juana, en la ciudad de Toro, siete de março de myl quinyentos çinco. Reformación de leyes por la gran variedad que había en algunos de estos reynos, así del fuero, como de las Partidas, ordenamientos y otros casos donde había menos declaración aunque no había leyes para ello".

[42] El marco jurídico de las *Siete Partidas* puede ser utilizado como legitimador de una gran variedad de situaciones de dependencia servil por su propio carácter ambivalente.

[43] Los temas legales privilegiados y recurrentes del conjunto de fuentes que hemos estudiado se pueden resumir en: a) la afirmación de la autoridad real (derechos y privilegios

Sólo alguna ley de éste último que prohibe a los moriscos tener esclavos negros: "Que los moriscos no compren esclavos negros, ni los tengan, ni de Berbería"[44]. Pero, pues la esclavitud existía, debe entenderse que siguen en vigor las disposiciones que la Corona había dado con anterioridad, además de la legislación local.

El gran problema que se plantea a Felipe II por lo que a la esclavitud se refiere son los moriscos. Los moriscos eran súbditos de la Corona, pero sobre todo eran cristianos. Desde comienzos de la guerra se levantó una polémica sobre la legitimidad de la esclavitud de los moriscos[45]. Felipe II se hizo aconsejar del presidente y oidores de la Chancillería de Granada, del Clero y del Consejo Real. Los eclesiásticos granadinos defendieron la legitimidad de la esclavización de menores y mujeres moriscas, pero el rey resolvió finalmente prohibir la esclavitud de las niñas menores de 9 años y medio y de los niños menores de 10 y medio, los cuales debían quedar en administración hasta cumplir 20 años[46].

Respecto a las Ordenanzas locales, prácticamente todas ellas hacen referencia a la esclavitud; las que aquí nos interesan, las de Granada, aluden a las personas esclavizadas en varias ocasiones. En la "Ordenanza del arte y el oficio de tejer y labrar las sedas" que data de 1526

---

reales) y de la fe católica, b) la regulación del aparato judicial y administrativo del Estado, con referencias a las competencias de cada cargo, c) la regulación del acceso al patrimonio a través de herencias y dotes, y la regulación de los bienes gananciales, d) el control del comercio y los impuestos, e) la imposición de un modelo de unión familiar monógamo con condenación del incesto, el adulterio y el amancebamiento, y f) la vigilancia del cumplimiento de este marco legal a través de la imposición de penas. La esclavitud, como fenómeno social, tampoco es objeto de legislación en la *Nueva Recopilación.*

[44] N.R, VIII, 2,14. Felipe II, Toledo 1560 y Madrid 1566. Esta ley es la única que reconoce la existencia de un mercado esclavista dando cuenta de las transacciones de compraventa de personas esclavizadas. Su última intención es limitar los beneficios producidos por la posesión de personas esclavizadas al colectivo de cristianos y cristianas viejas. Sólo los nuevamente convertidos que diesen amplias muestras de sometimiento al catolicismo y la autoridad real podrían gozar del privilegio de poseer esclavos o esclavas a través de cédulas reales puntuales. El pretexto de esta normativa es el adoctrinamiento mahometano de las personas esclavizadas en manos de propietarios neoconversos, en otras palabras: los moriscos serán siempre percibidos como pertenecientes al mundo islámico.

[45] Véase el Capítulo 4, punto 4.1.

[46] "Pragmática y declaración sobre los moriscos esclavos que fueron tomados en el reyno de Granada".

se prohibe que el esclavo "pueda deprender el dicho oficio, aunque sea horro" y se ordena que ningún maestro se lo pueda enseñar, so pena de cinco mil maravedises a cada uno[47]. En la de la "Alhóndiga del pan" de 1528 se prohibe que entren en ella porque roban pan y costales a los arrieros, bajo pena de 50 azotes, doblados la segunda vez[48]. En las de "Cómo se ha de vender carbón", también de 1528, se dice "que ningún negro ni otra persona de los que acarrean carbón, sean ossados de entrar, ni entren en el Alhóndiga donde se pesa y vende el carbón a cosa ninguna, so pena de doszientos maravedís"[49]. Por último, la más explícita, "Ordenanza para que los tenderos, ni especieros no compren de esclavos cosas de comer ni les den nada sobre prendas". Esta ordenanza, igualmente de 1528, prohibe a los especieros y tenderos granadinos que vendan mercadurías que hayan adquirido previamente "de ningún esclavo ni esclava", porque se entiende que las roban en casa de sus amos o en otras partes. Las mercancías a que se hace referencia son: especias, queso, aceite, aceitunas y, especialmente las alhajas que llevan a empeñar[50].

[47] "Item, que ningún esclavo no pueda deprender el dicho oficio, aunque sea horro, y ningún maestro se lo pueda mostrar, so pena de 5.000 maravedís a cada uno que lo contrario hiziere" A.M.G. *Recopilación de Ordenanzas de 1678,* "Ordenanzas del Arte y Oficio de tejer y labrar de las sedas", fol 36v. (19 de octubre de 1526).

[48] "El señor licenciado Juan Romero dixo que porque a él le consta que los esclavos que entran en el Alhóndiga del Pan hazen mucho daño a los harrieros que traen a ella pan a vender, assí a hurtar pan y costales y mantas de cuya causa cada día crecen ladrones en la dicha Alhóndiga y para evitar los daños que de esto se sigue y puede seguir: dixo que mandava y mandó que de aquí en adelante los dichos esclavos que entran en la dicha Alhóndiga a llevar cargos no entren en ela, salvo que estén en la puerta de fuera y de allí lleven cargos que les dieran, so pena, que le serán dados 50 azotes en la cárcel y por la segunda vez la pena doblada y mandolo pregonar públicamente en esta dicha ciudad" A.M.G. *Recopilación de Ordenanzas de 1678.* Ordenanza del 24 de marzo de 1528, fol. 18v.

[49] "Y asímismo manda, que no sean ossados de llevar ni lleven más de un maravedí por cada arroba de carbón que llevaren, so la dicha pena repartida como dicho es". Ordenanza de cómo de ha de vender carbón en la ciudad para los vecinos". Ordenanza del 9 de mayo de 1528, fol. 87.

[50] "Los muy Magníficos Señores de Granada, estando juntos en el Cabildo, dixeron que por quanto son informados que los especieros y tenderos de esta ciudad que venden especias y cintas y otras cosas, compran de esclavos muchas cossas, asi como queso, azeyte y azeytunas, y otras cosa que hurtan en la cassa y heredad de sus amos, y otras partes, y assimismo hurtan otras cosas como alajas, y las llevan a los especieros, y tenderos y las

En conclusión, la legislación local venía a matizar la legislación estatal de acuerdo con los intereses locales, dando por sentado una y otra vez que la esclavitud era un fenómeno más que existía en el mercado y como tal debía considerarse. Es lo mismo que habían dicho los teóricos que trataron el tema en el Siglo de Oro.

Por último, quisiera reseñar que en los manuales de referencia de la Historia del Derecho español más utilizados: la Nueva Enciclopedia Jurídica Española (1910) y la Nueva Enciclopedia Jurídica (1956), se recogen varias páginas bajo la rúbrica "esclavitud". Sin embargo, los historiadores del derecho se refieren ambiguamente a la noción de "esclavo", intercambiándola con la de "siervo". Ambos conceptos se superponen repetidamente oscureciendo aún más los límites del fenómeno esclavista y su legislación. Lo cierto es que los libros y artículos de Historia del Derecho español que he estudiado con el fin de realizar este trabajo, entrelazan esclavitud y servidumbre feudal de manera "natural". El origen de esta confusión puede estar relacionada con la no regulación del principio de libertad, concepto al que ninguna de las leyes estudiadas hace referencia. Esta confusión entre servidumbre y esclavitud no se refiere sólo a la asimilación de la "servidumbre doméstica asalariada" a la esclavitud, fenómenos que coexisten en la Granada del quinientos, si no básicamente al concepto de servidumbre feudal y esclavitud[51].

---

empenan, y sobre ellas les dan dineros y mercadurías, lo qual es en mucho daño de los vecinos desta ciudad, y queriendolo proveer y remediar, acordaron y mandaron que ninguno de los dichos tenderos y especieros sean ossados de comprar ni compren de ningun esclavo ni esclava azeyte ni queso ni cosa ninguna ni menos reciban de ellos prenda ni prendas ningunas en guarda, ni sobre ellas les den ningunas mercadurías so pena de seiscientos maravedises por cada una cosa de las susodichas por cada una cossa de las susodichas que assi no guardare" A.M.G. *Recopilación de Ordenanzas de 1678*. Ordenanza del 13 de marzo de 1528, fol 121.

[51] En la *Nueva Enciclopedia Jurídica* (F. Seix Editor, Barcelona, 1956. Vol III, p. 703) bajo la rúbrica "esclavitud" encontramos: "Capítulo XIII: La esclavitud en la Edad Media: A) Tiempos primitivos, B) La esclavitud en el reino visigodo, C) Servidumbre medieval, D) Siervos de la Gleba en Castilla, E) Solariegos, F) La servidumbre en Aragón, G) La servidumbre en Cataluña y H) Recrudecimiento y abolición de la servidumbre de la gleba; y Capítulo XIV: Renacimiento de la esclavitud". La falta de un marco legislativo que regule la esclavitud en la España Moderna puede encontrarse entre las causas de esta confusión.

3. LA IGLESIA ADMITE Y CONSIENTE LA ESCLAVITUD

El discurso que la Iglesia mantiene sobre la esclavitud era, cuando menos, ambivalente. Desde San Agustín[52], incluso antes, muchas prestigiosas figuras de la iglesia defendieron la esclavitud, bien por naturaleza, bien mediante la categoría de la "guerra justa" o simplemente no cuestionando la legislación vigente. Por supuesto, la esclavitud de los otros, pues era impensable la esclavitud de un cristiano. De hecho, los trinitarios y los mercedarios se encargaban expresamente de liberar los cristianos cautivos[53].

Ahora bien, en el imaginario cristiano subyacía la idea de que a todos los seres humanos los creó Dios. "El que a todos los blancos crió / también a los negros cría" escribió Lope de Vega[54]. Y que el bautismo los hacía iguales ante Dios: "Negro nací, pero ya / más blanco estoy que la nieve"[55]. Es la razón por la que algunos ahorraban a sus esclavos pensando que el cautiverio no era grato a Dios, por más que la iglesia lo justificara. Entre las razones más frecuentemente alegadas como desencadenantes de las liberaciones se encuentra el "servicio de Dios" y que la persona esclavizada fuese "buen/a cristiano/a" ("le tengo mucho amor e voluntad e señaladamente por servicio de Dios nuestro señor e porque es cristiana")[56]. Incluso se hace referencia, en ocasiones, al culto mariano: "por servicio de Dios y de su bendita y gloriosa madre"[57]. Pero si las razones esgrimidas en el momento de la liberación apelan a la injusticia de la esclavitud y, en cierto modo, a la culpabilidad de los propietarios cristianos; los creyentes hacían caso omiso de esta realidad y el alegato religioso de las liberaciones terminaba por convertirse en un mero trámite burocrático[58].

[52] San Agustín, apoyándose en el Génesis y en San Pablo, considera que la esclavitud es un castigo infligido a la humanidad por el pecado del primer hombre. *La ciudad de Dios*, IV, 3 y XIX, 15.

[53] La orden de la Santísima Trinidad, se fundó en Francia en 1198 y la de Nuestra Señora de la Merced, en Barcelona en 1218. Vease RODRÍGUEZ, M : "Redención de cautivos" en *Diccionario de Hª Eclesiástica de España*. Suplemento I, CSIC, Madrid, 1987, pp. 625-642.

[54] LOPE DE VEGA, *El príncipe perfecto*.

[55] Ibídem.

[56] A.P.G. Leg. 221, fol 551v, 1579. Se trata de la liberación de una morisca natural de Galera de 26 años.

[57] A.P.G. Leg. 156, fol 225, 1567.

[58] Como expresa Marc Bloch: "Las razones que un hombre da públicamente de sus actos están más bien lejos de aquellas a las que secretamente obedece su corazón". BLO-

3.1. *El derecho eclesiástico y los sacramentos*

El derecho eclesiástico no entraba de lleno en la esclavitud, sólo incidía en la vida de las personas esclavizadas en los aspectos que afectaban a los sacramentos, fundamentalmente al del matrimonio que podía transformar, y de hecho, transformaba la vida de los contrayentes. El Concilio de Trento admitía taxativamente que: "el casamiento de los esclavos es un derecho divino y humano, y se acepta que escojan cónyuges entre personas libres o cautivas, no pudiendo los amos censurarlos por este motivo, ni castigarlos o separarlos por venta"[59]. Y la iglesia, lógicamente se conforma con el Concilio. Sin embargo, la legislación eclesiástica en este aspecto encuentra muy serias reticencias en los propietarios. Cito, por ejemplo, un documento de 1558: "Pedro de Yepes, preceutor desta Real Audiençia, que rreside en Granada, dixo que a mi notiçia es venydo que Esperança, my esclaba, se quyere casar con un Francisco, negro, esclabo del Señor Ynquisidor Mexía de Lasarte, y porque siendo la susodicha mi esclaba no puede disponer de su persona, y en caso que pudiere yo contradigo el dicho matrimonio. Pido y suplico a vuestra merced les denyege la dicha petición por ser en mi perjuizio y protesto del derecho de servidumbre que la susodicha mes obligada como my esclaba"[60]. Este ejemplo revela la contradicción reinante, ya que, por una parte, el llamado "derecho de servidumbre", un derecho consuetudinario, que hacía de las personas esclavizadas meros instrumentos de sus dueños, negándoles cualquier capacidad legal; mientras que el derecho eclesiástico legitimaba la posibilidad de contraer matrimonio a cualquier cristiano que reuniese ciertas condiciones (estar bautizado, no haber hecho voto de castidad, no haber dado palabra de casamiento a otra persona, etc.) aunque se tratara de un esclavo/a[61].

CH, Marc: Ob. cit., p. 175. A pesar de esta reflexión, Bloch opina que el cristianismo contribuyó en gran medida a la difusión de las manumisiones, mientras que, desde mi punto de vista, no fue así.

[59] De MESQUITA, E. y GUTIÉRREZ, H.: "Mujeres esclavas en el Brasil del siglo XIX", en PERROT, Michèle y DUBY, Georges (dir): *Historia de las Mujeres*, Taurus, Madrid, 1993, p. 648.

[60] ACG, Leg. 1579-1585.

[61] Esto se expresa claramente en la sentencia final de algunos expedientes matrimoniales estudiados, cuando el provisor ordena el casamiento "sin perjuicio del derecho de servidumbre".

En lo que respecta al bautismo, la legislación eclesiástica, apoyada por la estatal, manda que todos las personas esclavizadas fueran bautizadas. Por tanto, por más que vinieran de tierra de infieles se convertían por la gracia bautismal en cristianos. Pero, en contra de lo que dice la Biblia, en su caso el bautismo no los hacía libres. De todas formas, la iglesia pretende su cristianización. El texto del Sínodo de Guadix y Baza (1554) lo expresa así: "Algunas veces acaece en nuestra diócesis quererse bautizar y convertir a la fe de Jesu Cristo algunos esclavos y infieles que son ya de edad y avemos hallado que no vienen todos con aquel aparejo e intençión que deven venir al Sancto baptismo y porque nuestro maestro y redemptor Jesu Christo nos enseña en San Mateo en los que se bautizan ya adultos ser menester fe propia y firme conocimiento de lo que allí se va a reçebir (...) Por tanto defendemos que ningún sacerdote en nuestra diócesi presuma de baptizar a los tales esclavos o esclavas (...) sin que primero se presenten los tales ante nos para que entendamos el fin e intento e aparejo de buena voluntad con que los tales vienen a la Christiana religión y proveamos como sean informados e instruidos en la fe cathólica conforme a su capacidad"[62]. Con todo, los amos no se preocupaban del bautismo de sus esclavos.

3.2. *La Iglesia frente a la esclavitud de los moriscos*

Sin duda existió una cierta polémica en torno a la justicia de la esclavitud de la comunidad morisca sublevada como pone de manifiesto el capítulo XXXII de la *Crónica de la rebelión* redactada por Mármol de Carvajal cuyo título versa así: "Cómo se declaró que los prisioneros en esta guerra fuesen esclavos"[63]. El texto de este capítulo advierte que

[62] "Del bautismo de los adultos: y que no se baptizen sin cathecismo", Título 2º, Constitución VI. *Sínodo de la Diócesi de Guadix y Baza*, Universidad de Granada, Colección Archivum, 1994. El Sínodo de Guadix y Baza establece normativas para la vida religiosa de la zona y encarna el espíritu religioso que se vivía también en la capital granadina. De hecho, se trata del primer Sínodo celebrado en el Reino de Granada desde su incorporación a la Corona de Castilla y la obra que sirvió de modelo a los sucesivos obispos a lo largo del siglo XVI.

[63] MÁRMOL CARVAJAL, Luis del: *Rebelión y castigo de los moriscos*, Arguval, Málaga, p. 153

existía cierta duda desde el principio de la guerra sobre si los rebelados, hombres, mujeres y niños presos en ella, habían de ser esclavos. Desde luego, Felipe II era consciente del vacío legal y de la confusión imperante respecto a la esclavitud de los sublevados: "por no se aber despachado ninguna carta nuestra, ni provisión patente, ni se haber hecho general publicaçión dello en éstos nuestros reynos, y por esto no aver venido a notiçia de muchos, se ha hecho y puesto por algunas personas duda, escrúpulo y dificultad, si los moriscos rebelados que assí fueron tomados y captivados por personas particulares eran y se avían hecho esclavos de los que los tomaron"[64].

En consecuencia, el rey resolvió tratar la cuestión con "personas de letras y de conciencia" que le aconsejaran acertadamente sobre las consecuencias y la justicia de la esclavización de los moriscos sublevados. En el caso de los nuevamente convertidos existía un grave inconveniente para dictaminar su esclavitud: se trataba de cristianos puesto que habían recibido el bautismo. La conversión del grupo morisco se impuso a principios del siglo XVI, por lo que en el momento del levantamiento había quienes hacía más de 60 años que portaban nombres cristianos. Éste era, sin duda, uno de los mayores "trastornos" para algunos pensadores a la hora de decretar la justicia de la esclavitud de los sublevados. De hecho, el cronista Luis del Mármol, en el capítulo antes mencionado, señala que ciertos letrados y teólogos estaban en contra de la esclavización de los moriscos porque, aunque la ley general permitía que los cautivos de guerra fuesen vendidos como esclavos, no se debía entender así entre cristianos, y siéndolo los moriscos, o teniendo como tenían, nombre de ello, no era justo que fuesen cautivos.

El rey pidió parecer al Consejo Real y, asimismo, al presidente y oidores de la Audiencia Real de Granada y a las autoridades eclesiásticas de la ciudad antes de apresurarse a promulgar ningun decreto. Pero, si bien la deliberación de los miembros de la Chancillería de Granada no parece haberse conservado hasta nuestros días, sí he podido localizar la respuesta de las autoridades eclesiásticas a la consulta real sobre la esclavitud de los moriscos. Este documento de máximo interés, hallado en el Archivo de la Catedral granadina, se titula: "Pregúntase si

[64] Pragmática ya citada.

pueden ser cautivos los moriscos y moriscas y sus hijos aunque ayan sido baptizados por averse rebelado contra el evangelio y contra su rey"[65]. Se trata de una argumentación típicamente escolástica donde basándose en el derecho de gentes (*Ius Gentium*), un derecho natural muy ambigüo y válido para todos los seres humanos, se proclama que la esclavitud de los moriscos era posible desde el punto de vista de la iglesia católica aunque dejándole siempre al rey las manos libres para que por derecho positivo decidiera lo que considerase más oportuno. Las fuentes evocadas por las autoridades eclesiásticas para apoyar sus argumentaciones en favor de la esclavitud de los rebelados moriscos son: Santo Tomás de Aquino, el Concilio Lateranense celebrado en 1517, el abulense, las Siete Partidas y una sentencia desconocida del emperador Don Carlos, sobre la que únicamente se señala que "mandó cosa semejante en la Nueva Hispania". El texto establece un paralelismo entre los impuestos y las personas esclavizadas, señalando que tanto pagar diezmos como tener esclavos era disposición del derecho natural, pero que pertenecía a la jurisdicción real decidir qué porcentaje debía abonarse como tributo y qué personas podían ser cautivadas y por qué razones. Este razonamiento servía de respuesta a la pregunta del padre Soto: ¿por qué unas veces se proclamaba que la esclavitud era de *Iure gentium* y otras dependía de la voluntad del emperador? A saber, porque "aunque la esclavitud tuviera su comienzo en el derecho de gentes tenía su terminación y limitación en el derecho real". Por tanto, se dictamina que: "sin escrúpulo los reyes en sus reynos podrían hazer premática e mandar que estos moriscos levantados, aunque hasta aqui fuesen tenidos por christianos, pueden ser captivos e vendidos por tales". Para apoyar este razonamiento se evoca el Concilio lateranense que mandaba excomulgar, esclavizar y enajenar todos los bienes de los cristianos que llevaran armas a los infieles para ayudarles a destruir la cristiandad. Por consiguiente, si tan sólo por proporcionar armas a los herejes podía esclavizarse a los cristianos, más justo sería aún su cautiverio por sublevarse contra otros cristianos. Además, en caso de que el argumento de *Batulo* ("que está introducida costumbre que unos cristianos no tengan por cautivos a otros aunque los castiguen en guerra justa") constituyera un impedimento para la legalización de la es-

[65] A.C.G, Libro de asuntos varios, nº 3, fols 520r-v.

clavitud de los moriscos, las autoridades eclesiásticas determinan que aunque regularmente se debía guardar tal costumbre, en un caso como éste, se debía entender que los moriscos tenían "tan presta con alfileres la cristiandad" que apenas tenían más que el carácter baptismal. Al supuesto leve barniz cristiano de los moriscos naturales del reino de Granada, los representantes de la iglesia añaden el haber dado crueles muertes a los cristianos, comparándolos con los antiguos tiranos que ejecutaron a los mártires. Asimismo, confirman el carácter anticristiano de los moriscos a través de las cartas que escribieron a Berbería: "en que se burlan de todos los sacramentos, en especial del dignísimo del altar diciendo, entre otras cosas, que los cristianos decían misas cantadas y rezadas, y que ni las unas ni las otras valían nada". Por si no bastara con los argumentos reseñados, se añade que los nuevamente convertidos se burlaban de todas las ceremonias cristianas y de todas las imágenes de Cristo y de los santos y que, en su lugar, "con blasfemia atrevida" colocaban puercos colgados.

Posteriormente, se hace alusión a las Siete Partidas, concretamente a la ley 1ª del título XXI de la 4ª partida[66], la cual únicamente establece que la esclavitud nacía de la conmutación de la pena de muerte de los enemigos vencidos y que, sin embargo, la iglesia interpretó como justificativa de la esclavitud de los moriscos levantados puesto que se entendía que se trataba de los mayores enemigos de la fe cristiana. De igual forma, se menciona que el "cristianísimo" emperador Don Carlos "mandó cosa semejante en caso semejante" en la Nueva Hispania, aunque no se especifica de qué evento se trata. También se hace referencia a un supuesto concierto que hicieron los moriscos con los reyes católicos a raíz de la sublevación del Albaicín a principios de siglo, en el cual al parecer estipularon que en caso de que se levantaran de nuevo podrían ser vendidos por esclavos.

[66] Ley Iª, Tít. XXI, Partida 4ª: Esclavitud es: "postura e establecimiento que fizieron antiguamente las gentes, por la qual los omes que eran naturalmente libres, se fazen siervos, e se meten a serviçio de otro, contra razón de natura. El siervo tomó este nome de una palabra que llaman en latín "servare" que quiere tanto dezir en romance como guardar. E esta guarda fué establecida por los emperadores. Ca antiguamente todos quantos cativavan, mataban, más los emperadores tuvieron por bien e mandaron que los non matasen mas que los guardassem e se sirviessen dellos".

Respecto a la esclavitud de las moriscas y de los niños, es decir de la población morisca no beligerante, las autoridades eclesiásticas resuelven que tanto las esposas como los hijos de los moriscos que hubiesen tomado armas a favor de sus padres y maridos podían ser, del mismo modo, esclavizados, y que se podía efectuar pragmática de su cautiverio. El texto se expresa en los siguientes términos: "La razón es clara, pues los cómplices en la culpa lo pueden ser en la pena y, pues a los padres se les puede poner tal pena como queda arriba probado, también se les puede poner a los que les han ayudado". Se consideró que todas las mujeres y todos los niños y niñas eran ineludiblemente cómplices de sus maridos y padres, pues éstos los hubiesen matado de no hacer su voluntad. Los prelados consideraron, por tanto, que las mujeres y los menores no tenían voluntad propia al estar completamente sometidos a sus maridos, e incluso juzgaban normal que se aplicara el homicidio en caso de desacuerdo.

Del mismo modo, el texto niega la existencia de mujeres que no estuviesen bajo la autoridad directa de un hombre. Es más, se entiende que tanto el colectivo de menores de ambos sexos como el conjunto de las mujeres estaban forzosamente sujetos a la autoridad de un varón; se olvidan de las viudas o de las mujeres solteras. Asimismo, los teólogos alegan que las moriscas se vestían de hombres durante los enfrentamientos para que el ejército de sus maridos pareciese mayor y que celebraban rituales consagrados a Mahoma en los que daban grandes gritos; es más, se arguye que ellas mismas fueron verdugos de numerosos cristianos al igual que sus hijos. En definitiva, el documento concluye que "ni las mujeres ni los hijos cómplices del delito tienen excusa". La iglesia se sirvió de una ambigüa imagen de las mujeres, puesto que, por un lado, las presentaba como seres débiles sujetas a la potestad de sus maridos y, por otro, las considera capaces de ejecutar por su propia mano a los cristianos. Ambas imágenes de mujer, probablemente reflejo de los estereotipos femeninos de la época, son el pretexto perfecto para justificar su esclavización, ya que, tanto si portaban armas, como si no las portaban, su destino era la esclavitud.

En cuanto a la esclavitud de los recién nacidos y los más pequeños, definidos en la respuesta de la iglesia al rey como "los hijos de los traidores rebeldes" (con intención de acentuar el vínculo paterno filial); éstos no podían ser *de iure* muertos por la culpa de sus mayores, pero no existía inconveniente en esclavizarlos. Según la iglesia granadina, el *abulense* justificaba que unos pudiesen ser cautivados por el pecado de otros: "porque hay una pena que se llama personal que la padece la misma persona y hay otra real que la padecen sus cosas". De esta forma, se entendía que los niños pequeños pertenecían a sus progenitores como las riquezas, honras o la libertad y que, por tanto, debían participar de la pena de sus mayores. Además, se subraya que nadie ponía escrúpulo en que: "el pequeño inocente en vientre de su madre heredara la pena del cautiverio por ser su madre cautiva"; luego, si lo hijos e hijas de las esclavas podían ser esclavizados, igualmente podían serlo los niños recién nacidos hijos de moriscas: "pues hay muy poca diferencia de los niños después de nacidos a los no nacidos". Al mismo tiempo se hace hincapié en que los niños de pecho estaban tan sujetos a la voluntad y patria potestad de sus padres como los más mayores. De hecho, se explica que los niños/as que no tenían libertad de albedrío no podían ser, en consecuencia, bautizados sin la voluntad de sus padres. Asimismo, se alude a Santo Tomás de Aquino[67] respecto que los hijos y los siervos podían ser legitimamente castigados por sus padres y señores.

Por último, después de legitimar la esclavitud de los moriscos de ambos sexos y de todas las edades, se decreta que el único cautiverio injusto era aquel que afectaba a las personas de origen morisco que fueron vendidas antes de que el rey se pronunciara, ya que ningún inferior tenía capacidad para inducir mandato que tuviese fuerza alguna. Afirmando la supremacía de la Corona como órgano legislador supremo.

La actitud de los sacerdotes consultados por Felipe II era de total sumisión a la monarquía, a la que atribuían la capacidad última de decisión sobre la esclavitud de los neoconversos sublevados. Por su parte, los eclesiásticos de Granada no encuentran obstáculo alguno respecto a la viabilidad de vender a estas personas que portaban nombres cristianos en el mercado esclavista de la ciudad. La nebulosa de razonamientos por los cuales no se cometería injusticia en caso de que el rey decretara la legitimidad del cautiverio de los moriscos no es más que una forma de entelequia teológica sin ninguna base realmente sóli-

[67] Tomás de Aquino, 2ª, 2ª, cuestión 18, artículo 4º.

da. Los teólogos cristianos manipulan y dirigen el pensamiento en la dirección que conviene al poder monárquico y al eclesiástico, sin la menor preocupación por el calvario que sufrirían estas mujeres y niños moriscos inocentes. El bautismo que habían recibido los moriscos sistemáticamente a principios de siglo se borró de un ágil plumazo como si el sacramento no tuviese validez alguna a pesar de haber sido administrado por los propios ministros de la iglesia. Además, la iglesia inmersa en una sociedad patriarcal que reservaba la guerra a los varones impidiéndo a las mujeres participar en el ejercicio de las armas, no puso reparos a la hora de esclavizar al colectivo femenino, ni mostró el menor sentimiento de humanidad hacia los menores, a todas luces inocentes.

La manipulación, por parte de los poderes eclesiástico y real, de valores como la autenticidad del bautismo de los moriscos o el grado de conciencia de los menores y su capacidad de malicia se hace patente si comparamos los argumentos esgrimidos por la iglesia granadina para determinar la licitud de su esclavización en 1569 y aquellos a los que se recurre para proclamar la permanencia de los menores en 1609, cuando no conviene hacerlos esclavos sino separarlos de los padres y repartirlos entre los cristianos viejos. Por ejemplo, un edicto de la expulsión de Valencia del 22 de septiembre de 1609 dice así: "que los muchachos y muchachas menores de 4 años que *quisieren* quedarse, y sus padres, o curadores, siendo huérfanos, lo tuvieren por bien, no serán expelidos" , reconociéndo a los más pequeños una inusitada capacidad de decisión[68].

Una vez consultados los doctores de la iglesia y los representantes de la Chancillería, Felipe II promulgó un edicto que vendría a cubrir la laguna legal existente: la *Pragmática y declaración sobre los moriscos esclavos que fueron tomados en el Reyno de Granada*, la cual reconocía en su mismo título la calidad de esclavos que se confería a los moriscos rebelados. El texto de la pragmática alude a la polémica sobre la legitimidad del cautiverio de los nuevamente convertidos y resuelve que los moriscos rebelados, así hombres como mujeres, que fuesen

[68] Véase MARTÍNEZ, François: "Les enfants morisques de l'expulsion (1610-1612)" en *Mélanges Louis Cardaillac*, vol II, FTERSI, Zaghouan, 1995, pp. 499-539.

tomados podían ser vendidos como esclavos. El bando real hace, sin embargo, una salvedad que no comtemplaba la iglesia en su respuesta a Felipe II: era ilegal esclavizar a los niños menores de diez años y medio y las niñas de nueve y medio. Por consiguiente, a pesar de que los ministros de la iglesia consideraran lícito el cautiverio de los más pequeños, la Corona apoyó la libertad para los menores; una libertad relativa puesto que su destino sería el servicio a los cristianos hasta que cumpliesen 20 años. No obstante, las compraventas analizadas demuestran que esta salvedad no fue respetada por los cristianos viejos que compraban y vendían niños moriscos, sobre todo niñas, sin reparos, incluyendo en el texto del contrato la fórmula "que va conforme al bando del rey"[69]. Por otra parte, la pragmática hace, asimismo, hincapié en la ilegalidad de la venta de aquellos moriscos o moriscas que fueron tomados en lugares de paz o hurtados, lo que pone de relieve la frecuencia de los abusos que debieron producirse a consecuencia de la guerra de las alpujarras.

[69] Sobre la venta de menores moriscos, véase el punto 1.3 del capítulo octavo.

CAPÍTULO 3
LA POBLACIÓN ESCLAVA

1. EVOLUCIÓN DE LA POBLACIÓN ESCLAVA

1.1. *Origen y evolución*

A finales del siglo XV Andalucía estaba escindida en dos mitades: la mitad cristiana occidental y el Reino de Granada bajo el poder musulmán[1]. El territorio dominado por los cristianos se iba ampliando a la vez que el dominio árabe se reducía. Pronto cayeron Málaga (1487) y Almería (1489) en manos de los cristianos con el consecuente sometimiento de sus habitantes. Jerónimo Münzer, que visitó Almería en 1494, testimonió en su diario de viaje la presencia de esclavos y esclavas: "vimos allí muchísimos cautivos cargados de cadenas", y varios días más tarde, cuando se encontraba en Osuna, escribió: "vimos allí más de trescientos sarracenos sujetos con grillos. Igualmente Marchena y Mairena, estaban rebosantes de prisioneros"[2]. Aún más elocuente es su declaración respecto a la situación en Málaga: "Al apoderarse de Málaga, hacía setecientos años, los mahometanos dieron muerte hasta al último de los cristianos. El rey (Fernando) juró hacer esto mismo, pero llevado de su clemencia y humanidad, los vendió como cautivos (...). El rey vendió cinco mil hombres, a treinta ducados cada uno"[3]. No

[1] El Reino de Granada comprendía *grosso modo* las actuales provincias de Málaga, Granada y Almería.

[2] MÜNZER, Jerónimo: *Viaje por España y Portugal. Reino de Granada*, TAT, Granada, 1987, p. 28 y p. 69.

[3] Ibidem, p. 66.

se equivoca Münzer; la pertinaz resistencia de Málaga se castigó sometiendo a esclavitud a todos y todas las supervivientes[4].

Los Reyes Católicos entraron definitivamente en Granada el 2 de enero de 1492, después de un largo asedio organizado desde Santa Fe. La ocupación de Granada sería el punto de partida de los grandes cambios operados en el siglo XVI: la unidad española a nivel de los soberanos; una unificación que si bien no rompería con las acentuadas diferencias regionales, marcaría los orígenes de una nueva evolución. Se inaugura, de esta forma, la carrera hacia la modernidad: el objetivo era la homogeneidad política y religiosa. En palabras de Pierre Villar: "triunfó la idea de que había identidad entre ortodoxia católica y solidez española"[5]. España no era, sin embargo, una unidad política como entendemos hoy; dentro de la Monarquía había pluralidad de reinos[6]. En este contexto hay que entender la conquista de Granada para la cristiandad, como parte integrante de Hispania, una entidad configurada desde la antigüedad clásica y que cerraba un territorio.

La Granada de principios del siglo XVI continuaba formando parte del medio musulmán en su fisonomía, y en su propio funcionamiento (Isabel y Fernando mantuvieron una buena parte del sistema de retribuciones e impuestos que venían empleándose con anterioridad). Bernard Vincent describe así el paisaje urbano granadino y su impacto en la mentalidad de los recién llegados castellanos: "la madeja de callejuelas, muchas veces sin salida, la falta de ordenamiento, la acumulación anárquica de casas entrelazadas suscita en hombres llegados del norte la repulsión y una desconfianza que tienen dificultades para superar"[7]. Los soberanos, quizá seducidos por la belleza del lugar, tomaron disposiciones tendentes a conservar edificaciones como la Alhambra, pero se precipitaron, al mismo tiempo, a invertir en construcciones que cambiarían la estructura de la ciudad. Se comenzaron las obras de la Catedral, el Hospital Real o el palacio de la Chancillería; se abrieron grandes

[4] DOMÍNGUEZ ORTIZ, A: *El Antiguo Régimen: los Reyes católicos y los Austrias*, Alianza, Madrid, 1988, p. 16.

[5] VILLAR, Pierre: *Historia de España*, Crítica, Barcelona, 1981, p. 45. (Primera edición en 1963).

[6] Véase CAMPANELLA, Tomaso: *La monarquia hispánica* (1640), trad. de Primitivo Marino, Centro de Estudios Constitucionales, Madrid,1982.

[7] VINCENT, Bernard y CORTÉS PEÑA, Antonio Luis : *Historia de Granada*, Tomo III, Don Quijote, Granada, 1986, p. 19.

plazas como el Campo del Príncipe, plaza Nueva o la plaza Bibrrambla, y se fue poblando el paisaje urbano de iglesias a la vez que se mantenía la fisonomía árabe particular del barrio del Albaicín. Granada se iría convirtiendo lentamente en un crisol de arquitecturas cuyo aspecto se ha conservado en gran medida hasta nuestros días.

Con la toma de Granada, los mudéjares que optaron por permanecer en su ciudad natal no fueron víctimas de una esclavización tan brutal como sus correligionarios malagueños. Las últimas capitulaciones, las de 1491, calificadas de "generosas", incluso aseguraban a los cautivos la libertad casi automática[8]. Pero, si los mudéjares de Granada no fueron esclavizados a raíz de la expansión castellana a finales del siglo XV, la sociedad granadina se proveería de personas esclavizadas de otros orígenes. De hecho, la presencia de esclavos y esclavas entre la población de Granada fue una constante durante el siglo XVI y se agudizó durante los años de la sublevación de las Alpujarras, en que un amplio número de moriscas fueron cautivadas. Pero, si el grueso del mercado esclavo no acusó un aumento en función del sometimiento de los mudéjares a raíz de la conquista de Granada ¿quienes formaron parte de la población esclava en la primera mitad del siglo XVI?

En el gráfico 1 se estudia el origen de las personas esclavizadas vendidas en Granada a lo largo del siglo XVI a través de las cartas de compraventa analizadas. Para optimizar los datos ofrecidos por la fuente he combinado los lugares de procedencia de esclavos y esclavas con la categoría racial "color" (cuando no se señala ningún espacio geográfico), de esta forma se aprecia mejor el panorama de la población esclava. La categoría color hace referencia a la ascendencia y, por tanto, al origen. Esta es la razón por la que he titulado el cuadro "Origen de las personas esclavizadas en el mercado granadino...", ya que la referencia no siempre es espacial.

El número de personas esclavizadas procedentes de las Indias (origen que puede referirse tanto a indios americanos como a hindúes) es muy reducido. Asimismo, he utilizado la expresión Berbería, por ser la palabra entonces utilizada en España para referirse al Occidente musulmán.

[8] DOMÍNGUEZ ORTIZ, Antonio y VINCENT, Bernard: *Historia de los moriscos: vida y tragedia de una minoría,* Alianza universidad, Madrid, 1978, p. 18.

GRÁFICO 1. ORIGEN DE LAS PERSONAS ESCLAVIZADAS EN EL MERCADO GRANADINO A TRAVÉS DEL ESTUDIO DE LAS COMPRAVENTAS. SIGLO XVI

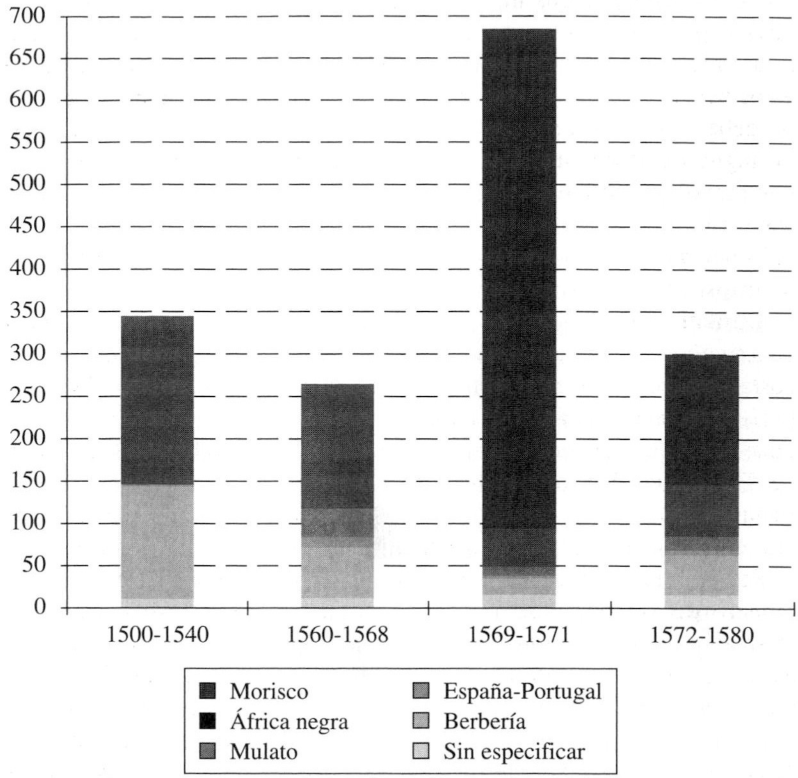

FUENTES: *Cartas de compraventa analizadas, APG. Valores absolutos.*

Como podemos apreciar en este gráfico, la mayoría de las personas esclavizadas vendidas en Granada entre 1500 y 1550 procedían del continente africano: principalmente del área conocida en España como Guinea, área que cubría una amplia zona del África occidental subsahariana; pero también de las islas de Santo Tomé y Cabo Verde. En ocasiones, la documentación nos ofrece datos sobre la etnia a la que pertenecen estas personas lo que nos permite ubicar el espacio geográfico exacto del que provienen. Las etnias más frecuentemente citadas son mandinga, wolof y peul. Por ejemplo, en la carta de compraventa de Catalina, efectuada el 23 de junio de 1511 en Granada, se especifica que era *mandinga*. Los mandiga eran habitantes del Imperio Songhay, cuya capital era Tombuctú. Los entonces llamados *jolof* corresponden a la etnia senegalesa actualmente denominada wolof. La presencia de estos negroafricanos y negroafricanas esclavizados en suelo granadino se debe a las conquistas portuguesas de finales del siglo XV. Los portugueses desembarcaron en la Costa del Oro (el actual litoral senegambiano) y continuaron sus conquistas hacia el interior, llegando a Mozambique[9]. La llegada de los cristianos portugueses y la esclavización por parte de los europeos marcó el declive decisivo de la historia de estos pueblos africanos.

Durante este periodo (1500-1550), el segundo lugar en términos cuantitativos, lo ocupaban las personas esclavizadas procedentes de la costa meridional del Mediterráneo (en el gráfico, bajo el epígrafe "Bertería"). Numerosos argelinos naturales de Orán y de Tremecén fueron vendidos en el mercado granadino entre los años 1509 y 1511. La toma de Túnez en 1535 proporcionó asimismo personas esclavizadas que llegaron a venderse en el mercado granadino. También Marruecos se cita entre los lugares de procedencia de los esclavos norteafricanos.

Por otra parte, durante la primera mitad de la centuria, un discreto número de personas esclavizadas nacieron en suelo cristiano, en la misma Granada o en ciudades como Murcia; éstos podían ser mulatos, negros o blancos, según el origen de sus progenitores. Por último, un cierto número de personas esclavizadas a las que los escribanos granadinos describen con el calificativo portugués o portuguesa (representadas en el gráfico como Portugal) son, en realidad, personas esclavizadas de origen sudanés pero nacidas en Portugal o en sus colonias. Los descubrimientos portugueses trajeron también a Granada un ligero nú-

[9] La corona portuguesa controlaba el mercado lisboeta a través de la *Casa dos escravos*, al frente de la cual se encontraba un funcionario real: el *almoxarife dos escravos*. Véase SAUNDERS, A: *A social history of black slaves and freedmen in Portugal, 1441-1555*, Cambridge, 1982.

mero de esclavos hindúes, procedentes en muchos casos de Goa, la entonces capital de las llamadas Indias de Portugal[10].

En cuanto al periodo 1560-1568, años inmediatamente anteriores a la guerra de las Alpujarras, la mayoría de las personas esclavizadas continúan siendo de origen subsahariano como se puede observar en el gráfico (categoría África negra). No obstante, en la documentación consultada se empieza a citar el Reino del Congo entre los lugares de origen. Las personas esclavizadas procedentes de Santo Tomé, Cabo Verde y Senegambia están presentes en el mercado granadino durante esta década, así como algunos indios y bastantes magrebíes naturales de Orán y Túnez. En 1567 se reseña, por vez primera en la documentación consultada, el origen turco de un esclavo. Por su parte, las personas esclavizadas nacidas en suelo peninsular, a pesar de ser escasas, siguen constituyendo parte de las ventas de estos años.

La tercera época corresponde a los años de la sublevación de los moriscos granadinos (1569-1571). Este evento impactó de manera crucial el patrón esclavista que venía desarrollándose en la ciudad de Granada. La esclavitud de las personas rebeladas supuso una enorme conmoción en la población y el comercio esclavista de la ciudad: más del 90 % de las personas vendidas durante estos años procedían de las faldas de Sierra Nevada. El marquesado del Cenete, el Valle de Lecrín, la Alpujarra granadina y la almeriense constituyeron las principales zonas de aprovisionamiento de esclavas y esclavos. Cada pequeño pueblo, cada alquería ha quedado registrada en los documentos manuscritos que he consultado. La tragedia fue doble, una buena parte de la población morisca del Reino de Granada fue vendida a propietarios residentes en la misma tierra donde anteriormente gozaron de libertad.

Como podemos observar en el gráfico 1 durante los años 1569-1571, el mercado estaba saturado por la enorme presencia de esclavos y esclavas moriscas. En cuanto a la venta de personas esclavizadas procedentes del Sudán[11], ésta disminuyó significativamente aunque, desde luego, no llegó a desaparecer. Igualmente, la importación de berberiscos y berberiscas se redujo también a lo largo de estos tres años.

[10] El Estado de la India se estableció en 1503 y formaba parte del imperio colonial portugués.

[11] Para los arabófonos, el Sudán del siglo XVI correspondía al espacio geográfico enclavado en el continente africano por debajo de los límites del desierto del Sahara. "Bilad as-Sudan" significa literalmente "país de los negros".

Durante el periodo 1572-1580, década inmediatamente posterior a la sublevación alpujarreña se mantuvo la tendencia registrada a partir de la rebelión: abrumadora mayoría de ventas de moriscas/os junto a un número relativamente reducido de personas procedentes de Berbería. Al mismo tiempo se percibe un ligero aumento de la venta de personas esclavizadas originarias del África subsahariana, tendencia que se confirma a finales del siglo.

1.2. *El contingente esclavo según las compraventas*

Una vez comprobada la magnitud del fenómeno esclavista en la Granada del siglo XVI, pasemos a analizar las compraventas y ventas en subasta conservadas en el Archivo de Protocolos para los años estudiados a lo largo del siglo XVI mediante el gráfico siguiente.

Este gráfico representa la cantidad real de compraventas de personas esclavizadas, y de ventas en subasta según la documentación conservada en el Archivo de Protocolos de Granada para cada uno de los años, marcados en el eje de ordenadas, correspondientes al siglo XVI. Una primera observación del cuadro nos llevaría a constatar la importancia del mercado de personas esclavizadas, y muy especialmente, durante los años de la sublevación morisca, periodo en que el mercado granadino se colma de esclavas, y que corresponde a los picos máximos de la gráfica situados entre 1569 y 1571.

No obstante, la interpretación del gráfico merece una reflexión que vaya más allá de esta primera impresión. En primer lugar, señalar que todas las ventas en subasta que he localizado se concentran en el año 1571 por lo que este año experimenta una proporción notablemente más alta. Muy probablemente se realizaron subastas en los dos años anteriores, pero no se conservan la información. La mayoría de las esclavas vendidas en 1521 proceden del "Cabo Daguer" en la costa berberisca. En cuanto a la toma de Túnez (1535), como vemos, no se constatan en Granada huellas del contingente tunecino esclavizado.

Por otra parte, a medida que avanza el siglo, el número de legajos por año aumenta notablemente[12]. Si a la irregularidad de la media de

[12] Véase Capítulo I: Fuentes notariales.

GRÁFICO 2 COMPRAVENTAS DE ESCLAVOS Y ESCLAVAS
1505-1540 • 1560-1580 • 1590 (*)

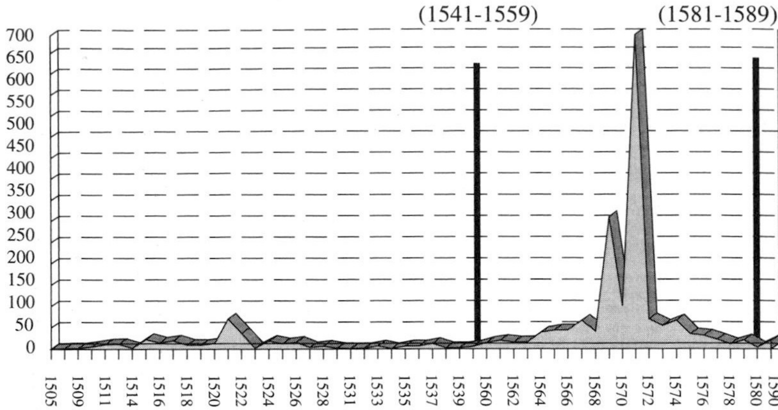

(*) Los periodos entre paréntesis (sobre las líneas) no se encuentran representados en el gráfico. La primera compraventa conservada data de 1505, no se conserva ninguna venta en 1506, 1508, 1513, 1516 y 1529; el resto de las compraventas están representadas anualmente en valores absolutos.

legajos conservados por año a lo largo del siglo le añadimos la perdida de un volumen documental que podría estimarse entre 6 y 10 veces más del total existente, las cifras tendrían que modificarse para hacernos una idea más aproximada de la realidad de las ventas de personas esclavizadas en la Granada del siglo XVI. De esta manera he procedido a realizar el gráfico 3, en el cual he equiparado la media de legajos a 5,8 por año multiplicando las cifras obtenidas para los años en que la media es inferior y, en segundo lugar, he multiplicado el total dimanante por 8, cifra que correspondería aproximadamente a la documentación extraviada.

Debemos tener en cuenta que siempre estaríamos trabajando con el número de compraventas por años y no con el número real de esclavos y esclavas existentes en la capital granadina respecto a la población global. En cualquier caso este segundo gráfico pretende acercarse más a la realidad y la comprensión del fenómeno esclavista. Si en el gráfico anterior la escala del eje de abcisas es de 50 ventas, en este segundo cuadro, la escala será de 200 ventas.

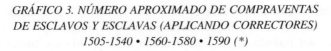

GRÁFICO 3. NÚMERO APROXIMADO DE COMPRAVENTAS DE ESCLAVOS Y ESCLAVAS (APLICANDO CORRECTORES) 1505-1540 • 1560-1580 • 1590 (*)

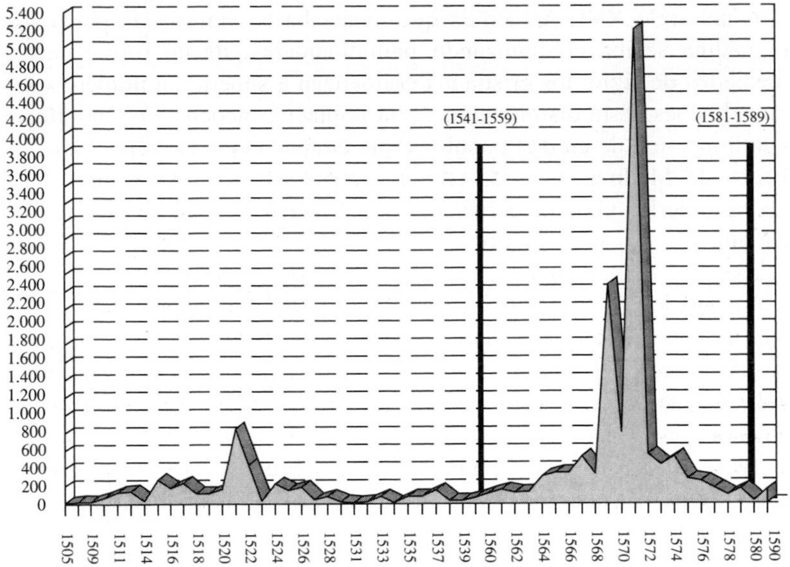

(*) Al igual que en el gráfico 2, los periodos entre paréntesis (sobre las líneas) no se encuentran representados en el gráfico.

1.3. *El censo de 1561*

Andrea Navaggero, un viajero que visitó la ciudad en 1526, señaló: "Aunque no hay en Granada tanta gente como cuando era de los moros, es todavía muy populosa y no hay en España quizás tierra más frecuentada"[13]. En efecto, la población de la ciudad sufrió una disminu-

[13] LUQUE MORENO, Jesús: *Granada en el siglo XVI. Juan de Vilchez y otros testimonios de la época*, Universidad de Granada, 1994, p. 236.

ción importante con la llegada al poder de los conquistadores, pues muchos musulmanes y musulmanas prefirieron emigrar, pero el talante oriental del trazado de la ciudad unido a una población morisca aún abundante, llamó poderosamente la atención de los viajeros de principios del siglo XVI. A medida que avanzaba la centuria, la población granadina se iba cristianizando paulatinamente, de tal forma que, a mediados de siglo, los cristianos comienzan a superar en número a los musulmanes. Esta disminución de la población neoconversa no afectó a la impresión de ciudad populosa que Granada ejercía en los viajeros. Pedro de Medina, en 1552, llega a atribuirle 400.000 ánimas[14]. La mayoría de los viajeros coinciden en calificar la ciudad de muy poblada, aunque exageran, sin duda, a la hora de cifrar sus habitantes. Quizá la cantidad más menguada la ofrezca el cronista Mármol de Carvajal que concede 30.000 vecinos a la ciudad (120.00 habitantes si acordamos una media de 4 personas por vecino)[15]. Aunque ninguna de estas cifras se acerca a la realidad, sí expresan la sensación de grandeza y bullicio que debieron observar los viajeros de entonces durante su estancia en la ciudad.

Entre las primeras noticias fidedignas sobre la población granadina en el siglo XVI podemos citar un padrón de vecinos conservado en el Archivo de Simancas que data de 1561[16]. Según este censo, la población total de Granada se situaría en torno a las 54.000 personas antes de la sublevación de los moriscos. Pero, de esta cifra total de habitantes de la capital ¿qué porcentaje correspondía a las personas esclavizadas?

El censo de 1561 fue realizado por el clero con la intención de vigilar la religiosidad de los vecinos de Granada. La participación de los fieles en la eucaristía o la disposición para recibir el sacramento de la penitencia eran las metas fundamentales de los párrocos. Como las personas esclavizadas debían cumplir con los preceptos de la religión imperante, esclavos y esclavas también se contabilizaron en este censo realizado por las autoridades eclesiásticas. La enumeración de las per-

[14] Ibidem, p. 176.

[15] MÁRMOL CARVAJAL, Luis del: *Rebelión y castigo de los moricos*, Arguval, Málaga, 1991.

[16] A.G.S, Cámara de Castilla, Leg. 2.150.

sonas esclavizadas en el censo nos ofrece la posibilidad de analizar fehacientemente la proporción de población esclava en la Granada de 1561. Pero, además, se explicita el resto de la servidumbre doméstica asalariada, y asimismo los oficiales y aprendices que dependen de cada maestro de taller. Por consiguiente, se pueden establecer paralelismos entre las personas esclavizadas y el resto de los dependientes que viven bajo el mismo techo que su amo. Felipe Ruiz Martín[17], pionero en el estudio de este censo, no se interesó por los datos relativos a la población esclava ni a la servidumbre doméstica salariada, de manera que, la información que presento a continuación es de primera mano y viene a cubrir esta laguna.

Este censo se divide en 22 parroquias y, al principio de cada una de ellas, aparecen cuatro cifras que resumen: el número de casas, el número de vecinos secundarios que viven en estas casas, la suma de las casas y los vecinos secundarios (que equivale al número total de vecinos de la colación) y las personas en edad de confesar. Este último apartado contiene, según explica el propio censo: "vecinos, moradores, estantes y habitantes, casados y amancebados, mozos y doncellas de confesión"; por tanto, se incluían las personas esclavizadas. Respecto a la edad de confesar, se consideraba que los niños estaban en disposición de comulgar a la edad de 12 años[18]. Es importante tener en cuenta que siempre estamos trabajando con el número de habitantes en edad de confesar; es decir con los mayores de 12 años, y que los menores no están incluidos en el número de personas por vecino. Para saber el número total de habitantes incluyendo los menores, Felipe Ruiz Martín aplica un corrector al total de personas en edad de confesar (añade un 25% del total al mismo). Este corrector, sin embargo, no podría ser aplicado al total de personas esclavizadas porque el número de niños y niñas vendidos en Granada antes de la sublevación de los moriscos es bastante reducido ya que no responde a una población natural sino fruto del comercio[19]. En consecuencia, he acordado reproducir los datos del censo intactos, teniendo siempre en cuenta que las comparacio-

[17] RUIZ MARTÍN, Felipe: Movimientos demográficos y económicos en el reino de Granada durante la segunda mitad del siglo XVI, *AHES*, 1980, p. 159.

[18] RUIZ MARTÍN, Felipe: Ob. cit., p. 160.

[19] Véase Capítulo 8: La Infancia: un periodo no productivo.

nes se establecen en todos los casos entre personas en edad de confesar, ya sean libres o esclavizadas.

De las 22 parroquias del censo, únicamente existen dos omisiones respecto a estas cuatro cifras que encabezan cada barrio: en la Iglesia mayor y en San José no figuran las personas en edad de confesar[20]. Estos lapsus han sido corregidos asumiendo una similitud con el cociente de personas en edad de confesar por vecino; en el caso de San José, con las parroquias más ricas del Albaicín y, en el caso de la Iglesia mayor, con el valor más alto de las parroquias de la ciudad cristiana. A mi modo de ver, Felipe Ruiz Martín no ha solucionado correctamente la ausencia de datos de la Iglesia Mayor al asimilarla con los de San Andrés; ya que, de esta forma, ha aplicado a los habitantes del centro cristiano cifras correspondientes a un barrio mucho menos poblado[21].

El problema más grave lo constituye el hecho de que no se conserve la relación de personas esclavizadas y servidumbre residente en el barrio de la Iglesia mayor. Sin embargo, he deducido los datos aplicando, asimismo, los coeficientes correspondientes a las iglesias más pobladas del centro cristiano. Por otro lado, las parroquias de San Salvador, San Martín y San Blas aparecen comprendidas bajo la Iglesia Mayor del Albaicín. El emplazamiento de todas las parroquias se puede seguir con facilidad en el mapa 1, que corresponde al trazado de la ciudad que realizó Ambrosio Vico en el año 1613.

El cuadro que presento a continuación (cuadro 1) resume los datos obtenidos del censo de 1561 de Granada para cada una de las parroquias. Esta información se encuentra ordenada en sentido descendente según el porcentaje de personas esclavizadas respecto a la población en edad de confesar (PEC).

[20] Felipe Ruíz Martín habla de tres omisiones, pero si tenemos en cuenta que el número de vecinos secundarios se halla restando al total de casas y vecinos, el número de casas; éste dato también nos lo proporcionaría el propio padrón, por lo que no hace falta deducirlo.

[21] Para Felipe Ruiz el número de habitantes de Santiago es muy similar al de la Iglesia mayor, y el de San Matías supera al de la Iglesia mayor, cuando esta última parroquia probablemente aglutinaba el mayor número de vecinos de Granada. Por ello, en lugar de aplicar el coeficiente de San Cecilio a la parroquia de San José como hace el mencionado autor, he aplicado el coeficiente medio de las parroquias más pobladas del Albaicín.

CUADRO 1

PARROQUIA (V.A.)= Valores Absolutos	*Barrio*	*% Personas Esclavizadas respecto a PEC*	*Personas Esclavizadas en edad de Confesar*	*Vecinos*	*Personas en edad de Confesar (PEC)*	*Cociente de PEC por Vecino*
San Pedro San Pablo	**Centro**	5,4 %	74	337	1.375	4
San Justo	**Centro**	5,2 %	83	366	1.594	4,3
Iglesia mayor	**Centro**	5 %	196	982	3.928	4
San Matías	**Centro**	4 %	118	811	2.913	3,5
San Gil	**Centro**	3,7 %	60	430	1.604	3,7
Santiago	**Centro**	3,6 %	91	689	2.501	3,6
Santa Escolástica	**Centro**	2,6%	88	774	3.269	4,2
San Andrés	**Centro**	2,5 %	56	822	2.234	2,7
Santa Ana	**Centro**	2,4 %	51	640	2.094	3,2
San José	***Albaicín***	2,4 %	46	564	1.804	3,2
San Miguel	***Albaicín***	1,6 %	22	407	1.322	3,2
San Gregorio	***Albaicín***	1,3 %	11	269	834	3,1
San Cecilio	Periferia	1,16%	20	551	1.720	3,1
San Juan de los Reyes	***Albaicín***	0,6 %	14	759	2.125	2,7
San Nicolás	***Albaicín***	0,6 %	13	806	1.876	2,3
Magdalena	Periferia	0,5 %	11	531	2.079	4
Iglesia mayor Albaicín	***Albaicín***	0,5 %	15	946	2.927	3
San Idelfonso	Periferia	0,4 %	10	759	2.092	2,7
San Luis	***Albaicín***	0,28 %	3	397	1.037	2,6
San Cristóbal	***Albaicín***	0,26 %	6	793	2.230	2,8
Santa Isabel	***Albaicín***	0,19 %	2	302	1.007	3,3
San Bartolomé	***Albaicín***	0,15 %	1	272	656	2,4
TOTALES (de los valores absolutos)			**991**	*3.207*	*43.221*	

FUENTE: *Censo de 1561. (PEC= Personas en Edad de Confesar).*

Si analizamos los datos obtenidos, observaremos que existe una enorme diferencia de comportamiento entre la ciudad morisca y la ciudad cristiana. Exceptuando las parroquias periféricas, el resto de las feligresías de la ciudad cristiana presentan porcentajes similares tanto de personas esclavizadas como de habitantes por vecino. El porcentaje medio de población esclava respecto a las personas en edad de confesar en las parroquias más ricas del centro cristiano sería del 5%; mientras que en el Albaicín este porcentaje medio desciende al 0,7%. En definitiva, al menos en lo que respecta a la población esclava, no se pueden ofrecer datos que homogeneicen la realidad de la capital granadina porque existen importantes diferencias entre la ciudad morisca y la ciudad cristiana. Estas desigualdades se perciben incluso 68 años después de la toma de Granada por los cristianos, como podemos comprobar mediante los datos extraidos del censo. En definitiva, la servidumbre esclava de los moriscos era mucho menor que la de los cristianos viejos.

La población esclava de Granada en edad de confesar giraba en torno a las 1.000 personas; mientras que su población global se estima en 43.000 personas. En consecuencia, las personas esclavizadas constituyen un 2% de la población total; pero este porcentaje se distribuye muy desigualmente entre el centro cristiano y el barrio del Albaicín. Podemos concluir que la proporción de esclavos y esclavas en el Albaicín es escasa, mientras que en la sociedad cristiano vieja representan entre un 4% y un 5% de la población.

A principios del siglo XVI, el contingente esclavo residente en la colina morisca era, sin duda, superior; pero su número fue decreciendo conforme avanzaba la represión. De hecho, durante los primeros años del quinientos, el porcentaje de personas esclavizadas en poder de la comunidad morisca debió acercarse bastante al porcentaje de las mismas entre los cristianos viejos; sin embargo, la desigualdad de servidumbre entre una y otra comunidad se dispararía a medida que avanzaba el siglo y aumentaba la represión y la pobreza de los moriscos. A todo ello hay que sumar la promulgación de leyes que prohibían a los moriscos la posesión de personas esclavizadas y su estricta observación a partir de mediados del siglo. Las cartas de horro muestran que los propietarios moriscos se vieron paulatinamente obligados a liberar a sus dependientes esclavos desde principios de la centuria, sobre todo en los años 50. No obstante, en 1561, según datos del censo, aún quedan 113 personas esclavizadas en edad de confesar en el Albaicín.

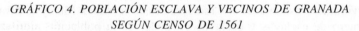

GRÁFICO 4. POBLACIÓN ESCLAVA Y VECINOS DE GRANADA SEGÚN CENSO DE 1561

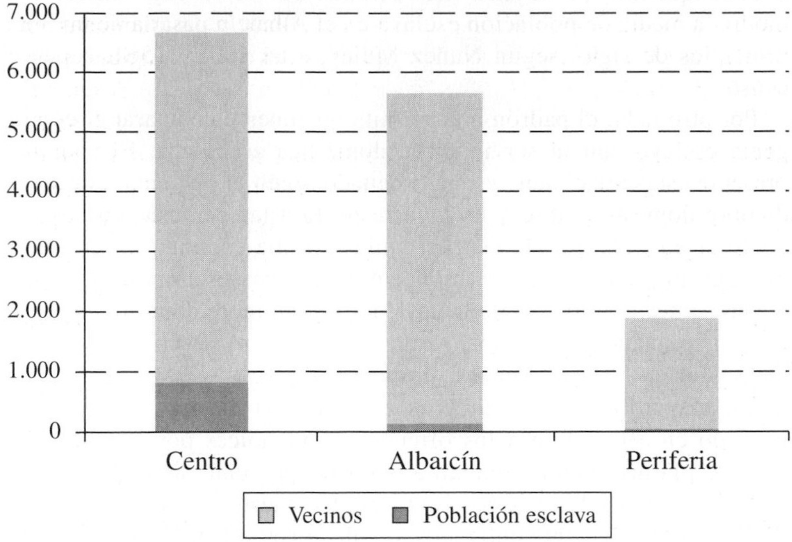

FUENTE: *Censo de 1561. A.G.S. Valores absolutos*

Don Francisco Núñez Muley, portavoz de la comunidad neoconversa en las negociaciones con el poder cristiano, cifra el número de personas esclavizadas en manos de los moriscos en un total de 400, y alude a que su majestad había sido informado "érroneamente" de que había más de 20.000 personas esclavizadas cuyos dueños eran moriscos en el Reino de Granada[22]. El intento desesperado de mantener la

[22] "¿Estas gentes no han de tener servicios? Decir que crece la nación morisca con ello es pasión de quien lo dice porque habiendo informado a su magestad en las cortes de Toledo que había más de veinte mil esclavos negros en este reino en poder de los naturales, vino a parar en menos de cuatrocientos, y al presente no hay cien licencias para poderlos tener. Esto salió también de los clérigos, y ellos han sido después los abonadores de los que los tienen, y los que han sacado interés dello" en MÁRMOL CARVAJAL, Luis del: Ob. cit., p. 69.

servidumbre esclava de los moriscos llevó a Nuñez Muley a cifrar el número de esclavas y esclavos en poder de la población morisca en 400, aunque muy probablemente su número debió ser superior. De este modo, la media de población esclava en el Albaicín pasaría de un 3% a principios de siglo, según Nuñez Muley, a un 1% en 1561, según el censo.

Por otro lado, el padrón nos permite igualmente comparar el contingente esclavo con la servidumbre doméstica asalariada. El cuadro 2 presenta estas relaciones, y está ordenado según el porcentaje de servidumbre doméstica libre y esclava respecto a las personas en edad de confesar en cada una de las parroquias (última columna). Estos datos nos dan una idea de la relación entre personas esclavizadas y otros dependientes asalariados de la casa. La servidumbre doméstica libre se ha contabilizado por barrios, sumando el número de criados, criadas, amas, dueñas, mozos, mozas, despenseros, lacayos, ayos, escuderos, pajes, mayordomos y acemileros en cada una de las casas[23]. No he incluido en este grupo a los oficiales y aprendices por considerarlos ligados a la institución gremial, a pesar de que, tanto aprendices como oficiales vivían a menudo bajo el techo del maestro y, en consecuencia, estarían probablemente obligados a realizar actividades propias del trabajo doméstico[24].

En el cuadro 2 observamos que el porcentaje de servidumbre doméstica total (libre y esclava) por parroquias (véase última columna) es muy superior en el centro, por tanto, en la sociedad cristiano vieja. De hecho, en San Pedro y San Pablo hallamos nada menos que un 23% de trabajadoras/es del servicio doméstico. En el Albaicín, sin embargo, la servidumbre doméstica es menos abundante. Si exceptuamos San Miguel y San José, las colaciones más ricas del Albaicín,[25] el resto de las

[23] El grupo de servidumbre doméstica libre presenta importantes diferencias de estatus (el sueldo de un mayordomo superaba con creces el de un mozo); pero, el escaso número de sirvientes principales y su carácter de dependientes de la casa permite aglutinarlos en el conjunto de la servidumbre doméstica.

[24] El número de aprendices adolescentes era muy numeroso a juzgar por la insistencia con que las Ordenanzas de Granada prohiben que se contraten niños menores de 12 años.

[25] VINCENT, Bernard: "El Albaicín de Granada en el siglo XVI", Andalucía en la Edad Moderna: Economía y sociedad, Diputación provincial de Granada, 1985, p. 130.

CUADRO 2

PARROQUIA	*Barrio*	*Servidumbre doméstica libre (SDL)*	*Servidumb re doméstica esclava*	*Cociente de SDL por cada persona esclavizada*	*Servidumbre doméstica libre y esclava (SDL y E)*	*% Servidumbre doméstica libre y esclava respecto a las personas en edad de confesar*
San Pedro San Pablo	**Centro**	249	74	3,9	323	23,40%
San Justo	**Centro**	212	83	2,5	295	18,50%
Iglesia mayor*	**Centro**	490	196	2,5	686	17,46%
San Gil	**Centro**	182	60	3	242	15%
Santiago	**Centro**	258	91	2,8	349	14%
Santa Ana	**Centro**	209	51	4	260	12,40%
Santa Escolástica	**Centro**	266	88	3	354	10,80%
San Matías	**Centro**	179	118	1,5	297	10%
San José	*Albaicín*	136	46	2,9	182	10%
San Andrés	**Centro**	146	56	2,6	202	9%
San Miguel	*Albaicín*	74	22	3,3	96	7,20%
Magdalena	Periferia	119	11	10,8	130	6,20 %
San Cecilio	Periferia	75	20	3,75	95	5,50%
San Juan de los Reyes	*Albaicín*	55	14	3,9	69	3,20%
San Gregorio	*Albaicín*	12	11	1	23	2,70%
San Idelfonso	Periferia	27	10	2,7	37	1,70%
San Cristóbal	*Albaicín*	27	6	4,	33	1,40%
San Bartolomé	*Albaicín*	8	1	8	9	1,30 %
Santa Isabel	*Albaicín*	8	2	4	10	0,90%
San Nicolás	*Albaicín*	5	13	0,38	18	0,90%
Iglesia mayor Albaicín	*Albaicín*	10	15	0,6	25	0,85%
San Luis	*Albaicín*	5	3	1,6	8	0,70%
TOTALES		*2. 752*	**991**		*3.743*	

FUENTE: *Censo de 1561. Los datos de la Iglesia mayor han sido deducidos siguiendo las pautas de las feligresías cristianoviejas del centro de la ciudad.*

parroquias de este barrio tiene un menor número de dependientes respecto a las parroquias cristiano viejas. Por consiguiente, el análisis del censo poblacional de 1561 descubre que los cristianos viejos tenían una servidumbre, tanto libre como esclava, copiosa y ajena a la población morisca.

El gráfico 5, realizado a partir del cuadro anterior, muestra la proporción de servidumbre libre y esclava.

GRÁFICO 5. SERVIDUMBRE LIBRE Y ESCLAVA SEGÚN CENSO DE 1561

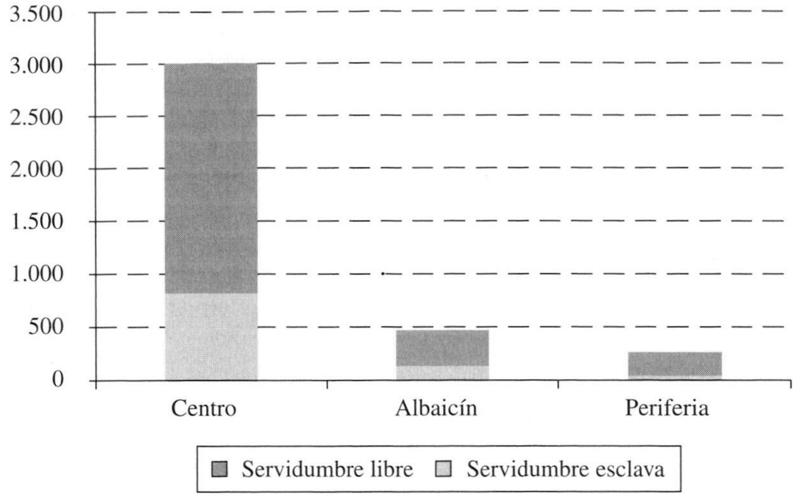

FUENTE: *Censo de 1561 A.G.S.(Valores absolutos)*

Si analizamos los datos contenidos en este gráfico podemos deducir que la población esclava supone casi una tercera parte de la servidumbre doméstica salariada. La servidumbre libre es, por tanto, más numerosa que la esclava.

Por último, introduciré el factor género para analizar el número de hombres y mujeres esclavizados en cada una de las parroquias y compararlo con el de la servidumbre doméstica libre de ambos sexos.

GRÁFICO 6. ESCLAVOS Y ESCLAVAS SEGÚN CENSO DE 1561

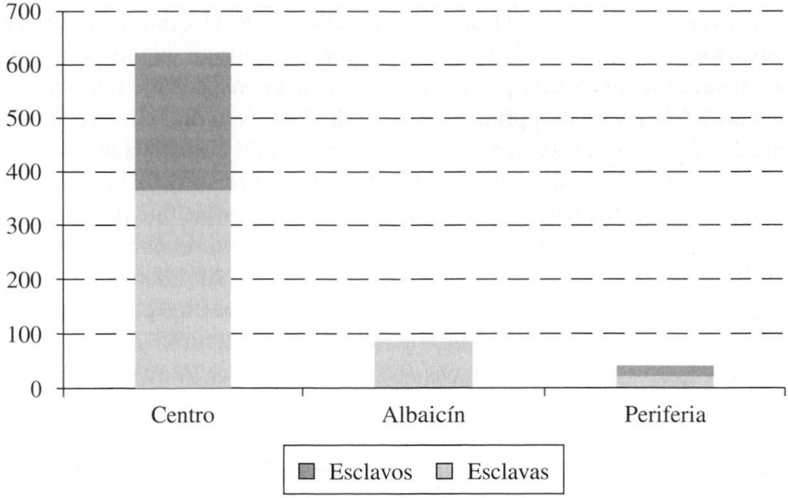

Las esclavas constituyen un contingente mayoritario; el porcentaje de mujeres es del 58,5% en el centro cristiano y del 64% en el Albaicín, mientras que se iguala en la periferia donde los propietarios son más pobres. La mayoría de los esclavos eran, por tanto, esclavas. Se trata, por tanto, de una población fuertemente feminizada[26].

Por otra parte, contrariamente a lo que podríamos pensar, el porcentaje de hombres y mujeres libres empleados en el servicio doméstico es mucho más igualitario que la proporción de hombres y mujeres esclavizados. La diferencia entre el porcentaje de servidumbre doméstica libre masculina y femenina es únicamente de un 1% en favor de los hombres. Constatamos, además, que el grado de especialización es mucho más alto entre el personal masculino asalariado (criados, mozos, mozos de caballos, mozos de espuelas, mozos de despensa, despenseros, laca-

[26] Las razones de una mayor presencia de mujeres esclavizadas en la ciudad de Granada antes de la sublevación de los moriscos constituyen el objeto de estudio del capítulo 6, titulado "Mujeres esclavas".

yos, ayos, escuderos, pajes, mayordomos y acemileros) que entre las sirvientas (criadas, amas y dueñas).

En conclusión, si tenemos en cuenta que los moriscos también tenían numerosas personas esclavizadas en los albores de la centuria y que la población del censo de 1561 debe ser aumentada puesto que los menores no aparecen recogidos, la población esclava de Granada debió aproximarse a las 1.500 personas a principios del siglo XVI. A lo largo de la primera mitad del siglo el contingente esclavo en manos de la población morisca fue disminuyendo paulatinamente debido, como ya he dicho, a la progresiva represión de los neoconversos por parte de la Corona que decretó una serie de pragmáticas encaminadas a confinar la mano de obra esclava al conjunto de cristianos viejos y acentuar aún más las diferencias entre ambos colectivos. Una consecuencia de las liberaciones fue el aumento de sudaneses libres residentes en el Albaicín. En 1561, el total de población esclava rondaba las 1.000 personas en edad de confesar. A estas alturas del siglo, los esclavos y las esclavas eran prácticamente propiedad exclusiva de los cristianos viejos, constituyendo casi un 5% de la población total del centro cristiano de Granada. Además, la población esclava constituía, al menos, un 26,5 % del total de servidumbre doméstica.

Por otro lado, el mundo esclavo estaba feminizado en un 60% mientras que el resto de la servidumbre doméstica libre guardaba una proporción sexual más igualitaria. La feminización de la población esclava no es, en consecuencia, una cuestión derivada de la guerra contra los moriscos puesto que con anterioridad a la rebelión la mayoría de los esclavos también eran esclavas.

1.4. *El impacto de la sublevación morisca (1569-1571).*

La población de Granada capital 8 años antes de la sublevación de los moriscos, se situaba en torno a las 55.000 personas. Del total de los moradores, aproximadamente el 40% serían moriscos y el 60% cristianos viejos. A partir de la rebelión, el estudio de la población morisca resulta algo más complejo. Aunque sabemos que los habitantes de Granada capital disminuyeron a unas 35.000-40.000 personas en 1574[27], es

[27] VINCENT, Bernard y CORTÉS PEÑA, Antonio Luis: Ob. cit., p. 48.

difícil conocer el porcentaje de moriscos y de cristianos viejos. En primer lugar, no tenemos datos acerca del número de moriscos libres que habían quedado en la ciudad a pesar de la expulsión decretada en 1569. En segundo lugar, el trasvase de población morisca esclavizada desde las zonas rebeladas del Reino de Granada a la capital ha sido obviado en la historiografía. La vertiginosa caída poblacional de la Alpujarra, el valle de Lecrín y la tierra de Almería se ha relacionado exclusivamente con los efectos del destierro de 1569 y la mortandad inherente a la guerra, olvidando de manera sintomática a la población esclavizada. Parece como si la población morisca hubiese seguido únicamente dos destinos: la extinción o la deportación, cuando el sino de muchas y muchos de ellos fue la esclavitud. Una parte de estos moriscos esclavizados vino a parar a la capital granadina, tan cercana a sus primitivos asentamientos en las faldas de Sierra Nevada; y otra se dispersó por toda la geografía española. La venta de moriscos y moriscas insurrectos procedentes de las zonas levantadas y su posterior adquisición por parte de los cristianos viejos de la capital granadina ejerció un impacto nada desdeñable en la población de la ciudad.

A continuación presento un gráfico que representa el contingente esclavo de origen morisco vendido en Granada a raíz de la sublevación durante el periodo 1569-1580. Su análisis nos ofrece la posibilidad de comprobar que la gran mayoría de moriscos se vendieron en los tres primeros años de la sublevación y que, a partir de entonces, el número de ventas y reventas es bastante reducido.

El análisis de las compraventas puede sernos útil como punto de referencia para el estudio de la población morisca esclavizada. Si consideramos que las compraventas de moriscos efectuadas a partir de 1572 fueron, en realidad, reventas; para estudiar el número de personas esclavizadas vendidas en Granada a consecuencia de la rebelión, habría que analizar únicamente aquellas efectuadas durante los años de la guerra. Entre 1569 y 1572 se conservan un total de 691 compraventas de personas esclavizadas de origen morisco. A esta cifra habría que añadirle las 593 personas vendidas en subasta pública en 1571 y cuyas ventas también forman parte de la documentación notarial consultada. Por tanto, en las fuentes notariales conservadas para Granada durante los años 1569-1571, el total de moriscos de ambos sexos vendidos sería de 1.284. Si consideramos que se conserva aproximadamente entre una sexta y una décima parte de la documentación protocolaria para la ciudad de Granada; podríamos cifrar el total de personas esclaviza-

GRÁFICO 7. COMPRAVENTAS DE PERSONAS ESCLAVIZADAS DE ORIGEN MORISCO POR AÑOS

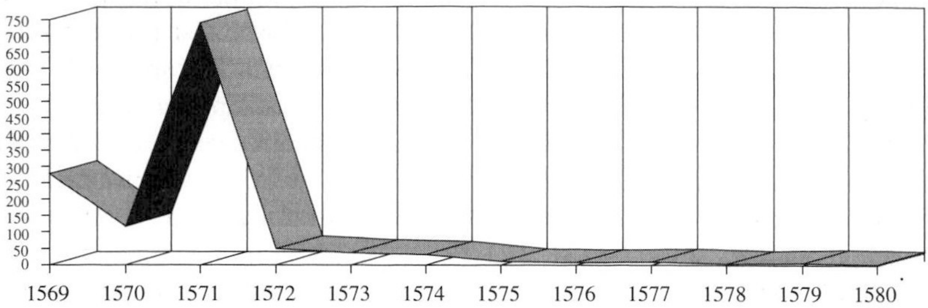

FUENTE: Cartas de compraventa y ventas en subasta.

das de origen morisco vendidas en Granada en un número aproximado a 10.000 personas. Teniendo en cuenta que el descenso poblacional de la Alpujarra, la tierra de Almería, el valle de Lecrín y la zona de Guadix ha sido estimado en unas 35.000 personas[28], la cifra de 10.000 personas esclavizadas, no parece, en absoluto, descabellada. Hay que considerar que en las 35.000 personas desaparecidas estaría incluido el pequeño grupo de cristianos que residía en las Alpujarras y que murió durante el alzamiento; un número importante de moriscos fallecidos a consecuencia de la guerra (la mayoría hombres); los moriscos de ambos sexos esclavizados *in situ* y los expulsados[29]. La Alpujarra pasa de 5.848 vecinos en 1561 a 1.811 en 1587 (lo que representaría una disminución del 69% de su población); la ciudad de Almería y su tierra experimentan una pérdida de 2.095 vecinos (-62%) y en el valle de Lecrín se observa un detrimento de 865 habitantes durante dicho intervalo espacial (-56%). Igualmente la zona de Guadix y sus inmediaciones llegan a contar con sólo 1.807 vecinos de los 3.530 existentes en 1561.

En Guadix, la cifra de moriscas y moriscos esclavos era muy elevada. El juez para los asuntos de guerra de la Chancillería de Granada, encargado de la repartición "de las esclavas, bagages, ganados y otros

[28] RUIZ MARTÍN, Felipe: Ob. cit., p. 140.

[29] El total de 35.000 personas se ha obtenido aplicando el coeficiente 4 a la diferencia de los vecinos que desaparecen de las zonas mencionadas entre el censo de 1561 y el de 1587.

bienes habidos de guerra", mandó hacer un registro de personas esclavizadas en 1569[30]. La cifra total ascendía nada menos que a 780 personas esclavizadas; de las cuales 525 eran mujeres y niñas, 175 eran hombres y niños (desconocemos el sexo de 80 personas, de las que únicamente se aclara: "80 esclavos y esclavas, chicos y grandes"). Este registro se realizó el 4 de noviembre, sólo nueve meses después del comienzo de la guerra; en 1571, a finales de la misma, el número de moriscas y moriscos esclavizadas sería, sin duda, mucho mayor.

Si nos ceñimos al caso granadino, vemos que según las compraventas consultadas, el 47% de las mismas fue adquirido por vecinos de Granada capital y el 50% por personas de fuera de la ciudad (del 3% restante no sabemos la procedencia de sus compradores). Estos porcentajes se deben acercar mucho a la realidad de lo ocurrido con el total de moriscos de ambos sexos vendidos en Granada, ya que son muy similares a los porcentajes obtenidos en las ventas por subasta pública. Concretamente según los datos de las almonedas, el 53% de los moriscos y moriscas subastados se vendieron a vecinos de Granada capital y el 47% fueron comprados por vecinos de fuera de la ciudad. Por tanto, si la hipótesis anterior fuese cierta, y el número de personas esclavizadas de origen morisco vendidas en Granada rondara las 10.000 personas; aproximadamente la mitad de ellas, es decir, unas 4.500-5.000 personas fueron compradas por cristianos granadinos y la otra mitad fue vendida fuera de la ciudad.

Pero, de estos 5.000 moriscos de ambos sexos que fueron vendidos a cristianos viejos vecinos de Granada, no todos quedaron en Granada capital. Una parte fue liberada posteriormente por sus compatriotas y otra, sería revendida fuera de Granada donde alcanzaría, sin duda, precios más elevados.

En cuanto al porcentaje de liberaciones, si las compras estaban vedadas al colectivo morisco, era legal que pagasen el rescate de sus compatriotas. Entre 1569 y 1572 se conservan 75 liberaciones de moriscos de ambos sexos y entre 1573 y 1580 otras 30, lo que supone un total de 105 liberaciones solidarias de moriscos. La gran mayoría de

30 A.P.N. Guadix. Escribano: Diego de Villanueva, fol. 629, 4 de noviembre de 1569. Citado por ASENJO SEDANO, Carlos: *Sociedad y esclavitud en el Reino de Granada. Siglo XVI. Las tierras de Guadix y Baza*, publicaciones de la Academia granadina del notariado, Granada 1997, p. 326-336.

los rescates fueron abonados por familiares moriscos de las personas esclavizadas. Por otro lado, una pequeña proporción de moriscos y moriscas fueron liberados por sus propietarios cristianos, fundamentalmente a partir de 1575, bien porque habían nacido en su casa, bien con motivo del fallecimiento del amo o por razones desconocidas. En cualquier caso, según mis cálculos, el total de liberaciones de moriscos debió aproximarse a las 1.000 personas esclavizadas si aplicamos el factor de corrección anteriormente empleado.

En definitiva, si nos atenemos a esta cifra: 1.000 personas esclavizadas de origen morisco liberadas entre 1569 y 1580, el total de moriscos y moriscas esclavos que permanecieron en la capital granadina estaría situado entre 3.500 y 4.000 personas. Es muy importante señalar que el 70% de este total eran mujeres y que sólo un 30% estaba constituido por hombres; lo que implica que la población morisca que arribó de las zonas rebeladas a la capital granadina estaba muy feminizada. En consecuencia, el total de esclavas moriscas que vino a aumentar la población granadina se puede establecer en unas 2.450 y el de esclavos moriscos en 1.000.

Ahora bien, tampoco debemos exagerar las consecuencias demográficas de la venta de los moriscos y moriscas esclavizados en la población granadina, sobre todo si tenemos en cuenta el factor temporal, pues se trata de pobladores efímeros. Me refiero al hecho de que la población esclava no creaba familias y, por tanto, no aumentaba por reproducción biológica (crecimiento natural). La sospecha de una posible perpetuación de la población de origen morisco, procedente de las uniones de esclavas y esclavos vendidos en Granada es una hipótesis desacertada, porque si bien pueden darse algunos casos aislados de uniones ilegítimas, la reproducción del grupo de personas esclavizadas se efectuaba sobre la base del comercio o la captura, nunca de la reproducción biológica.

En conclusión, la llegada de una masa importante de moriscos y moriscas esclavizados a la capital granadina a raíz de la rebelión no niveló la pérdida ocasionada por la expulsión de una buena parte de los moriscos y moriscas libres residentes en la ciudad. Aunque quizá la disminución de la población global granadina no fue tan brutal como se ha venido manteniendo si tenemos en cuenta la permanencia en la ciudad de 3.500 esclavos y esclavas moriscos, los movimientos migratorios constantes hacia el sur y la permanencia de una población de moriscos y moriscas libres aún por cuantificar.

Si al conjunto de moriscos vendidos en Granada capital (4.500-5.000) se le añade el resto de personas esclavizadas de otros orígenes presentes en la ciudad siete años antes de la rebelión (1.000 personas en edad de confesar según el censo de 1561), el número de personas esclavizadas se eleva a 5.500-6.000; una proporción definitivamente importante para la vida de la ciudad. Esto significa que en 1571, un 14% de la población granadina total correspondería a la población esclava; la cual, a su vez, estaba muy feminizada. La enorme presencia de personas esclavizadas de origen morisco en la capital granadina permitió: por un lado especular con la "mercancía humana" y negociar con la liberaciones y reventas; y, por otro lado, vino a concentrarse en la ciudad cristiano vieja.

La población esclava en 1561 supondría, al menos, un 2% de la población global (1.000 esclavos/as en edad de confesar de 55.000 habitantes); mientras que en 1571 el contingente esclavo se eleva nada menos que al 14% (5.500-6.000 esclavos/as de 40.000 habitantes). No obstante, este 2% debería incremetarse levemente, puesto que no incluye a los menores. Por otra parte, este 2% mencionado se reparte muy desigualmente, pues en el centro cristiano la población esclava alcanza el 5% mientras que en el Albaicín y la periferia su proporción es del 1%.

Las cifras obtenidas dan cuenta de la infravaloración del fenómeno esclavista en la historiografía sobre el Reino de Granada. La enorme presencia de mano de obra esclava de origen morisco en la ciudad está, sin duda, relacionada con la diversificación de profesiones entre los compradores. Durante la sublevación, la venta masiva de mujeres y hombres moriscos provocó un aumento tan fuerte de personas esclavizadas que incluso gentes muy pobres llegaron a encontrarse entre los propietarios. El caso de un vecino de Alhama llamado Antonio Cano es especialmente revelador en este sentido. Antonio heredó de Inés Carmona, su hija, una esclava morisca de 6 años llamada Luisa, pero al no poder siquiera sustentarse él mismo, decide ceder el servicio de la niña a su yerno a cambio de 5 ducados. El texto dice exactamente: "por el testamento que hizo e otorgo Inés de Carmona, mi hija, debaxo de cuya disposición murió, por una cláusula dél, me dexó una esclava que a por nombre Luisa, de hedad de seis años (...) y porque yo soy pobre y no la puedo sustentar me he convenido y conçertado con Vicente Pérez, cordonero (yerno), de le ceder el servicio de la dicha muchacha"[31].

[31] A.P.G. Leg. 178, f. 245-246, 1571. Este testimonio viene a corroborar la venta de menores moriscos como esclavos.

2. LA CIUDAD CRISTIANA Y LA CIUDAD MORISCA

Granada está compuesta por tres colinas: la del Albaicín con el cerro de San Miguel; la de la Alcazaba, que fue el primitivo asiento de la ciudad y, en tercer lugar, la colina de la Alhambra, separada de las dos anteriores por el río Darro, donde se encuentran el Generalife, la Alhambra y el Mauror. A estos tres montículos hay que añadir la "parte baja" de la ciudad, denominada así por ser llana. Por último, en los alrededores de la ciudad se encontraba la fértil vega de Granada, zona de explotación agrícola que abastecía la ciudad. La colina del Albaicín estaba poblada fundamentalmente por moriscos, mientras que en la parte baja de la ciudad predominaban los cristianos viejos. El telón de fondo de la ciudad lo constituyen las montañas de Sierra Nevada que descienden hasta los llanos de Almería conformado la zona llamada de las Alpujarras, lugar donde se ubicó el centro de la resistencia morisca. Otros sectores rurales sin apenas centros urbanos como el Valle de Lecrín y el Marquesado del Cenete estaban igualmente poblados fundamentalmente por moriscos.

Las iglesias cristianas se empezaron a construir nada más conquistada la ciudad y la mayor parte de ellas fueron edificadas sobre antiguas mezquitas[32]. Las parroquias granadinas se hallaban diseminadas por las tres colinas descritas, así como por la ciudad baja, con el objetivo de abarcar el máximo espacio y controlar de esta forma la religiosidad y costumbres de toda la población granadina: cristianos y moriscos. La vista de la ciudad en la lejanía se fue adornando de campanarios que manifestaban el poder de la nueva población cristiana y que sustituían a los antiguos minaretes.

Para analizar la fisonomía de la población esclava en la ciudad de Granada es necesario conocer la presencia de personas esclavizadas en el entorno urbano granadino según las parroquias y las profesiones de

[32] Véase CORTÉS PEÑA, Antonio Luis y VINCENT, Bernard: Ob, cit., p. 28. En esta página se recoge el nombre de las mezquitas sobre las que se edificaron las iglesias cristianas. No hay que confundir la fecha de fundación de las iglesias que ronda el año 1501 en la mayoría de los casos con la data del comienzo de su construcción muy posterior a la de su fundación.

sus propietarios. Para el estudio de los barrios granadinos, he procedido a la división de la ciudad en dos amplias zonas: el barrio del Albaicín y la ciudad cristiana, a su vez, subdividida en centro y periferia. La caracterización de la población esclava en la ciudad morisca y la cristiana se realizará cronológicamente; es decir, antes y después de la sublevación morisca.

2.1. *El Albaicín*

La colina del Albaicín ha sido celebrada con insistencia por viajeros y cronistas. Münzer describe el barrio como una verdadera ciudad, aunque "con calles tan sumamente estrechas que, en muchas de ellas, por la parte de arriba, se tocaban los tejados y, por la de abajo, no podrían pasar dos asnos que fueran en direcciones contrarias"[33]. Igualmente el cronista Mármol Carvajal describe el Albaicín como un barrio muy grande que acentuó su esplendor en la primera mitad del siglo XIII, con la llegada de los musulmanes procedentes de Úbeda y Baeza, a raíz de la conquista de ambas ciudades por los cristianos[34]. Por último, Bermúdez de Pedraza centra su retrato en el impacto que produce la disparidad entre la ciudad cristiana y la colina morisca: "En el segundo collado que divide la ciudad del cerro de la Alhambra, está el Albaizyn, que es tan grande parte de la ciudad, que a no estar dentro de sus murallas, se pudiera juzgar por ciudad diferente"[35].

El Albaicín ha mantenido hasta nuestros días su peculiar fisonomía arábiga; es más, el paralelismo existente con los barrios antiguos de ciertas ciudades del mundo árabe es destacable. De hecho, la descripción que Fátima Mernissi hace de la medina de su ciudad natal, en el Marruecos de los años cuarenta de nuestro siglo, puede perfectamente aplicarse al aspecto actual del barrio del Albaicín: "Las calles de nuestra Medina eran estrechas, oscuras y sinuosas, tenían tantas vueltas y revueltas que los coches no podían entrar, y cuando los extranjeros se aventuraban en ellas, luego no encontraban el camino de regreso" y

[33] MÜNZER, Gerónimo: Ob. cit., p. 358.

[34] MÁRMOL CARVAJAL, Luis del: Ob. cit., p. 37.

[35] BERMÚDEZ DE PEDRAZA, Francisco: *Historia eclesiástica de Granada*, Universidad de Granada y editorial Don Quijote, 1989, p. 38v.

añade: "Ésta era la verdadera razón de que los franceses tuvieran que construirse una ciudad. Les daba miedo vivir en la nuestra"[36]. Quizá el desasosiego que produce el laberíntico Albaicín fue la razón por la que los cristianos se congregaron en la ciudad baja y se apresuraron a abrir plazas. Con la entrada de los cristianos en Granada, el eco de las campanas reemplazará la llamada del muecín y las cruces sustituirán a las medias luna.

El Albaicín se llenó pronto de iglesias cuyo objetivo era, entre otros, vigilar de cerca los movimientos de los neoconversos. Las parroquias del Albaicín, enumeradas en orden descendente hacia la ciudad baja, eran las siguientes: Iglesia mayor del Albaicín, Santa Isabel de los Abades, San Luis, San Gregorio, San Bartolomé, San Cristóbal, San Nicolás, San Miguel, San Juan de los Reyes y San José[37]. La iglesia de San Salvador fue fundada en 1501 por los reyes católicos según Henríquez de Jorquera y era conocida como la Iglesia mayor del Albaicín, posteriormente se le asignaron tres parroquias más: San Martín, San Blas y San Sebastián debido a la desolación de aquella parte del Albaicín[38]. Henríquez de Jorquera señala asimismo que los feligreses de San Nicolás no eran ricos sino "de mediano pasar"; asimismo señala que San Cristóbal fue un gran templo pero que terminó arruinándose a medida que salían los moriscos de Granada. Sobre San Gregorio dice que se trataba de una iglesia pequeña que no se había acabado en tiempo de la rebelión de los moriscos[39]. En el mapa 1 podemos comprobar la situación de estas iglesias en el siglo XVI[40].

Si la esclavitud estaba totalmente asumida por los pensadores y la legislación cristiana, también lo estaba en la ley y la práctica islámica. Así, los moriscos del Albaicín aparecen comprando personas esclavizadas en la documentación consultada desde principios de siglo, cuando

[36] MERNISSI, Fátima: *Sueños en el umbral. Memorias de una niña en el harén*, Muchnick editores, Barcelona, 1995, p. 35.

[37] VINCENT, Bernard: Art. cit., ("El albaicín..."), p. 126.

[38] HENRÍQUEZ DE JORQUERA, Francisco: *Anales de Granada*, vol I, Col. Archivum, Universidad de Granada, 1987, p. 214.

[39] HENRÍQUEZ DE JORQUERA, Francisco: Ob. cit., p. 220-226.

[40] En la leyenda se especifican los nombres de las parroquias con su letra correspondiente. Esta letra se ha colocado en una de las esquinas del cuadrado que enmarca cada una de las parroquias para una busqueda más rápida de la misma.

la represión que pesaba sobre ellos no era tan fuerte. De hecho, en la documentación notarial consultada para el periodo 1500-1540, hallamos moriscos comprando esclavos en todas y cada una de las iglesias del Albaicín[41].

Es más, en la primera mitad de siglo, tan sólo aparecen cuatro propietarios cristianos viejos en el Albaicín y sus esclavos procedían de Berbería, dos esclavas eran tunecinas y un esclavo era de la Gomera[42]. Sin duda, había pocos cristianos en este barrio en los albores del siglo.

Por lo que respecta a los moriscos, éstos poseen fundamentalmente mano de obra negroafricana, en buena parte recién llegada de África, es decir, bozales o medio bozales[43]. De hecho, cuando el cronista Mármol de Carvajal se refiere a las leyes que prohibían al colectivo neoconverso la posesión de personas esclavizadas subraya su color: "Cómo se quitó a los moriscos que no pudiesen servirse de esclavos negros"[44]. El origen negroafricano indica lejanía espacial y cultural, pero no tiene por qué significar distancia religiosa, ya que el Islam había penetrado con gran fuerza en esta región en el siglo XI y numerosos pueblos abandonaron el animismo tradicional para convertirse a la religión mu-

[41] En San Bartolomé residía Diego Alarrux, el cual poseía dos esclavos; en San Miguel, Catalina Jiménez y Gonzalo Fernández, el mudéjar; en San Nicolás, Alonso Almobexer y Catalina Raxida eran propietarios de personas esclavizadas. Esta circunstancia se repite tanto en San Luis y San Juan de los Reyes como en el resto de las parroquias del Albaicín. A.P.G. Leg. 15, fol. 87; Leg. 15, fol. 169; Leg. 13, fol. 356; Leg. 46, fol. 771v y 798.

[42] Ramón de Vas, residente en San Juan de los Reyes, era propietario de un canario de la Gomera, el cual se le había huido varias veces. A.P.G. Leg. 21, fol. 384. Alonso Pacan, un linero feligrés de San Bartolomé poseía un niño de 12 años. A.P.G. Leg. 46, fol. 791. Alonso Harmes, un mercader que vivía en San Nicolás poseía dos esclavas procedentes de Berbería. Una de ellas se llamaba Maçuba, pero fue bautizada como María y la otra, cuyo nombre era Fátima, recibió el de Ana. Ambas esclavas fueron cautivadas a raíz de la toma de Túnez, puesto que se venden en 1536 y se señala su procedencia tunecina. A.P.G. Leg. 40, fol. 695r, 696v. En San Nicolás moraba Martín Jiménez, criado del marqués de Priego, el cual era dueño de un joven medio ladino llamado Juan. A.P.G. Leg. 12, fol. 704.

[43] Este es el caso de Isabel, una mujer wolof de 20 años o el de Pedro, un joven de 13 años procedente de Guinea. A.P.G. Leg. 15, fol. 244 y Leg. 9, fol. 614. Ambos fueron probablemente bautizados en sus lugares de origen antes de llegar a Granada. Sin embargo, el joven Zumba y un muchacho llamado Maçoda aún no habían sido bautizados cuando los compraron los moriscos del Albaicín. A.P.G. Leg. 16, 1198 y Leg. 9, fol. 552.

[44] MÁRMOL DE CARVAJAL, Luis: Ob. cit., p. 65.

MAPA 1. SITUACIÓN DE LAS PARROQUIAS DEL ALBAICÍN, EL CENTRO Y LA PERIFERIA A PARTIR DE LA PLATAFORMA DE VICO (1606)

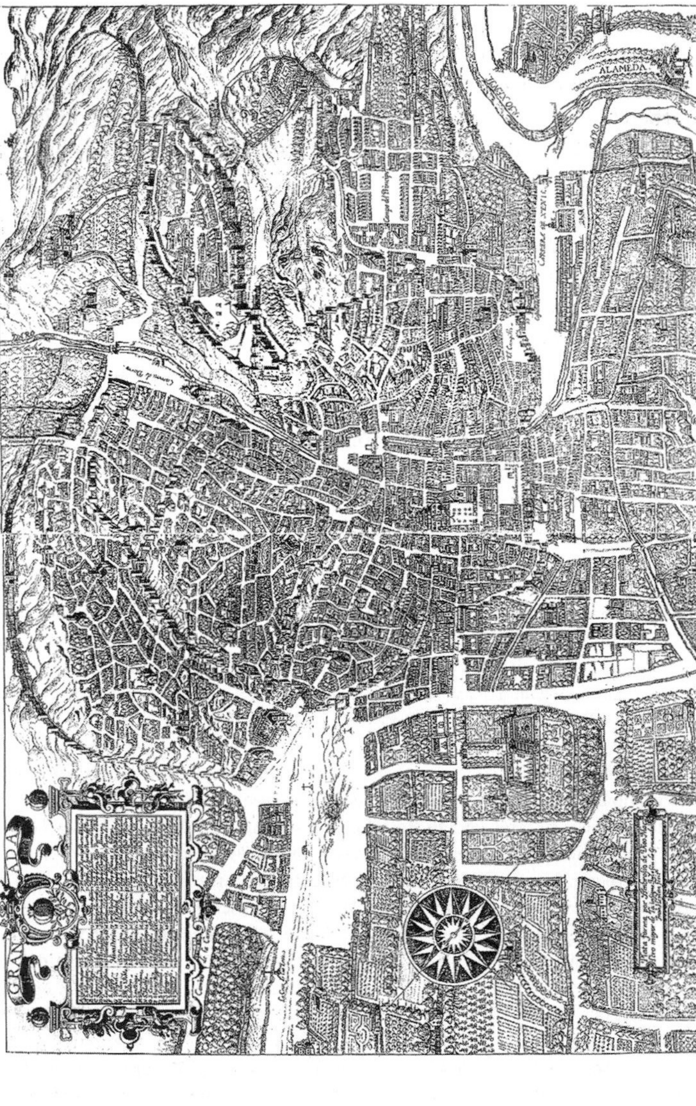

sulmana. La conversión de estas gentes al Islam no constituía un impedimento para que tanto los moriscos, como los habitantes del Norte de África, los compraran.

Por otro lado, los moriscos solían realizar transacciones de compraventa con miembros de su propia comunidad y no con cristianos viejos. Es más, a menudo ambos (comprador y vendedor) residían en el Albaicín. Tomemos por ejemplo el caso de Fernando del Castillo el Forlaybí, un especiero residente en los alrededores de San Juan de los Reyes, que vendió dos negroafricanos a una morisca llamada Elvira Azafía, que estaba censada en la misma parroquia[45].

Los oficios de estos moriscos propietarios de personas esclavizadas se sitúan fundamentalmente en el ámbito de la industria artesanal y el comercio[46]. Asimismo, encontramos un mesonero, llamado Alonso Elagaha, que adquirió una mujer wolof de 40 años en 1540[47].

Pero aunque la mayoría de los moriscos compran negroafricanos, algunos prefieren mantener bajo su dominación a personas procedentes del Magreb árabe. Los neoconversos Alfonso Guafaril, Elvira Riaiha y María Fernández, vecinos de San Luis, San Cristóbal y San Nicolás respectivamente, optaron por la compra de magrebíes blancos. En este caso el referente islámico de los propietarios podría estar relacionado con su elección ya que permitiría mantener la cultura musulmana en

[45] A.P.G. Leg. 41, fol. 213v.

[46] La industria textil está representada, entre otros, por un tintorero llamado Diego Rodríguez el Garrad, que poseía un muchacho bozal de 16 años y un linero, llamado Diego el Malehí, residente en San Andrés, y propietario de un adolescente sudanés de 14 años. A.P.G.Leg. 13, fol. 498; Leg. 32, fol. 240v. Igualmente un peinero, fabricante de peines para prensar los tapetes, parroquiano de San Salvador, tenía bajo su dominio a un joven senegalés de 12 años. A.P.G.Leg. 32, fol. 436. Un artesano platero, cuyo nombre era Francisco Bivaytan, tenía a su servicio un adolescente negroafricano de 16 años. A.P.G.Leg. 12, fol. 541. En cuanto a los comerciantes, han quedado reflejados en la documentación consultada varios mercaderes, uno de los cuales se llamaba Lorenzo el Haminí, que poseía un joven guineano de 15 años; igualmente el mercader Alonso Hernández Almoroxí era propietario de una madre y su hija, y otro mercader, llamado Lorenzo Mobrani, poseía un niño de 11 años, el cual estaba circuncidado. A.P.G. Leg. 12, fol. 423; Leg. 16, 1198; Leg. 15, fol. 609. Por último, cabe señalar la presencia de un bañador, Andrés el Maley, que adquirió una mujer bozal de 20 años. A.P.G. Leg. 11, fol. 332.

[47] A.P.G. Leg. 45, fol. 241.

casa. ¿Tan lejanos culturalmente se sentían los moriscos de los berberiscos como para convertirlos en sus esclavos o se trataba de compras solidarias para liberarlos posteriormente?[48].

A medida que avanza el siglo, la represión hacia el colectivo de neoconversos se irá acrecentando y uno de sus efectos será privarlos de su fuerza de trabajo esclava. Veamos qué ocurre en 1561.

CUADRO 3

Parroquia	*Total Esclavas*	*Esclavas negras*	*Total Esclavos*	*Esclavos negros*	*Personas esclavizadas*	*PEC*
San José	30		16		46	180
San Miguel	9	2	13	9	22	132
San Gregorio	11	11	0		11	834
San Juan de los Reyes	11	8	3	3	14	212
San Nicolás	9	3	4		13	187
Iglesia mayor Albaicín	10	10	5	4	15	292
San Luis	2	1	1		3	103
San Cristóbal	3	3	3	3	6	223
Santa Isabel			2		2	100
San Bartolomé			1	1	1	656
TOTALES	85	38	48	20	133	15.818

FUENTE: *Censo de 1561, AGS, Legajo 2051. (PEC=Personas en Edad de Confesar) (El número de mujeres esclavas incluye el número de negras esclavas). El cuadro está ordenado según el porcentaje de personas esclavizadas en edad de confesar en cada parroquia (última columna).*

Como podemos obsevar en este cuadro, en 1561 la población del Albaicín era de 15.818 personas en edad de confesar. Los esclavos "de color negro" constituían, según los datos del censo, el 44% del total de población esclava en edad de confesar. Sin embargo, si analizamos

[48] No he encontrado la carta de liberación de sus esclavos por lo que cabe la posibilidad de que los mantuvieran sujetos a esclavitud.

detenidamente el cuadro, veremos que en la Iglesia mayor del Albaicín la generalidad de las personas esclavizadas son de origen sudanés, lo mismo ocurre en San Gregorio y San Juan de los Reyes, mientras que en las parroquias más ricas, San José y San Miguel, la mayoría de las personas esclavizadas eran blancas[49]. Efectivamente, parte de los propietarios de personas esclavizadas en San José y San Miguel eran cristianos viejos.

A continuación analizaré el origen de los propietarios en cada una de las parroquias para constatar esta hipótesis (cuadro 4).

CUADRO 4

PARROQUIAS	*Propietarios cristiano-viejos*	*Propietarios moriscos*
San José	25	2
San Miguel	21	2
San Nicolás	10	7
San Juan de los Reyes	7	4
San Gregorio	5	6
El Salvador	5	5
San Martín	1	5
San Luis		3
San Cristóbal		3
Santa Isabel		1
San Bartolomé		1
TOTALES	74	39

FUENTE: *Censo 1561. (Las parroquias de la Iglesia Mayor del Albaicín aparecen desglosadas: San Martín y San Salvador; en San Blas no hay ninguna persona esclavizada).*

En las parroquias del Albaicín con mayor proporción de personas esclavizadas, el porcentaje de propietarios cristianos viejos es más ele-

[49] El barrio de San José estaba poblado, según Jorquera, por gente muy lúcida, noble y cortesana y la habitaban algunos ministros de la Real Chancillería. HENRÍQUEZ DE JORQUERA, Francisco: Ob. cit., p. 216.

vado, mientras que, en aquellas donde hay menos población esclava, los amos son moriscos.

Münzer describía las casas de los moriscos como pequeñas viviendas con habitaciones reducidas y sucias por fuera, pero muy limpias por dentro. El viajero advertía que la casa de un cristiano ocupaba más lugar que cuatro o cinco de los moriscos, las cuales define como intrincadas y laberínticas comparándolas con nidos de golondrinas. Sin embargo, subraya que también había moriscos ricos que poseían casas espléndidas con patios, jardines, agua corriente y otras lujosas comodidades. Esta división entre casas grandes y pequeñas correspondería asimismo a las parroquias con mayor o menor servidumbre doméstica.

Cuando Münzer visitó Granada, en los últimos años del siglo XV, las casas del Albaicín que el viajero describe como suntuosas estaban aún en manos de los moriscos; no obstante, en 1561, muchas de estas casas habían pasado a ser propiedad de familias cristianas, y sólo algunas continuaban siendo patrimonio de los neoconversos. De los moriscos de San José, únicamente Alonso Alboxarín y su esposa poseen más de una persona esclavizada; en concreto, un esclavo y una esclava. Sin embargo, el jurado Alonso de Toledo, un cristiano que reside asimismo en San José, posee nada menos que dos esclavos y cuatro esclavas[50]. En San Gregorio, los propietarios moriscos suelen poseer, igualmente, un único esclavo o esclava.

El cura de San Juan de los Reyes vivía con su madre y una esclava cuyo nombre era Catalina. En esta parroquia la mayoría de las casas eran pequeñas y estaban generalmente habitadas por matrimonios con un sólo hijo[51]. A pesar de ello, existían algunas viviendas grandes con abundante servidumbre doméstica. Este era el caso del conocido morisco colaborador de los cristianos, Don Francisco Zegrí, que vivía en San Juan de los Reyes, en una de las casas más grandes del barrio. Don Francisco, sin embargo, no poseía ningún esclavo; no obstante, su casa

[50] Asimismo, otro cristiano, llamado Pedro Aguada, es propietario de tres esclavos, pero además mantiene bajo su techo un ama, una criada y dos criados. El mismo tipo de patrón encontramos en San Miguel donde el Doctor Navarrete es dueño de dos esclavos y a su vez tiene un criado y una criada, mientras que Pedro Venegas únicamente posee una esclava.

[51] Asimismo hay numerosas parejas de amancebados y bastantes personas que viven solas.

albergaba a su criada Isabel y tres criados más. Asimismo le acompañaban su esposa Doña María y su hermano, Don Hernán López.

Aunque raras veces se señala la profesión de los propietarios de esclavos en el Albaicín, hay varios cristianos que son licenciados, tres jurados, un escribano, un doctor y dos beneficiados. En cuanto a las mujeres propietarias, éstas se reparten entre "doñas" y viudas.

Pero, no sólo había negroafricanos esclavizados en el Albaicín, sino también libertos y libertas que continuaron residiendo allí una vez ahorrados. El cuadro siguiente analiza el número de personas libres de origen negroafricano que residían en el Albaicín en 1561 (cuadro 5).

CUADRO 5

Parroquia	*Negros libres*	*Negras libres*	*Matrimonios negros*	*Matrimonios negros con hijos/as*	*N.º hijos/as*	*Total de Negroafricanos/as libres*
San Juan de los Reyes	5	5	2	1	3	20
San Miguel	3	5	1	1	1	13
San Nicolás	1	4	1	1	1	10
San Luis	1	4				5
San Gregorio				1	1	4
Iglesia mayor Albaicín	1	1				2
San José		1				1
San Cristóbal						
San Bartolomé						
Santa Isabel						
TOTALES	*11*	*20*	*4*	*4*	*6*	*55*

FUENTE: *Censo de 1561. El total de personas libres de origen subsahariano se ha obtenido a partir de la suma de los hombres y mujeres libres solteros más los matrimonios con y sin hijos, y el número de hijos e hijas de estos matrimonios.*

La mayor parte de los negroafricanos libres se aglutina en torno a San Juan de los Reyes, San Miguel y San Nicolás, como podemos comprobar en el cuadro. Algunas de estas libertas eran aguadoras o taberneras.[52] De hecho, existen aún hoy día espacios cuyo nombre hace referencia a su presencia; como la "Placeta de los negros" y el "Calle-

[52] En San Juan de los Reyes moraban Juan el Artún y su mujer, ambos negroafricanos libres. En esta misma parroquia residía una negra llamada María y otra Justa, ambas vivían

jón de los negros". Asimismo en las inmediaciones del Albaicín, concretamente en el camino hacia la Abadía del Sacromonte, existe un barranco que apela a la presencia de negroafricanos en aquella parte de la ciudad. Se trata del "Barranco de los negros". Las relaciones de vecindad quizá eran una forma de defenderse contra la pobreza y la hostilidad de una sociedad racista y, en algunos casos, pudieron llegar a ser tan importantes como las relaciones familiares.

Por otro lado, precisamente el año 1561, el número de cartas de horro otorgadas por propietarios moriscos aumenta de manera considerable[53]. Además, muchos de estos moriscos subrayan que le habían dado la libertad de palabra a sus esclavos con anterioridad, hay quienes aseguran haberles prometido la ahorría verbalmente diez años antes[54]. ¿Existe una relación entre el aumento de liberaciones y la ejecución del padrón? Probablemente la promulgación de un nuevo edicto prohibiendo la posesión de personas esclavizadas a raíz de las Cortes de 1560, unido a la realización del censo, decidió a aquellos moriscos que aún no habían liberado a sus esclavos a hacerlo finalmente. Los oficios de la mayoría de estos propietarios neoconversos indican la falta de recursos, y en consecuencia, la imposibilidad de conseguir una licencia real que les permitiera mantener la propiedad de sus esclavos y esclavas, privilegio reservado a la élite morisca colaboracionista.

A partir de 1565, sólo dos moriscos residentes en el Albaicín aparecen legalmente comprando personas esclavizadas; se trata de Don Fran-

---

solas. Asimismo, encontramos en San Juan una negra de profesión bañera. El negro Hernando de Fonseca compartía su casa con su mujer, dos hijas y dos hijos. En San Nicolás encontramos a Juana la morena, como única vecina de una casa. En la casa siguiente habitaba un liberto de origen negroafricano llamado Juan con una mujer que se llama María Mahedía. Elvira Manrique, Diego el Cadaq y Isabel Harruxa son otros de los nombres de negros libertos residentes en la colina morisca.

[53] Fernando Alatar, un peinero vecino de San Bartolomé, casado con Isabel Amira liberaba el 18 de septiembre de 1561 a su esclavo de 11 años, natural del Congo. Igualmente Albar Gómez Abentaifa (Santa Isabel); Isabel la bentunaja, viuda de un morisco ropero (San Juan de los Reyes); Francisco elgací, un hortelano (San Nicolás); Lorenzo el guadixí y su mujer (San Salvador y Alonso Abdulkadir), etc. liberan a sus esclavos y esclavas. A.P.G. , Leg. 123, fol. 632; Leg. 120, fol. 696, 602, 603 y 590.

[54] "hacía 10 años que le habían prometido la libertad de palabra". A.P.G., Leg. 120, fol. 597.

cisco el Zegrí y su esposa Doña María Carvallo. Doña María actúa como intermediaria en la venta de una morisca alpujarreña de 25 años a un procurador de la Corte[55]. Don Francisco no poseía ningún esclavo cuando se realizó el censo que tratamos; sin embargo, a raíz de la sublevación alpujarreña y siendo veinticuatro de Granada, aparece vendiendo varias moriscas. Es más, Don Francisco efectuó una compraventa el 29 de marzo de 1569, nada más comenzar la rebelión de los moriscos, cuando aún no se había producido el decreto real que legalizó la esclavitud de los rebelados.

Como era de esperar, los cristianos que residían en el Albaicín después de la sublevación efectuaron numerosas compras de personas esclavizadas de origen morisco, destacando los eclesiásticos, aunque también algunos tejedores de terciopelo, escribanos, mercaderes, un alguacil, etc[56]. En cualquier caso, no dejaron de adquirir esclavos y esclavas berberiscos[57].

Después de la sublevación, en el Albaicín aún quedan moriscos de paz que habían escapado a la expulsión. Éstos se vieron obligados a convivir, por un lado, con esclavos de su mismo origen que residían en casas de sus vecinos cristianos y, por otro, con moriscos de élite que colaboraban sin reparo en la represión de los sublevados. De ser un barrio lleno de mezquitas cuyos habitantes paseaban con turbante y túnicas pasó a ser un barrio poblado de hombres con calzas que poseían esclavas moriscas[58]. Como hemos visto, la población esclava del Albaicín se blanqueó gradualmente a lo largo del quinientos. La tragedia de la minoría, por retomar las palabras de Bernard Vincent y Antonio Domínguez Ortiz, fue doble, pues algunos sublevados volvieron al Albaicín, un barrio que aún respira el esplendor de la civilización andalusí, como esclavos.

55 A.P.G. Leg. 167, fol. 117.

56 El beneficiado de San Juan de los Reyes, Juan de Arenas, que como vimos anteriormente vivía con su madre y una esclava, compró además en 1575 un guineano de 22 años; y el licenciado Flores, cura de San Nicolás, adquirió dos moriscas de Conchar. Asimismo Pedro de Pareja, otro cristiano viejo de San Nicolás compró una niña de 3 años y su hermana de 14, ambas de la cabalgada de Paterna. A.P.G. Leg. 171, 38v; Leg. 167, fol. 10; Leg. 197, fol. 617.

57 En 1577, un procurador de la Real Audiencia vecino de San José era propietario de una berberisca de 19 años la cual vino a Granada siendo aún una niña, a los pechos de su madre A.P.G. Leg. 20, fol. 498.

58 Münzer señala que los hombres moriscos no llevaban calzas y que los sacerdotes de las mezquitas vestían túnica blanca y turbante. MÜNZER, Jerónimo: Ob. cit., p. 364.

2.2. *Las parroquias periféricas*

Las parroquias periféricas, ubicadas en los alrededores de la ciudad baja, en una zona que podríamos denominar cristiano-morisca, son: San Idelfonso, ubicada al borde del término urbano del Albaicín bajo, frente al Hospital Real; la Magdalena que se encuentra en la parte meridional de la ciudad, cercana a la fértil vega granadina y San Cecilio, situada en el barrio de la Antequeruela[59]. San Idelfonso y la Magdalena estaban situadas extramuros de la ciudad. En lo que se refiere a la población esclava, estas tres parroquias presentan un patrón a caballo entre las parroquias del Albaicín y el centro cristiano. Todas ellas estaban rodeadas por zonas de explotación agrícola, por consiguiente, se trataba de barrios con una población modesta, en muchos casos, dedicada a las labores del campo. En la periferia vivían tanto cristianos como moriscos.

Aunque las noticias en la documentación notarial no son muy abundantes para la primera mitad del siglo XVI, son interesantes en la medida en que revelan que también había esclavos en la periferia. En 1508, un morisco llamado Juan Alahage, vecino de San Idelfonso, adquirió una negroafricana de 20 años. En 1526, una morisca de nombre Leonor Jereza, compró un negroafricano de 21 años[60]. En 1537, un escudero cristiano, parroquiano de la Magdalena aparece como propietario de un berberisco de 37 años[61].

Para el periodo inmediatamente anterior a la sublevación, la información contenida en el censo nos permite conocer de manera muy aproximada la población esclava de estas parroquias (cuadro 6).

Parroquia	*Mujeres esclavas*	*Esclavas negras*	*Hombres esclavos*	*Esclavos negros*	*PEC*	*Personas esclavizadas*	*% Personas esclavizadas*
San Cecilio	9	1	11		1.720	20	1 %
San Idelfonso	6		4		2.092	10	0,5 %
Magdalena	6		5	2	2.079	11	0,4 %
TOTAL	*21*	*1*	*20*	*2*	*5.895*	*41*	

FUENTE: *Censo de 1561.*

[59] Denominado así por que sus pobladores originales eran musulmanes procedentes de Antequera que abandonaron su ciudad al ser tomada por los cristianos MÜNZER, Jerónimo: Ob. cit., p. 358.

[60] A.P.G. Leg. 14, fol. 1090 y Leg. 21, fol. 354.

[61] A.P.G. Leg. 42, s.f.

De las tres parroquias, San Cecilio[62] presenta el mayor porcentaje de esclavos; tanto la parroquia de San Idelfonso como la Magdalena tienen una población esclava muy escasa cercana a los valores que observábamos en las feligresías más pobres del Albaicín. Del estudio del censo de 1561, se deduce que en el barrio de San Cecilio la servidumbre doméstica no era amplia. Las casas no solían tener más de uno o dos dependientes; abundaban los talleres de artesanos con uno o dos aprendices, y algunos tenían un esclavo o una esclava. No obstante, hay vecinos de San Cecilio que poseían 3 y 4 esclavos, pero también, familias importantes que no poseían ninguno. Como la casa de Don Juan de Mendoza, donde trabajaban 4 criados y 16 criadas, pero ningún esclavo[63].

En los límites del casco urbano se encuentra San Idelfonso, cuyos habitantes trabajaban sobre todo en el sector secundario[64], pero también en el primario[65]. Asimismo, había enfermeras del Hospital Real[66] y un cocinero de la Cartuja, sin duda, debido a la cercanía de ambos edificios. La mayoría de los habitantes poseían un único esclavo/a, excepto un maderero llamado Juan Ruiz, que tenía un esclavo y una esclava.

Los moriscos de esta feligresía aparecen en una lista aparte, separados de los cristiano viejos. Sin embargo, esta división no refleja grandes diferencias a nivel económico a juzgar por los oficios. Entre los cristianos nuevos, únicamente Hernando el Hema y su mujer poseían un esclavo.

En la parroquia de la Magadalena[67] abundaban los mozos o mozas que trabajaban como únicos sirvientes de la casa; también los esclavos

[62] La construcción de esta iglesia se terminó en 1534. GALLEGO BURÍN, Antonio: *Guía de Granada*, Granada, p. 226. Ya entonces existía la Plaza del Realejo Alto, nombrada por Jorquera. HENRÍQUEZ DE JORQUERA, Francisco: Ob. cit., p. 28.

[63] Asimismo el licenciado Almenarez tiene una criada, dos criados, dos lacayos y un paje. También García de Mendoza y su mujer habían comprado dos esclavos y una esclava a la vez que tenían a su servicio una moza y un mozo. Alonso Llanes y su mujer, asimismo vecinos de San Cecilio, tenían dos esclavas, un esclavo y dos criados. Doña María Centurión, quizá perteneciente a la acaudalada familia de genoveses, poseía dos esclavas.

[64] Encontramos un buen número de artesanos, la mayoría de ellos en industria textil: tejedores, cordoneros, sastres, laneros, cesteros e hiladores de seda.

[65] Entre ellos podemos citar trabajadores, leñadores, podadores, arrieros, ganaderos, varios hortelanos y otros tantos labradores.

[66] En el censo consta que una de las enfermeras del Hospital, Lucía de Salazar, tenía una criada.

[67] En la parroquia de la Magdalena aparecen reseñados varios topónimos como la alhondiguilla, calle nueva, la calle de Tendilla o la puerta del rastro. También se refieren

se cuentan por unidades[68]. Hay algunas excepciones como el caso de Alonso de Valdearenas, uno de los mercaderes de esclavos más activos en el mercado granadino que residía precisamente en la Magdalena. Su esposa, Isabel de Soto aparece con cierta frecuencia realizando transacciones. Otro arrendador de bestias y esclavos, García de Saravia, también residía en este barrio[69].

Después de 1569, el estudio de la población esclava de las parroquias periféricas se ha realizado sobre la base de la documentación notarial. El porcentaje de esclavos en la periferia aumentó de manera muy importante a raíz de la rebelión, principalmente en la Magdalena. Entre 1569 y 1580 se conservan 116 compraventas de personas esclavizadas realizadas sólo por vecinos de esta parroquia. Esto se debe a la presencia de conocidos mercaderes de esclavos en este barrio, así como al hecho de que algunos de sus habitantes probaron suerte comerciando con moriscos y moriscas. En la Magdalena también viven algunos soldados que participaron en la guerra y se hicieron con un buen número de esclavos y esclavas del reino.

De hecho, el mercado se desborda con la llegada del contingente morisco; muchos cristianos, algunos de ellos bastante humildes se apresuran a comprar esclavas. Labradores, arrieros, trabajadores y albañiles adquieren personas esclavizadas de origen morisco en San Idelfonso[70]. En el barrio de la Magdalena, un buen número de mesoneros, taberneros y bodegoneros compran moriscos. Algunos adquieren grupos de hasta 6 moriscas, probablemente con la intención de mercadear con ellas[71]. Entre ellos, podemos destacar al menudero Andrés de León que compró 4 moriscas; al mercader de madera Antón de la Barrera que vendió 6 moriscas; al bodegonero Martín Corrales que compró 3 moriscas; al mercader de carbón Pedro García que compró otras 3, etc.

---

varios corrales: el del Moral, el de la Trinidad, el de Baena, el de la labradora y el de Santa Cruz; así como la mancebía, numerosos mesones y el lavadero de la lana.

[68] La excepción la constituye Gonzalo Pérez y su esposa tenían dos esclavas, un esclavo negro y un mozo en la calle nueva; y, Montalbán y su mujer, dueños de dos esclavas en la puerta del rastro.

[69] A.P.G. Leg. 194, fol. 128, entre otras ventas que realiza.

[70] A.P.G. Leg. 167, fol. 341; Leg. 181, fol. 387v.

[71] A.P.G. Leg. 194, fol. 231; Leg. 195, fol. 258.

2.3. *La ciudad cristiana: el centro*

Uno de los puntos neurálgicos de la vida festiva y comercial de la ciudad cristiana era la plaza Bibrrambla, con una situación privilegiada cercana a la catedral de Granada. La primitiva plaza se ensanchó entre 1516 y 1519, derribando la antigua pescadería y la carnicería musulmana para construir las nuevas cristianas[72]. Las Iglesias más importantes y populosas del mundo cristiano granadino, especialmente la catedral, se encuentran en esta parte de la ciudad. La mayoría de la población granadina se concentraba aqui; un total de 21.512 personas en edad de confesar.

Las parroquias de esta parte de la ciudad eran: San Pedro y San Pablo[73], San Justo y Pastor[74], la Iglesia mayor[75], San Matías[76], San Gil[77], Santiago[78], Santa Escolástica[79], San Andrés y Santa Ana[80].

[72] En esta plaza se celebraba la fiesta del *Corpus Christi*, celebración de marcado carácter tradicional que se mantiene hasta la actualidad. Para tal ocasión Isabel la católica regaló en 1501 la custodia de plata que todavía se usa en la procesión. GALLEGO BURÍN, Antonio: Ob. cit., p. 245. En la pág. 184, dice el autor que en 1610 se expuso en ella la cabeza del segundo rey de los moriscos sublevados con el siguiente letreto: "Esta cabeza del traidor de Abenabó; nadie la quite, so pena de muerte". Pero no señala la fuente de esta información.

[73] La iglesia de San Pedro y San Pablo se convertiría en uno de los altos en el camino de la procesión hacia el Sacro monte. Esta parroquia comprendía la calle Santa Catalina, la calle "de las casas del licenciado Agreda", la calle de San Pedro y la calle del veinticuatro Francisco Pérez.

[74] Entre las calles especificadas en el censo para la colación de San Justo, podemos citar: la calle San Gerónimo, la calle "que va a las tendillas", la calle "de fuera de la puerta de San Gerónimo", la "que sale al Adarve", la de "la sillería de Solares" y la de "detrás de la Iglesia".

[75] La Iglesia mayor también aparece en la documentación como Santa María la mayor.

[76] San Matías fue erigida sede parroquial en 1501 y se edificó sobre una antigua mezquita, al igual que la mayor parte de las iglesias cristianas. GALLEGO BURÍN, Antonio: Ob. cit., p. 205. Las calles que se nombran en el censo en este barrio son la calle del jurado Herrera, la de montúfar, la calle principal, la calle real, la del horno de Caravajal, la de las peras y la de Pedro de la Corte. Cabe destacar el convento de Santa Cruz, de la orden de Santo Domingo y el monasterio de las carmelitas descalzas. En la colación de San Matías se encontraba el castillo de Bibataubín, lugar donde se solían realizar subastas de esclavos.

[77] En las calles adyacentes había numerosas posadas debido a la cercanía de la Audiencia Real. Al ser su jurisdicción tan amplia pues comprendía la mitad meridional de España, del río Tajo hacia abajo, atraía un importante número de pleitantes, de tal manera que los

A principios de siglo, la población esclava del centro cristiano estaba compuesta básicamente por personas de origen negroafricano, aunque también por tunecinos y otros norteafricanos, especialmente naturales de Orán.

El cuadro siguiente muestra la población total en cada una de las parroquias, así como las personas esclavizadas que habitaron en este barrio según el censo realizado en 1561 (cuadro 7). Hay que tener en cuenta que siempre hablamos de personas en edad de confesar.

viajeros buscaban cobijo en los alrededores. El edificio de la Chancillería era uno de los más importantes de la ciudad, así como una de las obras más costosas de la España del momento. Su fachada principal podía contemplarse desde Plaza Nueva, uno de los centros neurálgicos de la ciudad.

[78] En la colación de Santiago había un horno grande y uno chico, varios mesones como el de Portales. Igualmente se reseñan los nombres de varias calles: la Calderería, la calle de Juan de Beltrán, la calle de Tello, la callejuela de Téllez y la calle de las Rozas. Entre los oficios consignados podemos citar; entre los cargos públicos: receptores, licenciados, procuradores, escribanos y un oidor; entre los eclesiáticos: varios clérigos, racioneros, un canónigo y una beata; la industria textil está representada por numerosos tejedores, sastres, hiladores, bordadores, calceteros; también vivían, en la colación de Santiago, personas dedicadas al mundo del comercio, entre ellos varios mercaderes, taberneros, tenderos y especieros; asimismo, descubrimos otros artesanos del mundo de la construcción, del cuero o el metal, como: carpinteros, albañiles, zapateros, cedaceros, espaderos y remendones; también existen numerosos trabajadores cuya especialización no está definida; por otro lado, encontramos varios representantes de las profesiones liberales: médicos y barberos.

[79] En Santa Escolástica abundan los tejedores (103) y los mercaderes (25); igualmente encontramos artesanos (sastres, hiladores, alabarderos, algunos plateros, calceteros, etc) y varios trabajadores, albañiles, carpinteros y molineros. Un buen número de representantes de los oficios mencionados tiene personal doméstico a su servicio.

[80] La feligresía de Santa Ana era otra de las más importantes de Granada puesto que su circunscripción comprendía las casas de la audiencia. Además del importante número de posadas, tabernas y casas de camas que encontramos en esta parroquia, se destaca en el censo la casa de la cárcel, la calle del licenciado Bentura y la casa del Hospital. El papel de las personas esclavizadas en las posadas de esta colación lo analizo en el punto 2.3 de la sexta parte del presente trabajo.

CUADRO 7

Parroquia	*Esclavas negras*	*Mujeres esclavas*	*Esclavos negros*	*Hombres esclavos*	*PEC*	*Personas esclavizadas*	*% Personas esclavizadas*
San Justo	( )	42	( )	41	1.594	83	5,2 %
Iglesia mayor					3.928	196	5 %
San Pedro San Pablo	31	36	25	28	1.375	64	4,6 %
San Matías	2	71	2	47	2.913	118	4 %
San Gil	8	40	3	21	1.604	60	3,7 %
Santiago	1	51		40	2.501	91	3,6 %
Santa Escolástica	9	51		37	3.269	88	2,6 %
San Andrés	4	38	3	18	2.234	56	2,5 %
Santa Ana	( )	34	( )	17	2.094	51	2,5 %
TOTALES		*382*		*249*	*21.512*	*807*	

FUENTE: *Censo 1561. Ni en San Justo ni en Santa Ana se señala el color de las personas esclavizadas. La relación de vecinos de la Iglesia mayor no aparece en el censo por lo que aunque he calculado el número de personas esclavizadas sobre la base de San Justo, no he podido deducir el número de hombres y mujeres. Sin embargo, el número de personas esclavizadas en la Iglesia mayor sí se recoge en los totales.*

Mientras que en el Albaicín he contabilizado un total de 133 personas esclavizadas y en la periferia 41; en las colaciones del centro cristiano residía el grueso de la población esclava: un total de 807 personas. Además, el número de mujeres esclavizadas es siempre mayor que el de hombres; en el centro cristiano, casi el 60% de la población esclava estaba compuesta por mujeres.

Por otro lado, cabe destacar una importante presencia de libertos negroafricanos. Por ejemplo, en San Pedro y San Pablo residen en una misma casa: Catalina, Lucia Hanimia, Juan Comaragí y su mujer Inés, todos ellos "negros". En San Matías, igualmente compartiendo la casa, hay dos mujeres negras: Catalina Hernández, lavandera, y Cecilia Hernández, que vende lanas[81]. En Santa Escolástica[82] también hay negros

[81] En la misma vivienda residía dos lavanderas más y otra mujer sobre las cuales no se especifica color alguno por lo que podemos presumir que se trata de blancas.

libertos como Juan Ruiz, que era aguador y compartía su casa con su mujer. De igual modo, habitaba en esta colación una mujer negra que estaba casada con un tendero; éste podría ser uno de los rarísimos casos de uniones mixtas. En San Justo tenía sede la hermandad de la Paciencia de Cristo, que fue penitenciada por negros y mulatos.

Por lo que respecta a los dueños de eslavos, aunque la mayoría son cristianos, también hay algunos moriscos[83]. En San Justo y Pastor no he localizado ningún nombre de etimología árabe, y en San Matías, un sólo morisco, el hornero del barrio, que aunque no poseía esclavos tenía un criado. También en Santa Escolástica residen pocos miembros de esta minoría; uno de ellos se llamaba Alonso Almudan y tenía un criado. En Santiago aparecen consignados 13 matrimonios de moriscos, la mayoría de ellos concentrados en dos calles; la calle de las Rozas y la de Juan de Beltrán. No obstante, ninguno poseía esclavos. Sin embargo, en San Pedro y San Pablo llama la atención el elevado número de moriscos. Los neoconversos de este último barrio gozaban en su mayoría de una buena posición económica; formando parte de la élite neoconversa[84]. Como Don Hernando Muley, el cual poseía un indio llamado Jorge; y Don Hernando de Fez que poseía un negroafricano. Pero éstos no son los únicos cristianos nuevos de San Pedro, donde encontramos numerosos apellidos de origen morisco[85]. En esta iglesia no se indica el origen morisco, como ocurre en algu-

[82] A pesar de que el número de personas esclavizadas o libres de origen sudanés no es muy elevado en el censo, en esta iglesia parroquial existió una cofradía servida por negros, lo que indica que negroafricanos residentes en otras colaciones eran cofrades de la misma. HENRÍQUEZ DE JORQUERA, Francisco: Ob. cit., vol I, p. 225.

[83] Un linero, llamado Diego el Malehí, vecino de San Andrés; un especiero llamado Luis de Valdivia, vecino de San Gil y otro, llamado Ibrahem Xaminí, que reside en la colación de Santa Ana. Este último compró una esclava procedente de Oran en 1512. A.P.G. Leg. 8, fol. 741, 1512. Del mismo modo, Mohamad el Melexí, vecino de San Andrés, y Fernando Hencí, vecino de San Pedro y San Pablo, adquirieron respectivamente un guineano y un berberisco en 1514 y 1524. A.P.G. Leg., fol. 567, 1514; Leg. 21, fol. 319.

[84] No obstante, también los hay algún pobre, como bañero Lorenzo Helil que tenía un sudanés en la casa del baño.

[85] Citemos, por ejemplo, entre los propietarios de personas esclavizadas a: Lorenzo Jaliz Diego el Xama, Diego el mudéjar, Andrés de Algamat, Hernando el comaraxí, Francisco Alanfaz, Alonso Alfilay, Francisco Almogabar, Gaspar Mofadal, Lorenzo y Felipe Vanegas, etc.

nas parroquias del Albaicín. Quizá esta omisión indica una mayor "asimilación" de la minoría neoconversa afincada en esta colación; una minoría, sin duda, de élite[86].

Los dueños cristianos residentes en el centro son en su mayoría funcionarios públicos o se dedican a profesiones liberales[87], pero también hay eclesiásticos[88], artesanos (especialmente plateros y tejedores), numerosos mercaderes y muy pocos labradores, hortelanos o trabajadores[89]. Destacan las viudas propietarias de esclavos[90]. En lo que concierne a las mujeres propietarias, podemos señalar una especiera (vivía con su hermana y tenía una esclava llamada Lucia), una religiosa, una herbolaria, una tabernera, una alfarera y una comadre.

Los propietarios del centro suelen poseer una o dos personas esclavizadas, pero las casas importantes contaban con más de 3 esclavos/as. Este es el caso del licenciado Mieres, que poseía nada menos que 6 esclavos, tres mujeres (una de ellas negra) y tres hombres. El acaudalado italiano Esteban Lomelín y su mujer habían comprado 5 esclavos y una mujer negra; de igual modo tenían a su servicio un mayordomo, dos pajes, dos dueñas y un lacayo de espuelas. El oidor Lope de León, tenía un mayordomo, un escribiente, dos lacayos, un paje, un despensero, tres esclavas (Bárbola, Felipa y Catalina), una criada, un criado, un ama y un esclavo llamado Sebastián[91].

[86] Jorquera señala que se trata de la parroquia donde residía lo mejor de Granada, que era grandísima y que estaba llena de feligreses ricos. HENRÍQUEZ DE JORQUERA, Francisco: Ob. cit., vol I, 222.

[87] Veinticuatros, procuradores, licenciados, escribanos, un contador de farda, un oidor, relatores, solicitadores y bachilleres, etc.

[88] Por ejemplo, el beneficiado de San Matías compró en 1540 un niño bozal de 7 años. A.P.G. Leg. 45, fol. 650.

[89] En Santiago cabe señalar una presencia importante de representates de los oficios públicos (dos secretarios, un oidor, varios procuradores, etc); así como algunos eclesiásticos (un racionero, un inquisidor, un capellán, un canónigo, algunos beneficiados) y un buen número de artesanos y fabricantes (un cantero, varios sastres, un cerrajero y un carpintero entre otros); también podemos citar un portero, varios mercaderes y dos licenciados. El genovés Julian de Spíndola tenía un ama, un despensero y un esclavo llamado Luis. El inquisidor Martín Alonso vivía con un ama, un mayordomo, un sobrino y un esclavo.

[90] Doña María de Mendoza, Doña María de Palma, Aldonza Alvarez, Leonor de Mendoza, Catalina de Saavedra, etc.

[91] Entre las casas con mayor número de sirvientes encontramos la del licenciado Bártulo Sánchez y Doña Elvira, los cuales tienen por dependientes tres amas, dos criadas, un criado, tres pajes y un esclavo. El capellán Juan Martínez de Ureña tiene una esclava, un

Hay que destacar, no obstante, que algunos notables no tienen esclavos. Como el presidente de la Real Chancillería, licenciado Ramírez de Alarcón, el cual no posee ninguna persona esclavizada. Su servidumbre consiste en tres criados, un lacayo, un paje y un ama. Tampoco tenía esclavos el doctor Santiago, un oidor; sin embargo, en su casa trabajaban un amplio número de dependientes: una doncella, un ama, dos criadas, un secretario, un paje, cuatro criados, dos escribanos, un mozo de caballos y dos lacayos. Lo mismo ocurría en la casa del oidor Francisco de Villafaña y en la del licenciado García Pérez de Manzanedo, alcalde de corte. El hecho de que estas familias tan poderosas no poseyeran esclavos viene a reforzar la idea de que el contingente esclavo no era un elemento decorativo.

Veamos cual era la proporción de bozales y ladinos en la parroquia de San Matías (cuadro 8).

CUADRO 8

Mujeres esclavas	*Esclavas bozales*	*Hombres esclavos*	*Esclavos bozales*
71	16	47	17

FUENTE: *Censo 1561. El número de mujeres/hombres esclavas(os) comprende el de esclavas(os) bozales.*

El hecho de que en 1561 el porcentaje de bozales fuese tan alto (28%) refleja la llegada constante de personas esclavizadas a través del comercio o las cabalgadas. Este flujo continuo de esclavos y esclavas advierte, una vez más, que la población esclava no se reproduce por crecimiento demográfico natural, sino a través de la compra o la captura.

esclavo y un mozo. Alonso y su mujer, Francisca de León tenían una esclava, un esclavo y una criada. El mercader Diego de Oliba poseía una esclava y un esclavo. La viuda Beatriz de Peralta tenía dos esclavas. El pastelero de Santa Escoástica tenía tres esclavos, dos mujeres y un hombre, además de dos oficiales. Entre las mujeres, Doña María Villén es la que más personas esclavizadas posee: dos esclavas y dos esclavos.

En Santiago encontramos la casa del canónigo Carvajal que reside con su sobrino Juan de Carvajal, un ama, un esclavo llamado Juan de Valencia y otro esclavo llamado, sorprendentemente, Juan Latino. Es curioso que este esclavo recibiese el mismo nombre que el famoso catedrático negro que residía en Santa Ana. Éste último, conocido como el maestro Juan Latino, vivía con su esposa, Doña Ana de Carleval, su hija Juana, su ama María García, su yerno Francisco de Córdoba y Pedro, su criado. El censo no hace referencia al origen esclavo del maestro, ni tampoco a su color negro, sencillamente se consigna su nombre y seudónimo en el espacio reservado al vecino principal de la casa.

A partir de 1569, la población esclava del centro cristiano de la ciudad se multiplicó al menos por cinco como hemos visto en el punto 1.3 de este mismo capítulo. Muchos representantes de la iglesia compraron moriscas de edades comprendidas entre 18 y 25 años; entre ellos se encuentra el capellán perpetuo de Santiago, el beneficiado de San Matías (licenciado Briceño); el maestro Flores, clérigo de San Matías, etc. Este último compró recién comenzada la sublevación (el 2 de febrero de 1569) una madre con su hija de tres años, ambas naturales de Cónchar, en el valle de Lecrín[92].

El negocio de la reventa de moriscos interesó sobretodo a los mercaderes que invirtieron sus ahorros en la compra de moriscos. Pero también otros comerciantes no especializados o dedicados al negocio de otras mercadurías adquirieron moriscos. Quizá el caso más llamativo sea el del mercader Pedro Ramirez, vecino de la Iglesia mayor, el cual vendió entre el 6 de junio de 1569 y el 20 de abril de 1571, 36 personas esclavizadas de origen morisco, 23 mujeres y 13 hombres. Algunas personas que no se dedicaban al comercio también compraron grupos de moriscos[93]. Entre ellas, el zapatero Benito de Aranda, vendió 3 mujeres moriscas; el procurador del número Juan Francés vendió 6 esclavas durante los años de la rebelión; etc. También algunas mujeres compraron grupos de personas de ascendencia musulmana, como es el caso de Catalina Rodríguez que tenía 5 moriscas y un morisco[94].

[92] A.P.G. Leg. 171, fol. 10.

[93] A.P.G. Leg. 167, fol.s. 204, 239v, 299, 300, 300v, 311, 317, 330, 331, 359, 363, 364, 501, 552, 542 y 556.

[94] A.P.G. Leg. 167, fol.s 181, 198 y 229.

A modo de conclusión podríamos decir que a principios de siglo, tanto el barrio morisco del Albaicín como el centro cristiano concentraban un importante número de esclavos. A partir de los años 50, los neoconversos del Albaicín se fueron desprendiendo de su mano de obra esclava debido a la represión y la pobreza, mientras que la población esclava de la ciudad baja se mantuvo más estable. Durante los años de la guerra (1569-1571), las parroquias más céntricas recibieron gran cantidad de moriscos esclavizados, por lo que el contingente esclavo aumentó enormente.

2.4. *La fortaleza de la Alhambra*

En la colina de la Alhambra únicamente existía la iglesia de Santa María de la Alhambra; parroquia que hizo las veces de catedral recién ganado el reino de Granada[95]. Dicha colina se constituyó en fortaleza militar desde la toma de la ciudad por los cristianos, por lo que la gran mayoría de los propietarios de esclavos que he identificado en esta colación pertenecen al mundo militar.

Aunque a principios de siglo (1521) tenemos noticias de un artillero que compra una berberisca[96], la mayor parte de los dueños de esclavos en la Alhambra surgen durante el trienio de la sublevación morisca; se trata principalmente de capitanes y tenientes cuya participación en la guerra les había proporcionado algunas cautivas moriscas[97].

A pesar de que la mayoría de los compradores de esclavos vecinos de Santa María de la Alhambra pertencían al conjunto de las gentes de guerra, había también representantes de los oficios públicos y de la iglesia[98]. También el Secretario del Conde de Tendilla, Don Alvaro de Luz, se encontraba entre los propietarios. Don Alvaro compró un hombre y una mujer de origen subsahariano en 1566[99].

[95] HENRÍQUEZ DE JORQUERA, Francisco: Ob. cit., vol I, p. 215. Según Jorquera esta iglesia tenía buen campanaje y reloj.

[96] A.P.G. Leg. 16, fol. 979.

[97] Como ejemplo podemos citar al capitán de cuadrillas Leandro de Palencia, el cual vendió 3 moriscas y un morisco entre el 28 de enero de 1569 y el 30 de Agosto de 1571. A.P.G. Leg. 169, fol. 41v; Leg. 118, fol. 279v; Leg. 118, fol. 337.

[98] Como el jurado Andrés Ruiz de Carrión que compra un mulato en 1565. A.P.G. Leg. 45, fol. 53. y El maestro beneficiado Gerónimo de Salinas que, en 1561 compra una berberisca. A.P.G. Leg. 119, fol. 47.

[99] Don Alvaro compró una negra el 28-Ago-66 y un negro el 17-Oct-66. APCN, Leg. 149, fol. 724 y 875.

CAPÍTULO 4
LA PROCEDENCIA Y LOS MODOS DE ADQUISICIÓN

En este capítulo analizaré los diferentes modos de adquisición de personas esclavizadas (comercio, nacimiento, "guerra justa" y sublevación), estableciendo un paralelismo con los lugares de procedencia. En primer lugar estudiaré los esclavos y esclavas originarios del África occidental subsahariana, los cuales llegaban a España fundamentalmente por la vía del comercio; posteriormente, el caso de los mulatos y las mulatas, en general, hijos de madres esclavas por lo que se trata de una esclavitud de nacimiento; en tercer lugar, procederé al análisis de las personas esclavizadas naturales de Berbería, víctimas de las cabalgadas y las guerras "justas" entre cristianos y musulmanes; y, por último, examinaré la realidad de los moriscos del Reino de Granada, esclavizados con motivo de la rebelión.

1. DE GUINEA A GRANADA: UNA ESCLAVITUD DE TRUEQUE

Para comprender el funcionamiento del comercio de personas esclavizadas entre los reinos africanos y la península ibérica en el siglo XVI, es importante advertir que la esclavitud es una relación de dominación que tanto el Islam como el cristianismo encuentran establecida en el África negra antes de su penetración y que ambas religiones apoyan, puesto que coincide con los intereses de cristianos y musulmanes. Por un lado, la esclavitud formaba parte de la organización social de los reinos negroafricanos más desarrollados del África occidental subsahariana, los cuales cautivaban a los miembros de las etnias más desfavorecidas habitantes de la periferia y, por otro, los musulmanes norteafricanos practicaban la razzia de personas procedentes de los países situados por debajo del Sahara, así como la importación por medio del milenario comercio a través del desierto.

En el siglo XVI, los arabófonos utilizaban el término *Bilad-al-Sudan*, literalmente "país de los negros", para referirse a los estados situados más allá del Sahara; de ahí que se llamara "sudaneses" a sus habitantes, susceptibles de ser capturados o comprados como esclavos[1]. Igualmente, los castellanos, utilizando como referente el color de la piel, llamaban *negrería* a las tierras ubicadas al sur de Mauritania.

En cuanto a la esclavitud interior de las sociedades negroafricanas no existe documentación escrita en lenguas sudanesas, pero las fuentes árabes muestran que ésta se practicaba, sin duda, antes del siglo XI; Al-Omari revela la importancia de las guerras esclavistas en el siglo XIV e Ibn Battuta menciona igualmente la presencia las personas esclavizadas en Mali[2]. Sekene Mody Cissoko explica que la sociedad de la Curva del Níger estaba compuesta de tres categorías en el siglo XVI: en primer lugar, la nobleza, definida por la sangre y la libertad; en segundo lugar, las gentes que ejercían un trabajo manual o que vivían de la palabra o la música y, en tercer lugar, las personas esclavizadas,

[1] En este trabajo, el término Sudán o sudaneses se referirá siempre a las personas procedentes de los antiguamente llamados "*Bilad-Al-Sudán*". Cabe señalar que, por oposición, el país del que procedían los moros (mauritanos) era conocido como la *Trab al-bidan*, que en dialecto hassaneya (lengua de los moros blancos) quiere decir "tierra de blancos". Antonio Carlos de la Iglesia (*Breve estudio de las tribus moras en Mauritania*, Instituto Árabe de Cooperación y Cultura, Madrid, p. 167) considera que esta manera de definir el territorio mauritano (*Trab al-bidan)* no se opone al término que utilizaban los moros para definir al país de los negros (*Bilad-al-Sudan)*, ya que los moros llaman a los negros del sur, *Kwar* (sing. *Kori*). Sin embargo, a mi modo de ver la oposición es clara ya que la palabra *sudan* significa negros y se reserva a los esclavos procedentes de los países al sur de Mauritania.

[2] BATTUTA, Ibn: *A través del Islam*, Alianza Universidad, Madrid, 1989. AL-OMARI: *Masalik el-Absar*, P. Geuthner, París, 1927. Existen referencias anteriores, aunque se trata de noticias imprecisas y breves: Al-Masudi en el siglo X; Al-Bakri, en el siglo XI; y Al-Idrisi en el XII. Asimismo el Tarikh al-Fetach y el Tarikh es-Soudan aportan informaciones sobre el desarrollo del Imperio de Gao entre los siglos XV y XVI. Un análisis reciente de los Tarikh aparece en OLIVIER DE SARDAN, Jean Pierre: "Captifs ruraux et esclaves impériaux du Songhay" en MEILLASSOUX, Claude comp: *L'esclavage en Afrique précoloniale*, Maspero, París, 1975, p. 15.

que constituían el elemento más numeroso de la población[3]. En el reino de Bouna (África occidental subsahariana) para el periodo precolonial francés, Jean-Louis Boutiller estima que un porcentaje situado entre el 35 y el 45% de la población total eran personas esclavizadas[4].

La trata transahariana, es decir, el comercio de personas esclavizadas hacia el mundo árabe parece ser anterior a la llegada del camello al desierto en el siglo II de nuestra era[5]. El comercio transahariano estaba principalmente basado en el intercambio de sal por oro y personas esclavizadas procedentes del África subsahariana. El trueque de esclavos por sal era una transacción corriente; en la Mauritania del siglo XV, el precio de un esclavo era proporcional al largo de su pie en sal, pero en el siglo XIX la carga de un camello en sal era necesaria para poder comprar un esclavo[6]. Según Sauvigner, en el siglo XVII, hacía falta que un árabe fuese bien pobre para que no tuviese al menos un negro cautivo[7]. El portugués Gómez Eanes de Zurara advierte, a su vez, en la *Crónica de la conquista de Guinea* (1460) que los mauritanos tenían esclavos y esclavas procedentes de las regiones situadas al sur del río Senegal: "Aquí, conviene notar que estos negros, aunque sean moros como los otros, son a pesar de todo sus esclavos en virtud de una antigua costumbre que creo procede de la maldición lanzada por Noé después del diluvio (...)"[8].

Las personas esclavizadas estaban a la venta sobre todo en las principales ciudades de la ruta caravanera, particularmente en Oulata y

[3] Véase CISSOKO, Sekene Mody: *Tombouctou et l'Empire Songhay. Epanouissement du Soudan Nigérien aux Xvéme-XVIéme siècles*, Les Nouvelles Editions Africaines, Dakar y Abidjan, 1975, especialmente las páginas 165-172 dedicadas a la sociedad.

[4] BOUTILLER, Jean Louis. "Les trois esclaves de Bouma" en MEILLASSOUX, Claude comp: Ob. cit., 1975, p. 266.

[5] BRAUDEL, Ferdinand: *La Mediterranée*, Armad Collin, París, 1966, p. 424.

[6] FISHER, AGB y FISHER, H.J: *Slavery and muslim society in Africa: the institution in Saharan and Sudanic Africa and the trans-sahara trade*, C. Hurst, Londres, 1971, p. 68.

[7] Citado por OULD CHEIKH, Abdel Woudoud: *Nomadisme, Islam et pouvoir politique dans la société maure précoloniale. XIe-XIXe siècle. Essai sur queques aspects du tribalisme*. Tesis doctoral en sociología, Paris V, vol I, 1985, p. 427.

[8] La cita continúa: "(...) bien que de piel negra, tenían alma como los otros, sin contar con que estos negros procedían de un linaje no de mauros sino de paganos, de manera que serían muchos más fácil de llevar por el camino de la salud". ZURARA, Gómes Eanes da: *Crónica do descubrimento e conquista da Guiné,* Lisboa, Livraria Civilizaçao, 1937, p. 90.

Tishit. Esta ruta transahariana facilitaría la entrada de esclavas y esclavos de origen subsahariano en Europa a través del contacto entre musulmanes españoles y norteafricanos durante la Edad Media y, posteriormente, entre castellanos y berberiscos en los tiempos modernos. Por otro lado, no cabe duda del predominio numérico y el precio más caro de las mujeres esclavas en el comercio transahariano; no obstante, cabe señalar que su papel reproductor no era el factor determinante ya que la tasa de natalidad de las esclavas era muy baja. Como expresa James Webb para el período 1500-1850: "Incluso en las ciudades por dónde pasaban las caravanas, en las que el número de esclavos era denso y las oportunidades para casarse entre esclavos eran mayores, estos no se reprodujeron apenas"[9].

Las fuentes andalusíes y cristianas de los tiempos medievales muestran el desconocimiento general que los europeos tenían del África subsahariana; las islas Afortunadas (Canarias) constituían el límite occidental del mundo conocido. Los árabes realizaron una importante expansión hacia el este; sin embargo, desconocían el África occidental. En el occidente cristiano, el interés por el África negra era aún muy débil; de hecho, aunque existe la posibilidad de que otros navegantes, musulmanes o cristianos, llegaran con anterioridad más allá del cabo Bojador, los primeros contactos conocidos con negros politeístas tendrían lugar en el siglo XV, a raíz de la expansión portuguesa. Se alcanza el sur del continente africano y, seis años más tarde, los portugueses llegaban a la India. En palabras de Jean Devisse: "En este medio siglo (le segunda mitad del siglo XV) se superponen tres términos en relación al África negra: expansión, decepción y explotación[10].

Para los cristianos de la península ibérica, el interés de alcanzar las costas africanas era la explotación del oro africano; la impresión de monedas de oro se había interrumpido en occidente, *grosso modo,* desde el siglo X[11] hasta mediados del XIII en que se restauró, a conse-

[9] WEB, James: *Shifting sands. An economic history of the mauritanian Sahara. 1500-1850.* Tesis doctoral en historia, Jhon Hopkins University, Baltimore, Maryland, 1989, p. 159.

[10] DEVISSE, Jean: "L'Afrique dans les relations intercontinentales" en *Histoire Generale de L'Afrique. L'Afrique du XIIe au XVIe siècle,* vol. IV, Unesco/NEA, Dijon, 1985, p. 724.

[11] Sin duda, tanto el oro como las personas esclavizadas procedentes del Sudán llegaron al África árabo-berber y a la España musulmana antes del siglo X. Los dirhams de oro de la España musulmana se acuñaron con el oro traído a través de la trata transahariana.

cuencia, en buena parte, del oro africano obtenido en los puertos musulmanes[12]. Sin embargo, los portugueses no consiguieron conducir la producción aurífera hacia la costa atlántica y la penetración hacia el interior del continente se reveló impracticable, debido, entre otras razones, a los rápidos de los ríos de la zona; de manera que los árabes continuaron beneficiándose del oro sudanés transportado a través del desierto[13]. Esta era una de las razones por las que no existieron importantes rivalidades entre árabes y cristianos en cuanto a la explotación de las costas africanas del océano atlántico. El monopolio del oro africano por parte de los musulmanes derivó la atención de los cristianos hacia otras mercancías, como la pimienta negra procedente de Benín y la trata de seres humanos; la primera fue desbancada por la llegada de la pimienta asiática, de manera que la trata de personas esclavizadas se convirtió en el negocio más rentable para españoles y portugueses en África Negra. Posteriormente, el control de exportación de mano de obra africana hacia el recién descubierto continente americano y su empleo en la explotación de las minas, permitiría una ruta inédita de metales preciosos hacia el continente europeo.

En el siglo XV, con los primeros asentamientos cristianos en la costa africana occidental, se abre un nuevo flujo comercial de personas esclavizadas hacia Europa por vía marítima. De hecho, encontramos "negros de Guinea" en Barcelona, Sevilla y Valencia a finales del siglo XV[14]. Los cristianos no tuvieron escrúpulos de conciencia ante el negocio de la trata de hombres y mujeres naturales de *negrería*; la explotación más rentable de los territorios recién descubiertos. Philip Curtin estima en casi 200.000 el número de personas esclavizadas arrancadas del África subsahariana en el siglo XV[15]. Los mercaderes de esclavos

[12] En Mallorca se acuña un real de oro de 3.850 gramos a partir de 1310 y en la Castilla de Alfonso X se adopta un doblón de oro equivalente al peso de un dinar almohade (4,600 gramos). Véase DEVISSE, Jean: Ob. cit., p. 706.

[13] Las cantidades obtenidas por los portugueses no sobrepasan una tonelada por año (DEVISSE, Jean: Ob. cit., p. 725) mientras que Raymond MAUNY (*Tableau géographique de l'Ouest africain au Moyen Age*, IFAN, Dakar, 1961) estima al menos cuatro toneladas de oro anuales conducidas hacia el norte del continente africano.

[14] VERLINDEN, Charles: *L'esclavage dans l'Europe médiévale*. Tomo 1: *Péninsule Ibérique-France*, Brujas, 1955; Tomo 2: *Italie*, Gante, 1977, p. 338.

[15] CURTIN, Philip: 1969, p. 17-19. Las cifras de Philip Curtin han sido criticadas por varios autores, pero continúa siendo uno de los trabajos más informados.

ya no tendrán que atravesar el árido desierto en sus caravanas, sino que podrán entrar en contacto directamente con los europeos, reduciéndose de esta forma el número de intermediarios. La ruta terrestre transahariana hacia el mediterráneo se mantendrá, uniéndose a ella la nueva ruta marítima; caravanas y carabelas se disputaran el transporte de las personas esclavizadas procedentes del África Negra[16]. A Granada llegan esclavos y esclavas subsaharianos procedentes de ambas rutas a lo largo del siglo XVI: de la trata cristiana, a través del Océano vía Lisboa, Canarias o Sevilla, y de la tradicional trata musulmana, atravesando el Sahara vía Melilla u Orán, ciudades que estuvieron durante largos periodos en manos de los españoles.

En cuanto a la primera ruta señalada, la de las carabelas, los portugueses no eran los únicos en monopolizar el comercio; los españoles participaron igualmente del mismo. Buena prueba de ello la constituyen las 25 expediciones, estudiadas por Manuel Lobo Cabrera, que realizaron castellanos y canarios desde Gran Canaria al África Subsahariana a lo largo del siglo XVI[17]. Las fechas de estas expediciones demuestran que ni los unos ni los otros respetaron los tratados de Alcaçovas (1479-80), Tordesillas (1494) y Sintra (1509) para dividir las competencias castellana y portuguesa en África. De hecho, a los españoles les interesaba realizar las empresas mercantiles por sí mismos, ya que evitaban así a los mediadores lusitanos. Un buen número de castellanos participó en estas empresas mercantiles, y una parte de las personas compradas en los reinos africanos fue exportada a Andalucía.

Para los españoles, el principal modo de adquisición de personas esclavizadas procedentes del África subsahariana era, sin duda, el comercio llevado a cabo con los representantes de los Reinos africanos; un mercado controlado por los soberanos sudaneses. No hubo "guerra justa" contra los estados negroafricanos como ocurrió en el caso de la esclavización de los tunecinos (1535) o de los moriscos (1569-71), España no se enfrentó directamente con ningún reino subsahariano; se trataba de una esclavitud de trueque, se formaban compañías entre un mercader y un mestre de carabela con el objeto de comprar personas

[16] MAGALHAES-GODINHO, Vitorino: *L'economie de l'empire portugais aux XVeme et XVIeme siècles*, École Practique des Hautes Études, SEVPEN, París, 1969.

[17] LOBO CABRERA, Manuel: Ob. cit., 1982, p. 100-103.

esclavizadas en Guinea, Cabo Verde, Santo Tomé, etc. Entre la tripulación de los navíos castellanos que realizaban la travesía entre Guinea y España era frecuente contar con un "lengua", es decir, un intérprete de origen subsahariano de condición libre, y con un cirujano, cuya función era vigilar las condiciones físicas de la mercancía humana. Igualmente, en las carabelas se transportaba vino, brea, paños, lienzos y cuentas de vidrio de diversos colores; mercancías que se canjearían posteriormente por personas esclavizadas, además de oro, pimienta, marfil, ámbar y almizcle. Curiosamente, a pesar de que el Islam penetró en el África subsahariana en el siglo XI, el género más apreciado para el trueque por personas esclavizadas era el vino[18].

Consecuentemente, en el siglo XVI, el modo principal de adquisición de personas esclavizadas procedentes de las regiones situadas por debajo del Sahara era el comercio llevado a cabo entre los cristianos y los soberanos africanos, y la presencia de hombres y mujeres de origen sudanés procedentes de la trata atlántica en la capital granadina data de principios de siglo.

1.1. *La percepción de los negroafricanos en la sociedad cristiana*

Los términos "negro" o "negra" se empleaban habitualmente como sinónimo de esclavo y esclava en la España del siglo XVI. No me refiero únicamente al uso popular de estos vocablos, sino también, al lenguaje de la legislación y de los documentos notariales o eclesiásticos. Los casos son innumerables, se trata de una ecuación muy frecuente; tomemos, por ejemplo: "me desisto, quito, y aparto del derecho que tengo al dicho *negro* (...)" en una carta de compraventa, o "se recibió juramento de una *negra* (...)" en un expediente matrimonial[19].

La razón por la que se empleaban las palabras "negro" o "negra" en las sociedades de los tiempos modernos como sinónimo de esclavo/a merece una reflexión ya que constituye una de las claves para entender la percepción de los negroafricanos en el mundo cristiano. En el siglo

[18] Ibidem, p. 109-112. Quizá el vino debilitara a las poblaciones negroafricanas y ésta fuera otra de las razones de su exportación.

[19] A.P.G. Leg. 206, fol 595, 1577 y A.C.G., 1585.

XVI, para referirse a las personas esclavizadas se utilizaban los siguientes sinónimos: "moro", de referente confesional (musulmán); "berberisco", de referente territorial (Berbería); "morisco", de referente confesional-territorial (cripto musulmán de la península ibérica) y "negro", de referente biológico. Cabe señalar que el término "berberisco" definía también a los esclavos judíos procedentes de Berbería y que, la palabra "morisco" se comenzó a emplear como sinónimo de esclavo a partir de 1569. Todas estas voces tienen una intención reduccionista pues restringen la percepción de los subordinables a referentes homogeneizantes. Pero, de todas ellas, la palabra "negro" es la que presupone un mayor carácter de estabilidad de la condición personal, puesto que su referente es la naturaleza. El término "negro" establece un vínculo indeleble con la biología (la piel negra) y, en consecuencia, remite a la naturaleza. Para los pensadores de la España de los tiempos modernos, la naturaleza representaba la inmutabilidad y el estatismo; existía un estado "natural" de las cosas y de las personas (de ahí el "derecho natural", *ius gentium*) considerado inalterable y perdurable en el tiempo, situado por encima de lo humano (social) y relacionado con la divinidad. Universalidad, objetividad y atemporalidad se daban cita en los dictados de la naturaleza, fruto de la creación divina, según el razonamiento dominante de los tiempos modernos. De hecho, aún en la actualidad, las ciencias humanas sociales continúan fascinadas por las ciencias de la naturaleza en las que esperan encontrar, como señala Colette Guillaumin, un modelo metodológico y lo que es peor, una justificación definitiva de las prácticas sociales[20].

Los subsaharianos de ambos sexos, definidos como "negros/as", se presentaban desprovistos de toda cualidad racional y ligados a esta naturaleza omnipotente. La desocialización de los negros era, por tanto, superior porque no se vinculaban a una cultura concreta ni tampoco a una religión sino al color de su piel[21].

[20] GUILLAUMIN, Colette: *Sexe, Race et Pratique du pouvoir. L'idée de nature*, Côté femmes, París, 1992, p. 172.

[21] Por otra parte, la documentación pone de manifiesto la falsedad de esta pretendida homogeneidad del color negro a través de expresiones como: "negro que tira a membrillo", "negro atezado", "casi negro", "moreno", "moreno atezado", "prieto", "negro loro", etc.

Por otra parte, el término "negro" parece aludir a un espacio geográfico uniforme; cuando, en realidad, se refiere a un vasto universo cultural. El África Negra presenta tantas diferencias interiores como la Europa Blanca; pero, además, este territorio homogeneizado no estaría forzosamente emplazado en el continente africano sino en un espacio mítico donde primaría la consanguinidad. La ideología dominante habría creado en el inconsciente colectivo una nación abstracta a la que pertenecerían todas las personas de color negro independientemente de su lugar de nacimiento. Esta visión producida por los dominadores con la intención de naturalizar las diferencias sociales sería interiorizada por los dominados. Alonso Sánchez, un liberto granadino de ascendencia subsahariana al ser interrogado sobre su patria y su nación, expresa su confusión de manera contundente. En su declaración se puede leer: "Dice que es negro de naçión, pero que su patria es en esta çiudad porque nació en ella"[22]. El liberto creía pertenecer a la nación de los negros no por haber nacido en África sino en virtud de su ascendencia biológica; es decir, porque como él mismo señala posteriormente, su padre y su madre eran negros. Alonso nunca pisó el continente africano.

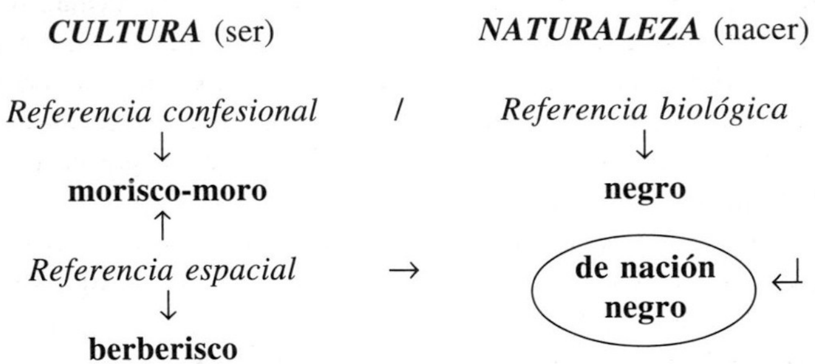

Otro ejemplo de esta concepción reduccionista lo ofrecen las cartas de compraventa analizadas en esta investigación. Del 31% de compraventas que no aluden a la procedencia geográfica de las personas esclavizadas objeto del contrato, más del 75% son definidas como personas

[22] Asimismo añade: "que su padre se llama Francisco Sánchez y su madre Catalina Dávila, ambos negros (...)". Proceso de beatificación de San Juan de Dios. A.M.G. Leg. 52/2, fol 98 r.

"de color negro". La razón de este desinterés por el lugar de origen no es únicamente la ignorancia que los españoles tenían de la geografía africana más allá del desierto, sino fundamentalmente, la voluntad de reducirlos a un referente natural. De esta forma, ascendencia biológica y procedencia socio-geográfica se presentan confundidas en esta nación mítica de los negros.

La omnipresencia de la biología en todos los ámbitos de la vida de los hombres y las mujeres subsaharianos tiene un objetivo claro: despojarlos de toda cualidad racional y acercarlos al mundo animal; de manera que su inferioridad, construida socialmente, aparezca como natural y, por tanto, inalterable. No existiría así la más remota posibilidad de cambio, puesto que su incapacidad para gobernarse sería natural en el sentido aristotélico. Igualmente, los cristianos-dominadores quedarían sin culpa ya que, al respetar los dictámenes supremos de la naturaleza, serían justos propietarios. La doctrina aristotélica de la esclavitud es el pilar sobre el que se ha venido edificando la biologización de las diferencias socio-económicas entre unos pueblos y otros. Es más, únicamente cuando se trata de relaciones de dependencia o explotación, los opresores se preocupan por estructurar la existencia de una esencia natural de los *otros* grupos humanos, en este caso, los *infieles esclavizables*.[23]

La historiografía sobre la esclavitud peninsular de los tiempos modernos suele asociar el color negro y la procedencia subsahariana directa a pesar de que, no todas las personas definidas como negros o negras habían nacido en el continente africano. Asimismo, la mayoría de los trabajos de investigación histórica continúan empleando la palabra negro como sinónimo de esclavo. En el gráfico que presento a continuación he estudiado la procedencia (a través de la categoría "natural de") del total de personas descritas en las compraventas como "de color negro" (gráfico 1).

Como podemos comprobar, parte de estas personas esclavizadas eran portugueses o españoles; otras eran naturales de Berbería, es decir, del occidente musulmán árabo-berber; y el 10% venía directamente de lugares emplazados en el África Subsahariana. El silenciamiento del lugar de nacimiento de la mayoría (78%) implica la voluntad dominan-

[23] Otro ejemplo sería la construcción social de la imagen de las mujeres como "naturalmente" inferiores.

GRÁFICO 8. PROCEDENCIA DE LAS PERSONAS ESCLAVIZADAS CLASIFICADAS COMO "NEGROS" O "NEGRAS"

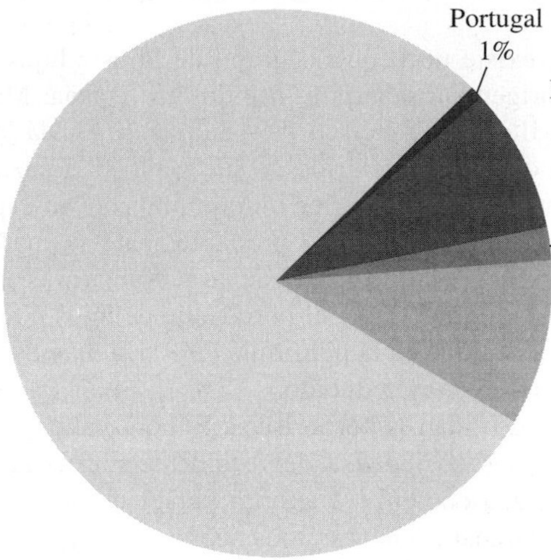

FUENTE: *Compraventas, A.P.G.*

te de primar un referente biológico: el color de la piel. Por tanto, únicamente podemos advertir que su ascendencia genética es negroafricana, pero no podemos comprobar si venían directamente de África. No obstante, es más que probable que la mayor parte del 78% de los negros y las negras vendidos en Granada sobre los que no conocemos su lugar de origen procedan igualmente de los países situados al sur del desierto; de hecho, la mayoría son *bozales* (recién llegados) como veremos más adelante.

Es lógico que hubiese algunos negros naturales de Portugal, puesto que la trata cristiana se hallaba fundamentalmente en manos de los lusitanos y las relaciones comerciales entre Sevilla y Lisboa eran muy estrechas. Tampoco es de extrañar que una parte de los "negros" y las "negras" fuesen españoles, pues las personas procedentes del África subsahariana habían formado parte de la población de Al Andalus durante siglos. De hecho, una buena parte de las esclavas y los esclavos descritos como "negros" eran de ascendencia islámica; es decir, eran moriscos granadinos o berberiscos. Cecilia era de Ugijar, Isabel de las Albuñuelas, María de Andújar, Diego de Válor y Úrsula de Bentariq[24]. Esta realidad pone de relieve, igualmente, que no todos los moriscos eran blancos.

Asimismo, existe un pequeño grupo de hijos e hijas de mujeres no moriscas de origen subsahariano nacidos en España. María, por ejemplo, nació en Íllora y Francisco de Aguayo en Alcalá la Real, lugares de residencia de los propietarios de sus madres[25]. Francisco tenía algo de sangre blanca, puesto que, en su compraventa se especifica que es "negro de color mulato"[26]. Muy probablemente su madre fue víctima de la explotación sexual por parte de su propietario o de otros blancos de la casa. En cualquier caso, el porcentaje de hijos e hijas de mujeres negroafricanas nacidos en la península (3% si sumamos los españoles y los portugueses) es muy reducido.

En cuanto a los negros berberiscos, la población negroafricana formaba parte de las sociedades del occidente musulmán desde que la trata transahariana comenzó a aportar personas esclavizadas naturales del Sudán. En Granada, encontramos negros naturales de Trípoli (1510), de Orán (1573) y de Tetuán (1573)[27], aunque en la mayoría de los casos únicamente se señala que proceden de Berbería. Por último, podemos afirmar con certeza que el 10% de las personas analizadas proceden del África subsahariana, ya que la propia documentación así lo expresa.

En definitiva, el hecho de no reseñar el lugar de nacimiento de negros y negras en la documentación notarial y eclesiástica del siglo XVI refleja, por un lado, el afán de definirlos exclusivamente a través de un referente biológico (la piel) con la pretensión de naturalizar su inferioridad, y por otro, el anhelo de desdibujar las diferencias culturales entre los propios negroafricanos/as, lo que sugiere, implícitamente,

[24] A.P.G. Leg. 171, fol 461, 1569; Leg. 194, fol 130, 1574; Leg. 194, fol 231 v, 1574; Leg. 179, s.f, 1571, Leg. 171, fol 216, 1568.

[25] A.P.G. Leg. 144, fol.727, 1565 y Leg. 144, 387, 1565.

[26] "un esclavo mío mulato de color negro nacido en Alcalá la Real" A.P.G. Leg. 144, 387, 1565.

[27] A.P.G. Leg. 205, fol. 164; Leg. 186, fol. 142v; Leg. 10, fol. 833.

una procedencia geográfica homogénea que no se correspondía con la realidad. La razón por la que se empleaba negro/a como sinónimo de esclavo/a era la pretensión de naturalizar las diferencias sociales. El uso de una categoría racial, en este caso el color, para designar a las personas esclavizadas, atribuye a la biología las diferencias socio-económicas entre libres y esclavos. La ideología dominante en el siglo XVI pretendía que la naturaleza (representada por el color "negro" en el imaginario colectivo) justificara el sometimiento de estas poblaciones. La biología legitimaba la inferioridad y la hacía "natural"; la naturaleza es inmutable, por tanto, la inferioridad de los negros era permanente. En consecuencia, para la sociedad española de los tiempos modernos todos los negros y las negras eran esclavos en potencia.

1.2. *Lugares y etnias del África Subsahariana*

Toda la costa del África Occidental y del golfo de Guinea había sido explorada por portugueses y castellanos en el siglo XVI; y la mayoría de los asentamientos cristianos se convirtieron en grandes factorías de personas esclavizadas. En Granada, encontramos subsaharianos de ambos sexos procedentes de: Guinea, Cabo Verde, Santo Tomé y el Congo (en la documentación también "Mavicongo"y "Manicongo"), aunque cabe la posibilidad de que no todas las personas cuya procedencia se establece en las islas de Cabo Verde o Santo Tomé sean, en verdad, naturales de allí, puesto que se trataba de puertos distribuidores de esclavos de ambos sexos. Alonso de Sandoval señala que los puertos donde se embarcan los negros son: "Cacheo, y puertos de Guinea, de la isla de Cabo Verde, de la isla de Santo Tomé y del Puerto de Loanda o Angola"[28]. No obstante, en la documentación analizada para la capital granadina no he hallado ninguna persona esclavizada procedentes de Angola.

En cuanto a las etnias mencionadas en los protocolos analizados, en Granada había esclavas y esclavos de origen wolof (en los documentos "jolof", "jafara", "jofor/a"), mandinga y peuls (en las fuentes "papel" o "fulo"). Estos tres grupos étnicos habitaban en el espacio conocido entonces como Guinea (véase mapa 2).

[28] SANDOVAL, Alonso: *Un tratado sobre esclavitud*, Alianza, Madrid, 1987, p. 142.

APA 2. GRANADA EN LA TRATA CRISTIANA Y LA TRATA TRANSAHARIANA. SIGLO XVI

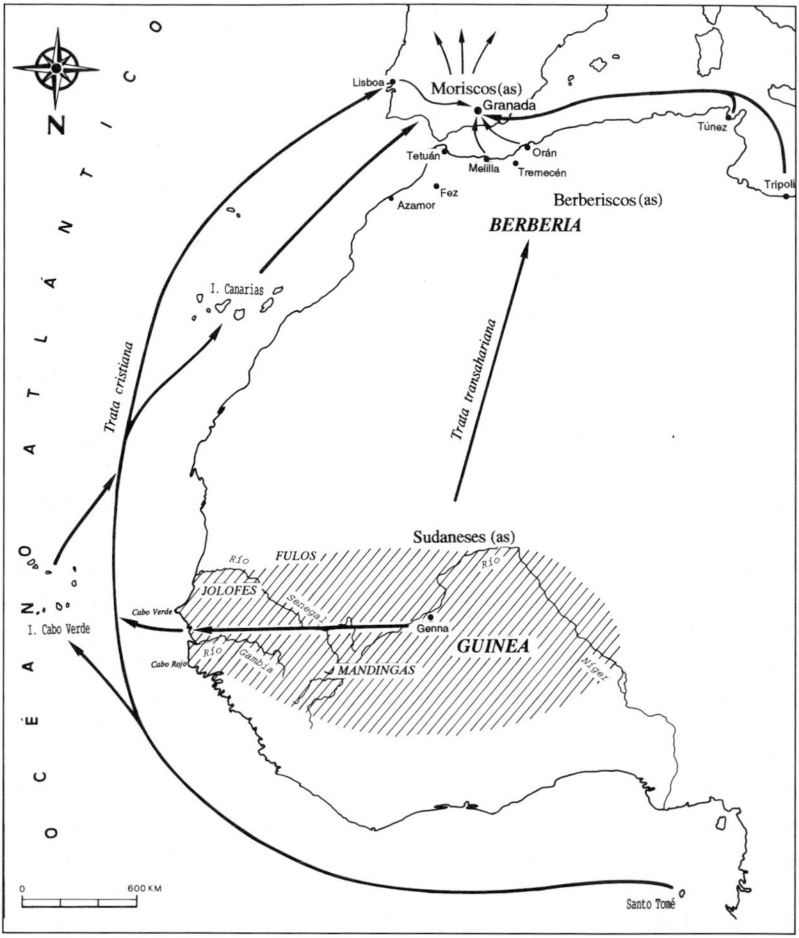

Personas esclavizadas originarias de Guinea, Cabo Verde y del Congo se encuentran a lo largo de todo el siglo en Granada, mientras que Santo Tomé surge en la segunda mitad de la centuria[29]. En cuanto a los wolofs, aparecen a principios de siglo (1511-1521) pero no se vuelven a mencionar (por causas desconocidas) hasta 1563.

La mayoría de los subsaharianos residentes en Granada, procedían del espacio geográfico entonces llamado Guinea (50%); le sigue Cabo Verde y, en tercer lugar, el Congo. Tanto los wolof, como los mandinga y los peuls procedían de Guinea, por lo que el porcentaje de guineanos es el más elevado.

En el siglo XVI, españoles y portugueses llamaban "Guinea" a una amplia franja que comprendía, aproximadamente, desde Cabo Verde hasta el entonces llamado Cabo Rojo; es decir, el área dónde se establecieron los primeros asentamientos portugueses entre 1444 y 1446[30]. Hacía el interior, este espacio se extendía hasta la Curva del Río Níger. Podríamos decir que la Guinea del siglo XVI corresponde *grosso modo* a los actuales países de Senegal, Gambia, Guinea Bissau, Guinea Conakry, parte de Mali y de Burkina Fasso. El jesuita Sandoval describía así la Guinea del siglo XVI: "Es la tierra de Guinea (cuyo nombre recibe de la principal ciudad llamada Genna puesta sobre las riveras del río Sennaga)[31] amplíssima, y tanto más sujeta a excessivas calores cuanto cae más debaxo de la tórrida zona; pero no por eso es inhabitable como muchos han sentido; antes está toda poblada de grandíssimos Reinos y espaciosas provincias, y en ellas muchas y grandes ciudades, pueblos y aldeas (...) y aunque muchos Reinos son tan sanos que no dan ventaja a los mejores de nuestra Europa, no hallándose en ellos los excessos de fríos, ni los calores tan molestos que se ven en ella. Comunícanse estos Reinos unos con otros por medio de ríos caudalosíssimos (se refiere al Gambia y al Senegal), por grandes lagunas, brazos de mar, y de los mesmos Ríos, para lo cual tienen muchas barcas y canoas

[29] En Granada encontramos personas procedentes de Guinea entre 1521 y 1578; de Cabo Verde entre 1521 y 1576, del Congo entre 1511 y 1574 y de Santo Tomé, entre 1561 y 1572.

[30] MAGALLAES GODINHO: Ob. cit., p. 189.

[31] Se refiere al río Senegal.

muy bien equipadas"[32]. No se equivocaba el padre Sandoval porque en esta zona existían grandes reinos muy jerarquizados, como el Imperio Songhay, que había adquirido un alto grado de desarrollo socioeconómico. De hecho, Tombouctou, la capital de este imperio, contaba entonces, según Raymond Mauny, al menos con 25.000 habitantes[33].

En cuanto a la etnia wolof, el padre Sandoval señala que en el área entonces llamada Guinea se encontraba: "un grande Reino que llamaban jolofos"; asimismo indica que el río Senegal separaba el gran Reino de los jolofos de los moros (mauritanos) con quienes éstos tenían sus tratos[34]. En la actualidad, el río Senegal continúa siendo la frontera natural entre Senegal y Mauritania; de hecho, los Moros (la etnia más numerosa de Mauritania) han venido realizando incursiones en país wolof con la intención de esclavizar a sus pobladores hasta bien entrado el siglo XIX.

Sobre los peuls, Sandoval menciona: "(...) más adelante, en el riñón de la tierra está el Imperio del Gran Fulo"[35]. Los peuls (conocidos como papeles, fula o fulos) habitaban en la zona del Futa Jalón, en la Curva del Níger, al norte del Río Senegal (ver mapa 2). En lo referente a los mandingas, el jesuita apunta que ésta era una de la etnias más islamizadas en la época: "son innumerables, de donde se comunican por todos los Reinos de Guinea con ánimo y fin de infecionarlos (a los demás guineanos) en la maldita secta de Mahoma"[36]. Los mandinga ocupan los alrededores del Futa Jalón, entre los actuales países de Guinea, Senegal y Malí.

[32] Respecto a los ríos se expresa así: "Los ríos que comúnmente llamamos de Guinea, de donde salen todos los Etíopes Guineos; negros que por excelencia decimos de ley, empiessan en tierra firme de Cabo Verde (...). A este tan nombrado cabo terminan dos ríos: el meridional se llama Gambea y el septentrional Sanega". SANDOVAL, Alonso: Ob. cit., p. 104.

[33] MAUNY, Raymond: *Tableau Géographique de l'Ouest africain au moyen age d'après les sources écrites, la tradition er l'archéologie*, Swets & Zeitlinger N.V, Amsterdam, 1967, p. 497 El texto que he consultado es una reimpresión, el original es de 1961. Este libro es esencial para el conocimiento de la historia del África Negra Occidental.

[34] Según Sandoval: "El Senaga ciñe por la vanda del Norte un grande Reino que llaman Jolofos y lo divide de los Moros con quien tienen sus tratos", SANDOVAL, Alonso: Ob. cit., p. 105. Efectivamente este límite natural (el río Senegal) continúa siendo la frontera entre Mauritania y Senegal.

[35] SANDOVAL, Alonso: Ob. cit., p. 106.

[36] Ibidem, p. 106. El Islam penetró en la zona con los almorávides.

En definitiva, tanto los wolofs, como los peuls y los mandinga eran pueblos muy jerarquizados y poderosos que procedían del espacio geográfico conocido por castellanos y lusitanos del siglo XVI como Guinea. Pero, si estos Reinos se encontraban entre los más avanzados de la zona en los tiempos modernos ¿qué sentido tiene encontrar miembros de estas etnias vendidos como personas esclavizadas en Granada?

Como he señalado al principio de este capítulo, las sociedades más desarrolladas del África Occidental Subsahariana conocían la esclavitud desde muy antiguo y la mayoría de las personas esclavizadas presentes en estas sociedades procedían de la guerra contra los animistas de las regiones periféricas al sur de los grandes Imperios y los sultanatos musulmanes de la zona saheliana[37]. Estas personas esclavizadas, miembros de etnias minoritarias politeístas, perdían su identidad con la captura y pasaban a definirse según el grupo étnico al que pertenecían sus propietarios africanos. Esto significa que una esclava que se dijese mandinga no tenía por qué ser de ascendencia mandinga, sino que bien podía ser la esclava de un mandinga.

En conclusión, a pesar de que la mayor parte de las personas esclavizadas procedentes del África Occidental Subsahariana eran originarias de la Guinea del quinientos, el hecho de que se denominasen a sí mismas mandingas, jolofes o fulos no significa, como ha venido señalando la historiografía sobre la esclavitud en la España Moderna, que realmente fuesen de ascendencia mandinga, wolof o peul, sino que podía tratarse de personas pertenecientes a grupos animistas minoritarios esclavizados por estos poderosos grupos étnicos.

1.3. *Bozales y ladinos*

El significado de la palabra *bozal*, según el Diccionario de Autoridades, era: "El inculto y que está por desbastar y pulir. Es epíteto que ordinariamente se da a los negros, en especial cuando están recién venidos de sus tierras: y se aplica también a los rústicos. Es lo contrario de ladino"[38]. En el mismo Diccionario se señala que

[37] Véase MAUNY, Raymond: Ob. cit., p. 339 y CISSOKO, Sekené: Ob. cit., p. 146.

[38] *Diccionario de Autoridades*, Biblioteca Románica Hispánica, Gredos, Madrid, ed. de 1990, p. 666.

ladino, es "el que con viveza o propiedad se explica en alguna lengua o idioma". Según Covarrubias, ladino era, en rigor, lo mismo que latino, "porque la gente bárbara de España llamaba latinos en tiempos de los romanos a los que hablaban la lengua romana; y como éstos, en general, eran más sabios que los naturales españoles, quedó el nombre de latinos para los que entre ellos eran menos bozales y de latino se corrompió fácilmente en ladino". En consecuencia, para los españoles del siglo XVI, el término *bozal* se aplicaba fundamentalmente a aquellas personas esclavizadas recién llegadas de su país, especialmente para los hombres y mujeres negroafricanos, pues esta palabra subrayaba su "necedad natural" en las representaciones mentales; mientras que el vocablo *ladino* se reservaba a las personas esclavizadas que llevaban algún tiempo en España sirviendo como esclavos[39] y que hablaban con relativa facilidad el castellano o el catalán.

Asimismo, en la documentación del siglo XVI hallamos personas esclavizadas definidas como "medio ladinos", "medio bozales" o "entre ladino y bozal", términos que vienen a significar que aunque habían adquirido algunos conocimientos de la lengua castellana aún no la dominaban. Por otra parte, aunque la mayoría de las personas esclavizadas definidas en las cartas de compraventa como *bozales* procedían de Guinea, también las había originarias de Berbería, como podemos apreciar en el gráfico siguiente (gráfico 9).

Igualmente podemos apreciar en el gráfico 9 que del 10% de bozales vendidos en Granada, un 75% son negros o negras, es decir, de ascendencia subsahariana. El resto de los bozales, cuyo porcentaje es muy inferior, son de color blanco o loro y proceden de Berbería. Bozal, por tanto, es un concepto que se aplica principalmente a los negroafricanos; sin embargo, no es correcto asimilar el término bozal a negro, como se viene haciendo en la historiografía sobre la esclavitud en la península ibérica, porque no todos los bozales eran negros; ya que también había bozales blancos.

[39] En el Diccionario de la Lengua Española se señala que el esclavo ladino es "el que lleva más de un año en esclavitud". *Diccionario de la Lengua Española*, Real Academia de la Lengua, Madrid, 1992, p. 617.

GRÁFICO 9. PROPORCIÓN (IZDA.) Y COLOR (DCHA.) DE LOS BOZALES ENTRE LAS PERSONAS ESCLAVIZADAS

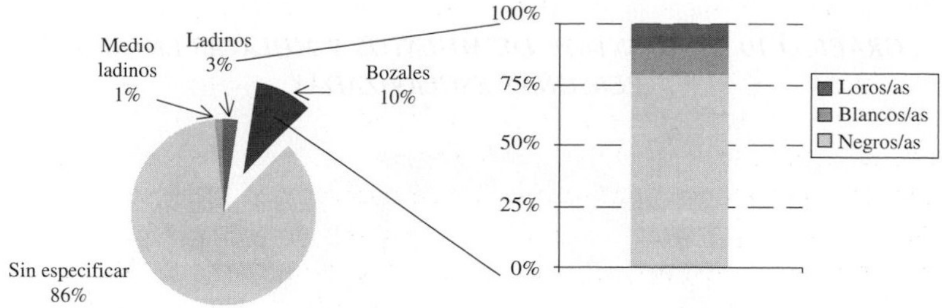

FUENTE: *A.P.G. Compraventas. Los valores absolutos son 1.043 "sin especificar", 24 medio ladinos, 86 ladinos y 162 bozales. Asimismo, 9 loros, 11 blancos y 74 negros.*

Para terminar, quisiera señalar que en varias ocasiones he encontrado la expresión "es de piara" o "negro de piara" para las personas esclavizadas procedentes de Guinea, lo que probablemente indica que llegaron en grupo a los puertos españoles. La alusión al mundo animal es muy clara y viene a corroborar la representación mental de estas personas en el imaginario cristiano-castellano; imagen transmitida históricamente y que, desgraciadamente, continúa haciendo mella en la actualidad.

2. LOS MULATOS: UNA ESCLAVITUD POR NACIMIENTO

El término mulato remite, al igual que negro, a la biología, por lo que las reflexiones sobre el uso de categorías raciales con la intención de naturalizar las diferencias sociales son válidas asimismo para los hijos e hijas de parejas mixtas. Veamos algunas expresiones utilizadas para definir a las personas esclavizadas de ascendencia mixta: "amulatado", "blanco mulato", "blanco que tira a mulato", "membrillo cocho mulato" (es decir, membrillo cocido), "mulato de color membrillo", "mulato membrillo cocho" y "un poco mulata"; incluso, en ocasiones, se especifica: "que es mulato y el padre es negro".

El gráfico siguiente representa el porcentaje de personas clasificadas como "de color mulato" en las compraventas analizadas para la Granada del siglo XVI (gráfico 10).

GRÁFICO 10. PORCENTAJE DE MULATOS Y MULATAS ENTRE LAS PERSONAS ESCLAVIZADAS

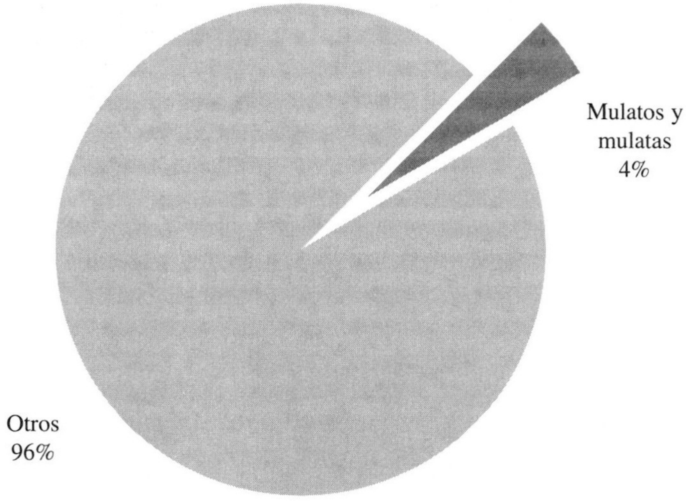

FUENTE: *A.P.G. (Compraventas). Valores absolutos: 71 mulatos y 1641 "otros".*

Como podemos apreciar el porcentaje es reducido (4%) en comparación con los otros grupos de ascendencia. El número de compraventas de mulatos y mulatas halladas en la documentación analizada prueba: primero, que las parejas mixtas eran infrecuentes en la sociedad granadina del siglo XVI y, segundo, que la función principal de las mujeres esclavizadas no era la reproducción. El escaso porcentaje de mulatos y mulatas viene a subrayar, de nuevo, que las personas esclavizadas no se reproducen por crecimiento natural sino por la compra, la guerra "justa" o la captura ilegal.

A continuación analizaremos la procedencia de los mulatos y las mulatas, los cuales son originarios tanto de la península ibérica como de Berbería e incluso de la Indias occidentales (gráfico 11).

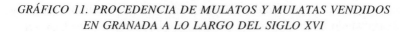

GRÁFICO 11. PROCEDENCIA DE MULATOS Y MULATAS VENDIDOS EN GRANADA A LO LARGO DEL SIGLO XVI

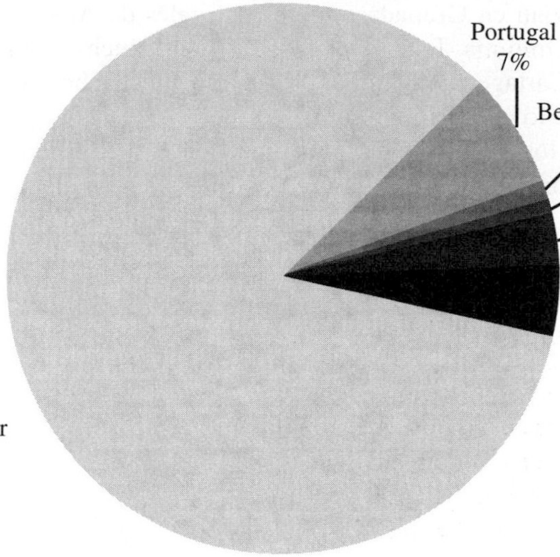

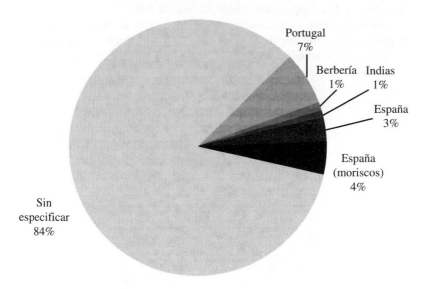

FUENTE: *A.P.G Realizado sobre 81 ventas.*

Como podemos observar en el gráfico 11, había mulatos y mulatas de Portugal (en la documentación: "de nación portuguesa" o "naturales de Portugal") que llegaban a Granada generalmente vía Sevilla[40]. La esclavitud portuguesa era fundamentalmente subsahariana, es decir, "de color negro" por lo que no es de extrañar que existiera un buen número de mulatos y mulatas orihundos de Portugal. La suma de mulatos españoles de ambos sexos, moriscos y no moriscos, es equiparable al total de mulatos y mulatas procedentes de Portugal (7%) lo que indica que en España también existió un cierto mestizaje. Como ejemplo del grupo de mulatos españoles no moriscos podemos citar a Pablo, un escla-

[40] En numerosos casos se señala que los compraron en Sevilla. Por ejemplo, "la compré de Juan de Salazar Cordero, vezino de Sevilla, ante escribano público" A.P.G. Leg. 143, fol 338, 1565.

vo "amulatado" que nació en Baena en 1560 y fue vendido a un granadino cuando tenía 30 años (1590), y para la población morisca mulata podemos citar a Isabel, una mujer nacida en Abla[41].

También vivían en Granada mulatos naturales de América, pero su proporción era mínima. Este es el caso de Juan Sánchez, que nació en la ciudad de Cartagena de Indias, y siendo muchacho lo trajeron a Granada donde lo adquirió un cura[42].

En cuanto a los mulatos y mulatas procedentes de Berbería su número también es mínimo. Este es el caso de María, una mulata berberisca que arribó a la costa almeriense en 1575 y fue adquirida por una viuda granadina[43]. María estaba herrada, lo que nos indica que las mulatas no escapaban a la costumbre berberisca de tatuar a las mujeres.

El elevado porcentaje de mulatos sobre los que desconocemos sus lugares de nacimiento (87%) se debe al deseo de ligarlos a la naturaleza representada por el color de la piel, al igual que ocurría con los negros y las negras. No obstante, ningún mulato aparece definido como bozal en las compraventas analizadas, sin duda porque la mayoría de ellos fueron engendrados en la península.

Generalmente, los mulatos y las mulatas eran el resultado de las relaciones sexuales (voluntarias o forzadas) entre las esclavas negras y los cristianos blancos ya que las parejas mixtas formadas por personas libres no eran, desde luego, muy frecuentes. El caso del catedrático Juan Latino y su pupila, doña Ana de Carleval, constituye una verdadera excepción y respecto al mismo cabe señalar que no he encontrado, en las fuentes consultadas, alusión alguna al color de Ana, la hija de ambos.

El grupo de ascendencia mixta, los llamados mulatos y mulatas, es, por tanto, el que más muestra la explotación sexual de las mujeres esclavas por parte de los hombres blancos de la casa. Su representación en el inconsciente colectivo de la época no distaba de la de los "negros". En la sociedad granadina del quinientos, el mestizaje no alcanzó niveles importantes y, desde luego, nunca llegó a adquirir la propor-

41 A.P.G. Leg. 288, fol. 1665 y Leg. 219, fol 1084.

42 "y que abrá onze años poco más o menos que la susodicha lo empeñó en poder de Don Francisco Mexía, caballero del ávito de Calatraba a Santa Ana y todo este tiempo a estado en la villa de Colomera en servicio del dicho beneficiado y de 14 años a esta parte a estado y está en Granada" A.C.G., Leg. 1614-B, s.f.

43 A.P.G. Leg. 196, fol 113.

ción que tomó en las colonias americanas donde la construcción social del tono de la piel desarrolló un genuino sistema jerárquico de clasificación de los individuos[44].

3. BERBERÍA: LA TOMA DE CIUDADES, EL CORSO Y LAS CABALGADAS

3.1. *La inseguridad en el Mediterráneo: corsos y cabalgadas*

Las investigaciones sobre las relaciones entre los reinos castellanos y África del Norte durante el siglo XVI y XVII tienden esencialmente a recuperar la historia de las etapas cronológicas de conquistas, guerras y corsos de una orilla a otra del Mediterráneo[45]. Como bien dice Juan Luis Castellano, el enfrentamiento tenía una razón política: "Se trataba de ver cual de los dos imperios, el otomano o el español, ambos confesionales, impondría su hegemonía en un espacio entonces vital: el Mediterráneo"[46].

Las investigaciones sobre la vida de los renegados españoles que vivían en Berbería y sobre los esclavos cristianos constituyen el otro polo de atracción de los estudios, estos últimos avivados por la experiencia cervantina[47]. Sin embargo, el análisis de la cautividad desde la otra orilla, el estudio de la realidad de los norteafricanos esclavizados en la península ibérica no ha sido hasta el momento abordado en profundidad[48]. Se nos olvida que la península ibérica, y sobre todo su parte meridional, conoció la esclavitud en la Edad Moderna.

[44] STOLCKE, Verena: *Racismo y sexualidad en la Cuba,* Alianza, Madrid, 1992.

[45] GARCÍA ARENAL, Mercedes y BUNES IBARRA, Miguel Ángel: *Los españoles en el Norte de África: Siglos XVI-XVII*, Mafre, Madrid, 1992; Actas del Coloquio *Relaciones de la península ibérica con el Magreb (siglos XII-XVI)* edt. por GARCÍA ARENAL, Mercedes y VIGUERA, María Jesús, CSIC, Instituto Hispano Árabe de Cultura, Madrid 1988.

[46] CASTELLANO, Juan Luis: "El Mediterráneo en la Edad Moderna: del enfrentamiento a la convivencia" en *Granada 1942-1992. Del reino de Granada al futuro del mundo mediterráneo*, Universidad de Granada, 1995, p. 118.

[47] Cervantes fue cautivo en Argel entre 1575 y 1580.

[48] Cabe destacar el trabajo de Manuel Lobo Cabrera, el cual estudia en profundidad las cabalgadas en las Canarias orientales.

La piratería fue muy frecuente en el Mediterráneo a lo largo de todo el siglo XVI, cristianos y musulmanes de una y otra orilla caían presos con relativa frecuencia. El corso y las razzias hicieron decenas de miles de esclavos que fueron vendidos en los mercados cristianos y musulmanes del Mediterráneo; en una costa: Mesina, Venecia, Nápoles, Mallorca, Valencia, Sevilla, Málaga, etc. y en la otra: Estambul, Salónica, Alejandría, Trípoli, Túnez, Bizerta, Argel, Tetuan, etc[49]. El corso era un fenómeno mediterráneo, y no estrictamente musulmán como algunos trabajos han dado a entender. Las ciudades costeras andaluzas y las situadas en las Islas Canarias eran las que organizaban un mayor número de cabalgadas y, por ello, surgen con bastante frecuencia como puertos de desembarque de las personas esclavizadas procedentes de Berbería que posteriormente aparecen en Granada. Los puertos costeros peninsulares más nombrados en las fuentes consultadas son: Málaga, Almería, Murcia y Cartagena; pero también se cita el Puerto de Santa María, Motril y el Cabo de Gata.

La proximidad entre la costa castellana y la musulmana atrajo la atención del viajero Münzer, el cual dedicó un capítulo a la descripción de la distancia entre Almería y Berbería en su cuaderno de viaje; cuaderno en el que señaló que Almería distaba sólo 25 millas de la ciudad de Orán y que desde un alto promontorio, llamado Cabo de Gata, se veían los días serenos las montañas de África. Asimismo Münzer indica que en doce, dieciséis o veinte horas de navegación, según sea el viento, podía alcanzarse la ciudad de Orán[50]. La cercanía de Granada al puerto de Almería, así como al de Málaga, ambos importantes mercados andaluces distribuidores de esclavos y esclavas berberiscos por su proximidad a las costas africanas, junto con la necesidad de mano de obra de la ciudad fueron circunstancias decisivas para la importación de personas esclavizadas naturales de Berbería a la capital granadina.

Además de Almería y Málaga, el Puerto de Santa María (Cádiz) era otro centro distribuidor de esclavos y esclavas berberiscos. De hecho, los contratos de compraventa conservados muestran que los granadinos solían hacer encargos a intermediarios particulares para que comprasen berberiscos y berberiscas en el Puerto de Santa María: "me disteis

[49] BENNASSAR, Lucile y Bartolomé: *Les Chrétiens d'Allah*, Perrin, París, 1989, p. 19.

[50] GARCÍA MERCADAL: *Viajes de extranjeros por España*, p. 349.

setenta e quatro ducados de oro e de peso en doblones de oro nuevo, los cuales yo reçebí para vos comprar dellos en el Puerto de Santa María çinco pieças de esclavos, las cuatro hembras e uno macho, e yo las compré por vos en esta manera"[51].

Las cabalgadas eran una verdadera empresa comercial que afectaba a un importante número de individuos. Los navíos portaban armas y caballos en una proporción aproximada de 12 caballos por cada 150 hombres. Se realizaban desembarcos repentinos y se procedía rigurosamente al cautiverio, se cazaba a lazo y el botín podía ascender a 40-70 personas en cada expedición. Manuel Lobo Cabrera ha contabilizado 59 expediciones armadas desde Canarias a Berbería entre 1513 y 1600, lo que nos da una idea del enorme saqueo que sufrieron las costas norteafricanas por parte de los españoles[52]. Los riesgos que se corrían en estas incursiones eran muy altos, mucho más que en las expediciones mercantiles al África Subsahariana, pues los cristianos corrían el peligro de ser cautivados por los norteafricanos en la mar o incluso en tierra.

El establecimiento de los españoles en ciudades costeras del norte de África como Orán o Melilla contribuyó, sin duda, a aumentar las empresas de captura ilegal de berberiscos y berberiscas, ya que son muchas las personas recogidas en la documentación consultada que dicen haber sido cautivadas en Orán durante el periodo de gobernación castellana. Entre ellas, podemos citar a María Magdalena, una argelina que dice haber sido cautivada en Orán y que posteriormente fue desembarcada en el puerto de Málaga donde la esperaba la señora que la había encargado, la cual era vecina de la ciudad de Granada y se llamaba Doña Francisca de Flores y Maldonado[53]. María Magdalena fue transportada directamente de Orán a Málaga y de allí pasó a servir en la capital granadina. Sin embargo, hubo casos en los que antes de llegar a Granada, estas personas cautivadas habían residido en diversos puntos de la geografía peninsular. Esta fue el caso del argelino Juan que fue cautivado en Orán y de allí lo llevaron inmediatamente a Lisboa donde lo compró el Conde de Salinas, virrey de Portugal, dos años después su propietario se trasladó a Madrid, donde pasó otros 5 años

[51] A.P.G. Leg. 18, fol 58, 1522.

[52] Manuel Lobo Cabrera describe con precisión las cabalgadas. Ob. cit., p. 72.

[53] A.C.G., Leg. 1663-B.

de su vida; posteriormente lo enviaron a Villarubia de los Ajos por un periodo de 6 años, más tarde pasó 6 o 7 años en Úbeda y finalmente lo vendieron en Granada a un caballero veinticuatro (importante cargo municipal), en cuya casa sirvió al menos durante 8 años[54].

Otros berberiscos y berberiscas fueron cautivados mientras realizaban correrías en el litoral luso-castellano. El argelino Hamete constituye uno de estos casos del cazador cazado; Hamete fue sorprendido y cautivado por los españoles mientras se encontraba en corso en la costa andaluza oriental junto con otros berberiscos: él y sus compañeros fueron cautivados y llevados a vender a la ciudad de Almería. Así narra este episodio uno de los norteafricanos apresados: "y abrá 8 años poco más o menos que éste testigo y el dicho Hamete andaban en corso en Cabo de Gata y los cautibaron y traxeron a Almería donde los bendieron y traxeron a esta çiudad de Granada"[55].

Si la captura de berberiscos en el mar era virulenta; igualmente el saqueo en tierra firme se cobraba un buen número de muertos. Muchos hombres y mujeres de Berbería fueron cautivados repentinamente por los cristianos mientras labraban los campos en sus aldeas de origen. Una esclava berberisca, cautivada a raíz de una cabalgada realizada por los castellanos, perdió a su marido en el enfrentamiento; sus palabras testifican la crudeza de la experiencia: "(...) fue casada en su seta con un moro que se decía Almanzor y quando la cuatibaron los cristianos mataron en la refriega al dicho su marido"[56]. Algunas de estas personas huyeron de sus amos y consiguieron retornar a Berbería para ser, de nuevo, personas libres, pero las hay que regresaron a su tierra como esclavas. Este es el caso de María de Jesús, una mujer natural de Argel, a la cual vendieron en Almería. María fue a parar a manos de Don Pedro de Padilla, bajo su sujeción residió primeramente en Baeza, luego en Milán, donde su dueño era "castellano del castillo" de dicha ciudad, y posteriormente, volvió a su tierra como esclava, ya que el susodicho Don Pedro fue nombrado "virrey" de Orán[57].

El corso en el mar y la razzia en tierra firme son, en definitiva, las causas más habituales de la esclavización de los musulmanes proce-

[54] A.C.G., Leg. 1653-B.
[55] A.C.G., Leg. 1619-D.
[56] A.C.G., Leg. 1525-B.
[57] A.C.G., Leg. 1599-B.

dentes del norte de África. Una esclavitud de captura que a pesar de ser ilegal, pues sólo la "guerra justa" y el nacimiento de madre esclava legitimaban la esclavitud en el pensamiento del siglo XVI, era practicada por los habitantes de ambas orillas del Mediterráneo.

A juzgar por la documentación consultada, la mayoría de los personas esclavizadas procedentes de Berbería fueron cautivadas en edades comprendidas entre 6 y 12 años, aunque en algunos casos la edad de captura sobrepasaba los 25 años. Valga el testimonio de un joven, de nombre Juan Luis y de nación berberisco: "(...) y siendo niño lo cautibaron y lo truxeron a esta çiudad de Granada a donde lo compró Matías Guerrero"[58]. El resultado del análisis de las edades de las personas esclavizadas originarias de Berbería calificadas de "bozales", es decir, aquellas recién llegadas a Granada, corrobora que el 54% eran menores de 15 años y ninguno/a sobrepasaba los 30 años. Quizá podría darse la circunstancia de que algunos saqueos ocasionaran capturas masivas en las que algún cautivo fuese de edad avanzada; pero, exceptuando algún caso aislado, la mayoría de las personas de procedencia norteafricana vendidas en la Granada del siglo XVI fueron capturada en la niñez o la adolescencia. De igual forma, el 55,5% de los renegados castellanos estudiados por Lucile y Bartolomé Bennassar fueron capturados en edades inferiores a los 15 años[59], lo que implica que tanto musulmanes como cristianos cautivaban preferentemente adolescentes.

Sin duda, el cautiverio en edades precoces suponía una mayor interiorización de los valores dominantes y , en consecuencia, una mayor docilidad o consentimiento a la condición de subordinado. Esta resignación a la condición de persona esclavizada era indispensable para el buen funcionamiento de la esclavitud en la península ibérica; de hecho, la mayor parte de estos marroquíes, argelinos y tunecinos de ambos sexos apresados en su niñez se criaron en España según los valores cristianos y la mentalidad dominadora de sus propietarios. El caso de María de Machuca, esclava del licenciado Machuca, es ejemplar. María señala que no conoció a sus padres porque vino a Granada muy pequeña y que se crió en casa del cura del Sagrario dónde le sirvió como su esclava desde su llegada a la ciu-

[58] A.C.G, Leg. 1626-B.

[59] De 978 individuos estudiados, 543 fueron capturados antes de los 15 años.

dad[60]. Esta mujer no conoció apenas la libertad y se educó conforme al pensamiento dominador de su amo.

En cuanto a la extendida imagen de apertura del mundo musulmán frente a la cerrazón del catolicismo castellano del siglo XVI respecto a la capacidad de acogida de los nuevamente convertidos, quizá habría que matizar esta idea. Es cierto que algunos cristianos esclavizados en Berbería, fundamentalmente hombres, fueron liberados al convertirse al Islam e incluso hubo quienes llegaron a ocupar puestos de relativa importancia. Pero, el avance social de ciertos hombres blancos de ascendencia cristiana no tiene por qué significar el establecimiento de la multiculturalidad en las sociedades musulmanas de Berbería. A mi modo de ver, la aprobación social de determinados hombres católicos convertidos al Islam por parte de la población muslime no implica que las sociedades musulmanas del Magreb[61] fuesen menos xenófobas *per se* que las cristianas de la península ibérica en el siglo XVI. También el morisco Don Francisco el Zegrí se convirtió en un representante de la nobleza local granadina después de su conversión al cristianismo.

Por otro lado, es importante tener en cuenta que el rescate de cristianos se desarrolló de forma muy particular en el mediterráneo occidental debido, entre otras razones, al engranaje articulado por las órdenes redentoras (hasta el punto de que las donaciones de limosna para la redención de cautivos cristianos se llegaron a convertir en una rutina acostumbrada en los testamentos de la época). Pero, si las liberaciones de hombres cristianos llegaron a convertirse en un verdadero negocio para los berberiscos, no ocurrió lo mismo en el caso de niños y mujeres cristianas; un colectivo mucho más anónimo, cuyos rescates fueron bastante menos numerosos y que cubrían una parte importante del trabajo doméstico y la explotación sexual en la Berbería del siglo XVI. Bernad Vincent señala que la mayoría de los cautivados en el ataque berberisco a Cuevas de Almanzora eran mujeres y niños (1573)[62].

60 "no conoçió a sus padres y vino a esta çiudad muy pequeña y se a criado en casa del liçenciado Machuca, cura del Sagrario desta Santa Yglesia de más de 14 años a esta parte dónde le a serbido como cautiba y esclaba suya" A.C.G., Leg. 1624-D, s.f.

61 Occidente musulmán.

62 VINCENT, Bernard: "Un ejemplo de corso berberisco-morisco: El ataque de Cuevas de Almanzora (1573)" en *Andalucía en la Edad Moderna: Economía y sociedad*, Diputación de Granada, 1985, pp. 287-301.

Además, la ascensión social de algunos hombres neoconversos de origen cristiano no implica la asimilación de cualquier persona nuevamente convertida. De hecho, las poblaciones negroafricanas procedentes de la regiones situadas por debajo del Sahara padecieron un arraigado "racismo" fruto de la tradición esclavista de las sociedades musulmanas norteafricanas. Las razones que legitimaban la esclavitud en el Islam eran esencialmente las mismas que esgrimían los cristianos: el origen del estatus de esclavo/a podía ser, desde el punto de vista del Islam: la captura (de un sujeto, en principio, no musulmán en el marco de una "jihad"[63] debidamente declarada), la cuna (transmisión del estatus por línea uterina), o la adquisición gratuita o título oneroso (...)[64]. Los sudaneses eran tradicionalmente los esclavos de los norteafricanos, por lo que la representación mental de los negros para los árabo-berberes estaba ligada a la esclavitud, y la conversión al Islam de estos esclavos y esclavas naturales del Sudán no suponía un paso adelante en su camino hacia la liberación.

Por otra parte, si el rescate de cristianos se convirtió en un lucrativo negocio, las familias de los negroafricanos de ambos sexos esclavizados al otro lado del Sahara procedían de etnias vencidas y que, por tanto, no tenían capacidad económica para recuperar a sus miembros cautivados. Los musulmanes no invertían en la esclavitud negroafricana en función de la rentabilidad de su rescate sino como mano de obra barata y para la explotación sexual en los harenes.

3.2. *Los lugares de procedencia de las personas esclavizadas en Berbería*

Los lugares más nombrados de procedencia de las personas esclavizadas originarias de Berbería en las compraventas analizadas para la ciudad de Granada en el siglo XVI se encuentran en los actuales países de Argelia: Orán (1510-76) y Tremecén (1571); Libia: Trípoli (1511-15); Marruecos: Tetuán (1573) y Fez (1576); y Túnez: (1535-36 y 1560-65). Asimismo se cita el Cabo Daguer (1521-22) y Azamor (1525), y otros puntos, nombrados una sola vez, que no he podido aún localizar

[63] Guerra santa.

[64] OULD CHEIKH, Abdel Woudoud: Ob. cit., 1985.

como "Xixui" (1576), "Benarajax" (1567), "Lapaquian" (1521) y "Açiqui" (1569)[65]. Si analizamos los lugares reseñados, vemos que los berberiscos proceden siempre de núcleos de población situados en las costas mientras que los subsaharianos suelen ser originarios de zonas del interior. Esta circunstancia viene a recordarnos que el modo de adquisición de personas esclavizadas procedentes del norte de África es fundamentalmente la razzia, mientras que en el caso de la esclavitud negroafricana es el comercio.

Por otro lado, algunas de las fechas reseñadas coinciden con la toma de núcleos de población norteafricanos por parte de los castellanos. Esto significa que, además del corso y las cabalgadas, la toma de ciudades costeras norteafricanas por los españoles también fue un importante modo de adquisición de personas esclavizadas originarias de Berbería; en este caso se trata de una esclavitud legitimada por el estado y la iglesia, una "guerra justa".

Melilla cayó en poder de los cristianos en 1497 y a principios del siglo XVI los españoles se hicieron con otros puestos importantes en la costa mediterránea: Orán, que el Zayyanide Muhamad V había fortificado improvisadamente, fue entregada en 1509 y Trípoli fue destruida en 1511. En Granada encontramos personas esclavizadas originarias de Orán y de Trípoli en fechas próximas a su caída en poder cristiano, como puede observarse en la tabla 3. Si bien una ofensiva turco-berberisca devolvió la ciudad de Trípoli al poder musulmán en 1550, la presencia española en Orán se prolongaría hasta finales del XVIII (1509-1791)[66]. Numerosas personas esclavizadas de origen berberisco llegaron a la península a través de rutas comerciales estables entre la villa de Orán y la costa española. Había incluso algunos mercaderes dedicados al comercio de personas esclavizadas que, residiendo en Orán, venían a la península en busca de compradores. Este es el caso de Cristóbal Rodríguez de Ontiveros, quien, entre el ocho y diecisiete de octubre de 1562, vendió seis esclavas, todas ellas berberiscas que no sobrepasaban los veintiún años[67].

[65] Las ciudades entonces llamadas *Tremecén* y *Azamor* corresponden a las actuales Tlemcen y Azzemour.

[66] Excepto para el periodo comprendido entre 1708 y 1732, en que la Corona española perdió las plazas de Orán y Mazalquivir.

[67] A.P.G. Leg. 124, fol. 454-456, 456-457, 465-466, 466-468, 483-485; 1562.

En cuanto a ciudades como Fez, Marrakech y Azzemour, los portugueses se instalaron en ellas a principios del siglo XVI. No obstante, las fechas en que hallamos en Granada ventas de personas procedentes de estas poblaciones no coinciden con los años de la toma.

El caso de Túnez es, sin embargo, mucho más claro, la presencia de personas esclavizadas de origen tunecino en el mercado esclavista granadino está directamente relacionado con la toma de la ciudad por Carlos I en 1535. La patria tunecina vuelve a mencionarse en la documentación consultada en 1560, muy probablemente, como consecuencia del recrudecimiento de la piratería. A juzgar por el número de compraventas conservadas, la toma de Túnez no aportó muchos esclavos al mercado granadino (ver gráfico 2, cap. III). Tampoco se mencionan los Gelves en la documentación. Asimismo, los documentos del Santo Oficio permiten recuperar la memoria de estos hombres y mujeres cautivados y vendidos en Andalucía ya que numerosos tunecinos fueron procesados por la Inquisición al continuar con sus prácticas islámicas. Este es el caso de María Mejía, una berberisca cautivada en la conquista de Túnez, sentenciada por pertenecer a la secta de Mahoma. Según los testigos del proceso, María dijo que los cristianos eran necios que les sabía la hostia a pan y añadió "pues yo no creo en Dios más valiera estar mora"[68].

Posteriormente a la toma de Túnez, los españoles harían dos grandes esfuerzos por conservar o aumentar su poder en el Mediterráneo: entre 1535 y 1541 (intento de la toma de Argel) y, entre 1560 y 1573 (toma de Túnez)[69]. Ciertamente el motor esencial de la política desarrollada en el Mediterráneo era el fervor religioso y las dos potencias ibéricas se repartían las costas norteafricanas, que controlaron sin competencia durante la primera mitad del siglo XVI. En 1543 caería Tlemcen ("Tremecén" en las fuentes) y 1571 marcaría el fin de la guerra contra los moriscos y la victoria de Lepanto contra el otro gran imperio del siglo XVI, el otomano.

Soldados y capitanes de guerra castellanos participaron ampliamente en la venta de personas esclavizadas procedentes del Magreb como

[68] Citado por GRACIA BOIX, Rafael: *Autos de fe y causas de la Inquisición de Córdoba,* 1983, Córdoba, p. 91.

[69] LAROUI, Abdallah: *L'histoire du Maghreb. Un essai de synthése*, Centre Culturel Árabe, Casablanca. 1995, p. 219.

atestigua el poder otorgado por un capitán de cuadrillas a su teniente: "para que podays rescebir en vos todos los esclavos y esclavas, ansí revelados deste reino como "berberiscos" que yo e avido e oviere ansí de las corredurías que se an fecho como las que se hizieren de aquí en adelante y los podáis vender en almoneda pública o fuera della"[70].

En definitiva, tanto las cabalgadas ilegales como la ocupación de importantes plazas ribereñas en el norte de África por parte de los cristianos proporcionaron a la población granadina mano de obra esclava de origen musulmán. En la mayoría de los casos, se trataba de personas injustamente cautivadas incluso para el pensamiento de la época, pues la "guerra justa" no siempre estaba en el origen de su sujeción. Pese a ello, nadie levantó su voz en contra de la ilegitimidad de la esclavitud fruto de las correrías de los corsarios españoles en Berbería, la mentalidad hispana en el siglo XVI entendía, en principio, que cualquier musulmán era enemigo de la fe católica y, en consecuencia, su cautividad estaba justificada.

3.3. *La percepción del color*

El "color" de las personas esclavizadas procedentes de Berbería se especifica en el 83% de las cartas de compraventa analizadas. Los escribanos no dan por supuesto el color de los berberiscos sino que lo reseñan sistemáticamente; por lo que únicamente carecemos de noticias sobre "el color" en el 17% de los casos. Además del color blanco, el negro y el tono amulatado, para la descripción de la piel de las personas que procedían del norte de África se utilizaban imágenes como: "de color loro", es decir, de un tono verdoso aceitunado, que en ocasiones también se utiliza para los mulatos o "de color membrillo cocho", de una tonalidad que recuerda a los membrillos cocidos.

Como podemos comprobar en el gráfico 12, la mayoría de estas personas, casi el 50%, son blancos; no obstante, el 24% aparecen definidas como de color negro lo que implica que se trata de descendientes de personas esclavizadas procedentes del África subsahariana que na-

[70] El texto continúa así: "*a las personas y por los precios y las condiciones y declaraciones que vos fuere bien visto (...) y los precios los podáis recibir y cobrar y daros por contento dellos y otorgar las cartas de pago e venta.*"A.P.G. Leg. 179, s.f, 1571.

GRÁFICO 12. COLOR DE LAS PERSONAS ESCLAVIZADAS DE ORIGEN NORTEAFRICANO

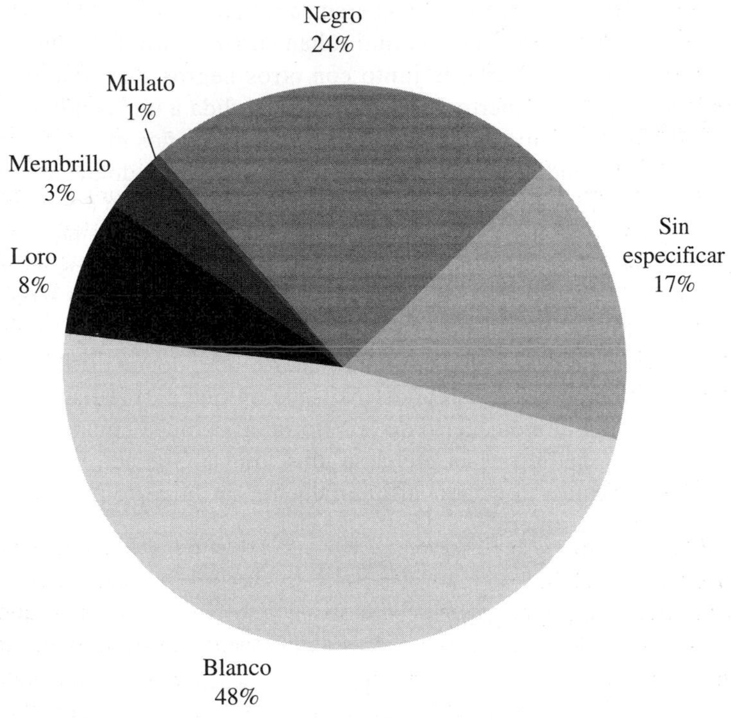

Valores absolutos: 86 blancos, 14 loros, 6 membrillos, 1 mulato, 43 negros y 30 sin especificar.

cieron en Berbería. Únicamente el 1% son de ascendencia mixta, es decir, mulatos y un 11% son percibidos como de color loro o membrillo cocido. Este cuadro pone de manifiesto la relatividad de la ecuación berberisco=blanco, utilizada tan frecuentemente en los estudios sobre la esclavitud en la España de los tiempos modernos.

Una buena parte de las personas esclavizadas originarias de Berbería analizadas en la documentación consultada y que residían en Granada fueron desembarcadas en los puertos de Málaga o Almería antes de ser vendidos a propietarios residentes en la capital granadina. El testimonio de una esclava nombrada María y denominada según el apellido de su última propietaria "de la Calle" pone de manifiesto la precoz edad en que estas personas eran cautivadas, así como los cambios de propietario y residencia que solían sufrir. María fue cautivada en una provincia de Berbería junto con otros negros a la edad de 10 años, a su llegada al puerto de Málaga fue vendida a un "condotiero", bajo cuyo poder estuvo durante 10 años; a los 20 años el propietario malagueño la vendió a una señora residente en Loja, donde vivió 4 años hasta cumplir los 25, edad en que su ama se trasladó a Granada. Su testimonio dice así: "dixo ser de hedad de treynta años, natural de Guaranas, en Berbería y abrá veynte años que a ella y a otros negros les truxeron captivos a Málaga donde siempre estubo siendo captiba de un condotiero y abra más de seis años que la bendió en Loxa a doña Guiomar de la Calle Maldonado, ques biuda, donde estubo en la dicha casa tiempo de quatro años. No save en qué parroquia, mas de que bibían junto al monasterio de la Vitoria de la dicha çiudad, y abrá quatro años y medio que la dicha su ama vino a Granada y la truxo con ella dondestá y a estado ordinariamente en la parroquia de San Justo y es moça soltera"[71].

3.4. *La consideración social*

En cuanto a la consideración de las personas esclavizadas procedentes del mundo musulmán en la mentalidad de la época, la variedad de expresiones para referirse a las mismas supone un mayor conocimiento de su cultura por parte de los castellanos. Expresiones como: "de nación berberisca" o "de nación árabe" son relativamente frecuentes en la documentación consultada, lo que muestra un cierto reconocimiento de la organización política de los norteafricanos. De hecho, se reconoce la existencia de una legislación diferente y una religión con entidad propia (aunque se desprecie) a través de expresiones como: están casados

[71] A.C.G., 1605-B Hay testigos que fueron cautivados con ella y traídos finalmente a Granada: "Juan Bautista de color moreno (...) que los truxeron a la susodicha y a este testigo con otros negros de una provinzia de Berbería captivos a Orán y alli estubieron tiempo de dos meses y de allí les truxeron a la çiudad de Málaga".

"en su ley" o "en su seta" o son naturales "de tierra de infieles". En ocasiones se utilizan términos de etimología árabe ("arbía" o "alarabe") para subrayar el origen de un esclavo o una esclava. Igualmente, se emplea la expresión "de casta de berberiscos" con la intención de indicar que la persona esclavizada en cuestión ha nacido en la península ibérica pero su madre era originaria de Berbería.

Por otro lado, las expresiones bozal y ladino se utilizaban también para destacar los conocimientos de la lengua castellana de las personas de origen berberisco. No obstante, el uso de ambos términos era más habitual en el caso de las personas esclavizadas que procedían del África subsahariana.

En conclusión, Berbería se percibía como un tierra políticamente organizada, con una estructura religiosa poderosa, reconocida y despreciada por los cristianos castellanos; un enemigo confesional peligroso que conformaba la barrera terrestre en la carrera imperialista hacia el sur. En el caso de las personas esclavizadas de origen norteafricano, el referente no era fundamentalmente biológico sino socio-cultural (confesional o espacial) lo que implicaba un reconocimiento superior de su racionalidad. La prolongada hostilidad en el Mediterráneo entre las dos potencias confesionales, cristianos y musulmanes, que llegó incluso a forzar sucesivas alianzas entre la Corona española y la Santa Sede (1529, tratado de Barcelona; 1538 alianza de Carlos I y el papa Pablo III; 1571 Liga santa entre Pio V, Felipe II y Venecia contra los turcos) había creado en el inconsciente colectivo castellano una imagen de Berbería, sin duda deformada por los valores dominantes, pero que concedía a las personas esclavizadas procedentes de estos pueblos una cierta superioridad cultural respecto a aquellas originarias del África subsahariana.

4. LA ESCLAVITUD POR GUERRA: LA REBELIÓN DE LOS MORISCOS

La esclavización de la comunidad morisca tiene unas características muy particulares. Por un lado, los moriscos cautivados eran cristianos y, por otro, eran andaluces, es decir, habían nacido en el propio espacio donde posteriormente serían vendidos. Los moriscos se alzaron la noche del 24 de diciembre de 1568, mientras los cristianos celebraban el nacimiento de su salvador e inmediatamente al estallido de la rebelión, concretamente el 20 de enero 1569, encontramos la primera compraventa de esclavas de origen morisco conservada en el Archivo notarial de Granada (se trata de la venta de dos jóvenes moriscas de 12 y 15 años respectivamente a un mercader de Granada)[72].

4.1. *¿Qué hacía de los moriscos un colectivo susceptible de ser esclavizado?*

Como he dicho, la fecha de la primera compraventa hallada indica que, apenas desatado el levantamiento se empezaron a vender moriscas en la capital granadina; de manera que podemos presumir que para los cristianos viejos del reino de Granada, la esclavitud era la respuesta normal a esta sublevación incluso antes de que Felipe II se pronunciara en este sentido.

Durante el primer año de guerra (1569), entre los meses de enero y marzo, he constatado 64 ventas de moriscos de ambos sexos, y para todo el año, el total de ventas conservadas en los registros notariales de Granada asciende a 271. En consecuencia, a pesar de no existir pragmática alguna que legitimara la cautividad de los moriscos, las ventas se suceden en el mercado granadino desde los inicios de la guerra como si se tratara de un hecho normal. A pesar del vacío jurídico existente respecto a la legitimidad de la esclavitud de los rebelados neoconversos; soldados y capitanes se apresuraron a vender su botín de guerra y el pueblo cristiano no puso reparos a la hora de comprar naturales del reino de Granada. De hecho, algunos de estos primeros contratos de compraventa incluyen frases responsabilizando al comprador en caso de que Felipe II proclamara ilegal la esclavitud de los moriscos rebelados; mostrando de este modo una relativa inseguridad sobre el futuro de estos hombres y mujeres vendidos sin expresa declaración del rey y sin consentimiento del Papa, los cuales aún no se habían pronunciado públicamente sobre el asunto. Por ejemplo, una carta otorgada por Pedro Ruiz Pacheco en febrero de 1569, incluye la siguiente fórmula en el texto: "y porque sy nuestro muy santo padre y el rey nuestro señor mandasen que sea libre ella y las demás que se obieron en la dicha guerra habrá de ser a vuestro riesgo y no al myo"[73].

[72] A.P.G. Leg. 169, fol 308.
[73] A.P.G. Leg. 179, fol 95v.

Por otra parte, algunos moriscos de paz residentes en la colina del Albaicín se apresuraron a tomar en depósito moriscas cautivadas durante los primeros meses de la rebelión hasta que su majestad determinara si habían de ser o no esclavas. Este es el caso de un mercader de sedas llamado Gabriel Hernández el Cequi, vecino de San Miguel, mancomunado con Alonso Hernández y Gaspar Hernández, ambos arqueros y vecinos del barrio de San Cristóbal, los cuales recibieron en depósito 4 esclavas que un alguacil de campo había cautivado en el alcance de Paterna[74]. Los tres moriscos habían solicitado tenerlas en su poder hasta que el rey determinara si habían de ser cautivas. Esto ocurrió el 10 de febrero de 1569; es decir, nada más comenzar la rebelión morisca. Los mancomunados se comprometían a pagar 100 ducados por cada una de las esclavas en caso de que el rey dictaminara en favor de su esclavización. Teniendo en cuenta que entre la esclavas hay dos niñas de 5 y 3 años, junto a su madre de 30 y otra esclava más, cuya edad no se especifica en el documento, el precio de 100 ducados por cada una era más que elevado si lo comparamos con los precios medios que llegaron a alcanzar una vez que se decretó legal su venta en el mercado granadino. Las cuatro moriscas fueron cautivadas en Ujíjar durante el levantamiento.

El origen de la esclavitud de los moriscos está relacionado, sin duda, con su carácter de rebelados, sin embargo, cabe preguntarse por qué no fueron esclavizados otros súbditos de la monarquía española que se sublevaron, como es el caso de los Países Bajos. Si la guerra era una de las causas legítimas para cautivar a la población enemiga vencida, hubiese sido más coherente esclavizar a todos los rebelados, pero, únicamente se sometió a esclavitud a los moriscos. Se produjeron decapitaciones a raíz de la sublevación de las Comunidades, pero posteriormente llegó el perdón general; tampoco fueron esclavizados los rebeldes de Gante, lugar de nacimiento de Carlos V. ¿Qué hacía de los moriscos un colectivo susceptible de ser esclavizado?

[74] A.P.G. Leg. 168, fol. 216v. "(...) *las quales dichas esclavas a nuestro ruego e instancia las dejais en nuestro poder en guarda y deposito hasta tanto que se determine por su majestad o por quien para ello fuere parte si han de ser cautivas y si se determinare que han de ser cautivas os las daremos e volveremos para que hagais y dispongays dellas como de cosa vuestra misma propia y si no os las diesemos y entregaremos determinandose que son cautivas, os pagaremos por cada una dellas que nos entregaremos 100 ducados (...)*".

Para justificar la esclavización de los moriscos era imprescindible asimilarlos al Islam, algo que el nuncio de Madrid expresó claramente en una epístola enviada a Roma: "los rebelados, bien que bautizados, son más musulmanes que sus correligionarios del África"[75]. En definitiva, los moriscos podían y debían ser esclavos por haber apellidado a Mahoma 60 años antes de la pragmática. La relativa frecuencia del empleo del giro "conquista de las Alpujarras" en la documentación notarial consultada para referirse a la sublevación morisca sugiere que este territorio continuaba siendo, en la mentalidad cristiana, un reducto musulmán por conquistar[76].

Por otra parte, Iglesia y Corona aparecen tan a menudo unidas en las representaciones mentales de la Granada del siglo XVI, en parte debido al patronato real, que existe cierta confusión sobre si los moriscos se venden como esclavos por haberse sublevado contra la corona o contra la fe. De hecho, en una de las compraventas consultada se subraya que la morisca objeto del contrato es "de las reveladas contra nuestra Santa Fe católica" y sobre este texto se ha corregido: "contra la Corona Real"[77].

El enfrentamiento bélico con los moriscos estaba fundamentado sobre una base confesional, el punto de cohesión grupal de los moriscos no podía ser otro que su ascendencia musulmana. En el año 1569, 77 años después de la caída de Granada en poder cristiano, la comunidad morisca aún contaba con la suficiente conciencia de grupo, la solidaridad y las armas necesarias para emprender una sublevación, pero al ser vencidos, esclavizados y dispersados perderían toda su fuerza.

El término "morisco" se refería a los descendientes de musulmanes que durante siglos fueron soberanos en la península ibérica y que aún residían en territorio castellano. Dos referente fundamentales se combinan en las representaciones mentales de los moriscos: uno confesional y otro territorial; ascendencia musulmana y nacionalidad castellana se fusionan en el término morisco. Pero, en el inconsciente colectivo de la sociedad cristiano-vieja del siglo XVI el linaje confesional de los mo-

[75] Citado por VINCENT, Bernard: art. cit., 1995, p. 736.

[76] El capitán Juan Alvarez ahorra una morisca, previo pago de un jugoso rescate, de la cual señala: "la cual obe de buena guerra en la conquista de las Alpujarras". A.P.G. Leg. 188, fol 510.

[77] A.P.G. Leg. 171, fol 451.

riscos anulaba a la patria y, por ello, eran percibidos como una prolongación de los "moros de allende", a los que, asimismo, se cautivaba impunemente con la anuencia de las autoridades. Los elementos de unión del grupo morisco se remontaban a su pasado islámico y soberano, el cual tenía un peso importante en una sociedad confesional como la de entonces. Para la comunidad creyente de los tiempos modernos, las diferencias entre católicos y protestantes no eran tan abismales como entre cristianos y musulmanes; de hecho, ambas fracciones continuaban unidas en las representaciones mentales de musulmanes o budistas. En su vida cotidiana, los moriscos se ubicaban en un espacio mítico, no eran ni musulmanes a la manera árabe ni cristianos a la castellana. Su calidad de súbditos del rey castellano poco les valía ante la comunidad cristiano-vieja y su carácter andalusí resultaba exótico una vez exiliados en Berbería. Amen de su pasado glorioso, su identidad, después de más de medio siglo de dominación cristiana, era un mosaico de culturas y civilizaciones y, sin embargo, fue su ascendencia islámica lo que hizo de ellos un grupo susceptible de ser esclavizado.

El miedo subyacente hacia el peligro que podían representar los moriscos se expresaba ya en la Nueva Recopilación redactada antes de la sublevación morisca (1566). Este miedo sugiere que los neoconversos de musulmán, a pesar de ser súbditos del rey como los demás, se asimilaban en el imaginario colectivo al moro, es decir, al Islam, y se relacionaban con los turcos que hacían la guerra contra los cristianos y los reducían a cautiverio. El texto de la Nueva Recopilación expresa el temor vigente al prohibir que los gacíes, esclavos o rescatados, habitasen ni andasen por las Alpujarras, ni por la costa del mar, ni con diez leguas alrededor de ellas porque se consideraba que eran espías de moros. Asimismo se entendía que existió una solidaridad muy fuerte, propia de los musulmanes, que llevaba a algunos nuevamente convertidos a rescatar moros que estaban cautivos en los reinos castellanos para enviarlos allende.

El hecho es que resultaba imperioso asimilar los moriscos al Islam enemigo y obviar la media centuria que habían vivido, al menos en las formas, como cristianos; pues de otra forma su esclavización hubiese sido ilegítima. Esta asimilación de los moriscos al mundo islámico y la exaltación de la solidaridad entre los musulmanes era beneficiosa para los intereses del Reino: por un lado, desde principios de siglo, se intenta prohibir que practicasen sus tradiciones, así como que portasen armas o poseyesen mano de obra esclava y, por otro, a raíz del levantamiento, se procede a su esclavización en virtud de su ascendencia musulmana.

Otra de las razones de la esclavización de los moriscos estaría relacionada con el coste de la guerra ya que se necesitaba dinero para paliar las pérdidas: las ventas de moriscas y moriscos vendrían, al menos, a cubrir una parte de las pérdidas. La Corona tenía prisa por vender a las cautivas moriscas pertenecientes al quinto real para obtener prontamente los beneficios correspondientes. Las subastas halladas en el Archivo notarial, las cuales datan del último año de la guerra, dan prueba de ello; se procede a la venta de los moriscos de ambos sexos cautivados a raíz de la rebelión sin más dilación al arribar a la capital granadina. Además, la esclavitud de los moriscos podría ser entendida como una forma de población ya que la mano de obra escaseaba y se necesitaban brazos para trabajar, por lo que la esclavitud era una manera de obtenerlos.

Asimismo, cabe destacar que la esclavitud de mujeres y hombres moriscos no se hubiese podido llevar a cabo de no ser por la disposición de los cristianos viejos a comprarlos y emplearlos. El pueblo cristiano viejo no dudó en adquirir personas esclavizadas de origen morisco desde la llegada de las primeras remesas de prisioneros a Granada capital, incluso antes de la promulgación de la pragmática que legitimaba su esclavitud. Los pueblos castellanos veían al común de los moriscos como un colectivo susceptible de ser esclavizado; por ello, todos los estamentos sociales se lanzan a la compra en almonedas y mercados: de los eclesiásticos más ilustres a los simples beneficiados, de los regidores a los escribanos, de los ricos mercaderes a los menuderos, de los plateros a los curtidores, e incluso algunas taberneras, adquieren moriscas y moriscos esclavizados. Esta compra masiva, sobre todo de mujeres neoconversas esclavizadas, cuestiona la convivencia de ambas sociedades, la morisca y la cristiano vieja, durante los primeros sesenta años de la centuria. Quizá, en determinadas colaciones mixtas, las relaciones de vecindad permitieron crear lazos más estrechos, pero, es evidente, que los vínculos personales no llegaron a ser tan fuertes como para que la voz de los cristianos viejos se levantara en contra de la esclavitud de los moriscos. Es más, los lazos de unión que se crearon entre los neoconversos y los cristianos ricos jugaron en contra de los rebelados, pues los moriscos poderosos se prestaron a guerrear en el bando cristiano, como el tintorero granadino Iñigo Rodríguez o Don Francisco el Zegrí.

En conclusión, nadie se enfrenta a la esclavitud de los sublevados, sus mujeres y sus hijos, e incluso se cometen reiterados atropellos con aquellos neoconversos que residen en lugares no levantados. No hay un Vitoria ni un Bartolomé de las Casas que defienda al conjunto de moriscos del Reino de Granada. El estatus de los moriscos vencidos quizá fue inferior al de los indios en el pensamiento de la época: no inspiraban el más mínimo sentimiento de humanidad, nadie se opuso a su esclavización[78].

4.2. *La apariencia física, las relaciones de parentesco, y los nombres*

Bernard Vincent señala que entre los moriscos había una cantidad de negros "respetable" y cita a dos cabecillas negros de la rebelión: Farax de Terque y el almeriense Andrés de Aragón[79]. Efectivamente, el gráfico siguiente pone de manifiesto que el 5% de los esclavos vendidos aparecen definidos como "de color negro". En ocasiones se señala, por ejemplo, "morena de rostro"[80].

GRÁFICO 13. COLOR DE LOS ESCLAVOS/AS MORISCOS

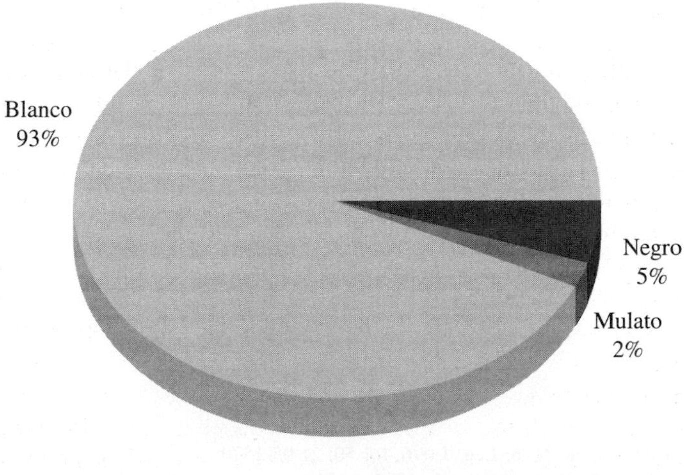

[78] El análisis de la esclavitud de los menores, hijos e hijas de moriscos rebelados, merece una mención aparte, la cual ha sido realizada en el capítulo 8 de este libro.

[79] VINCENT, Bernard: "¿Cual era el aspecto físico de los moriscos?, en Andalucía en la Edad Moderna: Economía y sociedad, Diputación de Granada, 1985, pp. 303-313.

[80] A.P.G Leg. 179, s.f.

Aunque como vemos en el gráfico la mayoría de los moriscos son blancos, existe una cierta heterogeneidad en el grupo. Las compraventas no nos ofrecen más información sobre el aspecto de los moriscos, sólo se alude a "mellas en los dientes", o se mencionan cualidades individuales ("tiene la cabeza grande"). De un esclavo llamado Luis se dice que es "alto de cuerpo, moreno de rasgos e poblado de la barba negra"[81]. No obstante, no sabemos si la barba era un rasgo generalizado entre los hombres moriscos. Bernard Vincent se inclina a pensar que los moriscos no llevan barba[82]. Cabe destacar que en varias ocasiones se dice que una muchacha es "donzella" o "moza" lo que probablemente alude a la virginidad. Por otro lado, algunas moriscas son apreciadas por sus capacidades para bordar o hilar ("labrandera que sabe labrar" o "y por que es hilandera de seda").

Por lo que respecta a los nombres de los moriscos, los más frecuentes entre las mujeres son Isabel y María, ambos aparecen más de 100 veces en las compraventas. Le siguen muy de lejos Brianda, Leonor, Catalina, Lucía, Luisa e Inés; citados entre 20 y 40 veces cada uno. Posteriormente cabe mencionar aquellos reseñados al menos en 5 ocasiones: Elvira, Gracia, Agueda, Elena, Francisca, Cecilia, Ángela, Juana y Magdalena. El resto, un total de 27 nombres, no se recogen más de 4 veces[83].

En cuanto a los nombres de los esclavos moriscos, llama la atención que ninguno se cita más de 16 veces. Sin embargo, el número total es muy similar en ambos grupos: 43 nombres de hombre y 45 nombres de mujer. Alonso, Juan, Lorenzo, Miguel, Andrés, Luis y Diego son los más habituales (aparecen más de 12 veces). Andrés, Domingo, Rafael, Pedro, Fernando, Hernando, García, Martín, Gaspar y Francisco aparecen más de 5 veces[84]. En muy pocos casos se indican los nombres árabes: "Que en la sierra lo llamaban Alí ". Nicolás Cabrillana también recoge algún caso[85]. Los bebés no suelen estar bautizados ("por batear").

[81] A.P.C. Oficio Nº 6, Leg. 1.096, fol 50, 21-05-1570

[82] VINCENT, Bernard: Ob. cit.,1985, p. 310.

[83] Sabina, Clara, Mencia, Teresa, Ana, Úrsula, Guiomar, Bernardina, Agustina, Angeles, Antonia, Costanza, Gerónima, Juliana, Jusepa, Lorenza, Mariana, Quiteria, Melchora, etc.

[84] El resto son: Bernabé, Bartolomé, Lope, Cristóbal, Ambrosio, Alvaro, Gerónimo, Mateo, Simón, Sacarías, Antón, Benito, Bernardo, Melchor, Esteban, Gabriel, Íñigo, etc.

[85] Fátima y Gazán. CABRILLA, Nicolás: Ob. cit., p. 272.

Respecto a los apellidos, he localizado un total de 51 apellidos en las compraventas; de ellos 47 se mencionan una sola vez y 4 aparecen dos veces. Estos últimos son: "de la Fe", "de Córdoba", "de Carmona" y "Delgado". El resto se reparten entre los patronímicos (de Salamanca, de Jaén, de Málaga, de Toledo, de Granada, de Guadix, de Moratalá, de Torrijos, de Valencia o de Córdoba); los de aparente etimología árabe (Barrax, Zupí, Moxacarí –de Mojácar–, el naxarín, el buturrí, el naxiz, Gulein); los nombres que se refieren a la naturaleza (del Agua, de Arroyo, de la Cueva); los cristianos (Fajardo, Hernández, Maldonado, Núñez, Guillén, Ramírez); y los que aluden a cultos cristianos concretos (de San Juan, de la Cruz, de la Fe, de San José).

Por otra parte, algunos moriscos se venden junto a algún familiar puesto que las relaciones de parentesco son previas a su esclavización. En el 11% de las ventas de hombres y mujeres moriscos se menciona algún vínculo. La tabla siguiente muestra las posiciones familiares.

CUADRO 9

POSICIÓN FAMILIAR DE LOS MORICOS/AS ESCLAVIZADOS	*Nº*
madre	74
hijo	48
hija	36
preñada	5
hermano	9
hermana	2
matrimonio	2
nieta	2
sobrino	1
prima	1
tía	1

Es claro que apenas se venden matrimonios y que las mujeres preñadas son también poco numerosas. En ocasiones se menciona los nombres de los padres de algún menor aunque se venda aislado (por ejemplo, "hija de Gaspar Gualago y de María, rebelados"). Las madres se solían vender junto a sus hijos o hijas.

No voy a entrar en las miserias de la guerra entre moriscos y cristianos, uno de los enfrentamientos más duros vividos en la España del siglo XVI. De hecho, según Nicolás Cabrillana: "El exterminio casi por completo de la población morisca de Enix y Félix, llevado a cabo por las tropas del Marqués de los Vélez el 19 de enero de 1569, es uno de los acontecimientos más crueles de nuestra Historia"[86]. Basta ojear las crónicas de Luis del Mármol, Diego Hurtado de Mendoza o Ginés Pérez de Hita para comprobar la brutalidad del combate.

Varias jóvenes vendidas entre 1569 y 1571 tienen heridas en el rostro originadas acaso a raíz del enfrentamiento ("una señal junto al ojo izquierdo", "una señal muy pequeña de herida ençima de las frente junto al cabello", "una señal como herida en la nariz y otra entre las cejas"), una "está descalabrada", otra es "manca del braço yzquyerdo" y otra "tuerta del ojo izquierdo". Dos están tan enfermas que se teme por su vida ("enferma muy mala en peligro de morir"), una de ellas se vende con la condición que "si se muere de la dicha herida a de ser a cargo del comprador"[87].

4.3. *Las cabalgadas y los lugares de procedencia*

La gente de guerra participa ampliamente en la venta de moriscas y moriscos capturados sobre todo en las Alpujarras y el valle de Lecrín. Los cargos militares implicados en la venta de neoconverosos, son muy variados: el propio capitán general del reino (Conde de Tendilla), el auditor general de la guerra, capitanes de su magestad, generales, numerosos capitanes de cuadrillas, maestres de campo, tenientes, alféreces, sargentos, caporales, escuderos de capitanía, cabos y numerosos soldados. Los cuadrilleros eran auténticos bandoleros que se libraron implacablemente a la caza del botín humano. De hecho, la especial crueldad de esta guerra ha sido puesta de relieve por diversos autores[88]. Los capitanes de cuadrillas más nombrados son Luis de Arroyo, que

[86] CABRILLANA, Nicolás: *Almería morisca*, Universidad de Granada, 1989, p. 240.

[87] A.P.G. Leg. 192, fol 59; Leg. 186, fol 247; Leg. 180, fol. 3; leg. 179, s.f; Leg. Leg. 192, fol. 191; Le. 170, fol. 1059v.

[88] DOMÍNGUEZ ORTIZ, Antonio y VINCENT, Bernard: *Historia de los moriscos. Vida y tragedia de una minoría*, Alianza universidad, Madrid, 1989. LADERO QUESADA, Miguel Ángel: *Granada, Historia de un país islámico*, Gredos, Madrid, 1989.

reside en Motril, Diego Gómez del Puerto de Santa María, Alonso de Cobaleda que viene de Marbella; igualmente Juan García, Pedro de Lupión y Francisco de Arroyo que viven en Granada. El primero de ellos, por ejemplo, vende 4 moriscas y 16 moriscos, la mayor parte de ellos de las Alpujarras. Las gentes de guerra venden bastantes hombres, tal vez debido a que la parte que éstos recibían como botín de guerra (quinto del rey) era la menos apreciada. Los tenientes generalmente eran nombrados tesoreros en las subastas públicas de moriscos y actuaban con poderes de los capitanes de cuadrillas para vender los esclavos.

Los soldados procedían de distintas regiones españolas, aunque en su mayoría eran andaluces. En el Archivo de Protocolos notariales de Córdoba he hallado algunas cartas en que se contrata a cordobeses para servir en la guerra de Granada en el año 1570. El sueldo de estos soldados, algunos de los cuales eran jinetes, giraba en torno a los 40 reales al mes y muchos de ellos son contratados únicamente durante 3 meses[89].

Un buen número de soldados que participaron en la guerra contra los moriscos del Reino de Granada prefirieron vender a los cautivos y cautivas fuera de Granada. La información sobre este comercio la encontramos en el lugar donde se realizan las ventas. Este es el caso de un soldado de Iznalloz, el cual recibió 4 esclavos moriscos que se cautivaron en la sierra de Cogollos de mano de Don Alonso Mejía, capitán y cabo de las siete villas de la ciudad de Granada. El mencionado soldado los llevo a vender a Córdoba, dónde pensaba obtener mejores beneficios. De hecho, uno de estos moriscos fue adquirido por el Ilustre Señor Don Francisco Zapata de Cisneros, señor de las villas de Barajas y Alameda, corregidor y justicia mayor de la ciudad de Córdoba. El esclavo, aparece definido como "alto de cuerpo, moreno de rasgos e poblado de la barba negra" con una señal junto al ojo izquierdo probablemente originada en el combate[90]. Diego tenía 30 años y fue vendido por 10.200 maravedises.

Don Lope Hurtado de Mendoza, comendador de la orden de Santiago, actúa repetidas veces como apoderado de su hermano, Don Hernando Hurtado de Mendoza, capitán de su majestad y cabo de las

[89] A.P.C. Oficio Nº 6, Leg. 1.096, fol 130-137v, 1570.
[90] A.P.C. Oficio Nº 6, Leg. 1.096, fol 50, 1570.

cuadrillas. En cuanto a las cabalgadas realizadas, la tabla siguiente recoge aquellas correrías a las que se hace referencia en las compraventas de moriscos y moriscas.

CUADRO 10

FECHA	*LUGARES*	*CABALGADAS*
Marzo-1569	Válor	Entrada que hizo Alvaro Flores, capitán de S.M
Abril-1569	Laroles	Bernaldino de Villalta
Mayo-1569	Tíjola	Don Juan de Austria
Junio-1569	Albuñuelas, Chite, Mondújar	Don Antonio de Luna, general de la gente de guerra
Julio-Agosto-1569	Nigüelas, Acequias	Cabalgada de las Albuñuelas
Septiembre-1569	Alquife	Cabalgada del Cenete
Marzo-1570	Albuñuelas	Don Juan de Austria
Abril-1570	Tíjola	Don Antonio de Luna
Abril-1570	Tíjola	D. Alonso de Granada y D. Gerónimo de Venegas Renxijo
Primeros Abril-1570	Tíjola	Don Juan de Austria
Finales Abril-1570	Alhendin	Don Juan de Austria
09-May-1570	Tíjola	Don Juan de Austria
Mayo-1570	Galera	Don Juan de Austria
Junio-1570	Filabres	Don Juan de Austria
Junio y Julio-1570	Bacares, Almanzora	Tercio de Nápoles en Bacares
Octubre-1570	Soportujar	Comendador mayor
Noviembre-1570	Tíjola	Don Juan de Austria
Diciembre-1570	Ugijar	Comendador mayor
Diciembre-1570	Jubiles	Don Juan de Austria
Enero-1571	Pitres	Correduría de enero
Abril-1571	Gueçija	Francisco Arroyo
Mayo-1571	Almanzora	Don Hernando de Mendoza
Julio-1571	Bacares	Cabalgada de Bacares
Julio-1571	?	D. Alonso de Venegas y D.Gerónimo de Venegas Renxijo
Noviembre-1571	Válor	Don Fernando de Mendoza
Julio-1571	Cónchar y Dúrcal	Cabalgada de Jubiles

Como vemos, Don Juan de Austria al que su hermano, Felipe II, confió el mando de las tropas cristianas, aparece nombrado con bastante frecuencia. Éste se retiró de la guerra en noviembre de 1570 por lo que no lo encontramos en el campo de batalla en 1571. Sin embargo, no se hace referencia al duque de Sesa, que participó activamente en esta guerra.

Casi siempre se señala en la documentación que se trata de moriscas "de las alçadas y rebeladas a su magestad". Los mercaderes las adquieren directamente de los soldados o los capitanes como se afirma en esta frase "de las que Pedro Ramirez compró de la cabalgada del señor Antonio de Luna, general de la gente de guerra".

En cuanto a los lugares de procedencia de las moriscas y los moriscos, he realizado un mapa que permite su fácil localización. En este mapa (mapa nº 3) se han incluido 914 referencias a lugares de la geografía del Reino de Granada; todas ellas proceden de las compraventas y las ventas en subastas conservadas en el Archivo de Protocolos del Colegio Notarial (1569-1571). En 58 casos se señala únicamente que proceden de la Alpujarra y en 67 del reino, por lo que no se han incluido en el mapa. Generalmente se utiliza la expresión "natural de", lo que indica que la persona ha nacido o reside en este lugar. Las cifras entre paréntesis situadas al lado de cada pueblo o villa corresponden al número de cautivos. Este mapa da cuenta de la información contenida en los protocolos, es evidente que no representa el número real de esclavas y esclavos tomados en cada pueblo, puesto que la documentación no nos ofrece esta información. Las cifras deberían multiplicarse al menos por un número situado entre 6 y 10 para obtener un total aproximado. Queda pues claro que en el mercado esclavista granadino se venden moriscos y moriscas procedentes de diversas zonas de las actuales provincias de Almería, Granada y Málaga; concretamente del valle de Lecrín, la tierra de Salobreña, las distintas tahas de la Alpujarra, la tierra de Almería, la parte del río Almanzora, el marquesado del Cenete y la tierra de Guadix.

5. OTROS ORÍGENES: ESPAÑOLES, PORTUGUESES, GACÍES, TURCOS, AMERICANOS E INDIOS

El porcentaje de personas esclavizadas nacidas en suelo español es mínimo; no llega al 1%. Este ínfima proporción de esclavos y esclavas nacidas en España indica que la población esclava se reproduce artificialmente por compra o captura, pero no por crecimiento demográfico natural. Las personas esclavizadas que se venden en Granada y han nacido en territorio español proceden bien de Granada, bien de la pro-

MAPA 3. LUGARES DE PROCEDENCIA DE LOS MORISCOS Y MORISCAS ESCLAVIZADOS (1569-1571)

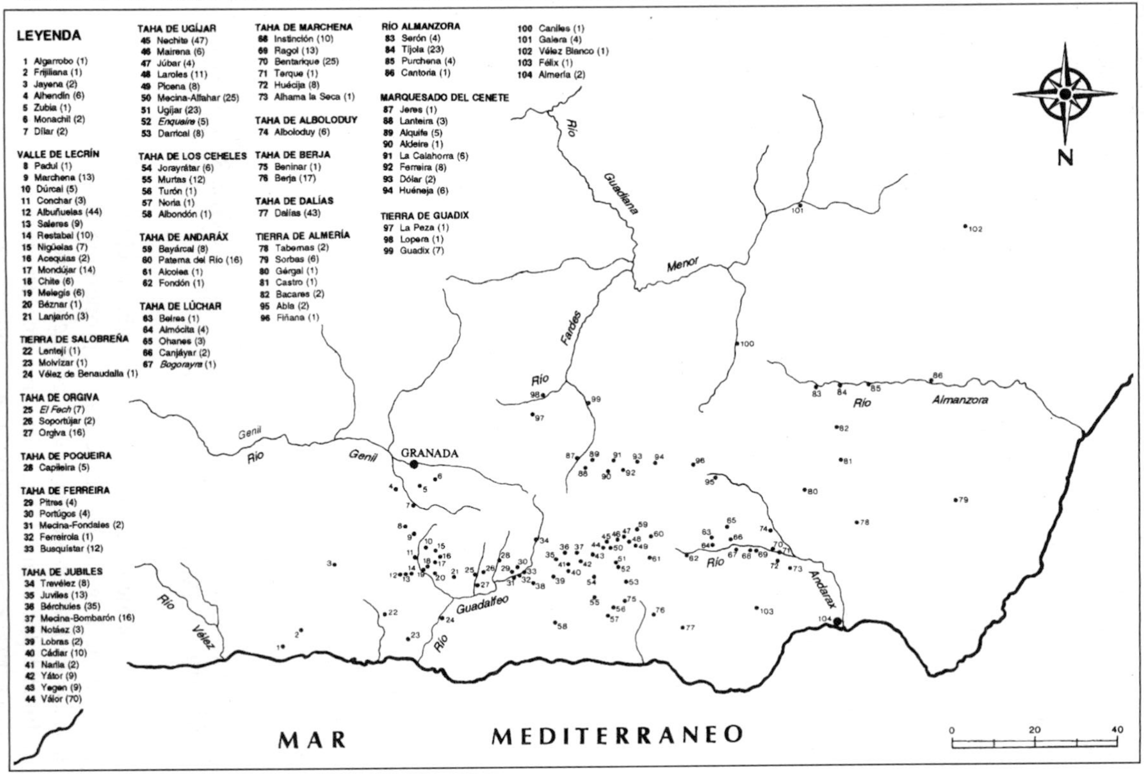
LEYENDA
1 Algarrobo (1)
2 Frijiliana (1)
3 Jayena (2)
4 Alhendín (6)
5 Zubia (1)
6 Monachil (2)
7 Dílar (2)
VALLE DE LECRÍN
8 Padul (1)
9 Marchena (13)
10 Dúrcal (5)
11 Conchar (3)
12 Albuñuelas (44)
13 Saleres (9)
14 Restabal (10)
15 Nigüelas (7)
16 Acequias (2)
17 Mondújar (14)
18 Chite (6)
19 Melegís (6)
20 Béznar (1)
21 Lanjarón (3)
TIERRA DE SALOBREÑA
22 Lentejí (1)
23 Molvízar (1)
24 Vélez de Benaudalla (1)
TAHA DE ORGIVA
25 El Fech (7)
26 Soportújar (2)
27 Orgiva (16)
TAHA DE POQUEIRA
28 Capileira (5)
TAHA DE FERREIRA
29 Pitres (4)
30 Portúgos (4)
31 Mecina-Fondales (2)
32 Ferreirola (1)
33 Busquístar (12)
TAHA DE JUBILES
34 Trevélez (8)
35 Juviles (13)
36 Bérchules (35)
37 Mecina-Bombarón (16)
38 Notáez (3)
39 Lobras (2)
40 Cádiar (10)
41 Narila (2)
42 Yátor (9)
43 Yegen (9)
44 Válor (70)
TAHA DE UGÍJAR
45 Nechite (47)
46 Mairena (6)
47 Júbar (4)
48 Laroles (11)
49 Picena (8)
50 Mecina-Alfahar (25)
51 Ugíjar (23)
52 Enquaire (5)
53 Darrical (8)
TAHA DE LOS CEHELES
54 Jorayrátar (6)
55 Murtas (12)
56 Turón (1)
57 Noria (1)
58 Albondón (1)
TAHA DE ANDARÁX
59 Bayárcal (8)
60 Paterna del Río (16)
61 Alcolea (1)
62 Fondón (1)
TAHA DE LÚCHAR
63 Beires (1)
64 Almócita (4)
65 Ohanes (3)
66 Canjáyar (2)
67 Bogorayra (1)
TAHA DE MARCHENA
68 Instinción (10)
69 Ragol (13)
70 Bentarique (25)
71 Terque (1)
72 Huécija (8)
73 Alhama la Seca (1)
TAHA DE ALBOLODUY
74 Alboloduy (6)
TAHA DE BERJA
75 Beninar (1)
76 Berja (17)
TAHA DE DALÍAS
77 Dalías (43)
TIERRA DE ALMERÍA
78 Tabernas (2)
79 Sorbas (6)
80 Gérgal (1)
81 Castro (1)
82 Bacares (2)
95 Abla (2)
96 Fiñana (1)
RÍO ALMANZORA
83 Serón (4)
84 Tíjola (23)
85 Purchena (4)
86 Cantoria (1)
MARQUESADO DEL CENETE
87 Jeres (1)
88 Lanteira (3)
89 Alquife (5)
90 Aldeire (1)
91 La Calahorra (6)
92 Ferreira (8)
93 Dólar (2)
94 Huéneja (6)
TIERRA DE GUADIX
97 La Peza (1)
98 Lopera (1)
99 Guadix (7)
100 Caniles (1)
101 Galera (4)
102 Vélez Blanco (1)
103 Félix (1)
104 Almería (2)
N
GRANADA
Río Genil
Genil
Río Guadiana
Menor
Río Fardes
Río Almanzora
Río Guadalfeo
Río Andarax
Río Vélez
MAR MEDITERRANEO
0 20 40

vincia, bien de otras provincias de Andalucía, pero nunca exceden los límites de la actual región andaluza. Encontramos esclavos y esclavas nacidos en Íllora, en Alcalá de Henares, en Jerez de la Frontera, Sevilla, etc. El hecho de que su nacimiento se produjera en territorio español no implica evidentemente ningún origen étnico, por tanto, los esclavos y esclavas españoles pueden ser blancos, negros, mulatos, membrillo o de cualquier otra tonalidad de piel. Un arriero vecino de Alcalá de Henares vendió en Granada a Francisco, un joven de 25 años nacido en su caso, sobre el que se señala que es "negro de color mulato"[91].

Algunos de los esclavos y esclavas nacidos en España están herrados en la cara a la española. Juan, un adolescente de 14 años nacido en Arcos de la Frontera estaba herrado en ambos carrillos con una "s" y un clavo[92]. En ocasiones se trata de esclavos y esclavas heredados a la muerte de algún pariente. Este es el caso de Francisco, un joven nacido en casa de Don Luis Maldonado, cuya hija, Doña Isabel Maldonado, heredó a la muerte del padre[93].

Sólo tres personas vendidas en Granada en la documentación consultada son definidas como gacíes. En 1539 se vende una mujer gacía llamada Juliana de 22 años. La compraventa indica que se trata de una mujer borracha, ladrona y fugitiva, herrada en la cara y mediana de cuerpo. Juliana estaba, además, afectada de bubas. Su propietario era el cura de la parroquia de Santa Ana[94]. Igualmente se vendieron Catalina e Isabel, ambas gacías, la primera en 1535 y la segunda en 1571.

En cuanto a los indios, pocas veces se especifica el lugar exacto de procedencia, por lo que en la mayoría de los casos no podemos saber si se trata de hindúes originarios de la India o de indios e indias americanos. Algunos son recién llegados, como Pedro, un adolescente de 12 años cuyo propietario es un platero[95]. Pedro fue a parar a manos de un fiscal del Santo Oficio en 1536. Otros conocen la lengua y la cultura castellana, como es el caso de Antón que con 23 años ya se había

[91] A.P.G. Leg. 144, fol 387, 1565.
[92] A.P.G. Leg. 288, fol 1215, 1590.
[93] La familia reside en la colación de la Iglesia mayor. A.P.G. Leg. 180, fol 26.
[94] A.P.G. Leg. 46, s.f, 1539.
[95] A.P.G. Leg. 42, fol 93r.

fugado varias veces y su dueño señala que era borracho[96]. Asimismo Lucrecia una india, de las Indias de Portugal, cuyo propietario residía en la villa portuguesa de la Guardia, vino a parar a manos de un alguacil granadino[97]. Lucrecia tenía 22 años y el escribano describe su color de piel como "membrillo".

Asimismo tenemos noticias de un americano que nació en la ciudad de Cartagena de Indias y siendo muchacho lo trajeron a España y lo compró el licenciado Pedro Sánchez, beneficiado de la villa de Colomera. A la muerte del cura, Juan quedó por esclavo de Doña Madalena Mejía, vecina de Granada, pero ésta lo empeñó posteriormente en poder de Don Francisco Mejía, caballero del ávito de Calatraba y vecino de la colación de Santa Ana. El esclavo tenía 30 años cuando inició los trámites para casarse con Ana de Padilla, una mujer libre[98].

En cuanto a la venta de turcos en Granada, únicamente sabemos que el teniente corregidor de Granada adjudicó "dos moros turcos" al jurado Francisco Garcés. Uno de ellos, llamado Mustafa, fue vendido en almoneda pública; del otro no sabemos su paradero. La copia de la carta de venta se realizó el 17 de junio de 1567, pero la fecha de la almoneda no la conocemos[99].

96 A.P.G. Leg. 42, fol 849r.

97 A.P.G. Leg. 113, fol 143.

98 A.C.G., Leg. 1614.

99 A.P.G. Leg. 155, fol 953.

CAPÍTULO 5
EL MERCADO ESCLAVISTA

El rápido crecimiento del aparato burocrático puesto en marcha a raíz de la entrada de los cristianos en Granada, el avance del comercio y el desarrollo del trabajo artesano, que no llegó a tener un carácter industrial sino que se concentraba en pequeños talleres, generaron una nueva dinámica en la economía granadina del siglo XVI.

Uno de los factores que más alteró las categorías sociales establecidas fué el enriquecimiento a través del comercio: la acumulación de riqueza permitía una cierta permeabiliad entre las barreras estamentales. Como dice Antonio Domínguez Ortiz: "la abundancia de bienes llevaba a la valoración de los individuos"[1]. El dinero no sólo permitía la compra de cargos municipales sino también borrar las huellas de un pasado "dudoso" como ocurrió con numerosos miembros de la élite morisca. Sin embargo, el enriquecimiento a través del comercio y la explotación de otros seres humanos estaba, al menos en apariencia, en contradicción con la lógica católica cuya doctrina despreciaba el vil metal y promulgaba el amor al prójimo.

Por otro lado, el comercio de personas esclavizadas a la vez de enriquecer a unos pocos individuos era igualmente provechoso para la Corona española que cobraba impuestos con motivo de las transacciones de compraventa realizadas. Es muy difícil estimar la importancia de la trata de personas esclavizadas en las finanzas reales, y aún más, en la economía general del país ya que resulta muy complejo, en el

[1] DOMÍNGUEZ ORTIZ, Antonio: *El Antiguo Régimen: los Reyes Católicos y los Austrias*, Alianza editorial, Madrid, 1988, p. 157.

estado actual de las investigaciones, calcular el total de ducados que suponía para las arcas reales la venta de personas esclavizadas. No obstante, tenemos algunas pruebas de la importancia del comercio esclavista en Granada, pues se crearon cargos municipales para la cobranza de las rentas y el corretaje de esclavos, y se nombró un juez con particular comisión de los esclavos. En las Ordenanzas de Granada aparece una carta de privilegio otorgada por los reyes a la ciudad en el año 1500 por la que se proveen seis corredores: cuatro para bestias y esclavos y dos para heredades[2]. Entre las condiciones impuestas al cargo de corredor de bestias y esclavos, se estipula que éste debía ejercerlo un hombre que hubiese residido al menos por espacio de un año en la capital granadina. He podido constatar a través de la documentación notarial que, durante la primera mitad del siglo, uno de los puestos de corredor de bestias y esclavos estuvo desempeñado por Martín de Cabra y que, en los años setenta de la centuria, Diego de Morata estaba a cargo de dicha correduría[3]. En el reglamento municipal se alude muy precisamente a los derechos que deben llevar los corredores por mediar en la compraventa de bestias, pero no se especifican las cantidades en el caso de las personas esclavizadas, por lo que podemos presumir que debe tratarse del mismo montante en ambas circunstancias[4]. Se menciona, sin embargo, explícitamente que los corredores no pueden comprar bestias ni personas esclavizadas para sí mismos, con objeto de evitar la reventa y, en consecuencia, el lucro personal. No obstante eran numerosos los corredores que se atrevían a romper esta norma, como Diego de Morata, el corredor antes citado al que encontramos con relativa frecuencia vendiendo personas esclavizadas en el mercado granadino. Por otro lado, la legislación local instaba a los corredores a ejercer su actividad en lugares públicos y concurridos de la ciudad en lugar de permanecer en sus casas.

[2] "Otrosí provean seys corredores, quatro para bestias y esclavos y dos para heredades. Y que no se pueda dar oficio alguno de los que la dicha çiudad ha de proveer, salvo a persona que aya sido vezino y tenga casa poblada en la dicha ciudad a lo menos tiempo de un año". *Ordenanzas de Granada* , fol. 3v, 20 de septiembre de 1500.

[3] A.P.G. Leg 46, fol. 675 v, 1539 y A.P.G. Leg. 191, fol. 435.

[4] "Que los dichos corredores ayan de llevar y lleven de las bestias que vendiesen y comprasen ante ellos, treinta maravedís del millar de ambas partes, de cada uno la mitad (...) llevarán esta cantidad de quinçe maravedises por el millar a cada una de las partes hasta doze millares". *Ordenanzas de Granada*, título 41, fol 96-97v.

Otra figura importante de la burocracia creada en torno al mercado esclavista era la del recaudador de la renta de esclavos, el cual estaba encargado de cobrar puntualmente las tasas obligatorias. En 1560, el cargo de "recibidor de la renta de los esclavos" recayó sobre Cristóbal de Paz y en 1590, es Diego de Paz, quizá un pariente del anterior, el responsable de recaudar dicha renta[5]. Igualmente, existió la figura del "Juez con particular comisión de los esclavos en esta ciudad y reino de Granada" a cuyo nombramiento asistían todos los oidores de la Chancillería y una buena parte de la nobleza granadina[6]. Del mismo modo existieron otros cargos públicos relativos a la renta de los esclavos como el de "arrendador de las alcabalas de los esclavos", puesto que ocupó Alonso García de Saravia entre 1571 y 1577[7]. Pero debieron coexistir varios arrendadores de alcabalas al tiempo, ya que en 1576, Jusepe de Lesa también aparece en las fuentes cobrando la alcabala de los esclavos[8]. El paralelismo de los cargos públicos y la burocracia creada en torno a la renta de personas esclavizadas y la desarrollada para la seda es destacable e indica la importancia de los beneficios que produjo, sin duda, la renta de los esclavos. Por otra parte, el hecho de que existiese una fiscalía particular a la renta de los esclavos es asímismo síntoma de su importancia en la economía de la ciudad.

Aunque el trato entre vendedores y compradores era, en ocasiones, directo, generalmente las personas esclavizadas se ponían a la venta en las plazas más céntricas de la ciudad donde los pregoneros se encargaban de anunciar indiferentemente la venta de esclavos de ambos sexos y la de animales (caballos, mulas, etc). Las subastas públicas de personas esclavizadas procedentes tanto de patrimonios personales como del quinto real fruto de la "guerra justa" también se celebraban en las plazas públicas de Granada. Asimismo se podía entablar contacto directo con mercaderes cuya actividad principal era el comercio de esclavos y esclavas, los cuales habían adquirido la "mercancía humana" por medio del trato con corsarios, en el caso de las personas procedentes de Berbería, o del contacto con negreros, si procedían del África Subsahariana.

[5] A.P.G. Leg. 118, fol. 485v, 1560 y A.P.G. Leg. 288, fol. 679, 1590.

[6] Véase el nombramiento de Don Pedro de Amesqueta en HENRÍQUEZ DE JORQUERA, Francisco: *Anales de Granada*, vol 1, Universidad de Granada, 1987, p. 807.

[7] A.P.G. Leg. 178, fol. 290, 1571 y Leg. 210, fol. 655v, 1577.

[8] A.P.G. Leg. 204, fol. 342, 1576.

Los compradores se reservaban la posibilidad de probar a las personas esclavizadas que pretendían adquirir previamente a la realización del contrato de compra; el "tiempo de prueba" era variable y podía prolongarse desde una semana a varios meses. Según cláusula estipulada en los contratos de compraventa, el comprador tenía derecho a proceder a la devolución de la persona comprada en caso de no quedar satisfecho, especialmente cuando la capacidad productiva del esclavo o la esclava adquirida se viese dañada, por ejemplo, en caso de enfermedad encubierta o de alcoholismo. Una vez convencidos de las capacidades productivas de las personas en venta se realizaba el contrato ante un escribano público. No obstante, he podido constatar que en algunos casos las ventas se hacían al margen de los cauces legales y que no todos los dueños de personas esclavizadas poseían el título de propiedad lo que acarreaba numerosos problemas con la justicia en caso de herencias, dotes u otras transmisiones de seres humanos en tanto que bienes personales. Las razones de la no ejecución legal de algunas ventas podrían estar relacionadas con los gastos ineludibles que entrañaban las mismas: además del pago de los impuestos (en torno al 5-10% del precio total), tan sólo la escritura costaba 2 reales, el sueldo diario de un trabajador[9]. Ahora bien, el título de compraventa garantizaba la propiedad legítima en caso de litigio.

Por otra parte, para que una venta fuese legal era necesaria la presentación de testigos que certificaran la realización del contrato y si alguno de los hombres implicados en la transacción era menor de 25 años, edad que marcaba la mayoría, debía presentarse acompañado de un tutor. Las mujeres casadas se consideraban menores eternas por lo que estaban obligadas a presentar la licencia de su marido o del familiar encargado de su "tutela" aún una vez cumplidos los 25 años. Dicha licencia quedaba reflejada en las compraventas de personas esclavizadas, por lo que los contratos en que aparecen mujeres comprando o vendiendo siempre son más extensos. Esta incapacidad legal de las mujeres del siglo XVI llevaba a situaciones paradójicas: por ejemplo, cuando un matrimonio quería comprar un esclavo o una esclava de mancomunidad, el marido debía darle licencia a su esposa con anterioridad. En cuanto a las mancomunidades, no siempre se trata de matrimonios y no es raro encontrar dos personas que se asocian libremente

[9] A.P.G. Leg. 225, fol. 353, 1579.

para comprar un esclavo o una esclava; de esta manera, aunque la propiedad quedaba compartida, el desembolso inicial era menor.

A pesar de que en los contratos se apelara a la justicia del precio de la venta de la persona esclavizada objeto de la transacción ("su precio justo"), los abusos eran muy comunes. De hecho, se vendían esclavos enfermos por sanos o se jugaba con la edad de las personas sometidas a esclavitud para venderlas por más jóvenes de lo que en realidad eran. Asimismo, podía ocurrir que se vendiese una misma persona esclavizada dos veces con una diferencia de días entre la fecha de realización de ambos contratos, e incluso ante el mismo escribano, con una diferencia substancial de precio.

En definitiva, el comercio esclavista granadino abasteció esencialmente el consumo interno hasta los años de la rebelión morisca, momento en que se produjo un cambio en el patrón esclavista de la ciudad, que pasó a convertirse en un mercado exportador de personas esclavizadas como pudo serlo Lisboa, Sevilla o Valencia. Pero esta llegada masiva de moriscas y moriscos esclavizados no implicó, sin embargo, un cambio radical del sistema económico o del modelo de explotación imperante en la ciudad sino que reforzó el modelo existente mejorando las condiciones de vida de los propietarios: funcionarios públicos, representantes de la iglesia, etc. En conclusión, la presencia de hombres y mujeres esclavizados en la Granada del siglo XVI fue de suma importancia para la vida de la ciudad y el mercado de personas esclavizadas tuvo repercusiones fundamentales en la cotidianidad de sus habitantes, consolidando el modelo de economía existente: una economía urbana con un importante desarrollo de la burocracia, sobre todo a partir de la anexión a la Corona de Castilla, cuyos representantes demandaban un amplio servicio doméstico; y un gran sector artesanal que prosperaba en el marco de pequeños talleres, los cuales, aunque no llegaron a alcanzar un grado significativo de industrialización, emplearon abundante mano de obra esclava.

1. MERCADERES, SUBASTAS, TRUEQUES E IMPUESTOS

1.1. *Los mercaderes de esclavos*

El comercio de personas esclavizadas no estaba localizado en pocas manos como el de la seda o la lana, de hecho, no existían grandes familias dedicadas al mismo si no que se encontraba enormemente diversificado en manos de pequeños comerciantes. La figura del mercader de esclavos se perfila como un comerciante medio, de ganancias importantes aunque no tan eminentes como en otras ramas del comercio de la ciudad.

Según la ideología cristiana dominante en los tiempos modernos, los mercaderes no podían ser considerados buenos cristianos pues el comercio era una actividad en contra de la cristiandad en la medida en que implicaba el interés de lucro; pero, la realidad era muy diferente ya que existía un fuerte contraste entre el descrédito del pequeño comerciante y la honorabilidad del gran comercio[10]. El mercader poderoso sería socialmente admitido en razón de su riqueza, entre otras causas debido a los grandes legados que a su muerte dejaría a la iglesia o a instituciones piadosas (hospitales, conventos, etc..), mientras que el pequeño comerciante sería considerado un usurero[11]. La moral cristiana quedaba así relegada a aquellos comerciantes que no alcanzaban un grado suficiente de riqueza como para ser admitidos en el grupo de los privilegiados. Esta ambivalencia del discurso eclesiástico no sólo afectaba a la percepción social del comercio sino también al propio fenómeno esclavista, puesto que al tiempo que los eclesiásticos poseían habitualmente personas esclavizadas, la iglesia alentaba teóricamente a la liberación de las mismas. En el caso de los mercaderes de personas esclavizadas, la honorabilidad estaba doblemente cuestionada: por un lado, su calidad de comerciantes medios no les permitía acumular grandes fortunas, hecho que hubiese borrado su mácula; por otro, el propio objeto de su comercio, las personas esclavizadas, añadirían aún más carga a su descrédito social.

Mientras que Alfonso Franco Silva habla de "cientos de mercaderes extranjeros" (portugueses, florentinos, genoveses, flamencos e ingleses) dedicados al comercio de personas esclavizadas en Sevilla (1450-1550)[12]; en la Granada del siglo XVI no ocurre lo mismo, pues los

[10] DOMÍNGUEZ ORTIZ, Antonio: Op. cit., 1988, p. 179.

[11] CARO BAROJA, Julio: "Religión, visiones del mundo, clases sociales y honor durante los siglos XVI y XVII en España" en PITT-RIVERS, J. y PERISTIANY, J.G. (eds): *Honor y Gracia*, Alianza Universal, Madrid, 1992, p. 133.

[12] FRANCO SILVA, Alfonso: *La esclavitud en Andalucía 1450-1550*, Universidad de Granada, 1992, pp. 54-60.

mercaderes extranjeros, a juzgar por la documentación consultada, eran muy pocos. En consecuencia, a pesar de que el comercio granadino de personas esclavizadas era continúo, legal y estaba muy organizado, no se enriquecieron con el mismo grandes mercaderes extranjeros afincados en la ciudad, sino que se difuminó en manos de comerciantes medios, españoles en su gran mayoría.

Hacer dinero con la venta de personas esclavizadas dependía en cierto modo de las capacidades personales: las dotes para el negocio o la ambición sin escrúpulos. No cabe duda de la existencia de mercaderes de personas esclavizadas que, abusando de la confianza de los compradores, ganaron importantes cantidades. Tal es el caso del mercader Pedro Hernández de Palma, el cual compró una esclava morisca por 32 ducados y la vendió varios días después por 50 ducados, ganando 18 ducados en la transacción[13]. Este no es un caso aislado sino que se repite con relativa frecuencia: podría citar asimismo el caso del granadino Pedro de Herrera que compró una esclava norteafricana de 20 años por 130 ducados y la vendió al arrendador de la mancebía una semana después por 20 ducados más[14]. Igualmente, Hernando Mejía compró una esclava el 30 de mayo de 1564 y la vendió el 1 de julio por 14 ducados más ante el mismo escribano[15]. Los escribanos, por esencia, eran testigos mudos de estos abusos.

Entre un 30 y un 40% del total de los hombres cuya profesión aparece reseñada en los contratos de compraventa analizados se dedican a actividades comerciales (son mercaderes o tratantes). De ellos, un porcentaje variable entre el 7 y el 20% aparecen definidos como "mercaderes de esclavos" (o como "mercaderes de bestias y esclavos"), lo que indica que se dedican fundamentalmente a la trata de personas esclavizadas. Cabe destacar que el porcentaje de mercaderes de esclavos presente en el mercado granadino va aumentando paulatinamente desde principios de siglo y que, durante los años de la rebelión alpujarreña (1569-1571), cuando el mercado esclavista granadino está en su punto álgido debido a la enorme presencia de moriscos/as,

[13] A.P.G. Leg. 192, fol.143 ss. y fol. 63 ss.
[14] A.P.G. Leg. 157, fol. 627 ss. y fol. 831 ss.
[15] A.P.G. Leg. 139, fol. 309 y fol. 361.

el porcentaje de tratantes de esclavos desciende relativamente ya que una buena parte de la población cuyo oficio principal no es el comercio (bodegoneros, artesanos, etc.) se entrega a la especulación comprando grupos de moriscos con objeto de venderlos posteriormente y ganar unos ducados con el negocio de la esclavitud de los naturales del reino.

En cuanto a la vecindad de los mercaderes de personas esclavizadas que ejercieron su actividad comercial en Granada, éstos eran mayoritariamente andaluces: granadinos, sevillanos y malagueños acaparan el comercio de esclavos/as en nuestra ciudad. Respecto a los tratantes residentes en Granada, todos ellos eran cristianos viejos. La mayoría vivían en la ciudad baja, en torno a la plaza Bibrrambla, en el centro cristiano de la capital. Pedro Ramirez era el granadino que más personas esclavizadas suministró al mercado urbano según la documentación consultada para el siglo XVI con un total de 41 personas vendidas. Este mercader, parroquiano de la iglesia mayor, vendió 2 mujeres y 1 hombre procedentes de Cabo Verde a principios de siglo, concretamente en 1521, y se retiró del comercio esclavista hasta la llegada al mercado granadino del contingente humano cautivado en las montañas y valles del reino (1569-1571), en que vendió 25 moriscas y 13 moriscos de entre 6 y 60 años. La cercanía de la cuna de la "mercancía humana" con que Pedro Ramirez trabajaba explica el amplio abanico las edades de estos hombres y mujeres cautivados indiscriminadamente. Este tratante aceptaba el pago en especias, de hecho, por una joven neoconversa de 13 años recibió 60 arrobas de vino blanco, un paño traido de Figueras, 21 ducados y 1 real.

Entre los tratantes granadinos, destacó igualmente Alonso de Valdearenas, parroquiano de la Magdalena, que tenía en su haber 21 ventas de personas esclavizadas. Valdearenas, al contrario de Pedro Ramirez, ejerció su actividad mercantil durante la primera mitad de siglo, vendiendo tanto negroafricanos como berberiscas, mulatas e incluso hijos de esclavas nacidos en suelo castellano, mientras que durante los años del levantamiento únicamente vendió 2 moriscos y 1 morisca. Alonso Ramirez es la tercera persona que más personas esclavizadas vendió según la documentación consultada. La eventualidad de que se apellidara igual que el primer mercader citado, insinúa que podía tratarse de padre e hijo por la diferencia de años, pero la documentación no resuelve el problema. Su actividad comercial se desarrolló a principios de siglo; concretamente entre 1520 y 1522 vendió 6 berberiscas, 5 berberiscos, 3 mujeres de Cabo Verde y 4 senegaleses de edades comprendidas entre 7 y 28 años. Si exceptuamos otros dos tratatantes: Pedro de Valencia, que traficó primordialmente con personas procedentes del África Negra (la mayoría bozales) entre 1510-1515 y Alonso de la Torre, que únicamente se dedicó al comercio de esclavas moriscas en 1569, el resto de los mercaderes localizados en las fuentes consultadas sólo vendieron entre una y tres personas esclavizadas a lo largo del siglo. Por consiguiente, la gran mayoría de los mercaderes de personas esclavizadas residentes en Granada, exceptuando a los cinco mencionados anteriormente, eran comerciantes medios que no traficaron con grandes cantidades de seres humanos. De hecho, una buena parte de ellos contrajeron deudas importantes, como Alonso de Arjona, el cual se vió en la obligación de vender su casa situada en el barrio de San Matías para pagar ciertos débitos. La vivienda en cuestión constaba de una casa con una macería y se vendió por 140 ducados; 50 ducados que recibió en el momento de firmar la escritura y 90 ducados que correspondían al valor de las deudas contraidas.

Como hemos podido comprobar, el grupo mayoritario de mercaderes en Granada estaba compuesto por residentes en la propia ciudad, especialmente durante el trienio del levantamiento, cuando el mercado granadino se dispara. En segundo lugar se situaban los mercaderes procedentes de Sevilla, los cuales se acercaban a Granada acompañados de la mercancía humana que pretendían vender, probablemente con la intención de obtener mayores beneficios que en su ciudad. La generalidad de los mercaderes sevillanos residía en la colación de Santa María, el barrio cristiano que mayor número de vecinos contaba por entonces en Sevilla. La mayoría de los tratantes sevillanos traficaron fundamentalmente con negroafricanos, puesto que la capital hispalense, debido a su situación geográfica, era uno de los centros distribuidores de personas esclavizadas naturales del África subsahariana más importantes de la Castilla del siglo XVI. No obstante, el total de esclavos de ambos sexos que traen a Granada no es superior a 5 en ningún momento.

Además de los tratantes oriundos de Sevilla, también hubo mercaderes malagueños que vinieron a comerciar a Granada, éstos constituían el tercer grupo más numeroso. Todos los negociantes malagueños moraban en los alrededores de la iglesia de San Juan, en el corazón de su ciudad. Málaga, al igual que Sevilla, era otro de los núcleos andaluces exportadores de personas esclavizadas en el siglo XVI, aunque en el caso del mercado malagueño, su cercanía al Mediterráneo determinaba la procedencía berberisca de la mayoría de los individuos que arribaban a puerto. En consecuencia, por vía malagueña llegarán al mercado granadino principalmente personas naturales de Berbería, mientras que por vía sevillana arribarán mayoritariamente mujeres y hombres de origen guineano, senegalés, congoleño o angolano.

Pero no sólo llegaron a Granada tratantes de personas esclavizadas procedentes de Sevilla o Málaga, también los hubo que residiendo en otros puntos de la geografía andaluza se desplazaron a Granada con la intención de conseguir mayores ganacias. Entre los lugares más nombrados se encuentran: Córdoba; Jaén; Antequera (Málaga); el Puerto de Santa María, Jerez de la Frontera y Medina Sidonia (Cádiz); Écija, Osuna, y Utrera (Sevilla). Del resto de Castilla únicamente se desplazan un tratante de la villa de Zafra (Badajoz), otro de Valladolid, un tercero de Toledo, dos de Cartagena (Murcia) y uno de la capital murciana. En general se trata de lugares cercanos a la costa, o sea, abiertos al Mediterráneo o al Atlántico o de poblaciones con un importante movimiento económico como Valladolid, donde se encontraba una de las dos Chancillerías de la Corona. Cabe señalar que era relativamente frecuente que dos mercaderes residentes en el mismo lugar se asociaran para desplazarse a Granada formando una pequeña compañía.

En lo referente a los mercaderes de personas esclavizadas residentes fuera de Castilla, únicamente encontramos un par de portugueses, naturales de Lisboa y Olivenza, y otros dos tratantes residentes en Orán. Tanto el Reino de Portugal como la ciudad de Orán eran centros neurálgicos del comercio esclavista. Portugal explotaba el comercio de personas cautivadas en sus colonias africanas, las cuales arribaban a su extensa costa atlántica en pesadas carabelas; y la ciudad de Orán distribuía fundamentalmente personas naturales de la Berbería musulmana, aunque también exportaba hombres y mujeres procedentes del África subsahariana llegados a Orán a través del desierto en las caravanas que hacían la ruta transahariana. Ninguno de los tratantes residentes fuera de la península trajeron a Granada más de cinco personas esclavizadas para vender. Rodriguez de Ontiveros, uno de los tratantes de esclavos vecinos de Orán, vendió 5 mujeres, todas ellas en torno a los 20 años, la edad más cotizada en el mercado granadino. Este mercader tardó diez días en vender las cinco esclavas traídas del Norte de África. No hay que olvidar que la presencia española en Orán se prolongó desde principios del siglo XV a finales del XVIII (1509-1791)[16] lo que implica que numerosas personas esclavizadas llegaban a través de rutas comerciales estables entre la ciudad de Orán y la costa española. Rodriguez de Ontiveros debió ser uno de los mercaderes dedicados al comercio de personas esclavizadas que, residiendo en Orán, venían a la península en busca de compradores.

1.2. *Esclavitud y regimen fiscal: la alcabala y el quinto del rey*

La alcabala era un impuesto sobre la venta de todas las mercadurías y, por tanto, sobre el precio que en el mercado alcanzaban las personas esclavizadas en tanto que objetos de transacción comercial. Existe una cierta controversia en cuanto al origen de este impuesto, pues se registran antecedentes en el sistema de hacienda romano y también entre los árabes. En la crónica de Alfonso XI se explica que las Cortes habían acordado que al rey "le diesen cosa cierta por alcabala en todo su reino, de todas las cosas que los hombres comprasen"[17].

Este gravamen era general alcanzando a hidalgos y a pecheros, y no era proporcional al estatus socio-profesional de los implicados en la compraventa de personas esclavizadas. La alcabala era fija e independiente de la riqueza del comprador y del vendedor por lo que se llegó a establecer la creencia de que todos y todas debían colaborar en las cargas del Estado aunque el impuesto se librase también en artículos de primera necesidad. El rey, sin embargo, estaba exento del pago de este impuesto en sus ventas.

La alcabala, junto con las tercias (contribución de la Iglesia a la Corona) y el servicio de los moriscos constituían una de las fuentes de ingresos más importantes de la Corona española.

[16] Excepto para el periodo comprendido entre 1708 y 1732 en que la Corona española perdió las plazas de Orán y Mazalquivir.

[17] CARANDE, Ramón: *Carlos I y sus banqueros*, vol 1, Crítica, Madrid, 1983 (1ª ed. 1967), p. 347. La alcabala parecer arrancar de la oferta hecha por las Cortes de Burgos en 1342 de un derecho sobre el precio de venta de todas las mercadurías que debía pagarse mientras durase la cerca de Algeciras.

El cobro de impuestos sobre la compraventa de personas esclavizadas no era privativo de la Corona castellana; en el Reino de Portugal existía un impuesto parecido, llamado "sisa", que en ocasiones se hacía fijo, como ocurrió en 1516 (300 reales por "cabeza") para animar a la compra de mano de obra esclava importada en galeras reales[18].

En el 80% de las cartas de compraventa de personas esclavizadas que he analizado se señala que el precio de la venta estaba "horro de alcavala", es decir, que se trataba de la suma total que el comprador pagaría libre de impuestos. De hecho, en los contratos estudiados generalmente se omite el montante de la tasa que habrá de abonarse en razón de la compraventa. En cualquier caso, he podido cuantificar el montante de este impuesto a partir de las ocasiones en que el escribano público certifica (en letra pequeña y en el margen derecho del documento) que la alcabala ha sido abonada. La mención explícita de la alcabala en el texto del contrato está relacionada con que el pago de la tasa se realizara posteriormente a la venta o con motivo de una petición manifiesta por parte de alguno de los implicados en la compraventa. La fórmula habitualmente utilizada versaba así: "Por ante mí, el escribano público yuso escrito, Diego de Paz, recibidor de la renta de los esclavos desta çiudad, reçibió de Francisco Torre Ayala 58 reales con que se dió por contento deste alcavala y lo recibió en mi presencia y de los testigos yuso escritos de que doy fe"[19].

Cabe señalar que la mayoría de las noticias que he recopilado sobre el pago de la alcabala corresponden al periodo comprendido entre 1564 y 1590, lo que puede estar relacionado con una mayor presión sobre el cobro de los impuestos reales durante estos años. Las plazas ocupadas durante la guerra de Granada quedaron exentas del pago de la alcabala a principios del siglo XVI lo que podría explicar, en parte, el hecho de que no se mencionase la cuota en este periodo. Además, durante los primeros años de la centuria la Corona no tuvo un acceso inmediato y cabal de este impuesto en el Reino de Granada ya que se recompensó con el cobro de la alcabala a algunos nobles que habían participado en la guerra.

[18] SAUNDERS, A.C. de C.M: *História social dos escravos e libertos negros em Portugal (1441-1555)*, Impresa nacional, Lisboa, 1982, p. 10.

[19] A.P.G. Leg. 288, fol. 679, 1590.

En el siglo XIV la alcabala estaba fijada en una vigésima parte del precio de las cosas vendidas[20]. En el siglo XVI, Antonio Dominguez Ortíz sitúa la alcabala en un 10 % de gravamen sobre el precio total de la venta[21]. Efectivamente, la *Nueva Recopilación de las Leyes del Reino* señala que: "De cualquier esclavo y esclava que se metieren en el arzobispado de Sevilla y Obispado de Cádiz o se sacasen comprados (...) paguen a los almojarifes de la dicha ciudad (...) de alcabala 10 por 100 cuando se vendieren"[22]. Salvador de Moxó sostiene que la cuota se incrementó con motivo del aumento general de tributos durante el reinado de Felipe II con vistas a paliar las crisis financieras[23]. No obstante, según una de las compraventas estudiadas, fechada en 1575, el recaudador recibió 24 reales de alcabala por la venta de una esclava cuyo precio ascendía a 40 ducados; por tanto, se abonó aproximadamente el 5,5% del monto total[24]. Igualmente, en 1590, se cobraron 58 reales de alcabala por la venta de una esclava en 1.000 reales; por consiguiente, el porcentaje continuaba siendo el mismo a finales de siglo[25]. Estas cifras implican que la alcabala pagada a los recaudadores de la Corona sobre el precio de las personas esclavizadas durante la segunda mitad del siglo XVI, según la documentación consultada, se situaba en torno al 5,5% del total del importe. A partir de los años setenta de la centuria, el porcentaje de la alcabala sobre el precio de la venta de personas esclavizadas no parece superar el 6%.

[20] DE MOXÓ, Salvador: *La alcabala: sus orígenes, concepto y naturaleza*, CSIC, Instituto Balmes de Sociología, Madrid, 1963, p. 39.

[21] DOMINGUEZ ORTÍZ, Antonio: Op. cit., 1988, p. 123. Rafael Carrasco habla también de una tasa fijada en un 10 % teórico que en la práctica se convertiría en un 8% del total del precio de venta de la mercancía. CARRASCO, Rafael: *L'Espagne classique 1474-1814*, Hachette, París, 1992, p. 210.

[22] Ley 2ª, tit. XXII, libro IX, nº 49 de la *Nueva Recopilación*, declaración hecha en 1566.

[23] DE MOXÓ, Salvador: Op. cit., 193, p. 42.

[24] A.P.G. Leg. 196, fol. 111, 1575. El texto dice así: "García de Saravia se dió por contento de la alcavala que de esta venta se debe que son 24 reales".

[25] A.P.G. Leg. 288, fol. 679, 1590.

En cuanto a la persona o personas sobre quienes recaía el pago de este impuesto, los historiadores del sistema fiscal en la España de los tiempos modernos, determinan que éste recaía sobre el vendedor, y que sólo en casos excepcionales (como la alcabala del aceite de Sevilla) se repartía por mitad entre vendedor y comprador[26]. Sin embargo, he observado una cierta anarquía en cuanto a quien debe pagar la alcabala ya que, en la mayoría de las compraventas consultadas, la abona el comprador, y sólo en ocasiones recae sobre el vendedor. Quizá vendedor y comprador llegaban a un acuerdo sobre quien debía encargarse del pago del impuesto antes de realizar la transacción y a ello se deba esta arbitrariedad. En cualquier caso, he constatado que la alcabala se va deslizando hacia consumidor a lo largo del siglo, aunque las noticias recogidas sobre el pago de este impuesto me impiden ser más precisa.

Por otra parte, cabe destacar que la alcabala también se abona con motivo de los contratos de trueque de personas esclavizadas. Por tanto, este impuesto se aplicaba igualmente a las mercadurías trocadas.

Además de la alcabala, la Corona se beneficiaba del comercio esclavista a través de otro impuesto denominado almojarifazgo. Los almojarifes de Sevilla y Cádiz cobraban 5 maravedises por 100 de cada esclavo o esclava que entrara en estas ciudades y 2,5 maravedises por cada uno que saliera. Este impuesto no había de aplicarse con los esclavos que llevaren sus amos de camino para su servicio si no fueren a Indias[27].

Existía otro impuesto relativo a los botines de guerra que alcanzaba igualmente a las personas esclavizadas; me refiero al quinto del rey.

[26] CARANDE, Ramón: Op. cit., 1983, p. 349. Rafael Carrasco, sin embargo, dice que la mitad de la suma total era abonada por el comprador y la otra mitad por el vendedor. CARRASCO, Rafael: Op. cit., p. 43.

[27] En los Derechos de Almojarifazgo, se puntualiza: "De cualquier esclavo y esclava que se metieren en el arzobispado de Sevilla y Obispado de Cádiz o se sacasen comprados, paguen a los almojarifes de la dicha ciudad de entrada 5 maravedises por 100 y 2,5 de salida y de alcabala 10 por 100 cuando se vendieren: con que no se entienda esto con los esclavos que llevaren sus amos de camino para su servicio que destos tales no han de pagar almojarifazgo si no fueren a Indias y con que el mercader y otras personas que ovieren pagado una vez almojarifazgo del esclavo o esclavos que metiere en el dicho Arzobispado de Sevilla y Obispado de Cádiz no lo torne a pagar otra vez". Ley 2ª, tit. XXII, libro IX, nº 49 de la *Nueva Recopilación*, declaración hecha en 1566.

Las *Siete Partidas* regulaban el valor de este quinto real, estableciendo que la quinta parte del botín de los bienes muebles obtenidos en la guerra y, en consecuencia, de las personas cautivadas, pertenecían al soberano[28]. Este 20% de los ingresos no sólo se aplicó a las personas apresadas en los enfrentamientos bélicos sino también al oro y la plata procedentes de la producción americana, así como a las pesquerías de perlas y los yacimientos de piedras preciosas del Nuevo Mundo[29]. De igual modo, se cobraba el quinto de las correrías que realizaban los canarios en Berbería. Carlos I llegó a ceder a los vecinos de las islas afortunadas el quinto real de las cabalgadas de moros y turcos: "por los grandes trabajos y aventuras en que se ponen"[30].

En tiempos de Felipe II, el quinto real se aplicó durante la rebelión de los moriscos sobre aquellos hombres y mujeres cautivados, en tanto que ganancias obtenidas en el campo de batalla. Por un lado, Felipe II se reservaba un quinto del total de moriscos de ambos sexos en edad de ser esclavizados, la mayoría de ellos subastados en almonedas públicas; y por otro, un 20% del precio de cada una de las personas de origen neoconverso vendidas en Granada debía ir a parar a las arcas reales. Los documentos de compraventa de moriscos, y sobre todo de moriscas, (las mujeres constituían el 70% de la población capturada) eran explícitos; en caso de adquisición en almoneda se añadía: "de las esclavas que pertenecen al quinto de su majestad", y en caso de compraventa entre particulares se reseñaba: "registrado y pagado el quinto de su majestad"[31]. El Conde de Tendilla, capitán general del Reino de Granada, era el recaudador del quinto real de los moriscos y las moriscas cautivadas en las faldas de Sierra Nevada. De hecho, a menudo se certificaba en las compraventas analizadas: "pagado el quinto al Conde de Tendilla"[32]. Queda claro que la Corona se beneficia de la venta de personas esclavizadas, especialmente de moriscos, a través de la alcabala y del quinto.

[28] Partida II, título 26.

[29] CARANDE, Ramón: Op. cit., 1983, p. 569.

[30] LOBO CABRERA, Manuel: Op. cit., p. 90

[31] A.P.G. Legajo 169, fol. 557, 1569 y A.P.G. Legajo 176, fol. 105, 1570.

[32] A.P.G. Legajo 169, fol. 557, 1569.

1.3. *Subastas públicas de moriscos y moriscas*

Las subastas públicas de hombres, mujeres y niños cautivados por las tropas de Felipe II en las montañas alpujarreñas se sucedieron en las plazas más céntricas de la Granada cristiana a lo largo del trienio 1569-1571, años de la rebelión morisca. El botín de guerra de los cristianos ascendía al menos a unos 4.500 o 5.000 moriscos de ambos sexos y edades; los cuales fueron subastados, en calidad de integrantes del quinto real, a un auditorio ansioso por comprar mano de obra barata. De ellos, un porcentaje situado en torno al 53% fue adquirido por vecinos de Granada y un 47% se vendió a habitantes de otras provincias. Muchos cristianos granadinos se enriquecieron con el negocio de la compraventa de mercancía humana; de hecho, hubo quienes adquirieron grupos de hasta 5 o 6 moriscos subastados con objeto de revenderlos posteriormente, aunque generalmente conservaran alguno/a para su servicio.

He estudiado el proceso completo de cada una de las 16 almonedas públicas realizadas entre el 19 de febrero y el 11 de mayo de 1571 en la ciudad de Granada[33]. El impacto de la esclavitud por guerra debió ser tremendo en los habitantes de la ciudad: sólo tenemos que pensar que, según los cálculos a partir de las fuentes consultadas, Granada absorbió un total de casi 10.000 personas esclavizadas de origen morisco (si añadimos las compraventas directas a las ventas en subasta).

El corazón de la ciudad, sus plazas más concurridas y céntricas estaban tomadas por miembros de las milicias reales que realizaban la venta de las personas cautivadas ante la mirada de posibles compradores y de los muchos transeuntes que allí se reunían; de hecho, los escribanos, después de anotar los nombres de los testigos de rigor, añadían la coletilla "y otra mucha gente". La plaza Bibarrambla ("debajo de las paredes de ella") y el Castillo de Bibataubín ("en la puerta y salida del castillo de Bibataubín") eran los marcos por excelencia de las subastas de los naturales del Reino de Granada. No obstante, el número de personas cautivadas era tan elevado que podía ocurrir que ambos espacios estuviesen ocupados por sendas almonedas. En tales

[33] Apéndice documental, pp. 475-481.

casos se establecían las subastas en Plaza Nueva, en la Puerta Elvira o en la Puerta del Rastro. Al igual que en Granada, en otras ciudades del mundo ibérico también se realizaban las subastas en las plazas públicas, centros del mercado esclavista. Concretamente en Lisboa existía la llamada "Praça dos escravos" (en el Alfama) en la cual tenían comúnmente lugar las almonedas[34].

Cada una de las subastas públicas estudiadas correspondía a la venta de las personas capturadas como botín de guerra por una compañía concreta. Cuando un capitán volvía con sus soldados, después de haber realizado una cabalgada en una zona concreta del Reino de Granada y previa autorización del Capitán General, se procedía a subastar a los niños, hombres y mujeres moriscos que habían sido capturados por su cuadrilla. No había tiempo para sanear a los cautivos y que presentaran un aspecto más saludable ya que venderlos pronto era el objetivo primordial. La Corona tenía prisa por deshacerse de los cautivos de guerra, ya que en el interin tenía que alimentarlos.

Por otro lado, la documentación consultada no aclara si durante la puja, moriscos y moriscas se exhibían despojados de sus ropas, exponiendo sus cuerpos desnudos a las miradas de posibles compradores y transeuntes, como, desde luego, ocurría en otras ciudades. En Lisboa, por ejemplo, los compradores les hacían extender los brazos, doblarse, correr y saltar y hacer otros movimientos indicativos de buena salud[35]. En cualquier caso, los compradores granadinos querrían, en efecto, comprobar a ojos vista que la mercancía humana en que invertían sus ducados no era "defectuosa".

Transcribo seguidamente la declaración de uno de los capitanes de guerra a su llegada a Granada: "Alonso de Cobaleda, capitán de una de las cuadrillas que corren en esta tierra contra los moros de la rrebulución deste reino, dixo que él es venido a esta çiudad con 34 cabeças de moros e moras e muchachos para los vender y que son abidos de buena guerra los quales se han de vender por tales"[36]. Como podemos apreciar, el capitán hace una diferenciación clara tanto en razón del sexo ("moros e moras") como de la edad ("e muchachos") puesto que, cier-

[34] SAUNDERS, A.C de C.M: Ob. cit., 1982, p. 17.
[35] Ibidem, p. 15.
[36] Almoneda nº 12, A.P.G. Leg 179, s. f.

A social history of black slaves & freedman

tamente, ambos parámetros influirían definitivamente en el precio de la venta; por otra parte, también hace hincapié en la legitimidad de su esclavitud ("de buena guerra").

Los capitanes solían delegar responsabilidades en sus tenientes para todo lo relativo a venta de los moriscos en las almonedas, incluso era frecuente que los apoderaran en calidad de tesoreros. Una vez recogido todo el dinero de las ventas se realizaba el descargo de los gastos que se habían producido desde que salieron del lugar donde realizaron la cabalgada hasta que se vendió la última esclava.

Para la realización de las almonedas era imprescindible la presencia de un pregonero público que, después de proclamar la procedencia de "buena guerra" de los moriscos/as esclavizados se encargaba de divulgar las características de cada una de las personas puestas a la venta. Los asistentes a la subasta pujaban hasta llegar a un acuerdo con el teniente encargado y, una vez acordado el precio, el escribano, que se hallaba presente durante todo el acto, extendía los títulos de propiedad.

A continuación introduzco un cuadro que ilustra la fecha de apertura y término de cada una de las subastas estudiadas, el número de personas esclavizadas de origen morisco vendidas, la suma total de ducados a que asciende la subasta, el lugar en que se realizó, el capitán responsable de la misma y el encargado de pregonar. Cabe señalar, no obstante, que no todos los días se obtuvieron beneficios, por ejemplo, refiriéndose al día 7 de mayo de 1571, el escribano ha anotado: "prosiguió esta almoneda porque ayer no se vendió cosa alguna". Todas las subastas conservadas en la documentación notarial datan de 1571, año de más ventas de moriscos por ser el último de la guerra.

Este cuadro, realizado según la documentación conservada en el Archivo del Colegio Notarial, certifica la realización de subastas de moriscos de ambos sexos y todas las edades en el corazón cristiano viejo de la ciudad durante el último año de la rebelión de los nuevamente convertidos; pero, probablemente, se celebraron almonedas públicas de conversos cristianos durante los 3 años que duró la guerra.

En cuanto a la suma total de las ganancias obtenidas en las almonedas conservadas para los meses de febrero a mayo de 1571, el total ascendió a la importante suma de 15.546 ducados y medio. Aunque es difícil calcular el saldo total de la venta de las personas esclavizadas del quinto del rey, podemos presumir que las ganancias obtenidas por la Corona constituyeron un porcentaje bastante reducido y, desde luego, insuficiente para paliar la magnitud de los gastos de esta guerra.

CUADRO 11

Nº	*FECHA*	*VENTAS*	*DUCADOS*	*LUGAR*	*CAPITÁN*
1	*19-20 febrero*	*11*	*529*	*Bibrrambla*	*Juan López*
2	*25-27 febrero*	*65*	*1.111*		*Juan García*
3	*8-12 marzo*	*108*	*3.468,5*	*Bibataubín*	*Juan López*
4	*14-16 marzo*	*30*	*1.005*	*Bibrrambla*	*Francisco de Arroyo*
5	*14-16 marzo*	*15*	*377,5*	*Bibrrambla*	*Luis deArroyo*
6	*19-20 marzo*	*22*	*823*	*Bibrrambla*	*Hernándo de Arévalo*
7	*22-26 marzo*	*11*	*433*	*Puerta Elvira*	*Diego López*
8	*26-28 marzo*	*10*	*516*	*Bibataubín*	*Pedro de Lupión*
9	*12-16 abril*	*43*	*1.714*	*Bibrrambla*	*Juan Díaz*
10	*14-18 abril*	*19*	*832*		*Francisco de Arroyo*
11	*16-19 abril*	*77*	*2.477,5*	*Bibataubín*	*García de Arévalo*
12	*19 abril*	*30*	*854*	*Plaza Nueva*	*Pedro Lupión*
13	*22 abril*	*20*	*558*		*Alonso de Cobaleda*
14	*6-7 mayo*	*10*	*220*		*Pedro de Lupión*
15	*10-11 mayo*	*14*	*380*	*Puerta del rastro*	*Luis de Arroyo*
16	*15 mayo*	*8*	*248*		*Hernando de Arévalo*
		593	*15.546, 5*		

Por otra parte, unas almonedas produjeron mayores beneficios que otras, en función no sólo del número de personas vendidas, sino sobre todo de su sexo, su edad o su salud.

La realización de las almonedas generaba una serie de desembolsos que se descontaban del monto total de las ventas. El tesorero era el encargado de detallar el importe de los dispendios y apuntar cuidadosamente cada uno de los gastos generados por la compañía durante el viaje desde la zona de las Alpujarras donde se realizó la cabalgada hasta la capital granadina, así como las costas desde que llegaban a la ciudad hasta que se subastaba el último morisco.

Respecto al transporte de los moriscos y moriscas cautivos desde la zona rebelada a la capital granadina; el trayecto a pie desde Pitres a Granada, por ejemplo, duraba aproximadamente dos días y medio. En ocasiones la debilidad de las personas cautivadas les impedía caminar por lo que se hacía necesario contratar arrieros que las transportasen. Por traer cabalgando desde Pitres hasta Granada "a çiertas esclavas que no podían benyr a pie" los arrieros contratados cobraron 10 reales. Las condiciones del viaje debieron ser muy duras, especialmente durante los fríos meses de enero y febrero; de hecho hubo bastantes moriscas y moriscos cautivados, presos de la enfermedad o del miedo, que perecieron en el camino. Los textos de las subastas a menudo incluyen frases como:"un moro çertificó el dicho teniente que se murió en el camino" y, otras veces, señalan que algunos moriscos estaban enfermos de "modorra".

La falta de conocimiento de la región y sus pasos fue una de las mayores trabas para el ejército castellano, ignorancia que jugaba en favor de los rebelados. Figura de suma importancia era, por tanto, la del guía que la compañía contrataba para que les indicara el camino a través de las escarpadas montañas. El estipendio pagado a los guias por su trabajo también sería descontado del montante total de la venta de las personas cautivadas de origen morisco en cada almoneda pública.

La comida del conjunto de moriscos prisioneros era otro de los gastos ineludibles. En dar de comer a las 11 personas vendidas en la primera subasta –"desde Pitres hasta que se acabaron de vender que son 5 días"– se gastó un total de 94 reales, lo que implica que por persona cautivada y por día se empleaba alrededor de real y medio en comida. Esta cantidad es algo superior a la constatada por Bernard Vincent para la ración de los presos en la cárcel inquisitorial de Granada en 1570 (entre 20 y 25 maravedís, es decir, algo menos de un real)[37].

Una vez llegados a la ciudad, los moriscos presos se instalaban generalmente en "una casa junto al castillo de Bibataubín" cuyo huesped cobraba por el aposento de un grupo de hasta media docena de personas cautivadas, una media de 8 reales al día. Se contrataba también a un guarda, generalmente un vecino de Granada, cuya ocupación era llevar a los prisioneros y las prisioneras a la almoneda, comprarles la comida y darles de comer. El guarda cobraba unos 4 reales al día. Por otro lado, para la realización de la subasta era necesario un mobiliario mínimo, por lo que generalmente se alquilaban una mesa y unos bancos a razón de medio real diario.

En ocasiones, el capitán de la compañía que había capturado a los esclavos y esclavas subastados ofrecía una limosna a la Virgen, donativo que podía ascender a sumas importantes, como los 8 ducados que recibió Nuestra Señora de la Victoria o a cantidades menores, como los 49 reales que costaba un cirio[38].

[37] VINCENT, Bernard: "La cárcel inquisitorial en el siglo XVI", *Minorías y marginados,* Diputación provincial de Granada, 1987, p. 166.

[38] Almoneda nº 2, A.P.G. Leg 179, s. f.

En lo tocante a las gentes de guerra participantes en las subastas, una vez restado el cargo, se repartían los reales entre el gobernador del presidio (16 partes), el capitán (8 partes), el teniente (2 partes), el guía (2 partes) y los soldados (1 parte). Los tenientes percibían cantidades importantes, ya que, generalmente, eran nombrados tesoseros y, en consecuencia, se encargaban de reunir las ganancias y contabilizar los gastos. El texto de las subastas define al tesorero como "la persona en cuyo poder han de estar todos los maravedises que se fizieren de la cabalgada". Por ejemplo, el teniente de la séptima almoneda recibió 8 ducados "por que se hizo cargo de la cabalgada y se halló presente al almoneda y a las ventas y remates della y por su trabaxo de ser tesorero del dinero y pagar a los soldados sus partes". En la misma subasta, a dos soldados (Muñoz y Luis Cabrera) "por su ocupación de estar presentes en las almonedas y tener cuenta en guardar las piezas y lleballas y traellas se les dió por su trabajo 8 ducados".

En cuanto a los sueldos del escribano y del pregonero contratados en cada una de las almonedas, el primero percibía aproximadamente un ducado al día "por la ocupación y trabajo del almoneda y testimonio" y el segundo recibía generalmente la mitad, es decir, medio ducado al día. Los pregoneros contratados en las almonedas estudiadas fueron: Francisco de Canales, Juan Ruíz Cristóbal de Contreras, Andrés de Córdoba y Llorente Martín. Este último, que pregonó siete almonedas, compró una morisca para su propio servicio.

El cuadro 12 resume los gastos diarios derivados del transporte, la manutención y el personal implicado en las subastas.

CUADRO 12

Concepto	*Gasto diario*
Arrieros (transporte moriscas/os)	4 reales
Comida	1,5 reales
Aposento (por cada 6 moriscas/os)	8 reales
Guarda	4 reales
Escribano	1 ducado
Pregonero	Medio ducado
Teniente	2 ducados
Soldado	1 ducados

En cuanto al total de mujeres y hombres moriscos subastados, como he señalado anteriormente (punto 1.3.), un porcentaje situado en torno al 53% fue adquirido por gentes avecindadas en Granada y un 47% se vendió a residentes de otras provincias. En este último grupo destacan los compradores de procedencia andaluza, la mayoría de ellos afincados en Antequera, Jérez de la Frontera, Córdoba y Sevilla; y una buena parte de Málaga, Cabra, Puente Don Gonzalo, Úbeda y Morón. Los habitantes de la mitad norte de la península (sobre todo Toledo, Burgos, Valladolid y Valencia) también se acercaron al mercado granadino con objeto de adquirir naturales del Reino de Granada subastados por la Corona cristiana. Granada se convirtió en una ciudad exportadora y distribuidora de personas esclavizadas naturales de los alrededores de la capital, puesto que el precio medio de los moriscos subastados era muy inferior al precio medio de las personas esclavizadas de otras procedencias.

El gráfico siguiente ilustra los precios medios de las personas de origen morisco cautivadas por las tropas cristianas y subastadas en las almonedas públicas conservadas en el Archivo del Colegio notarial. Como vemos, los precios medios más elevados coinciden con el marco de edades de máxima productividad, entre los 15 y los 22 años.

GRÁFICO 14. PRECIO MEDIO DE LOS MORISCOS DE AMBOS SEXOS SUBASTADOS (ENTRE 5 Y 35 AÑOS) 1571

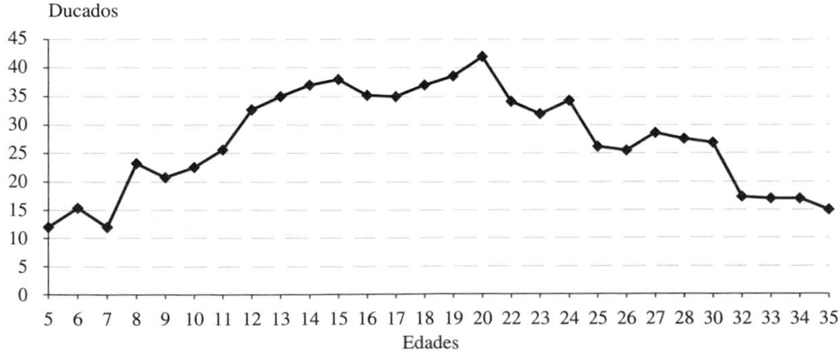

El gráfico se ha realizado exclusivamente con aquellas personas que se venden individualmente, que no tienen ninguna tacha y cuyas edades se hallan comprendidas entre los 5 y 35 años.

En el gráfico 14 he representado los precios medios de los moriscos de ambos sexos cuyas edades se encuentran situadas entre los 5 y los 35 años debido a que esta secuencia está prácticamente completa (si exceptuamos los 21, 29 y 31 años); sin embargo, a partir de los 35 años, las edades de las personas vendidas se agrupan en torno a los números pares y desaparecen las cifras intermedias.

Como podemos observar en el gráfico 15, el precio de los hombres y las mujeres moriscas mayores de 35 años disminuye significativamente ya que las aptitudes físicas de estas personas habían descendido y, por tanto, su capacidad de trabajo era menor.

En general, el precio medio de los moriscos de ambos sexos subastados (1571) es algo inferior al precio medio de los moriscos y moriscas vendidos individualmente en contratos de compra-venta durante el mismo año. Las razones de esta media inferior están relacionadas con diversas circunstancias: por un lado, la oferta es importante y, por eso, bajan los precios; por otro, la necesidad de obtener beneficios rápidamente para pagar a las cuadrillas obligaba a bajar el precio de las

GRÁFICO 15. PRECIO MEDIO DE LOS MORISCOS DE AMBOS SEXOS SUBASTADOS (MAYORES DE 35 AÑOS) 1571

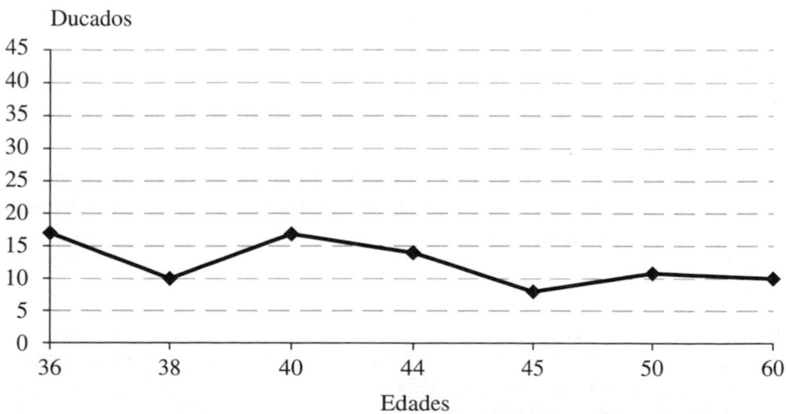

El gráfico se ha realizado exclusivamente con aquellas personas que se venden individualmente, que no tienen ninguna tacha y que son mayores de 35 años.

personas subastadas. Asimismo, el porcentaje de hombres pertenecientes al quinto real es superior al número de mujeres (las cuales son más caras) lo que también influye negativamente en su precio medio; y en tercer lugar, aunque he realizado los gráficos contando meramente aquellas personas aparentemente sanas, muchos de los moriscos cautivados estaban enfermos o heridos.

1.4. *El trueque de personas esclavizadas*

El trueque de personas esclavizadas, a pesar de ser una operación poco común, continuaba formando parte de la actividad del mercado granadino durante el siglo XVI. Una buena prueba de su institucionalización era la obligatoriedad de pagar el alcabala correspondiente a la Corona española.

Generalmente se intercambian personas esclavizadas del mismo sexo y del mismo grupo de procedencia. No obstante, esta ecuación no era rigurosa; en 1568, por ejemplo, se intercambió una esclava portuguesa de 24 años por una berberisca de 30 años[39].

Por otro lado, el hecho de que, a menudo, uno de los participantes en los trueques fuese mercader de esclavos sugiere que si algún comprador no estaba contento con su esclavo/a podía intentar trocarlo llegando a un acuerdo con el mercader que se lo vendió. En cuanto a las razones del cambio, generalmente están relacionadas con el descontento de alguna de las partes; el embarazo, por ejemplo, podía constituir el móvil del trueque de una esclava. Éste es el caso de una guineana de 30 años "preñada en días de parir" que fué cambiada por otra guineana algo más mayor (40 años)[40]. Cuando el precio de una de las personas esclavizadas objeto del trueque se tasaba más alto que el de la otra, el propietario de la más barata aportaba el resto en dinero[41].

[39] A.P.G. Leg. 164, fol. 150-153 r, 1568.

[40] A.P.G. Leg. 181, f-500-502v, 1571.

[41] A.P.G. Leg. 149, fol. 984-985v, 1566. Una de las esclavas está tasada en 112 ducados y la otra en 70 por lo que el propietario de la más barata se obliga a pagar los 42 ducados restantes el día de pascua florida del mismo año en que se efectúa el trueque.

2. LA COTIZACIÓN DE LAS PERSONAS ESCLAVIZADAS

2.1. *La moneda utilizada: ducados, reales, maravedises*

Las monedas que aparecen más frecuentemente reseñadas en las compraventas de personas esclavizadas consultadas para el siglo XVI son los ducados (82%), seguidas de lejos por los maravedises (16,8%), y en contados casos se recurre a los doblones o los escudos (1,2%). En la práctica, por tanto, la mayoría de los precios en los contratos de compraventa de personas esclavizadas se expresaron en ducados a lo largo de todo el siglo XVI. Pero, como los ducados no existían, ya que se trataba exclusivamente de una moneda de cuenta, se anotaba junto al total de ducados la fórmula: "en reales de plata" y, otras veces, se advertía:" de la moneda usual en Castilla".

El origen de los ducados se encuentra en los excelentes. La reforma monetaria de 1497 dictada por los Reyes Católicos describía los excelentes como: "moneda de oro fino, de ley de 23 quilates y 3/4 largos, e no menos, de peso de 65 piezas y 1/3 por marco"[42]. Pero la vida de los excelentes fue muy corta y desde principios del siglo XVI se abandona este vocablo que es reemplazado por el de ducados. Durante algunos años se acuñaron piezas de un ducado, medio ducado y varios múltiplos; pero a partir de 1535, el rey Carlos I resolvió adoptar el escudo y el ducado se dejó de fabricar. Sin embargo, el ducado sólo perdió su existencia material, ya que continuó siendo la moneda de cuenta que se utilizaba en las transacciones comerciales como podemos comprobar en el caso de las compraventas de personas esclavizadas.

El sistema monetario español de los tiempos modernos se complica aún más, ya que los maravedises, piezas de oro que se habían venido utilizando en la Edad Media, no perdieron tampoco su vigencia como moneda de cuenta.

La moneda más nombrada en las compraventas de personas esclavizadas, después de los ducados, era el maravedí. El 16,8% de los precios se expresan en maravedises, especialmente a principios de siglo

[42] CARANDE, Ramón: Op. cit., p. 148.

(1500-1540) y únicamente, en contadas ocasiones, durante la segunda mitad de la centuria. Un ducado equivalía a 375 maravedises[43].

Curiosamente sólo el 0,12% de los precios viene expresado en reales de plata, a pesar de que esta moneda era la que realmente se utilizaba a la hora del pago "en dineros contados", como indican los propios documentos. A pesar de que en las compraventas de personas esclavizadas tan sólo se hace referencia a los reales de plata entre 1570 y 1590, esta moneda sí fue acuñada a lo largo de todo el siglo XVI. Un real equivalían a 34 maravedises.

Por lo que respecta a los doblones, escudos y precios pagados en mercadurías, los documentos hacen referencia a los doblones en dos ocasiones (1569 y 1570). Concretamente el 4 de enero de 1570 se firma la compraventa de una esclava cuyo precio se tasa en "30 doblones de a 800 maravedises"[44]. El escudo también aparece reflejado en las fuentes consultadas en dos ocasiones (1571 y 1573); se trata de "escudos de oro de a 400 maravedises"[45].

Por último, cabe señalar que el valor total de las operaciones de compraventas de personas esclavizadas analizadas en esta investigación es de 98.733,5 ducados (83.187 ducados en las compraventas analizadas y 15.546,5 ducados en las subastas estudiadas), lo que equivale a 37.025.062 maravedises.

2.2. *El pago en mercadurías*

Desgraciadamente no existen estudios recientes que profundicen sobre las fluctuaciones de los precios[46], el índice de inflacción o la subida de los sueldos a lo largo del siglo XVI, lo que me impide hacer un estudio comparativo de los precios de las personas esclavizadas con otros precios de la época. Pero, aunque se han llevado a cabo pocos

43 Tabla de equivalencias de monedas:

1 ducado	=	375 maravedises
1 real	=	34 maravedises
1 doblón	=	800 maravedises
1 escudo	=	400 maravedises

44 A.P.G. Leg. 178, fol. 375.

45 A.P.G. Leg. 180, fol. 488, 1571 y Leg. 192, fol. 351, 1573.

46 Si exceptuamos el estudio de Earl. J. Hamilton.

estudio sobre la coyuntura económica de la España del siglo XVI, nadie discute la tendencia alcista de los precios a lo largo de la centuria. Sabemos que los precios españoles estaban a la cabeza de los europeos y existe un acuerdo relativo sobre el descenso del poder adquisitivo del trabajador a lo largo de la centuria; descenso originado por la subida del costo de la vida.

CUADRO 13

AÑO	*PAGO EN MERCADURÍAS*	*SEXO*	*ORIGEN*	*EDAD*	*VALOR*
1515	"un *macho* negro pequeño y 6 ducados"	H	Negro		
1515	"una *mula* ensilla e enfrentada"	H	Guinea	9	7000 mrds
1519	"una *mula* parda"	H		25	
1520	"18 varas de *terciopelo* doble"	M	Negra	16	1100 mrds
1522	"la mitad en dineros y la mitad en manufacturas de *seda*"	H		30	6500 mrds
1522	"6 varas e cuarta de *terciopelo* de grana e verde e 2 ducados"	M	Berber.	12	
1538	"un *caballo* castaño ensillado y entrenado y 12 ducados"	M	Berber.	30	
1549	"110 fanegas de *trigo*"	M		40	
1565	"52 ducados más una fanega de *cebada*"	M		40	
1567	"en pago de los 110 ducados recibí una cadena de *oro* en el dicho precio y más 10 reales; parece por una fee de Gerónimo de Baeza que la dicha cadena pesa 75 castellanos a 16 reales cada castellano monta 1200 reales más 10 reales montan los dichos 110 ducados"	M	Berber.	30	110 ducados
1570	"60 arrobas de *bino* blanco anejo menos media y mas un *paño* de traydo de Figueras que es ya viejo y 21 ducados y un real"	M	Morisca de Tíjola	30	
1576	"20 ducados y un *potro* alazaño"	M	Morisca Canjayar	40	
1577	"31 ducados en reales y 4 fanegas de *trigo* en 4 ducados y 3 fanegas de *cebada* en 1 ducado y medio"	H	Mulato		2851 dds y medio
1577	"40 arrobas de *lana* a precio de a 18 reales cada una arroba, que monta la dicha lana 60 ducados y 60 reales en dineros de contado que es a completo los dichos 70 ducados"	H	nacido en Montoro	30	70 ducados

El cuadro de equivalencias entre personas esclavizadas y mercadurías nos permite acercarnos al valor de los esclavos/as en relación con otros bienes de consumo en el siglo XVI.

Como podemos constatar en el cuadro, las mercadurías de trueque más frecuentes eran, por un lado, los tejidos, mayormente de terciopelo, así como lana para tejer; por otro, los cereales, principalmente el trigo y la cebada; asímismo el vino constituía otro bien apreciado en el mercado granadino y, finalmente, los animales, sobre todo caballos, potros y mulas. La industria textil se hallaba, como sabemos, muy desarrollada en el Reino de Granada por lo que no es de extrañar que se intercambiaran personas esclavizadas por paños. En cuanto al pago en cereales, la vega y las siete villas proporcionaban lo esencial de la producción de trigo para Granada y la cebada era el segundo grano más cultivado en la provincia. Igualmente, el consumo de vino era muy alto en la Andalucía del siglo XVI; los viñedos abundaban en la vega granadina sobre todo a partir de principios de siglo[47]. En lo referente a caballos, mulas y potros, la versatilidad del empleo de estos animales en la centuria que nos ocupa los convertía en bienes muy apreciados. El valor en el mercado de un niño guineano de 9 años equivalía, en 1515, al de una mula ensillada. Por último, los metales preciosos como el oro constituían quizá una de las riquezas más estimadas. En 1567, se pagó una cadena de oro tasada en 110 ducados por una esclava berberisca de 30 años.

Cabe mencionar un caso no reseñado en la tabla superior. Se trata de un sastre que trabajó durante años cosiendo hechuras para un licenciado, su mujer y sus criados/as, y que, a la muerte de su cliente aún no había recibido el total del coste de su labor; de manera que la esposa determina abonarle dándole una esclava valorada en 80 ducados más 480 reales.[48]

[47] VINCENT, Bernard: "La ciudad y su entorno rural" en *Historia de Granada*, vol III, Don Quijote, Granada, 1986, p. 105.

[48] "(...) una esclava en precio de 80 ducados que me abeys dado e pagado en hechuras de ropas que habeys hecho para mi casa en vida del dicho señor licenciado, e después de fallecido, para mi persona y para mis criados e criadas por mi mandado, e fecha e averiguada quenta dello, aunque las dichas hechuras montaron más que los dichos 80 ducados del precio de la dicha esclava, os pagué de contado lo que más monta, que fueron 480 reales y así desta manera vos quedays pagado de todo lo que se debía" A.P.G. Leg. 180, fol 296. Cabe destacar que el texto habla de "criados y e criadas" mencionando ambos géneros gramaticales.

2.3. *La estabilidad del precio medio (1500-1540)*

El precio medio de las personas esclavizadas en el mercado granadino no se mantiene estable a lo largo del siglo XVI, sino que, por el contrario, sufre importantes modificaciones. Por ello, la extrapolación de un precio aislado, correspondiente a un año concreto de la centuria, a todo el siglo XVI resultaría engañosa. Esta es la razón por la que he procedido a desglosar los diversos periodos estudiados.

A continuación he realizado un gráfico que muestra la evolución del precio medio de las personas esclavizadas a lo largo de los primeros cuarenta años del siglo y según las compraventas conservadas en el Archivo de protocolos del Colegio notarial de Granada (gráfico 16). Para su elaboración únicamente he suprimido aquellas personas esclavizadas cuyo precio está sin lugar a dudas influenciado por alguna particularidad: minusvalías físicas, enfermedades, etc.

Pero, antes de pasar al análisis de los gráficos es importante señalar que éstos se han elaborado en función de todas las personas esclavizadas vendidas individualmente en las compraventas consultadas. El cuadro siguiente pone de manifiesto que la mayor parte de las esclavas y los esclavos se venden por separado, exceptuando los años de la rebelión morisca en que la proporción de grupos aumenta.

CUADRO 14

N.º de personas vendidas	*1500-1540* %	*1560-1568* %	*1569-1571* %	*1572-1580* %
1	81	92	58	88
2	6	4	14	6
3	0	0	3	0
4	1	0	1	0
5	0	0	0	0
+5	0	0	0	0

El estudio de las relaciones entre la edad y los precios de venta en el mercado me ha llevado a privilegiar el marco de edades comprendidas entre los 16 y los 26 años; la inclusión de niños y niñas habría desvirtuado, sin duda, la realidad y, por otra parte, este intervalo de edades además de corresponder al periodo más productivo, aglutina el mayor número de personas vendidas en Granada. He reducido todos los precios a una misma moneda, el ducado, ya que como hemos podido comprobar con anterioridad se trata de la moneda más utilizada en las compraventas de personas esclavizadas.

El gráfico 16 nos enseña que entre 1510 (año en que se conserva la primera carta de venta de una persona esclavizada cuya edad esté comprendida entre 16 y 26) y 1530, el precio medio de las personas esclavizadas fluctúa en torno a los 30 ducados, sin sobrepasar los 40 ducados de máxima ni situarse apenas por debajo de los 20 ducados, como muestran las bandas grises trazadas en el gráfico. En 1533 observamos una subida aislada del precio medio que puede estar relacionada con el alza moderada que constatamos a partir de 1537, años en que los precios superan la media de las primeras décadas del siglo, situándose por encima de los 40 ducados. La bajada del coste medio que apreciamos en 1535 podría corresponder a la afluencia de hombres y mujeres procedentes de Berbería a consecuencia de la toma de Túnez.

Durante estos primeros cuarenta años de la centuria, el precio medio de las personas esclavizadas se mantiene, por tanto, relativamente esta-

GRÁFICO 16. PRECIO MEDIO DE LAS PERSONAS ESCLAVIZADAS 1510-1540

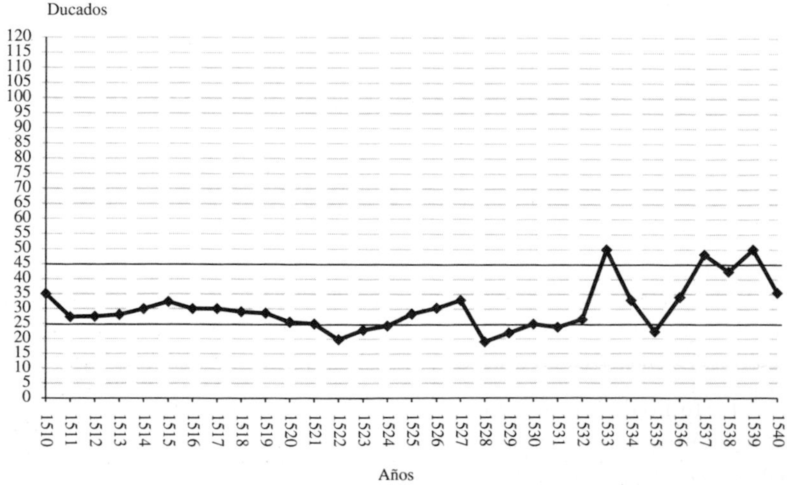

Las bandas horizontales de color gris señalan el marco de fluctuación de los precios.

ble; no hay descensos ni cumbres espectaculares. Podemos observar, sin embargo, un aumento prudente del precio medio de las personas esclavizadas a finales de la década de los 30.

2.4. *La tendencia alcista y la caída del precio medio (1560-1580)*

Como hemos visto anteriormente, los precios medios de esclavos y esclavas se mantienen estables durante la primera mitad del siglo; sin embargo, en la segunda mitad del siglo asistimos a una verdadera revolución de los precios. Esta escalada del valor de las personas esclavizadas en el mercado granadino debió ser proporcional a una subida general del índice de precios, acompañada asimismo de un aumento de los salarios. Efectivamente, entre 1560 y 1568, el precio de las personas esclavizadas aumenta de manera sobresaliente llegando a su culmen en 1566 con una media de casi 100 ducados, más del doble de su precio a principios de siglo. Esta coyuntura de crecimiento desmesurado de los precios se ve rotundamente impactada en los 3 años de guerra contra los moriscos. Durante el trienio de la rebelión morisca (1569-1571), el mercado esclavista granadino se desborda y los precios de las personas esclavizadas descienden bruscamente hasta alcanzar, en 1571, precios similares a los de la primera mitad de siglo. En los años posteriores a la guerra, los precios vuelven a subir retomando la tendencia alcista observada durante el periodo anterior al levantamiento.

El grafico siguiente nos muestra los precios medios de las personas esclavizadas durante los 8 años anteriores a la rebelión de los moriscos, en el trienio de la guerra y durante los 8 años posteriores al enfrentamiento.

En este gráfico se observa muy claramente cómo entre 1569 y 1571 el precio medio de las personas esclavizadas disminuye de manera sustancial hasta llegar a situarse por debajo de la mitad del valor alcanzado en la década anterior (los precios medios durante el trienio de la sublevación morisca se encuentran acotados por una elipse gris). Mientras que en 1566 el precio medio roza los 100 ducados; en 1571, año que marca el desenlace de la guerra, el valor de las personas esclavizadas ha descendido a 43 ducados. La depreciación de las personas esclavizadas durante estos años está directamente influenciada por la enorme oferta de moriscos y moriscas procedentes de la Alpujarra, que desbordan el mercado granadino. Los efectos no se hicieron tardar en la

GRÁFICO 17. PRECIO MEDIO DE LAS PERSONAS ESCLAVIZADAS 1560-1580

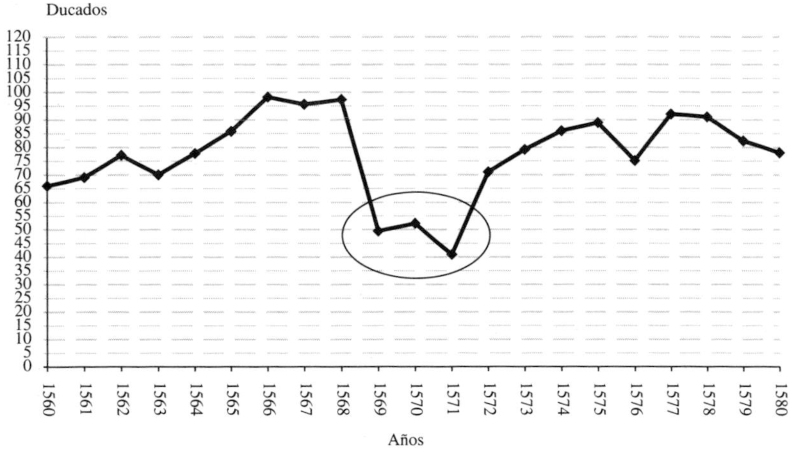

Gráfico realizado con compraventas de esclavos de ambos sexos, de edades comprendidas entre los 16 y los 26 años y sin ninguna tacha ni enfermedad, según la documentación conservada en el Archivo de Protocolos del Colegio Notarial de Granada.

ciudad; trabajadores de sectores como el textil o la construcción, así como otras ramas de ganancias medias-bajas, pudieron beneficiarse de la explotación de la mano de obra esclava. Aquellos granadinos que compraron algún esclavo o alguna esclava inmediatamente antes del estallido de la sublevación morisca vieron como su inversión perdía valor aceleradamente: entre 1568 y 1569, el valor de las personas esclavizadas descendió una media de 45 ducados.

A pesar del fuerte impacto de la llegada de los moriscos y las moriscas al mercado granadino, durante los 8 años posteriores a la guerra (1572-80) el valor de las personas esclavizadas retoma de nuevo la tendencia alcista hasta alcanzar cantidades similares a principios de la década de los sesenta, aunque sin sobrepasar en ningún momento los 90 ducados de media.

2.5. *La evolución del precio a lo largo del siglo*

Si exceptuamos el descenso de 1535 y el alza moderada que observamos a partir de 1537, durante el periodo 1500-1540, el precio medio de las personas esclavizadas se mantiene relativamente estable en torno a los 30 ducados. Entre 1541-1559, las catas realizadas me permiten afirmar que la tendencia alcista de los precios comienza a partir de los años 50.

El gráfico 17 muestra el movimiento ascendente de los precios que llegan a doblar las medias de la primera mitad de la centuria, así como el formidable giro del mercado esclavista a raiz de la sublevación morisca, cuando los precios medios de las personas esclavizadas descienden hasta rozar mínimos históricos para el siglo XVI. La bajada de los precios durante el trienio bélico, debido a la enorme oferta de moriscos y moriscas en el mercado esclavista de Granada, facilitó el acceso a la compra de mano de obra esclava a ciudadanos que en décadas anteriores no hubiesen podido permitirse tener un esclavo o una esclava a su servicio. En los años posteriores a la guerra entre moriscos y cristianos, el mercado esclavista recobró gradualmente la tendencia alcista observada en el decenio anterior al levantamiento de los neoconversos del Reino de Granada.

A finales del siglo XVI, el precio de las personas esclavizadas continúa elevándose siguiendo la tónica general de esta segunda mitad de siglo hasta alcanzar la máxima de la centuria con una media situada en 110 ducados en 1590.

La cronología de la evolución del precio medio de las personas esclavizadas en la Granada del siglo XVI según la documentación notarial conservada coincide *grosso modo* con la tendencia general de los precios señalada por Hamilton: 1501-1550 alza moderada de los precios; 1550-1600 culminación de la revolución de precios[49]. Para este investigador, la estrecha relación entre el aumento de importaciones de plata y el de los precios demuestra que las minas americanas fueron la causa principal de la revolución de los precios en España. En cualquier

[49] HAMILTON, Earl J.: *El tesoro americano y la revolución de los precios en España 1501-1550*, 1ª ed. de 1934.

caso, admitiéndo incluso que ésta no fuese la única razón desencadenante del alza de los precios en la España del siglo XVI, el estudio del precio medio de las personas esclavizadas en Granada coincide esencialmente con los periodos marcados por Hamilton, y discrepa del trabajo posterior de Nadal Oller en que se considera que el aumento más marcado de los precios españoles tuvo lugar en la primera mitad del siglo XVI[50].

Las causas reales del aumento de los precios de las personas esclavizadas en la segunda mitad del siglo XVI en el mercado granadino contínuan siendo un enigma aunque, sin duda, la llegada de plata del continente americano debió desempeñar un papel importante. El análisis de más de 2.000 documentos de compraventa de personas esclavizadas avala los gráficos elaborados, y prueba que la culminación del alza de los precios de las personas esclavizadas tiene lugar durante la segunda mitad del siglo XVI[51].

Un estudio de la evolución de los salarios a lo largo del siglo XVI en el marco granadino sería de gran utilidad para el análisis de las cuestiones que estoy planteando, ya que las relaciones entre salarios y precios son una de las claves para el estudio del papel de la mano de obra esclava en la economía granadina; pero, desafortunadamente se sabe muy poco sobre los salarios castellanos en el siglo XVI. De cualquier forma, en el caso del mercado esclavista granadino, aún si los precios aumentaran más rápidamente que los salarios en la segunda mitad del siglo XVI, la devaluación de los precios medios de las personas esclavizadas a partir de 1569, facilitó el acceso de las capas medias bajas a la utilización de mano de obra esclava lo que no ocurrió con la mayoría de los productos. Si consideramos que el precio de los textiles españoles experimentó un alza tan importante a lo largo del siglo XVI que resultaba más asequible importar telas del extranjero, y que, el

[50] NADAL OLLER, J.:"La revolución de los precios españoles en el siglo XVI", *Hispania*, nº 19, 1959, pp. 503-529.

[51] A modo de anécdota, señalaré que los precios de las personas esclavizadas eran, muy probablemente, más caros en el continente americano que en la península ibérica. El padre Labat, que estuvo en Cádiz a fines del siglo XVII, se sorprendió de las diferencias entre el precio de los esclavos en Andalucía y las Indias, pues le ofrecieron un esclavo negro de 18 años por 110 pesos y, según sus palabras, en América le hubiese costado, al menos, 200 pesos. LABAT: *Voyage en Espagne*, t. 1, cap. X.

precio de los alimentos siguió igualmente esta tendencia alcista debido, probablemente, a la incapacidad castellana para alimentar tanto a la población creciente como al nuevo mercado americano; el precio medio de las personas esclavizadas no era, en general, excesivamente elevado y, desde luego, resultaba más que asequible durante los años de la rebelión morisca.

Teniendo en cuenta que la inflación afectaba más a los pobres; en el caso, por ejemplo, de los fabricantes y los artesanos medios, su capacidad adquisitiva, respecto a la posibilidad de comprar un morisco o una morisca para trabajar en su taller, aumentó considerablemente. Los más beneficiados fueron, sin duda, los comerciantes que vieron la posibilidad de obtener ganancias inmediatas a través de la especulación en los diversos mercados esclavistas de la península ibérica. Pero no sólo negociaron los mercaderes durante los años de la afluencia masiva de personas esclavizadas de origen morisco al mercado granadino; asimismo los menestrales probaron suerte con la especulación de los precios. En Valencia, por ejemplo, encontramos individuos de diversas profesiones que manifiestan en la "baylía" pequeños grupos de esclavos adquirirdos a los soldados participantes en la guerra de las Alpujarras con objeto de venderlos posteriormente[52].

Los gráficos anteriores nos permiten observar que el precio medio de las personas esclavizadas no es estable a lo largo del siglo XVI, sino que estaba influenciado por una serie de factores que respondían a las leyes de una economía de mercado. Esta fluctuación del precio medio de las personas esclavizadas viene a corroborar mi hipótesis de partida: no resulta verídico ofrecer una imagen de homogeneidad del precio de las personas esclavizadas a lo largo del siglo XVI; esto significa que el estudio del precio durante un lapso de tiempo aislado no es extrapolable a toda la centuria. Del mismo modo, la utilización paralela de precios de personas esclavizadas de edades dispares o afectadas de alguna enfermedad, así como embarazadas, desvirtúan la realidad de los precios medios del contingente esclavo en el mercado.

[52] Un carretero manifiesta 6 cautivos en 1569, un labrador 5 cautivas, etc. GRAULLERA SANZ, Vicente: *La esclavitud en Valencia*, p. 181.

3. EL PRECIO MEDIO SEGÚN EL SEXO, LA EDAD Y EL ORIGEN

3.1. *Precio y sexo*

Hemos visto que la extrapolación de los precios para toda la centuria no es válida. De igual forma, para conocer el funcionamiento del fenómeno esclavista es imprescindible desglosar en hombres y mujeres los gráficos anteriores que ilustraban los precios de las personas esclavizadas de ambos sexos.

Seguidamente presento dos gráficos que muestran la evolución de los precios medios de hombres y mujeres esclavizados durante los periodos 1510-1540 y 1560-1580.

La disparidad entre los precios de hombres y mujeres durante el lapso 1510-1540 juega siempre a favor del sexo femenino: los valores que las esclavas alcanzaban en el mercado durante la primera mitad de la centuria eran persistentemente superiores a los de los hombres. Las distancia de los precios de hombres y mujeres oscila entre los 5 y los 20 ducados; diferencia importante si tenemos en cuenta que los precios

GRÁFICO 18. PRECIO MEDIO Y SEXO DE LAS PERSONAS ESCLAVIZADAS. 1510-1540

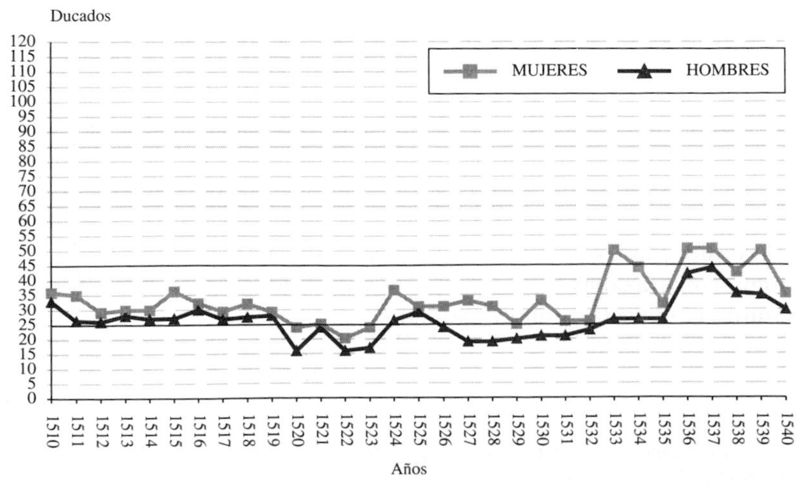

apenas superan los 40 ducados (en 1533, por ejemplo, el precio medio de las esclavas era el doble del de los esclavos).

Durante las décadas representadas en el gráfico 18, tanto los esclavos como las esclavas vendidas en Granada procedían fundamentalmente del continente africano, del norte y de la zona occidental situada al sur del desierto. El número de mujeres llegadas al mercado granadino era mayor que el de hombres aunque sin alcanzar los porcentajes de los años de la rebelión morisca (70% de mujeres esclavas). Esto implica que ni la procedencia ni una oferta mayor lograron devaluar los precios de las mujeres esclavizadas.

En cuanto al precio medio de los hombres y las mujeres esclavizados antes, durante y después de la rebelión de los moriscos, el gráfico siguiente nos muestra los resultados obtenidos según las fuentes notariales conservadas.

En el gráfico 19 apreciamos que los precios medios de las esclavas continuaron siendo más elevados incluso durante aquellos lapsos temporales en que la oferta de mujeres era generosamente superior, como occurrió en la guerra entre moriscos y cristianos. Si comparamos las desigualdades del precio en función del sexo durante la primera mitad

GRÁFICO 19. PRECIO MEDIO Y SEXO DE LAS PERSONAS ESCLAVIZADAS. 1560-1580

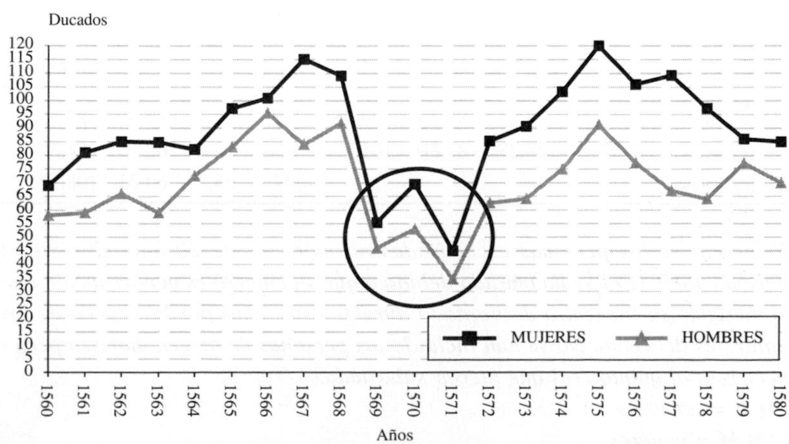

del siglo y a lo largo de los años 60, 70 y 80, veremos que las diferencias son mayores en el segundo periodo ya que fluctúan en torno a los 20-30 ducados. Sin embargo, hay que tener en cuenta que los precios medios son muy superiores durante este segundo lapso temporal (cuya máxima se sitúa en 120 ducados). Por ejemplo, los 30 ducados de diferencia en el precio de hombres y mujeres que observamos en 1567 suponen un tercio del precio de los hombres.

Con objeto de profundizar en la mayor estimación de las esclavas, he elaborado el siguiente cuadro empleando exclusivamente hombres y mujeres de 20 años, una de las edades más cotizadas para ambos sexos en el mercado esclavista granadino.

El cuadro 15 nos muestra que, en Granada, los precios medios de las esclavas de 20 años son más altos que los de los esclavos de la misma edad a lo largo de diversos periodos del siglo XVI e independientemente de sus orígenes. Por otra parte, si analizamos el cuadro, advertiremos que el precio medio de una esclava sudanesa durante los años 1510-1540 es inferior al de un esclavo del mismo origen durante el periodo 1560-1568, lo que podría llevarnos a sostener equivocadamente que los hombres eran más caros que las mujeres en el siglo XVI. No se pueden comparar cifras de épocas distintas.

CUADRO 15. PRECIO MEDIO Y SEXO DE LAS PERSONAS ESCLAVIZADAS DE 20 AÑOS

	1500-1540		*1560-1568*		*1569-1571*		*1572-1580*	
	H(*)	*M(**)*	*H*	*M*	*H*	*M*	*H*	*M*
Negroaficanos	22,41	33,63	81,84	99,25			80,30	86,16
Berberiscos/as	25	28,28	87,50	106,50			62	71,30
Moriscos/as					40,60	63,8	60,23	108,78

El precio de las personas esclavizadas no moriscas de 20 años durante el periodo 1569-1571 se ha omitido debido a que su número es muy reducido que el mercado se encuentra desbordado durante estos años por la llegada de los naturales del reino. No se han incluido las personas de origen morisco pertenecientes al quinto real que fueron subastadas.

(*) H = hombres

(**) M = mujeres

Respecto al precio de las esclavas moriscas, éste era probablemente más elevado en otras ciudades de Andalucía que en Granada capital; Por ejemplo, Rafael Benítez Sánchez Blanco, en su artículo sobre la esclavitud en Málaga en el año 1569, apunta que el precio medio de las moriscas adultas rondaba los 70 ducados[53].

A la vista de los resultados obtenidos en el análisis de los precios medios en la documención notarial consultada para la Granada del siglo XVI, no cabe duda de que las esclavas eran más apreciadas que los esclavos en el mercado esclavista de la capital granadina. Pero, esta afirmación no sólo es válida para Granada, sino también para otros siglos y otras ciudades de Andalucía y Castilla, entre las que podemos citar, por ejemplo, Sevilla o Valladolid (siglos XVI y XVII)[54]. En este sentido, una buena parte de los trabajos sobre la esclavitud en la península ibérica durante los tiempos modernos ofrecen datos aislados sobre los precios de las personas esclavizadas sin pronunciarse, en general, sobre la división sexual de los mismos; unas veces porque carecen de información seriable y, otras, porque la perspectiva androcéntrica frena la confirmación de la desvalorización de los hombres en los mercados esclavistas peninsulares.

3.2. *Precio y edades*

El sexo y la edad son los dos factores que más influencia ejercieron sobre el precio de las personas esclavizadas en el mercado esclavista de Granada a lo largo del siglo XVI. El próximo gráfico ilustra las relaciones entre las edades de las personas esclavizadas y el precio medio alcanzado en el mercado granadino según los diversos periodos analizados.

En lo referente a los menores de 5 años, sus precios son difícilmente promediables ya que casi no se vendían por separado. No obstante, he

[53] BENITEZ SÁNCHEZ-BLANCO, Rafael: "Guerra y sociedad: Málaga y los niños moriscos cautivos. 1569", *Estudis*, nº 3, 1974. pp 31-54.

[54] BERNARD, Alexis: *La esclavitud en Sevilla en el siglo XVII*, tesis doctoral. FERNÁNDEZ MARTÍN, Luis: *Comediantes, esclavos y moriscos en Valladolid-siglos XVI y XVII* Secretariado de Publicaciones, Universidad de Valladolid, 1988, p. 192.

GRÁFICO 20. PRECIO MEDIO Y EDADES DE LAS PERSONAS ESCLAVIZADAS

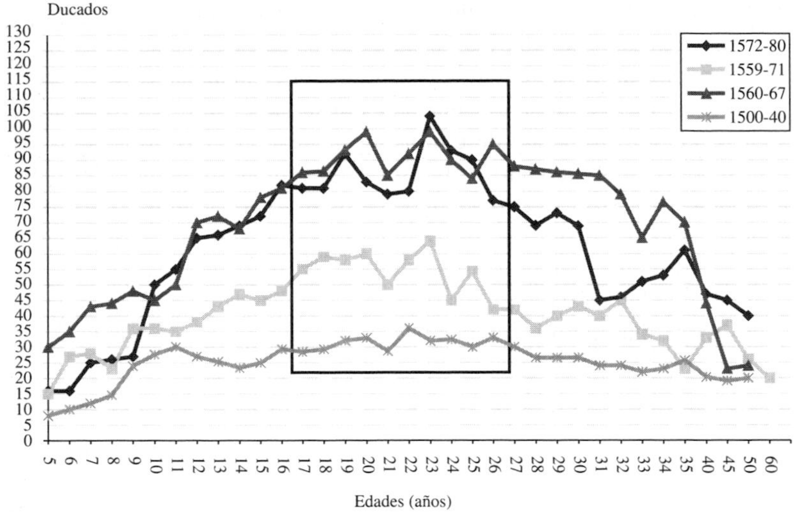

estudiado los casos de menores de 5 años que se venden aislados en el capítulo dedicado a la infancia. El despegue del valor en el mercado esclavista granadino se aprecia claramente en torno a los 9-10 años, momento que marcaría el paso a la edad productiva y que coincide cabalmente con la edad límite establecida por la Corona para la legitimidad de la venta de moriscos (10 años y medio) y moriscas (9 años y medio). Además, en los contratos de trabajo de aprendices y mozas de servicio analizados para este trabajo he observado que esta edad (9-10 años) marca el comienzo del cobro del salario. Por ejemplo, Angela, una niña cuyo contrato de servicio se realizó cuando tenía 3 años y medio, empezaría a percibir 2 ducados y medio anuales al cumplir los 9 años[55]. Los niños y niñas menores de 9 años apenas si se cotizan en el mercado esclavista debido a su baja rentabilidad y, tal vez, a la elevada mortalidad infantil.

[55] A.P.G. Leg. 179, fol. 205r.

La máxima valoración de las personas esclavizadas se situaba, como podemos comprobar en el gráfico anterior, entre los 16 y los 26 años (intervalo delimitado por el rectángulo gris); abanico de edad que correspondía a una mayor productividad real. Los precios medios más elevados se sitúan en los 18, 19, 20, 22 y 23 años; edades que representaban un ventajoso rendimiento físico y, en consecuencia, una mayor rentabilidad.

A partir de los 40 años, el abanico de edades en las compraventas de personas esclavizadas se va cerrando; ésta es la razón por la que únicamente he incluido en el gráfico tres edades más (45, 50 y 60 años); de hecho, únicamente se vendieron moriscos (periodo 1569-71 en el gráfico) que sobrepasaran los 55 años.

Asimismo podemos apreciar en el gráfico que las oscilaciones de los precios medios durante el periodo 1500-1540 son débiles en relación con los vaivenes observados en otras etapas del siglo. La explicación podría estar en que los precios son los más bajos de la centuria y, por tanto, una diferencia de 5 o 10 ducados suponía un disparidad importante. Por otra parte, los precios de las personas esclavizadas de origen morisco, representadas en el gráfico 7, primordialmente durante los años de la guerra (1569-71), aunque sufren balanceos considerables no presentan valores disparatados, lo que podría haber ocurrido si sus familiares o conocidos se hubiesen librado masivamente a pagar cifras exageradas por su compra, que en este caso, se convertirían en liberaciones solidarias. En este sentido, quizá los 35 ducados de media correspondientes a las moriscas/os de 45 años supongan un precio algo excesivo dada la tónica general. Se trata de un ejemplo más para confirmar que las liberaciones solidarias se realizaron fundamentalmente a través de las cartas de horro y no de las compraventas.

Por otra parte, no cabe duda que los propietarios de personas esclavizadas, y sobre todo los mercaderes dedicados al comercio, alterarían con frecuencia la edad real de estas personas tendiendo a situarla en torno a los años más cotizados en el mercado con la intención de conseguir beneficios más elevados[56].

[56] No comparto la afirmación de Alfonso Franco Silva cuando dice: "Los escribanos de Sevilla y de Córdoba fueron siempre muy cuidadosos en la expresión de la edad y del sexo del esclavo, y en muchos casos fijan la misma con una precisión increíble de años, meses y hasta días" en *La esclavitud en Andalucía 1450-1550*, Universidad de Granada, 1992, p. 91.

3.3. *Precios y procedencia geográfica*

Bajo este epígrafe estudiaré los precios medios de las personas esclavizadas en relación con el espacio geográfico del que proceden y no con la categoría racial color como se ha venido haciendo en la historiografía reciente sobre la esclavitud en los tiempos modernos. La clasificación en función del color de la piel remite alegóricamente a una homogeneidad del grupo de procedencia, lo cual no resulta pertinente, puesto que, tanto en Berbería como en la península ibérica coexistían personas esclavizadas de diversos "colores".

Como he señalado con anterioridad, el precio medio general se modifica notablemente según la cronología por lo que el análisis de los valores de cada grupo de procedencia se ha realizado conforme a las etapas temporales estudiadas a lo largo del siglo XVI. El gráfico que presento a continuación puntualiza las relaciones entre precios medios y procedencia de las personas esclavizadas en Granada entre 1510 y 1540 (gráfico 21).

GRÁFICO 21. PRECIO MEDIO Y PROCEDENCIA DE LAS PERSONAS ESCLAVIZADAS 1510-1540

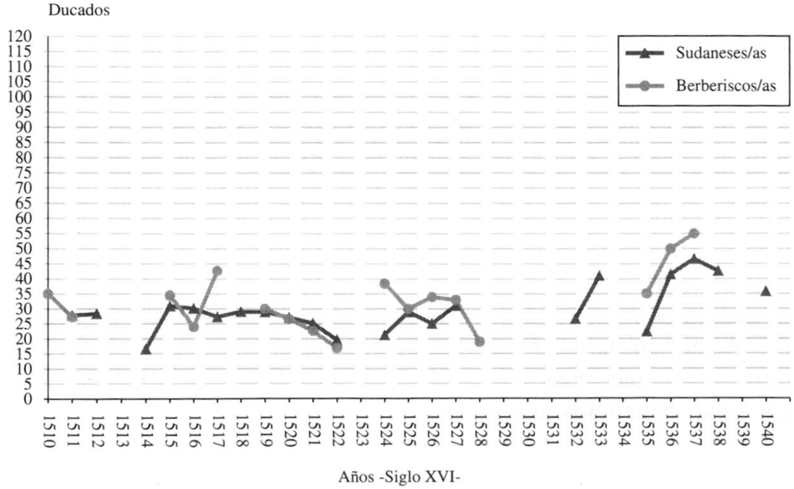

El hecho de que en algunos años no aparezca reflejado ningún punto se debe a que las compraventas analizadas no señalan el origen concreto de las personas vendidas en estos lapsos (únicamente se especifica el color, la edad u otros datos; pero no la procedencia).

Si analizamos el gráfico, comprobaremos que el precio de las personas esclavizadas originarias de Berbería es generalmente más alto que el de aquellas que proceden del África subsahariana occidental; no obstante, hay momentos en que los precios medios de los negroafricanos/as superan levemente o igualan al de los berberiscos/as (por ejemplo: 1516, 1520, 1521). Esto puede deberse a una mayor afluencia de "moros de allende" en el mercado granadino en periodos de mayor actividad corsaria o consecutivos a la toma de ciudades costeras norteafricanas por parte de los cristianos. En cualquier caso, aunque se aprecia una tendencia general a la cotización más alta de las personas esclavizadas originarias del norte África no se trata de una ecuación invariablemente certera. El coste de las cabalgadas en el Mediterráneo quizá fuese más elevado que el de las expediciones mercantiles a Guinea, éstas últimas mucho más seguras. Veamos qué ocurre durante los años 1560-1580 (gráfico 22).

En la etapa 1560-67, el importe de las personas esclavizadas procedentes de Berbería continúa siendo *grosso modo* más elevado que el de los sudaneses, aunque en 1564 la balanza se inclina a favor de los negroafricanos. En 1569, el primer año de la rebelión morisca, la cap-

GRÁFICO 22. PRECIO MEDIO DE LAS PERSONAS ESCLAVIZADAS 1560-1580

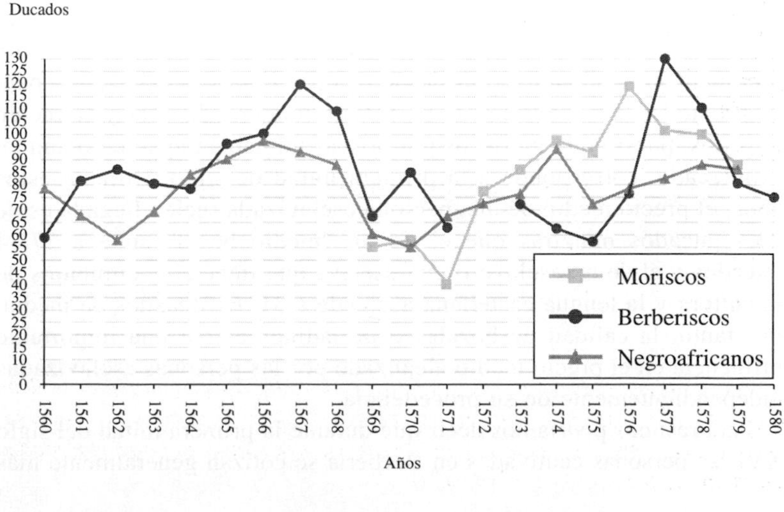

tura masiva de moriscos de ambos sexos ejerció un poderoso influjo sobre el mercado granadino, produciendo un abaratamiento de los precios generales. En 1570, los pocos berberiscos y berberiscas que se vendieron alcanzaron los valores más altos del mercado esclavista, superando tanto los precios medios de los naturales del Reino de Granada como el de los negroafricanos con una media situada en 85 ducados (30 ducados más del valor medio de los moriscos y moriscas). Sin embargo, en 1571, el precio de los negroafricanos subió 20 ducados hasta superar el de los berberiscos. Entre 1568 y 1569, la cotización de las personas esclavizadas descendió una media de 30-40 ducados, experimentándose la principal bajada del precio de los moriscos el último año de la guerra, en 1571.

Por otro lado, en los años posteriores a la sublevación, los berberiscos continúan presentando un patrón diferente al resto de los grupos esclavizados: su precio no aumenta, como ocurre en los demás casos, sino que disminuye ligeramente. Las razones de este marcado descenso del precio de las personas esclavizadas procedentes de Berbería pueden estar relacionadas con una mayor oleada de corsarios en el Mediterráneo.

En el precio de las personas esclavizadas procedentes del continente africano, tanto de Berbería como del África subsahariana, influía sobremanera su calidad de bozales o ladinos, aquellas personas que desconocían las costumbres y la lengua castellana adquirían precios más bajos en el mercado mientras que las que podían entender las órdenes de sus propietarios serían más apreciadas. Es imprescindible tener en mente que no todas las personas esclavizadas que aparecen en las compraventas analizadas eran bozales, si no que factiblemente podían haber residido en otras ciudades castellanas bajo la propiedad de otros amos. El mayor número de esclavos recién llegados, puesto que moriscos y moriscas no habían aparecido aún en el mercado, corresponde a la primera mitad de siglo. Durante estos años, el precio medio de una persona esclavizada recién llegada es de 24,4 ducados mientras que el de un "medio bozal" sube a 27,84 ducados y el de un esclavo o una esclava que tiene conocimientos de la cultura y la lengua castellana asciende a 31, 61 ducados de media. Por tanto, la calidad de bozales o de ladinos ejerce una importante influencia en el precio medio alcanzado por las personas esclavizadas independientemente de su procedencia.

Para resumir podríamos decir que durante la primera mitad del siglo XVI las personas cautivadas en Berbería se cotizan generalmente más alto en el mercado granadino, lo que puede estar relacionado con la calidad de bozales de la mayoría de los negroafricanos. Que la aparición en el mercado de los moriscos y moriscas esclavizados no sólo devalúa el precio medio de los demás grupos sino que éstos nunca llegan a tener un valor sólido a lo largo del siglo XVI. Y, en tercer lugar, que la procedencia, no constituye un verdadero factor diferenciador del valor adquirido en el mercado como lo es el sexo, pues no es una constante que se perpetúe a lo largo de todo el siglo sino que tiende a oscilar. Aunque el precio medio de los berberiscos suele ser más elevado que el de los sudaneses, hay momentos en que se invierten los valores; lo mismo ocurre con el precio de los moriscos, que aún alcanzando los precios inferiores del mercado durante los años de la rebelión recuperan posiciones a lo largo de la década de los setenta.

CAPÍTULO 6
MUJERES ESCLAVAS

A la dominación estamental propia de la Edad Moderna se añadía una sujeción que traspasaba todos los estamentos sociales: la de los hombres sobre las mujeres. Jean Bodino, uno de los pensadores más destacados de la época, lo expresa sin rodeos: "Por variadas que sean las leyes, jamás ha habido ley o costumbre que exima a la mujer, no sólo de la obediencia, sino de la reverencia que debe al marido. Pero así como no hay nada en este mundo, como dice Eurípides, tan importante y necesario para la conservación de las repúblicas como la obediencia de la mujer al marido, tampoco el marido debe, al abrigo del poder marital, convertir a su mujer en esclava"[1].

Bodino sitúa a nivel de cuestión de Estado la dominación de los hombres sobre las mujeres, afirmando que se trata de una condición esencial e indispensable para el buen funcionamiento de la nación[2]. Pero, además, considera que los hombres tienen *de facto* poder suficiente para convertir a las mujeres en "esclavas" en el seno del matrimonio. El símil empleado por Bodino no podía ser más acertado ya que establece un

[1] BODINO, Jean: *Los seis libros de la República*, Libro 1, cap. III "Del poder del marido (...)", Instituto de Estudios Políticos, Universidad de Venezuela, Caracas, 1966, p. 117.

[2] Esta idea se repite a lo largo de los siglos XVII y XVIII. Por ejemplo, Carlos III en una Cédula Real del 11 de mayo de 1783, a raíz de la creación de una Escuela para niñas pobres señala que: "la buena educación de las jóvenes en los rudimentos de la fe católica, en las reglas del bien obrar, en el ejercicio de las virtudes y en las labores propias de su sexo (...) es el medio para lograr este fin tan saludable y beneficioso al Reino". MARTÍNEZ LÓPEZ, Cándida y NASH, Mary (ed.): Ob. cit., p. 247.

claro paralelismo entre la sujeción de las mujeres libres a los hombres y la de la población esclava a sus amos. El pensador pone de manifiesto que todas las dinámicas de dominación tienen unos principios comunes, por lo que la esclavitud podría ser parangonable al patriarcado. En definitiva, las palabras de Jean Bodino anticipan una noción desarrollada muy posteriormente: que a la "explotación de clases" se superponía otra explotación que recorría todas las clases sociales: la de las mujeres. Pues bien, si la condición de las mujeres libres en la Edad Moderna suponía un grado de dominación tan elevado ¿qué lugar se reservaba en la mentalidad de la época a las mujeres esclavas? La subordinación de las esclavas era doble: por ser mujeres y por ser esclavas.

1. LAS ESCLAVAS SON MÁS NUMEROSAS

El imaginario actual de la esclavitud es un imaginario básicamente masculino: las representaciones mentales colectivas nos dicen que el grupo de personas esclavizadas está formado mayoritariamente por varones. La imagen de no-productividad de las mujeres, heredada y transmitida hasta la saciedad ha influenciado poderosamente las investigaciones sobre la esclavitud. La falta de una perspectiva de género en el estudio de la esclavitud en España ha sido una de las grandes ausencias[3]. Los historiadores no se preguntan por qué se vendían más mujeres que hombres (a veces ni siquiera son conscientes de esta realidad), ni se interrogan sobre el funcionamiento de la división sexual del trabajo en esclavitud, ni sobre el valor de la función reproductora en esclavitud, ni siquiera sobre las razones de la ausencia de parentesco, la inversión de los valores patriarcales (transmisión del estatus matrilinealmente) o el precio más alto de las mujeres. Estas cuestiones, cruciales en el estudio de la Historia, no han sido apenas abordadas. Si en las sociedades analizadas existían esclavas, como sin duda era el caso, ¿por qué no se ha reflexionado sobre las desigualdades y las concurrencias de las vidas de hombres y mujeres esclavizados?

[3] A pesar de que como señala Gisela Bock: "El análisis de género permite detectar la especificidad de la experiencia femenina y a la vez establecer las pautas de su integración en los procesos históricos". BOCK, Gisela: La Historia de las mujeres y la Historia del género: Aspectos de un debate internacional", *Historia social*, nº 9, 1989.

1.1. *Las mujeres, víctimas de la esclavitud*

Antes de avanzar es imprescindible constatar la mayoría femenina en la población esclava de Granada no sólo durante los años de la rebelión morisca, sino a lo largo de todo el siglo XVI. Para comprobar este supuesto he utilizado los datos contenidos en el padrón de vecinos de Granada realizado por los eclesiásticos en 1561 y el análisis de la documentación notarial analizada. El gráfico que presento a continuación combina la información contenida en ambas fuentes; salvo los datos correspondientes al año 1561, el resto se basa en las compraventas conservadas en el Archivo de Protocolos de Granada. Veamos los resultados obtenidos.

Para la realización del gráfico he combinado fuentes de distinta naturaleza, pero considero que de esta manera obtenemos una imagen más fiel del funcionamiento del fenómeno esclavista. Además, con

GRÁFICO 23. PORCENTAJE SEXUAL DE LA POBLACIÓN ESCLAVA DE GRANADA A LO LARGO DEL SIGLO XVI

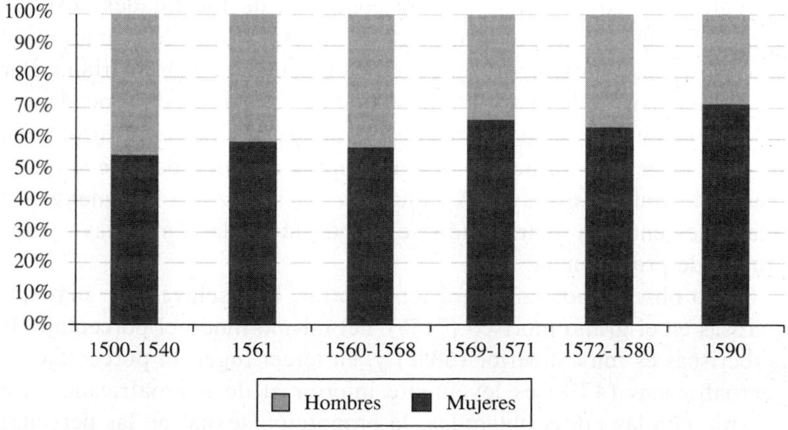

Los valores absolutos para cada periodo son: 1500-1540 (168 hombres y 205 mujeres); 1561 (325 hombres y 475 mujeres); 1569-1571 (220 hombres y 432 mujeres); 1572- 1580 (115 hombres y 202 mujeres) y1590 (6 hombres y 15 mujeres).

todos los inconvenientes que se puedan atribuir a la documentación utilizada, la realidad de la población esclava en la Granada del siglo XVI sólo puede ser una: la mayoría de los esclavos eran esclavas.

Las mujeres son las principales componentes del contingente esclavo en Granada, y muy probablemente en el resto de la península ibérica, en tiempos de Carlos V y de Felipe II. Por tanto, un estudio que no tenga en cuenta el sexo de las personas esclavizadas y las implicaciones sociales que supone una mayor presencia de mujeres quedaría invalidado, ya que enmascara y oscurece la Historia de la esclavitud. El fenómeno esclavista en la Granada del XVI es, a la vista de los resultados, un fenómeno fundamentalmente femenino.

1.2. *Mayoría femenina y grupos de procedencia*

En la Granada del quinientos hay tres formas de adquirir mano de obra esclava: a través de la guerra; por medio de los corsos, las cabalgadas y la toma de ciudades; y mediante las relaciones comerciales. Cada uno de estos modos de adquisición de población esclava está relacionado con una procedencia: la guerra proporcionó el contingente morisco; la piratería y la conquista de localidades costeras trajo a España el grupo berberisco; y la esclavitud de comercio se practicó fundamentalmente en el África Occidental Subsahariana. Por ello, el análisis de la distribución sexual de los grupos de procedencia del contingente esclavo vendido en Granada nos ofrece información sobre el origen de las personas y nos remite al modo de obtención de fuerza de trabajo esclavo. A continuación analizo gráficamente las relaciones entre la distribución sexual de la población esclava y los grupos de procedencia.

Como observamos en el gráfico anterior, las esclavas son más numerosas en el grupo morisco (71%), del mismo modo el porcentaje de berberiscas es muy superior (68%) y, en tercer lugar, el porcentaje de negroafricanas (47%) es levemente inferior al de negroafricanos. De acuerdo con las cifras obtenidas, la proporción sexual de las personas importadas por los españoles está claramente influenciada por su procedencia y, en consecuencia, por la forma en que eran adquiridas.

Respecto a la comunidad morisca, el elevado porcentaje de mujeres esclavizadas se constata igualmente en otras localidades andaluzas; por ejemplo, Aranda Doncel comprueba la superioridad numérica de las

GRÁFICO 24. PORCENTAJE SEXUAL DE LA POBLACIÓN ESCLAVA SEGÚN LOS GRUPOS DE PROCEDENCIA

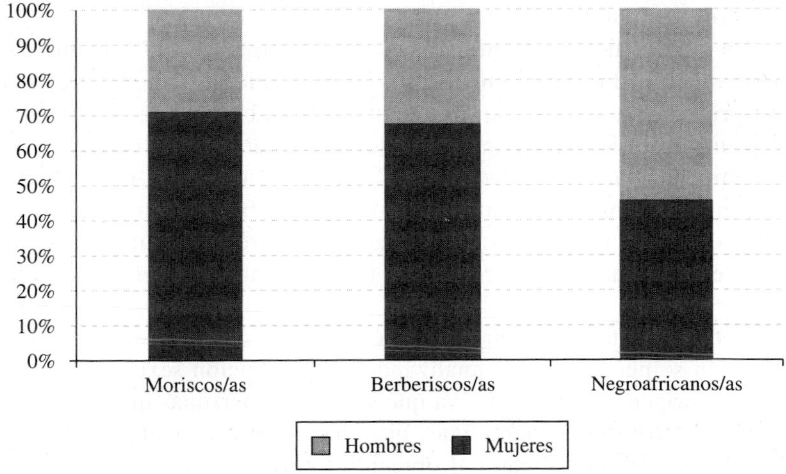

Los valores absolutos son Negroafricanos/as (244 hombres y 205 mujeres), Berberiscos/as (92 hombres y 193 mujeres) y Moriscos/as (217 hombres y 532 mujeres).

moriscas en Jaén[4], Javier Castillo Fernández en Baza[5], etc. En Guadix, según un registro de esclavos moriscos realizado en 1569, el 75% eran mujeres[6]. Esta inclinación de la balanza hacia el sexo femenino está ligada al modo de adquisición de la mano de obra esclava; es decir, a la guerra. Por consiguiente, el estudio de los registros seriados de com-

[4] ARANDA DONCEL, J.: "Los esclavos de Jaén durante el último tercio del siglo XVI" en *Homenaje a Antonio Domínguez Ortiz*, Ministerio de Educación y Ciencia. Dirección general de enseñanzas medias; Madrid. p. 237.

[5] CASTILLO FEZ, Javier y GARCÍA DE LARA, José Juan: "La esclavitud en Baza (1520 y 1570) Estudio hitórico y paleográfico". Se trata de un trabajo inédito cuyo autor me ha hecho llegar.

[6] A.P.N, Guadix. Escribano: Diego de Villanueva, fol 629, 4 de noviembre de 1569. Citado por ASENJO SEDANO, Carlos: *Sociedad y esclavitud en el Reino de Granada. Siglo XVI. Las tierras de Guadix y Baza*, publicaciones de la Academia granadina del notariado, Granada 1997, pp. 326-336.

praventas durante el trienio de la sublevación morisca demuestra que la esclavitud a consecuencia de un enfrentamiento bélico es esencialmente femenina, o lo que es lo mismo, que los cautivos de guerra son mujeres sobre todo[7].

En cuanto al contingente berberisco, la superioridad femenina se fundamenta en el conflicto bélico, al igual que la mayoría morisca. La principal forma de adquirir mano de obra berberisca era también el combate; si bien en el caso de la población norteafricana no siempre se trata de "guerra justa", puesto que buena parte de los enfrentamientos en el mar y en la tierra eran fruto de una ilegalidad más o menos consentida. Cabalgadas y correrías eran verdaderas empresas armadas que afectaban a un importante número de cristianos.

Por otra parte, la proporción femenina en el momento de la captura también se puede estudiar analizando la distribución sexual de "bozales" de origen norteafricano, ya que se trata de personas que acaban de llegar al territorio cristiano. Pues bien, las mujeres constituyen el 64%; un porcentaje muy cercano al obtenido a través del análisis global de las compraventas.

Por último, resta analizar la proporción de mujeres y hombres entre los negroafricanos esclavizados. Como podemos observar en el gráfico anterior, el porcentaje de esclavos es algo superior (53%) al de esclavas. Esta es la razón por la que durante el periodo 1500-1540 la proporción sexual está algo más equilibrada; porque la presencia negroafricana a principios de siglo es muy importante.

Para explicar la leve superioridad de hombres negroafricanos[8] en el mercado granadino es imprescindible estudiar el funcionamiento del comercio esclavista a escala internacional en el siglo XVI. Lo que haré en el punto 1.4.

[7] Parafraseando a Jacques Heers, el cual, al igual que otros investigadores, sostiene que "los cautivos de guerra son hombres sobretodo". HEERS, Jacques: *Esclaves et domestiques au moyen-age dans le monde méditerranéen*, Fayard, París, 1981, p. 23.

[8] Que el número de mujeres no supere al de hombres en el caso de la esclavitud negroafricana no significa, en ningún momento, que no podamos realizar un análisis de género, puesto que los estudios de género no tienen como objetivo analizar exclusivamente la esfera femenina sino, precisamente, las interacciones, relaciones, disparidades y reciprocidades entre ambos mundos: el de los hombres y el de las mujeres.

1.3. *Las esclavas de guerra: moriscas y berberiscas*

Hemos visto que la distribución sexual de la esclavitud a consecuencia de enfrentamientos bélicos, "justos" o clandestinos, siempre es mayoritariamente femenina. Analicemos ahora la dinámica de la guerra.

La mayor presencia de moriscas en el mercado esclavista granadino está directamente relacionada con la calidad de no-beligerantes de las mujeres. Dicho de otro modo, con el hecho de que el ejercicio de las armas estuviese reservado a los hombres. No me refiero a la coyuntura inherente al Reino de Granada, sino a la universalidad de la exclusión de las mujeres de la posesión y el manejo de las armas. Esta exclusión convierte a las mujeres y los hijos de los vencidos en uno de los principales botines de guerra; las ganancias obtenidas de su venta satisfarían, en parte, las expectativas de la tropa.

Los hombres morían en la lucha mientras las mujeres, apartadas secularmente del ejercicio de las armas, conservaban sus vidas aunque su destino fuese la esclavitud. Pero ¿por qué ha sido la guerra una actividad masculina a lo largo de la Historia? El argumento para apartar a las mujeres de la propiedad y la manipulación de las armas ha sido su debilidad física.

Esta cuestión ha suscitado en la actualidad un sugestivo debate en diversas disciplinas de las ciencias humanas. Claude Meillassoux sostiene que las mujeres habrían sido apartadas de las actividades bélicas, no en razón de su debilidad física ni de su incapacidad congénita para el combate, sino por el hecho de ser reconocidas como una riqueza[9]. Las mujeres debían ser protegidas y no expuestas porque son imprescindibles para la reproducción del grupo en cuestión, mientras que los hombres son "dispensables"[10] ya que su desaparición relativa no compromete la reproducción en la misma proporción que la desaparición de las mujeres[11]. Si aceptamos este presupuesto, la abrumadora mayo-

[9] MEILLASSOUX, Claude: "De l'incapacité dels hommes à accoucher et comment y remedier". El propio autor me facilitó una copia de este magnífico trabajo que presentó en el Congreso "Mujer, ideología y población" en Madrid, 1995. Agradezco su amabilidad.

[10] Ibidem. Es la palabra que utiliza Meillassoux en el original del texto, con una nota a pie de página en la que señala: "Dispensable: dont on peut se dispenser."

[11] Esto significa que la reproducción está asegurada con un sólo hombre y varias mujeres, pero no así con unas sola mujer y muchos hombres.

ría de moriscas en el mercado granadino durante los años de la sublevación se explica mediante el hecho de que la guerra haya sido "históricamente" (y no "naturalmente") un fenómeno masculino.

En cuanto al enfrentamiento bélico en el Mediterráneo, si establecemos un paralelismo entre la esclavitud en ambas orillas; es decir, entre la practicada por musulmanes y la llevada a cabo por los cristianos, comprobaremos que no se trata de prácticas simétricas. El concepto de "rescate" jugó un papel mucho más importante en el caso de la esclavitud practicada por los norteafricanos. El cautiverio masculino podía reportar importantes beneficios, no siempre en virtud de la productividad, sino fundamentalmente en razón del substancioso rescate que se requería a los familiares cristianos. El aparato establecido en torno al rescate de cautivos cristianos, con las Órdenes redentoras a la cabeza, matiza particularmente la esclavitud de los europeos en la orilla sur del *Mare Nostrum*. De hecho, Joao Mascarenhas, un portugués vendido en Argel a principios del siglo XVII, señala que en el momento mismo de la subasta los esclavos solían acordar su rescate en un 50% más de su precio si el dinero llegaba de Europa en menos de un año, y si se demoraba más de doce meses deberían abonar el doble[12]. Del mismo modo, el cautivo protagonista del capítulo 39 del Quijote, apresado en 1570 por las tropas del Virrey de Argel, jefe de las flota otomana en la batalla en Lepanto, dice así: "En todos estos trances andaba yo al remo (condenado a galeras), sin esperanza de libertad alguna; a lo más, no esperaba tenerla por rescate, porque tenía determinado de no escribir las nuevas desgracias a mi padre"[13]. En consecuencia, la posibilidad de rescatarse para los cristianos es una constante en las fuentes literarias e históricas de los siglos XVI y XVII; algo que, desde luego, no ocurre en la otra orilla del Mediterráneo. Los cristianos esclavizaban a mujeres, niños y hombres para emplearlos primordialmente como fuerza de trabajo y no como rehenes para la obtención de un rescate.

Respecto a las cautivas cristianas en Berbería cabe señalar que apenas tenemos noticias de rescates de mujeres y éstas tampoco aparecen con tanta frecuencia en los pleitos de la Inquisición (fuente mayorita-

[12] MASCARENHAS, Joao: *Esclave a Alger. Récit de captivité de Joao Mascarenhas (1621-1626)*, Chandeigne, París, 1993, p. 58.

[13] CERVANTES, Miguel de: "Donde el cautivo cuenta su vida y sucesos", *Don Quijote de la Mancha*, tomo I, CAP XXXIX.

riamente empleada para el estudio de la vida de los renegados). Pero esto no significa que las esclavas cristianas fuesen menos numerosas en tierras de Islam. Conocemos mejor los itinerarios masculinos porque ellas no aparecen tan frecuentemente en los documentos, ya que difícilmente vuelven a España. En este sentido, Luis Anaya señala que los propietarios musulmanes de mujeres canarias cautivadas a raíz de las cabalgadas se negaban sistemáticamente a devolverlas[14].

La demanda de mano de obra femenina en las poblaciones árabomusulmanas era muy elevada; por un lado, debido a su propia organización social, donde la poligamia era una práctica habitual para aquellos que podían permitírselo, especialmente entre los altos dignatarios cuyos harenes llegaron a reunir un elevadísimo número de concubinas (entre las cuales se encontraban numerosas esclavas); y por otro, debido a la reclusión de las mujeres de clase alta, apartadas del trabajo fuera de casa.

En cualquier caso, para conocer el porcentaje de mujeres cristianas esclavizadas en la otra orilla del Mediterráneo habría que estudiar las fuentes árabes. Desgraciadamente los trabajos publicados por magrebíes que he analizado tampoco tienen en cuenta la distribución sexual. Por ejemplo, Abdelhamed Laguerche señala: "Argel, que era el centro más activo del corso berberisco contaba a finales del siglo XVI y principios del siglo XVII hasta 35.000 esclavos cristianos, casi un tercio de su población"[15]. Nuevamente el uso del masculino genérico oscurece la Historia de las sociedades.

1.4. *Las esclavas de comercio: las negroafricanas*

Para entender el equilibrio entre las ventas de hombres y mujeres de origen negroafricano en la Granada del quinientos es necesario analizar la dinámica de los mercados esclavistas más importantes en la vertiente atlántico-mediterránea.

[14] ANAYA HERNÁNDEZ, Luis Alberto: "Repercusiones del corso berberisco en Canarias durante el siglo XVII: cautivos y renegados canarios" en *V Coloquio de Historia Canario-americana*, vol II, Cabildo Insular de Las Palmas, 1982.

[15] LARGUECHE, Abdelhamid: *L'abolition de l'esclavage en Tunesie a travers les Archives 1841-1846*, Alif, Túnez, 1990.

Previamente al siglo XVI, en el continente africano existían varios mercados esclavistas: el mercado interior del Sudán Occidental y la trata transahariana eran los de mayor envergadura. Por tanto, constatamos la presencia de dos ejes terrestres fundamentales de comercio esclavista, ambos anteriores a 1492: la ruta caravanera hacia el mundo árabe que atravesaba las arenas del Sahara, y el mercado interno negroafricano, que cubría *grosso modo* los actuales países de Senegal, Gambia, la mayor parte de Mali, Burkina Faso y el norte de Costa de Marfil, una región que había conocido la esclavitud desde la Alta Edad Media, si no en épocas anteriores.

La toma de Granada, que significó el cierre de la frontera terrestre de la Europa cristiana, trajo consigo la entrada en la ciudad de mano de obra berberisca fruto de la piratería y los enfrentamientos en el Mediterráneo. Por otra parte, a raíz de la colonización del continente americano en el siglo XVI se abrió un nuevo mercado esclavista de exportación cuyo destino principal era el Nuevo Mundo.

Si analizamos los mercados expuestos en términos de distribución sexual veremos que las mujeres han constituido la mayor parte de los adultos esclavizados en el África Occidental Subsahariana en cualquier periodo (siglos XV-XIX)[16] y que, igualmente, la trata musulmana hacia el Magreb se halla fundamentalmente constituida por mujeres y niños desde sus comienzos[17]. Sin embargo, el mercado transatlántico está esencialmente compuesto por hombres[18]. En conclusión, las mujeres se quedan en África y los hombres se envían a América.

La demanda de esclavas negroafricanas era muy elevada en el continente africano antes de la llegada de los cristianos, ya que tanto las sociedades árabo-musulmanas (trata transahariana) como las sociedades con personas esclavizadas del Sudán preferían a las mujeres.

Sabemos que el modo de adquisición primario de mano de obra esclava en los reinos sudaneses era la guerra, y que ésta proporciona

[16] KLEIN, Martín A.: "Women slavery in Western Soudan", *Women and Slavery in África*, The university of Wisconssin Press, Madison, 1983, pp. 67- 88; MEILLASSOUX, Claude: "Female slavery", Ibídem, pp. 49-66.

[17] AUSTEN, R. A: "The Trans-Saharian slave trade: A tentative Census", *The uncommon market*, New York, 1979.

[18] KLEIN, Herbert S: "Women in the Atlantic slave trade", en *Women and slavery in Africa*, 1983, p. 30.

fundamentalmente mujeres. Las crónicas del siglo XVI relatan las expediciones armadas que realizaban los Arma, los Touareg o los Peuls en las tierras interiores del Sudán con objeto de esclavizar a la población femenina[19]. Pero ¿cómo incorporan las sociedades negroafricanas este excedente femenino a su estructura social? Para comprenderlo hay que tener en cuenta que las sociedades patrilineales y polígamas tienen la capacidad de absorber un número ilimitado de mujeres y que todos los estamentos sociales pueden participar de esta superabundancia. La poligamia estaba muy extendida y el trabajo esclavo femenino era esencial para la economía africana. Alonso de Sandoval en su descripción de los "guineos" insiste en que se casan "con cuantas mujeres quieren o pueden"; es más, señala que "la mujer no se puede apartar del marido porque, en cierto modo, se tiene por su esclava"; y en cuanto a su resistencia física, las describe como "mujeres fortíssimas"[20].

Tanto el mercado interior africano como el mercado árabo-musulmán existían previamente al desarrollo del comercio esclavista transatlántico. Visto desde esta perspectiva, los buques negreros que viajaban hacia la América cristiana quizá transportaban fundamentalmente esclavos (hombres) porque los mercados pre-establecidos en el continente africano absorbían esencialmente mujeres. De hecho, el modo de adquisición primario de "material humano" para los cristianos era el comercio y no la guerra; un comercio sujeto a las reglas mercantiles y, en consecuencia, a la oferta en el mercado de origen.

Respecto a la proporción de hombres y mujeres negroafricanos que llegaban a España, la leve inclinación hacia el sexo masculino podría explicarse igualmente por la preferencia de esclavas en el mercado interior subsahariano, establecido antes de la llegada de los cristianos. La balanza sexual estaría más equilibrada en España que en América debido a que parte de las esclavas negroafricanas llegaban, en realidad, vía la trata transahariana, esencialmente femenina, a través de Orán, de Túnez o de otros puertos costeros.

Por consiguiente, uno de los factores a tener en cuenta respecto a la distribución sexual de hombres y mujeres es el propio funcionamiento

[19] Por ejemplo la crónica *Tedzhiret en-Nissian*. TYMOSKI, Michel: "L'economie et la societé dans le bassin du moyen Niger. Fin du XVIe-XVIIIe siècles", Africana Bulletín, 18, 1973, pp. 9-41.

[20] SANDOVAL, Alonso: Tratado de esclavitud, p. 114, 163 y 168.

de los mercados esclavistas africanos que proporcionaban mano de obra a los cristianos. El modo de adquisición, guerra o comercio, puede alterar extraordinariamente la proporción de esclavos o esclavas en una sociedad. Y, en el caso de la esclavitud negroafricana, los reyes sudaneses controlaban el comercio.

2. LAS ESCLAVAS SON MÁS CARAS

El estudio de las relaciones entre el precio y el sexo de las personas esclavizadas pone de manifiesto que las mujeres son más caras que los hombres en la Granada del siglo XVI (véase capítulo 5). Incluso durante el trienio de la sublevación morisca, cuando el número de mujeres en el mercado es muy superior al de hombres, el precio medio de las mujeres es más elevado. Por tanto, la oferta más amplia de esclavas no abarata sus precios.

2.1. *Las esclavas son más caras que los esclavos*

Para complementar la información contenida en capítulo V, analizaré la distribución sexual del precio medio de las personas esclavizadas de edades comprendidas entre 15 y 30 años según las distintas procedencias. El gráfico siguiente muestra las relaciones entre el origen de las personas esclavizadas y su sexo. La primera columna de cada grupo étnico corresponde al valor de los hombres y la segunda a las mujeres.

Durante el periodo de la rebelión morisca los precios de hombres y mujeres negroafricanos se acercan más, pero esto podría estar relacionado con el escaso número de ventas de negroafricanos que se realizan en estos años, pues el mercado se encuentra desbordado por la presencia morisca. Sin embargo, en el resto de los periodos analizados, las esclavas procedentes del África negra son más caras. En el gráfico 25 constatamos que las esclavas siempre son más caras; por tanto, lo constitutivo de su valor más elevado es el sexo y no el origen ni el modo de adquisición ni las dificultades del transporte.

Pero las esclavas no son sólo más caras en Granada, otros autores han apuntado el mismo fenómeno en distintas provincias españolas y en diferentes épocas. Bernard Vincent señala que el precio de las mu-

GRÁFICO 25. PRECIO MEDIO DE HOMBRES Y MUJERES SEGÚN PROCEDENCIA

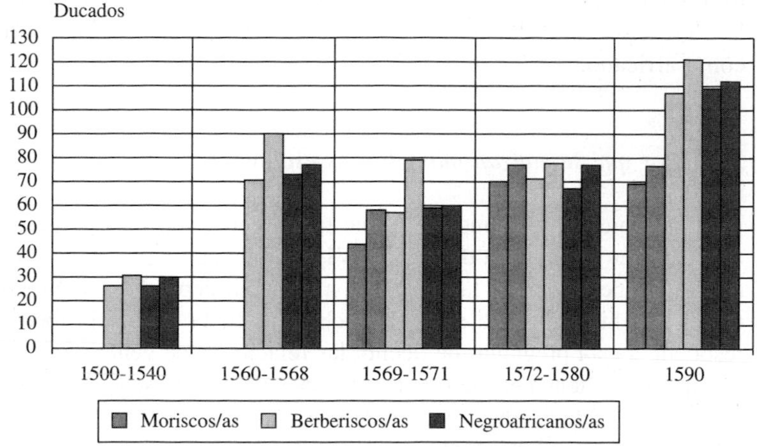

jeres es más elevado en la Almería del siglo XVI[21], Alfonso Franco Silva en la Sevilla del quinientos[22], Luis Fernández Martín en Valladolid durante los siglos XVI y XVII[23] y Carmen Sarasúa en el Madrid del siglo XVIII[24]. No obstante, entre los investigadores que no han trabajado una documentación que les permita seriar el precio de las personas esclavizadas, la idea generalizada es precisamente la contraria. Por ejemplo, Ana Guerrero Maylló para el Madrid de Felipe II dice: "como cabe suponer las esclavas tuvieron menor cotización"[25].

[21] VINCENT, Bernard: Les esclaves d'Almería (1570), en *Pouvoirs el société dans l'Espagne moderne*, Presses Universitaires du Mirail, Toulouse, 1993, p. 196.

[22] FRANCO SILVA, Alfonso: *Esclavitud en Andalucía 1540-1550*, Publicaciones de la Universidad de Granada, 1992, p. 80-81.

[23] FERNÁNDEZ MARTÍN, Luis: *Comediantes, esclavos y moriscos en Valladolid-siglos XVI y XVII* Secretariado de Publicaciones, Universidad de Valladolid, 1988.

[24] SARASÚA, Carmen: C*riados, nodrizas y amos. El servicio doméstico en la formación del mercado de trabajo madrileño 1758-186,* Siglo XXI, Madrid,1994, p. 129.

[25] GUERRERO MAYLLO, ANA *Familia y vida cotidiana de una élite de poder. Los regidores madrileños en tiempos de Felipe II*, Siglo XXI.

Por otra parte, en África occidental subsahariana y en los países árabes, es decir, en los mercados de origen, las mujeres además de ser más numerosas, también son más caras[26]. Comprobamos, por tanto, que la cotización más alta de las esclavas es un fenómeno tanto europeo como africano.

2.2. *¿Por qué se cotizan más alto las esclavas?*

Hasta aquí hemos constatado que las mujeres son más numerosas y más caras en la Granada del siglo XVI, veamos ahora por qué se cotizan más alto a pesar de que la oferta sea mayor e independientemente de su origen. La historiografía sobre la esclavitud en la península ibérica no responde a esta pregunta; de hecho, las relaciones de género en esclavitud apenas se tienen en cuenta. Las razones de una presencia mayoritaria de mujeres esclavizadas o su cotización más alta en el mercado no han constituido hasta el momento un asunto de interés para los historiadores.

Sin embargo, los antropólogos que han trabajado sobre la esclavitud en el continente africano, al constatar la feminización de la esclavitud y la cotización más alta de las mujeres, se han visto abocados a dar respuesta a esta evidencia. La Antropología nos propone dos posibles respuestas a la presencia mayoritaria de las esclavas en el continente africano: una basada en la biología, que primaría las capacidades de las mujeres para la reproducción, y otra de índole económica, que situaría en primer lugar la capacidad productiva de las mujeres.

En cuanto a la primera línea de pensamiento, antropólogos como Marc Augé, Marc Piault y André Bourgeot[27] sostienen que la fuerte demanda de esclavas se debía a sus capacidades reproductoras. Marc Augé, concretamente, escribe: "Si los esclavos constituían una fuerza de trabajo, un medio de producción, las esclavas constituían un medio de reproducción"[28]. En lo que toca a la Historia de la esclavitud en la

[26] Todas las contribuciones del ya citado libro *Women and slavery in Africa* subrayan el precio más elevado de las mujeres en el continente africano.

[27] AUGÉ, Marc: "Les faiseurs d'ombre. Servitude et structure lignagère dans la société alladian", PIAULT, Marc-Henry: "Captifs du pouvoir et pouvoir des captifs", BOURGEOT, André: "Rapports esclavagistes et conditions d'affranchissement chez les Imuhag" en *L'esclavage en Áfrique précoloniale*, Máspero, París, 1975.

[28] Ibídem.

España de los tiempos modernos, los pocos historiadores que son conscientes de la mayoría femenina y su precio más elevado se sitúan en la misma corriente de los trabajos de los antropólogos citados; es decir, atribuyen la presencia de esclavas en los reinos castellanos a la facultad de las mujeres para la reproducción[29]. La diferencia consiste en que estos historiadores no consideran la reproducción como una "forma de producción", sino simplemente como una capacidad femenina[30]. Mientras la maternidad se ha venido utilizando para explicar la subordinación de las mujeres, pues éstas se verían supuestamente impedidas para trabajar durante el tiempo de la gestación y, por tanto, atadas a la casa; la capacidad reproductora de las mujeres se emplea, asimismo, para explicar la presencia de las mujeres en el mundo del trabajo, es decir, en el mercado esclavista. Existe, a mi parecer, una contradicción en ambos supuestos, así como un abuso del biologicismo para explicar cualquier asunto relacionado con las mujeres.

Por lo que respecta a la segunda corriente de pensamiento los antropólogos Claude Meillassoux y Herbert. S. Klein sostienen que la productividad ha determinado la importancia de las mujeres en los mercados africanos de personas esclavizadas[31]. Así señalan que las mujeres son estimadas fundamentalmente como trabajadoras, ya que la capacidad de trabajo es lo que hace que una persona esclavizada sea apreciada, y no su sexo. En cuanto a los historiadores de la España moderna, la tradicional y reiterativa imagen de la improductividad de las mujeres ha calado tan hondo que hasta el momento nadie ha osado explicar la mayoría femenina en el mercado esclavista mediante el trabajo.

A pesar de que la mano de obra femenina esté generalizada en la España moderna, la Historia, marcada por el pensamiento cristiano, se obstina en desarrollar la imagen de la fragilidad de las mujeres. Una visión que se encuentra en la base de la construcción social del cuerpo de las mujeres y en la infravaloración del trabajo femenino. Esta puede ser la razón por la que la mayoría femenina en el mercado esclavista se

[29] Por ejemplo; FRANCO SILVA, Alfonso: Op. cit., p. 81.

[30] No obstante, sobre este tema hay una abundante bibliografía. Una revisión del concepto de producción y reproducción; así como las relaciones entre producción y familia ha sido expuesta por Linda Nicholson. NICHOLSON, Linda: "Feminismo y Marx: integración de parentesco y economía", en BENHABIB, Seyla y CORNELLA, Drucilla: *Teoría feminista y teoría crítica*, Alfons el Magnanim, Valencia, 1990.

[31] Ob. cit., 1985, p. 8.

ha interpretado *a priori* mediante la "feminidad"; es decir, a través de cualidades entendidas como "específicamente femeninas": la belleza o la fertilidad[32].

2.3. *Mayoría femenina y reproducción biológica*

La natalidad de las esclavas es bastante baja en la Granada del siglo XVI, se venden muy pocos recién nacidos y buena parte de los bebés nacidos en casa de los amos son liberados posteriormente. Las esclavas no son una "factoría" de mano de obra.

Podríamos caer en la tentación de explicar la no reproducción biológica de la población esclava mediante la exigua nupcialidad. Pero el reducido número de matrimonios está más relacionado con el alto grado de sujeción de las personas esclavizadas que con la fertilidad. Los amos se oponen al matrimonio entre esclavos porque permitía tanto a hombres como a mujeres un cierto grado de existencia social, algo contrario a su condición y negativo para el "buen" funcionamiento del sistema esclavista. Lo cierto es que la reproducción al margen del matrimonio tampoco producía una natalidad elevada.

Por otra parte, cuando la esclava quedaba embarazada el amo corría el riesgo de perder su inversión si la mujer moría a consecuencia del parto. Y en caso de que madre e hijo/a sobrevivieran al alumbramiento, siempre cabía la posibilidad de que el niño muriera antes de cumplir los 5 años, pues las tasas de mortalidad eran muy elevadas. Además, los pequeños no son rentables porque su capacidad de trabajo es mínima, al menos hasta los 7 u 8 años, y el dueño tiene que alimentarlos y vestirlos. Por otro lado, las mujeres que no quisieran ver a sus hijos sometidos a esclavitud probablemente practicaran el aborto o el infanticidio. En cuanto al "coste de crianza", éste no se reduce al importe directo del ropaje y la manutención del niño o la niña, sino que también conlleva un gasto indirecto: la pérdida de parte del trabajo de la madre esclava que se verá abocada a dedicar una parte de su tiempo a los cuidados mínimos para la supervivencia del menor (amamantarle si es un recién nacido, preparar su comida y darle de comer si es un infante incapaz de alimentarse por sí mismo, vestirlo, lavar sus ropas,

[32] MEILLASSOUX, Claude: Art. cit., p. 50.

etc.). De hecho, los propietarios hacen referencia a la carga económica que representan los hijos e hijas de sus esclavas mientras son improductivos en algunos documentos. Por ejemplo, la dueña de una niña de 4 años reclama 12 ducados "para ayuda a la costas de la crianza"[33]. Asimismo el amo de una niña de 2 meses pide 10 ducados "por los gastos que con ella ha hecho"[34]. Y la propietaria de una niña de 4 años exige 36 ducados "por razón de los alimentos y la crianza".

Finalmente ¿qué resultaba económicamente más provechoso para los propietarios, comprar una persona esclavizada en edad productiva en el mercado o criarla en casa? Sin duda, era más rentable adquirir esclavas/os adultos.

En el siglo XIX, a raíz del debate sobre la abolición de la esclavitud en las colonias españolas, encontramos de nuevo ecos de la extendida creencia en la fecundidad de las esclavas, fruto del desconocimiento del funcionamiento del sistema esclavista. Precisamente, la desaparición de la esclavitud en suelo peninsular lleva a los abolicionistas a plantear erróneamente la situación. Para los abolicionistas españoles, una de las propuestas claves era la manumisión de los hijos y las hijas de las esclavas, algo que a los negreros cubanos no les preocupaba especialmente; para ellos el problema era la prohibición del comercio. Don Francisco Arango y Parreño, uno de los principales representantes de la oligarquía cubana, lo expresa claramente: "La esclava preñada y parida es inútil muchos meses, y en este largo periodo de inacción su alimento debe ser mayor y de mejor calidad. Esta privación de trabajo y aumento de costo de la madres sale del bolsillo del amo. De él salen también los largos, y las más de las veces estériles gastos del mismo recién nacido, y a esto se unen los riesgos que corren las vidas de madre e hijo; y todo forma un desembolso de tanta consideración para el dueño, que el negro que nace en casa ha costado más, cuando puede trabajar, que el que de igual edad se compra en pública feria. De aquí

[33] A.P.G, Leg. 212, fol 156, 1564.

[34] "(...) yo tengo por mi esclaba cautiva a una niña que se dize María, que es de hedad de 2 meses, poco más o menos, hija de María López, mi esclaba y por causas que me mueben estoy conbenida de ahorrar y libertar la dicha nyña, mi esclaba, y por los gastos que con ella e hecho y por el preçio de la dicha libertad me da y paga Pedro López, escribano de su Magestad, vezino de Granada, 20 ducados (...)" A.P.G. Leg. 145, fol. 272v, 1565.

se infiere que de parte de los amos no hay ni puede haber interés en promover los partos de sus esclavas"[35].

2.4. *La productividad de las esclavas*

El conjunto de personas pertenecientes a los estamentos nobles no representaba más que un débil porcentaje de la población de la España de los tiempos modernos, pero poseían la mayor parte de la riqueza y del poder. El pueblo llano, cuya única riqueza era, generalmente, su capacidad de trabajo, representa, sin embargo, la mayor parte de la población. Las mujeres nobles están poco representadas en la esfera pública y son, en principio, un espejo en el que se refleja la prosperidad de los hombres. Descendiendo la escala, las mujeres comienzan a aparecer como agentes de trabajo productivo en todos los ámbitos: las mujeres trabajan el cuero, lavan la lana, etc.; las campesinas trabajan en el campo; las criadas hacen el trabajo doméstico. No obstante, estas mujeres trabajadoras no tienen reconocimiento social y apenas pueden optar a ningún grado de especialización: se encuentran silenciadas. A menudo se trata de las "esposas de" labradores, artesanos u otros fabricantes, que además de realizar los trabajos necesarios para el funcionamiento de la célula doméstica trabajan codo a codo con sus maridos sin tener ningún tipo de compensación.

En el caso de las esclavas, sabemos que su destino primordial es el trabajo doméstico, pero también trabajan en distintos momentos del proceso de producción textil o en la industria del cuero, desde luego en la hostelería y sin duda en la agricultura y la horticultura, dependiendo de las profesiones de sus propietarios. No obstante, es difícil evaluar el peso laboral de las esclavas en la España del quinientos, como también lo es establecer un paralelismo entre el trabajo de hombres y mujeres esclavizados. De hecho, el conocimiento de la vida laboral de hombres y mujeres libres es aun muy insuficiente.

[35] "Documentos de que hasta ahora se compone el expediente que principiaron las Cortes extraordinarias sobre el tráfico y esclavitud de los negros", AMAE, *Tratados siglo XIX*, nº 27, 31 de enero de 1815. Citado por MORENO GARCÍA, Julia: Art. cit., p. 221.

Sin embargo, no cabe duda de que las mujeres trabajaban duro, aunque generalmente sin salario, por lo que la historiografía tiende a excluirlas del mundo laboral. Es más, en caso de cobrar sueldos, éstos eran siempre más bajos que los de los hombres, aún si realizaban las mismas actividades. Natalie Zemond Davis señala que una mujer podía cavar fosas o transportar bártulos a los lugares de construcción municipal en la Francia de los tiempos modernos. En este caso trabajaba codo con codo con los jornaleros varones, y recibía como pago la mitad o dos tercios de lo que ellos cobraban por el mismo trabajo[36].

En Granada había mujeres oficialas como Isabel de Valdés, tejedora de tafetán, que contrató a una joven aprendiza en 1576. El contrato especifica que la muchacha debía "tejer tafetán enteramente y encanar y hacer seda y todo lo demás concerniente al oficio de manera que pueda ganar de comer por oficial"[37]. Las mujeres están ampliamente representadas en la industria textil, entre otras cosas, ellas se encargaban de trabajos tan duros como el lavado de paños y lanas[38]. Tenemos, asimismo, noticias de esclavas puestas a jornal para hilar seda[39].

El trabajo de las mujeres en el campo se encuentra aún más silenciado, pues generalmente labran explotaciones familiares. Este es el caso de Isabel, que sirvió a su cuñado y su hermana durante 30 años "en todo lo que me an mandado en espeçial en labrarles y benefiçialles dos heredades de lagares e viñas que tienen en la sierra desta çiudad y en otras cosas"[40]. De igual forma, algunas libertas trabajan en el campo, como Costanza Firiha, antigua esclava de Fernando el Gery, que pagó 14 ducados por "un pedaço de viña en que cabrá un marjal poco más o menos con dos olibos e otros árboles" en 1566[41]. Entre las libertas también encontramos mujeres aguadoras, lavanderas o taberneras.

En África negra, desde luego, las mujeres trabajan mayoritariamente en la agricultura, pero también en todos los trabajos derivados de la

[36] La autora se basa en documentación de 1562 cuya referencia es Archives Departamentales du Rhône, 3E, 7179, fol 411v- 421r. ZEMOND DAVIS, Natalie: "Mujeres urbanas y cambio religioso" en AMELANG, S. James y NASH, Mary: *Historia y género: Las mujeres en la Europa moderna y contemporanea,* Alfons el Magnanim, Valencia, 1990, pp. 127-165.

[37] A.P.G. Leg. 202, fol. 665v-666r

[38] BENASSAR, Bartolomé: *Valladolid en el siglo de Oro*, p. 217.

[39] Apéndice documental, nº 6.

[40] A.P.C. Oficio Nº 6, Francisco de Arriaza, Leg. 1.096, 1570.

[41] A.P.G. Legajo 150, fol. 120r.

economía doméstica; lo mismo ocurre en el mundo árabo-musulmán[42]. En cuanto a la trata transatlántica, según Martin. S. Klein, los europeos estaban dispuestos a pagar el mismo precio por una mujer fuerte que por un hombre fuerte puesto que, exceptuando algunas labores concretas, esclavos y esclavas realizaban el mismo trabajo en las plantaciones americanas[43].

Hasta aquí hemos comprobado que las mujeres trabajan tanto en el sector primario como en el secundario y también en los servicios, aunque evidentemente existía una repartición sexual de las tareas. Por otra parte, algunos ámbitos laborales eran exclusivamente masculinos como las explotaciones mineras o las galeras reales; y otros esencialmente femeninos, como la mayor parte de los trabajos domésticos: lavar, cocinar, cuidar a los enfermos, ocuparse de los niños, coser, etc. En consecuencia, si la demanda de trabajo esclavo en ciudades como Granada se concentraba fundamentalmente en el ámbito doméstico y, además, las esclavas podían emplearse en otros tipos de explotación, la mano de obra femenina sería probablemente más rentable. A todo ello, debemos sumar que las esclavas eran más dóciles, ya que una de las reglas del patriarcado es educar a las mujeres en la sumisión, alejadas de la violencia y la rebeldía.

En España las mujeres estaban mayoritariamente representadas en la población esclava y, a pesar de la monogamia imperante, la sociedad tiene capacidad suficiente para absorberlas, incluso cuando el excedente es muy amplio, como ocurrió a raíz de la rebelión morisca. Esto significa que las esclavas se incorporaban a distintos niveles del proceso productivo y en un amplio marco de actividades laborales, de otro modo, su precio no habría sido más alto que el de los hombres.

El silenciamiento, la infravaloración y la indiferencia hacia el trabajo de las mujeres se halla en la base de la negación de la productividad de las esclavas en la sociedad española del siglo XVI. Y, sin embargo, las esclavas eran valoradas como agentes productivos por encima o al mismo nivel que los hombres. De otro modo ¿qué sentido tiene pagar un precio más alto por ellas?

[42] En 1690, en Nioro, el precio de una mujer era dos onzas de oro, mientras que un hombre valía la mitad. Lo mismo ocurre en el valle del Niger (40.000 cauris frente a 80.000-100.000 caurís que valían las mujeres), etc. Ibídem, p. 75.

[43] KLEIN, Herbert. S: Art. cit., p. 71.

Me inclino a pensar que todos los factores mencionados: modo de adquisición, oferta y demanda en los mercados de origen y destino, tipo de explotación al que se destinan las personas esclavizadas, división sexual del trabajo en cada sociedad y construcción social de las identidades de género ejercen una influencia importante en la distribución sexual del mercado esclavista y en los precios. De su combinación e interacciones dependerá la inclinación de la balanza hacia uno u otro sexo. No cabe duda de que la explicación de la mayoría femenina y del precio más alto de las esclavas en la España moderna hasta ahora se había basado en representaciones estereotipadas y falsas, en gran medida, desarrolladas por el imaginario cristiano-occidental de lo masculino y lo femenino.

2.5. *La explotación sexual de las esclavas es mayor que la de los esclavos*

La esclavitud supone un grado de subordinación máximo y, por tanto, un grado de vulnerabilidad sexual altísimo. Las relaciones heterosexuales dominantes en la sociedad del XVI hacen que la explotación de las mujeres y, por consiguiente, de las esclavas fuese mucho mayor que la de los esclavos. Por otra parte, el hecho de que la homosexualidad masculina estuviese perseguida y castigada con pena de muerte por los tribunales civiles y eclesiásticos de la España del quinientos quizá llevó a algunos propietarios a explotar sexualmente a sus esclavos domésticos (hombres). En este caso las víctimas serían preferentemente niños o adolescentes, los cuales mostrarían menos resistencia. No obstante, el colectivo femenino estaba muy expuesto a los abusos en la infancia, porque los casos de sodomía serían mucho menos numerosos que las violaciones de esclavas menores y adultas, algo que entraba dentro de la "normalidad". Y, en cualquier caso, los agresores siempre son hombres.

Por otro lado, tenemos indicios claros de que muchos hijos ilegítimos de mujeres esclavizadas (sobre todo cuando se trata de pequeños de ascendencia mixta, nacidos en la casa, etc.) constituían el desenlace de la explotación sexual por parte de los amos u otros hombres de la casa. Es absurdo pensar que las esclavas "consentían" la explotación sexual como algunos pretenden; es más, se trata de una interpretación tendenciosa que intenta restar culpabilidad a los agresores[44].

[44] Sobre el "consentimiento" de las mujeres a su dominación, véase la interesante reflexión de MATHIEU, Nicole Claude: *L'Anatomie politique. Categorisation et idéologies du sexe*, Côté femmes, París, 1991.

Por tanto, mantener que la explotación sexual de hombres y mujeres podría ser igualitaria en el caso de las personas esclavizadas, en mi opinión, no es más que otro intento de enmascarar la subordinación femenina.

3. LA INVERSIÓN DE LOS VALORES PATRIARCALES

3.1. *La transmisión matrilineal del estatus de persona esclavizada*

En el mundo libre, el niño seguía la condición del padre, en cuanto al esclavo, la de la madre. Este postulado, que he estudiado en la Granada del siglo XVI, es válido para otras sociedades con personas esclavizadas e incluso para sociedades esclavistas. En los libros parroquiales de bautismo, los esclavillos aparecen registrados como hijos o hijas "de madre esclava" acentuando la transmisión de estatus matrilineal. ¿Por qué se transmite el estatus de esclavo matrilinealmente si la sociedad del siglo XVI se rige por parámetros patriarcales y, por tanto, siguen las reglas de la patrilinealidad?

Para analizar la transmisión matrilineal del estatus de esclavo es necesario preguntarse por los orígenes de la patrilinealidad y el propio concepto de "paternidad". El vínculo entre la madre y su descendencia siempre ha sido tangible: ellas engendran; sin embargo, la paternidad, hasta hace muy pocos años (con la investigación genética y las pruebas de ADN) era un hecho inconfirmable. Las investigaciones sobre las relaciones de parentesco demuestran que en numerosas sociedades como los Trobiands o los australianos no se establecía una relación directa entre la introducción del esperma en el aparato genital femenino y el parto, entre otras razones, debido a los nueve meses de distancia que separan ambos eventos[45]. Estas, y otras sociedades, no creían, por tanto, que el padre participara en la gestación. A lo largo de la Historia, los hombres han ido paulatinamente apropiándose de la reproducción reivindicando su indemostrable papel de "padres" a través de la conso-

[45] MEILLASSOUX, Claude: Art. cit., 1995. Para el estudio de los Trobiands, cita a MALINOWSKI, B: *Sex and repression in savage society*, Londres, Routledge, 1927 y, para los autralianos, a: SCHEFFLER, H.W. *Australian Kin Classification*, Cambrigde University Press, 1978.

lidación de la patrilinealidad y todo lo que ello conlleva ideológicamente. Para ello, era necesario controlar la sexualidad de las mujeres de manera que tuviesen relaciones sexuales con un sólo hombre, que sería, en consecuencia, el padre "verdadero" de su progenie. De ahí, una buena parte de la presión ideológica sobre la fidelidad femenina ¿Cómo podrían sino estar seguros los hombres de su paternidad? El cinturón de castidad, la reclusión de las mujeres, el acento puesto en la virginidad femenina tienen que ver con esta "incapacidad de los hombres para engendrar"[46]. La patrilinearidad forma parte de una estrategia de apropiación de las capacidades reproductoras de las mujeres por parte de los hombres, pues ellos no pueden estar seguros de la veracidad de su paternidad. El caso de la Beltraneja, por ejemplo, revela la fragilidad de la patrilinealidad. Asimismo, los argumentos de Felipe IV para asegurar que un tal Simón Rodríguez es su hijo son bastante inconsistentes: "y tengo entera satisfacción de que no halla havido engaño en su parto, ni su madre pudo tener trato con otro hombre ninguno en el tiempo que yo la traté, ni durante el preñado, como me consta y vos lo sabéis"[47].

La sociedad se sustentaba sobre unos lazos de consanguinidad patrilineales difícilmente demostrables, de no ser por la reclusión de las mujeres y el control de su sexualidad (el modelo de la fidelidad, el enclaustramiento, etc). Las mujeres, en cambio, sí podían estar seguras de su maternidad.

Los historiadores han querido ver entre las personas esclavizadas un comportamiento similar al de las personas libres y, al plasmar los parámetros patriarcales al colectivo esclavizado, han intentado constatar una patrilinealidad inexistente. Numerosos autores consideran que "la condición de esclavos de los padres era transferida al hijo"[48], cuando la

[46] El texto entrecomillado es la traducción del título del trabajo de Claude Meillassoux antes mencionado.

[47] DOMÍNGUEZ ORTIZ, Antonio: "Una carta de Felipe IV al Conde Duque de Olivares", *Los extranjeros en la vida española del siglo XVII y otros artículos*, Diputación de Sevilla, 1996, p. 428. Sobre otro supuesto hijo suyo dice: "y el hijo de Costanza es muy dudoso, así por nacer en término havil después de casada para ser de su marido, como porque verdaderamente los tratos que tuve con ella no fueron con entera corrupción suya; y aunque se ha visto engendrarse de esta forma, no es muy fácil".

[48] TORRES SÁNCHEZ, Rafael: "La esclavitud en Cartagena en los siglos XVII y XVIII", *Contrastes. Revista de Historia Moderna,* n.º 2, 1986, p. 86.

realidad es que el padre poco o nada tiene que ver en ello, ya que en la mayoría de los casos se desconoce su identidad, y es, únicamente, la madre-esclava la transmisora de estatus, tanto a los hijos como a las hijas. Los ejemplos son múltiples. Algunos llegan aún más lejos al afirmar que "los niños nacidos de padres esclavos adquirirán tal condición, mientras que los hijos de padre libre y madre esclava eran legalmente libres, pero en la práctica, se les solía considerar como esclavos"[49].

Al contrario, la esclavitud pone de manifiesto las dificultades de saber quien es el padre de una criatura y, en consecuencia, revela que la patrilinearidad es una creación social. Por consiguiente, el sistema esclavista vuelve, de alguna forma, a los valores "naturales": sólo podemos saber quiénes han nacido esclavos porque siempre sabemos quiénes son sus madres. ¿Qué sentido tendría reivindicar la patrilinealidad cuando no hay patrimonio que transmitir? Los señoríos, el título de monarca y otros privilegios se transferían de hombre a hombre en los tiempos modernos; en esclavitud no hay bienes que heredar, por lo que no es necesario reclamar la patrilinearidad. Ni tampoco es necesario que las esclavas sigan los parámetros de la "femineidad" que se les pide a las mujeres libres. La reclusión y la fidelidad han perdido su sentido; a fin de cuentas ¿a quién le importa quién es el padre de los hijos de una esclava?

La confusión que apreciamos en la historiografía reciente respecto a la transmisión del estatus de esclavo, erróneamente atribuida a la línea paterna, no existían en la época. Desde las Siete Partidas a Jean Bodino, la documentación expresa muy claramente que se puede ser esclavo por nacimiento: "es decir, engendrado por mujer esclava"[50].

3.2. *La esclavitud granadina no se reproduce por crecimiento natural*

Contrariamente a lo que muchos autores han venido postulando, la reproducción no forma parte de la actividad productiva del conjunto de esclavos y esclavas en sociedades urbanas como la que estudiamos

[49] WILLIAMS D. PHILIPS llega en *Historia de la esclavitud en España*, Playor, Madrid, 1990, p. 171.

[50] BODINO, Jean: Ob. cit., p. 122.

cuya población esclava está emplazada fundamentalmente en el ámbito doméstico. El desarrollo de esta observación y su seguimiento en las fuentes son uno de los puntos centrales de este capítulo. Las esclavas gestantes no alcanzaban precios más altos en el mercado; es más, a menudo son devueltas cuando se descubre un posible embarazo. La razón que el dueño de Juana esgrime al devolverla a su anterior propietario es que "no le baxa su regla"[51]. El nuevo propietario, que pagó 125 ducados por la esclava, ante las sospechas de embarazo opta por la devolución de la misma.

Si la mortalidad infantil era muy elevada en la época que tratamos, también debió serlo la de las madres durante el alumbramiento, por lo que el riesgo de malgastar la inversión puesta en una esclava aumentaba si ésta estaba embarazada.

Las esclavas y esclavos de la sociedad granadina estaban al margen de las relaciones de parentesco. Este constituye otro de los puntos en común con el sistema de producción esclavista, quizá el que más claramente lo diferencia del servilismo feudal. Además está directamente relacionado con el modo de adquisición de las personas esclavizadas.

La población esclava se renueva a través del comercio o la guerra pero no por reproducción de los miembros del colectivo esclavizado entre sí. Es decir: las familias de esclavos no existen. El hecho de que el modo de adquisición de las personas esclavizadas sea la guerra o el comercio y no la reproducción natural, ha llevado a la desaparición de las trazas de la población esclava. Es difícil asegurar que no se produjo mestizaje, pero parece lo más probable.

[51] A.P.G. Legajo 154, fol 399v.

CAPÍTULO 7
LOS PROPIETARIOS Y EL TRABAJO ESCLAVO

1. LOS PROPIETARIOS: DISTRIBUCIÓN GEOGRÁFICA, GÉNERO Y ETNICIDAD

El estudio de la vecindad y las profesiones de compradores y vendedores de personas esclavizadas constituye el eje central de este apartado. El análisis de la distribución geográfica de los propietarios y sus oficios nos revelan datos fundamentales sobre los lugares de residencia y la vida laboral de las personas esclavizadas en el siglo XVI.

1.1. *Distribución geográfica de vendedores y compradores*

El análisis de la distribución geográfica de los propietarios se ha realizado desglosando vendedores y compradores del total de las compraventas analizadas para el mercado granadino a lo largo del siglo XVI. He elaborado varios gráficos en que se representa la vecindad de compradores y vendedores según las distintas etapas cronológicas estudiadas con la intención de lograr un mayor acercamiento a la realidad de la esclavitud, ya que esta periodización nos permite establecer paralelismos y comprobar los contrastes cronológicos. Las divisiones temporales se han realizado sobre la base de la homogeneidad de cada una de ellas: la estabilidad de los precios en los primeros cuarenta años del siglo, el alza de los valores medios que precedió a la sublevación, el descenso vertiginoso de los precios y la mayor presencia de personas esclavizadas a consecuencia del cautiverio de la comunidad morisca rebelada y, de nuevo, menor oferta y precios más elevados para el periodo posterior a la guerra.

Por otra parte, en cuanto a las referencias espaciales incorporadas a los gráficos siguientes, he utilizado la siguiente clasificación: Andalucía, España, Italia, Orán, Portugal y "sin determinar". Cabe matizar que el epígrafe "Andalucía" se refiere a los propietarios residentes en los actuales límites de esta región y que la categoría "España" engloba el resto de las localidades españolas no andaluzas. La expresión "sin determinar" indica que la documentación analizada no especifica el lugar del que proceden los propietarios; no obstante, su número no es muy elevado pues los escribanos reflejaron casi siempre con bastante fidelidad la vecindad de compradores y vendedores en las cartas de compraventa de personas esclavizadas. En primer lugar estudiaré el total de los propietarios según esta clasificación y posteriormente procederé al desarrollo de los compradores y vendedores que residen en Andalucía, puesto que se trata de la región que registra un mayor número de propietarios.

El siguiente gráfico ilustra la procedencia de los vendedores de personas esclavizadas según la documentación notarial consultada para el siglo XVI.

Como podemos comprobar en el gráfico, en el mercado esclavista granadino encontramos vendedores de la región andaluza, del resto de España, de Italia, de Oran y de Portugal. La mayoría de ellos residen en Andalucía, probablemente debido a la cercanía de esta región a los lugares de aprovisionamiento de personas esclavizadas, ya que los propios andaluces se encargaban de abastecer su tierra estableciendo contactos con negreros, con traficantes de berberiscos o perpetrando ellos mismos cabalgadas en Berbería. A veces incluso capturando norteafricanos que realizaban incursiones en las costas andaluzas, sin necesidad de salir al mar[1]. Durante los años de la su-

[1] El sr Gonzalo de Carbajal, vezino de Vejer sobre que el Duque de Medina Sidonia que no lleve quinto a los vezinos de los moros que captivan y de lo que les quitan. (...) Francisco de León en nombre de Gonzalo de Carbajal y los demás, que son vezinos de Vejer digo que mi parte le an puesto demanda al duque de Medina Sydonia sobre sacarle a los vezinos de la dicha villa cevada y paja y sobre el quinto de los moros diciendo que vos el susodicho de por fuerza y contra derecho llevábades a los vezinos de la dicha villa el quinto de los moros y otras cosas que los vezinos de la dicha villa cautivaban y quitavan de los moros que venían a hazer entradas en las costas de la dicha villa, sin ir vos el dicho duque a los rrebatos, ni hallaros en ellos ni enviar gente para ello ni hazer cosa alguna (...) A. M.G., Cabina 321, legajo 4406, pieza 83, s.f, 1609.

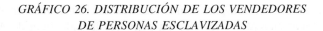

GRÁFICO 26. DISTRIBUCIÓN DE LOS VENDEDORES DE PERSONAS ESCLAVIZADAS

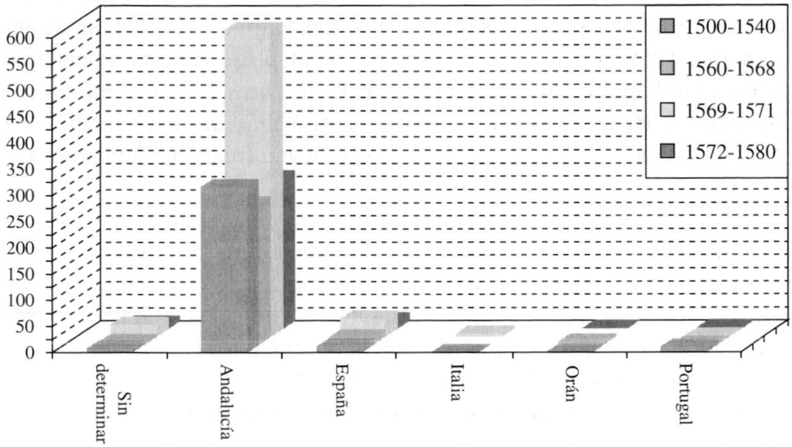

blevación morisca, el Reino de Granada se convierte en un auténtico proveedor de personas esclavizadas, lógicamente la aplastante mayoría de vendedores a partir de 1569 procede de Andalucía pues se convierte en un mercado exportador.

En cuanto al resto de los españoles que venden personas esclavizadas en Granada podríamos establecer tres grandes itinerarios: en primer lugar, los que proceden del oeste peninsular y venden principalmente negroafricanos de ambos sexos debido a la cercanía de Portugal; en segundo lugar, los que vienen del levante español y traen sobre todo berberiscos; en tercer lugar, los que llegaron de la meseta y del norte de España, los cuales se desplazaron al sur para participar en la guerra contra los moriscos, éstos vendían precisamente aquellos hombres y mujeres que cautivaron en el Reino de Granada.

En el primer grupo expuesto destacan los extremeños; se citan especialmente las villas de Zafra, Almendralejo, Llerena y Trujillo. Zafra era un lugar clave del comercio esclavista en la España del siglo XVI, especialmente durante las ferias de San Juan y San Miguel cuando los mercaderes mayoristas de esclavos procedentes de Portugal y Canarias se acercaban a la villa para vender las "piezas" apresadas en África[2]. Citaré como ejemplo el caso de un zafrense llamado Juan de Aguero, que era mercader de esclavos y vino a Granada en 4 ocasiones acompañado siempre de personas esclavizadas de origen negroafricano: la primera de ellas, en 1566, la segunda vez que viajó a Granada fue al año siguiente (1567) y vendió 3 hombres en el plazo de una semana; la tercera también en 1567 pero en lugar de hombres vendió 3 mujeres, y su estancia en la ciudad tampoco se alargó más de una semana[3]. De Llerena, Trujillo y Almendralejo también llegan fundamentalmente subsaharianos y algún que otro mulato.

El este de España se encuentra representado principalmente por Murcia, Cartagena, Lorca y Orihuela. Si exceptuamos el caso de un notario de la Inquisición que vendió un negroafricano en 1515, el resto de los vendedores de la región levantina trajeron berberiscos a Granada. Cabe destacar al mercader Antonio de Huete que vendió dos hombres y dos mujeres berberiscas en noviembre de 1521[4].

En cuanto a los lugares de procedencia de los hombres que se desplazaron al Reino de Granada con objeto de participar en la guerra contra los moriscos, podemos citar: un caporal de Alcaraz, dos capitanes de infantería de Aranda de Duero, un soldado de Valdepeñas, un vecino de Guipúzcoa, una alférez de la villa de Real en La Coruña, un soldado de Toledo, otros de Segovia, Madrid y Salamanca. Al margen de la distribución espacial descrita se encuentran un mesonero que procedía de Menorca, un mercader que vino de Valladolid y otro de Madrid.

Respecto a los italianos, el mercader más destacado es Ambrosio Canali, el cual trajo varios berberiscos que vendió en Granada en 1525. Asimismo, un milanés estante en Granada vendió 4 moriscas y 3 moriscos durante los años del levantamiento[5]. No podían faltar mercaderes de Orán, uno de los centros de aprovisionamiento de personas esclavizadas para los castellanos. De Orán vienen varios mercaderes; el

[2] SÁNCHEZ GÓMEZ-CORONADO, Manuel: "El comercio de esclavos en Zafra en el siglo XVI", *Revista de Zafra y su Feria*, 1994, pp. 40-43.

[3] A.P.G. Leg. 149, fol 907, Leg. 155, fols. 121v, 259 y 314, Leg. 157, fols. 909, 930 y 993.

[4] A.P.G. Leg. 15, fols. 858 y 862.

[5] A.P.G. Leg. 22, fol 234, Leg. 167, fols. 312, 338 y 367.

GRÁFICO 27. DISTRIBUCIÓN GEOGRÁFICA DE LOS COMPRADORES DE PERSONAS ESCLAVIZADAS

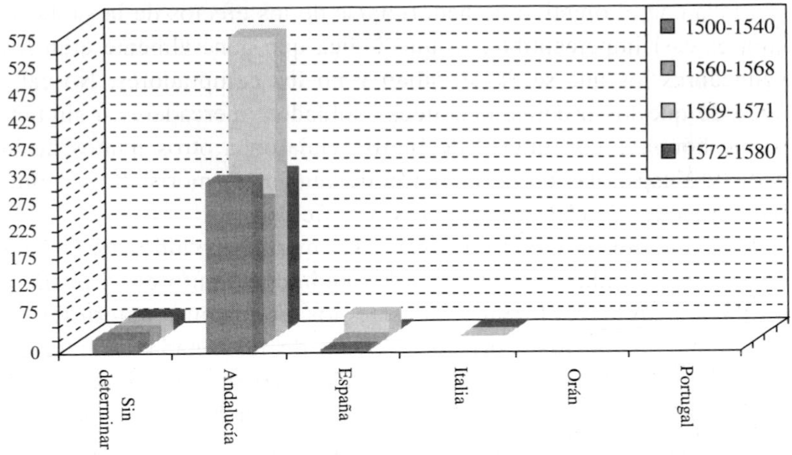

más destacable es Cristóbal Rodríguez de Ontiveros, cuya actividad comercial expuse en el capítulo 5. Asimismo, encontramos un sargento vecino de Oran que vendió un berberisco en 1579[6]. Finalmente, de Portugal llegan algunos mercaderes afincados en Lisboa y Olivenza que venden negroafricanos procedentes de las colonias portuguesas en el África subsahariana.

Una vez analizado el grupo de vendedores, procederemos al estudio de los lugares de residencia de los compradores de personas esclavizadas.

El gráfico 24 muestra que Orán y Portugal desaparecen por completo y los italianos que aparecen reseñados residen, en realidad, en Granada, puesto que son "estantes"[7]. Tanto Orán como Portugal tenían sus propias vías de abastecimiento de mano de obra esclava, por lo que quizá no tenía sentido viajar hasta Granada, con los gastos que ello suponía, para comprar personas esclavizadas. Ni siquiera durante

[6] A.P.G. Leg. 221, fol. 274.

[7] Se trata de Carlos Centurión, París de Monteburgo, Francisco Beltrán, genoveses, y Gofredo Lercano, milanés.

los años de la rebelión, cuando los precios alcanzaron los valores más bajos de la centuria, apreciamos la llegada de extranjeros con la intención de adquirir moriscas. El número de extranjeros que llegan a Granada con el objetivo de beneficiarse de los efectos de la sublevación es casi imperceptible, lo que indica que generalmente eran los vendedores los que se desplazaban y no los compradores. No cabe duda de que los propios andaluces –soldados, mercaderes o simplemente hombres con interés de lucro– viajaron a otros puntos de la geografía española con la intención de vender las moriscas/os capturados y poder obtener así mayores beneficios.

En principio, el comercio esclavista que observamos en Granada abastece fundamentalmente a los andaluces tanto en la primera mitad del siglo XVI como durante los ocho años anteriores al levantamiento de los moriscos. A raíz de la llegada al mercado granadino de las cautivas/os de guerra de origen morisco se produce un cierto desplazamiento de españoles en busca de mano de obra esclava a bajo precio; a pesar de ello, incluso durante los años de la guerra, la mayor parte de los compradores continúan siendo andaluces. Andalucía tenía, en consecuencia, suficiente capacidad económica como para absorber importantes cantidades de personas esclavizadas: la mano de obra esclava era, sin lugar a dudas, un hecho cotidiano. La región andaluza contaba, desde luego, con una de las medias más altas de personas esclavizadas por habitante en la España peninsular.

En lo referente a puntos de la geografía española situados fuera de la región andaluza, la mayoría de los compradores que se acercan a la capital granadina para comprar mano de obra morisca. Cabe la posibilidad de que algunos de estos compradores fuesen también de origen neoconverso y vinieran a Granada con objeto de liberar algún miembro de su comunidad, pero en ningún caso se especifica esta característica.

La mayoría de los compradores españoles compraban moriscos con objeto de sacar rendimiento de su trabajo o de revenderlos posteriormente. Por ejemplo, el caso de un oidor de la audiencia y un factor de la casa de contratación, que vinieron de Valladolid y Sevilla respectivamente compraron un solo esclavo; así como el de un regidor y un guarda de la moneda, ambos de Toledo, los cuales adquirieron igualmente un esclavo cada uno, nos permiten interpretar que se trata de adquisiciones para la explotación personal. Sin embargo, el caso de

Martín de Azorín[8], vecino de Yecla, que compró una madre morisca con sus cuatro hijos y otras dos madres con dos hijos y una hija respectivamente nos obliga a pensar que el comprador era de ascendencia morisca y tenía intención de liberarlos posteriormente o que los adquirió para revenderlos posteriormente.

Los puntos más nombrados de la geografía española son: Badajoz, Madrid, Alcalá de Henares, Alcaraz y Almansa, Almagro, Medina del Campo, Villanueva de los Infantes, Yecla, Lorca, Valencia y Utiel. Del país vasco vino un comprador llamado García de Yssasaga, el cual compró un morisco que había pertenecido anteriormente a un clérigo, quien lo adquirió a su vez de un soldado que participó en la guerra. Igualmente encontramos otro comprador de Vizcaya. Estos testimonios demuestran que la presencia, al menos ocasional de personas esclavizadas en la sociedad vasca contrariamente a lo que se ha venido escribiendo. José Antonio de Azpiazu ha sacado a la luz algunos evidencias de la llegada de moriscos/as esclavizados al país vasco, las cuales provocaron la reacción de las autoridades guipuzcoanas que procuraron expulsarlos según se recoge en las Juntas de Getaria de 1571[9].

Los mapas 4, 5 y 6 muestran la dispersión de los moriscos y las moriscas a partir de los lugares de residencia de los compradores. Estos mapas han sido elaborados con los datos obtenidos sobre la vecindad de los compradores y, por supuesto, no reflejan la magnitud de la población morisca esclavizada en cada uno de los puntos señalados. No obstante, considero que ilustran el movimiento esclavista, que partiendo de Granada, se extiende a toda España. Las cifras incluidas en los círculos corresponden al número de moriscas y/o moriscos comprados y transportados a estos lugares.

Seguidamente analizaré los lugares de residencia de los vendedores andaluces de personas esclavizadas. Las estadísticas que presento a continuación son fruto del desglosamiento del epígrafe "Andalucía" de los gráficos anteriores (gráficos 26 y 27) y los límites de las provincias (en el gráfico "P. Granada", por ejemplo) se han trazado según las fronteras actuales.

[8] A.P.G. Leg. 167. fols. 300v y 311.

[9] AZPIAZU ELORZA, Jose Antonio: *Esclavos y traficantes. Historias ocultas del país vasco*, Tartalo, 1997, p. 112.

MAPA 4. LA DISPERSIÓN DE LAS ESCLAVAS Y ESCLAVOS MORISCOS EN GRANADA

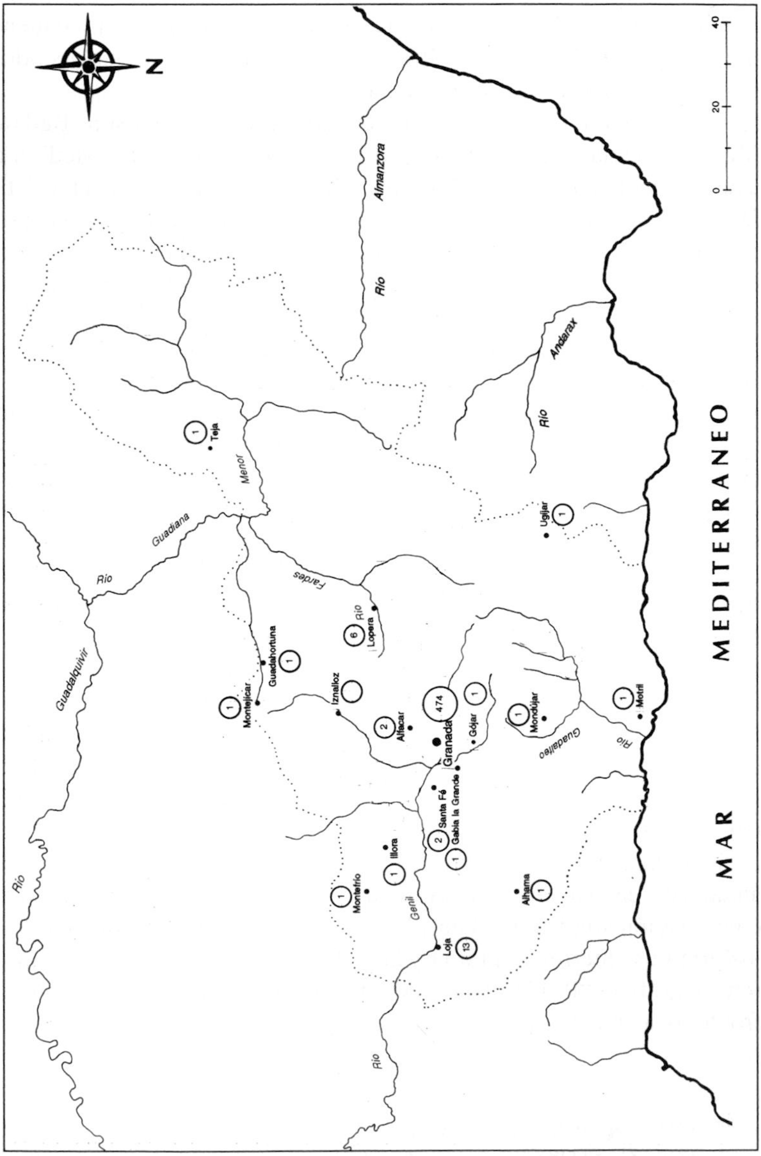

MAPA 5. LA DISPERSIÓN DE LAS ESCLAVAS Y ESCLAVOS MORISCOS EN ANDALUCÍA

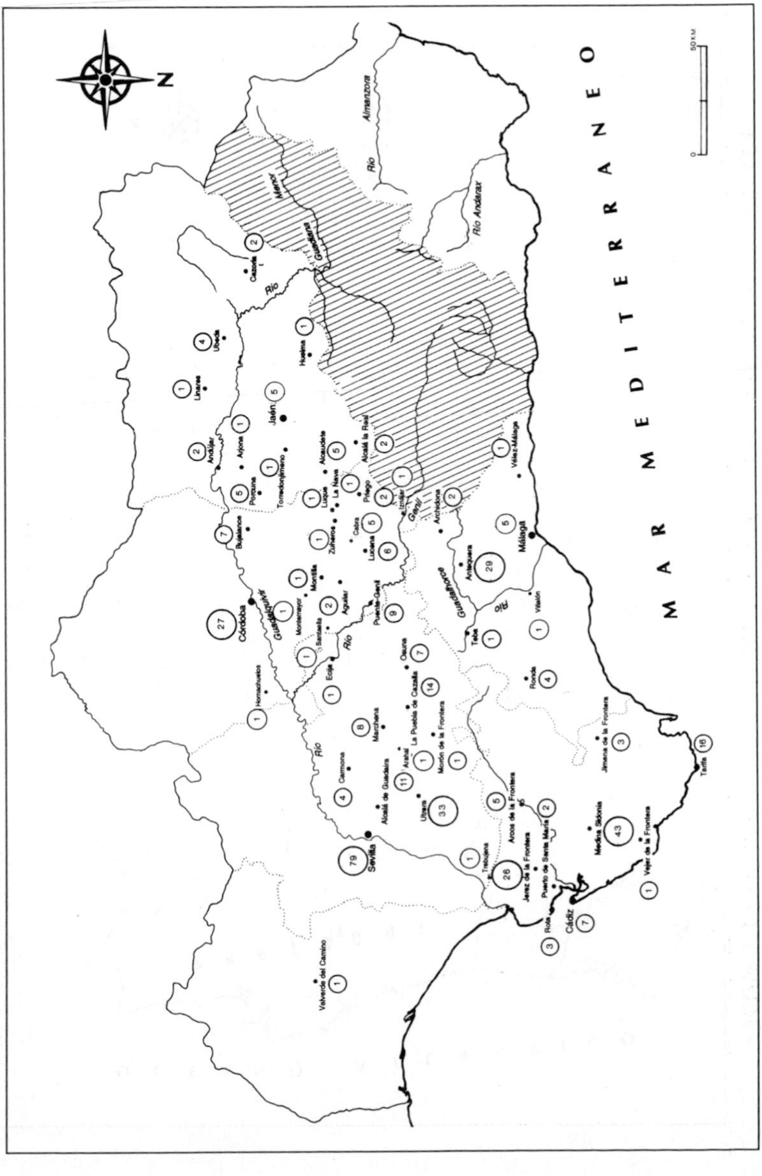

MAPA 6. LA DISPERSIÓN DE LAS ESCLAVAS Y ESCLAVOS MORISCOS EN ESPAÑA

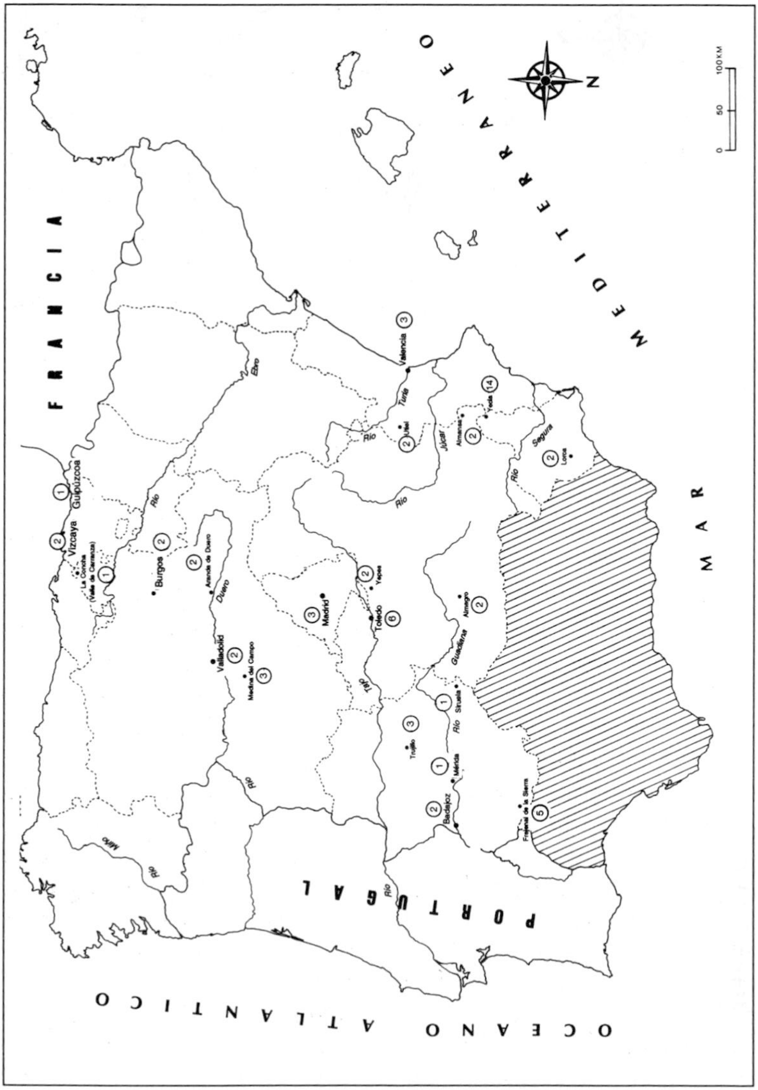

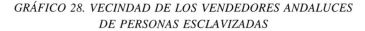

GRÁFICO 28. VECINDAD DE LOS VENDEDORES ANDALUCES DE PERSONAS ESCLAVIZADAS

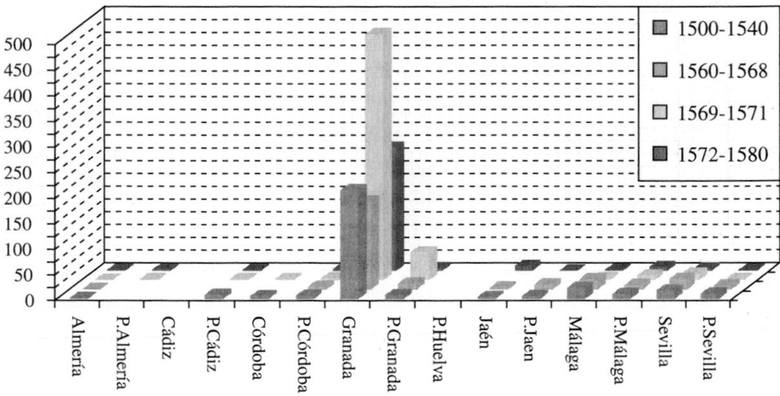

"P. Almería" equivale a "provincia de Almería", etc.

La gráfica anterior pone de manifiesto que la mayoría de los vendedores andaluces residían en la capital granadina a lo largo del siglo XVI. No obstante existe cierto movimiento de vendedores procedentes de la mayor parte de las provincias andaluzas, especialmente de Sevilla y Málaga. Ambas ciudades sobresalen hasta el estallido de la rebelión en 1569, año en que Granada se convierte en mercado exportador. Los granadinos pasaron a ser vendedores de primera mano que no necesitaban de intermediarios mayoristas.

A continuación presento un gráfico que ilustra la procedencia de los compradores andaluces de personas esclavizadas.

Como vemos en el gráfico 26, la mayoría de los compradores de personas esclavizadas residen en la capital granadina y en la provincia de Granada. Sin embargo, durante los años de la sublevación morisca observamos la llegada de buen número de compradores que habitan en otras provincias andaluzas, sobre todo en Cádiz y Sevilla. La población más nombrada de la provincia de Cádiz es Medina Sidonia, cuyos habitantes compraron un total de 56 personas esclavizadas (47 mujeres y 9 hombres) y si exceptuamos el caso de 6 cartas de compraventa en que se venden grupos de 2 personas (generalmente madre e hija), el resto de las adquisición fueron individuales. En cuanto a los oficios de

GRÁFICO 29. VECINDAD DE LOS COMPRADORES ANDALUCES DE PERSONAS ESCLAVIZADAS

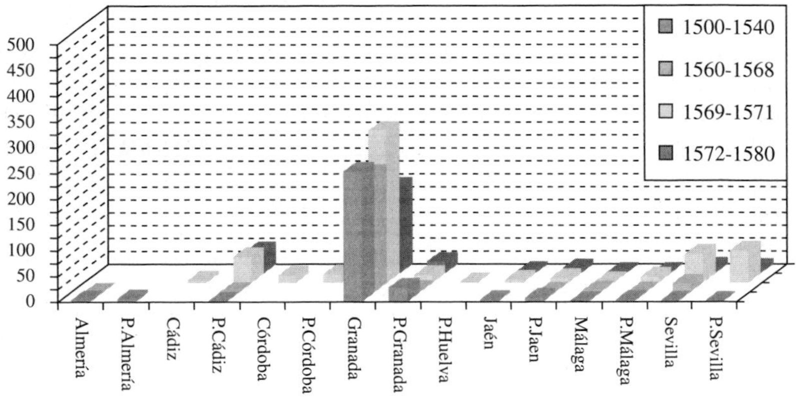

"P. Almería" equivale a "provincia de Almería", etc.

los compradores, apenas tenemos datos; se especifican un alcalde, varios alféreces, algún mercader, varios tratantes y algunos artesanos. Asimismo encontramos numerosos vecinos de Jerez de la Frontera y de Arcos de la Frontera, y en menor medida de Rota y Jimena. En cuanto a la provincia de Sevilla, destacan las villas de Alcalá de Guadaira, Carmona, Castilleja, Écija, la Puebla de Cazalla, Marchena, Morón, Osuna y Utrera. Antonio de Algadín, vecino de Alcalá de Guadaira compró nada menos que 11 moriscos (6 mujeres y 5 hombres) y los fue adquiriendo uno a uno, excepto dos madres con sus dos hijas[10].

En lo que respecta a los compradores de personas esclavizadas residentes en la actual provincia de Granada, encontramos esclavas y esclavos prácticamente en toda su geografía. Al noreste, en Alfacar y Güejar Sierra; más al norte, en Iznalloz, Lopera y Lapeza; al oeste, en Santa Fe, y al sur, en las villas de Otura, Mondújar, Alhendín y Gabia. Traspasando los límites de este amplio cinturón próximo a la capital, hacia el norte hallamos esclavos y esclavas en Guadix, ciudad que conoció un importante desarrollo en el siglo XVI.

[10] A.P.G. Leg. 167, fols. 135, 181, 183 y 188 y Leg. 178, s.f.

En las faldas de la cara septentrional de Sierra Nevada podemos destacar los pueblos del Marquesado del Cenete, cuyos habitantes participaron también de la compra de personas esclavizadas. De igual manera, los vecinos del lado meridional de la Sierra, las Alpujarras, utilizaron asimismo mano de obra esclava. En el fértil valle de Lecrín también había hombres y mujeres esclavizados, cuyos compradores se desplazaron a la capital granadina con objeto de adquirirlos. En dirección a Málaga, la mayor concentración de compradores de personas esclavizadas de la provincia granadina se encuentra en Loja, uno de los centros más prósperos de la tierra de Granada en el siglo XVI. Por último, constatamos la presencia de personas esclavizadas en la costa mediterránea representada por Motril y Almuñécar.

En definitiva, encontramos personas esclavizadas diseminadas por toda la geografía de la provincia de Granada, especialmente en los centros urbanos más desarrollados como Loja y Guadix, pero también en pequeñas aldeas como la "alcaria" de Padul. Una buena parte del contingente esclavo estaba en manos de representantes de la iglesia o de funcionarios de la administración que personificaban el establecimiento del nuevo poder político y de la autoridad católica. Estos inmigrantes repobladores aparecen como propietarios de personas esclavizadas desde principios de siglo. Sin duda se trataba de otra manera de distinguir las diferencias sociales entre vencedores y vencidos. No obstante, durante la primera mitad de siglo, también hubo moriscos residentes en diversos puntos de la tierra de Granada que poseían personas esclavizadas (en su mayoría de origen subsahariano).

1.2. *Mujeres propietarias*

La riqueza de la ciudad estaba en manos de los hombres. Las mujeres apenas aparecen en los contratos de compraventa. El derecho a la propiedad era en la práctica un derecho masculino, pues eran los hombres los que poseían y administraban la riqueza. Esto no implica que las mujeres no aparezcan en absoluto en los registros judiciales y los contratos privados; ellas también tomaron parte en la vida económica de la ciudad. Pero, aquellas que no permanecieron en su casa en el anonimato dependían de la licencia del marido para realizar cualquier transacción. El hecho de reconocer que existen mujeres realizando negocios puede conducir a la falsa ilusión de que también poseyeron una

GRÁFICO 30. PROPIETARIOS DE PERSONAS ESCLAVIZADAS

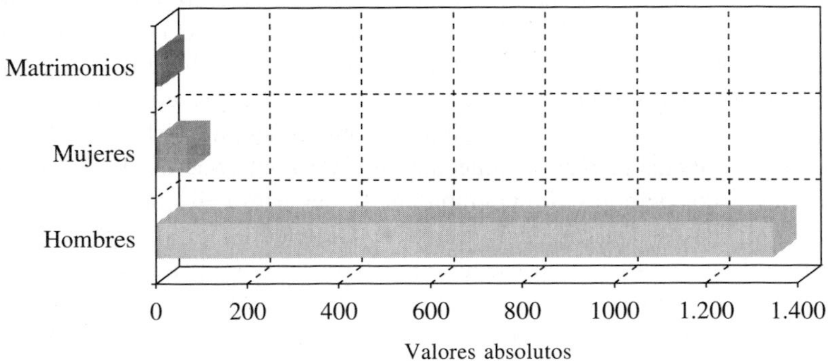

buena parte de la riqueza de la ciudad. Es cierto que podían arrendar o vender propiedades y, por tanto, personas esclavizadas, pero su representatividad en el mercado es mínima. Veamos gráficamente la proporción de hombres y mujeres que compran o venden personas esclavizadas en la documentación consultada.

Las mujeres que aparecen comprado o vendiendo son raras (5 %), como podemos comprobar en el gráfico 30, la riqueza está en manos de los varones, que son los que realizan el grueso de las transacciones comerciales con personas esclavizadas. Más del 90% del total de compradores y vendedores son hombres lo que indica que las mujeres están desprovistas de una presencia en el mercado público.

Por otra parte, si atendemos a las razones de género, observaremos que en las fuentes consultadas para el siglo XVI existe un seguimiento riguroso del estado de las mujeres, las cuales aparecen definidas en relación a los hombres; es decir: son "mujeres de" un varón, "viudas de" un varón o "doncellas" (lo que equivale a la ausencia de varón). Los casos en que se refiere el estado de los hombres son prácticamente nulos. Únicamente el 0,2% del total de compradores registrados en la documentación consultada aparece definido en función de otro hombre y nunca de una mujer, concretamente como "hijo de". Por el contrario, se determina el estado del 72% de las mujeres que compran una persona esclavizadas en el mercado granadino. Los gráficos 31 y 32 ilustran el estado de las compradoras y las vendedoras de personas esclavizadas en la documentación consultada.

GRÁFICO 31
MUJERES VENDEDORAS

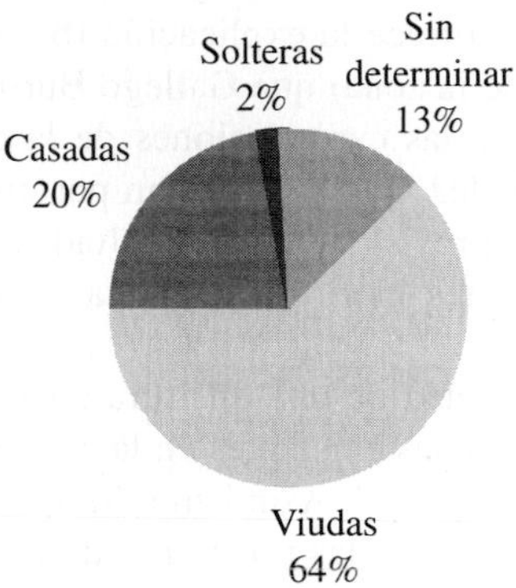

GRÁFICO 32
MUJERES COMPRADORAS

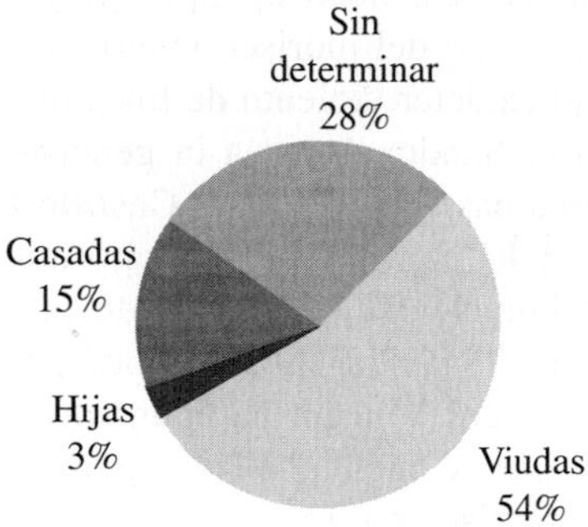

Los gráficos muestran que la mayoría de las mujeres que realizan transacciones por sí mismas son viudas, es decir no existe ningún varón que ejerza un poder directo sobre ellas.

Pero, el hecho de que las mujeres apenas se registren en los contratos de compraventa como partes implicadas en la transacción monetaria, y por tanto, en la propiedad real, no significa que ellas no ejercieran su dominio sobre las personas esclavizadas de sus casas. Las mujeres, esposas, hijas o madres de los propietarios, eran a menudo las responsables de la productividad de los esclavos y las esclavas trabajadores en el ámbito doméstico.

1.3. *Moriscos propietarios de personas esclavizadas*

La imagen de una comunidad morisca aferrada a las tradiciones islámicas ha venido siendo una constante de las investigaciones sobre el Reino de Granada. Julio Caro Baroja confirmó y difundió aún más el estereotipo del morisco inasimilado que defendía a capa y espada sus raíces musulmanas[11]. La focalización del debate en torno a la integración religioso-cultural de los neoconversos ha provocado el abandono

[11] CARO BAROJA, Julio: *Los moriscos del Reino de Granada*, Istmo, Madrid, 1985.

del estudio de la vertiente económica del problema y, por tanto, ha contribuido a ocultar la heterogeneidad de estatus dentro del grupo morisco. Un buen ejemplo de la poderosa influencia ejercida por el estereotipo del morisco insurrecto nos la ofrece la explicación (basada en el carácter violento de los moriscos de la zona) que Gallego Burín y Gamir Sandoval dan a la generosidad de las capitulaciones de la comarca bastetana[12]. Javier Castillo Fernández ha resaltado con posterioridad lo contrario, es decir, que fue precisamente la lealtad y el colaboracionismo demostrado por las élites moriscas de Baza lo que ayudó a suavizar dichas capitulaciones[13].

Bernard Vincent ha apuntado la necesidad de una apertura conceptual que dé cuenta de las marcadas diferencias existentes en la comunidad morisca por razones económicas y sociales[14]. Asimismo, Margarita Birriel ha señalado la importancia de introducir las relaciones de género en el análisis de la población morisca[15]. El abanico de integrantes del grupo abarca tanto a la anónima campesina como al influyente Don Francisco Nuñez Muley[16], sin olvidar la gran cantidad de moriscas y moriscos esclavizados durante la guerra de las Alpujarras. La existencia de élites neoconversas que actuaron como intermediarias entre la Corona y la comunidad morisca es un hecho inapelable[17]. También han sido abordados algunos casos de asimilación de moriscos pudientes[18].

[12] GALLEGO BURÍN, A. y GAMIR SANDOVAL, A: *Los moriscos del Reino de Granada según el Sínodo de Guadix en 1554*, Universidad de Granada,1996.

[13] CASTILLO FERNÁNDEZ, Javier: "Mudéjares y moriscos en la Tierra de Baza (1488-1508)" en *2º Congreso de Historia de Andalucía*, Córdoba, 1996.

[14] VINCENT, Bernard: *Andalucía en la Edad Moderna: Economía y sociedad,* Diputación Provincial de Granada, 1985, p. 206 y ss. y p. 271 y ss.

[15] BIRRIEL SALCEDO, Margarita María: "Guardianas de la tradición. Algunas reflexiones sobre mujeres y género en la historiografía morisca", en VILLAR GARCÏA, Begoña (ed.) *Vidas de mujeres en la España del Antiguo Régimen*, Universidad de Málaga, 1997.

[16] GALLEGO BURÍN, A. y GAMIR SANDOVAL, A: *Los moriscos del Reino de Granada según el Sínodo de Guadix en 1554*, Universidad de Granada, 1996. La introducciónes de Bernad Vincent.

[17] SORIA MESA, Enrique: "De la conquista a la asimilación. La integración de la aristocracia nazarí en la oligarquía granadina. Siglos XV-XVII", *Areas*, 14, 1992, pp. 51-64.

[18] CASTILLO FERNÁNDEZ, Javier: "Luis Enríquez Xoaida, el primo hermano morisco del rey católico (análisis de un caso de falsificación histórica e integración social)", *Sharq-Al-Andalus*, 12, pp. 235-253. GARCÍA PEDRAZA, Amalia: "La asimilación del morisco Gonzalo Fernández el Zegrí: edición y análisis de su testamento", *Al-Qántara*, Vol XVI, 1995, pp. 39-58.

En este trabajo pretendo analizar la variedad de situaciones de dominación y dependencia sufridas o propiciadas por los moriscos.

A pesar de la represión que pesaba sobre el colectivo de neoconversos desde principios del siglo XVI (sobre todo a partir de los años 1510), un gran número de moriscos adinerados optaron por la integración frente al exilio, haciendo pública su aceptación de la ideología religiosa imperante. La Corona española no tuvo reparo en conceder a los representantes de la élite morisca ciertas licencias, vedadas al resto del colectivo, entre las que se contaban la posesión de armas o la posibilidad de conservar un caballo. El acceso a la propiedad de personas esclavizadas constituía otra de las características distintivas de los moriscos ricos, sobre todo a partir de 1560.

En estas páginas analizaré la heterogeneidad del colectivo de moriscos naturales del Reino de Granada sobre la base de su relación con la esclavitud.

1.3.1. Los decretos prohibiendo a los moriscos poseer personas esclavizadas

Entre las primeras medidas tomadas con la intención de prohibir a los moriscos el uso de mano de obra esclava, se encuentran las de la Junta de la Capilla Real, convocada a raíz de la estancia de Carlos I en Granada (1526)[19]. La justificación era evitar el proselitismo que sobre los dependientes domésticos podían ejercer los andaluces conversos de musulmán. Sin embargo, las medidas tomadas contra los moriscos en la mencionada Junta se aplazaron a cambio de un servicio especial de 90.000 ducados que éstos deberían pagar a lo largo de seis años[20]. De hecho, los moriscos continúan comprando y vendiendo esclavos en los protocolos notariales hasta mediados de siglo.

El Sínodo de Guadix y Baza, organizado entre enero y febrero de 1554, se hizo eco de esta situación: "Que los cristianos nuevos no compren esclavos, ni rescaten moros"[21]. El origen del Sínodo de Gua-

[19] DOMÍNGUEZ ORTIZ, Antonio y VINCENT, Bernard: Ob. cit., p. 22.

[20] LADERO QUESADA, Miguel Ángel: *Granada: Historia de un país islámico (1232-1571)*, Gredos, 3ª ed., Madrid, 1989, p. 303.

[21] Sínodo de Guadix. Constitución 36, título sexto.

dix y Baza estuvo estrechamente vinculado a la problemática de los moriscos. Se trata del primer Sínodo celebrado en el Reino de Granada desde su incorporación a la Corona de Castilla y la obra que sirvió de modelo a los sucesivos obispos a lo largo del siglo XVI. El arzobispo Martín Pérez de Ayala, calificado por Marín Ocete de "el indomable batallador de Trento"[22], fue el alma del Sínodo que se enmarca en el mismo espíritu de la contrarreforma tridentina. El texto del Sínodo dice así: "Así mesmo somos ynformados que algunos de los nuevamente convertidos deste reino an rescatado moros de los que están captivos en estos Reinos y los embían allende, y para ello tienen muchas formas y maneras. Mandámos que de aquí en adelante ninguno nuevamente convertido pueda rescatar ni rescate moro alguno (...) so pena de estar tres meses preso en la cárcel pública con hierros y prisiones"[23].

En 1560, las Cortes de Toledo promulgaron de nuevo una ley prohibiendo a los moriscos la propiedad de personas esclavizadas. Esta vez, Felipe II puso verdadero empeño en ponerla en práctica, lo que provocó la súplica insistente de los moriscos granadinos para que revocara este capítulo de Cortes. Los neoconversos pretendían que en caso de que se hubiesen de enajenar los personas esclavizadas, no se entendiese esta prohibición con los moriscos notables que se trataban como cristianos y estaban emparentados con ellos.

El rey, al que su padre había educado en la animadversión, o quizá en el miedo, a la disidencia religiosa, optó por pedir información sobre el asunto a la Inquisición que se mostró implacable en cuanto a una posible revocación del capítulo. Para el Santo Oficio, los moriscos no habían dejado de ser "moros" y, como tales, convertirían al Islam a sus esclavos negros recién llegados del África. La Inquisición llegó a alegar que algunos moriscos casaban a sus hijas y hermanas con esclavos negros, que los moriscos tenían miedo de que los esclavos que habían estado en su poder, al pasar a manos de cristianos viejos, descubrieran "cosas que les han visto hazer y dezir, que tocan en çerimonias de moros" y, asimismo, que los moriscos liberarían a sus esclavos una vez expropiados en lugar de venderlos "a lo qual tampoco se les abría de

[22] MARÍN OCETE, Antonio: "El Concilio provincial de Granada en 1565", en *Archivo Teológico granadino,* nº 25, 1962, p. 23.

[23] El texto continúa apelando a la justicia real: "*y si para hazer cumplir este capítulo nuestros provisores tuvieren necesidad de pedir auxilio del brazo seglar, mandamos que les requieran con este capítulo a su majestad, y pongan en ello toda diligencia*".

dar lugar"[24]. El Santo Oficio mantuvo indirectamente, de esta manera, su apoyo a la esclavitud. La solución propuesta por los inquisidores era conceder privilegios particulares, como venía ocurriendo con las licencias de armas. De este modo, la política represiva continuaría practicándose con la mayoría, mientras que los moriscos más poderosos preservarían su estatus más elevado. La imagen que el Santo Oficio nos ofrece del colectivo morisco, una imagen estática y reticente a la integración, estaba lejos de la realidad de la élite morisca.

El cronista Mármol de Carvajal dedicó todo un capítulo a la cuestión que tratamos: "Cómo se quitó a los moriscos que no pudiesen servirse de esclavos negros"[25]. La justificación que según Luis del Mármol esgrimían los procuradores de Cortes respecto a este capítulo era que los moriscos compraban esclavas y esclavos recién llegados de Guinea para servirse de ellos, "y teniéndolos en sus casas les enseñaban la seta de Mahoma y los hacían a sus costumbre, y demás de perderse aquellas almas, crecía cada hora la nación morisca". El miedo a la expansión del Islam y la identificación de los moriscos españoles con los moros "de allende", miembros de una nación extranjera, era la excusa perfecta para reservar a los cristianos viejos la mano de obra esclava. Mármol recoge entre las súplicas de los moriscos a su rey, en tanto que vasallos, que "los esclavos negros eran el servicio de sus casas y sus labores y era destruirlos si se los quitaban".

Don Francisco Nuñez Muley, portavoz de la comunidad neocoversa en las negociaciones con el poder estatal, no veía inconveniente en que los moriscos tuviesen negros, y así lo expresó ante Don Pedro de Deza: "¿Estas gentes no han de tener servicios? Decir que crece la nación morisca con ello es pasión de quien lo dice porque habiendo informado a su magestad en las cortes de Toledo que había más de veinte mil esclavos negros en este reino en poder de los naturales, vino a parar en menos de cuatrocientos, y al presente no hay cien licencias para poderlos tener. Esto salió también de los clérigos, y ellos han sido después los abonadores de los que los tienen, y los que han sacado interés dello"[26].

[24] Apéndice documental.
[25] MÁRMOL CARVAJAL, Luis del: Ob. cit., p. 65.
[26] Ibidem, p. 69.

Si las Cortes de Toledo intentaron poner en práctica la interdicción referente a los moriscos y sus esclavos, igualmente la *Nueva Recopilación de leyes del Reino*[27] (1566) se preocupó de esta cuestión. Existe un capítulo que dice así: "Que los moriscos no compren esclavos negros, ni los tengan, ni de Berbería"[28]. El rey reiteraba la limitación y reservaba la posibilidad de poseer personas esclavizadas al colectivo de cristianos viejos, ofreciendo, sin embargo, licencias personales a representantes de la élite neoconversa. En esta versión oficial de la prohibición, se añade, por primera vez, una coletilla que hace referencia a la procedencia de los esclavos (ni de Berbería). Curiosamente hasta entonces, los documentos que prohibían a los moriscos tener dependientes hacían únicamente alusión al color "negro" de los esclavos y no a su procedencia. Los moriscos, aún tratándose de la élite ansiosa por integrarse, no tendrían bajo su dominio a antiguos correligionarios, es decir, no poseerían musulmanes blancos. El hecho es que la mayoría de los propietarios de personas esclavizadas que he identificado como moriscos en los protocolos notariales a lo largo del siglo XVI suelen comerciar con personas esclavizadas procedentes de las colonias portuguesas en el África subsahariana (Santo Tomé, Cabo Verde, Guinea y Congo). Debemos tener en cuenta que algunas personas esclavizadas calificadas de berberiscas eran, en realidad, de origen negroafricano y procedían de la trata transahariana, como Mubaricha que es de "negrería" pero se crió en Orán[29]. Sin embargo, cabe la posibilidad de que más de sesenta años después de la toma de Granada, la élite conversa no tuviera reparos en comprar árabes berberiscos como esclavos y sin ánimo de libertarlos posteriormente. Quizá el deseo de ser reconocidos como parte integrante de las clases cristiano viejas privilegiadas les llevó a someter a antiguos correligionarios a esclavitud.

1.3.2. Moriscos propietarios de personas esclavizadas 1500-1561

Como hemos podido comprobar, a lo largo de la primera mitad de siglo y la década anterior a las Cortes de Toledo, ya se habían tomado

[27] Ley XIV, título segundo, Libro octavo.

[28] Ibidem.

[29] El ejemplo lo he tomado de CORTÉS ALONSO, Vicenta: "Procedencia de los esclavos negros en Valencia (1482-1516)", *Revista Española de Antropología Americana,* nº 7 (1), 1972, pág. 140.

medidas represoras encaminadas a prohibir que los moriscos tuviesen personas esclavizadas, pero estas medidas no se llegaron a poner realmente en práctica hasta los años sesenta. Moriscos de diverso estatus económico aparecen con cierta frecuencia en los protocolos notariales comprando o vendiendo personas esclavizadas durante estos años.

Un total de 68 compradores moriscos han sido recogidos en los 75 legajos conservados en el Archivo Notarial para el periodo comprendido entre 1500 y 1550, aunque cabe señalar que a partir de los años veinte la frecuencia es menor. Sólo he podido identificar como moriscos a aquellas personas cuyo apellido era de innegable etimología árabe[30] y a las que el propio documento señalaba su origen morisco[31]; pero, sin duda, este número debería multiplicarse; por un lado, porque el número de legajos conservados para este periodo es muy reducido y, por otro, debido a la imposibilidad de reconocer a moriscos portadores de apellidos y nombres cristianos.

Como hemos podido comprobar con anterioridad, la mayoría de los propietarios naturales del reino de Granada eran vecinos de la ciudad alta, es decir del barrio del Albaicín, aunque también había bastantes moriscos acaudalados en la colación de San Pedro y San Pablo. La población de la capital granadina de principios del siglo XVI se estima en 50.000 personas y, de ellas, al menos un cuarenta por ciento eran moriscos[32]. En cuanto a la provincia de Granada, cabe destacarla importante presencia de moriscos que vivían fuera de la capital granadina: en Guadix, Atarfe, Mondújar, Gabia (la Chica y la Grande), Baza, Ujíjar, Purchil y Otura; pero, también en las Alpujarras (taha de Ferreira).

En lo referente a las profesiones de los propietarios moriscos de este primer periodo que analizamos, el mayor grupo lo constituyen los mer-

[30] Hamete Alhage (1508), Mohamed el Melehí (1514), Abdel Melí (1515), Pedro Abuli y su mujer María Abulia (1516), Francisco Jahaf (1517), García Alfahariní (1518), Francisco Arruxidí (1519), Luis Alarrux (1521), Lorenzo el Haminí (1521), Hernando Abdeilbirí (1522), Elvira Azafía viuda de Alonso el Famí (1537), y un largo etcétera. A.P.G. Leg.s 1 al 75.

[31] Catalina Ximenez, morisca, mujer de Bartolomé Xumí. A.P.G. Leg. 15, fol 169, 1521. A juzgar por su nombre y su apellido no podría haber descubierto su origen morisco, pero el documento de compra-venta lo especifica.

[32] Véase CORTÉS PEÑA, Antonio Luis y VINCENT, Bernard: *Historia de Granada* Tomo II: *La época moderna. Siglos XVI, XVII y XVIII*, Don Quijote, Granada, 1986. pp. 47-49.

caderes, seguidos del grupo de fabricantes-artesanos y un pequeño número de representantes del sector ganadería-agricultura. Un buen número de moriscos propietarios de personas esclavizadas están asociados a la industria textil: tintorero, linero, sedero e hilador de seda. Otros oficios citados son albañil, peinero, bañero, espartero, platero, tendero y labrador. Los comerciantes siempre tenían la posibilidad de pagar en especie, como un mercader de la Alcaicería que pagó por un esclavo de 12 años seis varas de terciopelo y cuarta de terciopelo grana y verde[33]. Alonso Elcargilí, compró en 1546 un guineano, al que también llamó Alonso. A modo de curiosidad señalaré que entre las tachas de este esclavo se detalla que se orinaba en la cama[34].

Respecto a las liberaciones, los moriscos apremiados por la legislación vigente se apremiaron a ahorrar a una parte de sus esclavos y esclavas, especialmente a partir del año 1560. Un matrimonio de labradores moriscos, vecinos de Purchil, liberaron a su esclavo en 1561. Ambos campesinos esperaron hasta el último momento para realizar la carta de horro del esclavo, el cual debió servirles en las tareas de labranza. En el momento de la ahorría, el esclavo contaba con 20 años, precisamente la edad más cotizada en el mercado granadino; de hecho, en el documento se señala que el esclavo es de buen cuerpo y que empezaba a crecerle la barba. El matrimonio Montabarí (Diego Montabarí y María Montabaría) especifica en la carta de horro de su esclavo que las razones de su liberación era haberle servido muy bien y ser obediente, aunque quizá simplemente se remiten a un formulismo relativamente frecuente en la época[35]. Asimismo otro matrimonio de moriscos libera a su esclavo en 1561; en este caso, la pareja reside en el Albaicín, y el marido, Fernando Alatar, era peinero. Al igual que en el caso anterior el esclavo es de origen subsahariano, concretamente del Maricongo[36]. Igualmente en 1561, Isabel Bentunaja, vecina de San Juan de los Reyes y viuda de un ropero, libera a su esclava Lucia nacida en casa[37]. Alvaro Alhauiní, otro morisco albaicinero, opta por incluir en la

[33] A.P.G. Leg. 16, fol 1179, 1522.

[34] *"se mea en la cama"*. A PG, Leg. 67, fol 21, 1546.

[35] " *(...) de buen cuerpo, que de presente le nasçen las barbas (...) nos a servido muy bien y nos a sido muy obediente y en remuneración dello (...)"* A.P.G. Leg. 118, fol. 766, 1561.

[36] A.P.G. Leg. 120, fol. 595, 1561.

[37] A.P.G. Leg. 123, fol. 638, 1561.

carta de horro una cláusula por la cual se asegura que el esclavo continuará a su servicio; aunque a partir de la ahorría, cobrando por su trabajo 2 ducados al año[38]. Entre los propietarios moriscos representantes de los oficios públicos de la ciudad había dos jelices de la Alcaicería. Las mujeres, tanto cristianas como moriscas, representan un porcentaje mínimo del total de los compradores de personas esclavizadas lo que viene a confirmar que el dinero estaba en manos de los hombres libres. Sólo cinco mujeres compran esclavos y, de ellas, dos son viudas.

El esclavo por excelencia de los moriscos es de procedencia subsahariana como hemos visto con anterioridad. La generalidad de los personas esclavizadas compradas por los moriscos durante estos años (1500-1560) eran negroafricanos bozales de la etnia wolof (en la documentación "jolofe", "jafor") en el actual Senegal y, también, de la gran factoría africana de Cabo Verde[39]. Aunque también llegaron a manos de los neoconversos algunas personas esclavizadas procedentes del Magreb.

Los nombres de las personas esclavizadas que estaban en manos de propietarios moriscos se reparten entre los de origen negroafricano como Zumba o Maçoda, los nombres árabes del Norte de África (Ibrahem, Fátima o Muça) y los cristianos. En cuanto a estos últimos, es decir, a los nombres que recibían una vez bautizados, destacan: Isabel, Catalina, Diego, Pedro, Antón, Rodrigo, María, Margarita y Alonso; así como otros menos comunes entre la población cristiano vieja: Inés, Blas, Beatriz o Elvira.

Para el estudio de la relación entre los propietarios y sus esclavos, una de las fuentes que más información nos ofrecen son los testamentos. Gregorio el Zenatí, albañil, se encontraba entre los moriscos que hicieron referencia a sus esclavos en sus últimas voluntades[40]. El mencionado converso testó en el año 1554, apremiado por la enfermedad, y

[38] A.P.G. 12, 481, 1519.

[39] En el siglo XVI, españoles y portugueses llamaban "Guinea" a una amplia franja que se comprendía, grosso modo, desde Cabo Verde hasta el entonces llamado "Cabo Roxo", es decir al área dónde se establecieron los primeros asentamientos portugueses entre 1444 y 1446. Hacía el interior se extendía hasta la Curva del Río Níger.

[40] El segundo elemento del nombre ("Al-Zenetí") puede ser lo que en árabe se conoce como la nisba, expresando un lugar de origen o ascendencia. Quizá se tratara de un morisco originario del Cenete.

repartió la mayoría de sus bienes entre su legítima esposa y un liberto negro llamado Juan, el cual había sido su esclavo durante años. Entre las propiedades legadas a ambos se menciona un marjal y medio de viña en Maracena con su acequia, un pedazo de haza en la alquería de Cúllar, todo el trigo, cebada y pan que tuviese, las tinajas y todos los aparatos, las gallinas y bestias que le quedasen en el momento de su fallecimiento y una casa en el barrio de San Salvador[41]. Aunque la generosidad demostrada por el Zenatí hacia su esclavo es poco frecuente, he seleccionado este testamento para exponer la variedad de relaciones que se dieron entre dominadores y dependientes.

En cuanto a los moriscos pudientes, entre los inquisidores granadinos corría el rumor de que una buena parte de ellos compraban esclavos musulmanes para liberarlos posteriormente. Quizá hubo algo de verdad en ello a juzgar por la siguiente anécdota. Don Fernando Muley, de la conocida familia de los Muley, poseía un esclavo tunecino, sin duda cautivo de guerra apresado durante la toma de Túnez (1535), llamado Juan de San Juan. El mencionado esclavo fue liberado sólo dos años después de su compra (1537) y, curiosamente otro miembro de la familia del propietario, Don Alonso Muley, contribuyó al pago de su rescate[42].

1.3.3. La élite morisca no renuncia a la posesión de personas esclavizadas

Si durante la primera mitad del siglo XVI hay moriscos propietarios de esclavos de diversa condición social a partir de los años sesenta, los neoconversos que tienen acceso legal a la posesión de personas esclavizadas se redujo a aquellos que tuviesen licencia del rey; es decir, a los más ricos. Los representantes de la élite morisca no dudaron en poseer personas esclavizadas para su propio aprovechamiento, quizá en aras de corroborar su colaboracionismo. Tomemos el ejemplo de Doña María Carvallo, esposa del veinticuatro Don Francisco el Zegrí. Esta mujer tenía sin duda licencia para poseer personas esclavizadas y la encontramos comprando moriscas varios meses después del levantamiento (1569)[43]. Su intención no era liberarlas sino obtener beneficios

[41] A.P.G. Leg. 83, fol 128r-130; 24 de febrero de 1554.
[42] Su carta de libertad está fechada el 6 de marzo de 1537. A.P.G. Leg. 41, s.f.
[43] A.P.G. Leg. 167.

con ellas. Doña María vendió a un procurador de la Corte, una esclava de las Alpujarras llamada María, la cual contaba por aquellos entonces 25 años.

Los pocos moriscos que compran personas esclavizadas en la segunda mitad del siglo XVI son grandes figuras de la élite morisca. Podemos destacar a la familia Venegas, representada por el veinticuatro Don Pedro de Granada Venegas, que en 1561 compró una guineana de 25 años[44]. Igualmente Diego de Venegas, receptor de la Real Audiencia compró una berberisca negra en 1565[45], y Doña Catalina Venegas, hermana de Don Pedro y esposa del veinticuatro Esteban Lomelín, era propietaria de una berberisca blanca[46]. Pero no sólo compraban moriscas los miembros de la familia Venegas, sino que algunos incluso participaron en la represión de la sublevación alpujarreña, como el conocido Don Alonso Granada Venegas, que luchó del lado de los crisitanos junto con el Marqués de Mondéjar en la represión de la sublevación alpujarreña[47].

La "Pronunçia hecha ante la justiçia de la villa de Huetor Taxar a pedimiento de Alvaro Ate, morisco, ante su magestad cerrada y sellada sobre tener esclavos"[48] constituye un importante documento para el estudio de la integración de la élite morisca y se enmarca perfectamente en los aires que corrían durante los años sesenta. Como ya he dicho, desde 1560 sólo la élite morisca tenía posibilidades de conservar entre sus propiedades a los personas esclavizadas, para ello, era imprescindible obtener una licencia real y probar la condición de buen cristiano. En 1562, año en que se data esta probanza, la posesión de esclavos entre los moriscos estaba estrictamente prohibida, pues se había comenzado a aplicar el capítulo de Cortes. El pregonero público fue el encargado de hacer llegar a las gentes de Huétor Tájar la nueva legislación.

El objetivo de esta probanza, que consta de 34 folios, era la obtención de una licencia real para conservar la propiedad de una pareja de esclavos guineanos, Pedro e Isabel, junto con su hijo Bernabé, de dos

[44] A.P.G. Leg. 116, fol 1070.

[45] Se trata de Diego Vanegas. A.P.G. Leg. 145, fol 23, 1565.

[46] A.P.G. Leg. 144, fol 321, 1565.

[47] MÁRMOL CARVAJAL, Luis del: Ob. cit., p. 125.

[48] A.G.S., 1562.

años. Sus dueños, un pudiente matrimonio neoconverso, se verían obligados a probar y ratificar públicamente su fe cristiana y, por tanto, su "integración". De su lado jugaba una licencia del arzobispo de Granada que les permitía actuar como padrinos en los bautizos.

En relación a las medidas encaminadas a prohibir el papel de padrinos y madrinas, cabe destacar que datan de principios de siglo (1511)[49]. Pero no sólo habían obtenido el favor de la iglesia, también la Corona les había concedido una licencia para llevar armas. En el clima de represión imperante desde los primeros años de la centuria el rey prohibió a los moriscos ir armados. Ambas prerrogativas son utilizadas insistentemente como acicate para propiciar la obtención de una licencia de propiedad de esclavos.

Con vistas a conservar sus esclavos guineanos, el matrimonio Ate presentó un total de seis testigos, todos ellos varones y cristianos viejos, es decir, de mayor peso. La finalidad de las declaraciones de los testigos era probar su "calidad y vida de buenos cristianos" y, en consecuencia, su integración en la vida de la villa. Esto significaba probablemente el abandono y anulación de las peculiaridades árabo-musulmanas, así como la aceptación (¿sin reservas?) de las señas de identidad de los vencedores cristianos.

Como primer testigo se eligió al de más peso, el que representaba a la autoridad eclesiástica de la zona: el vicario de Íllora, residente en Huetor Tájar, que declaró conocer a Alvaro Ate desde hacía 20 años, ya que fue cura en Huetor. El beneficiado gozaba de una posición excepcional en lo tocante a controlar la asistencia a los oficios religiosos y declaró que nunca tuvo que nombrar al matrimonio Ate en los padrones que se leían de ordinario para llamar la atención a los cristianos nuevos que no iban a la iglesia. El vicario señaló que, durante el tiempo en que fue cura en Huetor, confesó a Alvaro Ate y halló que estaba en disposición de recibir el santísimo sacramento como él mismo deseaba y pedía. Sin embargo, dice: "este testigo no se lo osava dar por no aber en la puerta a los demás xptianos nuebos", aunque finalmente accedió avalado por las buenas obras del morisco. Asimismo, el morisco y su mujer, Francisca García, eran hermanos de la Cofradía

[49] GALLEGO BURÍN, A. y GÁMIR SANDOVAL, A.: Ob. cit., p. 171-175. El texto es del 20 de junio de 1511.

del Santísimo Sacramento y acudían a las procesiones y demás actos relacionados con la cofradía como si de cristianos viejos se tratase.

Pero si la ratificación de la religiosidad cristiana constituye uno de los pilares sobre los que la probanza hace hincapié, los aspectos socioculturales constituyen el otro polo esencial. En cuanto al idioma, el matrimonio Ate había cumplido sobradamente las mandas reales que prohibían a los moriscos hablar el árabe ya que: "hablan lenguaje de xptianos viejos de tal manera que casy no saben hablar en algarabía"; en cuanto al mobiliario de su casa: "tienen mesas e syllas e cama como los xptianos viejos", y en lo referente a la vestimenta: "su traxe e ábito e manera es a la castellana".

No bastaba con vivir a la manera castellana, además era de máxima importancia hacer públicas todas estas actitudes de acatamiento del orden establecido. La meta era pasar desapercibidos entre la masa cristiana y que, como el propio documento señala, los vecinos que no conociesen su origen morisco los tuviesen por cristianos viejos porque así fuese su trato y manera, su habla y su traje. E incluso que pareciesen ser "cristianos viejos de su propio nascymiento e generaçión".

En lo tocante a los esclavos, se trata de dos guineanos, bautizados con los nombres de Pedro e Isabel y calificados de bozales, es decir, recién llegados a la península ibérica. Su condición de bozales iba lógicamente unida al desconocimiento de la lengua castellana y las costumbres de la zona. Sin embargo, los testigos sostuvieron que aunque los esclavos eran bozales sabían las oraciones, lo cual, en cierto modo, encierra una contradicción. Los amos debieron poner un cuidado especial en que aprendiesen a recitar las oraciones y asistieran a misa con objeto de que no los llamasen a la doctrina como ocurría con otros esclavos de la villa. Era la manera de probar que no había intención alguna de proselitismo sobre la pareja de guineanos.

No olvidemos que el título segundo del Sínodo de Guadix y Baza apunta como obstáculo para el bautismo de las personas esclavizadas, la carencia de conocimientos elementales de la fe católica. Esclavos y esclavas debían presentarse ante las autoridades eclesiásticas para que éstas comprobaran su buena voluntad y, asimismo, debían ser instruidos en la fe "conforme a su capacidad". Si cualquier sacerdote infringía esta orden, sería castigado con una pena de dos mil maravedises para obras pías y suspensión de su oficio por un periodo acordado según el caso. El texto del Sínodo dice así: "algunas veces acaece en nuestra diócesis quererse baptizar y convertir a la fe de Jesu Cristo algunos esclavos y infieles que son ya de edad y avemos hallado que no vienen todos con aquel aparejo e intençión que deven venir al Sancto baptismo"[50]. Pedro e Isabel aprendieron, según la probanza, las oraciones necesarias para aprobar el examen del clero respecto a sus conocimientos de la doctrina. Sin duda, sus amos tenían empeño por hacer pública la fe de sus dependientes.

La resolución fue positiva y el matrimonio Ate, al igual que anteriormente había obtenido la licencia de armas o la autorización para actuar como padrino y madrina en los bautismos, pudo conservar el derecho a la propiedad de sus esclavos Pedro e Isabel. La licencia para que el matrimonio morisco pudiese conservar sus esclavos guineanos llegó en 1562, siete años antes del levantamiento de los moriscos de las Alpujarras.

1.3.4. Esclavas y esclavos moriscos después de la expulsión de 1610

Una vez publicados los autos de expulsión de los moriscos del Reino de Granada después del levantamiento, la Corona española procede rigurosamente al encarcelamiento de aquellas personas libres de origen morisco que se encuentran repartidas por el territorio. Sin embargo, sobre la base del reconocimiento de la propiedad privada, no se expulsa a las personas esclavizadas de origen morisco. Este respeto a los bienes particulares obligaba a mantener en tierra española a los moriscos y moriscas esclavizados cuyo estatus, por tanto, era equiparable al de meras mercancías. El edicto, no obstante, afectaba también a libertos y libertas de origen morisco. De hecho, el dictamen real implicaba que los moriscos y moriscas esclavizados en las Alpujarras que consiguieron la libertad en algún momento de sus vidas serían expulsados posteriormente, por lo que su suerte no dejo de ser adversa.

En ocasiones existía cierta confusión sobre la condición libre o esclava de alguna de las personas cautivadas a raíz de la sublevación. Este el caso de Isabel y su hija María, moriscas acusadas de no haber cumplido los autos de la expulsión. María era esclava "por haber sido engendrada en una esclava", ya que nacer de madre esclava suponía la adquisición inmediata de la condición de su progenitora. La niña, sin

[50] Título segundo, constitución VI. *Sínodo de la Diócesi de Guadix y Baza*. Servicio de Publicaciones de la universidad de Granada, Colección Archivum, 1994.

embargo, no fue cautivada en la sublevación alpujarreña sino que nació posteriormente; es decir, se trata de una esclava de segunda generación, de ascendencia morisca, pero criada en una atmósfera cristiana. Ambas esclavas, madre e hija, estaban arrestadas en la cárcel pública de Granada cuando fueron reclamadas por su supuesto propietario. El pleito comenzó el 13 de septiembre de 1610 y se conserva íntegro. Cristóbal Ruiz de Flores, el presumible propietario de ambas mujeres, alega que eran esclavas porque su mujer las heredó de su padre y, así mismo, él las había recibido por cláusula del testamento de su esposa[51]. Para demostrar la autenticidad del estatus de esclavas de estas moriscas, el propietario presenta una copia de la hoja de bautismo de María. La niña fue bautizada en Noalejo, donde residían entonces sus amos y el sacristán de la iglesia parroquial de este pueblo, a pedimento del propietario, permitió al escribano realizar una copia del folio del libro de bautismo que certificaba el bautismo de María. El texto dice así: "Año de 1571, juebes primero día de febrero, baptizé a María, hija de Isabel, morisca, esclava de Diego Ramírez y vecino de Noalejo fueron compadres Fernando Barragan y María Díaz, la comadre". La fecha del bautismo indica, bien que la madre fue apresada a finales del enfrentamiento bélico y que, ya entonces, estaba embaraza; bien que siendo cautivada a principios de la guerra quedó preñada antes del final de la misma. En cualquier caso, como viene siendo la norma en la documentación consultada no se hace alusión alguna al padre de la criatura que, en realidad, no tiene relevancia en la lógica esclavista puesto que es la madre la que transmite el estatus y poco importa que el padre sea libre o esclavo. El hecho de que el acta del bautismo sea utilizada como prueba indica que otra de las razones por las que se alentaba a los cristianos viejos a bautizar a sus dependientes esclavos, además del nacimiento a la fe cristiana, era el control de la población. La hoja de bautismo tiene un carácter oficial, por tanto, de verificación del estatus de personas libres y esclavizadas. Si la pequeña fue bautizada en esta

[51] "Gaspar de Salazar, en nombre de Cristóbal Ruiz de Flores, vecino de la ciudad de Santa Fé, digo que a noticia de mi parte a venido que por mandado de vuestra mercer, Ysabel y María, de las naturales deste reyno, estan presas por no aver cumplido los mandos publicados çerca de la expulsión de los moriscos y porque las susodichas son esclavas de mi parte y lo fueron de Diego Ramirez, su suegro, de quien mi parte las uvo y heredó por cabeça de Doña María Ramirez, muger de mi parte". A.M.G., Leg. 1862.

fecha, quiere decir que en el momento del pleito tenía 39 años: poco debía restarle de su ascendencia musulmana después de cuarenta años de vida entre cristianos.

El abogado fiscal para la expulsión de los moriscos del Reino, Doctor Baltasar Franco de Saravia, dice que María e Isabel fueron efectivamente esclavas de Cristóbal Ruiz, pero que su amo las ahorró, y que, por hallarse libres al tiempo de la publicación del decreto de expulsión, debían ser deportadas[52]. El fiscal sostenía que era público que ambas mujeres moriscas eran ya libres y que se debía cumplir el decreto de expulsión del rey.

Posteriormente aparece la declaración del escribano público de la ciudad de Granada y su tierra ante quien pasaban los negocios tocantes a la comisión de la expulsión de los cristianos nuevos de musulmán. Éste da fe que en la lista de moriscos que hicieron los alcaldes del lugar de Gabia la Grande por mandato del corregidor había una partida del tenor siguiente: "y los dichos alcaldes declararon que en casa del liçenciado del dicho lugar ay dos moriscas, madre e hixa, que la madre se llama Ysabel de hasta ochenta años, y la hixa se llama María Ramírez, de hedad de treynta y quatro años y que el dicho benefiçiado las tiene en su casa y son esclabas de Xptóval Ruiz, veçino de la çiudad de Santa Fe". Esta lista debió realizarse en torno a 1610 a juzgar por la edad de María. Las razones por las que ambas esclavas se encontraban en esta fecha en casa del cura de Gabia la Grande mientras que su propietario se encontraba en Santa Fe no se desvelan en el pleito. Quizá estaban temporalmente sirviendo al beneficiado o puede que incluso se tratara de un alquiler transitorio. El hecho es que en el momento en que se realiza el padrón de moriscos, Isabel y María se encontraban en casa del beneficiado de Gabia la Grande. El mismo escribano que poseía el catálogo de los moriscos y moriscas presentes

[52] "El Sr Doctor Baltasar Franco de Saravia, abogado fiscal para la expulsión de los cristianos nuevos deste reino, respondiendo al pedimiento de Xval Ruiz de Flores en que pretende se le entreguen Ysabel y María, sus esclavas, presas en la cárçel pública de esta çiudad, digo que las susodichas son moriscas de las naturales deste reyno y aunque fueron esclavas de la parte contraria son ya libres, por tales tenidas y avidas y comúnmente reputadas, y anasí, por se hallarse libres al tiempo de la publicación del mandado suplico a vuestra merced les deniegue lo pedido y provéase lo que se contiene en la çédula de su magestad".

en el reino, así fuesen libres o esclavos, tenía en su poder otros siete listados y padrones del repartimiento del servicio con que los naturales de este reino servían al rey. Estos registros fueron realizados entre 1603 y 1609 y, en ellos, se constata que no se ha repartido maravedí alguno a Isabel Ramírez y María Ramírez, su hija[53].

Cristóbal Ruiz Flores, el propietario, presentó varios testigos que fueron cuestionados largamente por la justicia de la ciudad, y una vez atendidas las respuestas de los declarantes se resolvió sentencia rápidamente en el mes de octubre de 1610. El doctor Antequera y Arteaga, teniente del Señor Mosén Rubí de Bracamonte Dávila, corregidor de la ciudad de Granada y juez para la expulsión de los moriscos, una vez analizados los autos del pleito, mandó que las dichas Isabel y María se entregasen a su dueño para que las tuviese como sus esclavas. El juez impuso la condición de que se inscribiesen en el registro de las personas esclavizadas naturales de este reino. El juez declaró igualmente que en razón de decreto real no se les debía hacer molestia ni vejación a las esclavas y que, si quisiere el propietario, se le daría testimonio para guarda de su derecho. El documento termina con una declaración del propietario de las esclavas en que declara que ha recibido a María e Isabel y que las ha registrado.

Como hemos podido comprobar, la heterogeneidad de la comunidad morisca también se puede medir a través de la institución de la esclavitud. Esto confirma el amplio abanico de relaciones de dominación y dependencia vividas o posibilitadas por la comunidad de moriscas y moriscos granadinos. Tanto la Corona como la Iglesia procuraron en todo momento que los moriscos no contasen con mano de obra esclava, sin embargo, éste propósito no siempre fue acatado. En la primera mitad de siglo hubo moriscos humildes que poseyeron personas esclavizadas, entre ellos, hubo incluso quienes reconocieron el trabajo de

[53] "Yo, Pedro de Barrio, escribano público y del número desta çiudad de Granada por su magestad y de los negoçios tocantes a la comisión de la espulsión de los xptianos nuebos moriscos desta çiuad y su corregimiento, doy fe que por siete listas y padrones questan en mi poder del repartimiento del serbiçio con que los naturales deste reyno serbían a su magestad desde el año de mil y sisçientos y tres hasta el de siesçientos y nuebe no parece aberse rrepartido maravedís algunos a Ysabel Rramirez y María Rramirez, su hija, veçina del lugar de Gabia la grande ni estar escritas en los dichos padrones como dello consta a que me rrefiero y por dello conste".

sus dependientes legándoles, a su muerte, bienes suficientes para asegurarles la supervivencia. Al lado de éstos, algunos moriscos ricos compraron personas esclavizadas berberiscos con objeto de liberarlos posteriormente. A partir de 1560 los moriscos que, con licencia del rey, podrían mantener la propiedad de sus esclavos cuando ésta había sido vedada a la comunidad neoconversa, se reduciría a la poderosa élite colaboracionista. Otros moriscos, representantes de la élite, no dudaron en comprar personas esclavizadas de su mismo origen en los años siguientes a la revolución de las Alpujarras.

Y finalmente, es importante recordar que hubo muchos menores entre los moriscos vendidos como esclavos a raíz de la sublevación. Es cierto que el rey había promulgado un bando en 1572 prohibiendo que los niños moriscos menores de diez años y medio, y las niñas menores de nueve y medio se vendiesen como esclavos[54], pero los protocolos notariales dan pruebas más que suficientes de que el bando real se pasó por alto en numerosas ocasiones.

Años después de la expulsión de los neoconversos, el autor de comedias Jiménez de Enciso, volvía a rememorar aquella época en que se prohibió a la comunidad morisca tener esclavos. Me refiero a la comedia "Juan Latino o el ejercicio heroico de las letras", publicada en 1652, en la que se enfrentan ambas minorías (negros y moriscos) a través de dos personajes históricos: Don Fernando de Válor como representante de la élite morisca y Juan Latino, catedrático negro de ascendencia esclava, que aunque letrado no tenía posibilidades de acogerse a ninguna comunidad que lo defendiera. El dramatismo del choque entre ambos protagonistas llega a su culmen cuando Don Fernando defiende la libertad de los moriscos para hacer esclavos a los negros:

> *"Ultra desto*
> *decir, que tener negros de Guinea*
> *es gran inconveniente, porque el amo*

[54] *Pragmática y declaración sobre los moriscos menores del reyno de Granada.* En Madrid, en casa de Alonso Gómez, Impresor de su Magestad, 1572. Archivo Municipal de Granada. "Y otrosí que en quanto a los dichos moriscos menores de la dicha edad de diez años y medio los varones, y de nueve y medio las mugeres, declaramos que aquellos, conforme a lo por nos ordenado, no fueron esclavos de los que los tomaron, ni de aquellos a cuyo poder ha venido y que las ventas y otros qualquier contratos y disposiciones que dellos se ouieren hecho han sido y fueron ningunas".

fuerza al esclavo a que en Mahoma crea,
es pasión conocida, ni la llamo
declarada, malicia en nuestra ofensa,
porque la compostura estimo y amo;
más nunca tal se ha visto, y el que piensa
los esclavos quitar con este achaque,
nos da una esclavitud más inmensa,
pues da la ocasión que la justicia saque
nuestra sangre, que sangre es el dinero
del pobre, y que su sed en ella aplaque."[55]

2. LOS GRUPOS SOCIO-PROFESIONALES DE LOS PROPIETARIOS

2.1. *Evolución de los grupos profesionales de los propietarios*

Para el estudio de los oficios de compradores y vendedores residentes en la capital granadina he procedido a su clasificación en seis grupos que pretenden cierta coherencia socio-profesional. Las categorías establecidas son: sector primario (agricultores y ganaderos), sector secundario (fabricantes y artesanos), servicios (el mundo del comercio, criados, hostelería, gentes de guerra, oficios públicos y profesiones liberales), iglesia, nobleza y un pequeño grupo que he optado por denominar "otros" debido a su carácter heterogéneo (el padre de la mancebía y varios presos sobre los que desconocemos su condición).

En el sector primario he incluido aquellos propietarios que trabajan en el medio rural dedicados a la ganadería y las tareas del campo. No obstante, en la mayor parte de los casos residen en núcleos urbanos, pues en la época los límites entre campo y ciudad eran bastante difusos; de hecho, la periferia de Granada estaba integrada por parroquias rurales. En cuanto al sector secundario, las actividades principales corresponden a la artesanía y la fabricación de objetos manufacturados. Los integrantes de este conjunto trabajaban principalmente en la industria textil, tan desarrollada en Granada, en el sector del cuero y la platería, y también en la construcción.

[55] Citado en FRA MOLINERO, Baltasar: *La imagen de los negros en el teatro del siglo de Oro*, Siglo XXI, 1995, Madrid, p. 138.

Los hombres englobados bajo el epígrafe "servicios" realizan actividades muy diversas. Los comerciantes constituyen, no obstante, el grupo mayoritario. Igualmente los miembros de la Chancillería y del ayuntamiento, así como el mundo en torno a la administración (procuradores, abogados, etc.) se encuentran ampliamente representados. Los militares aparecen fundamentalmente durante los años de la rebelión morisca. De igual modo, he insertado a los mesoneros, taberneras y posaderos en esta categoría.

En el caso de los eclesiásticos, he privilegiado la pertenencia a la iglesia como característica principal, aunque no debemos suponer una uniformidad a nivel económico. En esta categoría se encuentran incluidos el alto clero, el bajo clero y los representantes de la Inquisición. Respecto a los nobles, el número de representantes de la aristocracia que compran o venden personas esclavizadas en la documentación consultada es muy reducido; no obstante, entre ellos podemos citar algunos grandes de España como el Marqués de Carpio o el Duque de Alcalá.

Antes de pasar a la presentación de los gráficos que ilustran las estadísticas basadas en las compraventas consultadas conviene tener en cuenta: primero, que a pesar de que la población morisca continuó siendo muy numerosa hasta los años 60 en el Reino de Granada, el porcentaje de moriscos propietarios de personas esclavizadas era reducido (concretamente he contabilizado 22 vendedores y 43 compradores reseñados como moriscos de un total de 1.641 compraventas estudiadas); esto supone que la generalidad de los datos que barajamos en este capítulo se refieren a cristianos viejos. En segundo lugar, los datos representados en los gráficos pueden crearnos una imagen confusa de la realidad si no establecemos una relación previa con el peso poblacional de cada uno de los grupos socio-profesionales anteriormente descritos en las sociedades de los tiempos modernos. Por ello, describiré *grosso modo* el modelo poblacional según el volumen de los grupos profesionales a que me estoy refiriendo. La base de la sociedad, es decir, la gran mayoría de la población masculina estaba compuesta por amplias capas populares de artesanos, fabricantes, labradores, jornaleros y servidumbre doméstica; posteriormente ascendiendo en un modelo piramidal se encontrarían aquellos hombres pertenecientes al mundo de la administración y también los militares; por encima de los anteriores estarían los eclesiásticos y en último lugar, la nobleza. Los nobles titulados constituían un grupo muy reducido respecto al total de la población andaluza y se situarían, por tanto, en el pico de esta pirámide demográfica.

En cuanto a las mujeres, la organización social de la pirámide poblacional no puede establecerse sobre la base de estos mismos parámetros, ya que se encontraban excluidas de una buena parte de las categorías reseñadas. De hecho, el término "propietarios" en el título de este epígrafe hace mención a una aplastante mayoría masculina pues las sociedades del siglo XVI apenas permitían el acceso de las mujeres al mundo profesional y, desde luego, de ningún modo a las altas jerarquías de la administración o la iglesia local. Únicamente 5 mujeres están representadas en las categorías socio-profesionales antes explicadas: una noble, una criada, dos religiosas y una mesonera. Por consiguiente, los datos que emplearé en este capítulo se refieren casi exclusivamente al ámbito masculino y constituyen un testimonio más de la división sexual del trabajo en las sociedades de los tiempos modernos.

El gráfico 33 muestra en cifras absolutas el número de vendedores integrantes de cada uno de los grupos socio-profesionales anteriormente expuestos. No obstante, el porcentaje de oficios de los vendedores no reseñados en la documentación notarial oscila entre el 30 y el 45% según el periodo, una laguna que no podemos suplir (aunque cabe señalar que las mujeres propietarias están comprendidas en estos porcentajes)[56]. Esto significa que trabajamos con el 55-70% de las profesiones de los vendedores. El mayor porcentaje de oficios sin especificar tiene lugar durante la rebelión morisca y en la década posterior, periodos en que el mercado se desborda y los escribanos tienden a descuidar la información contenida en las compraventas. Si bien en estos años, el número de escrituras conservadas es también mucho más amplio que durante la primera mitad del siglo.

Una primera ojeada al gráfico revela que el grupo mayoritario de vendedores está constituido por profesionales del sector servicios en todos los periodos analizados. Igualmente comprobamos la importancia del sector secundario, especialmente durante los años de la rebelión. Los miembros de la iglesia y la nobleza apenas si venden personas esclavizadas.

[56] Concretamente 35% (1500-1540), 30%(1560-1568), 45% (1569-1571) y 40% (1572-1580).

GRÁFICO 33. CATEGORÍAS SOCIO-PROFESIONALES DE LOS VENDEDORES DE PERSONAS ESCLAVIZADAS (VALORES ABSOLUTOS)

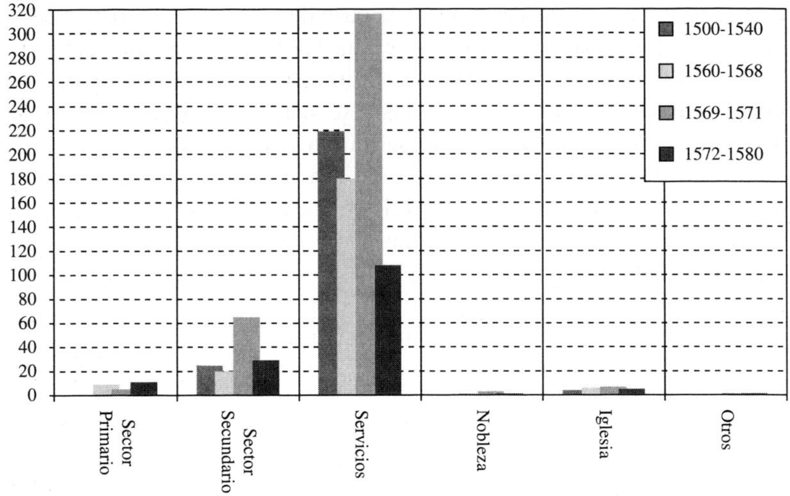

GRÁFICO 34. OFICIOS DE LOS VENDEDORES DE PERSONAS ESCLAVIZADAS DEL SECTOR SERVICIOS (VALORES ABSOLUTOS)

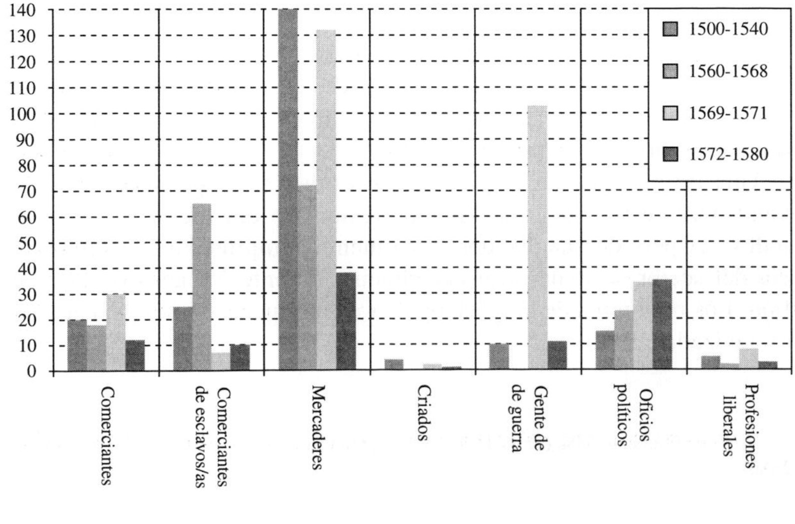

No obstante, la representación de las categorías socio-profesionales sobre la base de valores absolutos aunque nos permite conocer la cifras exacta, quizá nos ofrece una imagen algo distorsionada debido a la diferencia del número de ventas entre unos periodos y otros. Por ello, es importante conocer los porcentaje de cada una de las categorías socio-profesionales de los vendedores respecto al total de cada periodo. El sector primario en ningún momento supera el 4%, el porcentaje de artesanos y fabricantes oscila entre el 6,6% durante el periodo 1500-1540 y el 9,9% en los años de la rebelión morisca[57]. Los eclesiásticos se mueven entre el 1% y el 2% mientras que la nobleza no alcanza el 1% en ningún momento. Por último, los trabajores del mundo de los servicios constituyen la aplastante mayoría llegando a alcanzar el 58,6% en la primera mitad del siglo y los años anteriores a la guerra de las Alpujarras para descender al 48,3% en el trienio bélico y pasar al 34,2% posterioremente. Pero, veamos quienes eran los principales integrantes del sector servicios.

El grupo mayoritario de vendedores está constituido por el mundo del comercio que se ha dividido en tres categorías: a) un primer grupo denominado "comerciantes" que incluye a los que estaban dedicados a la compraventa de madera, vino, pescado, sedas, lencería, libros, menudeo, etc.; b) un segundo grupo, bajo el título "mercaderes", que engloba a aquellos hombres cuya especialización comercial no aparece reseñada en la documentación; y c) en tercer lugar, aquellos comprendidos en el epígrafe "mercaderes de esclavos/as", los cuales se dedicaron fundamentalmente a la trata de personas esclavizadas. Tal vez los "mercaderes" eran comerciantes al por mayor suficientemente conocidos como para que no tuviese que constar su especialidad, es más, probablemente ejercían un comercio diversificado.

Este bloque de hombres relacionados con el mundo del comercio presenta grandes diferencias internas respecto a la riqueza. Por otra parte, cabe señalar que la frontera entre producción y venta de algunos

[57] Exactamente 6,6% (1500-1540), 6,5% (1560-1568), 9,9 (1569-1571) y 9,2% (1572-1580).

géneros no siempre estaba bien delimitada, a pesar de que, para facilitar la clasificación de los propietarios de personas esclavizadas hayamos procedido a la separación entre comerciantes y fabricantes. De hecho, existía una figura importante que suponía el embrión de un capitalismo incipiente: los mercaderes-fabricantes o los mercaderes que poseían talleres.

He mantenido una débil agrupación de "criados" en la que se encuentran tanto representantes de las más altas jerarquías de la servidumbre doméstica (por ejemplo, los mayordomos) como algunos escuderos y, por último, ciertos criados y criadas sin especialización alguna. Este grupo viene a subrayar la heterogeneidad del colectivo de servidores domésticos y las relaciones de dependencia que se establecían en el seno de la propia servidumbre. Todas estas categorías han sido representadas en el gráfico 34.

En éste se puede observar que los mercaderes de esclavos/as son especialmente numerosos durante la primera mitad de siglo e incluso en la década de los 60 como cabría esperar, pues el mercado esclavista granadino se alimenta de población esclava procedentes de otras regiones. Sin embargo, el número de "comerciantes de esclavos/as" y sobre todo el de "mercaderes" desciende en el tercer periodo debido fundamentalmente a la presencia de la gente de guerra. Efectivamente, durante los años del levantamiento morisco observamos un aumento importante del número de militares que venden personas esclavizadas, se trata naturalmente de hombres que participaron en la guerra y venden a los cautivos del Reino[58]. Tanto los vendedores del mundo del comercio como los militares vendían primodialmente personas esclavizadas de primera mano. Las reventas están expuestas esencialmente por los representantes de los oficios públicos y las profesiones libera-

[58] Los hombres englobados bajo el epígrafe "gentes de guerra" pertenecen al mundo militar o paramilitar; todos sus representantes pertenecen al mundo masculino de las armas: desde simples soldados y cuadrilleros a capitanes de infantería. Igualmente he incluido en este grupo a los escuderos de capitanías, los pagadores de gentes de guerra y el auditor general de la guerra del reino de Granada. La mayor parte de las gentes de guerra irrumpen en el mercado esclavista granadino a raíz de la sublevación morisca, puesto que ellos mismo cautivaron y vendieron una buena parte de los hombres y mujeres prisioneros de guerra.

les[59], puesto que estos hombres ni emprendían empresas de captura en Berbería ni participaron en el enfrentamiento bélico entre cristianos y moriscos. Sin embargo, cabe la posibilidad de que algunos labradores o incluso ciertos artesanos se enrolaran como soldados en los años de la guerra; de hecho, el número de fabricantes y artesanos se incrementa a raíz de la rebelión.

A continuación presento un gráfico en valores absolutos que nos ofrece la información relativa a los oficios de los hombres que adquirieron personas esclavizadas durante los periodos señalados (gráfico 35). De nuevo apreciamos un elevado número de oficios no especificados en la documentación consultada, especialmente durante los años de la guerra. En concreto desconocemos el 45% de las profesiones de los compradores en 1500-1540 y 1560-1568, y a partir de 1569 el porcentaje se eleva al 60%. En consecuencia, sólo podemos vislumbrar la realidad más que conocerla exactamente debido a las limitaciones de la fuente. En cualquier caso, nos acercamos bastante a su conocimiento y, desde luego, constatamos que las personas esclavizadas no fueron, en absoluto, patrimonio exclusivo de los privilegiados en el Antiguo Régimen, sino que quedaron distribuidas entre los distintos sectores de la población.

El número de representantes del sector servicios junto con el sector artesanal son los que reciben la mayoría de las personas esclavizadas. El porcentaje de estos últimos no experimenta un aumento excesivamente espectacular durante la rebelión teniendo en cuenta la caída de los precios medios en el mercado. En tercer lugar, podríamos situar a los eclesiásticos que no superan el 6% del total de compradores en ningún momento y, por último, a los agricultores y ganaderos.

A continuación desglosaré el conjunto de compradores profesionales del sector servicios.

Como vemos, la cifra de comerciantes desciende significativamente respecto al gráfico de los oficios de los vendedores, pues la mayoría de

59 El grupo de "oficios públicos" abarca todos los cargos de la Chancillería y del Ayuntamiento, desde el presidente, en el caso de la Audiencia y los corregidores, en el de la municipalidad, al personal subalterno (alguaciles, solicitadores, etc.). Los abogados y procuradores cuya actividad laboral dependía en gran medida de la Chancillería, al no ser funcionarios públicos están englobados en el epígrafe "profesiones liberales". Asimismo, médicos, barberos, boticarios y cirujanos se encuentran en este último grupo.

GRÁFICO 35. CATEGORÍAS SOCIO-PROFESIONALES DE LOS COMPRADORES DE PERSONAS ESCLAVIZADAS (VALORES ABSOLUTOS)

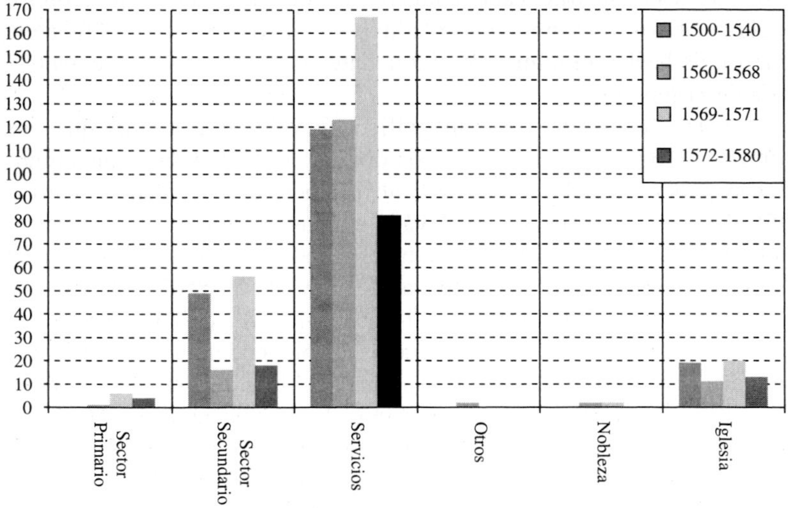

GRÁFICO 36. CATEGORÍAS SOCIO-PROFESIONALES DE LOS COMPRADORES DE PERSONAS ESCLAVIZADAS DEL SECTOR SERVICIOS (VALORES ABSOLUTOS)

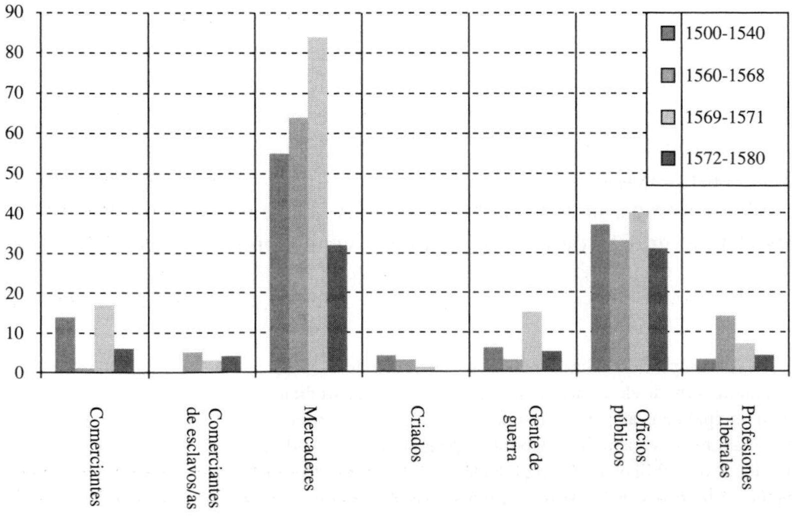

las personas que adquirieron personal esclavo tenían la intención de emplearlos en sus casas y no de comerciar con ellos. Si exceptuamos los mercaderes, cuyo porcentaje oscila entre un 10 y un 17% del total de compradores, los más señalados son los que ejercían cargos públicos: su porcentaje se sitúa en torno a un 10% constante en todos los periodos analizados. En segundo lugar, estarían los representantes de las profesiones liberales. Por consiguiente, el mundo de la administración se encuentra entre los poseedores de la mayor parte de la mano de obra esclava a lo largo del quinientos.

Como hemos visto, la esclavitud no es, en absoluto, un fenómeno exclusivo de la nobleza en el siglo XVI. La variedad de profesiones y tipos sociales de los propietarios y propietarias de personas esclavizadas en Granada constatan que su presencia en el seno de la sociedad se debía al hecho de ser fuerza de trabajo. En la capital granadina también se cumple la frase de Luis Fernández Martín respecto a Valladolid en el siglo XVI: "existía un amplio marco de ciudadanos y profesionales que disponían de esclavos y esclavas para su servicio (...) a excepción de las clases más humildes todas las demás tenían esclavos"[60].

Para conocer los trabajos que desempeñaban las personas esclavizadas es fundamental conocer las ocupaciones de los propietarios. Por ello, analizaré a continuación las profesiones más representadas en cada uno de los grupos socio-profesionales introducidos en los apartados anteriores, así como las noticias relativas a la implicación de las personas esclavizadas en los trabajos de sus propietarios.

2.2. *La industria textil, el sector del cuero y la construcción*

Para los menestrales, las personas esclavizadas eran, sin duda, una buena inversión. Probablemente era más barato comprar un esclavo o una esclava que mantener un aprendiz. Además de la rentabilidad objetiva, las personas esclavizadas no competirían jamás, pues esclavos y esclavas trabajaban duro en el taller del amo sin posibilidad de obtener

[60] FERNÁNDEZ MARTÍN, Luis: *Comediantes, esclavos y moriscos en Valladolid, siglos XVI y XVII*, Secretariado de Publicaciones, Universidad de Valladolid, 1992, p. 129.

ningún grado profesional reconocido en el gremio. Las Ordenanzas de Granada, al igual que muchas otras ordenanzas locales, prohibían taxativamente que los esclavos adquiriesen la calificación de aprendices u oficiales. Por ejemplo, en las "Ordenanzas del Arte y Oficio de tejer" de la ciudad de Granada se dispone claramente que ningún esclavo ni liberto pudiese aprender el oficio y que ningún maestro se lo pudiese enseñar[61]; de esta manera, se les impediría abrir talleres. La pena en caso de transgresión de esta normativa era de 5.000 maravedises a cada uno (maestro y esclavo).

Pero esta interdicción no era exclusiva de Granada sino que se repetía en diversos puntos de Andalucía, lo que refuerza la idea de que las personas esclavizadas trabajaron habitualmente en los talleres textiles. En Sevilla, ningún tejedor de lino y lana podía tomar esclavo por aprendiz[62]. De hecho, entre los valores primordiales de la institución gremial en el siglo XVI se encontraba el derecho exclusivo a ejercer un oficio y vender su producción en la ciudad, así como excluir cualquier posibilidad de competencia[63].

En Granada, al igual que en la mayoría de las ciudades de Castilla, existía una atomización de la producción artesanal; había muchos talleres artesanales y la mayoría de ellos eran pequeños y de carácter familiar; se empleaban algunos aprendices y menos oficiales, por lo que el trabajo de las personas esclavizadas era de gran utilidad. Además, la mano de obra esclava se emplearía tanto en la casa como en el taller. De hecho, el trabajo de las personas esclavizadas cuyos propietarios eran artesanos o fabricantes se encuentra a caballo entre el servicio doméstico y el trabajo en el taller de su propietario: un operario/a para todo. Los maestros reclutaban, generalmente, esclavos y esclavas sin cualificación alguna que se encargaban de hacer el trabajo sucio del taller y de la casa. Si la jornada laboral era de 12 a 13 horas para los artesanos, las personas esclavizadas debían estar disponibles a cual-

[61] "Item, que ningún esclavo no pueda deprender el dicho oficio, aunque sea horro, so pena de 5.000 maravedises a cada uno que lo contrario hiziere, para las partes susodichas". *Ordenanzas de Granada*, fol. 63v.

[62] "Ningún tejedor de lino y lana tome esclavo por aprendiz", *Ordenanzas de Sevilla*, f. 209.

[63] GARCÍA BAQUERO, Antonio: ¿Economía urbana frente a economía rural?, *Historia de Andalucía*, vol IV, Planeta, Madrid, 1980.

quier hora del día y de la noche. Esclavos y esclavas cuyos propietarios pertenecían al mundo artesanal compartían las casas de sus propietarios con los jóvenes aprendices, los cuales también residían en el domicilio de sus maestros aunque gozaban de mejores condiciones laborales y un mayor reconocimiento social.

En primer lugar, analizaré la industria textil, muy desarrollada en la Granada del siglo XVI, y que agrupa bastantes personas esclavizadas. En cuanto a la variedad de oficios que presentan los propietarios de esclavos/as del sector textil, por orden de mayor presencia en el mercado esclavista, podemos citar: calceteros, hiladores de seda, tejedores de terciopelo, gorreros, sastres, sombrereros, sederos, cordoneros, jubeteros, lineros, tejedores de paños, tejedores de tocas, tintoreros y lenceros. Como vemos, un buena parte de los oficios mencionados están relacionados con la fabricación de prendas del vestido masculino (calzas[64], jubones[65], sombreros, gorras) y en menor medida, con la ejecución de ropas femeninas (sayas[66], gorgueras, tocas). Los fabricantes de calzas constituían el contingente más importante de compradores de personas esclavizadas en la documentación consultada. Sin duda el conjunto de calceteros era muy numeroso en las sociedades modernas, puesto que todos los hombres, así criados como señores, vestían esta ajustada prenda. Los oficios descritos abarcan los distintos procesos de la producción textil: tintar, hilar, tejer y confeccionar las ropas; y nos ofrecen información sobre los materiales utilizados en la elaboración de la vestimenta: lana (paños), lino, terciopelo y seda.

En el mundo del tejido y la costura trabajaron muchos menores a juzgar por las edades de las personas esclavizadas en el momento de la compraventa. El grupo mayoritario lo constituyen los jóvenes de edades comprendidas entre 11 y 15 años (37%); pero también los más pequeños entre 6 y 10 años formaban un contingente importante (15%).

64 Prenda masculina que cubría el cuerpo de la cintura a los pies y se ajustaba extraordinariamente como si de una funda se tratase. Las portaban tanto los señores como los criados.

65 El jubón cubría la mitad superior del cuerpo moldeando la silueta masculina por tratarse de una prenda ceñida y ajustada al cuerpo desde los hombros hasta la cintura.

66 La saya consistía en una especie de corpiño ceñido al cuerpo que llegaba más abajo de la cintura y se ampliaba formando una falda. Era la prenda principal del vestido de la mujer.

Esto implica que, en Granada, casi la mitad de las personas esclavizadas que trabajaban en los talleres textiles tenían menos de 16 años. Pero no sólo trabajaban los esclavos y las esclavas en edades precoces, también lo hacían los aprendices libres como pone de manifiesto la existencia de una cláusula en las Ordenanzas granadinas que prohibía contratar trabajadores libres (muchachos y muchachas) menores de 12 años[67].

En cuanto al sexo de las personas esclavizadas que trabajaban en el sector textil, el 56% eran mujeres y el 44% eran hombres. Las mujeres se empleaban fundamentalmente en el oficio de hilar, especialmente las moriscas cuya fama de excelentes hilanderas traspasaba las fronteras del reino. Los propietarios de esclavas que sabían hilar tenían la posibilidad de emplearlas a jornal y ganar así un sueldo extra. Propietario y arrendador se concertarían sobre el precio del salario de la joven y ésta pasaría a residir en casa de su nuevo patrón.

También las mujeres libres ejercían el oficio de hilar en sus casas De hecho, el motivo de que las profesiones de los alquiladores de esclavas hilanderas no estén siempre relacionadas con la industria textil, puede deberse a que arrendaban las esclavas para que asistiesen a sus esposas en este trabajo, puesto que un importante número de mujeres hilaban en sus hogares. En la Granada del quinientos, a pesar de que el oficio de maestro hilador de sedas estaba desempeñado exclusivamente por hombres, había mujeres que, sin abrir talleres públicos, hilaban en sus casas.

El precio pagado a los dueños de esclavas hilanderas que preferían ponerlas a jornal oscilaba entre los 2 reales y medio y los 3 reales al día. Un vecino de Huetor Santillán alquiló una morisca para hilar seda por 2 reales y medio al día en 1575[68]. Un año antes, en 1574, he localizado otro contrato de arrendamiento de una morisca para hilar seda, en el que se estipulaba que el arrendador debía pagar 3 reales al día a su propietario, además éste estaba obligado a alimentarla durante el tiempo que la tuviese en su domicilio[69]. Los salarios de las esclavas hilanderas no distaban demasiado de aquellos cobrados por las mujeres libres que ejercían este oficio en sus casas. En concreto, las Ordenan-

[67] *Ordenanzas de Granada*, fol 53r.

[68] A.P.G. Leg. 197, fol. 674.

[69] Apéndice documental.

zas de Granada limitaban las retribución de las hilanderas particulares a 2 reales y medio, lo que sugiere que sus honorarios serían algo más elevados[70].

Las moriscas tenían fama de conocer el oficio de hilar y, como hemos podido comprobar, éste fue el destino de una buena parte de las mujeres cautivadas en las Alpujarras; sus propietarios las arrendaban para ejercer este oficio milenario. En los contratos de esclavas a jornal se estipulaba que el arrendador se comprometía a devolverla en las mismas condiciones en que la recibía y que únicamente recibirían salario los días laborales, no los festivos, en que únicamente estaban obligados a alimentarlas. Si el alquilador de la esclava no estaba conforme con el trabajo de la misma, la escritura de concierto podía revocarse; generalmente bastaba con el primer mazo hilado por mano de la esclava para decidir si su trabajo era ventajoso o no. A pesar de los ejemplos expuestos, y la relativa frecuencia de los contratos de esclavas hilanderas moriscas a jornal, el empleo extradomiciliario de las personas esclavizadas no era frecuente en el siglo XVI.

Las moriscas tenían reputación de ser unas magníficas bordadoras. No extrañaría, pues, que la Reina de Bohemia recibiera como regalo: "dos mozas moriscas, blancas, grandes labranderas de obras moriscas"[71]. Los bordados moriscos eran muy apreciados en la corte. Isabel la católica detalla en su inventario de bienes varias camisas moriscas[72].

Pero, si los representantes de oficios relacionados con el vestido empleaban mano de obra esclava, también encontramos numerosos esclavos y esclavas cuyos propietarios se enmarcaban en el sector del cuero. Entre los dueños de esclavos/as que se registran en la documentación consultada se mencionan como oficios: curtidor, zapatero, borceguinero, pellejero, guarnicionero, guadamicero, talabartero, sillero de la gineta y sillero. La variedad de especialidades enumeradas muestran que la fuerza de trabajo esclava se empleaba tanto en la prepara-

[70] *Ordenanzas de Granada*, fol. 53r.

[71] A.G.S. Registro General del sello, 1549, XII, 22, citado por LOBO CABRERA: Ob. cit., p. 92.

[72] BERNIS, Carmen: "Modas moriscas en la sociedad cristiana española del siglo XV y principios del XVI", *Boletín de la Academia de Historia*, vol 1, 1959, pp. 199-233. Las sedas moriscas de Granada se exportaban fuera del Reino de Granada vendiéndose, entre otras ciudades, en Valladolid. BENASSAR, Bartolomé: *Valladolid en el siglo de oro*, p. 323.

ción de las pieles como en la producción de artículos acabados. Entre las tareas primarias de la industria del cuero, encontramos a curtidores y pellejeros, los primeros más representados que los segundos. Los zapateros, entre los que podríamos incluir a los fabricantes de borceguíes, constituían otro de los grupos más numerosos entre los propietarios de personas esclavizadas del sector peletero.

Por otra parte, en el siglo XVI, el cuero tenía una enorme variedad de aplicaciones ya que no sólo se empleaba en el vestido y el calzado sino también en la fabricación de guarniciones y jaeces para los caballos. Los guarnicioneros y los silleros también se hallaban representados en las fuentes notariales como propietarios de personas esclavizadas; por lo que, podemos deducir que se empleaba mano de obra esclava en la elaboración de artículos de cuero para las caballerías.

El porcentaje de hombres y mujeres comprados por artesanos del sector peletero es muy similar al del sector textil, es decir, mayoría femenina. Del mismo modo, las personas esclavizadas cuyos propietarios formaban parte de la industria del cuero eran muy jóvenes y de diversos orígenes según la oferta del mercado: moriscos/as, subsaharianos/as y berberiscos/as aparecen asociados a propietarios artesanos del cuero.

En lo que respecta a los trabajadores de la construcción, así como al trabajo de la madera, éstos también se hallaban representados entre los dueños de personas esclavizadas. Albañiles, carpinteros, serradores y pintores son las profesiones más nombrabas del mundo de la construcción y la carpintería; asimismo, he incluido en este grupo un escultor. Cabe señalar que los albañiles son los más representados, a pesar de constituir la base de la rama de la construcción. El sector de la construcción se alimenta de esclavos del sexo masculino, pues también los trabajadores libres de este sector eran hombres. La esclavitud reproduce, en este caso, la división sexual del trabajo de las personas libres.

Esclavos de todos los orígenes trabajaron probablemente en la construcción de las mansiones de los nobles del siglo XVI. En el inventario de bienes de Don Juan de Guzmán, Duque de Medina Sidonia, se enumera un total de 45 esclavos en la construcción; de ellos, 35 trabajan en "la obra de la casa del Hardal": 12 son canarios, 7 berberiscos sin bautizar, 6 son negroafricanos bautizados, 1 procede de Melilla, otro cuyo origen desconocemos se nombra y apellida igual que el duque, y 8 más cuya procedencia no se especifica. Entre los "esclavos de la obra" se especifica: "Cristóbal, albañil" y "Juan Ruiz, carpintero"[73].

2.3. *La industria alimenticia y las posadas*

Otro de los sectores ampliamente representado entre los propietarios de personas esclavizadas era la industria alimenticia. La venta y elaboración de alimentos incorporó un buen número de personas esclavizadas en el siglo XVI; los oficios más representados entre los trabajadores de la industria alimenticia que tenían esclavos/as son: panadero, bodegonero, especiero, vinajero, carnicero, cortador de carne, bodeguero, pastelero y atahonero. Conviene puntualizar que el eje de este grupo es la vinculación al sector alimenticio, a pesar de que algunas de estas profesiones se encuentran a medio camino entre el comercio y la preparación.

En las hornos de pan trabajaban tanto esclavos como esclavas, en su mayoría de origen negroafricano y morisco. Por ejemplo, en el horno del barrio de la Magdalena trabajaba una morisca llamada Isabel y en el de la colación de Santa Ana un niño morisco de 7 años[74]. Asimismo, las especias, tan apreciadas en la época gracias a su virtud para conservar alimentos, también fueron manipuladas por personas esclavizadas. Por otra parte, esclavos y esclavas probablemente despacharon vino, bebida de consumo muy generalizado en el siglo XVI.

En cuanto a la industria cárnica, las Ordenanzas granadinas de carniceros, matadores y degolladores, prohibían a los criados las tareas relativas al peso de la carne, porque éstos, aleccionados por sus propietarios, engañaban en el peso a los clientes y si el timo se atribuía a los sirvientes, los matadores se negaban a pagar las multas. Por otra parte, los esclavos de los carniceros se empleaban como verdugos en la España de los tiempos modernos. Valga como ejemplo, una sentencia de la Chancillería granadina otorgada en 1714; en ella la justicia sanciona al Alcalde de Lorca por haber tomado por verdugo al esclavo de una viuda ya que "habiendo tantos esclavos de los carniceros debía haberse

[73] Apéndice documental.
[74] A.P.G. Leg. 181, fol. 41 y Leg.192, fol. 274.

servido de ellos"[75]. El empleo de esclavos como verdugos estaba difundido por toda la geografía española; también el norte de España encontramos ejemplos de esclavos ejecutores, concretamente el corregidor de Guipúzcoa ofreció el puesto de verdugo a un esclavo en 1564[76].

Por otra parte, en Granada, había buen número de posadas, mesones y tabernas cuyos propietarios contaban con mano de obra esclava. Los mesones ofrecían casa y comida a los viajeros y aquellos que traían caballos también podían encontrar posadas en que se daba cobijo a los animales.

El número preciso de posadas y mesones de la ciudad de Granada debió ser muy elevado, ya que era necesario tener camas disponibles para acoger a los pleitantes que venían a la Chancillería. En la parroquia granadina de Santa Ana, situada en las inmediaciones de la Audiencia, había 24 casas de posadas, 4 tabernas y una casa de camas[77]. Según Bartolomé Bennassar, Valladolid, ciudad donde se encontraba la otra Audiencia de España, contaba con 25 mesones y 29 taberneros y bodegoneros[78]. La mayoría de las posadas granadinas eran modestas y se administraban familiarmente, pero en las principales trabajaban personas esclavizadas y servidumbre libre. Tomemos por ejemplo, la posada gobernada por Diego Gutiérrez; en este establecimiento trabajaban dos esclavos y una esclava, además de la mujer de éste y un criado[79].

Acoger a los viajeros debió ser una forma de ganarse la vida para las viudas; en la parroquia de San Gil, donde se aglutinaban numerosas posadas (aunque en menor número que en Santa Ana) había una viuda mesonera del "mesón del agua" con la que trabajaba una mulata de 18 años llamada Inés[80]. En la Magdalena encontramos también personas esclavizadas cuyos propietarios son bodegoneros o mesoneros; es el caso de una berberisca llamada María, la cual servía en la taberna de Francisco López[81].

75 A.Ch.G, Leg. 513, cabina 2.566, pieza 25. "Sobre paga y testificación de un esclavo propio de Doña María de Bolea y Castilla, viuda.", 1714.

76 AZPIAZU ELORZA, Jose Antonio: Ob. cit., 1997, p. 132.

77 Censo de 1561.

78 BENNASSAR, Bartolomé: Op. cit., p. 87.

79 A.G.S, Censo de 1561, fol 117v.

80 A.P.G. Leg. 150, fol. 607, 1566.

81 A.P.G. Leg. 218, fol. 697, 1579. Igualmente, un pequeño morisco de 5 años pasó unos años en casa de un bodegonero parroquiano de la Magdalena y posteriormente fue vendido a otro bodegonero residente en el mismo barrio. A.P.G. Leg.192, fol 379.

2.4. *Plateros y otros artesanos*

Los plateros eran los reyes del artesanado, sus ganancias se contaban entre las más elevadas. He registrado 18 nombres de artesanos de la platería que compraron personas esclavizadas en las fuentes notariales analizadas. La mayoría de estos plateros vivían en el centro cristiano de la ciudad; en las colaciones de San Justo, San Matías, Santiago o la Iglesia mayor. Generalmente los plateros adquirían la mano de obra esclava directamente de los mercaderes de esclavos aunque algunas de las transacciones localizadas se hacen entre trabajadores del mismo gremio, quizá en razón de los conocimientos del oficio por parte del esclavo o la esclava y con la intención de emplearlos en el taller. Los maestros plateros compran tanto hombres como mujeres de cualquier procedencia y de edades comprendidas entre los 7 y los 25 años. Sin embargo, Pedro Hernández adquirió una morisca de 60 años natural de Saleres[82]. Tal vez la compró como intermediario de sus familiares con objeto de negociar su liberación.

Asimismo, otros oficios citados en la documentación notarial representaban a un grupo heterogéneo de trabajadores: jabonero, armador, vañador, candelero, cantero, cerero, carretero, espartero, herrero, herrador y monedero. Se trata, en general, de oficios menores, algunos de ellos incluso marginales y no sujetos a las instituciones gremiales, lo que significa que incluso parte del artesanado más pobre de la ciudad tuvo acceso a la compraventa de personas esclavizadas.

2.5. *Comerciantes y esclavitud*

La mayoría de los comerciantes que encontramos comprando o vendiendo personas esclavizadas en el mercado granadino eran, a juzgar por la documentación, negociantes medios ya que la mayoría únicamente posee un esclavo. Seguramente, algunos eran propietarios de talleres a la vez que se dedicaban al pequeño comercio de sus propias producciones. De hecho, la figura del mercader próspero que invirtió

[82] A.P.G. Leg. 169, fol. 313.

en la artesanía debió ser relativamente frecuente en la Granada del siglo XVI, ya que las Ordenanzas de la ciudad establecen que los mercaderes únicamente podrían mantener sus talleres, siempre y cuando implicaran en los mismos a un maestro examinado[83].

Como hemos podido comprobar con anterioridad, las compraventas analizadas no siempre ofrecen datos sobre la especialidad de los mercaderes que vendieron personas esclavizadas, lo que podría significar que comerciaban con diversas mercancías al mismo tiempo. Por otra parte, no todos los mercaderes recogidos en la documentación consultada eran meros traficantes; también habría quienes los/as adquirirían para su explotación directa como criadas, porteadores, esportilleros u otras tareas relacionadas con la economía doméstica o el mercadeo.

El grueso de los géneros con que comerciaban los mercaderes enmarcados en este apartado se podría clasificar en: textiles, alimentación, construcción, libros y menudeo. En el comercio de los tejidos encontramos un buen número de mercaderes de lencería, de mercería, de paños y sedas, los cuales se hacían acompañar de personas esclavizadas. En cuanto a la alimentación, podemos citar: mercaderes de vino, pescado y ganado. Aunque los primeros son relativamente numerosos, solamente he constatado la presencia de un mercader de ganado; éste cerró el negocio de la venta de su esclava María con Don Pedro de Granada Vanegas[84].

En lo referente al negocio de los metales preciosos, únicamente he hallado un "mercader de oros y plata" llamado Alonso de Córdoba, el cual compró un joven morisco de 15 años en 1569[85]. Por otra parte, he contabilizado 12 mercaderes de madera.

Asimismo, he localizado varios mercaderes de carbón, combustible empleado, entre otras cosas, para cocinar y calentar el hogar. Cabe recordar que una de las ordenanzas sobre la Alhóndiga del carbón prohibía que los negros "ni ninguna otra persona de los que acarrean carbón" entrasen en el almacén, so pena de 200 maravedises. Esta prohibición invita a pensar que los propietarios enviaban a sus esclavos a comprar carbón a la alhóndiga, pero también puede relacionarse con

[83] *Ordenanzas de Granada*, fol. 65.
[84] A.P.G. Leg. 116, fol 1070, 1561.
[85] A.P.G. leg. 171, fol 274v.

el empleo de mano de obra esclava por parte de los mercaderes de carbón.

En cuanto al negocio de los libros, he considerado "comerciantes" tanto a los mercaderes de libros como a los libreros, aunque cabe la posibilidad de que estos últimos trabajaran de igual modo en la impresión y encuadernación de los volúmenes. La mayoría de ellos compraron adolescentes de ambos sexos y sus orígenes dependían de la oferta en el mercado.

La esfera más baja del comercio: roperos, tenderos, traperos y menuderos, también se encontraba representada entre los propietarios de personas esclavizadas. Igualmente algunos arrieros aparecen comprando o vendiendo esclavos/as en la documentación consultada. Por último, también he considerado integrantes del grupo de "comerciantes" a los arrendadores, cambiadores, corredores, y corredores de lonja; así como a varios mercaderes de la Alcaicería

2.6. *Oficios públicos y esclavitud*

Gracias a su chancillería, Granada cuenta con un elevado número de funcionarios públicos. Los representantes de la administración constituían uno de los grupos más importantes de compradores de personas esclavizadas según la documentación utilizada. La variedad de cargos públicos citados en las compraventas de personas esclavizadas indican el alto grado de especialización burocrática. Las altas jerarquías de la administración constituía la oligarquía local y, en muchos casos, podrían ser consideradas como nobleza. Los esclavos y esclavas de estos señores trabajaban principalmente en el servicio de sus casas, pero probablemente también en la labranza de sus tierras. Las casas de los altos funcionarios públicos contaban con una servidumbre jerarquizada de la que también formaron parte las personas esclavizadas.

En cuanto al alto personal de la Chancillería de Granada, podemos citar entre los compradores de personas esclavizadas: 3 oidores, 5 alcaldes del crimen, 1 de los hijosdalgo, 2 alcaldes mayores y 1 fiscal. El licenciado Rodrigo, uno de los oidores de la Real Audiencia adquirió 5 berberiscos de edades comprendidas entre los 8 y los 20 años. El mencionado oidor encargó a un granadino que viajara al Puerto de Santa María con objeto de comprale "cinco piezas las quatro hembras e uno macho"[86]. En lo que respecta al personal subalterno de la Chancillería encontramos: 5 receptores, 3 relatores, 18 escribanos del crimen y del número, 9 alguaciles, 1 alcalde de la cárcel pública, 2 pagadores de los presidentes y oidores de la Real Chancillería y 14 secretarios de las distintas salas.

Por otro lado, entre los compradores de personas esclavizadas que ejercen su actividad laboral en el Ayuntamiento encontramos: 13 veinticuatros, 20 jurados y 12 escribanos. Regidores de Motril y de Guadahortuna se desplazaron a Granada con objeto de adquirir mano de obra esclava. Uno de los alguaciles compró 4 esclavas moriscas: una madre con sus dos hijos y otra esclava. Esclavos y esclavas también servían en las casas del personal subalterno del Ayuntamiento, como eran los alguaciles, oficiales y pregoneros.

Los pocos moriscos que compran personas esclavizadas en la segunda mitad del siglo XVI están relacionados en su mayoría con la administración. Podemos destacar al veinticuatro Don Pedro de Granada Vanegas, que en 1561 compró una guineana de 25 años[87]. Igualmente Diego de Vanegas, receptor de la Real Audiencia compró una berberisca negra en 1565, y Doña Catalina Vanegas, hermana de Don Pedro y esposa del veinticuatro Esteban Lomelín, era propietaria de una berberisca blanca[88].

En las casas de los representantes de los oficios públicos la servidumbre doméstica era copiosa. Por ejemplo, el escribano Pedro de la Fuente, el cual vivía con su esposa y sus cuatro hijos, tenía en su casa dos amas, una criada, un esclavo y dos esclavas. El veinticuatro Don Alonso Mexía, cuya casa se encontraba en la colación de Santa Ana, tenía un ama, tres criadas, un criado y dos esclavos. De igual modo, el alcalde Francisco de la Paz poseía dos esclavas y un esclavo y, tenía además, dos criados y un ama[89].

[86] Juan de Ocaña recibió el encargo del licenciado Rodrigo, "oidor en esta Corte (...) me disteis setenta e quatro ducados de oro e de peso en doblones de oro nuevo los cuales yo reçebí para vos comprar dellos en el Puerto de Santa María çinco pieças de esclavos las quatro hembras e uno macho e yo vos las compré por vos en vuestro nombre en esta manera (...)" A.P.G. Leg. 18, fol. 58 y ss.

[87] A.P.G. Leg. 116, fol 1070.

[88] A.P.G. Leg. 144, fol 321, 1565.

[89] A.G.S. Censo de 1561, s.f. Santa Ana.

A los oficiales de la Chancillería y el municipio habría que añadir: 3 recaudadores de las tercias y de las rentas, un adelantado de cazorla, un comisario general del consejo, un tesorero de su majestad, un depositario general, un géliz de la alcaicería, un contador de lonja, un fiel ejecutor, un repartidor, un requeridor y alguno más.

2.7. *Eclesiásticos y esclavitud*

Los eclesiásticos constituyen uno de los grupos más importantes entre los compradores de personas esclavizadas; para su estudio hemos dividido al grupo en clero regular y clero secular, que a su vez se subdividen en órdenes femeninas y masculinas y en clero alto y clero bajo, respectivamente. En primer lugar, analizaremos el papel de las personas esclavizadas en los conventos femeninos. La segregación sexual del clero regular imponía una segregación del servicio, por tanto, sólo tenemos noticias de esclavas en los monasterios femeninos y de esclavos en los masculinos.

El apartado titulado "Negras que sirven a las monjas" en la instrucción para negros que venían de Angola y otras provincias africanas pone de manifiesto la existencia de esclavas en algunos monasterios femeninos de Sevilla[90]. En consecuencia, la presencia de mujeres esclavizadas entre las religiosas probablemente fue una práctica relativamente extendida en la Andalucía moderna. Bajo el mencionado título se apremia a las monjas a que se aseguren del bautismo de las negras que sirviesen en los conventos.

La entrada de esclavas que exonerasen del trabajo a las monjas dependía de las Órdenes; las reformadas no permitían la posesión de esclavas porque tenían la pobreza como lema de vida, el trabajo era una forma de dignificar a las monjas y no se permitía el acceso a personas exteriores a la Orden. Sin embargo, las Órdenes no reformadas, que tenían una regla más relajada, y que no dormían en dormitorios comunes sino en celdas privadas, permitían la tenencia de bienes

[90] "Instrucción para remediar y asegurar quanto con la divina gracia fuere posible que ninguno de los negros que vienen de Guinea, Angola y otras provincias de aquella costa de Africa carezca del sagrado bautismo". Impreso por mandato de Don Pedro de Castro y Quiñones en 1614. Apéndice documental.

privados y, por tanto, la propiedad de esclavas. María Luisa García Valverde ha localizado referencias a esclavas en los monasterios femeninos no reformados de Granada; concretamente en Santa Isabel la Real, a finales del siglo XVI, aparece una solicitud de licencia a petición de una monja para tener una esclava con ella[91]. Asimismo, uno de los Libros de Gobierno del Carmen Calzado conserva una autorización para que entrara una esclava al convento a servir a la monja propietaria. El convento considera que la esclava podía quedar para la casa en caso de que a la muerte de su dueña ésta no la liberara.

A juzgar por el testamento de Clara de Pareja (1532), una viuda granadina, quizá no era tan extraño encontrar esclavas en los conventos femeninos. La mencionada señora establece una cláusula según la cual, María, esclava nacida en su casa, debía recibir 2.000 maravedises para su casamiento. Pero hasta el momento del matrimonio, la esclava estaba obligada a servir en casa de una parienta de su dueña ("que la adoctrine y castigue"). La dueña especifica en una disposición testamentaria que si la esclava se ausentare o si se tiene sospecha de que ésta no sirve a Dios, que "mys albaçeas y patrón la puedan compeler como esclaba y metella en el monasterio del señor Santiago de las monjas para que las syrba como esclaba hasta en tanto que su hermano la quyera sacar y sy el dicho su hermano no hiziere por ella quede allí para syempre porque no se pyerda"[92].

En las compraventas analizadas aparecen dos religiosas comprando personas esclavizadas, pero no tenemos noticias sobre las órdenes a las que pertenecían. María Luque y Luisa de Villena son los nombres de

[91] María Luisa García Valverde, "Inventario de los conventos femeninos de Granada desde la Reconquista a 1836", Universidad de Granada, 1997, en prensa. Agradezco a Marisa la información sobre los conventos y las órdenes religiosas femenina.

[92] "Yten mando que María, my esclaba, hija de María, my esclaba, quede libre e horra de todo cautiverio por amor de dios y porque dios perdone my anyma y por los buenos serviçios que de su madre rreçebi y que sy su hermano Luys de Medrano la quysiere para hazer por ella se la den libre para que la case y sy el dicho no la rresçibiere sirba a la señora Ginebra de Pareja por su soldada hasta en tanto que su hermano la demande o sea de hedad de casar y sy la dicha no la rresçibiere el patrón y albaçeas la den a una persona a quyen sirba y que la doctrine y castigue (...) y que sy or causa se ausentare o por otra alguna que se tenga sospecha que no sirbe a dios que mys albaçeas y patrón la puedan compeler como esclaba y metella en el monasterio del señor santiago de las monjas desta çibdad de Granada" A.P.G. Leg. 32, 1532, s.f.

estas dos religiosas que compran moriscas en el mercado granadino en 1570 y 1571; la primera compró una madre y una hija, de 30 y 7 años respectivamente, procedentes del río de Almería, y la segunda adquirió otra mujer, pero en este caso de Andarax[93]. No he localizado referencias expresas a esclavas legas; sin embargo parece ser que, al menos en Sevilla, Santa Teresa las admitía como tales.

En cuanto a los monasterios masculinos, la regla era menos estricta porque encontramos alguno frailes y priores comprando o vendiendo personas esclavizadas en la documentación notarial analizada. El "reverendo señor" fray Hernando de Granada compró un negro bozal de 30 años el 22 de junio de 1540[94]. Un caso paradójico, ya que la Orden de la Merced estaba consagrada al rescate de cautivos cristianos. Quizá los compraban con objeto de canjearlos por cautivos cristianos, de manera que, el rescate de sus correligionarios justificaría la esclavitud de otros seres humanos. También fray Antonio de Çurita, "ministro de la santísima trinidad", adquirió un negra ladina de 20 años el 10 de noviembre de 1526[95]. Fray Antonio se dirigió directamente a un mercader de esclavos para realizar tal negocio.

Asimismo, me consta que, en Granada, el Hospital de Juan de Dios aceptaba menores esclavizados como donativo, ya que en una de las almonedas de moriscos estudiadas, aparece el texto siguiente: "se dio al ospital de juan de dios desta çiudad dos nyños y una nyña de limosna"[96]. Los tres niños formaban parte del quinto real y no se señala ningún parentesco entre ellos. El hermano mayor del Hospital, Juan López, fue el encargado de recibir a los pequeños el 12 de marzo de 1571.

Si como hemos podido comprobar la Corona regaló estos tres pequeños al Hospital de San Juan de Dios, igualmente el Monasterio de Santo Domingo de Málaga recibió un esclavo berberisco como donativo. El esclavo fue regalado al Monasterio por el capitán de las Galeras, Mosen Berenguel de Olmos para "que lo vendiésemos para las cosas de que dicho monasterio tuviese neçesidad"[97]. El prior del monasterio acudió a Granada para vender el esclavo 10 meses des-

[93] A.P.G. Leg. 174, fol. 257 y Leg. 182, fol. 102
[94] A.P.G. Leg. 45, fol. 342.
[95] A.P.G. Leg. 23, fol. 562.
[96] A.P.G. Leg. 182, s.f.
[97] A.P.G. Leg. 11, fol. 375.

pués de haberlo adquirido y lo entregó a Don Ambrosio de Luna, oidor en la Chancillería.

También había esclavos en la Abadía del Sacromonte de Granada como ponen de manifiesto los documentos hallados en su archivo. Concretamente, el 29 de abril de 1616, el arzobispo de Sevilla hizo donación de un esclavo, "de color moreno" y de nombre Juan Francisco, por escritura que otorgó al Abad ante Diego Ramírez[98]. El mencionado esclavo quedaría libre después de 6 años de trabajo en la Abadía, según cláusula de la citada donación. Sin embargo, un año después de otorgada esta escritura, el abad mayor escribió al arzobispo advirtiendo que el esclavo donado deshonraba con su vida y sus costumbres una casa tan religiosa como aquella; el objetivo era formalizar una petición de licencia para vender al esclavo 5 años antes de lo acordado[99]. A su vez, el abad proponía que el esclavo perdiera el derecho a quedar libre porque en el tiempo que había servido como esclavo había dado bastantes pesadumbres[100]. Mientras los correos partían del Sacromonte al arzobispado, Juan Francisco se ausentó de Granada durante cuatro meses

[98] A.A.S. Libro de Actas, Tomo I, fol 137v. "Hiço también donación su señoría a el Sacromonte de Juan Francisco, de color moreno, para que sirviese en el dicho Sacro monte por tiempo y espacio de 6 años de la manera que se contiene en la escriptura que otorgó ante Diego Ramirez a 29 de Abril".

[99] A.A.S. Libro de Actas, Tomo I, fol. 155 v, 23-abr-1617: "Y luego propuso el Sr Presidente que el esclavo Juan, que donó el arzobispo, mi Sr, al Monte a procedido de manera que no conviene que esté en casa por deshorar con su vida y costumbres una casa tan religiosa como esta, y que el Sr. licenciado Bartolomé de Torres (un canónigo) a escrito en dos cartas como el Arzobispo, mi Sr, gusta y da licencia para que lo venda el Monte (...) determinaron todos conformes se trate luego de vender al dicho esclavo".

[100] A.A.S. Libro de Actas, Tomo I, fol. 233r, 15 oct 1619. "Y el dicho Sr Abad propuso y dixo como sus mercedes sabían como Juan Francisco, esclavo, el qual tenía donado al Sacro Monte el Arzobispo de Sevilla, mi Sr, con condición que sirviendo el dicho esclavo por tiempo de 6 años quedase luego libre como costa de la escritura que desto fué hecha en Sevilla, y como este esclavo en el tiempo que a servido avía dado bastantes pesadumbres y hecho cosas por donde perdiese el derecho a quedar libre y que se podía vender, como se quiso haçer abrá año y medio, y últimamente se a huydo pues a 4 meses que no pareçía hasta que le prendieron en Sevilla, por mandado del Arzobispo, mi Sr, y para que se vendiese. Dió orden se consultassen Don Gonzalo de Campo, su provissor, y el doctor Juan Dyonisio Puertocarrero si se podía haçer, y los dichos respondieron que se podía vender, para lo qual pide orden de el Cabildo. El Sr canónigo Juan de Estrada, que sus mercedes lo determinassen, y consentido en todos los sres capitulares, fue determinado se vendiese, y para ello, se embie la orden que pide el Sr canónigo Juan de Estrada".

y se refugió en Sevilla, donde fue preso por mandato del Arzobispo. Finalmente se determinó que el esclavo podía ser vendido, pero al no encontrar nadie que diese por él más de 50 ducados, la venta se suspendió[101]. El arzobispo, basándose en la calidad de fugitivo del esclavo y su inadaptación a las exigencias del Abad, autorizó su venta, desestimando la cláusula en que se declaraba que Juan Francisco sería ahorrado seis años después de su donación a la Abadía. ¡Tan poco valor tenía la libertad de un hombre!

Tenemos noticias de la presencia de otro esclavo en la Abadía del Sacromonte; se trata de un esclavo berberisco, llamado Hamete, que probablemente no estaba bautizado pues aún tenía nombre árabe. El Abad propuso a su congregación la compra de un esclavo cocinero, por lo que Hamete, que había servido de cocinero en casa del licenciado Don Martín de Valenzuela, estuvo algunos días a prueba en la Abadía hasta que, finalmente, se tomó la decisión de comprarlo al precio de 100 ducados[102].

En cuanto a los jesuitas, éstos se dedicaron intensamente al apostolado con las personas esclavizadas en la España Moderna. El carácter apostólico de la Compañía de Jesús se pone de manifiesto, por ejemplo, en el texto del catecismo para negros hallado en la Abadía del Sacromonte[103]. El catecismo aconseja, por ejemplo, que si los examinadores dudaban de la legitimidad del bautismo de los esclavos/as, se debía recurrir especialmente a los padres de la Compañía de Jesús. Asimismo se señala que si esclavo/as no se quisieran bautizar en público, que acuda el examinador a uno de los padres de la Compañía de Jesús "que tienen este negocio a su cargo" para que ordene que se bautice en secreto. No obstante, según la documentación analizada los jesuitas andaluces no poseían personas esclavizadas como, desde luego, ocurría en Angola y otros establecimientos de la Compañía de

101 A.A.S. Libro de Actas, Tomo I, fol 240 r, 7 de enero de 1620.

102 A.A.S. Libro de Actas, Tomo I, fol. 232v; 5 de octubre de 1619: "Propuso, asimesmo, el Sr. Abad comprar a Hamete, esclavo que el licdo Don Martín de Valenzuela vende. A estado sirviendo de coçinero algunos días a que sus mercedes vean si se comprara y pasara por el conçierto hecho que es dar por él 100 ducados por tiempo de 7 años y todos los señores vinieron en que se pasase por el dicho conçierto de 100 ducados por 7 años".

103 A.A.S. Leg. 7, fol. 871-880. 1614.

Jesús en África, donde compraban esclavos en el mercado local sin escrúpulo alguno[104].

Respecto al clero secular, la posesión de personas esclavizadas era cosa muy común en la Granada del siglo XVI; los representantes de la iglesia, tanto del alto clero como del bajo aparecen con frecuencia en las fuentes consultadas. Entre los representantes del alto clero que compraron esclavas o esclavos en Granada, podemos citar al Obispo de Almería, el abad mayor de Santa Fe, varios vicarios y chantres, canónigos, racioneros, el "tesorero de la Santa Cruzada de esta ciudad" y un alguacil del arzobispado. En lo referente a la Capilla Real de Granada, dos capellanes y el tesorero compraron personas esclavizadas. El bajo clero se encuentra representado por varios capellanes (del coro, de la iglesia de Santiago, etc.), así como numerosos clérigos presbíteros y clérigos beneficiados de iglesias granadinas (San Nicolás, San Matías, etc.). Cabe destacar la importante presencia de beneficiados diseminados por la provincia de Granada que se acercan a la capital con objeto de adquirir algún esclavo o alguna esclava: Alhendín, Íllora, Iznalloz, Guejar, Monachil, etc. Uno de los beneficiados de la Alpujarra adquirió un morisco natural de Saleres. El beneficiado de Marbella también vino a Granada a comprar una esclava. La mayoría de los clérigos y beneficiados compraban esclavas de edades comprendidas entre los 14 y los 25 años. Su destino sería el trabajo doméstico y, en ciertos casos, la explotación sexual.

Por último, podemos citar aquellos oficios de propietarios de personas esclavizadas relacionados con la Inquisición: el fiscal, el receptor y el notario del Santo Oficio. El primero de ellos compró un indio, el segundo una morisca de Trevélez y el tercero un "negro" cuya procedencia desconocemos[105].

[104] El rector de la Compañía de Jesús en Angola contestó a Alonso de Sandoval sobre la legitimidad de la esclavización de los angoleños, éste le responde en los siguientes términos: "Nosotros estamos aqui ha cuarenta años, y estuvieron aqui padres muy doctos, y en la Provincia del Brasil donde siempre huvo Padres de nuestra religión emienentes en letras, nunca tuvieron este trato por illícito: y assi nosotros, y los Padres del Brasil, compramos estos esclavos para nuestro servicio sin escrúpulo ninguno". SANDOVAL, Alonso: *Un tratado de esclavitud*, Alianza Editorial, Madrid, 1987.

[105] A.P.G. Leg. 9, fol. 273, Leg. 42, fol. 93r y Leg. 169, fol. 90.

2.8. *Nobleza y esclavitud: La jerarquización del servicio*

En cuanto a la aristocracia, el extenso personal de servicio de las casas nobles, entre los que se cuentan tanto criados y criadas como personas esclavizadas, ha derivado en un auténtico imaginario de la esclavitud como ornamento decorativo, entendiéndose que la ostentación era una de las funciones principales de los sirvientes de los nobles. La vitalidad de la historiografía sobre los estamentos privilegiados, la cual ha revelado el lujo y la fausto con que vivían, puede estar en el origen de esta imagen. Sin embargo, el análisis de la jerarquizada servidumbre de los miembros de la aristocracia me lleva a afirmar que las personas esclavizadas probablemente eran la fuerza de trabajo más importante de las casas nobles.

Ante todo, cabe subrayar que la servidumbre de los nobles se caracteriza además de por su número, por su jerarquización. Una primera división de los dependientes de los nobles nos revela la existencia de dos tipos de trabajos domésticos: los "oficios mayores de la casa" y los "oficios menores de la casa"; los primeros correspondían a las tareas que desempeñaban mayordomos, camareros, pajes y lacayos, y los segundos a las que realizaban cocineras, cocheros, criados, mozas, etc. La propia división en oficios mayores y menores establece ya una distancia jerárquica destacable entre ambos grupos.

Para comprender la posición de las personas esclavizadas en el conjunto de la servidumbre de los nobles es necesario conocer su gradación y ocupaciones. Por ello, describiré someramente las tareas y niveles de los servidores de las casas nobiliarias. Los mayordomos constituían una de las más altas jerarquías de la servidumbre[106]; su salario medio rondaba la importante suma de 50.000 maravedises al año según Ana Gerrero Mayllo[107]. Por otra parte, como bien señala Antonio Domínguez Ortiz: "el mayordomo tenía la responsabilidad del conjunto de la casa y personal de servicio"[108]; de hecho, a menudo las personas escla-

[106] Las funciones de los mayordomos se detallan en LÓPEZ BENITO, Clara Isabel: *La nobleza salmantina ante la vida y la muerte (1476-1535),* Diputación de Salamanca, 1991, p. 105.

[107] GUERRERO MAYLLO, Ana: *Familia y vida cotidiana de una élite de poder. Los regidores madrileños en tiempos de Felipe II*, Siglo XXI, Madrid, 1993.

[108] DOMÍNGUEZ ORTIZ, Antonio: *Las clases privilegiadas en el Antiguo Régimen*, Istmo, Madrid, 1973, p. 151.

vizadas se encontraban bajo su autoridad directa cuando el amo estaba ausente. El personal más próximo al señor eran los camareros. Clara Isabel López señala que el camarero del Arzobispo Don Alonso de Fonseca estaba obligado, según se especificaba en su contrato, a dar buena cuenta y razón de todo lo que le fuere dado a cargo: vestidos, jaeces, armas, plata, etc. y a responder con sus propios bienes; su salario era aproximadamente de 3.000 maravedises anuales[109]. En cuanto a los pajes, éstos eran generalmente muchachos de buena familia que servían la mesa y alumbraban con antorchas, hasta que, generalmente llegados a una cierta edad, sus amos los convertían en escuderos[110]. El maestresala era el jefe de los pajes y tenían a su cargo todo lo relativo al servicio de la mesa. Los lacayos trabajaban en tareas específicas como la conservación de la plata, y los escuderos y dueñas eran servidumbre de compañía. Por último, la figura del ama de cría fue común entre el personal doméstico hasta el siglo XIX, ya que las mujeres urbanas que podían permitírselo no amamantaban a sus hijos/as personalmente[111].

Respecto a los oficios menores de la casa, su número era considerable, sus labores estaban muy diversificadas y generalmente relacionadas con la atención de las necesidades primarias de la casa, es decir, trabajos de menor responsabilidad material. Los salarios de estos trabajadores estaban muy por debajo de los citados anteriormente. En este grupo se encontraban los cocineros, despenseros, cocheros, guardas, jardineros, fregonas, etc. En el último escalón, privados no sólo de contrato y de salario, sino también de libertad, se situaban las personas esclavizadas. Por consiguiente, la distancia social entre un paje y una esclava era prácticamente infranqueable, lo que implica que, a medida que descendemos en la escala jerarquizada de la servidumbre de los nobles, vemos que: la especialización profesional disminuye, así como los salarios, el ánimo de ostentación llega a desaparecer, las relaciones personales o afectivas también se diluyen, aumenta la polivalencia y la dureza del trabajo, y el número de mujeres se incrementa notablemente. En consecuencia, no todos los dependientes estaban destinados a la

[109] LÓPEZ, Clara Isabel: Ob. cit., p. 104.

[110] El paje de la Duquesa de Terranova, esposa del Gran Capitán, legó a su hija bastarda 20.000 maravedises de dote. A.P.G. Leg. 1521, fol. 283r-290r.

[111] VIGIL, María Dolores: Ob. cit., p. 129.

ostentación y aún menos las personas esclavizadas: la esclavitud no era lujo sino riqueza.

Los recortes de personal suntuario, tan numerosos en la legislación de la España Moderna, en ningún momento hacen mención al número de esclavos o esclavas permitidos, ya que eran propiedad privada inalienable y su función no era la ostentación sino la fuerza de trabajo[112]. Una frase de Francisco de Osuna en su *Norte de estados,* escrito hacia 1541, pone de manifiesto el escaso prestigio que comportaba para los caballeros hacerse acompañar de esclavos: "antes los señores andaban llanamente vestidos y mantenían muchos escuderos, ahora andan compuestos y desacompañados si no es de esclavos"[113].

Por otro lado, mientras que la nobleza mantenía un amplio número de sirvientes, el estado llano solía tener un único sirviente: "el sirviente característico de los trabajadores y de la clase media"[114]. Este único criado/a, mozo/a o esclavo/a no estaba destinado, desde luego, al lujo. En definitiva, la polivalencia y diversificación del trabajo de las personas esclavizadas, es decir, su no especialización constituía una de las condiciones inherentes a su estatus. Si los mayordomos, lacayos y dueñas contribuían a respaldar el envanecimiento de la nobleza, éste no era el caso de los trabajadores domésticos menos especializados y, aún menos, de las personas esclavizadas, las cuales conformaban el último escalafón de la servidumbre doméstica.

En cuanto a la presencia de nobles comprando o vendiendo personas esclavizadas en las compraventas examinadas para la Granada del siglo XVI, su número es ínfimo. Si adicionamos los nobles granadinos, los andaluces y los castellanos hallados en la documentación notarial, el

[112] La Nueva Recopilación (libro sexto, título XX: "De los lacayos y otros criados") limita expresamente el número de lacayos, pajes o mozos de espuela; criados que representan las más altas jerarquías del servicio doméstico de la nobleza. La ley I limita la cantidad de lacayos o mozos de espuelas a 2 por persona principal, ya sea hombre o mujer; la ley VII limita el número de gentiles hombres, pajes y lacayos a 18 hombres "en que entrarán los oficios mayores de la casa, como mayordomos, caballerizos, y otros", y la ley VIII reduce el número de criados acompañantes por mujer a 4.

[113] BENEYTO, J: "Caballeros y guerras en la España del siglo XVI", en *Homenaje a Carlos V*, p. 211.

[114] SARASÚA, Carmen: *Criados, nodrizas y amos. El servicio doméstico en la formación del mercado de trabajo madrileño 1758-1868,* Siglo XXI, Madrid, 1994, p. 108.

resultado obtenido es cinco y el total de personas esclavizadas que compran o venden únicamente suma nueve.

En la nobleza granadina, solamente he registrado 2 nobles comprando personas esclavizadas en las fuentes notariales analizadas. La primera de ellos era la ilustre Señora Isabel de la Cerda (hija del Ilmo. Sr. Hernando de Aguilar, alcalde de los alcázares Reales de Sevilla, veinticuatro, y de Doña Isabel de la Cerda) y el segundo era el morisco Don Pedro de Granada Venegas, caballero de la orden de Santiago, veinticuatro y comendador. Doña Isabel compró dos esclavas moriscas, madre e hija, por 102 ducados en 1571 y Don Pedro adquirió un guineano de 23 años por 75 ducados[115]. Ambos adquieren la "mercancía humana" precisamente durante los años de la rebelión, cuando el precio medios de las personas esclavizadas alcanzó las cotas más bajas de la centuria.

La nobleza andaluza estaba representada por dos grandes de España: el duque de Alcalá, don Hernando Enríquez y el marqués de Carpio, don Diego López de Haro. Aunque desconocemos las razones por las que ambos se encontraban en Granada (el duque tenía su residencia en Sevilla y el marqués era un notable cordobés) cabe la posibilidad de que viniesen a pleitear en la Chancillería. El primero vendió a una señora, doña Isabel de Mansilla, un esclavo de 16 años originario de Portugal en 1577[116]. La compradora era probablemente familiar de los Arias de Mansilla, una familia de veinticuatros que podría enmarcarse en la nobleza local granadina, aunque no tenemos certeza de ello. En cuanto al Marqués de Carpio, vendió su esclavo berberisco de 20 años a un malagueño de estado llano en 1560[117].

En lo que respecta a la nobleza castellana, podemos citar a Don Gerónimo de Tobar, gentilhombre de su majestad y vecino de Carrión de los Condes (Palencia), al señor de la villa del Puerto, Don Juan de Vargas, el cual era vecino de Trujillo (Cáceres) y a Don Lope Hurtado de Mendoza, caballero de Santiago. El primero vendió un morisco en 1569, y el segundo compró un negro bozal de 12 años en 1568[118]. Por

[115] A.P.G. Leg. 180, fol. 144 y Leg. 116, fol. 1070. Los testigos eran: Alonso Venegas, Alonso Mexía y Nicolas Díaz.

[116] A.P.G. Leg. 208, fol 657.

[117] A.P.G. Leg. 118, fol 97.

[118] A.P.G. Leg. 170, fol 1012 y Leg. 162, fol. 285.

la fecha del contrato, podemos deducir que Don Gerónimo se encontraba en Granada con motivo de la sublevación morisca. La razón de la estancia en Granada de Don Lope Hurtado era, sin duda, la guerra. Este último firmó, de su propia mano, la venta de dos moriscas, madre e hija, de 20 y 3 años, respectivamente, por 90 ducados[119].

El estudio de los protocolos notariales, como hemos podido comprobar, revela muy pocos datos sobre la servidumbre esclava de los nobles. Es más, el reducido número de compraventas halladas podría llevarnos a pensar que los aristócratas españoles no tenían apenas esclavos/as en sus casas. Pero, el hecho de que la nobleza casi no esté representada en el mercado granadino ¿hasta qué punto significa que los nobles tenían pocas personas esclavizadas a su servicio?

En primer lugar, sería conveniente hacer hincapié en que numerosos aristócratas castellanos no necesitaban entrar en contacto con mercaderes de la ciudad porque recibieron personas esclavizadas donadas por la Corona como premio a su participación en campañas bélicas. Por ejemplo, de los moros cautivados en Málaga, los Reyes Católicos dieron cien a cada Duque y al Maestre de Santiago, y menores cantidades a los Condes y otros señores; también regalaron personas esclavizadas a los reyes de Nápoles y de Portugal, así como otros cien al Papa Inocencio VIII[120]. Pero, los esclavos y esclavas que los nobles recibían como gratificación unas veces quedaban al servicio de sus amos y otras eran posteriormente revendidos. Hay que tener igualmente en cuenta la participación de los nobles en el botín de guerra.

En la documentación consultada queda reflejado el caso de un mercader de esclavos que vendió una morisca que formaba parte del lote de 13 esclavas que compró de la Marquesa de Mondéjar[121]. Otro mercader granadino aparece vendiendo una madre y una hija, moriscas de Alquife, y se explicita que ambas pertenecían a las "seteçientas e catorce esclabas de la señora marquesa del Cenete"[122]. Las fuentes no nos ofrecen información sobre el destino de estas 714 esclavas ni aportan datos sobre el número de ellas que quedaron al servicio de los marqueses.

[119] A.P.G. Leg. 175, fol. 10.

[120] "a los quales hizo convertir y volverse cristianos". BERNALDEZ, p. 86.

[121] "de las trece que compró de la Marquesa de Mondejar" A.P.G. Leg. 169, 257v.

[122] Se aclara que la madre, es mujer de Lorenzo Marud. A.P.G. Leg. 169, fol. 518.

Quizá la mejor forma de penetrar en el mundo de las relaciones entre esclavitud y nobleza sea a través de los inventarios de bienes no vinvulados de los nobles, una fuente no explotada en este sentido. Uno de los problemas de esta documentación radica en la dificultad de localizar los inventarios; no obstante, Juan M. Valencia Rodríguez me ha proporcionado la relación de esclavos/as del III Conde de Feria y he tenido la ocasión de examinar el inventario de bienes del Duque de Medina Sidonia conservado en el Archivo de la Chancillería de Granada. Ambos registros nos permiten un conocimiento mucho más directo del personal esclavo en las casas nobles.

El inventario de bienes del III Conde de Feria, don Alonso Suarez de Figueroa se realizó en Zafra, el 2 de diciembre de 1528, a petición de su viuda, doña Catalina Fernández de Córdoba, II Marquesa de Priego, con objeto de hacer la partición del patrimonio no vinculado entre sus hijos: Pedro, Gómez, Juan, Antonio, Lorenzo y María. El conde tenía 22 personas esclavizadas: 6 mujeres y 16 hombres, de los cuales dos eran "cocineros" y uno "esclavo de cocina"[123]. En cuanto a la procedencia de estas personas, únicamente sabemos que la mitad de los hombres y las mujeres eran "negros" y la otra mitad "blancos".

Las superioridad del precio de las mujeres se cumple también en esta tasación, realizada en presencia del escribano y testigos, por peritos entendidos: el valor medio de los esclavos era de 30,9 ducados y el de las esclavas de 54 ducados. El esclavo más caro del inventario del III Conde de Feria era un cocinero valorado en 66,5 ducados y el más barato se tasó en 21 ducados, mientras que las cotizaciones de las esclavas son más altas, como cabía esperar; la más cara se valoró en 80 ducados y la menos costosa en 26,5 ducados[124]. Recordemos que, en el mercado granadino, el precio medio de los esclavos en 1528 (año de la elaboración del inventario) se situaban en torno a los 23 y el de las esclavas rondaba los 30 ducados.

Respecto al valor total de los bienes no vinculados inventariados, éste alcanzó los 16.014 ducados mientras que el valor estimado del conjunto de personas esclavizadas no sobrepasó los 824,5 ducados; en

[123] Archivo Ducal de Medinaceli, sección Archivo Histórico, leg. 99/3. Agradezco a Juan M. Valencia Rodríguez, que está realizando su tesis sobre el señorío de Feria, haberme facilitado los datos relativos a este documento.

[124] Los precios aparecen en maravedises en el inventario.

consecuencia, esclavos y esclavas suponían el 5% del patrimonio del conde.

En cuanto a Don Juan de Guzmán, duque de Medina Sidonia, uno de los títulos más importantes de nobleza castellana, tenía a su cargo nada menos que 216 personas esclavizadas: 121 hombres y 95 mujeres, según la relación de bienes realizada con motivo de su muerte (1507)[125]. La mayor parte de los hombres trabajaban en la construcción y la azulejería, asimismo algunos estaban "en el bosque de Myllares", otros en la caballeriza, dos probablemente acompañaban al duque ("que tiene el señor duque consigo") y uno era cocinero. En la "obra de la casa del Hardal" había 27 esclavos; en la casa del azulejo 10; asimismo en otra obra no especificada trabajaban 8 esclavos; en el bosque había 4 esclavos, uno de ellos era "el que da de comer a los leones"; en la caballeriza trabajaban 7 esclavos, uno de ellos en la cocina; y finalmente el cocinero antes mencionado. Los que acompañaban al duque se llamaban "Juanyllo" y "Ramycos". No tenemos noticias del tipo de trabajo que realizaban el resto de los hombres que aparecen en la relación.

En cuanto a las esclavas, la mayoría de ellas eran "esclavas de cosina", concretamente 34 mujeres trabajaban en la cocina; la actividad laboral del resto de las esclavas del duque no aparece detallada en el inventario de sus bienes. Llama la atención la costumbre de llamar a estas mujeres con diminutivos como: "Barbolina", "Anita" o "Elvirita"; Catalina se apodaba "la romía", lo que indica que podría tratarse de una gitana. En la cocina se reunían esclavas negroafricanas con berberiscas y canarias, algunas eran hermanas o madres e hijas; la mujer del cocinero también trabajaba junto a su marido. De una esclava llamada Isabel se dice que trabajaba "en el horno".

En cuanto a la procedencia de estas personas, el duque tenía esclavos/as naturales del África subsahariana, de Berbería, de las Canarias y "los de Málaga". Como podemos comprobar todos los orígenes de personas esclavizadas presentes en el mercado andaluz se daban cita en casa del duque. En cuanto a los "negros", desconozco si se trata de un lote comprado a algún mercader o si es fruto de las corredurías del duque, pero cabe señalar que la mayoría de ellos estaban bautizados ya que portaban nombres cristianos. En la

[125] Apéndice documental.

construcción trabajaban 6 negroafricanos y 12 canarios, uno de los cuales se señala que era "sordo". También había negroafricanos y canarios en la casa de los azulejos. Respecto a dos canarios se señala que "están en la Cámara".

Los berberiscos/as procedían en su mayor parte de los incursiones que el duque y sus hombres realizaban en las costas del norte de África. No hay que olvidar que el rey Juan II hizo merced al duque de Medina Sidonia de la mar y tierra desde el Cabo de Aguer hasta el cabo Bojador en Berbería, lo que le proporcionó, sin duda, buen número de personas esclavizadas de origen norteafricano. En el inventario se cuentan los 32 esclavos "que trajo Gonzalo Suarez de Toledo, que dize que tuvo en el Cabo Daguer". Bastantes berberiscos se emplearon también en la construcción, la mayoría de ellos estaban sin bautizar ya que portaban aún nombres musulmanes: Amed, Alí, Hamet, Muza, etc. Asimismo se hace recuento de un esclavo natural de Melilla que se llamaba Amar, probablemente fruto de la intervención del duque en la conquista de Melilla.

Finalmente, restan los esclavos/as moriscos habidos en la toma de Málaga. El duque partició activamente en la expansión ibérica de los reyes católicos, tanto en la toma de Málaga como en la de Granada lo que le proporcionó un buen número de personas esclavizadas naturales del reino. La mayoría de los moriscos malagueños residían en Niebla (Huelva), la capital del señorío de los duques de Medina Sidonia. Este conjunto de esclavos/as de Niebla presenta una características diferentes del resto de los enumerados hasta ahora, se trata en su mayoría de familias: matrimonios con o sin hijos/as y madres con sus criaturas. En concreto, de 78 personas catalogadas en la relación de propiedades: 35 eran hombres y 42 mujeres. En este sentido, resulta llamativo el hecho de que se enumeren en la misma lista 5 hombres horros pese a que éstos no formen parte del recuento final de esclavos. Por ejemplo, se dice: "Alonso, el horro, con su mujer que se llama Mencía López e un hijo que se llama Juan e una fija que se llama Leonor, que son tres más". Como vemos la calidad de liberto de Alonso lo excluye del total, pero su estatus probablemente no se diferenciaba apenas del resto de su familia. La generalidad de los esclavos/as de Niebla portan nombres cristianos excepto algunos como "Bernaldino de Abenganyfa", "Juan Alhage", "Francisco Bahoní", etc; varias mujeres llevan apodos como: "la botayta", "la manca", "la tornera" o "la fayní". Junto al nombre de tres ellos se añade "carpintero", "sedero" y "pintor", lo que indica que antes de ser esclavizados ejercían estos oficios. La actividad laboral de estos esclavos no se explicita, pero podemos presumir que trabajaban en la agricultura, labrando las tierras del duque. Desde luego, Don Juan tenía esclavos trabajando en el campo, porque alguno aparece descrito como "ortelano" o se dice "que está en la huerta".

En definitiva, la servidumbre esclava de las grandes casas nobiliarias era muy numerosa y se empleaba como mano de obra primaria en los trabajos más duros, como hemos podido constatar a través del inventario del duque de Medina Sidonia. Los hombres trabajaban principalmente en el exterior: la construcción, las caballerizas, el bosque y el campo, mientras que las mujeres estaban tanto en la cocina como en el campo.

3. EL TRABAJO DE LAS PERSONAS ESCLAVIZADAS

Las personas esclavizadas no perçiben dinero por su trabajo; los beneficios van íntegramente al bolsillo de sus amos. Esta es una de las claves del funcionamiento del sistema esclavista y de la condición de persona esclavizada. Mientras que las personas libres podían disponer del producto de su trabajo, mejor o peor remunerado, las personas esclavizadas trabajaban a tiempo completo sin obtener compensación alguna. En la carta de horro de una esclava morisca se expresa elocuentemente esta realidad; la dueña declara que desde el preciso día de su liberación, y en adelante, la esclava podría disponer de su trabajo a su voluntad porque quedaba libre: "(...) desde oy en adelante a de trabajar para disponer della (de sí misma) y de su trabajo a su boluntad porque desde luego queda libre (...)"[126]. El trabajo esclavo supone un grado máximo de explotación, puesto que, además de no recibir retribución alguna, la jornada laboral no existía ya que la calidad de trabajo domiciliario les obligaba a estar disponibles a todas horas del día y de la noche. Por otra parte, las personas esclavizadas no tenían, generalmente, ningún tipo de especialización lo que suponía una infravaloración aún mayor del trabajo.

La ocultación de la mano de obra urbana por priorización, entre otros factores, de la explotación rural en el estudio del esclavismo en la

[126] A.P.G. Leg. 129, fol. 624.

Edad Antigua y Media ha conllevado la negación de la productividad de la economía doméstica-urbana cada vez más presente en la Edad Moderna. De igual modo, la infravaloración del trabajo doméstico ha contribuido a crear la reiterada imagen de improductividad de las personas esclavizadas en la Europa de los tiempos modernos. Pierre Dockes, lo expresa en los siguientes términos: "Hay sociedades, en especial, donde los esclavos prestan exclusivamente servicios domésticos, en las que son raros lo que trabajan de una manera productiva"[127] y, más adelante, se aventura a articular una idea que se convertirá en la fuente de inspiración de números trabajos posteriores sobre la esclavitud en la Edad Moderna: los esclavos de las sociedades urbanas con demanda de servicios domésticos no serían productivos sino más bien un ornamento.

La depreciación del trabajo doméstico llega también a las personas libres, los trabajadores/as del sector doméstico no estaban protegidos por ninguna sociedad, gremial o de otro tipo[128]. Ciertamente el carácter de dependientes de los trabajadores domésticos así como el carácter domiciliario de su trabajo les impedía establecerse por sí mismos; de hecho ser criado o criada ni siquiera se consideraba un oficio. Los oficios se aprendían o se compraban y estaban controlados por diversas instituciones. Un claro ejemplo de esta ambigüedad de estatus de los trabajadores domésticos en el siglo XVI lo podemos encontrar en la declaración de Francisco Salinas, el cual dice lo siguiente: "dice que su oficio es servir en casa de gente principal porque no tiene oficio"[129].

En cualquier caso, se considera que la esclavitud urbana no es productiva, afirmación que se repite hasta la saciedad, a pesar de que el hecho no se ha demostrado, y menos en profundidad, como pretenden muchos autores. La idea de no-productividad del sector doméstico ha invadido la historiografía de las sociedades urbanas con esclavos y esclavas. Su origen arranca de la infravaloración del trabajo femenino y, por tanto, de la economía doméstica. La relación entre mujeres y domesticidad ha conducido a la desestimación del trabajo desarrollado en torno a la casa. La reprobación moral del trabajo esclavo en las

[127] DOCKES, Pierre: Ob. cit., p. 19.

[128] Antonio García Baquero señala que "cualquier tipo de actividad en ésta época tendía, irremisiblemente, por pequeña o subsidiaria que fuera, a crearse un ámbito monopolístico y a protegerse, antes o después con un estatuto gremial": en "¿Economía urbana frente a economía rural?" en *Historia de Andalucía*, vol IV, Planeta, 1980.

[129] A.M.G, Leg. 52. Proceso de beatificación de San Juan de Dios.

minas o las explotaciones rurales resulta mucho más asequible que la condena del trabajo doméstico, un trabajo que continúa siendo infravalorado en nuestras sociedades actuales, y del que formaron y forman parte mayoritariamente las mujeres.

Otra de las razones que ha contribuido a crear la imagen de las personas esclavizadas como elementos no productivos se halla ligada a un problema de historiografía, ya que la falta de estudios sobre las vidas de los hombres de profesiones medias o la realidad de las mujeres de estado llano ha ocultado la presencia de esclavos y esclavas que trabajaban para estas clases no privilegiadas. Los personas esclavizadas en poder de los artesanos, o incluso de las posaderas; los esclavos porteadores o las esclavas aguadoras son figuras que a penas han suscitado interés entre los historiadores cuya labor se ha venido desarrollando en gran medida en torno al mundo de los ricos. Es más, ni siquiera el mundo de la esclavitud de los nobles ha sido realmente explorado.

En la Granada del siglo XVI existe un importante contingente esclavo, que desde el punto de vista productivo compite con pequeños arrendatarios, jornaleros y con la servidumbre asalariada, profundamente jerarquizada.

3.1. *La rentabilidad del trabajo esclavo*

La rentabilidad de la esclavitud depende de diversos factores: el tipo de trabajo que realizan las personas esclavizadas, el precio de los alimentos en el mercado, el precio de las propias personas esclavizadas, su edad y salud, etc. En principio, la compra de una esclava o de un esclavo suponía un desembolso importante que a largo plazo debía resultar rentable, de otra forma, la inversión no tendría sentido. El hecho de que las Ordenanzas locales de diversas ciudades y villas andaluzas prohiban a los maestros artesanos el contratar personas esclavizadas como aprendices, unido la presencia de artesanos y fabricantes compradores de esclavos/as indica que probablemente era más barato comprar un esclavo o una esclava que contratar a un aprendiz. El estatus de los trabajadores esclavos sería el de sirviente para todo y su actividad laboral dependería en gran medida del oficio de sus propietarios.

En la Granada del siglo XVI existían dos formas de rendimiento de las personas esclavizadas: la más común era usar arbitrariamente de su trabajo y, la segunda, ponerlas a jornal; este es el caso de las moriscas hilanderas. La mayoría de las personas esclavizadas desempeñaban su trabajo en la casa o las dependencias del amo bajo la supervisión más o menos directa de éste o de otros miembros de su familia. Una tercera forma, practicada ya en el mundo antiguo, era que las personas esclavizadas se estableciesen por su cuenta, y que el amo se apropiara del producto de su trabajo[130]. Esta última forma de obtener rendimiento de las personas esclavizadas apenas se encuentra representada durante el siglo XVI; no obstante, la figura del "esclavo cortado" (que trabaja por su cuenta) fue habitual en el siglo XVII. Cabe señalar que las viudas solían poner a sus esclavos a trabajar fuera de casa con la intención de obtener un jornal que les permitiese vivir con cierta holgura. La esclava o el esclavo debía abonar diariamente a su ama el pago que ésta considerase justo por su trabajo. Uno de los oficios más frecuentementemente desempeñados por estos esclavos a jornal era el de aguador.

Para estudiar la rentabilidad de las personas esclavizadas y la del resto del sector doméstico urbano, habría que comparar el coste medio de adquisición de una esclava y de un esclavo, con el salario medio mensual de las criadas y los criados[131]. De esta forma podríamos hallar la media de tiempo que tendrían que trabajar las personas esclavizadas para ser igual de rentables que la servidumbre doméstica asalariada.

Las mozas libres solían ganar 1.000 maravedises al año por su trabajo en 1570[132]. El precio de una de las moriscas puestas a jornal fue de 80 ducados (1574), si la remuneración de su trabajo eran 3 reales diarios (sin contar las fiestas), el propietario repararía su inversión en un sólo año, por lo que a partir de este tiempo las ganacias serían libres y, además, continuaba siendo dueño de la morisca[133]. Los niños, sin embargo, eran mucho menos rentables. El amo de un esclavillo de 7 años puesto a jornal con un herrador cobraba 1 ducado de soldada al año en 1536[134].

130 BLOCH, Marc: "¿Cómo y por qué terminó la esclavitud antigua?", p. 159-194.

131 Carmen Sarasúa señala que en el Madrid de los siglos XVIII y XIX, los muchachos puestos a aprender un oficio trabajan en realidad de criados. SARASÚA, Carmen: Ob. cit., 1994.

132 A.P.C, Oficio nº 6, Leg. 1.096, fol 37.

133 Apéndice documental.

134 Apéndice documental.

Una costumbre relativamente frecuente en la Granada del siglo XVI y, probablemente en otras partes de Castilla, era convenir el precio de su libertad en tiempo de trabajo, de manera que la persona sometida a esclavitud trabajaría probablemente con mayor ahínco con miras a la obtención de su ahorría. Por ejemplo, por cuatro años de trabajo de una esclava de 18 años se pagaron 60 ducados en 1537[135]. Las referencias a estos contratos las encontramos en las cartas de obligación, pues la persona esclavizada se obligaba a servir para pagar su rescate. Generalmente, estas obligaciones estaban muy mal pagadas en comparación con las esclavas y esclavos puestos a jornal o con los trabajadores libres. Una esclava se concertó con su propietario, un mercader granadino, en trabajar durante 4 años por los que cobraría únicamente 10 ducados para su rescate[136].

3.2. *El trabajo doméstico y la esclavitud*

Uno de los sectores que más personas esclavizadas aglutina en Granada capital es el servicio doméstico. Si algo unifica el amplio mundo del sector doméstico en la Granada del siglo XVI, es precisamente su vinculación al espacio *casa,* ya que por trabajo doméstico entendemos las actividades que están directamente relacionadas con el buen funcionamiento de la casa. Las referencias al espacio *casa* como denominador común del sector doméstico son frecuentes en los manuscritos estudiados de la época moderna. Por ejemplo: "bino una negra que dijo era de su casa".

Las personas esclavizadas cuya misión es cubrir las necesidades que genera el espacio *casa* suelen realizar actividades productivas, tanto dentro como fuera de la misma. Por eso, el uso que se ha venido haciendo de las dicotomías exterior/interior y privado/público como

[135] A.P.G., Leg. 42, fol. 769r-770r, 1537.

[136] "*Sepan cuantos esta carta vieren como yo Diego de Medina, vecino de soy de la ciudad de Granada a la colación de Santa Escolástica y por cuanto yo me concerté con Isabel, mi esclava de color negra, de edad de hasta 45 años poco más o menos, porque por el dicho su rescate me diese y pagase 10 ducados de los cuales Juan de Jerez, mercader, quedó a me lo pagar por cierto servicio que la dicha mi esclava le ha de hacer que son 4 años*". A.P.G, Leg. 70, fol. 213r-214r, 1549.

categorías estrictas para diferenciar los espacios se rompen cuando nos introducimos en el campo del trabajo doméstico. Por ejemplo, en las cartas de soldada de las mozas de servicio, es frecuente encontrar la siguiente expresión: "la menor vos servirá en vuestra casa y fuera della en lo que mandáredes". Si, además, la casa contaba con tierras de cultivo o jardines dentro de sus límites, el trabajo doméstico que tendrán que realizar las personas esclavizadas será también de labranza[137].

La casa, por tanto, es el referente principal del trabajo doméstico y su espacio podía variar enormemente según el nivel social del propietario o la propietaria. La demanda de actividades productivas que generaba una casa estaba relacionada con el tipo de espacio real que la configuraba. Por lo tanto, el tamaño de ésta condicionará las circunstancias y condiciones del trabajo de las personas esclavizadas en la misma. En la cocina del Duque de Medina Sidonia, por ejemplo, trabajaban 27 esclavas, algunas de ellas con sus hijas[138].

Las personas esclavizadas residían y dormían en casa de sus amos, circunstancia que facilita la supervisión de su productividad a la vez que implica la disponibilidad continua de las misma. Su jornada laboral era ininterrumpida y debían estar dispuestos a servir a sus amos de día y de noche. Las actividades domésticas eran también múltiples y deberían ser realizadas según petición de los amos. Las personas esclavizadas trabajadoras del sector doméstico dependían de sus propietarios para sus necesidades mínimas; éstos eran los que les proporcionaban la comida y el vestido. Las condiciones de trabajo y vida de la mayor parte de las personas esclavizadas eran pésimas; probablemente comerían los despojos de sus amos y no tendrían siquiera un colchón donde descansar. Igualmente sus ropas serían aquellas más viejas y raídas, las desechadas por sus propietarios. No obstante, tampoco pretendo crear una imagen de homogeneidad del sector esclavo ya que existen diversos factores que influían en su calidad de vida: el propio carácter de los propietarios, sus relaciones con los

[137] Antón Ruiz Mellado, un labrador que realizó su testamente hostigado por la enfermedad, señalaba que en la hacienda que tenía en el campo y fuera de ella le habían servido dos mozos y tres mozas a los que les resta debiedo el pago de su servicio. A.P.C. Córdoba, Oficio Nº 6, Leg. 1.096, fol 43, 1570.

[138] Apéndice documental.

demás sirvientes de la casa, la capacidad del personal a la adecuación a un sistema social injusto, etc.

La imagen de no productividad del sector doméstico, lacra que venimos arrastrando desde antiguo unida a la escasa visibilidad del mismo, ha contribuido a crear el espejismo de una esclavitud urbana (en el sentido de que vive en la ciudad) no productiva. La polivalencia del trabajo doméstico cuyas manifestaciones laborales pueden ser múltiples no ha dejado apenas huellas en la documentación del siglo XVI ya que se trata de un sector sin ninguna cualificación y, por tanto, ajeno a la institución gremial. Sin embargo, el número de actividades que precisaba una casa del siglo XVI diariamente para su buen funcionamiento es muy amplio: fregar, barrer, hacer las camas, encender las velas, cocinar, traer la leña, prender el fuego, transportar el agua, acarrear la basura, etc. El hecho de que las mujeres hayan venido desempeñando secularmente estos trabajos en las casas ha contribuido sobremanera a la creación de esta imagen de no productividad de la esclavitud doméstica.

Una carta del Obispado de Málaga, a petición del Concejo, ilustra como la mayoría de los esclavos y las esclavas de esta ciudad servían a sus dueños personalmente en sus casas y en sus campos[139]. A pesar de que el documento corresponde a la jurisdicción malagueña y data de 1672, puede considerarse un referente para la comprensión del fenómeno esclavista en la Andalucía de los tiempos modernos; de hecho, los nexos con la realidad granadina del XVI en lo tocante al trabajo de las personas esclavizadas en el sector doméstico son muy estrechos. La carta pone de manifiesto, por un lado, que el trabajo en las casas de la época era muy duro y no estaba bien pagado porque no se encontraba quien sirviera; en segundo lugar, las personas esclavizadas no debían ser expulsadas sino permanecer en suelo peninsular porque resultaban más rentables que los criados a quienes no se podía sustentar; y en tercer lugar, se verifica, de nuevo, que el sexo femenino era el más

[139] "Moros esclavos ay también en dos diferencias, unos que sirven a sus dueños personalmente en sus casas y en sus campos en los exercicios que les ocupan i otros que los compran para granjerías para que se corten". El Obispado de Málaga informó en 90-8-1672 (id, nº 7) a petición del Consejo. Varios decretos y consultas de 1673 y 74 sobre la falta de chusma y el informe de Villaroel. Agradezco a Antonio Domínguez Ortiz la nota sobre este documento.

explotado en el servicio de las casas. El Obispo opinaba que era conveniente dejar en Málaga todos aquellos "*moros esclavos*" que pertenecen al servicio de las casas en lugar de expulsarlos. Las razones eran fundamentalmente dos: primero, que las personas libres se empleaban mal en servir, y segundo, que existían ciertas dificultades para encontrar quienes sirvieran, además de lo caro de su sustento, por lo que era conveniente emplear personas esclavizadas. Posteriormente, el Obispo señala que para los "moros" también era de provecho trabajar en casas de cristianos, porque así se convertían al catolicismo. Al igual que en Granada, la mayoría de las personas esclavizadas empleadas en el servicio doméstico eran mujeres. El Obispo escribe: "especialmente mujeres que es el total servicio de las casas".

Por otra parte, en lo que respecta las diferencias de género y la especialización cabe señalar que trabajos que tradicionalmente han sido femeninos adquieren cierto prestigio en el momento que los realiza un hombre. Este fenómeno afecta incluso al mundo de las personas esclavizadas y es una muestra más del patriarcado. Por ejemplo, a pesar de que cocinar ha venido siendo secularmente un trabajo de mujeres, en la casa del Duque de Medina Sidonia, los esclavos aparecen definidos como "cocineros" y la mayoría de las mujeres como "esclavas de cocina". Esto significa que en el sector doméstico, como en otros sectores, la infravaloración del trabajo femenino llevaba a colocar esclavos en los puestos superiores aunque se tratara de una actividad realizada fundamentalmente por mujeres. La división sexual del trabajo y, en consecuencia, la infravaloración del trabajo en la cocina viene alimentada porque no es una labor tradicionalmente masculina sino femenina; cuando un hombre realiza este mismo trabajo da un nuevo valor a la misma actividad.

La esclavitud doméstica es productiva: los esclavos y esclavas domésticos de la Granada del siglo XVI subsisten, entre otras razones, gracias a su rentabilidad, fruto de su productividad. Habría que dotar al término domesticidad y por tanto, a la economía doméstica, de un significado más preciso que abarcara la multiplicidad de trabajos que engloba y reconociera su productividad. La amplia gama social existente entre los propietarios de personas esclavizadas en el mercado granadino, me llevan a negar la ostentación como función primordial de este grupo de trabajadores y trabajadoras.

No obstante, a pesar de que el número de personas esclavizadas en el sector doméstico era muy elevado en una ciudad como Granada, existían muchas otras formas de empleo de la mano de obra esclava: los esclavos de galeras, los que trabajaban en las obras públicas o en los arsenales, aquellos empleados en la caña de azúcar, los porteadores de carbón, etc. Concretamente, en 1561, encontramos un negro foguero trabajando en la aduana del azúcar en Motril[140].

[140] A.P.G. Leg. 123, fol 1573.

CAPÍTULO 8
LA VIDA EN ESCLAVITUD

La vida cotidiana y los ciclos de vida en la sociedad granadina del siglo XVI estaban marcados por una serie de parámetros que funcionaban supuestamente para todos. Sin embargo, las personas esclavizadas no seguían las mismas reglas que el conjunto de personas libres. Los mismo conceptos: femineidad, maternidad, incorporación a la vida cívica, etc. no tenían los mismos contenidos. Por ejemplo, la mayoría de edad, no tenía el mismo sentido aplicada a personas libres y esclavizadas.

La mayoría de edad supone la incorporación a la vida cívica, es la llave que abre la posibilidad de ostentar un poder civil; no es una cuestión de naturaleza y su relación con la madurez de la persona es, en realidad, ilusoria. Para las personas libres se situaba en el siglo XVI en los 25 años y significaba el paso a la madurez socialmente reconocida. Esta edad marcaba el momento en que el conjunto de hombres libres podía representarse a sí mismo ante la justicia y, por tanto, no necesitaban de un tutor o tutora legal; las mujeres, en cambio, eran consideradas indefinidamente menores y necesitaban la licencia del marido, del padre o de su representante legal para cualquier transacción[1]. En consecuencia, el concepto de mayoría de edad no era, en absoluto, operativo para las personas esclavizadas ya que éstas se en-

[1] FRIEDMAN, Ellen: "El estatus jurídico de la mujer castellana durante el Antiguo Régimen", en *Ordenamiento jurídico y realidad social de las mujeres. Siglos XVI a XX*, Seminario de Estudios de la mujer, Universidad Autónoma de Madrid, 1986, pp. 41-58. También VIGIL, Mariló: *La vida de las mujeres en los siglos XVI y XVII*, Siglo Veintiuno, Madrid, 1986. Ambas autoras analizan el mundo de las mujeres libres en la sociedad moderna.

GRÁFICO 37. EDADES DE LAS PERSONAS ESCLAVIZADAS SEGÚN SU ORIGEN EN EL MOMENTO DE LA VENTA

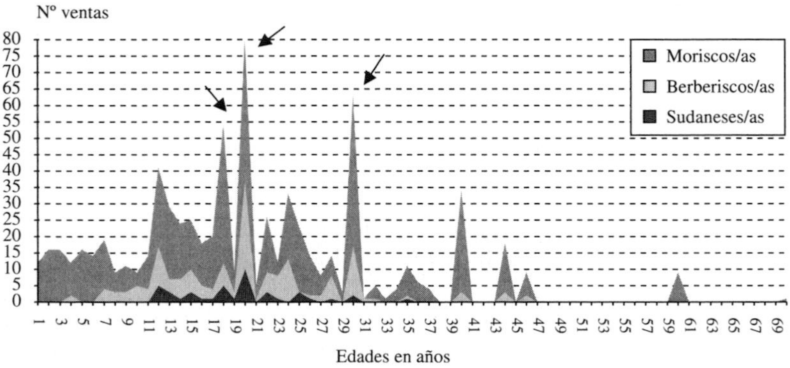

Para la ejecución de los gráficos 37 y 38 he excluido a los niños y niñas menores de 1 año. Sólo puntualizaré aquí que se venden 20 bebés de entre 1 y 10 meses en el mercado granadino y que todos ellos son moriscos (estudiaré este grupo en el epígrafe siguiente).

contraban al margen del sistema legal y su incorporación a la vida cívica era prácticamente nula. Parámetros como el de "mayoría de edad" no tenían sentido para una población sin posibilidades de disponer jurídicamente de su persona. Los ciclos de vida y las edades de las personas esclavizadas se medían en función de su capacidad de trabajo.

Con la intención de analizar qué edades privilegia la demanda del mercado he realizado dos gráficos que dan cuenta de las edades en el momento de la compraventa y, por tanto, ilustran eficazmente en qué etapa de la vida se venden más esclavos o esclavas.

Como podemos comprobar en el gráfico 37 se tiende a redondear las edades en torno a cifras pares o bien terminadas en 0; de hecho, los picos más pronunciados (señalados por las flechas en el eje de ordenadas) de la gráfica se sitúan en los 18, 20 y 30 años para todos los orígenes y la cúspide se ubica en los 20 años para todos los grupos de procedencia. Estos datos reflejan, en primer lugar, que la vida del esclavo o la esclava se medía básicamente en función de su productividad y que el lapso juzgado más productivo se situaba en torno a los 20

GRÁFICO 38. EDADES DE LAS PERSONAS ESCLAVIZADAS SEGÚN SEXO EN EL MOMENTO DE LA VENTA

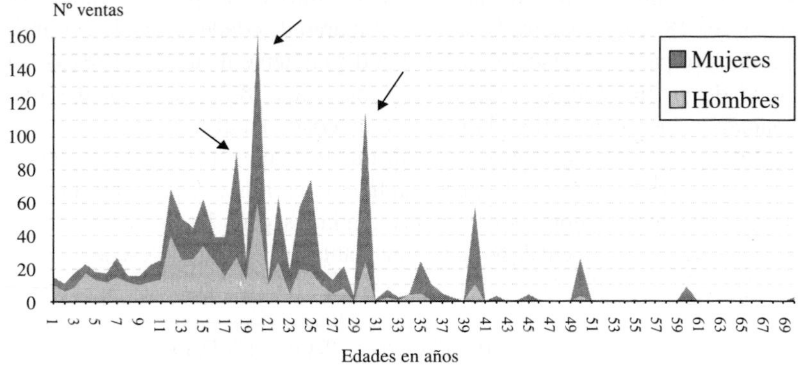

años. En segundo lugar, que estos valores se admitían para el conjunto de personas esclavizadas independientemente del lugar donde fueron capturados y los gastos de transporte ocasionados. Se tendería, por tanto, a cautivar y mercadear fundamentalmente con personas de aspecto juvenil que hubiesen traspasado la barrera de la infancia, cuya demanda en el mercado era mayor y más rentable.

Podemos añadir a estas conclusiones que cuando se esclavizaba a los vencidos en un enfrentamiento bélico que ocurría en un espacio cercano al lugar de la venta se originaba un excedente de población esclava cuya consecuencia era la ampliación del marco de edades de la personas cautivadas. Este es el caso de los moriscos y las moriscas derrotados en la guerra, cuyo grupo engloba el abanico de edades más extenso: desde los niños de pecho hasta una mujer de 70 años[2].

Una vez demostrado que la procedencia no es un factor determinante para establecer las edades privilegiadas por la demanda del mercado granadino, analizaré las relaciones entre sexo y edad de las personas a través de las cartas de compraventa.

[2] Ambos extremos no están recogidos en el gráfico ya que no he incluido ni a los niños de pecho ni a los mayores de 70 años, pero puede apreciarse perfectamente cómo el marco de edades del grupo morisco es el más amplio.

Esta segunda gráfica (n.º 38), pone de manifiesto que el sexo de las personas esclavizadas tampoco era un elemento determinante respecto a las edades demandadas por el mercado esclavista. Las edades privilegiadas en el mercado son las mismas que apuntamos en el primer gráfico, es decir, los 18, 20 y 30 años. Por tanto, el marco de edades considerado más productivo para las personas esclavas independientemente de su sexo o su lugar de procedencia se situaba en torno a los 18-20 años, edades que marcarían, por así decirlo, "la mayoría de edad" en el mercado.

En consecuencia, podemos concluir que los ciclos de vida de las personas esclavizadas se miden fundamentalmente en función de su productividad y que otros valores sociales privilegiados para las personas libres, como la mayoría de edad, no son transplantables al mundo esclavo.

1. LA INFANCIA: UN PERIODO NO PRODUCTIVO

Dado que la vida de un esclavo o una esclava ha de medirse con valores diferentes a los aplicados al conjunto de personas libres y, que el referente privilegiado era la productividad, el sentido que he querido recoger aquí para la "infancia" está en relación directa con el hecho de tratarse de una de las etapa menos productivas en la vida de las personas. La fuerza de trabajo de los infantes era menor y, en consecuencia, su valor en el mercado descendía: los niños y las niñas no eran rentables.

En cuanto al establecimiento de los límites de la "infancia" en esclavitud he constatado, a través del estudio de más de 150 cartas de servicio de menores en el siglo XVI, que se comenzaba a remunerar a las muchachos a partir de los 9 ó 10 años y que las muchachas empezaban a cobrar a partir de los 8 ó 9 años, incluso aunque hubiesen sido contratados/as con anterioridad. Los menores de estas edades no recibían salario alguno, pues no se consideraban en edad productiva. El límite de edad de los niños/as contratados a servicio coincide ampliamente con el lapso establecido por la Corona para la esclavización de los menores moriscos, ya que el bando del rey disponía que no podían ser vendidos como esclavos los moriscos menores de 10 años y medio ni las moriscas menores de 9 años y medio[3]. La irrupción de las niñas

[3] A.M.G. *Pragmática y declaración sobre los moriscos menores del reyno de Granada.* En Madrid, en casa de Alonso Gómez, Impresor de su Magestad, 1572.

en el mundo de la productividad un año antes refleja la constatación de un desarrollo dispar de la capacidad de trabajo: los niños presentarían cierto retraso frente a las niñas. No obstante, situaré la frontera para el concepto de infancia en los 10 años para ambos sexos con objeto de facilitar la representación gráfica de la información contenida en las fuentes analizadas a lo largo de este apartado. En primer lugar analizaré las condiciones de vida de los recién nacidos y los niños de pecho, y a continuación estudiaré el conjunto de niños y niñas de edades comprendidas entre 1 y 10 años.

1.1. *Nacer esclavo*

Dos circunstancias son inherentes a la condición de esclavo/a en el caso de los recién nacidos: que nacieran de madre esclava o que fuesen capturados junto a sus madres siendo aún niños o niñas de pecho. Nacer esclavo/a era la coyuntura más frecuente de los recién nacidos vendidos en la Granada del siglo XVI; la venta de bebés que habían nacido libres ocurre únicamente en el caso de los moriscos. Sólo en los años de la rebelión morisca se da la circunstancia de que los niños fuesen capturados junto con sus madres a los pocos meses de nacer. Apenas estalla la sublevación de las Alpujarras se venden 2 bebés sobre los que se especifica: "recién nacido", confirmando que sus madres fueron efectivamente capturadas al poco de alumbrar. Por consiguiente, todos los bebés recogidos en la documentación consultada nacieron en territorio peninsular, tanto si eran hijos de berberiscas, de mujeres procedentes de las colonias portuguesas en África subsahariana o de moriscas esclavizadas. Además, los recién nacidos se venden siempre junto a sus madres porque necesitan de éstas para sobrevivir. Al restar tiempo de trabajo a las madres, los bebés únicamente ocasionan gastos.

En el periodo comprendido entre 1500 y 1540 únicamente se venden 7 bebés en la documentación consultada, todos ellos varones, lo que supone un porcentaje ínfimo: el 1,9 % de las ventas efectuadas en estos años. Durante los tres años de la sublevación morisca se venden 4 niños y 4 niñas menores de doce meses, sin embargo, el porcentaje no sólo no aumenta respecto al volumen global de ventas sino que disminuye (1,3 %). Entre 1572 y 1580 se registra un porcentaje aún menor (0,9 %) pues sólo he localizado 3 ventas de bebés para este periodo. La nula rentabilidad de los bebés hace que no halla un mercado de recién nacidos: no eran un negocio.

Joan Sherwood en su estudio sobre los expósitos defiende que los recién nacidos y los niños de pecho no eran considerados, en absoluto, como una bendición en el Antiguo Régimen[4]. Esta idea, compartida por Adela Tarifa Fernández que ha trabajado sobre la infancia en la inclusa de Úbeda, se sustenta en las altísimas tasas de mortalidad entre los párvulos y la indiferencia ante la muerte de los recién nacidos, un hecho, al decir de ambas autoras, tan cotidiano que no suscitaba especial aflicción[5]. Sin embargo, la tendencia a plasmar valores actuales en sociedades antiguas ha llevado a algunos investigadores que han trabajado sobre la esclavitud a manifestar opiniones del tipo: "el nacimiento de un niño solía tomarse con alegría y el amo, aunque no fuesen sus hijos, mostraba afectividad por sus esclavitos"[6]. En este mismo sentido, Alfonso Franco Silva dice: "si la madre moría y el hijo continuaba siendo aún niño, la dueña pasaba a ocuparse de él, formándole y dándole educación"[7]. La realidad es que los infantes no constituían el centro de atención ni siquiera en el seno de núcleos familiares formados por personas libres, cuanto menos si eran hijos o hijas de esclavas. La frase afortunada de Philipe Ariés: "el niño no salía de una especie de anonimato"[8] expresa espléndidamente la realidad de la infancia en la vida familiar del grupo de personas libres, más aún de las esclavas.

Es importante tener en mente que la "familia", y todo lo que ésta supone, es un concepto ajeno al mundo esclavo (extensible, además, al conjunto de la servidumbre doméstica en la Granada moderna, aunque con ciertas matizaciones), porque el celibato constituye uno de los elementos inherentes y definitorios de la condición de persona someti-

[4] SHERWOOD, Joan: "El niño expósito, cifras de mortalidad de una inclusa del siglo XVIII", *Anales del Instituto de Estudios Madrileños*, vol. 18, 1981, p. 302.

[5] TARIFA FERNÁNDEZ, Adela: *Marginación, pobreza y mentalidad social en el Antiguo Régimen: Los niños expósitos de Úbeda (1665-1778)*, Universidad de Granada, 1994.

[6] SAUNDERS, A.C: *A social history of black slaves and freedmen in Portugal 1441-1555*, Cambridge University Press, 1982, p. 91.

[7] FRANCO SILVA, Alfonso: *Esclavitud en Andalucía 1450-1550*, Universidad de Granada, 1992, p. 92.

[8] ARIES, Philipe: *El niño y la vida familiar en el Antiguo Régimen*, Taurus, Madrid,1987, p. 10.

da, a pesar de que en la sociedad española del siglo XVI éste era rarísimo de no ser entre los eclesiásticos. El binomio madre-hijo se mantiene exclusivamente en el momento de la venta, cuando los bebés son menores de 12 meses, aunque la razón por la que se enajenan juntos no es el respeto a la maternidad sino la imposibilidad de venderlos aislados en el mercado, puesto que sería imprescindible contar con una nodriza para asegurar su supervivencia.

Excepcionalmente he registrado un caso de separación de la madre cuando la niña era aún un bebé de 2 meses, pero no se trata de una venta sino de la liberación de la pequeña. El pagador del rescate de la pequeña María era un escribano de su majestad que abonó nada menos que 20 ducados "por los gastos que con ella ha hecho" su dueña, también propietaria de Mari López, la madre de la esclavita. Las razones de la liberación del bebé y su futuro son una incógnita; cabe la posibilidad de que el escribano fuera el padre de la niña y de ahí su interés, aunque también se podría apuntar una posible adopción.

El infanticidio, que se usó con frecuencia entre la población libre sin incurrir generalmente en riesgos penales debió ser una práctica igualmente extendida en el mundo esclavo[9]. Las crónicas de los navíos "negreros" que hacían la ruta desde las colonias portuguesas de África occidental a la península ibérica narran que durante dos viajes realizados a principios del siglo XVI (1506 y 1507) los capitanes tiraban por la borda a los bebés vivos que habían embarcado junto a sus madres[10]. Los pequeñuelos, como demuestra este hecho, no eran rentables y los comerciantes de personas esclavizadas no tendrían reparos en deshacerse de ellos. Especialmente revelador resulta el caso de "la negra de Bela", a la que las autoridades eclesiásticas le quitaron el niño "para que no lo ahogara como otro que tubo"[11]. En el expediente matrimonial de una pareja de esclavos guineanos que pretendían legalizar su unión en 1599 se indica que la esclava había abortado dos veces. Tenemos constancia de ello gracias a las declaraciones que aparecen en el documento; por ejemplo, uno de los testigos afirma: "que están amançeba-

[9] TARIFA FERNÁNDEZ, Adela: Ob. cit., p. 280.

[10] SAUNDERS, A.C.: Ob. cit., p. 14.

[11] El ejemplo procede del Archivo Histórico Municipal de Úbeda y data de 1666. Citado por TARIFA FERNÁNDEZ, Adela: Ob. cit., p. 281.

dos (la pareja de guineanos) de dos años a esta parte, y lo sabe porque los a bisto comer y beber juntos y tratarse y comunicarse, demás de que ellos se lo an dicho y ella a malparido dos vezes dél". Quizá el aborto fue una práctica muy extendida entre las mujeres esclavas, aunque resulta casi imposible seguirle la pista a través de las fuentes conservadas. De lo que sí podemos estar seguros es de que no faltaron parteras, hechiceras o curanderas a las que encomendarse en caso de embarazo no deseado, más aún cuando una parte de las hechiceras en la Granada del siglo XVI eran así mismo esclavas como demuestran los procesos inquisitoriales (véase capítulo VIII).

Una alternativa al aborto o al infanticidio era el abandono, recurso muy habitual de los pobres en la sociedad del XVI. Analizando los libros de registros de la Casa-Cuna de Granada, he encontrado varias referencias a niños y niñas que bien pudieron ser hijos o hijas de esclavas. Durante los años de la sublevación morisca las anotaciones son especialmente precisas; por ejemplo, del pequeño Juan se dice "que fue echado en el Sagrario abrá 8 o 10 días dize el ama que lo echaron y tengo la sospecha que es de una morisca"[12]. Igualmente, en 1572, un matrimonio granadino tomó a una niña llamada Isabel, "que su madre murió en Pitres de Ferreyra y cativaron a su padre"[13]. Más evidente aún resultan las anotaciones al margen respecto a un recién nacido que tomó una gallega para criar: "que hecharon a éste en esta Santa Iglesia (San Idelfonso) y se dixo ser de una morisca que servía una casa de posadas"[14].

Ninguna de las madres-esclavas de los bebés que aparecen en la documentación consultada estaba casada, por lo que los niños y niñas a los que me estoy refiriendo en este apartado eran todos ilegítimos. Esto indica que la mayoría de los infantes esclavos eran fruto de la explotación sexual, entiéndase violaciones, de las mujeres esclavas por parte de los amos u otros varones de la casa[15]. Como bien señala François

[12] A.M.G. Casa-Cuna, Libro de expósitos nº 75, Legajo 187/2. Parroquia de San Miguel, 1571.

[13] A.M.G. Casa-Cuna, Libro de expósitos nº 75, Leg. 187/2, Parroquia de San Cecilio, 1572.

[14] A.M.G. Casa-Cuna, Libro de expósitos nº 75, Leg. 187/2. Parroquia de San Idelfonso, 1579.

[15] Hablar de "relaciones sexuales" entre amos y esclavas puede llevarnos a crear una imagen de igualdad de estatus de los miembros de la pareja cuando el sometimiento de la mujer a su propietario implica una disparidad importante respecto a la capacidad de decisión.

Orsoni-Avila: "Si los amos podían herrar a sus esclavas, venderlas o donarlas, castigarlas o asignarles cualquier tipo de trabajo, por qué no iban a *usar* y *abusar* de ellas sexualmente?"[16].

En cuanto a los hijos e hijas de las moriscas vendidas en plena rebelión, éstos podían ser fruto de matrimonios legítimos en la ley de Mahoma aunque no reconocidos por la cristiana. Es el caso de la morisca Leonor "dixo que estando en la sierra se casó con un morisco a usança de moros y el dicho casamiento hizo un turco, tomándoles las manos, hablando en algarabía y leyendo un libro arábigo, y acabado esto les avía dicho el turco como quedavan casados a la ley de moros (...) creyendo que aquel matrimonio era válido y que podía tratar carnalmente con su marido"[17]. En cualquier caso, el nombre de los padres de estos bebés moriscos no aparece tampoco reflejado en la documentación.

Respecto al bautismo, la ilegitimidad no constituía un impedimento para recibir este sacramento, al contrario; la mayoría de los recién nacidos y los niños y niñas de pecho portan desde los primeros meses de vida nombres cristianos, como María, Francisca o Juan; sólo en contadas ocasiones se elude el nombre del bebé y se define como "una criatura" o se expresa que está aún por bautizar ("por batear")[18]. Tanto cristianos como libres, independientemente de su edad o procedencia, así como de su condición libre o esclava, eran bautizados en la parroquia correspondiente y registrados en los libros de bautismo. El nacimiento a la nueva fe católica no significaba en ningún momento la liberación para los esclavos y las esclavas sino que suponía más bien un trámite imperioso en una sociedad confesional. Los libros de bautismo señalan cuidadosamente la condición de los bebés a través de anotaciones referentes a la ilegitimidad: hijos o hijas "de la Santa Madre Iglesia", "de padres incógnitos" o "de la tierra"; o la miseria: "pobre". En el caso de los niños o niñas esclavos se advierte que se trata de hijos "de madre esclava", acentuando la transmisión de estatus matrilineal.

[16] ORSONI-AVILA, Françoise: "Les femmes esclaves à Lucena et leur rélations avec les hommes (1539-1700)", *Relations entre hommes et femmes en Espagne au XVIe et XVIIe siècle*, Publications de la Sorbonne, París, 1995, p. 100.

[17] FOURNIE, Christine: *Contribution a l'étude de l'esclavage en Espagne au siècle d'or: Les esclaves devant l'Inquisition,* Tesis de L'École Nationale de Chartes, 1988.

[18] A.P.G. Leg. 178, fol. 213v y Leg. 182, 1571.

En la mayoría de las ocasiones se menciona el nombre de la madre-esclava y, a veces, incluso su color ("María, negra, esclava"), otras veces tan sólo se indica que se trata de hijos o hijas de una esclava sin especificar más señas. El hecho de no reseñar el nombre de la madre puede deberse a su desconocimiento cuando se trata de niños o niños vendidos aisladamente, ya que no siempre podemos estar seguros de que sean recién nacidos.Únicamente he encontrado tres casos en que se mencionan los nombres del padre en la documentación bautismal consultada y desde luego no se hace referencia al matrimonio, por lo que debe tratarse de amancebamientos conocidos; uno de estos casos era una pareja de moriscos, quizá casados en su ley[19]. La omisión del nombre de los padres se constata igualmente en otras ciudades de Andalucía en los tiempos modernos; en Córdoba, por ejemplo, se desconoce el nombre de 263 progenitores frente a sólo 42 padres registrados (1600-1621)[20]. Si el nombre de los padres no tenía relevancia alguna, el de las propietarias o propietarios se recoge persistentemente, algunas veces incluso se menciona su profesión. Como he dicho anteriormente, en numerosas ocasiones las figuras del padre y el amo coincidían. Este es el caso de Don Martín de Guzmán, caballero de Bujalance, cuyo confesor aconsejó, en su lecho de muerte, que se casara con su esclava berberisca de la que había tenido varios hijos. Así lo hizo, y al recuperarse de la grave enfermedad que padecía, arrepentido de haber celebrado aquel enlace, "se marchó abandonando mujer e hijos. Nunca más se supo dél."[21].

Figuras imprescindibles en un bautizo eran la madrina y el padrino, que en el caso de los esclavos solían concurrir en un matrimonio cercano a los dueños. Excepcionalmente, la madrina de una "mora" llamada Juana fue una dueña de la casa del propietario y la comadre de la esclava Leonor fue una religiosa[22]. Verdaderamente insólito resulta el

[19] Luis del Moral y Águeda de Mendoza eran ambos moriscos y padres de un esclavito llamado Pedro bautizado en San Gil en 1569.

[20] NDAMBA KABONGO, Albert: *Les esclaves à Cordue au debut du XVIIe siècle*, Tesis de doctorado, Universidad Toulouse-Le-Mirail, 1975, p. 178.

[21] MELCHOR, IV, p. 489. Agradezco a Antonio Domínguez Ortiz la noticia de este documento.

[22] A.P. Santa Ana, 1543 y A.P. San Gil 1561.

caso de la pequeña María, hija de una esclava llamada Lucía, cuya madrina es una esclava del padrino (Mase Tomás) llamada Bárbara[23].

Por otra parte, el 22 de junio se bautizaron en San Gil las únicas esclavas gemelas de que tengo noticia en Granada, me refiero a Paula y a Luisa, ambas "nacidas de un mismo vientre"[24]. De Lucrecia, la madre de las gemelas, se dice que es de color negra, así como de sus hijas, pero no tenemos más noticias acerca de la joven pareja.

En lo que respecta a la lactancia, las fuentes aluden a ella a través de la frase: "que cría a los pechos", referida a las madre-esclavas. El periodo de lactancia era largo, al menos entre los moriscos, pues el pequeño Domingo que ha cumplido el año continúa a los pechos de su madre[25]. La lactancia fue uno de los temas que preocuparon a los moralistas españoles en lo tocante a la maternidad. Fray Luis de León se pronunció decididamente a favor de que las madres criaran a sus hijos y Antonio de Guevara también elogió a las madres que daban de mamar a sus hijos argumentando que para ello la naturaleza les dio leche. Sin embargo, este razonamiento iba dirigido meramente a las mujeres de estamentos privilegiados que "los hechan de sus casas y los envían a criar a las tristes aldeas" porque las madres sin recursos económicos no podían permitirse el lujo de pagar a una nodriza, y no digamos las mujeres esclavas[26]. Moralistas como Antonio de Guevara ponderan la maternidad cuando orientan su discurso hacia las mujeres de estamentos privilegiados, pero incurren en contradicción al dirigirse a las mujeres pobres: "son de reprender las mujeres plebeyas, las cuales después de preñadas, de todos los trabajos de la casa quieren ser exentas"[27]. Ciertamente, amamantar a los pequeños restaría tiempo de trabajo a las madres y, por consiguiente, iba en perjuicio de los intereses de los amos.

[23] A.P. San Gil, 1570.

[24] A.P. San Gil, 1570.

[25] A.P.G. Leg. 169, fol. 311.

[26] La cita proviene de Antonio de GUEVARA: *Libro llamado Reloj de príncipes (...)*, escrito en 1529. Citado por VIGIL, Mariló: Ob. cit., 1986, p. 133.

[27] Citado por VIGIL, Mariló: Ibidem, p. 129.

1.2. *Una infancia desdichada*

El mercado granadino no estaba interesado en la compra de niños y niñas, no existía una demanda importante de menores, y menos si no habían cumplido 5 años. Tan sólo durante los años de la sublevación morisca, cuando el comercio esclavista se desborda, el porcentaje de ventas de niños y niñas de edades comprendidas entre 1 y 5 años aumentó sensiblemente, aunque sin alcanzar jamás cifras importantes. Para ver los valores porcentuales del total de niños y niñas vendidos en la documentación consultada a lo largo del siglo XVI he realizado la siguiente tabla.

CUADRO 16. NIÑOS Y NIÑAS VENDIDOS EN LAS COMPRAVENTAS ANALIZADAS

	Menores 5 años		*Porcentaje*	*Entre 6 y 10 años*		*Porcentaje*
1500-1540	6		1,7%	34		9,6%
1560-1568	3		1,1%	11		4,1%
1569-1571	70	(68 moriscos)	10,1%	43	(39 moriscos)	6,2%
1572-1580	6	(3 moriscos)	1,8%	11	(8 moriscos)	3,4%
Total	85	(71 moriscos)	5,25%	99	(47 moriscos)	6,10%

Según el cuadro anterior, podemos deducir que antes de la llegada de los niños/as moriscos al mercado granadino apenas se vendieron menores de 5 años. Durante el trienio de la guerra, la venta de infantes se dispara, pero vuelve a descender en la década posterior hasta alcanzar los valores de principios del siglo XVI. Los mayores de 6 años empiezan a ser algo más apreciados, adquiriendo porcentajes de venta superiores a los alcanzados por los menores de 5 años.

Entre 1569 y 1571, en sólo 3 años se vendieron el 82, 3% de los menores de 5 años recogidos en la documentación consultada; de ellos, el 80 % eran moriscos. Se trata, por consiguiente, de niños y niñas moriscos, a menudo capturados junto a sus madres en las zonas donde la rebelión había plantado su semilla. El porcentaje de moriscos y moriscas de edades comprendidas entre 6 y 10 años desciende respecto al de los más pequeños, pero sigue constituyendo el grupo de procedencia en cabeza durante los años de la rebelión.

Por tanto, a partir de los 6 años, y a medida que aumentamos en la escala de edad hasta llegar a los 10 años, el abanico de procedencias aumenta, ya no son todos de origen morisco. Pero el mercado de menores nunca alcanzará proporciones significativas. En consecuencia, apenas se capturan niños y niñas norteafricanos menores de 6 años y la trata lusitana tampoco comercia con pequeñuelos, porque se sabe de las dificultades de su venta y su baja rentabilidad.

En cuanto al sexo de los menores existe una cierta predilección por los varones tanto entre los más pequeños como entre los menores de 10 años. Las niñas constituyen el 38% del total de compraventas mientras que los niños rondan el 61%. Desconocemos las razones por las que la balanza se inclina en edades tan tempranas hacía el sexo masculino. Por último, cabe destacar que el porcentaje de niños y niñas esclavos nacidos en casa de sus propietarios es ínfimo (3,8%), lo que indica una baja natalidad de las esclavas: tan sólo uno de cada veintiséis niños aparece definido en la documentación consultada como "de la casa". La mayoría de los pequeños menores de 10 años fueron capturados en sus lugares de origen cuando aún disfrutaban de libertad. Hay que tener en cuenta que hasta los 5 años la muerte rondaba a los pequeños y que el coste de crianza de los supervivientes era elevado, del mismo modo, el embarazo ponía en peligro la vida de la esclava.

1.3. *Los niños y niñas moriscos*

Si la esclavitud de los adultos era moneda de cambio en la mentalidad del siglo XVI y tanto los grandes teóricos como la Corona y la Iglesia eran cómplices de la presencia de personas esclavizadas en las sociedades de los tiempos modernos, la esclavitud de los menores levantaba cierta controversia. Nadie cuestionaba la esclavitud de los varones enemigos, portadores de armas, que debían ser apresados tras la batalla. Pero ¿qué ocurría con los menores cuya calidad de no beligerantes era patente?

Uno de los pensadores que llegó a plantear si la esclavitud de los menores era legítima fue Bartolomé de Albornoz. Pero su planteamiento no tuvo apenas eco, de hecho, la voz de Albornoz fue la única, en nuestro conocimiento, que se levantó en favor de la libertad de los menores. Las palabras de Albornoz versan así: "En cuanto a la ley natural, obligado estoy a favorecer el que injustamente padece, y no hacerme cómplice del delincuente; que pues él no tiene derecho sobre el que me vende, menos le puedo yo tener por la compra que de él hago. Pues ¿qué diremos de los niños y mujeres que no pudieron tener culpa y de los vendidos por hambre? No hallo razón que me convenza a dudar en ello, cuanto más a aprobarlo"[28].

Sin embargo, como vimos en el capítulo cuarto, las autoridades eclesiásticas de Granada resolvieron que se podía autorizar el cautiverio de los niños moriscos sin plantearse las dudas que Albornoz expone en su obra. Los pequeños moriscos fueron considerados por la iglesia granadina cómplices de sus mayores precisamente en virtud de su calidad de hijos/as, pues según los eclesiásticos, los niños debían participar de la pena de sus padres ya que estaban sujetos a su voluntad y patria potestad. Además, los sacerdotes subrayaron que si los hijos/as de las esclavas heredaban la pena del cautiverio de sus madres, igualmente los niños recién nacidos, hijos de moriscas, debían ser esclavizados: "pues hay muy poca diferencia de los niños después de nacidos a los no nacidos"[29]. Pero esta justificación de la esclavitud de los menores moriscos a raíz del levantamiento de 1569 no fue la única en Castilla; en 1602 también se propuso que los niños moriscos fuesen separados de sus padres y repartidos entre los cristianos viejos como esclavos[30].

Luis del Mármol elogia la caridad del rey, en razón a lo que el cronista considera una moderación piadosa: prohibir la esclavitud de los menores moriscos y declarar que debían ser dados en administración para criarlos y doctrinarlos en las cosas de la fe cristiana. En efecto, el vacío legal imperante en cuanto a la esclavización de los vencidos llevó a Felipe II a promulgar la conocida pragmática sobre los cautivos que fueron tomados en el reino de Granada que situaba el límite de edad para los niños moriscos en diez años y medio y para las niñas en nueve años y medio[31].

[28] DE ALBORNOZ, Bartolomé: "De la esclavitud", *Biblioteca de Autores Españoles*, Tomo LXV, Atlas, Madrid, 1953, p. 232.

[29] Apéndice documental, nº 1.

[30] MARTÍNEZ, François: "Les enfants morisques de l'expulsion (1610-1621)", *Mélanges Louis Cardaillac*, vol II, Zaghouan, 1995, p. 500.

[31] "Declaramos y mandamos que los dichos moriscos rebelados que fuessen tomados y captivados, assi hombres como mugeres, siendo los hombres mayores de diez años y medio, y las mugeres de nueve y medio, fuessen y se entendiessen ser esclavos de los que

El destino que el bando real reservaba a estos niños y niñas, la mayoría de ellos huérfanos o separados sin pudor de sus madres, era que pudiesen ser sacados y llevados fuera del reino de Granada, y dados y entregados a personas a quien sirviesen hasta ser de edad de veinte años, para que pudiesen ser "instruidos y enseñados y cristianamente criados". Los niños y las niñas eran moldeables y resistirían mal las presiones físicas o psicológicas; además, una vez separados de la población morisca adulta, los cristianos se convertirían en sus modelos de comportamiento. La esclavitud de los menores era a todas luces una injusticia, sin embargo, tanto la Corona como la Iglesia pusieron el acento en el "apostolado": era mejor que los hijos de los infieles sirviesen a los señores cristianos, porque, de este modo, estarían en el buen camino. ¿Se trataba realmente de caridad, como opinaba Luis del Mármol, o la rentabilidad de los niños menores de 10 años en el trabajo eran tan baja que nadie se alzaría en contra de esta prohibición?

El conocimiento de la edad en el siglo XVI era relativo y variable y en ningún momento se piden copias de los bautismos de los menores moriscos cuando se tienen dudas sobre su edad; al contrario, se señalaba "que si fuere mayor de 10 años y medio va por cautivo y si no se venda "conforme al bando". Deja, pues, en el aire, al arbitrio del comprador, la condición del pequeño.

Mármol reconoce que hubo desde el principio mucho desorden, herrando a los niños inocentes y vendiéndolos por esclavos. En efecto, durante los diez primeros meses de la sublevación (entre enero y octubre de 1569) he localizado un total de 65 cartas de compraventas de menores, entre los que se encuentran varios niños de pecho. De hecho, la primera referencia al bando real sobre la esclavitud de los menores data del 17 de septiembre de 1569, es decir, casi un año después del comienzo de la guerra. Pero, incluso después de esta fecha la proporción de compraventas de menores en que se hace referencia a la prag-

---

los tomassen y captivassen, y que los menores de la dicha edad no fuessen esclavos, empero que pudiessen ser sacados y llevados a otras partes fuera del dicho reyno de Granada, y dados y entregados a personas a quien sirviessen hasta tener edad de veynte años, para que pudiessen ser ynstruidos y enseñados y christianamente criados". Archivo Municipal de Granada. *Pragmática y declaración sobre los moriscos esclavos que fueron tomados en el reyno de Granada. Y la horden que con ellos se ha de tener*. Impreso en Madrid, 1573.

mática del rey es mínima; los niños se vendían por esclavos sin más. Únicamente durante el último año de la guerra se consignan de manera más regular frases referidas al decreto real.

Para no incurrir en infracciones era común incluir en el texto de las compraventas de menores moriscos frases del tipo: "el niño se lo çedo el derecho y señorío que él me pertenece para me servir hasta que sea de hedad de 20 años, conforme a lo mandado por su majestad". En muchos casos ni siquiera se introducen estas aclaraciones formales y se venden los menores como esclavos/as o simplemente "conforme al bando", incurriendo en una contradicción, ya que según la pragmática no se podían vender. Estas justificaciones muestran el conocimiento de la ilegalidad de la esclavitud de los menores y la genuina interpretación que se hacía del decreto: la injusticia se había convertido en algo habitual.

Pedro López, un dorador vecino de Toledo, compró de un mercader, un niño morisco de 8 o 9 años, llamado Juan. El vendedor, que era granadino, había comprado, a su vez, el pequeño a un soldado de Écija que participó en la guerra contra los moriscos. El comprador del pequeño estaba convencido de haber adquirido un esclavo sin condición alguna, puesto que desconocía el bando del rey y nada se estipulaba en el contrato que hizo con el mercader ante notario. La compraventa se realizó en mayo de 1569, cuatro meses después del comienzo de la guerra. Al enterarse el dorador de que el rey había restringido la esclavitud de los hombres moriscos a los mayores de 10 años y medio, y sintiéndose estafado, emprendió una demanda contra el mercader granadino que le vendió el pequeño. Sin embargo, para no desembolsar los gastos que conllevaba todo pleito, ambos acordaron que el dorador se quedaría el niño y el mercader le abonaría 10 ducados para saldar las diferencias. El resultado del pacto no cambió substancialmente la situación del pequeño Juan que se vería obligado a continuar sirviendo a aquél que lo compró como esclavo. En cuanto a su liberación al cumplir los 20 años en 1581, quién sabe si 12 años después el toledano estaría dispuesto a ahorrarlo.

Respecto a los niños moriscos "en administración", generalmente su condición no distaba demasiado de la esclavitud y, desde luego, parece claro que en todo el Reino de Granada los cristianos viejos se esforzaron por ocultar la posesión de niños de moriscos con la intención de conservarlos a pesar de los sucesivos decretos de expulsión. Francisco Andújar constata esta realidad en la provincia de Almería, a través de un escrito que un vecino de Vélez Blanco presentó al alcalde mayor, en el que se delataba la ocultación de una niña de 11 años[32].

En definitiva, los niños y niñas capturados como consecuencia de la sublevación morisca en la segunda mitad del siglo XVI fueron vendidos como esclavos y esclavas pese a la pragmática de Felipe II que prohibía su esclavización y su condición jurídica no distó del resto de las personas sometidas a esclavitud. Como hemos podido comprobar, la mayoría de los menores que se vendieron en el mercado granadino procedían del propio Reino de Granada: eran menores moriscos vendidos ilegalmente. Para visualizar la proporción de niños y niñas moriscos vendidos y el impacto de la guerra en la venta de menores, según la documentación notarial consultada he realizado el cuadro 17.

CUADRO 17. NIÑOS Y NIÑAS MORISCOS VENDIDOS EN LA DOCUMENTACIÓN NOTARIAL CONSULTADA

Menores de 5 años	*1569*	*1570*	*1571*	*1572*	*1573*	*1574*
Niños	33	6	4	2	1	
Niñas	16	8	3			
Entre 6 y 10 años						
Niños	21	2	3	2		1
Niñas	7	5	3	3	1	
Total	77	21	13	7	2	1

En el primer año de la rebelión se vendieron 77 moriscos menores de 10 años, 49 de los cuales eran menores de 5 años, como podemos comprobar en la tabla 17. La venta de menores, por tanto, se concentra de manera rotunda en torno a los tres años de la guerra, mientras que para el resto de las etapas estudiadas, apenas se vendió un niño o una niña al año. Si tenemos en cuenta las pérdidas de documentación notarial, el número de niños y niñas moriscos vendidos a consecuencia de la guerra podría elevarse a un cifra situada en torno a los 800 infantes.

[32] ANDÚJAR, Francisco: "Entre la administración y la esclavitud de los niños moriscos. Vélez Blanco (Almería) 1570-1580", en *Mélanges Louis Cardaillac*, Vol II, FTERSI, Zaghouan, 1995.

En cuanto a la salud de los pequeños enajenados, la mayor parte se vendieron por sanos; solamente María (que tiene 9 años y procede de la Calahorra) parece haber sufrido las consecuencias del enfrentamiento bélico, pues se especifica que tiene "una señal pequeña de herida ençima de la frente junto al cabello"[33]. En cualquier caso, cabe la posibilidad de que los familiares de algunos pequeños procediesen a su infanticidio conociendo las consecuencias de la guerra y el futuro que les esperaba. ¿De qué otra forma podemos explicar si no la inclinación de la balanza hacia el sexo masculino (46 niños y 27 niñas menores de 5 años), cuando el crecimiento natural tiende a nivelar el porcentaje de los sexos?

En cuanto a la pervivencia de la familia morisca en esclavitud, creemos que fue casi nula, ya que uno de los pilares de la esclavitud era precisamente la anulación de las relaciones de parentesco con el objetivo de impedir posibles lazos de cohesión social. Porque, es evidente que el patrón de la familia podía ayudar a la liberación de las personas esclavizadas a través del establecimiento de relaciones de solidaridad y de parentesco[34].

A pesar de que un 23,5 % de las personas esclavizadas de origen morisco se vendieron junto a algún familiar, cabe la posibilidad de que éstos se revendieran posteriormente por separado[35]. Además, todas las relaciones de parentesco reseñadas entre los moriscos esclavizados (2 abuelas, 2 nietas, 2 hermanas, 9 hermanos, 36 hijas, 46 hijos y 74 madres) eran matrilineales y las familias monoparentales, lo que significa que en ningún caso se vendió el núcleo familiar clásico (madre-padre-hijo/a) completo. Desde luego, la familia morisca no pervivió en las casas del pueblo llano, en las que generalmente no había más de uno o dos esclavos/as como muestra la documentación notarial analiza-

[33] A.P.G. Leg. 186, fol. 247.

[34] Las reivindicadiones organizadas de esclavos y esclavos aparecieron muy posteriormente (siglos XVIII y XIX) debido entre otras razones a la creación de lazos de solidaridad familiares. En el Brasil del siglo XIX, los matrimonios de personas esclavizadas crearon núcleos familiares que llegan a reivindicar tierras para sustentarse o comprar la libertad de los miembros de la familia. DE MESQUINA SAMARA, E. y GUTIÉRREZ, Horacio: "Mujeres esclavas en el Brasil del siglo XIX" en *Historia de las mujeres*, vol IV, Siglo XIX, Taurus, Madrid, 1993, pp. 643-651.

[35] 176 de un total de 749 moriscos vendidos.

da. La única posibilidad de continuidad de algunas familias moriscas en esclavitud eran las grandes casas nobles, donde la servidumbre esclava era lo suficientemente grande. En el capítulo 6, vimos que el duque de Medina Sidonia tenía familias completas de moriscos en la capital de su señorío.

En cualquier caso, la intención de los cristianos viejos, ciertamente, no era respetar los núcleos familiares moriscos sino todo lo contrario. A continuación presento un gráfico que ilustran el porcentaje de niños/as que se vendieron aislados y las relaciones de parentesco de aquellos/as que se vendieron conjuntamente.

En el gráfico observamos que se vendieron más niños/as moriscos junto a algún familiar que individualmente. En cuanto a los parientes con los que éstos aparecen relacionados en las compraventas consultadas, cabe destacar que la mayoría se vendieron junto a sus madres y, en menor

GRÁFICO 39. NIÑOS Y NIÑAS MORISCOS QUE SE VENDEN AISLADOS O CON ALGÚN FAMILIAR (A). FAMILIARES CON QUIEN SE VENDEN LOS NIÑOS/AS MORISCOS (B)

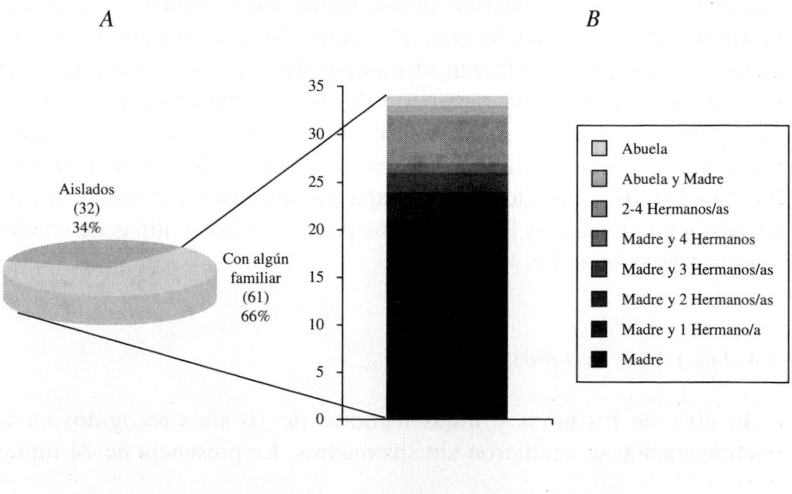

El total de ventas de niños y niñas moriscos es 93. En el gráfico de la derecha se ha representado el número de compraventas de madre e hijo, madre y un hermano, madre y 2 hermanos, etc.

medida, con algún hermano o hermanos además de la madre. La venta de varios hermanos/as también es importante y los casos más raros eran aquellos en que existía un salto generacional. Tales relaciones de parentesco (nieta-abuela) únicamente se reseñan en el grupo de moriscos y moriscas recién capturados, ya que la esclavitud que estudiamos está al margen de las reglas del parentesco propias de una población libre.

En el caso de María, un niña de sólo 3 años se vendieron 3 generaciones de mujeres moriscas a la vez: ella misma, su madre Beatriz de 30 años y su abuela Isabel, una anciana de 70 años[36]. Las tres fueron capturadas en Tíjola y vendidas a un tratante de pescado residente en Sevilla. Este es uno de los pocos casos en que he podido constatar que el parentesco vaya más allá del primer grado.

María, una morisca de 40 años, constituye uno de los ejemplos de madre vendida con sus 4 hijos varones, tres de los cuales eran menores de cinco años: Antón de cuatro años y medio, Miguel de tres y Alonso de sólo doce meses[37]. En cuanto a la venta de hermanos, podemos citar el caso del pequeño Diego, un cristiano nuevo, de tres años que se vendió junto a su hermana[38].

En conclusión, no había respeto por la libertad de la infancia ni reconocimiento de los derechos de los niños; en Granada, se vendieron menores de todas las procedencias, sobre todo pequeños de origen morisco a pesar del bando real. Por tanto, la reducida proporción de menores vendidos en relación al número de adultos no tiene que ver con una actitud caritativa por parte de la sociedad cristiana del siglo XVI sino con la baja rentabilidad de los menores. De hecho, el precio medio de los niños y niñas moriscos va aumentando progresivamente con la edad: de 8 ducados que se paga por un niño de 2 años y medio se pasa a una media de 13, 8 ducados para los niños y niñas de edades comprendidas entre los 4 y 5 años.

1.4. *Las ventas de niños aislados*

El 40% de los niños y niñas menores de 10 años recogidos en la documentación se vendieron sin sus madres. La presencia de 74 infan-

[36] A.P.G. Leg. 175, fol. 270, 1570.
[37] Por ejemplo, A.P.G. Leg. 167, fol. 300.
[38] A.P.G. Leg. 171, 38v, 1569.

tes (50 niños y 24 niñas) menores de 10 años vendidos aisladamente manifiesta que no existió respeto por la maternidad en esclavitud. Conforme avanzamos en la escala de edad el número de ventas va aumentando, pero el más pequeño de estos niños y niñas tenía sólo 2 años y medio.

Los gráficos que presento a continuación ponen de manifiesto la procedencia de los menores que se venden con sus madres y de aquellos/as que se venden sueltos.

Mientras que la mayor parte de los pequeños que se enajenaron junto a sus madres eran moriscos y algunos berberiscos, encontramos infantes vendidos aisladamente de todas las procedencias constatadas en el mercado granadino. Ni españoles ni portugueses tuvieron inconvenientes en vender los menores nacidos en sus casas separados de sus madres. En cuanto a los tratantes a gran escala es evidente que no tenían problemas en comerciar con la "mercancía infantil". El más pequeño de los niños subsaharianos tiene 5 años y procede de Cabo Verde; el resto se reparten entre los 7 y 10 años.

En cuanto a los menores nacidos en la península ibérica, en muchos casos podemos sospechar que los padres eran sus amos. El dueño de María la Chica mantuvo al hijo de la misma en su casa hasta los cuatro años, edad en que sin mostrar el más mínimo reparo por separarlos, vendió al pequeño[39]. María había sido anteriormente propiedad del com-

GRÁFICO 40
VENTAS DE NIÑOS Y NIÑAS
(1-10 años) con sus madres

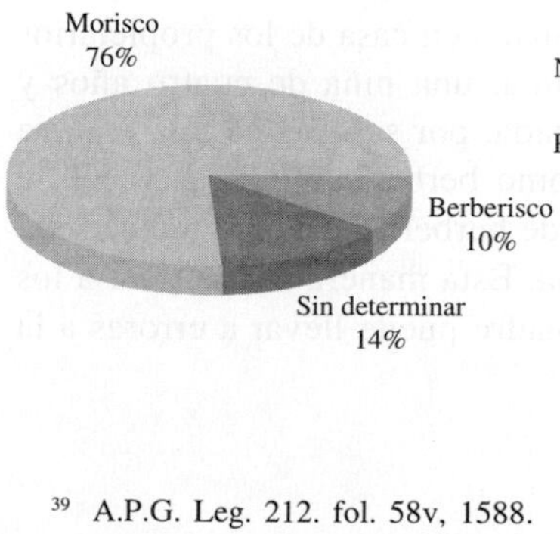

GRÁFICO 41
VENTAS DE NIÑOS Y NIÑAS
(1-10 años) aislados

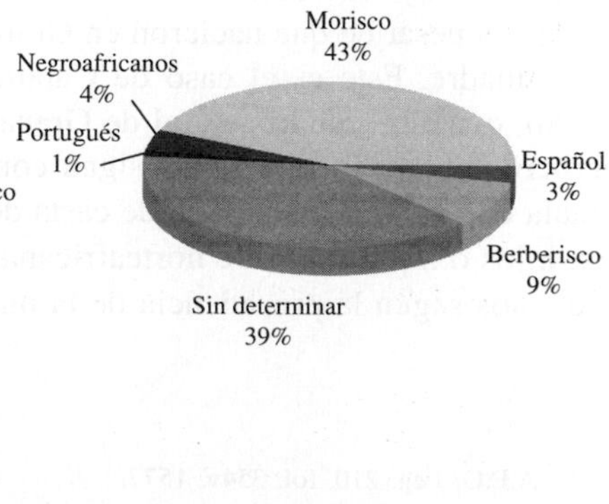

[39] A.P.G. Leg. 212. fol. 58v, 1588.

prador de su hijo Alonso y el pequeño portaba el apellido del mismo ("de Villagómez") por lo que cabe aventurar que éste pudo ser el padre biológico del niño.

Excepcionalmente he encontrado un documento en que un barbero granadino reconoció ser el padre de una esclavita llamada María, hija de una morisca esclavizada cuyo propietario es un corredor de Lonja. La madre de la niña, Sabina López, fue capturada durante el levantamiento de los moriscos y posteriormente vendida como esclava. La pequeña María nació en 1585, al menos quince años después de la esclavización de su madre. El barbero que reconoció a la niña como su hija legítima y fruto, por tanto, de relaciones "clandestinas" con Sabina, decidió liberar a la pequeña; pero además, no se trató de una decisión unilateral: su esposa participó de la misma mostrándose complacida en la liberación de la pequeña. Probablemente el matrimonio no tenía hijos legítimos y quiso adoptar a María. El propietario de madre e hija no tenía, sin embargo, intención de deshacerse de la pequeña sin aprovechar el negocio y reclamó 36 ducados por lo que había gastado en su alimentación y crianza durante los cuatro años en que María vivió en su casa. La cantidad de 36 ducados debió suponer un desembolso importante para el barbero, por lo que convinieron que se pagase la cantidad en tres plazos de 12 ducados cada uno. Teniendo en cuenta el poco valor que tenían los menores en el mercado granadino, el propietario de María obtuvo importantes beneficios con la niña gracias a que el supuesto padre estaba dispuesto a liberarla.

Respecto a los menores berberiscos que se vendieron individualmente, no todos los pequeños clasificados como "berberiscos" en la documentación notarial habían nacido realmente en Berbería. A veces los hijos e hijas de esclavas berberiscas son declarados como "berberiscos", a pesar de que nacieron en Granada en casa de los propietarios de la madre. Este es el caso de Catalina, una niña de cuatro años y medio, que aún siendo natural de Granada, por ser hija de una esclava berberisca, en su venta se consigna como berberisca[40]. Otras veces se señala que los pequeños son "de casta de berberiscos" para indicar que son hijos o hijas de madre norteafricana. Esta manera de calificar a los pequeños según la procedencia de la madre puede llevar a errores a la

[40] A.P.G. Leg. 210, fol. 354v, 1577.

hora de ubicar a los menores, pero además, pone de manifiesto la nula importancia del origen del padre y la clara intención de asociarlos a la identidad de la madre, a pesar de que seguramente el único idioma que conocían era el castellano.

Para indicar que una niña o un niño procedente del Magreb no había sido aún bautizado se señalaba "que es moro/a"; en estos casos, generalmente portaban un nombre árabe. La pequeña Yza, hija de una berberisca recién llegada no había sido aún bautizada cuando se vendió; tal vez la niña hizo la travesía junto a su madre y las separaron al llegar a Granada[41]. Entre los nombres de niños y niñas traídos de Berbería podemos citar Muça, Hamete, Xalima o Mohamed. En ocasiones se consigna tanto su nombre cristiano como el nombre árabe, éste es el caso del pequeño Bartolomé (9 años), que en Berbería era conocido como Muça[42]. Tal vez durante la primera mitad de siglo algunos moriscos dueños de esclavitos berberiscos mantuvieron sus nombres árabes sin preocuparse por bautizarlos.

De Hamete, que también tenía 9 años, se especifica "que es moro nacido en Berbería", pero además se declara que está "retajado", es decir, que le había sido practicada la circuncisión[43]. Asimismo, otro niño de la misma edad y también procedente del Norte de África estaba igualmente retajado[44]. También los moriscos españoles eran circuncidados en edades tempranas, especialmente en Valencia, como ha demostrado Bernard Vincent[45].

2. LA VIDA SEXUAL DE LAS PERSONAS ESCLAVIZADAS

La historiografía sobre la esclavitud en la Andalucía Moderna ha creado y potenciado varias imágenes sobre los enlaces entre personas esclavizadas: en primer lugar, que los matrimonios entre esclavos y

[41] A.P.G. Leg. 16, fol. 1198, 1522.

[42] Bartolomé, a pesar de su corta edad estaba herrado en ambos carrillos. A.P.G. Leg. 19, fol. 515, 1524.

[43] A.P.G. Leg. 203, fol. 410, 1576.

[44] A.P.G. Leg. 9, fol. 612, 1516.

[45] La mayoría de los niños menores de 6 años estaban retajados en Carlet, Benimodo y Benimuslem. VINCENT, Bernard: "Los moriscos y la circuncisión", *Minorías y marginados en la España del siglo XVI*, Diputación provincial de Granada, 1987, p. 91.

esclavas eran frecuentes; en segundo lugar, que ésos solían llevarse a cabo entre personas del mismo dueño; y por último, que previamente al casamiento se acostumbraba a liberar a los contrayentes[46]. Sin embargo, en la documentación analizada para la Granada del siglo XVI no se cumple ninguna de estas premisas. Los amos mostraban una actitud de franca hostilidad contra la legalización de las uniones de sus esclavos/as y los casamientos entre personas esclavizadas eran relativamente excepcionales.

Por otra parte, entre los historiadores que han estudiado el fenómeno esclavista en la Andalucía Moderna hay quienes hablan de "cruce" cuando se quieren referir a las uniones entre esclavos/as[47]. El uso de esta terminología en el estudio de los matrimonios entre personas esclavizadas resulta, a mi modo de ver, inadecuada ya que mantiene la relación entre esclavitud y mundo animal.

En cuanto a trabajos realizados sobre la base de registros parroquiales en Andalucía, Françoise Orsoni-Avila constata la debilidad del número de matrimonios en Lucena a lo largo del siglo XVI[48], lo mismo ocurre en la Córdoba de principios del siglo XVII[49], y en la Granada del setecientos, según los datos de Francisco Sánchez Montes[50]. En definitiva, el matrimonio entre personas esclavizadas no era un hecho frecuente en la sociedad granadina del siglo XVI y, aún con el beneplácito de las autoridades eclesiásticas, las uniones reflejadas en los registros parroquiales no significaban la residencia común de los cónyuges,

[46] "Era frecuente contraer matrimonio entre los esclavos y previamente al mismo se solía rescatar la libertad de los contrayentes" en GÓMEZ GARCÍA, M.C. y MARTÍN VERGARA, J.M: *La esclavitud en Málaga entre los siglos XVII y XVIII,* Biblioteca popular malagueña, Diputación provincial de Málaga, 1993, p. 127.

[47] Cito por ejemplo "...el cruce entre musulmán y negro no parece ser muy frecuente"; en FRANCO SILVA, A: Op. cit., 1992, p, 105. Cabe señalar al respecto que en el Diccionario de la Lengua Española de la Real Academia aparece la palabra cruce definida como: "Acción y efecto de cruzar los animales para mejorar la raza", Espasa Calpe, p. 600.

[48] ORSONI-AVILA, Françoise: Ob. cit., 1995, p. 97.

[49] NDAMBA KABONGO, Albert: 1975, Ob. cit., p. 191.

[50] SÁNCHEZ MONTES, Francisco: *La población granadina en el siglo XVII,* Universidad de Granada, 1989. Las parroquias del centro cristiano viejo son las que presentan un mayor porcentaje de matrimonios de personas esclavizadas respecto al total de casamientos; la colación de San José, una de las más ricas del Albaicín, posee el número de enlaces más elevado de este barrio. No obstante, en el siglo XVII los moriscos del Albaicín habían desaparecido en su mayoría y que el barrio estaba poblado por cristianos viejos.

que continuaban habitando en las casas de sus dueños como si nada hubiese ocurrido. El celibato era el destino de la servidumbre libre y esclava de las casas en la Granada del siglo XVI; la preferencia de servidores domésticos solteros es una constante en la historia, puesto que la soltería implica una mayor disponibilidad.

2.1. *El matrimonio, un perjuicio para los amos*

En las fuentes utilizadas para el estudio de las relaciones matrimoniales en la Granada del siglo XVI se observa una constante: el casamiento entre esclavos/as se entiende como un perjuicio para los amos; de hecho, a menudo los propietarios argumentan que se trata de una extorsión del derecho de servidumbre[51]. Las razones de esta protesta constante de los dueños ante el matrimonio inminente de sus esclavos eran: en primer lugar, la pérdida de valor de los esclavos/as casados en el mercado; en segundo lugar, que el casamiento se entendía socialmente como un paso hacia la manumisión, sobre todo si uno de los miembros de la pareja era liberto; en tercer lugar, que rendirían menos en su trabajo; y por último, los propietarios de esclavas temían la muerte de sus trabajadoras a consecuencia del embarazo que podía proseguir al matrimonio. En cualquier caso, aún si la esclava sobrevivía al parto, el coste de crianza de los pequeños hasta que estuviesen en edad productiva iría en contra de los intereses del propietario.

En lo tocante a las protestas de los amos respecto al menoscabo de la productividad de sus esclavos/as, la literatura de la época también nos ofrece algunas referencias. En el entremés "Los negros" (un ejemplo de la necesidad de engañar al amo para conseguir llevar a efecto el matrimonio), el dueño del novio dice lo siguiente: "de unos días acá ha dado un notable vicio, y es que se me ha aficionado de una negrilla en un vecino mío. Si va la negra fuera, él va tras ella, y ni el otro se sirve de su negra ni yo de mi negro"[52].

[51] "Pido a vuestra merced les deniegue la dicha petición por ser en mi perjuicio y protesto del derecho de servidumbre a que la susodicha me es obligada como mi esclava".

[52] COTARELO Y MORI, Emilio: *Colección de entremeses, loas, bailes, jácaras y mojigangas desde fines del siglo XVI a mediados del XVIII*, 2 vols., Madrid, Bailly-Baillière, 1911. Citado por FRA MOLINERO, Baltasar en *La imagen de los negros en el teatro del Siglo de Oro,* siglo XXI, Madrid, 1995, p. 45.

En cuanto a la pérdida de valor de las personas esclavizadas una vez casadas o comprometidas, en el expediente matrimonial de Teresa, su dueña (Doña Beatriz Henríquez de Rojas) se queja en los siguientes términos: "He hecho diligençias para venderla y no he podido hallar quien me la compre o a menos quien me de por ella lo que justamente vale"[53]. Por otra parte, los propietarios señalan a menudo que no consentirán el matrimonio de su esclava: "porque la susodicha a de tratar de liberarse"[54].

El hecho de que el casamiento se entendiera como un paso anterior a la liberación estaba, de ordinario, cimentado en la realidad. Muchas personas esclavizadas se casaban con la intención de liberarse ulteriormente. De hecho, muchas esclavas iniciaron el proceso de casamiento en la creencia de que sus prometidos las ahorrarían. Esto le ocurrió a Mariana de Aragón, la cual se dio pronto cuenta del engaño y declaró: "no quiere casarse con él porque es sabido que no tiene con qué rescatarla y que la ha traydo engañada"[55]. Las promesas de libertad sedujeron probablemente a más de una esclava.

Cuando la esposa era la encargada de abonar el rescate de su marido esclavo, ésta necesitaba licencia del mismo para realizar la obligación de pago, lo que implica que aun estando el esposo bajo sujeción tenía más capacidad jurídica que su mujer libre. Veamos un ejemplo: "y la dicha María de Toledo, negra, mujer del dicho Antón, negro, su marido, con el consentimiento del dicho Antón negro, su marido, que le pidió para hazer y otorgar jurar y se obligar a lo que de yuso se contiene (la libertad del marido) y el dicho Antón, negro, se lo conçedió"[56].

[53] A.C.G. Leg. 1525b-2.

[54] A.C.G. Leg. 1525b-2.

[55] "Dixo que ella tenía tratado de se casar según orden de la Santa Madre Yglesia con el dicho Mateo Rodriguez, el qual tiene prometido de la livertar y pagar de contado 100 ducados, y lo demás de allí a un tiempo, esto quiriéndole aguardar el dicho Don Alvaro de Paz, su amo, y después desto a oydo deçir como no puede pagar 100 maravedés y así a mudado de propósito porque para estarse cautiba como se está, más bien está en casa del dicho su amo". A.C.G. Leg. 1616-B.

[56] A.P.G. Leg. 32, fol 649, 1529.

2.2. *¿Quiénes se casaban?*

De las personas esclavizadas ¿quienes se intentaban casar en el siglo XVI? Existía una preferencia por cónyuges del mismo origen étnico (misma lengua, religión y cultura); uno de los valores fundamentales para formar una pareja era "ser del mismo color", por lo que generalmente se casaron mulatas con mulatos, negros con negras, etc. El referente para constituir una vínculo personal no siempre era la procedencia o la confesionalidad sino la biología, es decir, la categoría racial "color". Por ejemplo, una berberisca de color negra comenzó el proceso para casarse con un negro de las Indias de Portugal[57]. En la Recopilación de Leyes de Indias se recoge igualmente esta idea: "procuren en lo posible que habiendo de casarse los negros sea el matrimonio con negras"[58]. Por consiguiente, podemos deducir que la ideología dominante velaba por el mantenimiento de las diferencias: el mestizaje en la España de los tiempos modernos fue bastante raro incluso entre personas esclavizadas[59]. Podríamos hablar de una cierta "obligación endogámica" de referente más racial que cultural, ya que la mayoría de las personas esclavizadas habían sido arrancadas de sus lugares de origen cuando eran niños/as o adolescentes y una buena parte de sus referencias correspondían al mundo de sus dueños o, cuando menos, a una cultura híbrida.

En cuanto a las edades de los novios, las particularidades de la población esclava (crecimiento no natural) obligaban, en ocasiones, a una diferencia de edad a favor de las mujeres. Es decir, las novias eran a veces mayores que los novios, lo que no solía ocurrir entre las parejas de personas libres. Las edades de los esclavos (hombres) en el momento de solicitar la unión en matrimonio oscilan entre los 20 y 40 años y las mujeres entre los 20 y 35 años. Según Bernard Vincet y

[57] Apéndice documental, pp. 492-497.

[58] Lib VII, tít. V, ley 5, 1527. Citado por CORTÉS LÓPEZ, José Luis: *La esclavitud negra en la España peninsular del siglo XVI*, Universidad de Salamanca, 1989, p. 83.

[59] La Corona española prohibió reiteradamente los matrimonios interraciales en la Cuba colonial. Se promulagaron insistentemente pragmáticas cuyo propósito era impedir los matrimoios entre desiguales. STOLCKE, Verena: *Racismo y sexualidad en la Cuba colonial*, Alianza, Madrid, 1992.

Rafael Carrasco, la edad media de los moriscas al casarse es de 18-19 años para las mujeres, y 24-25 años los hombres, mientras que los cristianos viejos (hombres) se casaban entre 12 y 24 meses más tarde[60].

La norma era que las personas esclavizadas contrajeran matrimonio con otros esclavos o esclavas, pese a que en ciertas ocasiones uno de los cónyuges fuese una persona libre o un liberto/a. Volviendo a los datos de Francisco Sánchez Montes para la Granada del siglo XVII, del total de matrimonios estudiados, el 91% se realizó entre esclavo y esclava, el 5,9% entre esclavo y mujer libre y el 1,3% entre esclava y hombre libre[61]. Los porcentajes eran, sin duda, muy similares en el siglo XVI. Las personas libres que se casaron con esclavos o esclavas, según la documentación conservada en el Archivo de la Curia Episcopal de Granada, eran de condición muy pobre. De hecho, la razón de la superioridad de matrimonios entre hombres esclavizados y mujeres libres, frente a los casos contrarios, podría estar relacionada con la feminización de la pobreza.

La mayoría de los matrimonios de esclavos que hemos recogido para la Granada Moderna tienen lugar entre cautivos de distintos dueños; sólo ocasionalmente encontramos esclavos casados que pertenezcan al mismo dueño. Manuel Lobo Cabrera observa el mismo comportamiento para la población de Teide[62]. Sin embargo, he observado cierta tendencia al matrimonio de personas esclavizadas residentes en la misma colación. Tal vez, las relaciones de vecindad fueron el elemento de cohesión más fuerte para el conjunto de la población esclava.

Por otra parte, la generalidad de los esclavos y las esclavas que pretenden unirse en matrimonio eran "muy ladinos", es decir, llevaban bastante tiempo en España y conocían la lengua y la cultura castellanas. Las personas esclavizadas localizadas en la documentación episcopal consultada llevaban entre 8 y 20 años en España antes de iniciar los trámites del casamiento (la mayoría de ellos/as fueron cautivados

[60] CARRASCO, Raphael y VINCENT, Bernard: "Amours et marriages chez les morisques" en REDONDO, Agustín (comp.): *Amours légitimes, amours illégitimes en Espagne au XVI*^e^ *et XVII*^e^ *siècles*, Publications de la Sorbonne, París, 1985, p. 135.

[61] SÁNCHEZ-MONTES GONZÁLEZ, Francisco: *La población granadina del siglo XVII*, Universidad de Granada, 1989, p. 207.

[62] LOBO CABRERA, Manuel: Ob. cit., p. 68.

entre los 10 y los 16 años). Las parejas de esclavos suelen ser conscientes de las dificultades que tendrían para llevar a cabo sus propósitos de enlace matrimonial, por lo que, en ocasiones aprovechan las ausencias del amo para iniciar el proceso o inventan relaciones prematrimoniales estables. Por ejemplo, el novio de una esclava declara en su expediente matrimonial: "este confesante abló con un notario y le dixo que se quería casar con Magdalena y que le fuese a notificar a su amo que no la vendiese", lo que indica que el propietario de la mujer no estaba al corriente de sus propósitos[63]. Igualmente, a sabiendas de los malos tratos que podía ocasionar su pretensión de unirse en matrimonio, Teresa dice: "que no habría de ser otro su marido aunque la matase su amo"[64].

2.3. *El papel de la iglesia*

Las propias personas esclavizadas eran las que pedían casarse e iniciaban el proceso ante las autoridades eclesiásticas, generalmente además, ocultándolo a sus amos o sin su consentimiento, por lo que la actitud de la iglesia frente al matrimonio de las parejas esclavas era decisiva. El concilio de Trento (1543-1563) declaró que el casamiento entre personas esclavizadas era un derecho divino y humano; del mismo modo, se aceptó que escogieran cónyuges entre personas libres o cautivas, no pudiendo los amos censurarlos por este motivo ni castigarlos ni separarlos por venta. Aunque la realidad sería otra, las bases jurídicas estaban sentadas.

Las condiciones mínimas exigidas a los esclavos y las esclavas que aspiraban a casarse eran: el conocimiento de los rudimentos de la doctrina (recitar correctamente el padrenuestro, el avemaría, el credo y los 10 mandamientos), estar bautizado, no haber dado palabra de casamiento a otra persona, no ser parientes (hasta el cuarto grado) y no haber hecho voto de castidad. En relación al bautismo, de ordinario, cuando el esclavo o la esclava había sido bautizado en una parroquia diversa de aquella donde pretendía contraer matrimonio, lo que sucedía muy a menudo, se

63 A.C.G. Leg. 1585.
64 A.C.G. Leg. 1525-B.

pedía un traslado del certificado de bautismo. Más espinoso resultaba para los eclesiásticos comprobar que no habían estado casados con anterioridad debido a la movilidad de las personas esclavizadas a consecuencia de los cambios de dueño o de lugar de residencia de sus amos. Asimismo, el hecho de haber nacido y, en muchos casos, haberse criado en tierras alejadas oscurecía su pasado. En ocasiones los sacerdotes reclaman detalles en los siguientes términos: "den información de su libertad del tiempo que vivieron en África si se casaron en ella o vinieron a España solteros". Pese a ello, tanto el celibato como la inexistencia de lazos de parentesco entre los novios eran difíciles de verificar para los castellanos. El único medio de constatar tanto la soltería como que no fuesen familiares era la declaración de los testigos. Pero los cristianos desconfiaban del testimonio de los testigos presentados por los esclavos/as al proceso matrimonial, pues generalmente se trataba de gentes humildes, a menudo también esclavos, y la mayor parte de las veces extranjeros al igual que los novios. Los cuestionarios eran rigurosos, especialmente si se trataba de berberiscos, pues los eclesiásticos estaban al tanto de las costumbres musulmanas: el matrimonio entre primos era casi una regla en el Islam y la poligamia estaba permitida por el Corán; de hecho, numerosos moriscos habían sido procesados por bígamos[65].

A pesar de la rigurosidad de los cuestionarios, en general la iglesia no pone demasiados obstáculos al matrimonio entre personas esclavizadas. Este relativo apoyo de los eclesiásticos al casamiento, frente a la actitud contraria de los amos, estaba relacionado con el acento puesto por la iglesia en la imposición de los sacramentos.

2.4. *La actitud de los amos*

Respecto a la actitud de los amos frente al matrimonio, he constatado una hostilidad casi sistemática. Como he señalado con anterioridad, los propietarios entendían que el casamiento de sus esclavos/as iba en perjuicio de la servidumbre. Este talante adverso de los amos se reflejaba, por ejemplo, en el formulismo legal de los expedientes matrimoniales; todos los procesos analizados incluyen la siguiente fórmula:

[65] El padre Bartolomé de los Angeles señala (1528-29), a raíz de una visita, que numerosos moriscos tenían dos mujeres: "cada una en su casa, ansí como cuando eran moros". Citado por CARRASCO, Raphael y VINCENT, Bernard: Art. cit., 1985, p. 137.

"Otrosí, atento a que nosotros somos esclavos v.m mande notifique a (nombres de los dueños) que por razón de querer contraer este matrimonio no nos bendan, hierren ni ausenten desta çiudad ni hagan ningún otro mal tratos sino que nos dejen libremente contraer el dicho matrimonio". La declaración no podía ser más expresiva respecto a los malos tratamientos que se esperaban de los amos al descubrir la voluntad de casarse de sus esclavos/as.

A pesar de estas advertencias, los dueños persistían en sus posturas, pues a continuación el notario informaba a los propietarios sobre las penas en que incurrirían en caso de maltratar a sus esclavos, penas que solían ir desde la excomunión mayor a multas de entre 50 y 100 ducados. Estos castigos no eran meras amenazas con intención de contener la ira de los amos, sino que a veces se llegaban a poner en práctica. El propietario de una de las esclavas registradas en las fuentes analizadas fue condenado a excomunión mayor; el texto dice así: "se declaró e impuso en la tablilla del sagrario por excomulgado"[66]. Por eso, el amo estigmatizado se querelló contra el prior y el provisor del Arzobispado de Granada.

Las palabras de una propietaria reflejan abiertamente la actitud de los amos: "protesto de poder usar y que usaré de su esclavitud y servidumbre y venderla y herrarla y hacer todo lo demás que con semexantes esclavos se puede y debe haçer para asegurar la servidumbre a que está sujeta"[67]. Como podemos comprobar se apela al "derecho de servidumbre", un derecho consuetudinario que hacía de estas personas meros instrumentos de los dueños/as, negándoles cualquier capacidad legal; mientras que el "derecho eclesiástico" admitía que contrajesen matrimonio como a cualquier otro católico/a. Esta pugna entre el derecho de servidumbre y el derecho eclesiástico se hace patente a lo largo de todo el siglo XVI, así como en el XVII. Ocasionalmente apreciamos que los dueños vacilan en cuanto a la posibilidad legal de sus esclavas/os para contraer matrimonio, incluso aunque pongan de manifiesto implacablemente su intención de impedirlo[68].

En cuanto a los malos tratos con motivo del matrimonio, éstos son más habituales hacia las mujeres. Entre las vejaciones que sufrieron las

[66] A.C.G. Leg. 1614-B.
[67] A.C.G. Leg. 1610-B.
[68] Apéndice documental, pp. 492-497.

esclavas por haber iniciado una demanda de casamiento, la más frecuente era "reñir con ella", llamándola "perra" entre otros insultos; asimismo se solía recurrir a esconderla, a menudo, fuera de Granada. De ordinario el amo las encerraba en un aposento en casa de algún familiar para que no tuviesen la ocasión de declarar su voluntad de casarse ante los representantes de la iglesia. A veces se habla de "castigos", pero por lo general no se especifica en qué consistían, aunque tengo noticias de que algunos llegaron incluso a ponerles cadenas, un cepo o grilletes[69]. Un escarmiento relativamente común era herrarlas. En este sentido, escuchemos las palabras de uno de los novios: "Digo que abrá un año que yo llevé mandamiento de v.m para casarme con Ana de Salazar, cautiva de Juan Nuñez, y queriéndose por mi parte se ejecutase en dicho mandamiento (...), so color de que le dicho Juan Nuñez instó que si me casaba avía de herrar a la dicha esclava y dos hijos y con este temor no tuvo efeto llevarse a cabo el dicho matrimonio"[70]. Posteriormente, en el mismo documento, un labrador declara que el dueño de Ana fue a misa con sus esclavas y que "no aguardó a oír el sermón sino que las llamó y dizen públicamente las llevó a herrar y truxo aquí a su casa a su esclava herrada". Por consiguiente, los prometidos tenían habitualmente un miedo fundado a que castigaran a las esclavas, de manera que el matrimonio no pudiese tener efecto.

Como he dicho, una de las formas más frecuentes de obstaculizar el proceso matrimonial era esconder a los esclavos/as. Los notarios se veían, a veces, obligados a tomar declaración a las novias en los lugares más insospechados, cuando, después de haberse personado varias veces en casa de los propietarios "a oras que suelen estar en sus casas", se les negaba la posibilidad de conversar con ellas. Lo que aconteció al notario Juan Plascencia ilustra uno de estos casos. El susodicho dio fe de que un esclavo le había dicho que una mujer que vendía vino a las espaldas de un casa conocía el paradero de la esclava a la que debía tomar declaración. El notario se dirigió al lugar indicado y, una vez allí, la tabernera llamó a la esclava y ésta se asomó a una reja desde dónde hizo su confesión y dijo que la habían llevado a aquella casa por

[69] "Otrosí digo que el dicho mi amo anda buscando una cadena para ponerme más de las prisiones que tengo" A.C.G. Leg. 1597-D.

[70] A.C.G. Leg. 1625.

que no querían sus amos que se casase y que la habían castigado mucho y la querían vender[71]. No es raro que los propietarios mientan sobre el paradero sus esclavos/as o que atestigüen que han huido o, simplemente, que no están en casa.

Uno de los propietarios reseñados en la documentación consultada buscó cabalgadura para enviar a su esclava fuera de Granada a causa del pretendido casamiento y finalmente trató con un arriero de Motril que accedió a llevársela. Sin embargo, un hortelano, vecino de la colación de la Magdalena, oyó ruido junto a la puerta de su huerta camino de Motril y salió a ver qué ocurría. En su declaración el testigo dice así: "bido este testigo tres hombres y una muger y entre ellos uno era Luis de Jódar y le estaba dando malos tratamientos a su esclava diziéndole perra que me as robado azeyte y le escondiste y lo saven y los demás dixeron: déxela vuestra merced, no le dé más ¿para qué quiere perder çien dudados o más? Y acabó de le dar el dicho y dixo: báyanse con esta perra adelante"[72].

En ocasiones, los dueños se valen de la propia legalidad para impedir el avance del procedimiento. Por ejemplo, alegan que sus esclavos/as habían vivido antes en otros lugares, y que era imperativo amonestarlos en sus anteriores parroquias por si habían dado palabra de casamiento a otras personas, lo que conllevaba numerosos inconvenientes, y fundamentalmente un aplazamiento del proceso matrimonial[73]. A juzgar por la documentación consultada, los dueños hacían todo lo posible por dilatar el proceso.

Merece ser descrito el caso de Doña Beatriz Henríquez de Rojas, propietaria de Teresa, cuya esclava llegó a unirse en matrimonio con

[71] "Y luego el dicho, Cristobal de Herrera, esclabo, me dixo que si querya yr a casa donde abían llebado a esconder a la dicha Mariana, esclaba, que una muger que bende bino a las espaldas de la dicha casa me la llamara, y yo yce ansy y ablé con la tabernera y me llamó a la dicha Mariana, esclava, por una reja que cae a la calle questaba y ay se asomó a ella y yo le pregunté cómo se llama y quá hacía allí (...) y dixo que la habían llebado aquella casa porque no querían sus amos que se casase con Cristóbal y que la habían castigado mucho y la querían bender". A.C.G. Leg. 1615-C.

[72] A.C.G. Leg. 1604.

[73] Doña Beatriz de Rojas, dice que las amonestaciones de su esclava de su esclava únicamente se han hecho en Granada, en la parroquia del Sagrario, donde sólo hace 5 meses que vive Teresa y que "donde a bibido y residido más de 3 años y medio ha sido en las villas de Montilla y Lopera, donde puede aber dado la palabra de casamiento o aber hecho voto de castidad o causado otro algún otro ympedimento". A.C.G. Leg. 1625.

un esclavo berberisco a pesar de la negativa de su ama. Ésta recibió una notificación del vicario instándola a no venderla fuera de Granada ni hacerle malos tratamientos so pena de 100 ducados y excomunión. Doña Beatriz, que no acogió de buen grado el comunicado, alegó "hablando con el respeto debido" que se debía recomponer y enmendar el mandato para que ella pudiera vender a Teresa. La dueña expuso que por ser "viuda honesta y recogida" no le convenía que el marido esclavo estuviese de noche ni de día en su casa contra su voluntad, ni tampoco a su esclava, que habría de intentar liberarse y, por tanto, los bienes que había en su vivienda no tendrían seguridad, por lo que era "forzoso y neçesario" vender a la dicha esclava y, como en Granada, nadie le pagaría su valor al conocer su situación, estaba obligada a venderla fuera[74]. De hecho, el matrimonio se incluía entre las tachas en las cartas de compraventa; como en el caso Francisco, un berberisco de 20 años, en cuya escritura se especifica "que es ladrón, borracho, fugitivo y embustero y casado en esta ciudad y tiene otras tachas"[75].

2.5. *Llevar a cabo el propósito de casarse*

Si los propietarios se sirvieron de la legalidad para frenar los intentos de casamiento, las personas esclavizabas también utilizaban de la moralidad cristiana para conseguir su propósito. Esclavos y esclavas se valieron del amancebamiento como acicate para comprometer a las autoridades eclesiásticas, pues las relaciones sexuales fuera del marco de la iglesia debían ser prontamente legalizadas. Los prometidos emplean frases del tipo: "a más de un año que se conocen carnalmente" o "teniendo su amistad del susodicho de más de un año a esta parte", etc. Las evasivas más frecuentes para apremiar a los sacerdotes a concederles la licencia eran: el anhelo de estar en servicio de Dios, la voluntad de no estar en pecado mortal y estar casados en su ley.

Con la intención de efectuar el casamiento, los novios presentaban testigos que avalaban su soltería. Aunque el número de testigos es variable, la media suele ser de cinco declarantes por expediente. Estos testigos, entre los que se cuentan hombres y mujeres, relatan sus relaciones

[74] A.C.G. Leg. 1625-B-2.
[75] A.P.G. Leg. 198, fol. 434.

personales con los contrayentes (desde cuando los tratan, etc.), incluyendo cualquier información que consideren relevante, pero sobre todo aseguran no conocer impedimento alguno al matrimonio. Las personas llamadas a testificar suelen pertenecer al mundo esclavo, muchas veces son del mismo color y a menudo de la misma nación que los novios.

Uno de los testigos hallados en las fuentes aparece definido simplemente como "un mulato con una cuchillada en la nariz". En cuanto a los testigos de condición libre, suele tratarse de vecinos del barrio y sus oficios se reparten entre trabajadores del campo, vaquero, trabajadores a secas, labradores, panaderos, hortelanos, criados, criadas, cortador de carne, tejedor de toca, barbero, hornero y tabernera; en ocasiones, se menciona algún "viandante" y otras se hace referencia a "pobres mendigantes". El hecho de que se mencionen algunas gitanas testificando podría indicar que existieron relaciones entre gitanos y esclavos en la Granada moderna.

Curiosamente descubrimos a la hija de una propietaria testificando; se trata de Doña Luisa de Horozco, la cual conoce a la esclava porque "es esclaba de su madre desta testigo de onze a doze años". Ambas mujeres, la hija de la propietaria y la esclava, eran de la misma generación, pues la esclava tenía 20 años y Doña Luisa 22; de manera que probablemente se criaron juntas, pudiendo ésta confirmar la soltería de la esclava, razón exclusiva de su testificación. A pesar de esta circunstancia, la madre de la testigo, como dueña de Esperanza, contradijo el matrimonio de su esclava.

Eventualmente los testigos certifican conocer bien a la pareja de esclavos sobre la base de su pertenencia al mismo grupo étnico a través de frases como: "por ser todos de un mismo color y tratarse y comunicarse" o "por ser todos de una color y saber cada uno lo que al otro sucede". El razonamiento de uno de los declarantes respecto al celibato de los novios resulta muy sintomático. Dice que de haberse casado con anterioridad: "lo supiera por haberse informado de los más necios". Del mismo modo, no resulta extraño encontrar testigos que dicen conocer a los novios antes de que hubiesen sido cautivados, bien en las Indias de Portugal o en Berbería, y que allí "se comunicaron y trataron" y se han vuelto a tropezar en Granada.

Durante el proceso, cuando los amos amenazan con separarlos por medio de la venta, se recurría al "depósito". Los hombres solían ser depositados en la cárcel y las mujeres en monasterios como el de las "arrecogidas" o en casas de procuradores o de algún veinticuatro. Mientras duraba la custodia, las costas y los gastos de los alimentos los pagaban los propietarios, que con este motivo se quejan continuamente en la documentación.

Cuando finalmente las parejas de personas esclavizadas consiguen llevar a cabo su propósito de casarse, sus vidas no cambiaban substancialmente. Los cónyuges continuaban sirviendo a sus amos en sus casas y haciendas ("estando juntos como casados aunque sirviendo cada uno a su amo"). Generalmente no se les permitía cohabitar. Esto fue lo que ocurrió a Esperanza y Francisco, ambos esclavos negros, los cuales una vez casados apenas consiguieron estar juntos. Esperanza era esclava de un receptor de la Real Audiencia y llegó a Granada con 12 años, aunque tenía 20 cuando inició el procedimiento legal para casarse. Francisco, que fue capturado con 10 años, era esclavo de un inquisidor y tenía también 20 años cuando decidió contraer matrimonio. Los propietarios de ambos se opusieron, desde el primer momento, al enlace y nombraron sendos procuradores que los representaran en la querella contra el provisor. Sin embargo, el sacerdote no encontró impedimento legal y la pareja recibió licencia para ser desposados y velados por el cura de San José (un año después de iniciado el proceso). Una vez casados y velados según orden de la iglesia, el provisor del arzobispado recibió un escrito del novio quejándose de que el dueño de su compañera no consentía que mantuviesen relaciones sexuales ("que le de el débito") sino que, al contrario, la trataba muy mal de obra y palabra sin permitir que su mujer le hablara "conforme al matrimonio que tenemos contraído" y pidiendo que le entregaran a su esposa "tres días en cada semana conforme es justo". El provisor extendió un auto ante notario en el que instaba al dueño de Esperanza a permitir que Francisco entrara en su casa y estuviera con su mujer 3 días a la semana o que Esperanza fuese con su marido dónde éste la llevare sin ponerles impedimento. Pero, el dueño de la esclava montó en cólera al recibir el auto y respondió al provisor en los siguientes términos: "a venydo a mi notiçia dos autos por vuestra merced proveydos en 13 de noviembre y 24 de diciembre deste año de 1582 por los quales vuestra merced manda que no benda a la dicha mi esclava y la dexe 3 días de cada semana salir de casa e irse con el dicho esclabo do quisyere y le paresçiere y otras cosas (...) vuestra merced no pudo ni puede proybirme la enaxenaçión y libre disposiçión della como de hazienda mía propia ni menos compelerme con pena y censura ni de otra manera"[76]. El receptor terminó por querellarse contra el provisor de

[76] Y añadió que "por razón de averse casado su esclava no la hierre açote ni en ninguna manera maltrate". A.C.G. Leg. 1582.

Granada, Doctor Antonio Barba, en una carta dirigida al presidente de la Chancillería. Desconocemos la sentencia final del pleito, pues no se conservan las últimas páginas. No obstante, este ejemplo pone de manifiesto las dificultades que tenían las personas esclavizadas para estar juntos, aún estando casados, y el poco respeto de los dueños hacia el matrimonio de sus esclavos. Pero, a su vez, muestra la habilidad de algunas parejas de esclavos, sin duda muy ladinos, que se valieron de las leyes cristianas para reclamar una vida más justa.

En conclusión, los propietarios, a pesar de recibir órdenes de no vender ni herrar a sus esclavos una vez casados, no respetaron las uniones consagradas pues constatamos, en las compraventas analizadas, la venta de personas casadas. De hecho, Francisco Zarandieta nos explica que en Almendralejo, los dueños no tenían interés alguno en respetar los matrimonios de sus esclavos, comprobamos la presencia de esclavas casadas en ciertas escrituras de venta, e incluso el caso de un matrimonio de esclavos negros, cuyo dueño no tiene reparo en enviar al varón a trabajar a las Minas de Almadén durante cuatro años[77].

La población esclava de las ciudades no se reprodujo por crecimiento natural, pues los dueños intentaban impedir tanto el matrimonio como el amancebamiento. En consecuencia, como señala Bernard Vincent, paradójicamente encontramos un mayor número de hijos entre las esclavas solteras que entre las casadas debido a la importancia de los nacimientos ilegítimos[78].

3. ENFERMEDADES Y MUERTE

En principio, la sociedad del siglo XVI estaba acostumbrada a las hambrunas y las pestes y, a menudo, se asociaba pobreza con enfermedad. Existía un miedo generalizado a las enfermedades de los pobres, que en el caso de las personas esclavizadas se duplicaba, pues la enfermedad podía suponer la muerte, es decir, la pérdida total de la inver-

[77] ZARANDIETA ARENAS, Francisco: *Almendralejo en los siglos XVI y XVII. Demografía, sociedad e instituciones,* Tesis doctoral, tomo II, Cáceres, 1992, p. 771.

[78] "On en viendra à se poser une question paradoxale: les esclaves célibataires n'aurient-elles une progéniture en moyenne plus abondante que celle de leurs compagnes mariées". VINCENT, Bernard: *La vie affective des esclaves de la Peninsule ibérique XVIe-XIXe siècle*, p. 8. "On en viendra à se poser une question paradoxale: les esclaves célibataires n'aurient-elles une progéniture en moyenne plus abondante que celle de leurs compagnes mariées".

sión efectuada o la merma de la capacidad de trabajo de la persona comprada. Era imprescindible que las personas esclavizadas tuviesen buena salud porque de su fortaleza dependía la calidad y la cantidad de su trabajo. Por ello, en las cartas de compraventa de esclavos y esclavas se especificaba sistemáticamente que no padecían ningún mal contagioso. La casi totalidad de las compraventas analizadas incluyen la fórmula: "que no es endemoniada, ni tiene gota coral, ni mal de bubas" lo que significa que la locura, la epilepsia y las enfermedades venéreas eran las más temidas por los propietarios. En caso de vacilación, el comprador que podía permitírselo consultaba a un médico para que atestiguara la salud de la persona que se disponía a adquirir. Buen ejemplo de ello es la compra de una adolescente de 13 años, llamada Juana, en cuya carta de compraventa se precisa: "Y en lo que toca a la sanidad la habéis mostrado a un médico y os ha çertificado que es sana"[79].

La razón por la que apenas encontramos información sobre personas esclavizadas en los registros de los Hospitales es precisamente que estos espacios estaban destinados a la curación de indigentes y vagamundos, mientras que la salud de los esclavos/as domésticos corría a cargo del propietario, que se vería obligado a llamar al médico en caso de que enfermaran.

En la Cuba del siglo XVI, cuando los propietarios carecían de los recursos necesarios para pagar al médico, se solía acordar que si la persona sanaba quedaría al servicio del doctor durante el tiempo convenido[80]. Aunque no tenemos noticias de esta práctica en Granada, cabe la posibilidad que fuese un recurso habitual en Castilla.

3.1. *Enfermedades encubiertas y descubiertas*

El comprador debía estar informado sobre cualquier enfermedad que el esclavo o la esclava padeciera o hubiese padecido aunque no tuviese síntomas visibles ("enfermedades encubiertas") y sobre las minusvalías físicas, así como cualquier otro tipo de padecimiento manifiesto ("en-

[79] A.P.G. Leg. 154, fol. 361v, 1567.

[80] DE LA FUENTE GARCÍA, Alejandro: "Índices de morbilidad e incidencia de las enfermedades entre los esclavos en La Habana (1580-1699), *Asclepio*, vol. XLIII, fasc. 2, 1991, pp. 7-22.

fermedades descubiertas"). A pesar de la claridad oficial, los vendedores tendían a ocultar las dolencias de sus esclavos y esclavas con la intención de obtener mayores beneficios por su venta. De hecho, en ocasiones las personas esclavizadas eran devueltas por haberse demostrado que padecían males no declarados en los contratos. Esta es la razón por la que no es raro encontrar compradores que tenían a prueba durante un tiempo a la persona que pretendían comprar antes de efectuar la transacción.

Los males que padecían las personas esclavizadas no debieron ser muy diferentes de aquellos sufridos por el resto de la sociedad. Por otra parte, la terminología empleada en las compraventas para designar las dolencias padecidas por las personas esclavizadas no siempre era demasiado precisa y aunque, a veces, no resulta difícil identificar el trastorno, otras los síntomas descritos pueden asociarse a distintas enfermedades.

Del total de personas vendidas en la documentación consultada, el 8,7% sufren algún tipo de dolencia o presentan alguna minusvalía. La mayoría de las enfermedades se declaran lo más cuidadosamente posible, pues aunque el vendedor estuviese interesado en ocultar los defectos de su "propiedad", el comprador vigilaba esmeradamente la "mercancía". No obstante, un reducido número de compraventas apuntan únicamente que el esclavo o la esclava "tiene algunas enfermedades", o simplemente no aseguran por sana a la persona objeto de la transacción.

Resulta imposible establecer si existía alguna relación entre el tipo de trabajo que realizaban y las enfermedades padecidas, puesto que la documentación no especifica la ocupación concreta de las personas vendidas. Como he dicho anteriormente, las dolencias de las personas esclavizadas parecen ser las más comunes en la época, sin que existieran enfermedades asociadas exclusivamente al mundo esclavo. Tampoco los "bozales" africanos parecen haber aportado ningún elemento patógeno traído de sus tierras de origen como ocurrió en la Cuba de finales del siglo XVI, en que algunos esclavos recién llegados estaban aquejados de caquexía africana, enfermedad conocida en la isla como "mal de comer tierra"[81].

[81] DE LA FUENTE GARCÍA, Alejandro: Art. cit., 1991, p. 16.

En cualquier caso, no tenemos estudios que nos permitan hacer un análisis comparativo de las enfermedades de las personas esclavizadas en otras ciudades de la España peninsular. Los trastornos padecidos más comúnmente por las personas esclavizadas en la Granada del siglo XVI eran: males venéreos, eneuresis, enfermedades pulmonares, hernias, heridas, quemaduras, afecciones oculares, tiña, llagas, fiebre, disentería, minusvalías físicas y ausencias dentarias. El estado físico de las personas esclavizadas ejercía una influencia capital en el precio; el valor medio de los adultos descendía, al menos, un 40-50% en caso de estar enfermos. Lógicamente, las enfermedades que más limitaban la productividad del esclavo o la esclava eran las que más rebajaban los precios. En cualquier caso, dependiendo del tipo de trabajo a realizar, algunos dueños estarían interesados en adquirir ventajosamente personas con trastornos o amputaciones que no afectaran su rendimiento.

3.2. *Las dolencias más frecuentes*

Uno de los síntomas más frecuentes entre las personas esclavizadas eran las llamadas "bubas", unos tumorcillos blandos y con pus que solían ser dolorosos. Las bubas podían denominar un vasto complejo de enfermedades. Por ejemplo, se señala que una muchacha de 13 años tenía "unas bubas en la cabeza", las cuales podían ser características de diversas dolencias[82]. Las bubas también eran conocidas como "incordios". Esta es la denominación que recibe un tumor sin localizar que padecía un joven mulato ("no tiene enfermedad eçeuto que, al presente, tiene un yncordio")[83]. Es inútil intentar adivinar a qué afección correspondían las bubas localizadas en el pecho, en la cabeza, etc., ya que podía tratarse de enfermedades tan dispares como la gota, el asma o las jaquecas.

No obstante, cuando las lesiones se extendían por la zona inguinal, el diagnóstico más apropiado es sífilis, una enfermedad precisamente conocida entonces como "mal de bubas"[84]. La sífilis era una de las

[82] A.P.G. Leg. 21, fol. 901, 1524.

[83] A.P.G. Leg. 139, fol. 534, 1564.

[84] GRANDES ESTEBAN, Mª Victoria: "El léxico médico en el siglo de Oro", Bilbao, 1974.

dolencias más características de las consideradas nuevas en el siglo XVI, la reacción social ante esta enfermedad fue muy temprana y los primeros hospitales se crearon en España en los albores del siglo XVI[85]. Los ciudadanos temerosos del contagio no querrían emplear en sus casas a personas susceptibles de padecer esta enfermedad, más aún en el caso de las mujeres esclavas, cuyos propietarios estaban dispuestos a violar. De hecho, según la documentación consultada, los males venéreos afectaban mayoritariamente a las mujeres esclavas de 20 a 25 años, indudablemente debido a su mayor explotación sexual[86].

Otra de las enfermedades más frecuentes en las mujeres era la eneuresis; este trastorno se presenta esencialmente en esclavas de entre 13 y 30 años. Cuando una esclava estaba aquejada de este mal, se señalaba: "se mea en la cama y en pie sin sentillo"[87]. La incontinencia era un desorden relativamente frecuente; tal vez la respuesta física de algunas esclavas frente a los castigos y las humillaciones sufridas. La disentería ("tener cámaras") también era una enfermedad frecuente en la época. Una de las esclavas afectadas de incontinencia padecía, además, disentería[88].

Las enfermedades pulmonares constituían otro de los males del siglo XVI; aunque en ocasiones sabemos que se trata de tuberculosis ("enfermo/a de hética"), no siempre podemos estar seguros del tipo de afección respiratoria sufrida[89]. Es difícil interpretar, por ejemplo, qué enfermedad padecía una esclava vendida por un tundidor en 1525, ya que el documento únicamente señala: "enferma de la pechuguera que tiene tos e llagas por todo el cuerpo"[90]. Igualmente desconocemos la

[85] Las autoridades municipales crearon el "Hospital General de Valencia" para sifilíticos/as en 1512. LÓPEZ TERRADA, Mª Luz: "El tratamiento de la sífilis en un Hospital renacentista: la Sala del *mal de siment* del Hospital General de Valencia", *Asclepio*, nº 41, 1989, pp. 19-41.

[86] Ejemplos en: A.P.G. Leg. 148, fol. 182, 1566 y Leg. 46, s.f., 1539.

[87] "sin sentirlo". Ejemplos en: A.P.G. Leg. 8, fol. 312, 1515; Leg. 145, fol. 182, 1566; Leg. 157, fol. 909, 1567.

[88] "de 15 días a esta parte a tenido y de presente tiene cámaras". A.P.G. Leg. 145, fol. 430v, 1565.

[89] Este es el caso, por ejemplo, de una mujer india de 20 años. A.P.G. Leg. 113, fol. 143, 1560.

[90] A.P.G. Leg. 22, fol. 471, 1525.

dolencia de Ana María, pues sólo se aclara que "tiene en el pecho una berruga grande"[91].

Varias personas esclavizadas padecían hernias, generalmente umbilicales ("tiene el ombligo salido")[92]. La expresión: "que está desvençijado" o "que está quebrado" significaba, igualmente, que la persona tenía una hernia[93]. En cuanto a las dolencias de la piel, como empeines, fístulas, llagas o tiñas, estas eran bastante comunes en el siglo XVI. Una morisca vendida en 1575 padecía un trastorno temporal del cutis: "que le sale al rostro a temporadas unos granos"[94]. Un adolescente berberisco tenía en la cabeza "un empeyne que dizen es tyña o sarna"[95]. Asimismo, un guineano tenía una llaga en la pierna debajo de la espinilla[96].

Las heridas declaradas en las compraventas se ubicaban generalmente en el rostro: en la frente, en las narices, en la parte izquierda de la cara, junto al cabello, etc[97]. La mayoría de las lesiones eran consecuencia de reyertas, de malos tratos por parte de los propietarios o de la guerra, en el caso de algunos moriscos/as heridos en los enfrentamientos. En cuanto a las disputas callejeras, el tesorero de la Capilla Real compró un esclavo herido en el brazo izquierdo ("ençima del cobdo") a consecuencia de un altercado que condujo a la cárcel a su rival, un casero del jurado Castilla. Durante el pleito ocasionado con motivo de la reyerta, el médico certificó que el esclavo no quedaría manco a consecuencia de la herida, lo que probablemente hubiese agravado la pena del casero[98].

Por otro lado, una esclava tenía una quemadura en el pie derecho y otra en el rostro, pero el motivo por el que se quemaron no aparece especificado en las compraventas, quizá se tratara de un castigo[99].

91 A.P.G. Leg. 129, fol. 678, 1563.

92 A.P.G. Leg. 15, fol. 639, 1521; Leg. 15, fol. 152, 1512.

93 A.P.G. Leg. 154, fol. 944, 1567.

94 A.P.G. Leg. 198, fol. 880, 1575.

95 A.P.G. Leg. 13, fol. 356, 1521.

96 A.P.G. Leg. 9, fol. 579, 1514.

97 A.P.G. Leg. 11, s.f., 1517; Leg. 148, fol. 479v, 1566; Leg.169, 621v, 1569; Leg. 186, fol. 247, 1573.

98 "de la cual dicha herida declaro que es sano de manquedad porque así lo tienen declarado los médicos" A.P.G. Leg. 288, fol. 234, 1590.

99 A.P.G. Leg. 154, fol. 190; Leg. 186, fol. 282, 1573.

Respecto a la población morisca esclavizada, podemos citar el caso de Angela, que nació en Tíjola, y que se vendió "descalabrada" a consecuencia de los golpes que recibió en la cabeza[100]. Del mismo modo, otra morisca vendida en el ocaso de la guerra estaba tan enferma que el documento precisa: "muy mala, en peligro de morir"[101]. El comprador pagó por ella 6 ducados, aunque de poco podía servir una mujer moribunda, por lo que podemos conjeturar que la adquirió un familiar morisco, pese a que el documento únicamente recoja el nombre cristiano.

La venta de personas esclavizadas aquejadas de manquedad o de cojera no era demasiado rara en la Granada del siglo XVI. Las amputaciones reseñadas solían ser, no obstante, parciales: "un dedo de la mano tiene algo manco" o "manca de la mano izquierda", aunque, a veces, se trataba de la pérdida total de un brazo (generalmente el izquierdo) o de una pierna[102], lo que indica que quizá se les amputaba algún miembro por causa de un robo o como castigo[103]. No obstante, resulta extraño que los amos aplicaran a sus esclavos penas corporales que podrían deteriorar su capacidad de trabajo.

En cuanto a la existencia de eunucos en el seno de la sociedad cristiana, Alessandro Stella sostiene que los moriscos capaban a los esclavos negroafricanos para enviarlos posteriormente a Berbería, y llega a cuestionarse si no sería un hábito practicado igualmente por los cristianos viejos[104]. Desde luego, no he encontrado noticias de esta práctica en Andalucía y, me resulta difícil creer que el negocio de mutilar genitalmente a los negroafricanos (generalmente únicamente sobrevivía uno de cada 7 hombres mutilados) fuese rentable para la comunidad morisca, sobre todo si tenemos en cuenta los reiterados intentos de prohibir la posesión de personas esclavizadas a esta comunidad desde principios del siglo XVI.

[100] A.P.G. Leg. 175, fol. 239v, 1570.

[101] A.P.G. Leg. 180, fol. 3, 1571.

[102] A.P.G. Leg. 8, fol. 124, 1515; Leg. 112, fol. 253, 1560; Leg. 192, fol. 191, 1572. En ocasiones, únicamente se señala que una esclava es "manca". A.P.G. Leg. 11, fol. 202, 1517.

[103] GRAULLERA SANZ, Vicente: *La esclavitud en Valencia en los siglos XVI y XVII*, Institución Alfonso el Magnánimo, CSIC, Valencia, 1978, p. 141.

[104] STELLA, Alessandro: "L'esclavage en Andalousie à l'époque moderne", *Annales ESC*, 1996, p. 153.

Por lo que respecta a la cojera, se podía ser: "torpe de los pies", "cojear de la cadera" o "zapatear un poco de un pie", lo que no tenía por qué mermar la capacidad de trabajo, si bien ésta dependa del destino reservado a la persona. De una esclava guineana que adquirió un tejedor de tocas se dice que tenía "los dedos del pie caydos"[105]. La cojera podía ser pasajera, fruto, por ejemplo, de un tobillo hinchado[106]. El remedio para algunas afecciones era la amputación, por lo que algunas personas esclavizadas carecían de algún miembro a consecuencia de la intervención de los cirujanos. Este es el caso de Juan, el cual tenía los dos dedos del pie cortados "de çierta enfermedad que tuvo"[107].

Por otra parte, la polidactilia es otra de las enfermedades citadas en la documentación: Matías, el hijo de una esclava senegalesa nació con 6 dedos en cada mano[108] y una esclava adulta, cuyo origen no es conocido, tenía 6 dedos en la mano derecha y otros 6 en el pie izquierdo[109]. En estos casos, no parece que los cirujanos procedieran a la amputación del sexto dedo.

En el siglo XVI se emplea el término "retajados" (literalmente "cortado en redondo") para definir a los hombres que habían sido circuncidados. La mayoría de los retajados eran niños o adolescentes de edades comprendidas entre los 9 y los 14 años, que procedían de Berbería o del África Subsahariana, donde la circuncisión era una conducta habitual[110]. No obstante, la circuncisión no debe asociarse al Islam, pues se trata de una práctica anterior; de hecho, la exégesis de esta costumbre

[105] A.P.G. Leg. 112, fol. 253, 1560; Leg. 175, fol. 260, 1570; Leg. 198, 330, 1575; Leg. 14, fol. 654, 1521. Sobre un joven de 15 años se señala que "es coxo e tiene unos dedos roçados". Leg. 18, fol. 266v, 1522.

[106] A.P.G. Leg. 180, fol. 272v, 1571.

[107] A.P.G. Leg. 139, fol. 296, 1564. Una joven de 17 años tiene "*los dedos del pie derecho cortados de que está coja*" y no sabemos las razones de la amputación. A.P.G. Leg. 174, fol. 647v, 1572. En varias ocasiones se subraya que la persona a la venta tiene "los brazos y manos cortos y delgados y no los estiende bien" aunque no puedo aventurarme a partir de esta explicación a interpretar la dolencia que sufrían estas personas. A.P.G. Leg. 150, fol. 697, 1566; Leg. 284, fol. 390, 1590.

[108] Ambos se vendieron juntos cuando el pequeño contaba 1 año. A.P.G. Leg. 150, fol. 621v, 1566.

[109] A.P.G. Leg. 157, fol. 909, 1567.

[110] A.P.G. L 29, f 619, 1528; Leg. 203, fol. 410, 1570; Leg. 15, 609, 1521 por ejemplo.

entre los musulmanes es muy tardía (más de dos siglos después de la muerte del profeta)[111].

En la documentación consultada no he encontrado referencias a ningún caso de clitoridectomía entre las esclavas negroafricanas vendidas en Granada, pero esta práctica también es anterior a la entrada del Islam en África negra[112]. Por otra parte, uno de los documentos analizados refiere que un joven de 18 años "estuvo enfermo de su natura para lo que se le dio tigerada y botón de fuego", es decir, que a raíz de una dolencia genital se le cortó parte del prepucio procediendo después a su cauterización con hierro candente[113]. El propietario de este muchacho aclara que si el comprador no quedaba contento le devolvería su precio.

En cuanto a las afecciones oculares, algunas personas vendidas en la Granada del siglo XVI eran ciegas, lo que mermaba considerablemente su precio, pues su productividad quedaba notablemente reducida[114]. Una esclava "ciega dentrambos ojos" o "casi ciega" costaba alrededor de 8 ducados en 1526, cuando la media de las esclavas sanas se situaba en torno a los 28 ducados. De igual forma, en 1564, se vendió una ciega por 24 ducados, cuando el precio medio era de 70 ducados[115]. En caso de que la ceguera se hubiese producido al haber perdido un ojo antes y otro posteriormente, se hablaba de "tuerto de ambos ojos"; los tuertos de un sólo ojo tampoco eran raros[116].

Otra de las enfermedades oftalmológicas más comunes eran "las nubes en los ojos"; por "nubes" se entendían las manchas blanquecinas

[111] Chebel, Malek: *Histoire de la circoncision: des origines à nos jours*, Balland, París, 1992, p. 51.

[112] AL-IDRISI, un célebre ceutí del siglo XII, dice refiriéndose al territorio Nubio (actual Sudan): "Les femmes sont d'une très grande beauté. Elles sont excisées" en CUOQ: Ob. cit., p. 142. También Alonso de SANDOVAL refiere la clitoridectomía que se practicaba a las mujeres "guineas" en el siglo XVI. MARTÍN CASARES, Aurelia: "Mutilaciones femeninas ¿una práctica islámica?", *Campus*, 1994.

[113] A.P.G. Leg. 113, fol. 143, 1560.

[114] En la Granada del siglo XVI, los invidentes se ganaban la vida pidiendo limosna mientras recitaban oraciones. He localizado, en las fuentes notariales, "cartas de soldada" de niños (no de niñas) ciegos que ponen a servir con otros ciegos adultos para que les enseñen las plegarias que debían recitar para ganarse la vida pidiendo. En este sentido, los esclavos ciegos quizá podían "cortarse" (trabajar por su cuenta) para que produjeran beneficios.

[115] A.P.G. Leg. 22, fol. 202, 1517; Leg. 119, fol. 412v, 1526.

[116] A.P.G. Leg. 144, fol. 803, 1565; Leg. 145, fol. 53, 1565.

que aparecían en la córnea, las cuales podían ser de diversos tamaños y encontrarse únicamente en un ojo o en los dos. Estas manchas no siempre obstaculizaban la visión y podrían relacionarse con la enfermedad conocida como "cataratas". El propietario de María, de profesión jéliz de la seda, declara que su esclava "tiene una nube muy pequeña en el ojo derecho, la cual no le haze ningún impedimento de la vista"[117]. En ocasiones se declara, por ejemplo, que un esclavo "vuelve un ojo" o que es bizco lo que no afectaba excesivamente su precio[118].

La carencia de algunas piezas dentarias, de uno o dos dientes ("holgados de los dientes" en la "enzía de ençima" o "en la parte baja" o "con mellas")[119] era otra de las características físicas de las personas esclavizadas que se reseñan en las compraventas. Dos jóvenes, uno de 15 años y otro de 20, tenían los dientes limados ("aserrados") quizá debido a una costumbre practicada en su tierra[120].

Por último, señalaré que ocasionalmente se indica que los esclavos están "enfermos de calentura", como es el caso de un niño de 12 años o una guineana de 19[121].

117 A.P.G. Leg. 154, fol. 397, 1567.

118 A.P.G. Leg. 162, fol. 764, 1568; Leg. 178, 435, 1571. En una ocasión se señala que un esclavo "tiene los ojos sumydos", es decir, hundidos. Leg. 202, fol. 123v, 1576.

119 A.P.G. Leg. 119, fol. 47, 1561; Leg. 145, fol. 23, 1565, Leg. 180, fol. 375, 1571; Leg. 222, fol. 423, 1579 por ejemplo.

120 A.P.G. Leg. 9, fol. 313, 1511 y Leg. 186, fol. 258, 1573.

121 A.P.G. Leg. 29, fol. 421, 1528 y Leg. 181, fol. 80v, 1571.

CAPÍTULO 9
LA CONDICIÓN ESCLAVA

1. LA CONDICIÓN DE PERSONA ESCLAVIZADA

1.1. *La más baja casta*

La consideración social de la población esclava –negroafricanos, moriscos o berberiscos– en la mentalidad del siglo XVI era nula. No pasaban de ser la escoria de la sociedad. Esclavos y esclavas eran tenidos por "objetos" que podían ser trocados, comprados, heredados, donados o vendidos. Tanto en la legislación municipal como en la estatal aparecen a menudo asociados a los animales[1]. De hecho, los corredores de esclavos se ocupaban también del corretaje de las bestias; los comerciantes de esclavos de ordinario vendían también animales; e incluso el herraje se practicaba indistintamente a unos y otros. Ajenos a la condición de persona, al margen de las relaciones de parentesco, excluidos de la sociedad tan sólo podían aspirar a ser liberados, lo que tampoco cambiaría substancialmente su condición aunque obtendrían ciertos beneficios.

Ciertamente la comunidad esclava presentaba condiciones homogéneas, aunque no me atrevería a decir que unos grupos étnicos estaban

[1] "Cuando el pregonero oviere de pregonar algún esclavo o caballo o mula (...)" *Ordenanzas de Sevilla,* fol. 134. Asimismo, J. Rodríguez Molina escribe: "las ordenanzas de Jaén los incluye en el capítulo de las bestias "...las vestias, así caballos, como yeguas y mulas y azemilas y hacas y asnos y esclavos y esclavas...". RODRÍGUEZ MOLINA, J.: "El Reino de Jaen" en *Historia de Andalucía. La Andalucía del Renacimiento (1504-1621),* vol. IV, Planeta, Madrid, 1980, p. 147.

mejor considerados que otros. A mi modo de ver la disparidad de estatus no se basaba exclusivamente en el color ni en la procedencia, pues en un mismo grupo coexistían diversos grados de consideración social. Además, el territorio de las emociones no ha sido explotado en este sentido y considero que la personalidad de los amos, así como la de otras personas de su entorno, ejercería una influencia nada desdeñable en las vidas de las personas esclavizadas. En definitiva, decir que los berberiscos o los moriscos estaban mejor considerados que los negroafricanos, o viceversa, me parece algo arriesgado. De otro modo ¿cómo explicar la figura de Juan Latino o la excepcionalidad de algunos negros en el teatro del Siglo de Oro?[2].

No cabe duda que en las representaciones mentales de los moriscos libres, y quizá también para los hombres y mujeres que fueron cautivados a raíz de la rebelión, los negroafricanos ocupaban un puesto inferior. Recordemos de nuevo la frase del morisco Núñez Muley en su memorial :"¿Hay más baja casta que los negros y esclavos de Guinea? y sin embargo se les consiente que canten y dancen con sus instrumentos y cantares y en sus lenguajes (...)".

En cuanto al imaginario cristiano sobre los negroafricanos, cuando Sancho Panza sueña con ser rey de "Micomicón", nombre que hace referencia a los monos, su mayor preocupación era "que aquel reino era tierra de negros". Pero pronto resuelve: "Qué se me da a mí que mis vasallos sean negros? ¿Habrá más que cargar con ellos y traerlos a España, dónde los podré vender y adonde me los pagaran de contado, de cuyo dinero compraré algún título o algún oficio de que vivir descansando todos los días de mi vida"[3]. En este capítulo del Quijote se relaciona a los negros con el mundo animal y la esclavitud, pero también con la magia, pues el padre de la princesa Micomicona era "muy docto en el arte mágica".

Por otra parte, si entre la nobleza y los artesanos había una distancia infranqueable, la distancia entre menestrales y personas esclavizadas

[2] Rosambuco, cuya vida está basada en la de San Benito de Palermo en *El santo negro de Rosambuco de la ciudad de Palermo*, de Lope de Vega; y Filipo, el esclavo negro de *El prodigio de Etiopía*, obra atribuida a Lope de Vega. FRA MOLINERO, Baltasar: *La imagen de los negros en el teatro del siglo de Oro*, Siglo XXI, Madrid, 1995.

[3] CERVANTES, Miguel de: *Don Quijote de la Mancha*, Capítulo XXIX, "Que trata de la discreción de la hermosa Dorotea, con otras cosas de mucho gusto y pasatiempo".

debió ser paralela. Esclavos y esclavas dependían totalmente de sus propietarios. El número de horas de trabajo aumentaba conforme descendíamos en la escala social; la alta nobleza castellana apenas dedicaba su tiempo a actividades productivas mientras que los artesanos trabajan durante aproximadamente 12 a 13 horas diarias y la jornada de las personas esclavizadas no tenía horario, debían estar disponibles en cualquier momento del día. Si el paso de un estamento a otro era harto difícil, aún considerando una cierta movilidad social, salir del pozo de la esclavitud, sobre todo en el caso de los bozales, era casi imposible.

Esclavos y esclavas vivían su tiempo en función de sus propietarios, cambiando de residencia y de trabajo según la voluntad de sus amos. Esta disponibilidad continua apenas les permitía crear relaciones de solidaridad, la creación de lazos familiares les estaba vedada, y desde luego no tenían conciencia de grupo. La ascensión social en las sociedades cristianas era difícil. Pero, para las personas esclavizadas, como no fuera dentro de su grupo, el ascenso era prácticamente imposible pues de alguna manera estaban al margen de la sociedad misma. De hecho, esclavos y esclavas estaban excluidos de los lugares de sociabilidad comunes en Andalucía. En Écija y en Sevilla, por ejemplo, no podían entrar en tabernas ni mesones para comer, beber ni jugar[4,5].

Algunas cofradías, que en su origen reunían en su seno negros y mulatos, como la de la Paciencia de Cristo en Granada, fueron blanqueándose paulatinamente hasta conseguir la exclusión de las personas esclavizadas. No se les permitía la participación en las cofradías de "blancos"[6], se asimilaba al mundo animal, y además, se les tachaba de necios ("no son acogidos a razón") o de "personas dudosas"[7].

[4] "Los taberneros y mesoneros no acojan vagabundos ni esclavos para comer, beber o jugar so pena de 1000 mrds y 10 días de cárcel la primera vez". *Ordenanzas de Écija*, fol.180. 1629 "Que no se de de comer en las tabernas ni beber a esclavos so pena de 6000 mrds" *Ordenanzas de Sevilla*, fol. 209. Agradezco a Antonio Domínguez Ortiz las notas sobre estos documentos.

[5] "Que no se de de comer en las tabernas ni beber a esclavos so pena de 6000 mrds" *Ordenanzas de Sevilla*, 1629.

[6] La regla de la cofradía de Jesús Nazareno de Ferrán Nuñez (1600) prohibe admitir negros, mulatos o moriscos, cautivos o libres "no porque todos sean cristianos sino por entrar murmuraciones y porque la mayor parte de ellos, o todos, no son acogidos a razón" en LOZANO, José: *Hespérides*, IV, p. 95

[7] "Que los roperos no compren de esclavos ni personas dudosas ropas ni otra cosa alguna" *Ordenanzas de Sevilla*, fol. 134.

A pesar de las diferencias claras de trato por parte de los amos, la ideología dominante en el siglo XVI asimilaba la población esclava a la más baja categoría social ("la más baja casta"). No obstante, no podría afirmar que los esclavos/as eran considerados "cosas", ni tampoco que eran estimados como "personas" porque la condición de esclavitud se encuentra en un terreno fronterizo entre la animalidad y la racionalidad. Por una parte, eran "hacienda propia", "mercancías", "piezas", "cabezas", "hembras y machos"; y por otra, se les reconocía el derecho a casarse, a pleitear por su libertad, a declarar como testigos, a ser madrinas, eran procesados por la inquisición, etc. Existía una contradicción respecto a la condición de los esclavos/as, pues frente a la sólida voluntad de los dominadores de asimilarlos a objetos o animales (en la legislación, las representaciones mentales, etc.), la práctica social no podía obviar su calidad de personas. La propia capacidad de trabajo de la persona esclavizada dependía de su inteligencia.

La despersonalización de los esclavos se procuraba, por ejemplo, a través de la utilización del genérico al hablar de personas individuales. La denominación a través de un referente biológico, geográfico o confesional, el silenciamiento de sus nombres y, por supuesto, la casi total ausencia de apellidos situaban a las personas esclavizadas en una posición cercana a la animalidad. Por ejemplo, de las 22 personas esclavizadas que se enumeran en el inventario de bienes del III Conde de Feria, únicamente se especifica el nombre de uno de ellos llamado "Almanzor", el resto aparecen como "un esclavo negro", "una esclava blanca" u "otro"[8]. Conforme ascendemos en la escala social, la individualización de la identidad se materializa en la utilización de un mayor número de términos. En general, los vecinos de la Granada del siglo XVI aparecen definidos en la documentación a través de un nombre y un apellido. Cuando pertenecen a familias relativamente importantes, el nombre viene precedido por Don/Doña; igualmente, las diferencias se marcaban anteponiendo al nombre los términos bachiller, doctor, señor o maestro. Si se incluían fórmulas del tipo: Ilustrísimo Señor, Magnífico Señor, etc. el poder social será aún mayor. Los grandes de España portaban, además, los títulos (Duque, Marqués, etc.) tan evocadores en el imaginario colectivo.

[8] Archivo Ducal de Medinaceli, sección Archivo Histórico, Leg. 99/3.

Por último, añadir que otro de los distintivos de la población esclava era la extranjería[9]. Sin embargo, en Granada, la coyuntura política inherente a la península ibérica matizaba la noción de extranjero de un tinte muy concreto, el religioso. La extranjería de los moriscos y moriscas se justificaba principalmente en función de su "pretendida" alteridad religiosa. La confesionalidad "otra" de la dominante, infunde el carácter de extranjería a la sociedad morisca, que era percibida, no obstante la conversión obligatoria, a través del referente religioso-musulmán.

1.2. *Algunos casos de promoción social: un catedrático, un fraile, un abogado y una bordadora de ascendencia negroafricana*

Francisco Bermúdez de Pedraza, en su *Historia eclesiástica de Granada,* escribe: "Este pontificado fue florido de negros ilustres" y cita al maestro Juan Latino, al fraile dominicano Cristóbal de Meneses, al licenciado Ortíz y a la negra Catalina de Soto[10].

Juan Latino nació y se crió en las casas de la Duquesa de Terranova, viuda del Gran Capitán. Muy probablemente fue liberado en su niñez, aunque no tenemos datos sobre el momento de su ahorría. Desconocemos cómo financió sus estudios, pero podemos presumir que se trató de una concesión del Duque. En cualquier caso, Francisco Henríquez de Jorquera relata que se casó con una señora blanca y de calidad, "aficionada de sus virtudes, letras y otras gracias naturales"[11]. El cronista, no sin intención, especifica que fue ella quien lo escogió como esposo, habiendo sido su maestro. Asimismo dice que el matrimonio tuvo una hija que se casó con un abogado de la Chancillería. Las pinceladas que Jorquera nos ofrece sobre la vida del "negro catedrático" se confirman en el padrón realizado por los eclesiásticos en 1561. En la parroquia de Santa Ana aparece anotada la casa del maestro Juan

[9] Se entiende por extranjero aquel que no se ha desarrollado en el medio social en que se encuentra MEILLASSOUX, Claude: *Anthropologie de l'esclavage*, PUF, París, 1985, p. 23.

[10] BERMÚDEZ DE PEDRAZA, Francisco: *Historia eclesiástica de Granada*, Universidad de Granada, 1989, p. 260.

[11] HENRÍQUEZ DE JORQUERA, *Anales de Granada*, vol. II, p. 533.

Latino, el cual vivía con su esposa, Doña Ana de Carleval, su hija Juana, su ama María García, su yerno Francisco de Córdoba y Pedro, su criado. El censo no hace referencia a su origen esclavo ni tampoco a su color negro, pese a ser la norma, en el caso de Juan Latino únicamente se consigna su nombre y seudónimo en el espacio reservado al vecino principal de la casa. Ya hemos mencionado (capítulo 3) que en la colación de Santiago, asimismo en el centro cristiano de Granada, residía un esclavo del canónigo Carvajal que portaba el mismo nombre (Juan Latino).

Juan Latino llegó a ser catedrático en la Universidad de Granada, en una época en que la mayoría eran iletrados, y escribió varios libros de gramática, así como un famoso librito que tituló la *Austriadis Carmen*. Desde luego, Juan Latino es el único escritor negro conocido hasta el momento en la España Moderna.

Siendo aún bachiller, Juan Latino y su mujer compraron unas casas en la colación de Santa Ana el 16 de octubre de 1549 por 30.600 maravedises. ¿Procedía el dinero del patrimonio de Doña Ana o su marido había recibido una importante donación a raíz de su liberación o de su casamiento? En cualquier caso, el 21 de abril de 1551, el matrimonio propietario impuso un censo de 4.122 maravedises al año sobre las dichas casas a Alonso Suárez, receptor y pagador de la gente de guerra del Reino de Granada, y su mujer, María de Maldonado. Posteriormente, en 1564 el impago del censo llevó al ya catedrático a querellarse contra Alonso Suárez[12]. La vida del maestro estuvo unida al barrio de Santa Ana, en cuya iglesia fue enterrado.

A modo de panegírico, dice Jorquera: "Domingo, doce días deste mes de agosto de mil y quinientos noventa, falleció en esta ciudad el maestro Juan Latino, de color negro, uno de los más eminente negros que se han conocido en el mundo, catedrático que fue muchos años en el Real Colegio y Universidad desta dicha ciudad, cuya fama será celebrada para siempre". Don Francisco Latino de Sandoval, nieto del negro, heredó su patrimonio.

Juan Latino era consciente de la contradicción de ser catedrático y negro, quizá por ello reivindicaba en sus versos la negritud: "Que si

[12] A.G.S. Expedientes de Hacienda, Leg. 734, Pieza 4: "El maestro Juan Latino, catedrático de Gramática, contra Alonso Suarez, por un censo en 1564".

nuestra faz negra a tus ministros desagrada, tampoco la blanca gusta entre los etíopes. Los nobles de allá, oh Rey, son negros y oscuro el color que predomina. El que visite aquellas tierras del Este, si es blanco, no es tenido en gran estima"[13]. Sin duda, a pesar de haber alcanzado una posición insospechada para un hijo de esclava, sus escritos muestran que fue víctima de una severa discriminación. Asimismo, Bermúdez de Pedraza señala que Latino comía a menudo con el arzobispo de Granada, el cual le tenía en gran estima, y que una vez éste le preguntó: "¿Qué fuera de nosotros si no ubiéramos estudiado?" y el negro respondió: "V.S. fuera un destripa terrones y yo almohazara un cavallo".

La figura de Juan Latino fue retomada por el dramaturgo renacentista Diego Ximénez de Enciso en su obra *Juan Latino o el ejercicio heróico de las letras*, que cuenta la historia de dos personajes históricos (Juan Latino y Don Fernando de Válor) representantes de dos grupos marginados en la Granada del siglo XVI[14]. Pero en ella el personaje toma una personalidad que no recuerda a la que debió ser la suya, pues en el teatro, Juan Latino habla en el argot de los negros.

El nombre de Juan Latino brota de tanto en tanto en la memoria de los españoles aunque su vida se interpreta de las más diversas formas. En 1878, encontramos un artículo que se vale de este personaje para ensalzar la hipotética generosidad de la iglesia y la sociedad granadina del siglo XVI. El texto dice así: "agradecido a una religión que le había abierto amorosa sus brazos, y cuyos eminentes prelados le colmaban de distinciones, y a una noble patria adoptiva que no sólo había quebrantado sus cadenas sino que había ceñido a sus sienes la corona de la gloria"[15]. En cierto modo, esta es la imagen que ha perdurado: la bondad de sus dueños y la excepcionalidad que, a su vez, recuerda que el resto de los negros eran inferiores. Sin embargo, ignoramos aún cuales fueron las circunstancias que hicieron posible su ascensión social.

[13] SPRATLIN, Velaurez, B. Juan Latino: "Slave and Humanist", New York, Spinner Press, 1938. Edición biligüe.

[14] Baltasar Fra Molinero hace un riguroso e interesante análisis de esta obra en su libro sobre los negros en el teatro del Siglo de Oro.

[15] GONZALEZ GARBIN, A.: "El negro juan latino", *Institución libre de enseñanza,* Madrid, 1878, *Revista de Andalucía,* p. 10.

En cuanto a Fray Cristóbal de Meneses, únicamente sabemos que perteneció a la Orden de Santo Domingo. Pedraza insiste en la jovialidad y la graciosa conversación del fraile y del catedrático ("tenía sal lo que dezía el negro"). El licenciado Ortíz era abogado en la Audiencia Real de Granada y vivía con su madre negra. Según Bermúdez de Pedraza, Ortíz quería y regalaba a su madre mientras que odiaba a su padre, un caballero de un orden militar. Sin embargo, las declaraciones que pone en boca del abogado son contradictorias, pues dice: "Devo más a mi madre que me dio buen padre, que a mi padre que me dio tan ruin madre".

Por último, la negra Catalina de Soto era "la primera aguja de España de punto real y llano de bordar". Catalina, además de bordadora, tasaba los ajuares de las desposadas. Pedraza puntualiza que recoge el caso de esta mujer "para que no se quexe el femíneo sexo de que no refiero sus negros prodigios". El cronista señala que la conoció siendo él un niño, y que la seguía por las calles asombrado de ver una negra tan "asseada y compuesta, con dos criadas blancas tras della".

Los cuatro "prodigios", como el propio cronista los llama, resultan inverosímiles en una sociedad como la granadina del siglo XVI. En el caso de Juan Latino cabe preguntarse si se trata de un hijo bastardo del Gran Capitán; el abogado Ortiz era, en efecto, hijo "de una negra y de un caballero de Ábito militar". Y, probablemente, el dominicano y la bordadora también fuesen hijos ilegítimos de cristianos acomodados lo que explicaría, en gran medida, su ascensión social.

2. MARCAS DE ESCLAVITUD Y MECANISMOS DE RESISTENCIA

2.1. *El herraje y los tatuajes*

Antes que nada hay que subrayar que ni todas las señales que portaban las personas esclavizadas se realizaban con hierro candente ni todas ellas fueron practicadas en suelo ibérico: había esclavos y esclavas que llegaron marcados a Granada. Tanto en el África subsahariana (Guinea, Cabo Verde, etc.) como en Berbería los tatuajes y los cortes forman parte de una tradición milenaria que se practicaba sin duda en el siglo XVI.

El estudio de las marcas de los esclavos, tanto hombres como mujeres, vendidos en Granada me ha permitido distinguir tres tipos de señales: los cortes practicados en el África subsahariana, los tatuajes berberiscos y el herraje a fuego candente propio de la península ibérica. Estos tres modelos de marcaje a menudo se confunden en la historiografía sobre la esclavitud en la España de los tiempos modernos, a pesar de tener orígenes y funciones bien diferenciadas.

Inicialmente describiré las señales de los negroafricanos. Los dibujos de los esclavos subsaharianos detallados en las cartas de compraventa constituyen un tipo de marcaje muy concreto. Los negroafricanos portaban diseños geométricos compuestos generalmente por rayas y puntos; los textos son explícitos: "tiene en cada mejilla tres señales como rayas", "tiene unas sahaduras en los carrillos", "con unas rayas en las sienes de la cara", etc.[16]. Este tipo de cortes lo encontramos indistintamente en hombres y en mujeres, y continúa practicándose en la actualidad en determinadas zonas del África negra. Se trata, en consecuencia, de un marcaje previo a la llegada de estas personas a la península ibérica, realizado en los lugares de origen de estas personas, y en ningún momento, era indicio de esclavitud. Al contrario, las sajaduras eran consideradas elementos de belleza en algunos pueblos africanos; los Yoruba, por ejemplo, relacionaban su origen con acontecimientos míticos[17]. Una de las funciones de estos cortes faciales era la distinción de los grupos tribales entre sí y se ejecutaban generalmente durante los ritos de la pubertad. De hecho, ninguna de las personas marcadas procedentes de las colonias portuguesas en África que se vendieron en las compraventas analizadas era menor de 18 años. Para la ejecución de los cortes no se empleaban hierros candentes y su función social, como hemos visto, no era "etiquetar" en el rostro la condición servil de estas personas, por lo que no debe confundirse con el herraje a fuego candente practicado en la península.

Un segundo tipo de señales es fácilmente reconocible para los españoles de entonces; de hecho, la documentación se refiere a estas seña-

[16] A.P.G. Leg. 222, fol. 430, 1579 y Leg. 186, fol. 481, 1574, Leg. 180, fol. 642, 1571. Quizá el dibujo menos frecuente entre los subsaharianos sea el que portaba un joven guineano de 18 años: "un ramo en la frente". A.P.G. Leg. 203, fol. 817, 1576.

[17] Los cortes faciales de los Yoruba reproducen la garra de una pantera considerada antepasado mítico de este pueblo. RACHEWILTZ de, Boris: *Eros negro. Costumbres sexuales en Africa desde la prehistoria hasta nuestros días*, Sagitario, Barcelona, 1963, p. 129.

les como "hierros a la berberisca". A diferencia de los cortes faciales subsaharianos, el elemento género tiene un carácter definitivo: únicamente las esclavas berberiscas estaban marcadas y, seguramente, se trataba de mujeres pertenecientes a grupos sociales concretos. Parece ser que la función social de estos tatuajes también estaba relacionada con la belleza y la pertenencia tribal.

Las esclavas norteafricanas solían llevar tatuada la frente, la barbilla o el entrecejo y, en ocasiones, el pecho y/o la garganta "labrados". Los dibujos más frecuentes eran cruces, estrellas y ramos. De las esclavas magrebíes marcadas, la muchacha más joven tenía 14 años y llevaba "unas estrellas en la barba y labrada en los pechos"[18]. Las zonas faciales donde se realizan los dibujos, así como el tipo de diseño, me llevan a pensar que tal vez se tratara más bien de tatuajes que de verdaderos hierros, ya que recuerdan enormemente a los tatuajes que encontramos en el Magreb contemporáneo. Una magnífica muestra de este tipo de tatuaje femenino puede verse en el reportaje de Marc Garanger, el cual fotografió por primera vez en 1960 los rostros de miles de argelinas tras una orden del gobierno francés según la cual todas las argelinas estaban obligadas a posar sin velo para su carnet de identidad[19].

Por fín queda el grupo mayoritario, el compuesto por las personas esclavizadas herradas en suelo peninsular. Según la documentación consultada, un 5,3% de los esclavos/as vendidos en Granada fueron herrados en España. Esto implica que aproximadamente una de cada 20 personas vendidas en Granada había sido sometida a herraje en algún momento de su vida desde su llegada a España. En este grupo encontramos indistintamente hombres y mujeres esclavizados, por tanto, el género no era un elemento determinante.

El herraje "a la española" más frecuente era marcar la letra "s" y el dibujo de un clavo en el rostro de las personas esclavizadas, indicando a manera de jeroglífico la palabra "es-clavo"[20]. Los documentos suelen utilizar la fórmula "herrado en la cara con una s y un clavo" aunque en

[18] A.P.G. Leg. 18, fol. 90, 1522.

[19] GARANGER, Marc: *Femmes algériennes 1960*, Cahier d'images, Paris, 1982.

[20] El Diccionario de Autoridades señala que la palabra "esclavo" podría tener su origen en la S y el clavo con los que eran marcados los indóciles y los fugitivos.

ocasiones precisan "con una s en un carrillo y un clavo en el otro"[21]. Según Sebastián Covarrubias, pese a que unánimemente se entendía que la palabra esclavo procedía etimológicamente "del hierro que le ponen a los fugitivos"; en realidad, se trataba de dos letras: S y I ("que parece clavo"), que significaban *Sine Iure,* porque, como dice el autor: "el esclavo no es suyo, sino de su señor y assí le es prohibido cualquier acto libre". Cualquiera de estas dos interpretaciones podría ser válida, si bien la documentación consultada nos remite siempre a la "s y el clavo". Este tipo de herraje ha sido constatado en toda Andalucía, así como en Extremadura, Madrid, Valencia, Cataluña y Canarias. En las islas, existían "herrerías" dónde se marcaba a fuego candente a las personas esclavizadas[22]. No obstante, en ocasiones el herraje se efectuaba descuidadamente y los hierros quedaban "desacabados"[23].

Un pequeño porcentaje (2%) de los esclavos y esclavas herrados en España exhibían verdaderos letreros en el rostro, los cuales hacían generalmente referencia al nombre del propietario o su lugar de origen. El letrero haría que estas personas fuesen rápidamente reconocidas y devueltas a su dueño o, al menos, a su lugar de residencia. Este es el caso de un mulato de 20 años "herrado en la cara que dice un clavillo y S de DIEGO DE TARAYO"[24] o el de una berberisca marcada "en la cara, en la barba y en los carrillos con un letrero que dice CABRA"[25].

Existe, sin duda, una paralelismo con el herraje de los animales, de uso muy extendido; pero si bien el origen de herrar a las personas esclavizadas está relacionado con la costumbre de marcar la propiedad de los animales, esta práctica tenía funciones diferentes en uno y otro caso. No estoy segura de que Covarrubias pretendiera minimizar (como apunta Alessandro Stella)[26] cuando escribió: "pocas veces o nunca se

[21] A.P.G. Leg. 154, fol. 560, 1567.

[22] LOBO CABRERA, Manuel: *La esclavitud en las Canarias orientales en el siglo XVI (Negros, moros y moriscos)*, Excmo. Cabildo Insular de Gran Canaria, 1982, p. 249.

[23] "herrada en la cara con unos hierros desacabados" A.P.G. Leg. 157, fol. 437, 1567. "herrada en los carrillos y se le quitaron los hierros y quedan señales" A.P.G. Leg. 199, fol. 537v, 1575.

[24] A.P.G. Leg. 149, fol. 671, 1566.

[25] A.P.G. Leg. 149, fol. 917, 1566.

[26] STELLA, Alesandro: "Herrado en el rostro con una s y un clavo: L'homme-animal dans l'Espagne du XVe-XVIIe siècle" en *Figures de l'esclave au Moyen-Age et dans le monde moderne*, L'Harmattan, París, 1996, p. 156.

hierran los esclavos, salvo quando son fugitivos e incorregibles". Si los propietarios tenían interés en conservar la capacidad de trabajo de sus esclavos/as y, en consecuencia, su salud ¿qué sentido tendría abandonarse alegremente a prácticas que deteriorasen su aspecto externo y que pudiesen causarles enfermedades? El cuerpo de las personas esclavizadas era su instrumento de trabajo, así como su carta de presentación a la hora de la venta. El daño, el destrozo o el afeamiento del cuerpo de las personas esclavizadas, provocado conscientemente por los propietarios, sólo podría revertir contra sus intereses. Por eso, el herraje arbitrario no tendría sentido.

¿Cómo se justificaba en la época un recurso tan cruel como herrar a fuego en el rostro a otros seres humanos? Para responder a esta pregunta nada mejor que el ilustrativo razonamiento de la dueña de una esclava nacida en Loja: "protesto de usar de su esclabitud y servidumbre y benderla y herrarla y haçer todo lo demás que con semexantes esclabos se puede y debe haçer para asigurar la serbidumbre a que está sujeta"[27]. La frase es suficientemente elocuente: la lógica de los dominadores permitía cualquier práctica, por inhumana que fuese, en razón de asegurar la subordinación y la explotación de las personas esclavizadas. Cualquier mecanismo de resistencia o rebeldía por parte de los subordinados, es decir, cualquier comportamiento que se desviara de las normas establecidas por y para los propietarios sería castigado sin miramientos.

De hecho, en la mayoría de los casos las personas eran herradas como castigo a una conducta que a juicio de los propietarios era negativa. Estos comportamientos, juzgados "desleales", implicaban rebeldía frente a la humillación y la opresión a que estaban sometidas las personas esclavizadas, y expresaban cierta conciencia de injusticia social e, incluso, un cierto grado de subversión a la condición de esclavo/a. El comportamiento considerado especialmente "ingrato" por los amos era la fuga. Muchos hombres y mujeres esclavizados fueron herrados para que pudieran ser rápidamente descubiertos en tal caso. La relación directa entre fuga y herraje se pone de manifiesto a través del nombre que recibía la herrería de Sevilla: "mesón de los perdidos o del herrador"[28].

[27] A.C.G. Leg. 1619-B, s.f.

[28] *Ordenanzas de Sevilla*, f. 85 "por cada esclavo perdido o huído que se lleve al 'mesón de los perdidos o del herrador'; se dan al que lo hallare 2 reales y al mesonero un real".

Hubo quienes intentaron, por todos los medios, deshacerse de aquellas terribles marcas con el objeto de escapar de la sujeción a sus amos. Este fue el caso de Luisa, una berberisca empeñada en huir a su tierra que se ponía aderezos para quitarse los hierros[29]. Luisa, de hecho, conseguía poco a poco hacer desaparecer aquellas señales, por lo que su propietario pidió licencia para renovar el herraje de su esclava, autorización que los oidores de la Chancillería de Granada le concedieron. La primera vez que Luisa fue herrada tenía sólo 8 años. Desde entonces había intentado huir en varias ocasiones sin éxito ya que siempre era identificada por los hierros.

La pretensión de casarse era otra de estas conductas consideradas perjudiciales para los intereses del dueño. En todos los expedientes matrimoniales estudiados se repite la fórmula siguiente: "que por razón de querer la dicha esclava contraer matrimonio no la hierren, ni ausenten, ni vendan ni hagan ningún mal tratamiento (los dueños) sino que la dexen estar y casarse"[30]. Pero esta amonestación por parte de las autoridades eclesiásticas, que a veces se reforzaba con penas de hasta 100 ducados, no siempre tenía efecto. Como en el caso de Ana, una esclava herrada en razón de su pretensión de contraer matrimonio en 1625[31]. Manuel Gómez, el novio, declaró que "con este temor no tuvo efecto llevarse a cabo el dicho matrimonio". Aquella vez el dueño de Ana, la esclava, no llegó a herrarla pues ésta desistió en su intento de casarse. Poco después, la pareja inició de nuevo los trámites para el casamiento. En esta ocasión, el propietario no tuvo reparos en castigar con el herraje a la esclava y sus dos hijos. El testimonio de uno de los testigos, de profesión labrador, merece ser transcrito: "es público y notorio que fue a oír misa el dicho Juan Nuñez (propietario) y llebó a su esclaba y hijos a misa, y aviéndola oído aunque avía sermón después della, llamó a su esclaba y hijo y a un criado que venía, y no aguardó a oír el sermón sino es pública voz y fama que diçen los llebó

[29] "se pone adereços para quitárse los hierros y se los va quitando para poderse yr e ausenta". A.Ch.G. Leg. 513, Cabina 2.575, pieza 13.

[30] A.C.G., Leg. 1579-1585, s.f. El expediente es de 1579.

[31] El texto dice exactamente: "el dicho Juan Nuñez (el propietario) instó que si me casaba avía de herrar a la dicha esclava y dos hijos míos que tengo en la dicha cautiva". A.C.G., Leg. 1625-A, s.f. Las citas que refiero a continuación pertenecen también al expediente matrimonial de Manuel Gómez y Ana de Salazar, esclava.

a Granada a herrar, y el un hijo de la dicha esclaba truxo aquí a Gabia la Chica herrado, y la madre y el otro hijo no los truxo ni sabe dónde los tiene más es pública boz y fama que a todos los herró y oy no están en el lugar". En cuanto a los niños, ambos fueron herrados en función de la consanguinidad, por ser hijos de la esclava. Ciertamente, el herraje de los menores no podía ser fruto de un comportamiento consciente, la única razón posible era su condición de "hijos/as de". Los mismos argumentos esgrimidos para esclavizar a los niños/as moriscas (su calidad de hijos de rebelados) servirían para justificar el herraje de los menores.

Aunque la mayoría de los esclavos/as herrados eran mayores de 15 años, había también algunos niños/as que portaban marcas a fuego. Los más jóvenes eran un berberisco de 7 años y una morisca de 8 años, ambos marcados con una S y un clavo en la cara[32]. Pero, el caso más abusivo es el de una niña de 10 años herrada en la cara con unas letras que decían "LOJA"[33].

Todos los tipos de marcajes hasta hora estudiados (sudaneses, berberiscos y españoles) se realizaban básicamente en el rostro por ser la única parte del cuerpo siempre descubierta. Sin embargo, he recopilado dos casos en que los esclavos están herrados en el brazo izquierdo[34], lo que podría estar relacionado con su procedencia, pues la Corona portuguesa marcaba de esta forma a las personas esclavizadas originarias de sus colonias y pertenecientes al rey[35]. El hecho de que ambos esclavos procedan del oeste de África me lleva a pensar que éste puede ser el origen de su herraje. No obstante, como señala Albert Ndamba, los negroafricanos eran raramente herrados en España porque su color de piel les impedía fusionarse con la población castellana[36].

[32] A.P.G. Leg. 124, fol. 621, 1562 y Leg. 162, fol.568, 1568 respectivamente.

[33] A.P.G. Leg. 129, fol. 756, 1563.

[34] "tiene señales en el brazo izquierdo" A.P.G. Leg. 136, fol. 365, 1564 "con cuatro señales en el brazo izquierdo" A.P.G. Leg. 136, fol. 407v, 1564.

[35] SAUNDERS, A.C: *A social history o black slaves and freedmen in Portugal 1441-1555*, Cambridge University Press, Londres, 1982, p. 108.

[36] NDAMBA KABONGO, Albert: *Les esclaves à Cordue au debut du XVIIe siècle (1600-1621)*, Tesis doctoral, Universidad de Toulouse Le Mirail, 1975, p. 77.

2.2. *El alcoholismo, el robo y la fuga*

La casi totalidad de las compraventas subrayan que el esclavo (o la esclava) vendido no era borracho, ladrón ni fugitivo. Esta fórmula se repite una y otra vez como si se tratara de un elemento constituyente del texto, de manera que podríamos llegar a pensar que la afición desmedida al vino, la frecuencia del robo y la tendencia a escapar de casa del amo eran muy habituales. Sin embargo, no era así, ya que según las compraventas, el porcentaje de hombres y mujeres que roban no supera el 2,4%, el de alcohólicos de ambos sexos se sitúa en un 3% y el de fugitivos y fugitivas, el más alto, sólo supone un 4,3% de la población esclava analizada en Granada. Las mujeres constituyen una cuarta parte del total de estos porcentajes y las ladronas se aproximan al tercio[37].

El porcentaje de fugitivos vendidos en la Córdoba de principios del siglo XVII es aún más bajo según Alfred Ndamba[38]. La insistencia en esos temas forma parte, por tanto, de la imagen de la esclavitud.

Posiblemente las compraventas no sean la fuente más indicada para medir el índice de fugas, pues los que consiguieron escapar no dejaron muchas huellas en este tipo de documentación y los que tenían reputación de prófugos no encontrarían tan fácilmente un comprador. No obstante, todo hace pensar que la mayoría de los hombres y mujeres que se fugaron fueron pronto apresados y que no era excesivamente complicado revenderlos, pues se entendía que las escapadas ocasionales formaban parte de la "naturaleza" de la esclavitud. Las Ordenanzas locales de numerosas villas de Andalucía contemplaban recompensas por cada esclavo "perdido o huido" que los ciudadanos, y especialmente los alguaciles, prendiesen[39].

Por otra parte, la insistencia de la mencionada fórmula ("no es borracha, ladrona ni fugitiva") tenía como fundamento certificar la "calidad" de las personas objeto de venta. Pero, además, el estudio de los documentos me ha demostrado que estos tres elementos (el robo, el

[37] Más concretamente: borrachas 26,6 %; fugitivas 27% y ladronas 37,5%.

[38] 1% de fugitivos. NDAMBA KABONGO, Alfred: Ob. cit., p. 224.

[39] "por cada esclavo perdido o huído que se lleve al mesón de los perdidos se dan al que lo hallare 2 reales y al mesonero un real" *Ordenanzas de Sevilla*, fol. 85. En 1606 el alguazil que prendiere algun esclavo fugitivo recibía 400 maravedises. *Ordenanzas de Archidona*, Real Consejo, Historia de Archidona, p. 629.

alcoholismo y la huida) solían presentarse enlazados como si de un circulo vicioso se tratara. Esto significa que prácticamente todos los alcohólicos robaban, quizá para poder pagar el vino, y que casi todos los ladrones se fugaban, probablemente para escapar al castigo que les esperaba, en muchos casos el herraje. Estos esclavos y esclavas suelen ser presentados en la historiografía como "inadaptados" o "indóciles", como si fuesen culpables de no amoldarse a las normas sociales, cuando en realidad eran víctimas de un sistema injusto. Es la misma lógica del propietario que señala que su esclava es "fugitiva y es interesada y responde y es mal acondicionada"[40]. La culpabilidad habría que buscarla en la injusticia que cometían los dominadores, que no eran sólo los propietarios sino los poderes (monarquía, iglesia, etc.) y sus representantes.

La fuga en el caso de las personas esclavizadas era legítima, era una forma de resistencia a su injusta condición de servilidad. Además, el porcentaje de personas esclavizadas huidas, según la documentación consultada, era bajísimo, lo cual puede ser indicativo de la omnipotencia de la ideología dominante encargada de hacer cumplir las reglas del juego. Buscar refugio en el alcohol o robar no eran más que mecanismos de resistencia individuales. No tengo noticia de fugas organizadas colectivamente, en realidad, nunca se llevó a cabo un verdadero ataque a la esclavitud por parte de las propias personas sometidas.

Por otra parte, las posibilidades de tener éxito en la fuga eran mucho más reducidas en la capital granadina que en las villas y ciudades costeras, desde donde se oteaba el litoral africano. En el puerto de Málaga había dos guardas para evitar que los "moros esclavos" se fugasen[41]. La frecuencia de los intentos de fuga a través de la frontera marítima se constata por los sucesivos decretos prohibiendo que los "moros" esclavos se acercaran a las costas, una constante en el siglo XVI. La Nueva Recopilación se hace eco de esta interdicción: "que ninguno de los esclavos berberisco rescatados pueda estar dentro de quinze leguas de la costa del mar"[42]. Porque la huida era más fácil a través de esa "frontera líquida, mal vallada, sorprendentemente viva,

[40] A.P.G. Leg. 160, fol. 1071, 1568.

[41] GUILLÉN ROBLES: *Historia de Málaga*, p. 630.

[42] Título 2ª, libro octavo, ley VI.

que separaba España del norte de África" de la que habla Ferdinand Braudel[43]. En 1614 se mandó encerrar a todos los esclavos/as de Motril a raíz del anclaje de un navío enemigo en la playa. Uno de los esclavos de la villa se había lanzado al agua, a riesgo de perder la vida, con la intención de alcanzar el buque[44].

Por otra parte, es cierto que las montañas y los valles donde crecieron los moriscos/as tan sólo distaban varios días a pie de la capital granadina, pero las probabilidades de no ser descubiertos y denunciados no eran demasiado altas. Una morisca llamada María probó suerte y se ausentó de casa de su amo (en Úbeda) logrando llegar a las Alpujarras, pero los cristianos de su propio pueblo no sólo la cautivaron de nuevo sino que, además, intentaron venderla en Granada. Ocurrió que el propietario de María dio con su paradero y la reclamó consiguiendo finalmente que le restituyeran su propiedad[45]. Quizá la única manera de escapar a la ira de los cristianos era unirse a las bandas de monfíes que se refugiaban en las Alpujarras. Bernard Vincent ha recogido el caso de una camarilla de bandidos encabezada por un esclavo morisco[46]. No obstante, no tenemos medios para saber la importancia de las huídas, pues conocemos solamente los casos en que fracasan.

En el porcentaje de alcoholismo citado anteriormente he incluido a las personas esclavizadas que aparecen definidas como "borracho", "borracha" o "que bebe vino". Curiosamente, uno de los vendedores matiza que su esclavo "aunque bebe vino, vos los vendo por no borracho"[47]. Desde luego, el síndrome de dependencia alcohólica no era

[43] BRAUDEL, Ferdinand: "Conflictis et refus de civilisations: Espagnols et morisques au XVIe siècle", *Revue Historique*, 1947, p. 403.

[44] A.H.N, Secc. Inquisición, Leg. 1953, exp. 60, nº 23, pieza nº 5.

[45] "y teniendo y poseyendo la dicha esclava la susodicha en la dicha ciudad de Úbeda se me fue e ausentó y paresçe que se fue a la tierra del dicho lugar del Alpujarra a donde ciertos vecinos della la catibaron y la embiaron a esta dicha ciudad a vender" A.P.G. Leg. 181, 1571.

[46] VINCENT, Bernard: "Les bandits morisques en Andalusie au XVe siècle", *RHMC*, 1074, vol XXI, pp. 389-400.

[47] A.P.G. Leg. 186, fol. 585, 1574.

percibido como una enfermedad sino como una tacha[48]. El vino era un bien de consumo muy popular en la Granada del siglo XVI, incluso las prostitutas de la mancebía tenían derecho a "medio cuartillo de vino a cada comida" según estipulaban las Ordenanzas de la ciudad[49]. No era difícil conseguir vino en los mesones granadinos, hasta las personas esclavizadas tenían acceso.

Por otro lado, la procedencia de las personas esclavizadas poco tenía que ver con su calidad de alcohólicos; lo mismo se emborrachaba un adulto de las Indias que un muchacho de Cabo Verde o una joven morisca. Incluso los berberiscos, educados en la prohibición coránica del consumo de alcohol, se aficionaron pronto al vino. Precisamente entre éstos se encuentra un tunecino de 32 años, cuyo herraje (una S y un clavo en los carrillos) se debe a su condición de alcohólico, ladrón y fugitivo[50]. La mayoría de estos "borrachos" tenían entre 18 y 25 años, siendo el más joven un berberisco de 15 años[51]. La media de edad de las mujeres alcohólicas era más alta, en torno a los 23 años y la mujer más joven era una morisca de 18 años cuyo propietario la vende por "borracha ladrona y fugitiva y por puta"[52].

Cuando el vendedor no declaraba expresamente las "tachas" (borracho, fugitivo, etc.) de su esclavo o esclava en la compraventa, el comprador tenía derecho a devolver la "mercancía". El propietario de un esclavo negroafricano llamado Juan Alexandre tuvo que anular un primer contrato de venta por ocultar los "vicios" de su esclavo, y en el segundo intento de venderlo se vio obligado a declarar que lo vendía por borracho y fugitivo[53]. Algunos propietarios introducen astutamente en el contrato fórmulas como: "os lo vendo con todas las tachas que pudiere tener" o "no os lo aseguro de ninguna tacha ni enfermedad".

[48] No obstante, Alejandro de la Fuente, incluye el alcoholismo entre las enfermedades de las personas esclavizadas. DE LA FUENTE GARCÍA, Alejandro: "Índices de morbilidad e incidencia de las enfermedades entre los esclavos en La Habana (1580-1699), *Asclepio*, vol. XLIII, fasc. 2, 1991, pp. 7-22.

[49] A. M.G, Leg. 1904, pieza *Ordenanzas de la Mancebía de Granada*, 1539.

[50] A.P.G. Leg. 113, fol. 159, 1560.

[51] A.P.G. Leg. 124, fol. 172, 1562.

[52] A.P.G. Leg. 160, fol. 261, 1568.

[53] "me lo volvió por borracho e fugitivo con esta declaración os lo vendo" A.P.G. Leg. 160, fol. 1071, 1568.

De esta manera, los compradores no podían declarar que no fueron informados de los defectos del "género" adquirido. Obviamente, el interés de los propietarios por ocultar la calidad de fugitivos/as de sus esclavos era económico, pues su valor disminuía en el mercado entre un 15 y un 40%, tanto en el caso de los hombres como de las mujeres.

En cuanto a los fugitivos/as, la mayoría son reincidentes a pesar de los castigos. No es raro encontrar frases como "es huydor y se me a ydo muchas veces"[54]. La mayoría huyen por miedo a los malos tratos; es el caso del joven de 15 años cuyo propietario asegura: "una vez se me ausentó respeto de que lo amenacé que lo avía de castigar"[55]. El susodicho se refugió en un lugar conocido (la heredad del cuñado de su amo en Purchil) por lo que fue pronto descubierto y, como escarmiento, herrado con un clavo en el carrillo.

Los procesos del Santo Oficio contienen un buen número de ejemplos de personas esclavizadas encausadas por intentos de fuga que se produjeron, generalmente, a consecuencia de los malos tratamientos recibidos. Este es el caso de Diego Francisco, que se expresa en los siguientes términos: "dixo que su amo le daba muy mala vida y tenía muy recia esclavitud". El berberisco añadió en su declaración: "que la libertad es amable y que naturalmente ésta la procuraban hasta los brutos animales"[56].

Eran muy pocas las personas esclavizadas que, después de huir, lograron sobrevivir en libertad. La mayoría eran devueltas a sus dueños o encarceladas al carecer de recursos para subsistir. En general, eran fácilmente reconocidas y denunciadas, aunque se refugiasen en ciudades alejadas de Granada. En cuanto al itinerario de los fugitivos/as, a pesar de que la ruta lógica de la huida era dirigirse hacia el sur (de hecho encontramos varios esclavos fugitivos/as sorprendidos en Málaga), algunos se marcharon a Toledo, Alcalá la Real u otras ciudades castellanas, quizá con intención de llegar a Francia y partir desde allí al

[54] A.P.G. L 167, fol. 151, 1569.

[55] A.P.G. Leg. 162, fol. 735, 1568.

[56] Citado por Christine FOURNIE: *Contribution à l'étude de l'esclavage en Espagne au siècle d'or: Les esclaves devant l'Inquisition*, Tesis de l'École Nationale de Chartres, 1987-88, p. 195.

oriente. Algunos negroafricanos intentaron pasar a Berbería para continuar cruzando el desierto hasta alcanzar la tierra de sus antepasados[57]. Si la Inquisición los juzgaba por intento de pasar a Berbería para tornarse "moro", el castigo podía ser el destierro perpetuo "de la lengua del agua con 10 leguas", y si lo quebrantaren pena de 200 azotes y 10 años de galeras[58].

Si el lugar donde el esclavo/a fue apresado estaba apartado, los amos nombraban un apoderado que fuese en su busca y lo trajera a Granada. Este es el caso de Juan Alvarez, que dio poder a Juan de Zamora para que pudiese "tomar e recebir" un esclavo suyo que se encontraba preso en la cárcel de Vélez[59]. El fugitivo se llamaba Francisco y era negro, lo que sin duda facilitó su identificación. El esclavo anduvo errando en libertad durante un mes.

Muchos esclavos y esclavas fugitivos eran retenidos en la cárcel pública hasta ser reclamados por sus amos[60]. El propietario de un esclavo huido tuvo que pagar 9 ducados "por la costa y traer de un esclavo suyo, que a nombre Gaspar, de color membrillo cocho, que se abía ydo y absentado, y que estaba preso en la çibdad de Baça por fugitibo"[61]. Para exonerarse de las costas causadas con la estancia del esclavo en prisión, los propietarios intentaban a menudo venderlos mientras estaban en la cárcel; de esta manera, el nuevo amo se haría cargo del importe[62]. La propietaria de Ana María no tardó en buscar un compra-

[57] "confesó que se iba a Berbería a tornar moro y con intención de vivir allá como moro y que si pudiese pasar a su tierra viviría allá como cristiano porque ansí son ellos". GARCÍA FUENTES, José María: *La Inquisición en Granada en el siglo XVI*, Diputación provincial, Granada, 1981, p. 234.

[58] Ibidem, p. 234.

[59] Juan Álvarez, en su nombre y en nombre de su hijo Diego Dávila, vecino de Granada, dió poder a Juan de Zamora, de Vélez, para que "pueda tomar e reçebir al esclavo", Francisco, negro, que huyó un mes antes del otorgamiento de la carta de poder e "agora está preso en la cárcel de la dicha çibdad de Vélez". A.P.G. Leg. 41, fol. 525r, 1537.

[60] "de vuestro poder se os a ido varias veces y aora decís questá preso en la çiudad de Toledo de donde o de otra qualquier parte donde estuviere lo abeys de sacar a vuestra costa" A.P.G. Leg. 192, fol. 428v, 1573.

[61] A.P.G. Leg.70, s.f, 1549.

[62] Este es el caso de Diego en cuyo contrato de compraventa se señala "que al presente está preso en la cárcel pública de esta ciudad" A.P.G. Leg. 119, fol. 413v, 1561.

dor que sacara a su esclava de la cárcel de Alcalá la Real pagando las costas de su estancia[63].

Sin duda el suceso más fascinante es el de Almanzor, un esclavo berberisco de 40 años al que le escrituraron su ahorramiento en 140 ducados con declaración de que le faltaban por pagar 80 ducados. Pero el berberisco no consiguió reunir los últimos ducados de su libertad y en la desesperación escapó a Berbería. Los azares del destino hicieron que fuese apresado de nuevo en Orán y remitido a la cárcel pública de Málaga. Entretanto el propietario murió y su viuda, co-propietaria, se casó en segundas nupcias con un procurador que se convirtió en curador de los dos hijos que ella tenía del matrimonio anterior, ambos herederos de la mitad de Almanzor. Por fin, recuperaron al esclavo ("por requisitoria de la justiçia desta çiudad mandada cumplir por lo señores presidentes y oidores della nos fue dado y entregado el dicho Almanzor, moro"[64]), pero no podían venderlo legalmente porque al haber realizado escritura de horro sólo tenían derecho a reclamar que Almanzor les pagara lo que les debía por su rescate más las costas. El matrimonio consiguió llegar a un acuerdo con Almanzor y éste les dio, finalmente, licencia para que lo vendiesen por los 80 ducados que le restaban por pagar de su rescate, siempre que en la compraventa se incluyera una cláusula aclarando que si el esclavo conseguía reunirlos había de serle concedida la libertad. El berberisco terminó siendo adquirido por un capitán de su majestad afincado en Vélez Málaga.

2.3. *Resistencias individuales: reyertas y violencia*

El supuesto de que un mayor control oligárquico produce menos revueltas porque provoca una intensa sensación de impotencia[65] trasla-

[63] "presa por cierta causa criminal de que fue acusada y ausentada por la qual la desterraron de la dicha ciudad de Alcalá la Real por çierto tiempo y de la dicha sentençia el dicho mi marido tiene apelado ante los señores alcaldes desta corte (...) que podays ir a la dicha ciudad de Alcalá y sacarla de prisión en que está y ricebida en vos la podays tener y poseer y vende y enajenar" A.P.G. L 129, fol. 678, 1563.

[64] A.P.G. Leg. 157, fol. 403v-509r, 1567.

[65] LORENZO CADARSO, Pedro: *Los conflictos populares en Castilla en el siglo XVI-XVII,* Siglo XXI, Madrid, 1996.

dado al mundo esclavo, implica que, a pesar de que su número fuese relativamente elevado, el grado de sumisión era tan alto que la impotencia sería casi absoluta. Si el pueblo llano estaba prácticamente desarmado frente a los nobles y burgueses, las personas esclavizadas lo estaban aún más. Esclavos y esclavas eran en sí mismos el resultado de un conflicto bélico; eran los vencidos, cautivados y posteriormente vendidos. No hubo rebeliones de personas esclavizadas, ni siquiera altercados organizados, porque los esclavos procedían, precisamente, de la guerra. Tampoco existían demasiadas posibilidades de crear solidaridades en cautiverio, porque los esclavos/as vivían aislados en casa de sus amos. En cuanto a la creación de vínculos familiares que reforzaran su identidad, hemos visto que el matrimonio les estaba prácticamente vedado. Probablemente el único objetivo que logró unir a varios esclavos (varones sobre todo) fue la idea de escapar juntos, lo que supone un cierto grado de solidaridad o, al menos, la existencia de "cabecillas" instigadores que buscarían cómplices entre la masa de población esclava. Christine Fournie ha desvelado algún caso de fugas colectivas; por ejemplo en 1588 seis esclavos (tres negros y tres berberiscos) emprendieron un huida organizada desde Alicante a Berbería. Todos ellos fueron detenidos en el intento[66].

Claro que las estrategias de resistencia organizadas colectivamente no eran el único tipo de conflicto social que ocasionaba el contingente esclavo en el siglo XVI. No tengo noticias de revueltas proyectadas colectivamente. He localizado, sin embargo, algunas noticias aisladas de resistencias individuales. Sin duda la más severa era el asesinato del amo, lo que, pese a ser excepcional, sucedió en varias ocasiones. Francisco Henríquez de Jorquera relata en sus *Anales* como en 1613 "se hizo justicia" en la ciudad de Granada a un esclavo fugitivo de origen subsahariano acusado de haber matado a su amo, "que era un jabonero rico". Al dicho negro lo "atenaçearon vivo en un carretón por las calles acostumbras" (es decir, le arrancaron con tenazas pedazos de carne) y luego de cortarle las manos, lo ahorcaron en la plaza Bibrrambla para escarmiento de todas aquellas personas esclavizadas que asomaren oscuros sentimientos de rebelarse contra su condición. El texto señala que el homicida confesó "muy contrito" antes de morir y que causó a

[66] Citado por Christine FOURNIE: Ob. cit., 1987-88, p. 203.

la gente grandísima admiración[67]. Aunque la pena aplicada al asesino en este caso era singularmente brutal, la concepción de la violencia y la relación con el dolor en el siglo XVI distaba enormemente de la actual, las ejecuciones y las torturas públicas formaban parte de la "normalidad".

El mencionado cronista rememora, igualmente, el asesinato "del noble cavallero Don Fernando de Mendoça y Solis" a manos de su esclava. La susodicha lo envenenó, depositando ponzoña en un vaso de vino que su amo degustó sin sospechar. Las razones que llevaron a la esclava, cuyo nombre desconocemos, a efectuar el homicidio quedan claras en el texto: su amo "no le consentía casarse"[68]. El castigo infligido a la esclava no aparece reflejado en el texto. Probablemente, fue ajusticiada públicamente.

De cualquier forma, cabe cuestionarse si los culpables de asesinato se buscaron entre los más desvalidos ya que carecemos del pleito y el interrogatorio que precedió la condena. Además, el anonimato de los asesinos, ambos definidos como "un negro" o "una esclava", tiende a reforzar la identidad grupal (podría tratarse de cualquier negro o cualquier esclava) y ocultar la personalidad individual, quizá para borrar comportamientos que podrían ser aplaudidos por otras personas esclavizadas.

Otras veces las víctimas no eran los amos; por ejemplo, en 1589 tenemos noticias de un esclavo implicado en la muerte de un vecino de Baza[69]. Del mismo modo, en 1569, un esclavo llamado Luis fue acusado de haber asesinado a un vecino de Granada. Con todo, por muy paradógico que parezca, el propietario logra venderlo por 34 ducados[70]. Luis aparece descrito en la fuente como un hombre de color negro, que es ya viejo y enfermo de mal de corazón y de gota coral, que además era fugitivo, ladrón, borracho y endemoniado.

La violencia no siempre acababa en muerte. Eventualmente los esclavos (casi exclusivamente hombres) se veían envueltos en reyertas callejeras que desencadenaban pleitos en la Chancillería, cuyas costas debían abonar los amos en caso de resultar inculpados. El desenlace

[67] HENRÍQUEZ DE JORQUERA: *Anales de Granada*, tomo II, p. 585.

[68] Ibidem, p. 656.

[69] A.P.G. Leg. 142, fol. 405.

[70] A.P.G. Leg. 69, fol. 412.

más común era establecer un acuerdo entre las partes, generalmente en forma de "carta de perdón", a través de la cual los damnificados se apartarían de su derechos a reclamar justicia; eso sí, previo pago de una substanciosa suma. El caso de los esclavos Diego y Bartolomé que, en 1552, apedrearon y apuñalaron a Gerónimo de Valverde, vecino de Úbeda, estante en Granada se resolvió según el procedimiento expuesto. Diego era esclavo de Doña María de la Cerda y Bartolomé "la viuda de Gamarra"[71]. Gerónimo, una vez recuperado de las heridas, siete meses después del suceso, se querelló criminalmente ante el señor alcalde mayor de Granada. Sin embargo, al poco tiempo de comenzada la causa criminal, el lesionado se apartó del litigio e indultó a sus agresores, según decía la carta de perdón, por servicio de dios y porque se lo habían aconsejado buenas personas. Sin embargo, la verdadera causa de su clemencia era la compensación material que recibiría con motivo de su remisión. Inmediatamente a la carta de perdón encontramos una escritura de pago a Gerónimo de Valverde por las heridas que le causó el esclavo: el lesionado recibió de mano de Hernán Martín, apoderado de Doña Luisa de la Cerda, ocho ducados con los cuales "se dio por contento y entregado".

3. LAS RELACIONES CON LOS PROPIETARIOS

3.1. *Buenos y malos tratos*

Estoy de acuerdo con Claude Meillassoux cuando sostiene que considerar a la persona esclavizada como un miembro de la familia es caer en las trampas de la ideología apologética mediante la cual el dominador intenta hacer pasar a los dominados por sus seres queridos[72]. He constatado esta actitud tanto en la sociedad cristiano vieja del siglo XVI como en la historiografía reciente sobre la esclavitud en la península ibérica. Las palabras de Bartolomé de Albornoz ponen de mani-

[71] A.P.G. Leg. 75, fol?

[72] "tombers dans les pièges de l'idéologie apologétique par lequelle l'esclavagiste cherche à faire passer ses exploités pour ses enfants bien-aimés" MEILLASSOUX, Claude: Ob. cit., p. 15.

fiesto este talante "paternalista" que enmascara un claro interés económico: "Otros dicen que mejor les está a los negros ser traídos a estas partes donde se les da conocimiento de la ley de Dios y viven en razón, aunque sean esclavos, que no dejarlos en su tierra donde estando en libertad, viven bestialmente"[73].

Aparentemente, existe una disposición positiva hacia las personas esclavizadas cuya salvación solamente podía acontecer en manos de los cristianos. Al mismo tiempo, los parajes donde los "negros" conocieron la libertad se ensombrecen, presentándose como lugares envueltos en el caos y la irracionalidad. El propio Albornoz asegura que a cualquier esclavo que le pidiera su parecer le aconsejaría que "antes viniera entre nosotros a ser esclavo que quedar por rey de su tierra", a pesar de que internamente se cuestiona si el bien del esclavo justifica siempre su cautiverio, pues únicamente tendría sentido si el "negro" no pudiera ser cristiano sin ser esclavo.

Respecto a la historiografía, la trampa ideológica expuesta lleva a algunos investigadores a formular sinrazones aún más traicioneras, por ejemplo: "El trato a fines del siglo XIV era humano; ya no se podía matar ni mutilar al esclavo"[74]. El empeño en demostrar la bondad de los amos conduce a los historiadores a plantear paradojas como la recién citada. La historiografía ha insistido con tesón en presentar las relaciones entre amos y esclavos/as como cordiales. Ana Guerrero considera que los esclavos "en la mayor parte de los casos fueron considerados de igual manera que los criados, y por tanto, gozaron del mismo aprecio y de idéntica protección por parte de amos"[75]. El "aprecio" y la "protección" que la autora evoca entran dentro de la misma lógica de hacer pasar a los dominados por seres queridos. Lógica que comparten algunos historiadores (no especialmente Ana Guerrero, a pesar de que haya utilizado este ejemplo) con los amos, aunque, tal vez, de manera inconsciente.

En primer lugar, es importante subrayar que no podía existir un tratamiento justo de los esclavos/as por parte de sus amos porque la

[73] DE ALBORNOZ, Bartolomé: "De la esclavitud", *Biblioteca de Autores Españoles*, Tomo LXV, Atlas, Madrid, 1953, p. 232.

[74] MIRET Y SANZ, J: "La esclavitud en Cataluña en los últimos tiempos de la Edad Media", *REH*, 1917, vol XLI, pp. 101-109.

[75] GUERRERO MAYLLO, Ana: Familia y vida cotidiana de una élite de poder. Los regidores madrileños en tiempos de Felipe II, siglo XXI, Madrid, 1993, p. 353.

esclavitud, en sí misma, es una injusticia. Una vez admitida esta afirmación, podemos dar el siguiente paso: una relación cimentada sobre las bases del abuso puede presentar diversos grados de severidad. En consecuencia, las relaciones afectivas entre amos y esclavos/as podían oscilar desde el asesinato del propietario hasta la liberación del esclavo/a sin cargos[76].

Francisco Andújar menciona el escarnio sufrido por una morisca de 12 años, puesta en administración, sobre la que un testigo declara que "se le hasía mal tratamiento en la dicha casa, porque pasando por la calle vio que le daban coces y que la susodicha anda rota y descosida"[77]. La pequeña andaba descalza y llevaba muy mala vida según palabras de otro testigo. Pero la niña, sin duda asesorada por algún adulto, recurrió al alcalde mayor de Vélez Blanco para demandar un cambio de administrador. Aquí radica, precisamente, la diferencia de estatus; si la muchacha hubiese sido una esclava la posibilidad de demandar un cambio de amo alegando los malos tratamientos padecidos hubiese sido nula.

El insulto más común proferido a las personas esclavizas en el XVI era tratarlas de "perras", o de "perras moras" si eran de origen árabomusulmán[78]. En Sevilla, un esclavo morisco al ser llamado perro mientras estaba midiendo el trigo ("¡Mide bien, perro!", le dijo su amo) tomó un raedor y le asestó un golpe tan fuerte a su amo que lo mató[79].

El esclavo fugitivo se encontraba en plena calle con cepos, grilletes y cadenas en el siglo XVI[80]. En Granada encontramos algunos ejemplos: Cristóbal, esclavo de un vecino de Santa Escolástica, se ausentó

[76] HENRÍQUEZ DE JORQUERA: Ob. cit., tomo I, p. 38.

[77] ANDÚJAR CASTILLO, Francisco: "Entre la 'administración' y la esclavitud de los niños moriscos en Vélez Blanco (Almería) 1570-1580", en Mélanges Louis Cardaillac, FTERSI, Zaghouan, 1995, p. 748.

[78] Ana de San Juan dijo: "(...) que el diablo la engañó para ser cristiana" y cuenta como su ama la insultaba y trataba de "perra mora". A.H.N., Inquisición, leg. 1953, exp. 45, 10.

[79] Citado por STELLA, Alessandro: Art. cit., 1996, p. 159. La cita procede de Pedro de León: *Grandeza y miseria de Andalucía. Testimonio de una encrucijada histórica (1578-1616),* Pedro Herrera Puga (de.), Granada, 1981, Apéndice I, nº 86, 1583.

[80] El uso de cepos y cadenas también se aplicaba a los galeotes. "Don Quijote alzó los ojos y vio que por el camino que llevaba venían hasta doce hombres a pie, ensartados, como cuentas, en una gran cadena de hierro por los cuellos, y todos con esposas a las manos". CERVANTES, Miguel de: *Don Quijote de la Mancha*, Capítulo XXII.

de casa de su amo "con una calça de hierro en la pierna" que le había sido colocada como castigo por borracho y fugitivo[81]. En la compraventa de Hamete, su dueño, un mercader castellano, incluye la siguiente declaración: "se me a huido y así os lo doy con prisiones de hierro a los pies"[82]. En consecuencia, no era necesario desplazarse a las galeras del rey o las minas de Almadén para contemplar esclavos encadenados; algunos esclavos de la ciudad también portaban hierros[83].

La mayor parte de las alusiones al maltrato se conservan en los expedientes del Santo Oficio, lo que puede hacer pensar que algunas personas esclavizadas se vuelven contra la fe para atenuar en la cárcel inquisitorial el castigo. Es el caso de María, una berberisca, cuyo propietario residía en Granada, que juró "con enojo y pasión, viéndose maltratada de su amo" renegar del bautismo e irse a Argel a ser buena mora[84].

Algunas esclavas llegaron a plantearse el suicidio como solución a sus padecimiento. Este es el caso de María de Quesada, esclava de Doña Catalina de Robles, que extenuada por la actitud de su ama que constantemente la injuriaba y maltrataba declaró "que estaba tan desesperada que si no la sacase de aquella esclavitud se avía de ahorcar"[85]. Aunque no tenemos noticias, es probable que algunas esclavas prefirieran quitarse la vida a soportar las crueldades a que se vieron sometidas en virtud de su condición de subordinación; una humillación socialmente consentida porque aunque los amos/as fuesen los causantes directos de las vejaciones, la sociedad era cómplice de sus actos. De hecho, las actitudes de los dueños/as irán modificándose paulatinamen-

[81] "Os declaro, y vos lo sabeys, quel susodicho se a ydo y ausentado de my casa y de presente está fuera della con una calça de hierro en la pierna, y vos el dicho Juan de Çea lo abeys bisto tratado y conoçido y os declaro que bebe bino, y por nynguna causa me lo abeys de bolber y os lo bendo con los dichos cargos" A.P.G. Leg. 145, fol. 44.

[82] A.P.G. Leg. 145, fol. 1018.

[83] Alessandro Stella constata la utilización de cadenas en las minas de Almadén en el siglo XVII y en las galeras del rey en el siglo XVIII. STELLA, Alessandro: Art. cit., 1996, p. 157.

[84] Renegó "del bautismo y de quien me baptizó y de la chrisma que me pusieron (...) que mal ubiese quien la aconsejó se tornase christiana, sino estarse en su ley (...) y que si se beya libre se avía de ir a Argel a ser buena mora". Lo había dicho "con enojo y pasión viéndose maltratada de su amo". AHN Inquisición, leg. 1952, exp. 46, 3.

[85] Citado por Christine FOURNIE: Ob. cit., 1977-78, p. 195.

te según las pautas marcadas por la ideología dominante en cada periodo. En el siglo XVI el maltrato a las personas esclavizadas en suelo ibérico se condenaba socialmente de manera menos contundente que en el siglo XVIII. Sin duda, el dilema se encuentra en conocer los móviles de estos giros en la mentalidad de los pueblos.

3.2. *Vestir y hablar a la castellana*

En la Granada del XVI los tejidos eran muy caros, por lo que el vestido se contemplaba en los contratos de servidumbre como parte del salario. No se tenía fácil acceso al vestido, por eso, se aprovechaban como bienes preciosos las camisas viejas o cualquier tejido por roído que estuviese, y se incluían en los inventarios de bienes como parte del patrimonio, dándole un valor importante. La producción de tejidos era manual, y en consecuencia se producían cantidades limitadas aunque los tejidos eran más duraderos que los actuales[86].

Como es bien sabido, uno de los objetivos de la vestimenta es la diferenciación de las personas según su posición socio-económica a través de claves que poseen los actores y actrices sociales de cada período histórico. Su función es la rápida identificación y clasificación mental a través de un código referencial común de los signos exteriores que definen un determinado grupo social. En palabras de Fray Tomás de Trujillo: "Ni me parece que todos anden vestidos de un paño, ni de una hechura, sino que cada uno en su traje se diferencie según la cualidad de su persona, estado y oficio"[87]. El otro es delimitar de manera estricta la percepción de los sexos, cuyo vestido diferenciado contribuye al reforzamiento de la dualidad sexual, y por tanto a la formación de unos roles de género sociales muy concretos. La singularización de la dualidad de los géneros y la visibilidad de las diferencias socio-económicas entre los individuos se encuentran entre los objetivos que persiguen las ropas, objetivos que se alcanzan sobradamente a través de la indumentaria de los granadinos y granadinas del siglo XVI.

[86] MARTÍN CASARES, Aurelia "*Del vestido y la servidumbre en la Granada del siglo XVI*"

[87] Citado por VIGIL, Mariló: Ob, cit.,1987, p. 194.

En cuanto al vestido de las personas esclavizadas, las referencias son muy escasas en las fuentes del siglo XVI. Pero si como hemos visto, el vestido era un instrumento de poder y las personas esclavizadas constituían uno de los grupos sociales más sometidos, su indumentaria debía corresponder a su estado; en consecuencia, sus ropas serían viejas y ajadas[88]. Los verdaderos marcadores socio-económicos de la indumentaria urbana no eran tanto las prendas en sí mismas como el tejido de que estaban fabricadas: la riqueza en bordados, la hechura, los accesorios y muy probablemente el colorido. No obstante, la ropa de la servidumbre que trabajaba en los campos de sus amos se diferenciaba no sólo por el tejido y el color sino también por el atuendo.

Los colores que más frecuentemente aparecen reflejados en los documentos analizados para describir las ropas de las personas esclavizadas son el negro y el leonado, llamado también pardo o "de la tierra". Generalmente los sayos solían ser negros y las calzas eran de paño pardo o pardillo, el más tosco, grueso y basto que se tejía en la época, de color de la tierra o de la piel del oso pardo común, es decir, sin tintar, cuyo uso delataba a la gente pobre y humilde.

La propietaria de Leonor y de su hijo de Blas de 6 años (el cual nació en su casa) introdujo en su testamento una cláusula según la cual donaba a la madre todas sus camisas y sus tocas, y al niño le dejaba un vestido de paño negro que comprendía sayo, calzas, capa y camisas[89]. El documento pone de manifiesto, por un lado, que algunas personas esclavizadas se vestían con las ropas viejas, por lo que puede decirse que, tanto como el color y la bastedad del paño, la ropa vieja, probablemente muy vieja, heredada de sus dueños era vestimenta típica de esclavos.

Por otra parte, las diferencias en la indumentaria de las personas esclavizadas estarían asimismo en función del grupo social al que per-

[88] A las criadas se les suele proporcionar una camisa, unas gorgeras, la saya, un manto, los chapines y los zapatos. El vestuario de los criados se compone de: una capa, un sayo, unas calzas, una gorra, zapatos, un jubón, camisa y un cinto. Estas prendas serían las fundamentales del vestido de hombres y mujeres en general ya que lo mismo portaban calzas y jubón los señores que los criados y de igual manera aparecen sayas, camisas y gorgueras en cartas de dote e inventarios de bienes de mujeres que pertenecen a otros estamentos sociales.

[89] A Leonor le dejó, además, 10 ducados, una caldera, una sartén, un arca, 12 platos, 12 escudillas, ollas y una silla A.P.G. Leg. 222, fol. 324.

tenecían sus amos: los esclavos que acompañaban a los nobles irían, sin duda, mejor vestidos que las esclavas de un mesonero. Pero además, las relaciones personales y las características de cada relación ejercerían una notable influencia. Algunos esclavos, sobre todo mujeres, reciben prendas de color e incluso tejidos de buena calidad. Este es el caso de la negra Inés de Navarrete que recibió por testamento de su ama "una faldilla de color y otra negra y un buen manto de buen paño fino"[90].

En las "Advertencias para el uso de la plaza de Alcalde de Casa y Corte" se enumeran diversas particularidades de la indumentaria de los "esclavos moros" (exclusivamente varones)[91]. En primer lugar, se exige que los esclavos andaran en traje "de moros" que dejara ver su condición porque si vestían a la manera cristiana cabía la posibilidad de que se hiciesen pasar por tales y se fugaran con facilidad y sin riesgos. En segundo lugar, se exige que los esclavos fuesen rapados a navaja y nunca con melena ni golilla "como se practica en la Corte". Asimismo, se subraya que se debía agravar la pena a los dueños de esclavos que portasen traje cristiano, pues comúnmente la pena era retirarles el vestido y siendo personas poderosas "se les dará poco o nada perder su vestido y hacerles otro". Se pide que el amo pierda a su esclavo y éste se envíe a galeras. El documento continua en los siguientes términos: "Si por las leyes del Reino no se permitía a los moriscos hablar algarabía ¿Cómo se permite hoy tan grandes vicios y atrevimientos a esta gente?"

En lo referente al lenguaje de las personas esclavizadas, las alusiones a la "media lengua" de los africanos son relativamente frecuentes en la literatura del siglo de Oro. No obstante, las mulatas de las comedias suelen hablar en castellano normal, pues generalmente han nacido en España. Este es el caso de Esperanza, la esclava mulata de *Amar, servir y esperar* de Lope de Vega: "una esclava mulatilla/ de semblante socarrón/ que ya sabes que éstas son/ los lunares de Sevilla (...)"[92].

[90] A.P.G. Leg. 26, fol. 425r-425v. Apéndice documental, doc. nº 35.

[91] AHN, Consejos, libro 1420, (Ca? Año? 1680) Advertencias para el uso de la plaza de Alcalde de Casa y Corte. Antonio Domínguez Ortiz me proporcionó este documento.

[92] FRA MOLINERO, Baltasar: Ob. cit., 1995, p. 31.

Los negroafricanos, generalmente cambian la letra "l" por la "r" y utilizan la "r" donde debería ir una "d". Como dice la Dominga, esclava protagonista del entremés *Los negros*: "¿Hay alguna premática que diga que negro con negra no poramo hacé negriyo cuando acabamo de acostar a nuesamo?" y más adelante, con respecto al pecado que supone el amancebamiento, añade que "toro somos pecandole"[93]. No obstante, es difícil deducir lo que puede haber de realidad en la transcripción de esta lengua jergal[94]. En cualquier caso, nadie se preocupaba de enseñar el castellano a la población negroafricana, por lo que la ausencia de un aprendizaje correcto y las dificultades normales de perder el acento que aprendemos de niños, probablemente hacía que estas personas conversaran en un lenguaje deformado.

Pero no sólo encontramos referencias al argot de los negroafricanos en la literatura; en uno de los procesos inquisitoriales de la Granada de principios del siglo XVII, una esclava chantajea a su propietaria judeoconversa en los siguientes términos: "si tu hacer yr a mí a la inquisiçión, yo diré que tu açotar Christo"[95]. Sin embargo, no he encontrado referencias al acento o las peculiaridades de la lengua de las personas esclavizadas de origen árabo-musulmán.

4. VIVENCIAS DE RELIGIOSIDAD EN ESCLAVITUD

Las huellas de vivencias religiosas de las personas esclavizadas son difíciles de seguir. La reconstrucción de sus cultos y experiencias espirituales a través de las fuentes conservadas resulta prácticamente imposible de llevar a cabo. Los procesos inquisitoriales nos brindan insistentemente la imagen de los esclavos herejes debido a la propia naturaleza de la fuente. Lo más frecuente, no obstante, era que participaran de creencias amalgamadas tomando elementos de las distintas religiones que habían conocido a lo largo de sus vidas.

[93] COTARELO Y MORI, Emilio. *Colección de entremeses, loas, bailes, jácaras y mojigangas desde fines del siglo XVI a mediados del XVIII*, 2 vols, Madrid, Bailly-Baillière, 1911. Citado por FRA MOLINERO, Baltasar: Ob. cit., 1995, p. 45.

[94] VERES D'OCÓN, Ernesto: "Juegos idiomáticos en la obra de Lope de Rueda", *Revista de Filología* Española, nº 34, 1950, pp. 195-237.

[95] A.H.N, Leg 1953, exp. 66, 19, 1621.

4.1. *Tras las huellas del animismo negroafricano*

El control ejercido por la iglesia sobre la espiritualidad de los hombres y mujeres procedentes del África subsahariana era menos estricto que el ejercido sobre las personas esclavizadas de ascendencia musulmana. Mientras que el Islam era el verdadero enemigo de la fe católica en las representaciones mentales de la época, las prácticas animistas no siempre se entendían como manifestaciones de otra religión y, desde luego, no constituían un problema político inminente. La religiosidad de la población esclava originaria de Guinea o del Congo no se percibía como una amenaza, sin embargo, su calidad de extranjeros infieles justificaba la necesidad de ejercer un control sobre ella.

La ideología dominante de los tiempos modernos consideraba a los negroafricanos de ambos sexos una población necia por naturaleza y apartada de todo referente cultural. Por ello encontrar trazas de los cultos negroafricanos en la documentación conservada para la Andalucía moderna no es empresa fácil, precisamente debido al desprecio y el desinterés observado hacia las culturas subsaharianas.

Las manifestaciones de animismo por parte de la población negroafricana residente en la península nunca fueron entendidas como expresiones de otra religión, puesto que se entendía que los negros no tenían cultura. Cuando Juan de Baeza, un guineano procesado por la inquisición declaró que no quería ir a confesar sus pecados a otro hombre (el sacerdote) sino que prefería confesarse con una encina, la iglesia no entiende que Juan se sirva de prácticas religiosas propias de su tierra de origen, sino que era un hereje. Juan fue procesado por palabras y cosas diversas. Para este esclavo era más coherente "irse a una encina e hincarse de rodillas y decille sus pecados" que exponer sus faltas a un representante del estamento eclesiástico[96]. El animismo, una de las prácticas religiosas más comunes del Sudán occidental, se caracterizaba por la veneración de árboles y animales que se consideraban sagrados y protectores.

Bartolomé, otro guineano, esclavo del capitán Francisco Sánchez, declaró que: "él y otros se avían huido con la intención de ir a tierra de

[96] "no quiero ir a confesar que no tengo que dezir mis pecados a un hombre como yo, antes me iría a una encima a confesarme". Citado por GRACIA BOIX, Rafael: *Autos de fé y causas de la Inquisición de Córdoba,* Diputación Provincial de Córdoba, 1983, p. 91.

moros, los otros para ser moros, él para irse a su tierra y vivir con sus padres y deudos en la ley que ellos vivían, que no tienen otra ceremonia sino adorar el sol y adoran por Dios y en su reverencia hincan las rodillas y juntan las manos y las besan"[97]. A pesar de la presencia de los blancos en Guinea, Angola y el Congo, el animismo, la religión tradicional del África subsahariana, continuó siendo moneda de cambio en la espiritualidad de las poblaciones subsaharianas y sus manifestaciones llegaron hasta la España de los tiempos modernos. Si el Islam era el gran enemigo de la Iglesia por considerarse una religión suficientemente desarrollada para competir con el cristianismo, las creencias y ritos animistas pasaban casi totalmente desapercibidos.

Por otra parte, las poblaciones negroafricanas de Andalucía, sometidas a un grado extremo de explotación, probablemente no tenían más religión que liberarse del yugo esclavista; tanto el Islam como el cristianismo eran las religiones de sus opresores. Una buena parte de estos negros y negras habían sido cautivados por los musulmanes siendo niños y habían crecido en el Islam, siendo vendidos posteriormente a los cristianos. Por ejemplo, un esclavo de un vecino de Almuñecar, declaró en un proceso inquisitorial "que los alárabes lo cautivaron en su tierra y le enseñaron la seta de moros y a hacer algunas ceremonias y fue moro y que le a durado ser moro hasta agora en su corazón"[98].

El hecho es que a juzgar por las fuentes los miembros de la comunidad negroafricana pasaban con relativa facilidad de una creencia a otra. Juan, otro esclavo guineano, cuyo amo residía en Almería fue procesado en 1580 por intento de fuga a Berbería; pero su verdadera intención era continuar posteriormente el viaje hacia su tierra. El esclavo confesó ante la presión inquisitorial que "se iba a Berbería a tornar moro y con intención de vivir allá como moro y que si pudiese pasar a su tierra viviría allá como cristiano"[99]. La esperanza de la libertad a través de la fuga permitía solidaridades entre berberiscos y guineanos, como he

[97] GARCÍA FUENTES, José Mª: Ob. cit., p. 162.

[98] Ibidem, p. 269.

[99] Fue votado en discordia y visto por su señoría fue mandado recibir conciliación y que se le quitara luego el hábito y que fuese desterrado perpetuamente de la lengua del agua con 10 leguas y si lo quebrantare pena de 200 azotes y 10 años de galeras. GARCÍA FUENTES, Rafael: Ob. cit., p. 234.

apuntado anteriormente. En realidad, intentaban huir de una sociedad "racista" y dominadora para buscar refugio en otra cultura. De hecho, hubo quienes querían ser moros en Berbería para ser libres. Este es el caso de Alonso, el cual quiso cruzar el Mediterráneo y alcanzar la costa norteafricana "porque si allí le trataban bien, sería moro y viviría como un moro por su libertad". El testimonio de Alonso pone especialmente de manifiesto sus verdaderos intereses: "quería ir a ver a su padre y a su madre, y que con ellos había de morir". Cuando le preguntaron si tenía por buena la ley de los moros para salvarse, contestó "que él no sabía nada de leyes y que adonde le trataran bien aquella tenía por buena ley y que si en Berbería le tratasen bien los moros y le diesen lo que había menester, sería moro como ellos y en quanto a ir al cielo que no sabe nada, que no entiende sino de comer y de beber"[100].

Para terminar, podríamos decir que los integrantes de la comunidad negroafricana de Granada, arrancados de sus tierras siendo aún niños e introducidos en la fe de sus opresores de manera muy somera, pues su espiritualidad no constituía una preocupación importante de los amos, y en la lejanía de sus tierras de origen no tenían una religiosidad definida, por lo que se apegarían al cristianismo o al Islam indiferentemente buscando libertad y respeto.

4.2. *Catequizar a la población negroafricana*

El jesuita Alonso de Sandoval, en su tratado sobre esclavitud, subraya que los mandinga eran una de la etnias más islamizadas en la época, y escribe: "son innumerables, de donde se comunican por todos los Reinos de Guinea con ánimo y fin de infecionarlos (a los demás guineanos) en la maldita secta de Mahoma"[101]. Es cierto que el Islam había penetrado en el África occidental subsahariana en el siglo XI y que el cristianismo dio sus primeros pasos en el XVI, pero tanto unos como otros, consideraban el comercio esclavista un hecho normal. Las nuevas religiones

[100] Condenado a 200 azotes y 10 años de galeras. GARCÍA FUENTES, Rafael: Ob. cit., p. 239

[101] SANDOVAL, Alonso: Ob. cit., p. 106. El Islam penetró en la zona con los almorávides.

llegadas al África subsahariana se disputaban la "salvación espiritual" de las poblaciones negroafricanas, pero no se cuestionaban la liberación corporal de los neoconvertidos. Al contrario, el comercio esclavista alcanzaría su punto álgido a partir de la llegada de los cristianos. Hombres y mujeres negroafricanos eran embarcados en los armazones con destino a América o Europa una vez recibido el bautismo.

Una de las figuras de la iglesia que más se preocupó por la evangelización de la población negroafricana fue Don Pedro de Castro y Quiñones. Don Pedro había desempeñado el cargo de arzobispo en Granada y fue trasladado a Sevilla a principios del siglo XVII, cuando contaba 77 años. Habituado al paisaje urbano granadino donde la mayoría de las personas esclavizadas a finales del siglo XVI eran de color blanco y de ascendencia musulmana, fundamentalmente naturales del Reino de Granada, aunque también nacidos en Berbería, Don Pedro debió sorprenderse ante multitud de hombres y mujeres esclavizados procedentes del África subsahariana que residían en la capital hispalense. Esta importante presencia de negroafricanos y negroafricanas le llevó a hacer suya la preocupación general de la iglesia por evangelizar al vulgo y hacer llegar su mensaje al pueblo. Don Pedro de Castro y Quiñones consideraba "una lástima" que todos aquellos negros murieran sin bautizar; por tanto, con vistas a la salvación de sus almas, elaboró y mandó publicar una instrucción para remediar y asegurar su catequización. Esta instrucción se imprimió en Sevilla alrededor de 1612 y se mandó guardar en todos los pueblos del arzobispado. Isidoro Moreno, en su reciente libro sobre la antigua hermandad de los negros de Sevilla, alude a una carta fechada en 1612 en que el arzobispo escribe al Papa explicándole que había hecho examinar y catequizar a todos los negros del arzobispado dando orden a los curas y personas de ciencia del modo en que habían de "tener y guardar en este examen" y que eran muchos los negros y negras cuyo bautizo, recibido en Guinea y otras partes de África, era nulo[102]. Asimismo Juan Manuel de Cires y Pedro Ballesteros, en una colaboración conjunta recogida en el citado libro, dan noticia de la existencia de unas instrucciones a los curas

[102] MORENO, Isidoro: *La antigua hermandad de los negros de Sevilla. Etnicidad, Poder y Sociedad en 600 años de Historia*, Universidad de Sevilla, Consejería de Cultura Junta de Andalucía, Sevilla, 1997.

sevillanos en 1635 en las que se hace referencia a la publicación anterior de un edicto sobre lo que se había de hacer con los negros y las negras[103]. Sin embargo, el texto de la instrucción parecía haberse desvanecido de los archivos parroquiales sevillanos.

La estrecha vinculación del arzobispo Don Pedro de Castro con el Sacromonte de Granada, para que se reconociese la autenticidad de las reliquias y los plomos, le llevó probablemente a realizar un traslado de la documentación publicada bajo su mandato en Sevilla a la capital granadina[104]. Al menos, es así como explicamos el hallazgo de una copia de la instrucción para la salvación del alma de los negros en el Archivo del Sacromonte. Quizá se intentó llevar a cabo una política similar en Granada, aunque hasta el momento no he hallado huellas en este sentido.

El titulo del catecismo versa así: "Instrucción para remediar y asegurar quanto con la divina gracia fuere posible que ninguno de los negros que vienen de Guinea, Angola y otras provincias de aquella corte de África carezcan del sagrado bautismo"[105]. En primer lugar, el texto de la instrucción ordenaba a los curas de cada parroquia hacer un padrón o catálogo en el que se inscribiesen todos los negros: sus nombres, si eran libres o cautivos, y en caso de ser esclavos, el nombre del amo y la parroquia de la que era feligrés; el lugar donde se bautizó, si fue en España o en su lugar de origen; el estado civil, si era casado o soltero; igualmente si hablaba el castellano o, por el contrario, acababa de llegar de su país y, por último, cual era su lengua. Posteriormente se debía proceder a su examinación, escribiendo la fecha en que se realizó la misma (día/mes/año) y una vez examinado, se procedería a consignar si su bautizo era válido o no. Los que salieron de África antes de cumplir los siete años no debían ser convocados, puesto que su bautismo era válido, pero era obligatorio que los bautizados una vez superada la barrera de los siete años compareciesen antes las autoridades

[103] CIRES ORDÓÑEZ, Juan Manuel de y GARCÍA BALLESTEROS, Pedro. E: "El tablero de ajedrez" sevillano: Bautizos y matrimonios de esclavos" en MORENO, Isidoro: Ob. cit., p. 493.

[104] El arzobispo fue reiteradamente acusado de "casarse" con la Diocésis sevillana para gastar su "dote" en las láminas de plomo del Sacromonte.

[105] Apéndice documental, nº 23.

eclesiásticas. Se debía buscar a los "extravagantes o forasteros" sin casa ni parroquia, es decir, a aquellas personas más difíciles de controlar.

En segundo lugar, se advertía al padre espiritual encargado de examinar a los negroafricanos y negroafricanas como debía comportarse; su actitud debía ser una mezcla de autoridad y paciencia, debía tratarlos con caridad y suavidad a la vez de mostrar la debida superioridad.

En tercer lugar, se describen los pasos a seguir para realizar el examen correctamente. Los puntos substanciales eran cuatro: primeramente, les habían de preguntar si les echaron agua en su tierra o al salir del puerto, segundo si por medio de algún intérprete que supiese su lengua y el castellano les dijeron algo del bautismo, tercero si entendieron algo de lo que se les dijo, y cuarto si dieron su libre consentimiento y voluntad para ser bautizados. Faltando uno sólo de estos puntos era menester bautizarlos de nuevo. En caso de duda, se debía pedir consejo a los padres jesuitas del Colegio de San Hermenegildo de Sevilla.

Los examinadores debían anotar de qué tierra o nación eran originarios, así como el puerto africano donde los compraron los mercaderes que los trajeron a España. El arzobispo hacía una clara distinción entre los procedentes del espacio conocido entonces como Guinea y el Reino del Congo y Angola. En cuanto a los guineanos, tanto jolofes como mandingas y otras etnias de la región solían llegar a España sin bautismo válido, mientras que los procedentes del Congo y Angola acostumbraban a tener alguna marca de enseñanza del cristianismo aunque, no por ello, el examen debía ser menos exhaustivo, puesto que podían haber estado lejos cuando les enseñaban o "divertidos con la turbación"[106].

El sacerdote encargado de la catequización de estas personas debía darles tiempo para que pensaran lo que decían "porque muchos vienen turbados y son de corta capacidad y fácilmente se arrojaran a responder sí o no sin saber lo que dizen". Sobre todo, debían avisarles que les iba la salvación eterna en ello, aunque sin apretarles demasiado de manera que se acongojaran. Y del mismo modo debía hacer hincapié en preguntarles lo que entendieron antes del bautismo y no después.

[106] La mayor presencia de religiosos cristianos en Angola y el Congo llevaba a los eclesiástico a desconfiar menos de su bautismo, mientras que la penetración del Islam desde antiguo en la zona guineana les hacía dudar.

Los examinadores debían ayudarse de intérpretes, pero no cualquiera podría desempeñar esta función. El intérprete debía ser un negro muy ladino y de buena ley y había de ganarse su voluntad con algunos premios y buen modo de tratarle "porque de otra manera dirá lo uno por lo otro y abreviará por irse".

En caso de obligatoriedad de bautizar al examinado, primero habría que catequizarlo y que depusiese con dolor de sus pecados, así como que hiciere propósito de enmienda. El examinador debía poner su empeño en que dijesen palabras que significaran arrepentimiento. Debían aprender los misterios: el de la Trinidad, que el hijo de Dios se hizo hombre y resucitó y está en el cielo y que hay otra vida en el cielo con gloria eterna o en el infierno con tormento para siempre. En cuanto al modo de expresarse, el catecismo señala: "De todas estas cosas digan muy poco y muy toscamente dicho a su modo y repetido muchas vezes y dándoles tiempo y espacio para entenderlo".

El nuevo bautizo debía celebrarse en la parroquia y con solemnidad por mano de los curas y el agua debía bañarles la piel de la cabeza y rostro por lo menos. Si querían bañar más parte de su cuerpo debía ser con decencia y decoro. Posteriormente se registrarían en el libro de bautizos.

Para concluir, cabe señalar que la iglesia católica empezó a tener en cuenta a la población esclava negroafricana de Andalucía como una parte de su preocupación por catequizar al vulgo, pero sin intenciones de acabar con la esclavitud, sino por la importancia concedida a la imposición de los sacramentos.

4.3. *Una esclava mulata en el proceso de las reliquias del Sacromonte*

Isabel, una esclava de Doña Leonor Alvarez de Jerez, es la octava testigo del "Proceso de las Reliquias del Sacromonte"[107]. Este proceso se efectuó en 1595 a instancias de Don Pedro de Castro y Quiñones, por entonces Arzobispo de la iglesia de Granada. A raíz del descubri-

[107] A.A.S, Leg. C-49 "Proceso de las Reliquias", fols. 13v-14r. Agradezco a Amalia García Pedraza haberme hecho saber la existencia de esta declaración.

miento de unas láminas escritas en plomo con letras y caracteres que parecían ser antiquísimos, el arzobispo hizo lo posible por que estas reliquias fuesen admitidas en Roma. En el proceso participaron el licenciado Antolinez; provisor; el licenciado Pedro de Villareal, visitador; el licenciado Hierónimo de Herrera, clérigo presbítero secretario y notario; y Juan Sandino, notario. Todos ellos estuvieron presentes mientras duró el testimonio de la esclava y los dos últimos firmaron el manuscrito, dando fe de haberse realizado ante ellos.

La mayor parte de los testigos del proceso son hombres de condición humilde: labradores, trabajadores, albañiles, etc; pero también hay un platero, un mercader de sedas y algunos representantes de la iglesia, sobre todo clérigos. Asimismo algunos moriscos, como Alonso Venegas de Alarcón, participaron en el sumario[108]. También testificaron algunas mujeres, la mayoría de ellas "doñas" y alguna monja.

Isabel vivía junto a su propietaria en alguna casa del centro cristiano cercana a la iglesia mayor. Era mulata, tenía 17 años y estaba bautizada. Según su testimonio, el día 3 de abril, día de San Marcos, subió al Sacromonte junto con dos criadas de su señora: Joanna Ximenez, doncella, y Catalina de Cuebas que tan sólo tenía 8 años. Una vez en la colina se encontraron allí con otras dos mozas de servicio: Medina y Lucía, ambas criadas de Doña Ana Alvarez, hermana de la dueña de Isabel. La esclava le dijo a la niña que "escarbase y buscase algún gueseçillo" y la niña comenzó a escarbar entre la tierra sin éxito. Pero Isabel volvió a insistir y le dijo que tornase a buscar junto a unos maderos entre unas piedras que allí estaban. Esta segunda vez hubo más suerte y la pequeña "sacó un pedazo de plomo de la hechura de un bonete de tres picos tan grande como 2 manos que pesaba mucho". Parece ser que Joanna lo guardó "diçiendo que era bueno para arropía", y según la declaración de la esclava, Lucía (la sirvienta antes mencionada) se lo tomó a ésta de las manos y lo "yergó para arriva diciendo, lámina es, lámina es". A los gritos de la mujer acudieron muchas gentes; fue entonces cuando un hombre desconocido se lo quitó de las manos. Al parecer este hombre llevó el libro al provisor que "tomó la bestia y se vino con él".

[108] Amalia García Pedraza está analizando la figura de estos moriscos en su tesis que pronto verá la luz.

Posteriormente fue preguntada si reconocería el plomo en caso de verlo nuevamente y la esclava respondió afirmativamente. Isabel reconoció el plomo "por las señales de las dobladuras y por el peso". Según los sacerdotes presentes, en la caja se podía leer "Liber Essentia Dei".

La esclava, al igual que las otras criadas, estaba al tanto del revuelo que se había producido en Granada a consecuencia de las reliquias encontradas en la cuesta o monte que llaman Valparaíso, de otro modo no hubiesen ordenado a la más joven escarbar en busca de algunos huesos. Resulta extraño, no obstante, que pudiesen ausentarse de su casa juntas, sin necesidad de turnarse en el trabajo, quizá el personal doméstico de la casa donde servían era lo suficientemente amplio.

Los eclesiásticos llamaron a testificar asimismo a Joana, la doncella, y a la niña[109]. La testificación de las tres mujeres coincide *grosso modo*, exceptuando leves matices. Por ejemplo, Joana dice que ambas (la esclava y ella) mandaron a la niña escarbar mientras que Isabel se declara la única protagonista del mandato. Sin embargo, Joana declaró que llevó el plomo a Isabel "questaba allí sentada en unas piedras grandes" y ésta lo tomó y "puso en el seno en un cabo del manto". La niña ratifica esta última versión y dice que "lo puso debaxo de su corpiño". En cualquier caso, las diferencias son mínimas. El proceso nos muestra la participación activa de las esclavas en la vida de la ciudad y las relaciones entre criadas y esclavas en las casas cristiano viejas.

4.4. *Establecer lazos comunes: zambras y cofradías*

Una forma de establecer lazos comunes a través de la religiosidad imperante eran las cofradías. En Granada, tenemos noticias de la existencia de dos cofradías de negros y mulatos: la de Nuestra Señora de la Encarnación y Paciencia de Cristo, en la iglesia de San Justo y Pastor, y la de San Benito de Palermo, el santo siciliano hijo de esclavos negros, en Santa Escolástica. Ambas situadas en parroquias del centro cristiano de la ciudad. La primera salía el viernes santo y Jorquera señala que "por causas evidentes" la quitó el ordinario y la continuaron

[109] A.A.S. Leg. C-49 "Proceso de las Reliquias", fols. 15r-15v y 12r-13r.

sirviendo "gentes blancas"[110]. Respecto a la segunda, el mencionado cronista escribe que la servían negros "con grande hostentación y gasto"[111]. El fausto debió ser una particularidad de esta cofradía granadina, porque las noticias sobre otras hermandades andaluzas de negros ponen el acento en "su mucha pobreza y, estar los más, sujetos a esclavitud"[112]. Incluso, hay quienes tacharon a los beneficiados de tratantes de esclavos, pues parece ser que algunos se dedicaron a comprarlos y venderlos "como si su oficio fuera sólo tratar desto, de que en aquella iglesia hay alguna nota y escándalo"[113]. Las hermandades étnicas no eran patrimonio granadino; al contrario, se trataba de corporaciones frecuentes en la Andalucía Moderna. En Sevilla, por ejemplo, existió la cofradía de los negritos o de lo Ángeles en la parroquia de San Roque, y en Málaga, la de la Misericordia[114].

Por otra parte, las personas esclavizadas se reunían y organizaban celebraciones conjuntas que combinaban espiritualidad y divertimento; eso sí, la segregación racial dividía las agrupaciones por orígenes. Los subsaharianos solían reunirse para revivir las tradiciones folklóricas de sus lugares de origen. Las "zambras de negros" son mencionadas, entre otros, por el Doctor Andrés de Valdivia en su tratado sobre la epidemia en 1599. Del mismo modo, Nuñez Muley, el defensor de la comunidad morisca, se quejaba en su memorial (1566) de que a los negros y esclavos de Guinea se les consentía que cantaran y danzaran al son de sus instrumentos y en sus lenguajes mientras la comunidad morisca cada vez estaba más oprimida[115]. El lamento del morisco pone de mani-

[110] HENRÍQUEZ DE JORQUERA: Ob. cit., p. 223

[111] Ibidem, p. 225.

[112] CAMACHO, Ignacio: La Hermandad de los Mulatos de Sevilla, cap. II.

[113] En la visita en 1611 a la parroquia de San Idelfonso se hace constar que "el beneficiado, Juan de Mesa, era tratante en esclavos, comprándolos y vendiéndolos como si su oficio fuera sólo tratar desto, de que en aquella iglesia hay alguna nota y escándalo" CAMACHO, Ignacio: Ob. cit., cap. I.

[114] MORENO, Isidoro: *La antigua hermandad de los negros de Sevilla. Etnicidad, poder y sociedad en 600 años de Historia*, Sevilla, 1997; GÓMEZ GARCÍA, Mª Carmen y MARTÍN VERGARA, Juan María: *La esclavitud en Málaga entre los siglos XVII y XVIII*, Málaga, 1993.

[115] "¿Hay más baja casta que los negros y esclavos de Guinea? y sin embargo se les consiente que canten y dancen con sus instrumentos y cantares y en sus lenguajes (...)".

fiesto la pervivencia en Granada de modos de expresión tradicionales, propios de las culturas de origen de los grupos negroafricanos.

Baltasar Fra Molinero señala que en la literatura hay testimonios constantes de las costumbres de los negros, especialmente de bailes como la "zarabanda", la "chacona", el "guineo", el "paracumbé", el "ye-ye" y el "zarambeque", también llamado "zumbé"[116]. Estos bailes debieron ser bastante populares y provocaron la reprobación airada de moralistas como el padre Mariana que escribió: "Entre otras invenciones ha salido en estos años un baile y cantar tan lascivo en las palabras, tan feo en los meneos que basta para pegar fuego aún en las personas muy honestas. (...) ¿Qué dirán cuando sepan cómo van cundiendo los males y creciendo la fama, que en España, donde está el imperio, el albergo de la religión y de la justicia, se representan no sólo en secreto, sino en público, con extrema deshonestidad, con meneos y palabras a propósito los actos más torpes y sucios que pasan y hacen en los burdeles, representando abrazos y besos y todo lo demás, con boca, brazos, lomo y con todo el cuerpo, que sólo el referirlo causa vergüenza?"[117]. En este caso Juan de Mariana se refería a la "zarabanda", baile que llegó incluso a representarse en la procesión del Corpus Christi.

4.5. *El negro Alonso Sánchez y el "bendito padre" Juan de Dios*

El testimonio del liberto Alonso Sánchez es interesante para el estudio de la religiosidad de la comunidad negroafricana de Granada, en tanto que pone de manifiesto que un miembro de la misma estaba en relación con Juan de Dios. Este hombre testificó en el proceso de beatificación de Juan de Dios, acaso el santo más celebrado de la ciudad. Alonso nació en Granada, y por tanto se crió en la tradición cristiana. Su conocimiento de la tierra de sus progenitores se limitaba a los recuerdos que éstos le transmitieron. El padre y la madre de Alonso eran guineanos transportados en buques negreros a la España peninsular y vendidos como esclavos en Granada. Alonso Sánchez era bruñi-

[116] FRA MOLINERO, Baltasar: Ob. cit., 1995, p. 38.

[117] MARIANA, Juan de: *Obras de Juan Mariana* (*Liber de Spectaculi*), Biblioteca de Autores Españoles, nº 30, 1950.

dor de piedras y declaró "ser pobre y no tener haçienda ninguna", como correspondía generalmente a los integrantes de la población negroafricana. En cuanto a su apellido, ya he dicho en otra parte que lo tomó de un caballero principal (Sánchez de Ávila, que fundó el Colegio de San Gerónimo y el Hospital de la Madre de Dios) al que sirvieron sus padres y él mismo. Este hombre era un anciano, según sus propias palabras "de hedad de çiento diez años", lo que es inverosímil aunque traduce la percepción de su longevidad.

Respecto a sus vivencias del cristianismo, la religión de sus amos, el liberto señaló que confesaba, al menos, dos veces en el año; una de ellas en cuaresma, con el padre fray Luís, prior del convento de los agustinos descalzos. En cuanto a la comunión, Alonso dice que la recibía en la iglesia de San Nicolás, su parroquia, aunque sin especificar la frecuencia. No obstante, cuando los eclesiásticos le preguntan si existen testigos del acto, responde que aunque muchos feligreses de la parroquia estarían presente, "por no haber mucha gente en particular, no se acuerda de sus nombres". Es extraño que no pueda citar un sólo nombre, pues se trataba de los vecinos de su barrio, más aún cuando señala que en los años antecedentes al interrogatorio acostumbraba a hacer lo mismo; es decir confesar y comulgar al menos dos veces al año. ¿Observaba realmente Alonso este sacramento o consideraba indispensable aparentar ser un "buen" cristiano? Por otra parte, Alonso no titubeó en participar de rituales propios del mundo cristiano (por ejemplo, juró con la mano derecha sobre la Biblia prometiendo decir verdad), aunque desconocemos el valor qué realmente tenían para él.

Alonso fue seleccionado entre los ancianos y ancianas que habían conocido a Juan de Dios como un interlocutor válido para los eclesiásticos en un sumario tan importante como era un proceso de beatificación. El liberto tiene a Juan de Dios por santo y cree en sus milagros, probablemente como toda Granada. Sin embargo, de los 84 testigos presentados, él era el único de ascendencia negroafricana y de origen esclavo.

La primera parte del proceso se centraba en la identidad de los declarantes (63 varones y 21 mujeres) y la segunda en las relaciones que estas personas mantuvieron con el santo en vida. El cuestionario constaba de 64 preguntas.

Respecto a las relaciones de Alonso con Juan de Dios, el liberto lo conocía porque acudía muchas veces a casa de sus amos a pedir limosna "y todos lo conocían y trataban". Según su declaración, Juan de

Dios llevaba una capacha a cuestas donde recogía el pan que le daban y otras cosas, y llevaba un "sorsel" atado con dos ollas donde le echaban la vianda. Asimismo, dijo que vestía un mal capotillo de "jierga y calzoncillos de angeo" e iba descalzo de pies y piernas, y con la barba y la cabeza rapadas a navaja, y ésta última siempre descubierta porque jamas se cubría, ni en invierno ni en verano. La imagen que este religioso proyectaba en los actores y actrices sociales de su época se acercaba bastante al aspecto de los pobres. Recordemos que en la corte se exigió que los esclavos llevasen igualmente la cabeza rapada y que numerosas personas esclavizadas recorrían las calles de Granada con los pies desnudos. Sin duda, la aceptación del religioso por la población oprimida y, en especial, por el mundo esclavo pasaba por presentarse a través de un sistema referencial (por ejemplo, el vestido) que creara en los pobres la ilusión de ser uno de ellos.

Alonso Sánchez declaró igualmente que Juan de Dios iba "dando voces y gritos y predicando hacer el bien" por las calles de Granada "al punto que quería anochecer y otras veces de día, pero lo más ordinario era cuando queria anochecer porque lo más del día se ocupaba en rezar y fregar, barrer y hacer las camas a los pobres, poner las ollas, llamar a los médicos y confesores y hacer otras cosas de esta manera y acudir a pedir limosna para pobres vergonzantes". El liberto parece conocer bien la vida del religioso a juzgar por la descripción que hace de cómo empleaba de su tiempo. Sánchez testificó haber visto cómo el santo se echaba los pobres a cuestas cuando no podían andar y los llebava a su hospital "donde los curaba y regalaba". El liberto estuvo incluso presente en el famoso incendio del Hospital Real, en el que intervino "milagrosamente" Juan de Dios. Respecto a este suceso, dijo que vio como el padre sacó a muchos enfermos del Hospital y cómo echó luego las ropas de las camas por las ventanas y cómo después de haber desaparecido bajo las llamas salió por fin "sin lesión alguna de su persona y su hábito, y solamente chamuscadas las pestañas y cejas con gran alborozo de los allí presentes".

El liberto acudió al entierro del "bendito padre", que según sus palabras, fue el más solemne que había visto desde que nació porque había tanta gente en la ciudad que no se podía pasar por las calles.

4.6. *"La secta de Mahoma"*

Las fuentes inquisitoriales nos ofrecen multitud de ejemplos de hombres y mujeres esclavizados de origen morisco o berberisco procesados en razón de su pertenencia a la "secta de Mahoma". Este es el caso de Beatriz de Tez, una esclava morisca que se fue con los moros levantados a las Guajares (1570) y allí dijo: "No hay Dios sino Dios y Mahoma es su mensajero, que son palabras con las que uno se torna moro"[118]. El grupo de mujeres procesadas por mahometanas estaba primordialmente compuesto por moriscas, entre las cuales había numerosas esclavas vendidas a raíz de la sublevación de las Alpujarras que continuaban practicando ciertos preceptos islámicos: no comer cerdo, hacer baños rituales, utilizar alheña, celebrar bodas con rituales mahometanos o cantar leilas. En cuanto a los baños, la esclava del capitán Francisco de Molina fue encausada porque: "ponía delante de sí una bacinilla de barro y teniendo la cabeza tocada alçó dos veces las manos abiertas a ella y las bajó, y luego echaba agua de la boca a las manos y se lavaba las partes vergonçosas"[119].

Una buena parte de las moriscas procesadas fueron vendidas durante los primeros meses de la rebelión y antes de que ésta finalizara escaparon de nuevo a las montañas para unirse a los sublevados. Una morisca de Guadix "estando riendo con unas cristianas viejas" dijo: "antes de 3 años aveis de ser vosotros nuestros captivos porque mejor es mi ley que la vuestra"[120]. En el testimonio de esta mujer, el conflicto de la guerra se revela un conflicto de religiones, para ver a los cristianos esclavizados tenía que salir el Islam victorioso. La morisca buscaba refugio en el Islam a la vez que se resistía a su nueva condición de esclava. Esta idea de transitoriedad de la esclavitud se repite entre los moriscos. Alonso Alcaijate declaró en los siguientes términos: "que venido el mes de marzo podía ser que vosotros seáis cautivos, que la guerra es como quien juega, que una vez gana y la otra pierde"[121].

Por otra parte, berberiscos y moriscos utilizan los símbolos del catolicismo para burlarse de los cristianos: el rosario, la cruz ("que adoran unos palos"), los rezos, la hostia ("que era masa"), etc. María una esclava berberisca residente en Granada fue acusada ante el Santo Ofi-

118 GARCÍA FUENTES, Jose Mª: Ob. cit., 1981, p. 107.
119 A.H.N, Inquisición, Leg 1953, nº 82, 1585, causa nl 3. Ibidem, p. 62.
120 Ibidem, p. 143.
121 Citado por FOURNIE, Christine: Ob. cit., p. 197.

cio por reunirse con otros musulmanes y cantar en algarabía llamando a Mahoma para que les sacase de su cautiverio. El motivo de la reunión era, por tanto, compartir el sufrimiento con otras personas que estaban en su misma situación[122].

Por otra parte, en Berja encontramos el caso de una esclava morisca, que se alejó de la "secta de Mahoma" y cuya conversión fue, según dicen las fuentes, un milagro de la Virgen de Gádor. La devoción de esta morisca se limitaba a limpiar la puerta de la casa de sus amos cuando pasaba la procesión de la Virgen. Una de estas veces, la Virgen ordenó a la esclava morisca que se bautizará. Ésta contó al beneficiado de su parroquia lo sucedido, recibiendo el sacramento de inmediato. Poco después la esclava murió. La familia de la esclava mandó realizar una imagen de la virgen como símbolo de protección y en el lugar donde se colocaba la esclava, en la fachada de la casa, se colocó una cruz[123].

4.7. *Hechicería y superstición*

En la península ibérica, la acusación de adoración colectiva al diablo fue muy excepcional según la historiografía producida hasta el momento. Sólo la zona norte fronteriza con Francia, y por tanto, más influenciada por la corriente europea experimentó importantes procesos de superstición como el aquelarre de Zugarramundi en 1610. Si España se encuentra entre los países con menor índice de brujería; de todas las regiones españolas, Andalucía es la menos proclive a la apostasía diabólica. Más que de una brujería herética, en Andalucía debemos hablar de hechicería, es decir, de superstición. Los conjuros, maleficios, oraciones y filtros de amor o la adivinación del porvenir eran los recursos del pueblo, y especialmente de las mujeres, y entre ellas sobre todo las esclavas, para luchar contra la dureza de los tiempos. Tanto en España como en Europa, la hechicería fue un fenómeno

[122] A.H.N., Inquisición, leg. 1953, exp. 65, 5, 1619.

[123] Los datos relativos al milagro de la esclava morisca proceden del libro de SÁNCHEZ RAMOS, Valeriano: *María Santísima de Gador: 400 años de historia mariana,* Amat Montes, Almería, 1994, p. 130.

fundamentalmente femenino en los siglos XVI y XVII[124]. El odio mezclado con el miedo a las mujeres creó el estereotipo de las "brujas" a través del reconocimiento implícito de la posibilidad de que alcanzaran algún poder, no de que realmente lo tuvieran[125].

Las hechiceras granadinas nunca hicieron gala de sus capacidades para alzar el vuelo, pero sí se mantuvieron relaciones individuales con Satanás. En la segunda mitad del siglo XVI, entre los numerosos delitos por los que son procesadas las mujeres durante las visitas inquisitoriales a Granada encontramos: la represión del Islam (28%), la blasfemia (19%), la hechicería (10%), la superstición (6%) y las acusadas de visionarias (4%)[126]. La frontera entre los últimos ámbitos (hechicería, superstición y visionarias) era bastante aleatoria, por lo que si sumamos el tanto por ciento de encausadas, el porcentaje se elevaría al 20%. En cuanto a las esclavas hechiceras, la mayoría eran, en realidad, curanderas que utilizaban hierbas y ungüentos para sanar a quienes no podían pagarse un médico. También las había que tenían desmayos durante los cuales escuchaban voces, pues decían tener la capacidad de comunicarse con las ánimas previo pago (que oscilaba entre 5 reales y 2 ducados). Vaticinaban si los difuntos estaban en el purgatorio, tenían además mucha mano con el mal de ojo, y a veces, incluso "hablaban" con Dios o con la Virgen. No obstante, "conversar" con el Todopoderoso o con la Inmaculada Concepción no eran experiencias extremadamente insólitas en la Edad moderna; algunas beatas u otros miembros de la iglesia también mantuvieron este tipo de relaciones con Dios[127].

[124] En Inglaterra entre 1560 y 1680, el 91% de los acusados de brujería eran mujeres. En Francia a finales del siglo XVII el 82%, etc. SALLMAN, Jean-Michel: "La bruja"en DUBY, Georges y PERROT, Michèle (dir.): *Historia de las Mujeres en Occidente*, Taurus, Madrid, pp. 472-485.

[125] Si analizamos los delitos de las brujas europeas lo que en realidad se intenta reprimir era: la posibilidad de que las mujeres alcanzaran un poder, que las mujeres se organizaran por sí mismas, controlar la sexualidad femenina (experimentación de placer, no avergonzarse de su sexualidad, no ser sumisas), etc. Se las acusa de: mantener relaciones con el diablo, asistir a reuniones clandestinas nocturnas y hacer orgías, volar para acudir a estas reuniones, infanticidio, canibalismo, tener poderes mágicos (causar impotencia, etc.). Jamás fueron encontradas en flagrante delito; la tortura creó la brujería.

[126] PÉREZ DE COLOSÍA, Mª Isabel: "La mujer y el Santo Oficio de Granada durante la segunda mitad del siglo XVI", Málaga, pp. 55-69.

[127] Santa Marta hablaba con Dios.

El número de procesados por hechicería aumenta en Granada en el siglo XVII[128]. El Santo Oficio intervenía más duramente cuando consideraba que se hacían pactos con el demonio; sobre todo cuando se utilizaban palabras suplicantes porque se consideraba acto de idolatría. En Granada no existió adoración colectiva al diablo y las esclavas hicieron pocas veces galas de sus capacidades para alzar el vuelo, aunque sí se mantuvieron relaciones individuales con Satanás. Las esclavas hechiceras le hablaban y recibían respuesta e incluso llegaron a mantener relaciones sexuales con Lucifer, o al menos, así lo expresaron en los procesos inquisitoriales. Este es el caso de María, una esclava morisca del río almanzora, que fue procesada por mover cosas de su sitio y tener relaciones sexuales con el demonio. Veamos su declaración: "Llamaba al demonio y a Mahoma (...) se apareçía el demonio en figura de hombre negro (...) y tenía sus ajuntamientos carnales con ella como si fuera hombre y tenía el mismo ser y miembros y forma de hombre aunque negro (...) el demonio la había sacado de noche por los aires y la había llevado a los campos a dónde tenían sus accesos carnales y a la madrugada la volvía a su cama (...) y despedía de sí semilla como los demás hombres"[129]. La esclava decía frases en árabe (el "hamdulyla", etc.) y se entendió que era hechicera. En la descripción que María hace del demonio cabe destacar la estrecha vinculación entre el culto diabólico y la religión musulmana; y también entre el diablo y la negritud: el demonio era un hombre, "aunque negro".

Como podemos comprobar existía una mezcla de superstición y religión. El cristianismo ejerció una poderosa influencia en estas mujeres: había contaminación en ambos lados, en la iglesia y en la hechicería. La esclava mulata Juana de Roda que tenía 42 años, relató el conjuro de la sal, un filtro de amor que decía así: "Conjúrote con Satanás, con barrabás, con Bercebú, con el Marqués de Villena, con Marta no la digna ni la sancta sino la que los mares salta y con los cuatro diablos mayores que son galgos corredores con los diablos mayores del molino y de la panadería, carnizería y rinconada que en la sierra de Almería

[128] IVARS GARCÍA, Flora: *La represión en el tribunal inquisitorial de Granada 1550-1819*, Akal, Madrid, 1991.

[129] A.H.N, Inquisición, Leg. 1953, exp. 19, causa 21, fol. 8r-9r.

tienen su morada y al diablo cojuelo que es su mensajero"[130]. Una vez recitado este conjuro se procedía a echar un puñado de sal en el fuego y decir "sígueme el corazón de fulano por mi amor". Más adelante en el mismo proceso vuelve a plantearse el tema del color negro: "yendo por un camino, tres cabras negras encontré, tres gotas de leche negras saqué, tres quesos negros dellas hice, a la plaza negra los llevé a vender, los dineros negros que por ellos me dieron a la carniçería los llevé, tres tajadas de carne negra me dieron (...)". Juana también atendía a otras esclavas para hacer "el conjuro del espejo" a los amos de sus hijos. En *Servir con mala estrella*, Lope Vega recogió esta figura del esclavo moro que se entregaba a la magia preparando veneno y haciendo predicciones.

Por otro lado, la influencia del universo cotidiano era más que frecuente entre las esclavas hechiceras granadinas. Las hierbas aromáticas, el aguardiente, la sal, el vinagre y los huevos formaban parte de los instrumentos de trabajo de cualquier hechicera. El uso de sapos y culebras, de velas (generalmente amarillas y verdes) aparecen en numerosas recetas mágicas. En cuanto a su público, a las esclavas hechiceras acuden generalmente mujeres libres, aunque también algunas esclavas. El aborto, el infanticidio practicado por las esclavas, así como el envenenamiento de los amos podría estar relacionado con la proximidad entre el mundo esclavo y el de la hechicería.

Las edades y condiciones económicas de las hechiceras granadinas no responden a un tipo único: las hay viudas, casadas o solteras. La gran mayoría, sin embargo, eran mujeres humildes e incluso marginales: numerosas mulatas, negroafricanas o moriscas esclavas y libertas, aunque también algunas cristiano viejas[131]. Las moriscas españolas eran especialmente reconocidas por sus saberes médicos tradicionales, la famosa hechicera de Montilla, conocida con el sobrenombre de la Camacha, aprendió sus sortilegios de la mano de una morisca granadina con la que pasó cuatro años.

[130] A.H.N, Inquisición, Leg. 2022, exp. 37, causa 28, fols. 25-27r.

[131] Por ejemplo, María, esclava berberisca, testificada por tres testigos de hechicera. A.H.N, Leg. 1953, exp. 77, fols. 6v-7r. Por otra parte, de las 20 personas esclavizadas que analiza Christine Fournie en su tesis, 15 eran mujeres; sobre todo moriscas y negras.

Sin duda alguna, la necesidad de conseguir dinero para sobrevivir y los malos tratos facilitaron las relaciones con el diablo. María, una esclava berberisca de 40 años, que fue capturada cuando era una niña de 10 años, fue acusada de realizar conjuros y estando presa pidió una audiencia con la esperanza de obtener clemencia ("tenía esperanzas de que el Señor Inquisidor no mirara tanto la fealdad de sus culpas quanto la frigilidad y miseria de una simple e ignorante mujer (..) y así postrada a los pies del Sr. Inquisidor pedía su defensor perdón y misericordia"). Según su declaración, la esclava estaba "desesperada por los malos tratamientos que sus amos le hazían de pegarle cada día con berga de buey", y por ello se inventó invocaciones y sortilegios[132]. Igualmente la esclava declaró que un día tomó unas cáscaras de huevo y las picó en un mortero para comérselas porque la maltrataban tanto que no le daban de comer y quería morir, pero en ese momento entró su ama y llamó a su marido para enseñarle las cáscaras diciendo que la esclava les quería "malzinar". María añadió que se había de ahorcar.

Una vez formulada esta demanda de piedad por parte de la esclava, el Señor Inquisidor y los consultores, que habían prestado oídos sordos a sus palabras, acordaron que se le hiciesen diligencias de tormentos y que fuese interrogada de nuevo qué pacto tenía con el demonio y si hubo otros cómplices en sus delitos.

Este caso pone de manifiesto, que en cierto modo, la iglesia participa de la creación del estereotipo de las hechiceras. Los eclesiásticos creían firmemente en la posibilidad de pactar con Satanás. Incluso existieron grandes demólogos como el jesuita español Martín del Río. De hecho, la tortura creó en buena parte la superstición diabólica, pues las mujeres preferían confesar cualquier cosa antes que soportar el dolor. En el caso que analizamos, la esclava una vez en la cámara de tormento y amenazada con el suplicio del potro fue amonestada a que dijese la verdad, entonces ella confesó que el demonio se aparecía en forma de hombre blanco y verde, desnudo y otras cosas que las autoridades querían escuchar[133].

132 A.H.N., Inquisición, 861, fol. 21r-24r., 1623.

133 "Que la dicha María sea reconcilidad y salga con insignias de penitente con coroza y con las demás insignias de reconçiliación en la iglesia que le fuere señalado y el día siguiente le sean dados çien azotes por las calles acostumbradas y sea desterrada de todo distrito desta Inquisición por todos los días de su vida y declararon haber sido hereje apóstata y averse apartado de la fe católica por tiempo yespaçio de dos años (...)".

Como hemos visto; por un lado, la religión musulmana y la negritud se asimilaban al culto diabólico, por su parte, las esclavas procedentes de Senegal o Guinea realizaban prácticas probablemente de origen animista que tratan de fundir con la religión cristiana. Y por otra parte, en la literatura española del Siglo de Oro, aparecen numerosas esclavas, sobre todo "moras", capaces de realizar sortilegios y filtros de amor, lo que significa que la hechicería debió ser un ejercicio bastante habitual entre la población esclava. Tal vez estamos ante un "poder" de la comunidad esclava, hasta ahora no reconocido como tal.

CAPÍTULO 10
DE LA ESCLAVITUD A LA LIBERTAD

1. EL PORCENTAJE DE LIBERACIONES ERA MÍNIMO

En general, ni cristianos ni moriscos propietarios de mano de obra esclava muestran intenciones de liberar gratuitamente a sus dependientes. Al contrario, el número de liberaciones es reducido, y a menudo se demandan rescates desorbitados.

1.1. *Las cartas de horro y testamentos*

Los documentos más importantes para estudiar el paso de la esclavitud a la libertad son las "cartas de horro"[1] y los testamentos de los amos. En cuanto a las primeras, éstas suelen especificar cómo llegó la persona esclavizada a manos del propietario y cuales son las razones de su liberación; más adelante se da poder a la persona liberada para que disponga de su voluntad y pueda hacer testamento; y por último, el dueño se obliga a no revocar nunca la escritura y renuncia al derecho de servidumbre. La mayor parte de las liberaciones por carta de horro se realizan previo pago de un rescate, las más de las veces abonado

[1] De la raíz árabe "harra"= emanciparse, ahorrarse (el siervo), ser libre; "hurr"=libre; "harrar"=liberar, emancipar, manumitir, ahorrar. CORRIENTE, Francisco: *Diccionario árabe-español,* Madrid, 1977, p. 150. En el Apéndice documental se recogen ejemplos de cartas de horro.

fraccionada y lentamente; por lo que la libertad no siempre se adquiría inmediatamente, sino una vez pagado el último plazo. "Que el rescate me lo vaya pagando poco a poco aunque sea en reales y con tanto que me haya pagado enteramente los dichos 110 ducados del dicho rescate la dicha Ana no sea libre ni horra syno cautiba y sujeta a servidumbre"[2]. La manumisiones por testamento son, sin embargo, gratuitas en su mayoría, pero la libertad sólo era efectiva a partir de la defunción del testador/a ("desde el fin de mis días") y ordinariamente estaban sujetas a una serie de cláusulas que condicionan y limitan la libertad de la persona.

Por otra parte, el proceso de la libertad también puede seguirse a través de las cartas de obligación de pago en que la esclava o el esclavo se compromete a abonar a sus amos o a sus fiadores la suma acordada por su rescate. Los fiadores suelen ser personas de condición humilde: tenderos trabajadores, etc.

Las cartas de ahorría eran utilizadas como salvoconducto ante las autoridades. Esta es la razón por la que Elvira, una morisca de las Albuñuelas, pide copia de su carta de libertad varios meses después de ser liberada[3]. De hecho, estos documentos eran tan preciosos para sus poseedores que en el sur de la península se llegó a desarrollar el tráfico ilegal de cartas de horro. En 1672, Don Antonio de Cantos y Don Pedro Benavides fueron condenados a 4 años de galeras y destierro de Granada, Sevilla, Llerena, Murcia y Madrid por verse envueltos en un delito de falsificación. Su sentencia dice así: "(...) solían hazer cartas de libertad para los esclavos y que con ellas y firmas y sellos falsos del Santo Oficio abían dado libertad a casi todos los berberiscos de Andaluzía para que pasasen a su tierra"[4]. El texto, sin duda, exagera, pero pone de manifiesto la existencia de un "mercado negro" de libertades. En este sentido, las Cortes de 1552, conscientes del problema, prohiben el tráfico de cartas de horro: "Otrosí que como los esclavos quieren ser libres, en siendo libres procuran de hacer malos a todos los

[2] A.P.G. Leg. 171, fols. 394v-395r.

[3] "e por parte de la susodicha (la esclava) le es pedido que le otorgue traslado de la carta de horro". La copia la pide el 3 de noviembre de 1569. A.P.G.. Leg. 152, s.f., 1569.

[4] A.H.N, Inquisición, libro 1.226, fols. 402-413. Citado por FERNÁNDEZ, Ángeles: La Inquisición en Granada en el siglo XVII, tesina inédita, Universidad de Granada.

GRÁFICO 42. PROPORCIÓN DE COMPRAVENTAS Y CARTAS DE HORRO

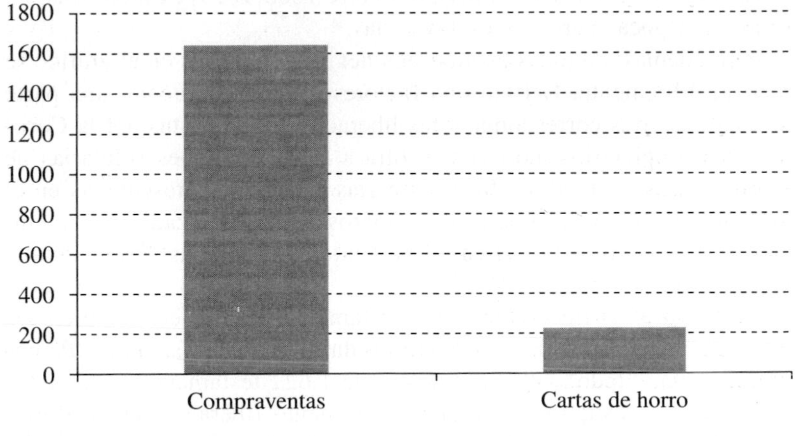

FUENTE: *A.P.G. Cartas de horro y compraventas analizadas. Valores absolutos.*

esclavos acogiéndolos en sus casas y les dan sus cartas de horro y ansí se hacen muchos fugitivos"[5].

El gráfico que presento arriba ilustra el número de cartas de horro que he registrado en la documentación consultada para el siglo XVI estableciendo un paralelismo con el total de compraventas de personas esclavizadas.

Como podemos apreciar en la gráfica anterior, el número de cartas de horro es mínimo si lo comparamos con las compraventas. Las compraventas suponen el 88% mientras que las escrituras de libertad solamente representan el 12%. Juan Aranda Doncel constata el mismo fenómeno en Jaén (contabiliza un total de 250 compraventas y 36

[5] Piden se les prohiba dar a otro sus cartas de horro y que al que pierda un esclavo fugitivo se le den 4.000 maravedís. "A esto nos respondemos que conviene se haga novedad". Cortes Madrid, 1552, cap. 108. La noticia de este documento me fue facilitada por Antonio Domínguez Ortiz.

manumisiones entre 1569 y 1594)[6]. Albert Ndamba también ofrece cifras similares para la Córdoba de principios del seiscientos (un total de 1972 ahorrías frente a 198 libertades entre 1600-1621)[7]. En conclusión, se ahorran pocas personas esclavizadas.

Pero además, no todas las liberaciones representadas en el gráfico se realizan libremente. Existen dos factores a tener en cuenta: una parte de estas ahorrías corresponde a las liberaciones impuestas por la Corona a los propietarios moriscos, y otra a las liberaciones solidarias de moriscos tras la rebelión. Si a las cartas de horro representadas en el gráfico le restamos las liberaciones forzosas y las realizadas por miembros de la comunidad morisca, el porcentaje de ahorrías desciende a la mitad, limitándose a un 6%.

Respecto a las liberaciones por testamento, su número también era mínimo, como ponen de manifiesto los datos que Amalia García Pedraza me ha facilitado[8]. De una muestra de 1.622 testamentos analizados para el siglo XVI, los testadores únicamente liberan a 48 personas; además, 11 de ellas son ahorradas con condiciones. Los propietarios se reparten entre mercaderes y artesanos, con la excepción de un veinticuatro, el arrendador de la mancebía y un clérigo. Llama la atención que de los 48 propietarios que liberan a sus esclavos/as por testamento, más de la mitad sean mujeres (28). Recordemos que el porcentaje de mujeres que compran o venden personas esclavizadas en el mercado esclavista no superaba el 6%.

Además, en el caso de las liberaciones por testamento a veces los herederos no quieren cumplir las últimas voluntades de sus familiares. Los casos son múltiples aunque expondré un único y muy elocuente caso. Se trata del caso de dos hermanos, llamados Luis y Luisa de Varela, esclavos de Bartolomé de Valera y su esposa. Ambos fueron manumitidos por carta de horro en 1555, pero continuaron sirviendo a

[6] ARANDA DONCEL, Juan: "Los esclavos de Jaén durante el último tercio del siglo", *Homenaje a Antonio Domínguez Ortiz*, Ministerio de Educación y Ciencia, Dirección general de enseñanzas medias, Madrid.

[7] NDAMBA KABONGO, Albert: *Les esclaves a Cordue au debout du XVII*[e] *siècle (1600-1621)*, Tesis doctoral, 1975.

[8] Amalia García Pedraza está realizando actualmente su tesis doctoral sobre la actitud ante la muerte en la Granada del siglo XVI.

sus amos hasta su muerte quizá por que no encontraron algo mejor. Los propietarios ratificaron la libertad de los hermanos en su testamento, no obstante, el hijo y heredero de los amos los incluye en el inventario de bienes de sus padres y los considera esclavos. Luis y Luisa tuvieron que recurrir a la justicia real y entablaron un pleito sobre su libertad en 1563, 8 años después de su carta de horro, juicio que finalmente ganaron[9].

En cuanto a las razones de la liberación, las fórmulas más utilizadas tanto en las cartas de horro como en los testamentos son: "por el amor que le tengo", "por lo bien que me ha servido", "por descargo de mi conciencia", o "por le fazer buena obra y en limosna". Es difícil asegurar que se tratara realmente de móviles piadosos y sentimientos de culpabilidad, aunque quizá la cercanía de la muerte o la mala conciencia pudo tener cierta incidencia en las liberaciones. De cualquier modo, las más de las veces creemos que se trata de frases tipificadas. Por otra parte, hay veces en que los documentos condicionan a ciertas personas esclavizadas a permanecer toda su vida en cautiverio. Este es el caso de Inés, una esclava de 20 años, cuyo amo (un beneficiado de San Miguel) regala a una doncella llamada Gabriela de Frías, estipulando en el contrato de donación que si Gabriela muere, pasará a sus hijos legítimos y si no los tuviere, a su hermana mayor "y así de esta manera de una hija en otra hasta que la dicha esclava Inés sea falleçida"[10].

En conclusión, los cristianos no muestran disposición alguna por liberar a sus esclavos y esclavas a menos que reciban una compensación (rescate). De hecho, ¿qué sentido tendría invertir en mano de obra

[9] "y estando el dicho Luys de Valera horro y libre, como dicho es, sirvió al dicho Bartolomé de Valera, su amo, hasta tanto que falleció y pasó desta presente vida y así mysmo después que falleçió la dicha María Hernandez, la escudera, el dicho Bartolomé de Valera, su marido ahorró y dió enterea libertad a la dicha Luysa, su esclava (...) su hijo, hizo ynventario de los bienes que el dicho su padre dexó y como su heredero quyso tomar posesión de todos los dichos bienes y entre ellos de los dichos Luys y Luysa por esclavos diziendo que los dichos sus padres no les pudieron dar libertad y los dichos Luys y Luysa pusyeron demanda al dicho Martín de Valera como heredero del dicho Bartolomé de Valera, su padre, sobre su libertad de mucha cantidad de maravedises que el dicho Bartolomé de Valera les debía del servicio que le avían hecho después que fueron del todo libres (...)". A.P.G. Leg. 162, fol. 322v, 1563.

[10] A.P.G. Leg. 183, fol 562r-563v, 1572.

esclava para luego deshacerse gratuitamente de ella? Sin embargo, la historiografía sobre la esclavitud en la península ibérica proclama a menudo la frecuencia de las liberaciones[11].

1.2. *El precio del rescate es arbitrario*

Las liberaciones gratuitas son muy pocas contrariamente a lo que se dice en la historiografía sobre el tema. Únicamente el 33% de las liberaciones analizadas (por carta de horro) se realizan gratuitamente, el resto (67%) están sujetas al pago de un rescate. Además, una buena parte de las liberaciones gratuitas incluyen condiciones que limitan la libertad de la persona manumitida. En consecuencia, las cartas de horro no son, generalmente, fruto de la bondad de los propietarios.

Respecto al precio del rescate, éste es arbitrario y no sigue las leyes del mercado. El importe pagado por la libertad a menudo es desorbitado e injusto, sólo en ocasiones se ajusta a los precios medios de las compraventas. Tampoco está directamente influenciado por los grupos de procedencia ni por el género, se estafa tanto a negros como a blancos, y tanto a hombres como a mujeres. En general, las ahorrías dependen de factores individuales, propios de cada situación. Si bien, las características del colectivo morisco esclavizado permiten observar más de cerca los abusos en el precio de la libertad, como veremos más adelante.

El cuadro siguiente dibuja el panorama de las liberaciones y sus precios. Como podemos comprobar en el cuadro 18, el precio del rescate puede doblarse en el mismo año para la misma edad y no sigue, en absoluto, las tendencias de los precios medios en el mercado a lo largo del siglo XVI[12]. No obstante, aunque a simple vista los precios parecen arbitrarios, puede haber razones profundas de las oscilaciones.

[11] "En la sociedad andaluza de fines del Medioevo fue bastante frecuente la concesión de la libertad al esclavo. La liberación era el premio que recibía aquel esclavo cuyo comportamiento hacie el amo había sido fiel, cariñoso, obediente y respetuoso". FRANCO SILVA, Alfonso: Esclavitud en Andalucía 1450-1550, publicaciones de la Universidad de Granada, 1992, p. 122.

[12] Véase Capítulo 5.

CUADRO 18

EDADES	*PRECIO DEL RESCATE Y AÑO DE LA ESCRITURA DE LIBERTAD*
2 meses	*20 ds (1565)*
3 años	*14 ds (1569); 25 ds (1569); 40 ds (1569)*
4 años	*10 ds (1569);15 ds (1569); 25 ds (1569); 30 ds (1569)*
5 años	*40 ds (1569)*
7 años	*81 ds (1569)*
10 años	*11 ds (1539); 30 ds (1569)*
12 años	*28 ds (1569) ; 50 ds (1517) ; 65 ds (1569) 13 años 80 ds (1569); 100 ds (1561); 120 ds (1571)*
14 años	*100 ds (1538)*
18 años	*66 ds (1537); 80 ds (1574)*
20 años	*4 ds (1552); 5 ds (1569); 130 (1579); 53 ds (1548); 80 ds (1569)*
22 años	*1 ds (1569); 12 (1578)*
25 años	*8 ds (1569); 13 ds (1576)*
27 años	*5 ds (1567); 8 ds (1543)*
30 años	*30 ds (1569); 80 ds (1526 y 1543); 85 ds (1570 y 1574); 100 ds (1575);120 ds (1579)*
35 años	*33 ds (1569); 40 ds (1541); 110 ds (1569)*
36 años	*31 ds (1569); 100 ds (1563)*
40 años	*34 ds (1569); 35 ds (1569); 38 ds (1569); 40 ds (1534); 50 ds (1578); 80 ds (1564); 100 ds (1586); 106 ds (1541)*
45 años	*40 ds (1549); 80 ds (1579)*
50 años	*15 ds(1561); 20 ds (1569); 24 ds (1586); 27 ds (1569); 27 ds (1569); 29 ds (1561); 30 ds (1538 y 1569); 42 (1569); 45 ds (1538 y 1574); 50 ds (1539)*
+ 50 años	*40 ds (1579)*
53/54 años	*50 ds (1561)*
55/60 años	*12 ds (1560)*
60 años	*20 ds (1569); 40 ds (1569); 43 ds(1569); 60 ds (1569); 70 ds (1549)*
70 años	*15 ds (1569)*

FUENTE: *A.P.G.; liberaciones individuales con rescate por Carta de horro. Ds=ducados.*

1.3. *¿Quienes pagaban el rescate?*

En general, cuando existen lazos de parentesco, el rescate lo pagan los familiares, otras veces es el futuro marido el que libera a su compañera esclava, pero el sistema también permite que las propias personas esclavizadas compren su libertad. Evidentemente, en el caso de los moriscos se producen más liberaciones porque existen relaciones de parentesco y solidaridad previas a la esclavitud. No obstante, algunas parejas de negroafricanos consiguen liberarse e incluso ahorrar a sus hijos. En cuanto a los norteafricanos esclavizados, los moriscos de Granada les ofrecen a veces su apoyo en la primera mitad del siglo. Indudablemente la religión jugaba en estos casos un papel importante. Las relaciones de vecindad también contribuyeron al desarrollo de solidaridades. Pero la familia era, sin duda, la estructura más poderosa para escapar a la esclavitud: tener parientes o pretendientes libres era un primer paso hacia la libertad.

Respecto a las liberaciones por parte de familiares, no estudiaré aquí el caso de los moriscos, a los que dedico posteriormente un epígrafe. Las madres son los familiares que más empeño ponen en liberar a sus hijos. Aunque es importante destacar que cuando los niños se separan de las madres en edades tempranas, o son fruto de la explotación sexual, sus progenitoras no muestran habitualmente interés. En consecuencia, la mayoría de las mujeres emancipadas que intentan ahorrar a sus hijos los vieron crecer junto a ellas. Éstos suelen ser, además, hijos de amancebamientos voluntarios. Por ejemplo, Ana Hernández que dio a luz y crió a su hijo Pedro en casa de su amo, una vez manumitida, fue abonando "en pagas y vezes diferentes" el rescate de su hijo, el cual había cumplido 13 años cuando terminó de pagar los 80 ducados que su dueño requería[13]. Algunas madres, como la morisca Isabel, puso

[13] "(...) digo que por quanto yo he tenido por mi esclavo cautibo a Pedro de color blanco, que tiene una rosa en el rostro al lado derecho, que le toma la oreja y parte de la boca y hazia el onbro derecho, que al presente es de hedad de treze años, poco más o menos. Y es hijo de Ana Hernández, que asi mesmo fue mi esclava, y al presente es libre, e porque conforme a una escritura e conçerto hecha entre mi e la dicha su madre, que nos convenimos me pagase ochenta ducados por el rescate del dicho Pedro, y ella me los a ydo pagando (...)". A.P.G. Leg. 189. No se lee el folio. 1563.

demanda de libertad a su propietario porque tenía miedo de que la separaran de su hija, ya que entendió que las iban a vender "a cada una de por sí"; posteriormente se retractó[14].

Pero también los padres, o mejor dicho: los que dicen ser los padres[15], ahorran a sus hijos. Como en el caso de Micaela, una niña de 4 años, que estaba enferma y fue liberada por un tejedor de terciopelo que decía ser su padre. La madre de la niña había fallecido y era negroafricana, mientras que la pequeña es definida como "de color loro". Por las costas de la crianza el tejedor pagó 12 ducados. El precio pagado por la pequeña enferma indica que el interés del tejedor no era lucrativo. La dueña de Micaela tenía, además, otro esclavillo llamado Alonso, hijo de su esclava negroafricana. Pues bien, otro tejedor de terciopelo, tal vez padre del niño, se concertó con la propietaria en pagar en 10 años el rescate de ambos, concertado en 110 ducados[16].

Del mismo modo existe la posibilidad de liberarse para contraer matrimonio; en este caso los hombres suelen ser los pagadores del rescate de sus futuras esposas, pues la pobreza afecta más a las mujeres. Condición indispensable era la aprobación del casamiento por parte del amo, lo que, como hemos visto, no era fácil. Pese a ello, algunas esclavas lo consiguieron; como la guineana Isabel de 35 años cuyo cortejador pagó 90 ducados por su rescate, abonados en 2 años. El novio, que no disponía de esta suma, se vio obligado a pedir fiado a un tendero y dos trabajadores. No obstante, el pagador no fue estafado, puesto que el precio medio de una esclava de 30 años en el mercado rondaba, por entonces, los 85 ducados (1563). Es más, en este caso el

[14] "(...) pareçió presente Leonor, morisca, vezina que dixo aver sido de la villa de Motril, e muger que fue de Hernando Caiçaran y dixo que por quanto ella tiene puesta demanda de su libertad ante el señor auditor a Luis de Avila, vecino de esta çiudad, que es la persona a quien la vendió Pedro Serrano, juntamente con una hija suya, la qual demanda ella puso a el dicho Luis de Avila porque le enduxieron muchas personas a ello, e porque entendió que el dicho Luis de Avila la quería vender a ella y a la dicha su hija, a cada una de por sí, que la verdad de ello es que ella se fue con las demás moros e moras alçados a la sierra de Zazena, a donde la cautibó el dicho Pedro Serrano (...)".A.P.G. Leg. 192, Fol. 143rº-vº, 1572.

[15] Mientras la maternidad es evidente, no podemos estar seguros de la paternidad.

[16] A.P.G. Legajo 212, fol 156, 1564.

amo considera que el matrimonio de la esclava era una buena obra que no podía deshacer; eso sí, una vez recuperada su inversión[17].

Otra posibilidad era recurrir a vecinos o compañeros que actuaran como fiadores, aunque se corría el riesgo de no poder satisfacer la deuda adquirida. En cualquier caso, ésta era otra de las fórmulas para conseguir la libertad. Un mesonero morisco, su mujer y su cuñado, también moriscos, todos ellos residentes en el barrio de la Magdalena, prestaron a una esclava árabe ("arbía") los 45 ducados que necesitaba para completar los 75 que su ama exigía por su rescate. Los cuatro residían en el barrio de la Magdalena y eran descendientes de musulmanes; por tanto existían lazos de vecindad y religiosidad común. Esto ocurrió en 1542 cuando la represión sobre la comunidad morisca, aun siendo muy fuerte, no había alcanzado los niveles posteriores[18].

A veces el pago del rescate corresponde, en realidad, a la compra del servicio de la persona. Por ejemplo, el mercader Juan de Jerez pagó 10 ducados por una esclava negroafricana de 45 años, pero en la propia carta de horro se incluyó una cláusula, según la cual, la liberta debía servirle durante 4 años[19]. De igual forma, un beneficiado de Motril pagó el recate de María (60 ducados), una esclava de 18 años, pero posteriormente ésta quedó obligada a servirle "todo el tiempo que el dicho beneficiado quisiere e le servir en todo lo que le mandare e de no salir de su obediencia hasta tanto que la case (...)"[20].

Por último, analizaré las cartas de horro en que el rescate lo pagan las propias personas esclavizadas. Este es el caso de Gabriel, un mulato que había nacido en casa de su ama y que a los 27 años realiza una

[17] *(...) Alonso de Carmona, vezino de esta dicha çibdad en la collaçion de la Yglesia Mayor, y dixo que, por quanto el tiene por su esclaba a Ysabel, de color negra, que al presente es de edad de treinta e çinco años, poco más o menos, la qual le a serbido bien y lealmente y le tiene boluntad, y por le hazer bien y a su ruego, ynstançia, y porque la suso dicha se quiere casar con Juan López de Çarate, y porque esta buena obra no a de desehazer, se a conbenido y concertado con ella y con el dicho Juan López de Çarate, que le paguen por su rescate nobenta ducados, a los plazos y con ciertas fianças y como de yuso será qontenido. La qual dicha Ysabel de Carmona, de color negra, desde oy en adelante, a de trabajar para sí y disponer de ella y de su trabajo a su boluntad porque desde luego queda libre y horra (...).* A.P.G, Leg. 129, fol. 624rº-vº, 1563.

[18] Obligación de pago: A.P.G, Leg. 41, fol. 175r-176r, 1542 y Carta de libertad: Apéndice documental nº 30.

[19] A.P.G, Leg. 70, fol. 213r-214r, 1549.

[20] A.P.G, Leg. 42, 1537, fol. 768r-v, 1537.

escritura comprometiéndose a pagar 1 ducado cada mes durante 4 años, con condición de que, si no consigue reunir todo, volvería a cautiverio[21]. Pero, ¿cómo consiguen los esclavos y las esclavas el dinero para pagar su rescate? Las vías para reunir el precio de la libertad eran principalmente la limosna, los donativos particulares de personas a las que han realizado servicios, el trabajo extradomiciliario previa licencia del amo y, a menudo, recurrir al empeño o a los fiadores. Para mendigar era imprescindible contar con el beneplácito del propietario. Por ejemplo, el amo de "Bartolomé de Marruecos" le dio licencia para que pudiese pedir y demandar limosna para su rescate en la ciudad de Granada y su término durante 3 años, al fin de los cuales debería reunir los 40 ducados del precio de su libertad. En ciertas ocasiones, algunas personas muestran su agradecimiento a esclavas que le han prestado sus servicios regalándoles algún dinero para que un día compren su libertad. Un ejemplo de lo expuesto nos lo ofrece una doncella granadina que entrega a Isabel, esclava de Alonso de Carmona, seis ducados "para ayuda a su rescate", por que "ruegue a Dios por mi ánima y por los trabajos y serviçios que ha echo en mi enfermedad"[22].

En cuanto a pagar la libertad trabajando fuera de casa del amo, ocurre que algunos propietarios ponen al servicio a sus esclavas durante un tiempo concreto para que sus contratantes paguen el precio del rescate. No se trata exactamente de esclavos cortados, si no de acuerdos particulares según los cuales el esclavo o la esclava trabaja a las órdenes de una persona que no es su propietario con el único objetivo de pagar su libertad. Este es el caso de la guineana Isabel, una mujer de 45 años cuyo amo le pidió 10 ducados por liberarla. Como ella no tenía dinero entró a servicio de un mercader que pagaría dicha suma a cambio de 4 años de servicio de la esclava[23].

Por último, cabe la posibilidad de que algunos pagaran parte de su rescate mediante la venta de mercaderías robadas. Al menos así lo sugiere la documentación oficial (ordenanzas, etc.), que fomenta considerablemente la imagen del esclavo ladrón. Pero precisamente por eso, no creo que fuera otra cosa que una posibilidad remotísima.

[21] A.P.G. Leg. 157, fol. 798, 1567.
[22] A.P.G. Leg. 129, fol. 798, 1563.
[23] A.P.G, Leg. 70, fol. 214r, 1549.

1.4. *Librarse de una carga: ahorrar a niños y ancianos*

Las liberaciones no se producen en momentos de máxima cotización en el mercado sino, al contrario, en las edades menos productivas, cuando a los propietarios ya no les interesa mantener una mano de obra que no es rentable. Ahora el ritmo se ha modificado y se liberan sobre todo niños menores de 10 años y adultos mayores de 30 años. El marco de edades en las escrituras de horro es exactamente inverso al de las compraventas. Mientras los picos más elevados de las ahorrías se encuentran en los 30, 40 y 50 años, las compraventas mostraban valores superiores en torno a los 18 y los 20 años.

Como podemos apreciar en el gráfico, la mayoría de los niños liberados son moriscos cautivados en la rebelión y sólo algunos han nacido en casa de los amos de la madre. Tomemos por ejemplo la declaración del amo de un esclavillo: "Otorgo y conozco que ahorro y libero a Luis porque nació en mi casa e lo he criado desde niño e le tengo mucho amor e porque lo parió una esclava mía"[24]. En ocasiones los propietarios reclaman sumas desorbitadas por el coste de crianza. Por ejemplo, en 1569, el propietario de un esclavillo berberisco de 3 años llamado Alonso pide 40 ducados "para ayuda que con él e fecho en criallo"[25].

Si las liberaciones de menores eran relativamente frecuentes, las de ancianos no lo eran menos. Cervantes, que había sufrido el cautiverio, critica severamente a los dueños que liberan a sus esclavos cuando ya no son productivos. El literato censura a estos propietarios despiadados en los siguientes términos: "Ahorran y dan libertad a sus negros cuando ya son viejos y no pueden servir, y echándoles de casa con título de libres, los hacen esclavos del hambre, de quien no piensan ahorrarse si no es con la muerte"[26].

Ciertamente algunos ahorramientos gratuitos de ancianos no podían conducirles más que a la enfermedad y la muerte. Tal es el caso de Hernán Jiménez, mercader y cerero, que libera gratis a su esclava Inés, nacida en Capileira, porque tiene 70 años[27]. La carta de horro de Inés, una negroafricana de 50 años, estipula que ésta no será libre hasta la

[24] A.P.G. fol. 733v, 1535.

[25] A.P.G. Leg. 171, fol. 696, 1569.

[26] Citado por Guy Jean-Pierre TARDIEU: *Le noir dans la littérature espagnole aux XVIe et XVIIe siècles.* Tesis doctoral, Universidad de Burdeos, 1977, p. 41.

[27] A.P.G. Leg. 182, s.f., 1571.

GRÁFICO 43

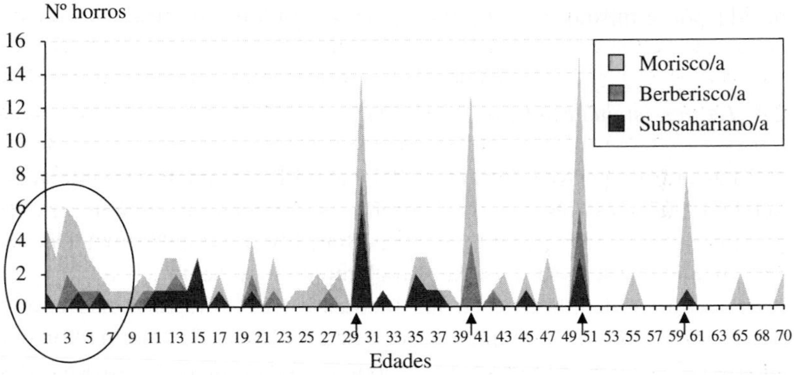

FUENTE: *A.P.G. Cartas de horro analizadas.*

muerte de su ama, lo que significa que quizá muera siendo aún esclava. Sin embargo, las palabras de su dueña pueden hacernos creer que se trata de un acto piadoso: "y me a servido de 40 años a esta parte de bueno y leal servicio, y tenyendo respeto a ello y por el amor e buena voluntad que le tengo (...)"[28]. Aún más evidente es el caso de Simón, esclavo liberado "porque de presente el dicho Simón está tuerto de un ojo y está quebrado en trabajando en el lagar del dicho don Juan Cigler de Espinoza y así mismo es enfermo del pecho que echa sangre por la boca del trabajo que a tenido y no es de provecho ninguno"[29].

2. LA CONSIDERACIÓN SOCIAL DE LOS LIBERTOS Y LAS LIBERTAS

"Vos doy liçencia e facultad cumplida para que podyas fazer de vuestra persona e bienes todo lo que quisiéredes, e por bien tuviéredes, ordenar buestra ánima, e fazer testamento como cualequier persona horra e libre e

[28] "(...) sin precio alguno ny otro ynterés (...) con tanto que me sirva como hasta aquí lo ha fecho durante los días de mi vida y en fín dellos a de quedar libre (...) y le doy poder para que luego que yo sea falleçida pueda yr y andar por todas parte" A.P.G. Leg. 145, fol. 619.

[29] Citado por NDAMBA KABONGO, Albert: Ob. cit., 1975, p. 267.

quita lo pueda fazer". En esta fórmula jurídica se sintetiza la esencia del paso de la esclavitud a la libertad. El énfasis se pone en la capacidad para decidir por sí mismo/a, para poseer bienes y para transmitirlos.

2.1. *La persistencia del estigma servil*

El estatus de persona liberta no debe asimilarse simétricamente al de persona libre, ya que los manumitidos se encuentran estigmatizadas por un pasado esclavo del cual no podían librarse fácilmente. De hecho, su calidad de ex-esclavo/a está claramente presente en su vida y se expresa contundentemente en las fuentes a través de fórmulas como: "esclavo que fue de...", "que de poco acá es horra...", "que es horro y fue esclavo...", etc. Estas frases son una forma de marcar y distinguir a las personas liberadas de aquellas que nacieron libres.

Incluso cuando la escritura notarial no está relacionada con el pasado esclavo de las partes implicadas, como puede ser una compraventa de tierras de labranza, se especifica reiteradamente la condición de liberto o liberta. Así, cuando Diego el Dubily, un labrador manumitido, compra un pedazo de viña de secano a otro labrador de Albolote, en la escritura de compraventa se explícita que el primero fue esclavo de Luis El Dubily[30]. Por tanto, el pasado esclavo sigue marcando la vida de los libertos. La actitud general hacia las personas liberadas no difiere demasiado del trato dispensado a las personas esclavizadas.

Por otro lado, el inconsciente colectivo asimilaba negro, moreno o mulato a esclavo, por lo que aún después de liberados o incluso habiendo nacido libres, siempre serían percibidos como esclavos[31]. Esta idea se pone de manifiesto en una de las mandas testamentarias de una viuda granadina, la cual nombra como herederos a dos hermanos (hombre y mujer) y señala: "Tienen en su color de rostro alguna sospecha para entender que sean cautivos, digo y declaro que no lo an sido ni son sino personas libres". La asociación entre oscuridad de piel y esclavitud formaba parte de la lógica de la época.

[30] A.P.G. Leg. 150, fol. 68, 1566.

[31] Es interesante el análisis del racismo en el Islam que hace BERNARD LEWIS en *Race et couleur au pays d'Islam*, Payot, París, 1982.

2.2. *La libertad parcial o condicionada*

La libertad no siempre es absoluta, sobre todo si se realiza por testamento. Los amos no renuncian fácilmente al trabajo esclavo ni a su condición de dominadores. Por ello, suelen incluir en las escrituras cláusulas que limitan la libertad de sus dependientes. Comúnmente se les obliga a servir durante algún tiempo en casa de algún familiar. Tomemos por ejemplo el caso de Bernardina cuyo propietario incluye la siguiente cláusula en su testamento: "Yten mando que Bernardina, mi esclaba morisca, sirba a mi hija María de Almaçar mientras bibiere la dicha my hija, y en fin de los días de la vida de la dicha mi hija, la dicha Bernardina quede libre e horra e quita de todo cativerio y serbidumbre"[32].

Las condiciones impuestas son de los más dispares. Por ejemplo, Martín Martínez, un canónigo de la iglesia mayor, manda que su esclava sirva a los pobres del Hospital de la Alhambra durante 5 años y que después quede libre[33]. El testamento del dueño estipula que si la mujer cae enferma la deben cuidar, aunque el tiempo de la enfermedad se descuente de los dichos 5 años, y "si saliere sólo un paso de la puerta del dicho ospital afuera salvo con mayordomo" quedaría obligada a servir un año más. Y, por último, el hijo que llevaba ésta en su vientre pasaría a propiedad de un sobrino del canónigo. Por otra parte, la dueña de una morisca llamada Isabel manda en su testamento que ésta acuda a su sepultura todos los domingos y fiestas de guardar a poner y quitar la cera.

Cuando la propiedad era compartida, puede ocurrir que solamente uno de los propietarios libere su parte. Luisa, por ejemplo, era esclava de un matrimonio. La esposa liberó la mitad que en ella tenía a su muerte, pero el marido dejó su parte en herencia al hijo de ambos; éste finalmente la ahorra en su testamento y dice: "que mi madre ya le abía dado aunque no my padre"[34].

[32] A.P.G. fol. 485r, 1580. Testamento de Pedro de Córdoba. "yten mando que Bernardina mi esclaba morisca sirba a mi hija María de Almaçar mientras bibiere la dicha my hija y en fin de los dias de la vida de la dicha mi hija la dicha Bernardina quede libre e horra e quita de todo cativerio y serbidumbre".

[33] Archivo de la Catedral, Leg. 229, pieza 10, 1507.

[34] A.P.G. Leg. 178, fol. 284, 1571.

La libertad de María, Ana y Catalina dependía del estado de su dueña ya que el marido, propietario de la mitad de cada una de las esclavas, viendo la muerte cercana mandó en su testamento que sirviesen a su esposa "todos los días que ella viviera", y quedando luego libres; pero si su mujer, ya viuda, se casaba de nuevo, éstas quedarían inmediatamente liberadas de la parte que el abogado tenía en ellas. ("con cargo que no se case y si se casare que las dichas 3 esclabas sean libres y horras de la dicha mitad")[35]. De esta manera condicionaba el marido la libertad de las esclavas y la viudedad de su esposa. Estos ejemplos ponen de manifiesto que la libertad a menudo es sólo parcial, y otras veces condicionada.

2.3. *El futuro de las personas liberadas*

A pesar de que la mayoría de los propietarios condicionan la libertad de sus dependientes, hay casos en que los liberan sin restricciones e incluso les dejan una pequeña herencia. Quizá el bien que más frecuentemente heredan sea el colchón y la cama en que duermen, aunque también las ropas viejas de sus amos. La morisca Isabel de Mendoza recibió una colcha colorada, una caldera mediana, un colchón lleno de lana, un faldellín colorado y la cama en que dormía[36].

Sin duda muchos libertos y libertas se veían obligados a vivir de la caridad incorporados a la masa de pobres que dependían de las limosnas. En Granada, al igual que en el resto de Castilla, la proporción de vagabundos y mendicantes era muy alta. Por ejemplo, en la parroquia de San Gil, entre 1556 y 1571, frente a un total de 49 bautizos de personas esclavizadas, se bautizaron 95 pobres (hijos de la iglesia, de la tierra e indigentes). Pero la pobreza afectaba mucho más cruelmente a las mujeres[37], por lo que las libertas sufrieron probablemente más penurias.

[35] A.P.G. Leg. 154, fol. 130, 1567.

[36] A.P.G. Leg. 179, s.f., 1576.

[37] En Segovia, el 60% de los pobres eran mujeres. BENNASSAR, Bartolomé: *Valladolid en el siglo de Oro*, p. 402.

A los hombres, a veces, se les enseña un oficio con que ganarse la vida. Los trabajos a los que se alude más frecuentemente en la documentación consultada son: labrador, foguero, cordonero, fundidor, aguador, bruñidor de piedras, empedrador, panadero y, más raramente, clérigo y sastre. Sebastián de Lojuela, que tomó su apellido del lugar en que estableció su residencia (en la tierra de Almuñecar) era labrador y tenía 6 marjales de caña dulce[38]. Gerónimo Márquez, un liberto del Albaicín, también era labrador, aunque desconocemos el tipo de labranza que practicaba[39]. Lorenzo Cristóbal, un liberto que residía igualmente en el barrio morisco, entró a servir como foguero en la aduana del azúcar de Motril. Lorenzo trabajaba durante la temporada de moler las cañas y cobraba real y medio por cada tarea de azúcar.

En el contrato de trabajo del liberto Diego López se estipula que "servirá en todo lo que le dijéredes y mandáredes, así en la çiudad como en el campo y otras cosas que le sean posibles de hazer". Don Fernando de Montoya, dean e inquisidor del reino, se concertó con un sastre para que un criado negro de 17 años, el cual había pertenecido a un beneficiado de San Justo, aprendiese el oficio de sastre. Del mismo modo, el clérigo de Ujijar puso a un mulato suyo de aprendiz de sastre. Juan, el esclavo, que tenía 18 años, era hijo de una esclava negra del cura. Es difícil saber si se trata de su hijo, pues éste compró a su madre cuando el niño tenía 5 meses; no obstante, una vez en su poder la esclava tuvo otro hijo, que murió con 12 o 14 años. He recogido también el testimonio de un matrimonio de libertos, que gracias a la ayuda de sus antiguos amos

[38] "*Sepan quantos esta carta vieren como yo, Sebastian de Loxuela, de color negro, vecino del lugar de Loxuela, juridiçion de la çibdad de Almuñecar, estante al presente en esta çibdad de Granada, otorgo y conozco que bendo a vos, Alonso el Cadi, albardero, vecino de Granada, que soys presente, dos pedaços de caña duçe que está en dos haçuelas, y cada uno de los dichos dos pedaços, es de tres marjales, por manera que anbos pedaços tienen seys marjales; y el un pedaço de ellos está en Loxuela, y el otro está en Çiquitalhara. Para que vos, el dicho Alonso el Cadi ayays para vos la caña duçe que tienen este presente año de quinientos y sesenta y çinco, y lo podays aver e desfrutar y hazer de ello como de cosa vuestra, propia, esto por razon que me aveys de dar y pagar, por conpra de ello, treynta y çinco ducados (...)*". A.P.G, Leg. 145, Fol. 14rº-vº, 1565.

[39] A.P.G, Leg. 39, 1534-35, fol. 214vº-215vº, 1535.

se compran una pequeña casa en el Albaicín. En este caso, los ex-propietarios eran moriscos. Hasta aquí, las alusiones se han referido a libertos y libertas de origen negroafricano o mulatos. En el caso de los moriscos algunos hombres también aprenden oficios al ser liberados. Cuando Diego de Moya, alpargatero, libera a su esclavo morisco señala que ha aprendido el oficio de cordonero[40].

Como las mujeres estaban excluidas de la mayor parte de los trabajos asalariados, a las libertas no les quedaba más futuro que "perderse" o depender de un hombre, es decir "el matrimonio". Por esta razón, algunos propietarios dotan a sus esclavas al liberarlas; la dote podía consistir en bienes o dineros. De hecho, "casar doncellas pobres" era uno de los paradigmas de la caridad cristiana[41]. Pongamos, por ejemplo, el caso de una cristiana que al testar quiere que su morisca quede libre, eso sí, después de servir durante 6 años a una sobrina suya. La testadora le regala alguna ropa de casa y pide a la sobrina que en el futuro la case "por que sea buena muger y sirva a Dios"[42]. Asimismo, María Díaz Navarrete al liberar por cláusula de su testamento a su esclava Inés de Navarrete, le deja una cama, cuatro sábanas, una manta, una faldilla de color y otra negra, un manto de paño fino y 8.000 maravedises para su casamiento "si fuere buena mujer e hiziere lo que deve", en caso contrario serían para los herederos de la testadora[43]. El empeño en casar a las mujeres libertas es muy común e inexistente en el caso de los varones.

[40] "yten declaro que yo e tenido e tengo en mi poder a Luys que es morisco y me a servido mucho tiempo en mi casa e le he mostrado mi ofiçio de cordonero mando que el susodicho se quede en poder de Catalina Alonso mi muger y cuando haya servido dos años despues de mi fallçimiento se le de su libertad". A.P.G. Leg. 227, 1580.

[41] RIAL GARCÍA, S.: "Casar doncellas pobres, paradigma de la caridad eclesiástica", Obradoiro de Historia Moderna, vol 3, 1994, pp. 71-85. De hecho, San Juan de Dios consagró buena parte de su labor caritativa a reunir dotes para casar mujeres humildes. MARTÍN CASARES, Aurelia: "Cuidar descarriadas sanando su alma. Juan de Dios y las prostitutas granadinas del siglo XVI", *Index de enfermería*, 1995, p. 27-30.

[42] Testamento de Francisca de Tuesta. A.P.G. Leg. 227, s. f., 1580.

[43] Testamento de María Díaz Navarrete: "*Otrosí digo que yo tengo por mi esclava e cabtiba a Inés de Navarrete, negra, por tanto, por serviçio de Dios nuestro señor, porque es cristiana e me a servido desde niña, si Dios toviere por bien de me llevar desta vida después de mis días dexo por libre e ahorro e liberto e mando que quede horra e libre de dicho cabtiverio en que está (...)*".

En el testamento de Clara de Pareja, la viuda expone el deseo de que su esclavo Luis de Medrano, nacido en su casa, sea libre y se convierta en clérigo, para lo que le deja 12.000 maravedises de censo que deben ser administrados por un beneficiado. A María, esclava y hermana del anterior, le deja únicamente 2.000 maravedises para su casamiento, y además la condición de servir en casa de una señora "que la adoctrine y castigue". Por otra parte, en caso de que la esclava se ausentara o se tuviese sospecha de que no sirve a Dios, los albaceas podrían esclavizarla de nuevo y meterla en el monasterio de Santiago[44]. La testadora conoce el nombre del padre de ambos esclavos, pero no cita su nombre ni su profesión, aunque aclara que es un cristiano viejo. Deja muy claro que no quiere que María salga con su padre y pretende que el hermano vele para que "no se pierda". Si María muere, los 2.000 maravedises de su dote serían para su hermano[45]. En consecuencia, el varón salía mejor parado: Luis no tendría que preocuparse por su futuro ya que tomaría el estado eclesiástico con una pensión de 12.000 maravedises, mientras que la esclava quedaba con 2.000 maravedises, en caso de casarse además tendría que trabajar; por otra parte, Luis, quedó libre de por vida mientras que cabía la posibilidad de que María volviese a ser esclava de no comportarse como su ama consideraba le correspondía.

Cabe señalar que entre las facultades que adquieren las personas liberadas en el momento de su ahorría se encuentra la capacidad de testar. Sin embargo, los testamentos de libertos/as son muy infrecuentes, y desde luego no corresponden al número de cartas de horro. ¿Por

[44] "mys albaçeas y patrón la puedan compeler como esclaba y metella en el monasterio del señor santiago de las monjas" A.P.G. Leg. 26, fol. 425r-425v, 1525.

[45] "yten mando que María my esclaba hija de María my esclaba quede libre e horra de todo cautiverio por amor de dios y porque dios perdone my anyma y por los buenos serviçios que de su madre rreçebi y que sy su hermano Luys de Medrano la quysiere para hazer por ella se la den libre para que la case y sy el dicho no la rresçibiere sirba a la señora Ginebra de Pareja por su soldada hasta en tanto que su hermano la demande o sea de hedad de casar y sy la dicha no la rresçibiere el patron y albaçeas la den a una persona a quyen sirba y que la doctrine y castigue y que sy se ausentare o se tenga sospecha que no sirbe a dios que mys albaçeas y patrón la puedan compeler como esclaba y metella en el monasterio del señor santiago de las monjas desta çibdad de Granada para que las syrba como esclaba hasta en tanto que su hermano la quyera sacar y sy el dicho su hermano no hiziere por ella quede alli para syempre porque no se pyerda". A.P.G. Leg. 32, s.f, 1532.

qué son tan excepcionales los testamentos de libertas y libertos en los protocolos notariales? Tal vez concurran una serie de razones: en primer lugar, la necesidad de un mínimo de dinero para pagar al escribano y cubrir las mandas obligatorias del testamento; por otro lado, en la mayoría de los casos no hay patrimonio que transmitir; otra razón podría ser la falta de conciencia religiosa, es decir, el hecho de no entender el testamento como un medio para salvar el alma. Quizá no saben utilizar los instrumentos legales que le habían sido negados anteriormente y, por lo tanto, no entra en sus esquemas el testar, y en último caso, queda la posibilidad de que exista cierta voluntad de afirmarse en su nuevo estatus de libre y aparezcan testando entre los pobres sin hacer referencia a su pasado esclavo. El resultado es que únicamente tengo noticia de 3 testamentos de personas liberadas.

Empezaré por el testamento de Alonso de Aguilar, un liberto morisco que regentaba una panadería con otro morisco llamado Francisco el Cambily. Alonso explica que cuando se casó con Beatriz de Aguilar no recibió ninguna dote porque eran cautivos[46]. Tuvo tres hijos con ella, dos varones y una mujer, que nacieron una vez liberada la madre. Más tarde se casó con otra mujer, Isabel de Aguilar, la cual sí aportó ciertos bienes al matrimonio: una casa en San Idelfonso, una viña en la sierra y 10 ducados. La mitad de este patrimonio quedaría para su esposa, la hija del primer matrimonio percibiría 23.000 maravedises de dote e Isabel, hija de su segunda unión, recibiría la viña. Este panadero liberto de origen morisco llegó a reunir un patrimonio considerable teniendo en cuenta que salió de la nada.

Otra liberta testadora es Beatriz Hernández, que fue esclava del jurado Domingo Pérez[47]. Beatriz no tiene bienes, ni habla de ningún familiar, es más, su albacea sería "el cura de la parroquia donde falleçiere". Tampoco tiene preferencias por una iglesia a la hora de su enterramiento y pide que su cuerpo sea sepultado en la parroquia donde residiera a su muerte. El testamento sigue las pautas acostumbradas: que le digan una misa y vigilia, el novenario pagado y limosna a la iglesia, en este caso a San Miguel y la Iglesia Mayor. Entre las mandas

[46] "no reçibi con ella nigún dote porque heramos captivos" A.P.G. Leg. 16, fol. 945, 1521.

[47] A.P.G. Leg. fol. 646v, 1555.

obligatorias de los testamentos se encuentra la limosna para la redención de cautivos cristianos en Berbería, para lo que Beatriz deja cinco maravedises.

Por último, citamos el testamento de Isabel de Carmona, que tuvo dos hijos fruto del amancebamiento con un hombre libre, el cual se casó posteriormente con la esclava y la liberó pagando 90 ducados por su rescate[48]. El texto de su testamento dice así: "yten digo y declaro que el dicho Juan López, mi marido, antes que fuésemos casados tuvo mi amistad e conversación, e después nos casamos antes que yo tuviese libertad, e después estando casados pagó por mi rescate a Alonso de Carmona, mi amo, 90 ducados, que los pagó el dicho Juan López, mi marido, de su trabajo". Pero sus hijos, nacidos cuando ella era aún esclava, quedaron en poder del amo: "yten digo e declaro que antes que yo e el dicho mi marido nos casásemos obímos por nuestros hijos a Juan e a Diego, los quales están en poder del dicho Alonso, porque yo no había conseguido libertad, e por no ser abidos después de casados sino antes". La mujer sintiéndose morir dejó encargado al marido, por cláusula de su testamento, que rescatara a los niños "porque no siendo libres no quiero que hereden".

Los 3 testamentos analizados ponen de manifiesto la heterogeneidad del estatus de las personas liberadas, desde Beatriz que no posee nada ni tiene familia hasta Alonso, casado dos veces y con un cierto patrimonio.

3. LOS MORISCOS: VÍCTIMAS Y VERDUGOS

Las dos caras de la comunidad morisca, víctimas y verdugos, se descubren al analizar las liberaciones. En los años 60, los moriscos se resisten a liberar a sus dependientes como exige la prohibición real, y a partir de la rebelión hacen lo imposible por ahorrar a sus familiares y compañeros esclavizados.

3.1. *Liberaciones forzosas y liberaciones solidarias*

Respecto a las liberaciones forzosas inducidas por Felipe II, el propio texto de las cartas de horro señala que la liberación se realiza "por

[48] A.P.G. Leg 175, fol. 561r, 1570.

la pragmática del rey que prohibe a los moriscos tener esclavos"[49]. Miguel Montabarí, un labrador de Purchil, que poseía un joven de Cabo Verde incluye el párrafo siguiente en la carta de liberación del muchacho: "si su majestad diere licencia a los dichos nuevamente convertidos para poder tener los dichos esclavos, ha de quedar esta escritura sin efeto ni fuerza alguna, e abréis de ser mi esclavo captibo como lo érades antes"[50]. Esta condición que alude a la posibilidad de revocar las leyes que prohiben a los moriscos la propiedad de personas esclavizadas se repite en numerosas cartas de horro de los años 50-60, décadas en que se produce el mayor número de este tipo de liberaciones. Los moriscos no tenían intención alguna de deshacerse de su mano de obra esclava; y de no haber sido por la pragmática real, pocos hubiesen obtenido su libertad. Una de las formas de escapar a la ley era prolongar la esclavitud bajo forma de servidumbre libre. Esto es lo que hace García Elhaxit, el cual libera a su esclavo Francisco a condición de que le sirva dos años más[51].

Además de la prohibición real, los moriscos dicen liberar a sus dependientes por razones piadosas (por servicio de Dios o por ser buen cristiano) lo que subraya el carácter puramente formal de estas frases. Por otro lado, cabe señalar que la mayoría de los liberados a raíz de la prohibición de Felipe II eran negroafricanos, pues como he dicho en otra parte, los moriscos se servían principalmente de personas procedentes del África negra. Algunos negros liberados habían servido durante la mayor parte de sus vidas a sus amos moriscos, como Juan, que tenía 60 años en el momento de su liberación[52].

Si exceptuamos algunos mercaderes, los oficios de los moriscos que liberan a sus esclavos y esclavas a consecuencia del decreto real se enmarcan en el sector secundario y primario; en la documentación se citan peineros, cereros, tintoreros, sastres, la viuda de un ropero, hortelanos y varios labradores. La élite morisca se hizo con licencias que le permitían la posesión de esclavos y esclavas.

Por lo que respecta a las liberaciones solidarias, éstas pueden estudiarse mediante dos tipos de fuentes: las compraventas y las cartas de

[49] A.P.G. Leg. 121, fol. 391, 1561.
[50] A.P.G. Leg. 121, fol. 399, 1561.
[51] A.P.G. Leg. 50, fol. 804, 1543.
[52] A.P.G. Leg. 121, fol. 604, 1561.

horro. No obstante, debido a las sucesivas prohibiciones decretadas por la Corona, el número de neoconversos que compran moriscos es mínimo. En nuestro caso, hemos localizado sólo dos: un tejedor del Albaicín que compró una muchacha de 14 años en 1572 y un vecino de Gabia la Grande que compró una morisca de 30 años en 1577[53]. Ambas compras tenían, sin duda, la finalidad de liberar a las esclavas porque los precios que pagaron los moriscos compradores superaban con creces el precio medio de las moriscas en el mercado. Por la joven María se pagaron 112 ducados y por Agueda 120 ducados cuando el precio medio estaba en torno a los 43 ducados en 1572 y en 50 ducados en 1577[54].

En cuanto a los rescates solidarios, los cristianos nuevos que ven cómo sus familiares son sometidos impunemente reúnen sus ahorros e intentan socorrerlos en su desgracia. No obstante, a estas alturas de la centuria la comunidad morisca, exceptuando algunos colaboracionistas de los cristianos, era bastante pobre. Muchos habían huido, otros fueron expulsados, los que quedaron vivían abrumados por los impuestos y, los que se rebelaron, bien murieron en el combate, bien fueron esclavizados junto a sus mujeres y sus hijos. Los moriscos libres que permanecieron en Granada no tenían, en su mayoría, recursos suficientes para desembolsar las elevadas sumas que los cristianos pedían. Los cristianos, por su parte, tampoco facilitan a los moriscos la liberación de sus familiares. De hecho, aprovechando las circunstancias reclaman rescates desmesurados, de manera que los moriscos se ven a menudo obligados a asociarse o empeñar todos sus bienes para pagar las elevadas sumas que los cristianos exigen. Es más, la mayoría de los liberados son niños y ancianos de ambos sexos; es decir, el grupo menos productivo. En definitiva, el número de liberaciones solidarias tampoco debe exagerarse.

Entre 1569 y 1580, he constatado un total de 105 liberaciones de miembros de la comunidad morisca por parte de sus familiares o conocidos. El número real de liberaciones solidarias debió suponer, al menos, una media de 1.000 personas. Se trata de un cantidad reducida (en comparación con las ventas) aunque importante si tenemos en cuenta el esfuerzo que supuso[55].

[53] A.P.G. Leg. 174, fol. 605 y Leg. 209, fol. 165.

[54] Ver Capítulo 5.

[55] Ver Capítulo 3.

Las profesiones de los moriscos que liberan a sus "compatriotas" se enmarcan en el sector secundario, principalmente artesanos y trabajadores de la construcción que residen en el Albaicín. La élite neoconversa no tiene familiares ni amigos entre los esclavos.

En cuanto a las relaciones de parentesco, las madres son las que más esfuerzos hicieron por liberar a sus hijos y sus hijas. Asimismo padres, hijas, yernos, primas y hermanos consiguen reunir el dinero suficiente para liberar a sus familiares. El caso de Isabel de Murcia, una morisca granadina que luchó durante 10 años por la libertad de su hija Quiteria, merece ser recordado. Isabel residía en la colación de la Iglesia mayor, al igual que el propietario de su hija, por lo que, sin duda, tuvieron ocasión de tratarse durante el tiempo en que Quiteria estuvo sujeta a esclavitud. La mujer había quedado viuda y sus recursos eran pocos, pero con los ahorros de 10 años y la ayuda que le prestó un labrador morisco consiguió liberar a su hija. Isabel pagó 60 ducados al contado en 1579 y se obligó a abonar otros 60 ducados un año después[56]. El propietario precisa en la carta de horro que "en pagando" le daría la libertad a su esclava. Quiteria había sido cautivada con 20 años y había permanecido 10 en cautiverio.

Isabel del Castillo es otro ejemplo de madres moriscas que liberan a sus hijas. Su hija Cecilia fue cautivada con 10 o 12 años. Isabel concertó el rescate de su hija el 2 de noviembre de 1577, pero tardó dos años en terminar de reunir el dinero que le pedía su amo. Primero pagó 55 ducados y luego otros 80, que suman nada menos que 135 ducados, tres veces el precio de una morisca en el mercado. El propietario era un cristiano viejo parroquiano de San Justo[57].

Pero no sólo liberan las madres a las hijas, sino también las hijas a sus madres. Este es el caso de Isabel de Cozvijar, un morisca de las Albuñuelas, que tenía 50 años cuando la liberó su hija en 1574[58]. Siendo esclava la madre, su hija no lo era; evidentemente ésta había nacido antes de que cautivaran a su madre.

A Beatriz Hernández, una morisca de Órgiva la liberó su prima en 1578. Beatriz había cambiado de dueño dos veces y su prima le había

[56] A.P.G. Leg. 221, fol. 262, 1579.
[57] A.P.G. Leg. 222, fol. 94, 1579.
[58] A.P.G. Leg. 197, fol. 640, 1575.

seguido la pista. Primero estuvo en Motril y luego vino a parar al centro cristiano de la capital granadina[59]. La morisca tenía 22 años cuando su prima consiguió sacarla del cautiverio en que estaba. También hubo padres que liberaron a sus hijas, como el morisco Francisco Pérez Alazar que pagó el rescate de su hija Isabel y sus dos nietas, Luisa y María, las tres en poder de Gaspar de Mercado, capellán y vecino a la colación de la Iglesia mayor.

Las liberaciones hasta aquí analizadas se produjeron entre seis y diez años después de la venta; sin embargo, algunos moriscos fueron rescatados por parientes o conocidos apenas comenzada la rebelión. Este es el caso de Úrsula, una señora de 60 años, cautivada en Órgiva. Úrsula fue liberada el 23 de abril de 1569, a los cuatro meses del comienzo de la guerra. Los pagadores de su rescate son Sebastián y Luis de Silba Abenimatí, dos hermanos parroquianos de San Miguel en el Albaicín. Ambos habían ofrecido al propietario 40 ducados por liberar a la anciana[60]. Isabel de la Torre, una morisca del Valle de Lecrín, también fue liberada a los pocos meses del estallido del levantamiento. Esta vez fue su padre, Juan de la Torre, quien pagó el rescate[61].

Como hemos visto, la liberación de la población morisca esclavizada se convirtió en un negocio para los cristianos viejos, que sin escrúpulo demandaron sumas disparatadas. El rescate pedido a los familiares era casi siempre más alto que el precio medio en el mercado[62]. Este afán de lucro, tan desacorde con la moral cristiana, arruinó aún más a los moriscos libres que permanecieron en Granada.

Es más, los cristianos viejos se aprovecharon de la confusión y la ignorancia de algunos moriscos, exigiendo sumas descabelladas por la liberación de niños y niñas, cuando su esclavitud ni siquiera era legítima. Soldados y capitanes se beneficiaron especialmente de la coyuntura. Los ejemplos son múltiples: Miguel Hernández Ajimiez pagó a un soldado nada menos que 30 ducados por un niño de 4 años. Fernando Elbaizy, un linero del Albaicín, pagó 14 ducados por el rescate de un

[59] A.P.G. Leg. 214, fol. 679, 1578.

[60] A.P.G. Leg. 171, fol. 303, 1569.

[61] A.P.G. Leg. 167, fol. 605, 1569.

[62] MARTÍN CASARES, Aurelia: "De la esclavitud a la libertad: las voces de moriscas y moriscos en la Granada del siglo XVI", *Sharq al-Andalus*, 12, pp. 197-212.

niño de 3 años a los cinco meses del comienzo de la guerra[63]. Elvira, una señora de 60 años liberó a su nieto Andrés de 4 años, el cual había vendido el propio Don Antonio de Luna a un mercader de esclavos. El texto de la carta de horro encierra una paradoja: "y porque el dicho Andrés, conforme a lo proveído por su majestad es libre y no cautivo, la dicha Elvira me ha pagado por su libertad 60 ducados"[64]. Pero el caso de Lope el Manco y Lope Xarril, labradores de Víznar, es aún más elocuente. Ambos campesinos pagaron de mancomunidad nada menos que 81 ducados por liberar a la pequeña Isabel, de 7 años[65].

Por último, también hubo moriscas y moriscos que compraron su propia libertad. Quizá pidieron préstamos a sus conocidos o trabajaron a jornal con licencia de sus amos. En cualquier caso, el precio del rescate se concertaba previamente con los amos y se iba pagando fraccionada y lentamente. El propietario de Beatriz le prometió la libertad cuando ésta reuniese 19 ducados, lo que consiguió al año de su venta[66]. Asimismo Juana Pérez, que había servido durante 10 años a su dueño, le dio 20 ducados y se comprometió a pagarle 3 ducados al mes durante 20 meses[67]. Igualmente María Hernández, una morisca negra de 60 años se comprometió a pagar 20 ducados en un año[68].

No obstante, el rescate de moriscos y moriscas no estaba tan organizado como el de los cautivos cristianos en el norte de África. El apoyo no llega tampoco de Berbería, a pocos les interesaba la vida de estos hombres y mujeres, en su mayoría humildes, descendientes de los musulmanes andalusíes.

3.2. *El incumplimiento de la libertad de las niñas y niños moriscos*

Los cristianos incumplieron sistemáticamente el decreto real que prohibía vender a las moriscas menores de 9 años y medio y a los moriscos un año mayores que éstas. La libertad, que en principio esta-

[63] Fernando ahorra al niño porque, según él mismo dice, "lo quiere criar y alimentar". A.P.G.. fol. 314, 1569.

[64] A.P.G. Leg. 171, fol. 327, 1569.

[65] A.P.G.. Leg. 169, fol. 464v, 1569.

[66] A.P.G. Leg. 174, fol. 28, 1570.

[67] A.P.G. Leg. 174, fol. 369, 1579.

[68] A.P.G. Leg. 22, fol. 160, 1525.

ba garantizada por el rey, no llegó nunca. Los niños y niñas moriscos vendidos ilegalmente crecieron como esclavos en casa de sus amos. La falta de recursos, las dificultades para demostrar la edad en que fueron cautivados, los riesgos de perder el pleito, el desconocimiento de los mecanismos de la justicia y probablemente el miedo a la venganza de los amos eran motivos suficientes para renunciar a las esperanzas de libertad.

No obstante, hubo quienes afrontaron las dificultades y emprendieron pleitos por su libertad. Entre ellas se encontraba Luisa de la Torre, que demandó a sus propietarios en 1589. Luisa sostiene que fue apresada y vendida como esclava a los 8 años, lo que, conforme al bando de su majestad era ilegal.

Luisa no sólo quiere su libertad sino que, además, reclama a sus propietarios las costas del salario de su trabajo durante los años que les había servido a razón de 2.000 maravedises por año, más el vestido y la comida que, según su procurador, merecía justamente por haber servido muy bien[69]. La esclava había estado en poder del matrimonio durante 19 años, lo que significa que solicitaba la nada despreciable suma de 38.000 maravedises (101 ducados).

El matrimonio propietario recibió a la morisca en herencia por línea de la esposa. Según ellos, la esclava parecía por su aspecto de 16 años cuando la compró el abuelo de la dueña en 1570. Éstos alegan que Luisa "haçía haçiendas de muger a la dicha hedad". La sobrina del propietario declara que por su fisonomía en el momento del pleito parecía de 40 años y, por tanto, no podía ser de las comprendidas en el bando. Luisa probablemente estaba físicamente deteriorada por la dureza de su trabajo y sus condiciones de vida, por lo que seguramente parecía mayor. No obstante, entre los testigos de los propietarios hay quienes consideran que la esclava tiene 34 años y quienes estiman que sobrepasa los 40[70]. Evidentemente los testimonios se basan en percep-

[69] "E le pagasen e diesen el servicio que la susodicha les avía fecho de todo el tiempo que la avían tenido a rrespeto de cada un año 2.000 maravedises de más del vestido y comida que abía mereçido y mereçia justamente por haber servido de muy buen serviçio".

[70] En aquellos tiempos era difícil conocer con exactitud las edades de las personas, especialmente de los pobres. De hecho, la mayor parte de las compraventas analizadas

ciones subjetivas de la apariencia de esta mujer. Luisa, como la mayoría de las moriscas esclavizadas, carecía de acta de bautismo; hecho que viene a subrayar la ficción de la precisión de las edades de los menores en el decreto real (en el caso de las niñas nueve años y medio)[71].

Con la firme intención de liberarse, Luisa presentó 9 testigos; pero, sus amos presentaron 36, es decir, 27 más que la esclava. Además los testigos de los propietarios eran "hombres ricos y principales y fidedignos", mientras que los de la esclava "padecían muchos defectos". Para descalificar a los testigos de la esclava subrayan el origen y la pobreza de los mismos: a los cuatro testigos moriscos los tachan de "participantes interesados" y al resto los acusan de brindarse a pleitos de libertad e hidalguías por dinero[72]. Según el matrimonio heredero, los testigos de Luisa habían andado metiéndose y escondiéndose en una taberna situada al otro lado de la casa de la esclava para reconocerla, y verla, y que ella les dijera lo que debían declarar[73].

A pesar de la inflexible resistencia mostrada por los amos a lo largo del pleito y del menor número de testigos que presenta la esclava, el Alcalde mayor de la Chancillería granadina declara libre a la morisca. Por otra parte, la sentencia eximía a los amos del pago del servicio que la esclava reclamaba[74]. Cabe señalar que el procurador de la esclava,

---

contienen frases como "de x años poco más o menos" o señalan edades que oscilan en cinco años (por ejemplo: "menor de 25 y mayor de 20 años") e incluso a veces, únicamente se puntualiza que la persona es "mayor de cincuenta años".

[71] "siendo los hombres mayores de diez años y medio, y las mugeres de nueve y medio, fuessen y se entendiessen ser esclavos de los que los tomassen y captivassen, y que los menores de la dicha edad no fuessen esclavos" Archivo Municipal de Granada. *Pragmática y declaración sobre los moriscos esclavos que fueron tomados en el reyno de Granada.* Y la horden que con ellos se ha de tener. Impreso en Madrid, 1573.

[72] "(...) habiendo la dicha Luysa de la Torre comprado por dineros y otras dádivas los dichos de los testigos que había presentado e comprado por ser como eran pobres ombres, bajos, y abidos y tenydos por testigos generales falsos no se debía dar crédito a sus dichos (...)".

[73] "(...) abían andado metiéndose y escondiéndose en una taberna enfrente de donde su parte vivía para reconoçella y beella y las señas que tenía para disponer en sus dichos que abían de deçir".

[74] "El Alcalde mayor de Córdoba, licenciado Galarça (...) que la parte de la dicha Luisa, morisca, e su procurador en su nombre probó todo lo que probar le convenía contra lo qual los dichos no probaron cosa en contrario, en consecuençia de lo qual, debo de dar y doy por libre a la dicha Luisa, morisca, del cabtiberio en que estava y no estar sujeta a servidumbre".

Hernán López, no era un "procurador de pobres" como he observado en otros pleitos de libertad; es decir, que Luisa o su madre tenían los recursos suficientes para pagar un representante legal.

No obstante, los propietarios no quedan conformes con el fallo de la justicia y apelan para que se revoque el veredicto. Esta vez alegan que la madre de la esclava había ganado con anterioridad dos pleitos sobre la libertad de otros dos hijos suyos, Luis y Francisca, y que no lo intentó con Luisa por ser ésta mayor cuando fue cautivada. Los hermanos de Luisa habían sido vendidos siendo ambos menores de 8 años. La madre de Luisa, Isabel de la Torre, no cesó en su anhelo de ver libres a sus tres hijos y vio recompensado su tesón. Eso sí, más de veinticinco años después de la guerra. La sentencia de revista también fue favorable a la morisca. Finalmente, la sentencia definitiva confirmó de nuevo la libertad de Luisa de la Torre el 5 de diciembre de 1595; después de 5 años de pleito.

Otra morisca llamada Clara fue herrada como esclava a pesar de que era improcedente su reducción a esclavitud por ser menor de edad cuando la cautivaron. La joven quedó en depósito hasta que la justicia resolviera el caso[75]. La morisca Isabel del Moral recibió la noticia de la sentencia favorable a su libertad en 1587, 18 años después del estallido de la rebelión. No obstante, su amo apeló la decisión de los jueces[76].

Este litigio pone de manifiesto las dificultades para liberarse que tuvieron los moriscos cautivados y vendidos ilegalmente en su infancia; lo que únicamente consiguen mediante el apoyo constante de sus familiares y tras muchos años de esclavitud. Sin embargo, el pleito también testimonia la posibilidad de entablar y ganar pleitos por la libertad.

[75] Dionisio Osorio se constituye en depositario de Clara, morisca de las naturales del Reino, durante el tiempo que se extienda el pleito incoado por haber sido la citada morisca reducida de forma improcedente a la esclavitud, ya que era menor de edad. "Clara, morisca de las naturales de este Reino, que pareçio ser libre y no subjeta a cavtiverio por ser menor, y se proçedio contra el dicho Dionisio çerca de la aver herrado en la barba, y se va siguiendo el pleito, ansi en lo que toca a la libertad de la suso dicha, como en el delito çerca del hierro por ante Lorenço Sanches, escribano publico." A.P.G. Legajo 223, 1579, fol.365rº.

[76] "(...) hasta que los dichos señores pronunçiaron sentençia en favor de la dicha Ysabel del Moral, en que la dieron por libre del dicho cautiverio, la qual se notificó al dicho capitán Juan de Posada y a Antonio Espanon, nunçio del dicho Santo Oficio, segun todo consta por el proçeso, autos y sentençia, que pasó ante Antonio de Larauz, escribano". A.P.G. Leg. 268, fol. 272r-v, 1587.

4. LA ESCLAVITUD EN LOS SIGLOS XVII Y XVIII

Concluiré en este libro con la pervivencia de la esclavitud en el reino de Granada hasta la extinción total de la misma en la legislación española. He constatado la presencia de personas esclavizadas en Granada en los siglos XVII, XVIII, y principios del XIX. Bajo el reinado de los Austrias la consideración social de los esclavos apenas sufre transformaciones. De hecho, en el seiscientos la legislación anterior continúa vigente, los miembros de la administración granadina, los mercaderes y los trabajadores del sector secundario están ampliamente representados entre los propietarios, el herraje se practica, los esclavos son condenados a galeras, etc. El contingente esclavo se renueva a través del comercio o la guerra; los moriscos y moriscas que fueron esclavizados en el trienio de la rebelión desaparecen sin dejar apenas descendientes. La extinción de la esclavitud morisca se puede situar a mediados del siglo XVII, pues las esclavas moriscas fueron muriendo sin aportar nuevas generaciones de trabajadores esclavos.

La mano de obra esclava en el siglo XVII procede en su mayoría del norte de África y del África occidental subsahariana. Las rutas principales de la trata esclavista hacia Castilla seguían siendo básicamente las mismas: desde Berbería llegaban a Málaga, Almería o la propia costa de Granada, y desde África negra hacia las Canarias y Lisboa. Las ciudades magrebíes más nombradas en la documentación consultada para el seiscientos son Melilla, Mostagán el viejo, Tremecén, Orán y Argel. En cuanto a los negroafricanos los centros de comercio negrero se desplazan cada vez más al sur, de manera que el Congo y Angola surgen con más frecuencia en las fuentes. El trabajo de Ángeles Fernández testimonia una proporción nada desdeñable de negros procesados por mahometanos en la Granada del seiscientos; lo que indica, por una parte, que el Islam había penetrado fuertemente en África y, por otra, que el comercio esclavista continuaba vehiculando guineanos a la ciudad[77]. Por otro lado, los colonizadores castellanos que emigran a

[77] De los 1.872 reos registrados en el siglo, 49 fueron esclavas y 89 esclavos. FERNÁNDEZ, Angeles: La Inquisición en Granada en el siglo XVII, tesina, Universidad de Granada, p. 76. Véanse también las páginas: 201, 222, 225, 226, 227, 228.

América, donde el comercio esclavista está cada vez más desarrollado, vuelven a Granada acompañados de servidumbre esclava. También los portugueses establecidos en la India envían hindúes a la península. Asimismo he localizado en Granada un esclavo "de tierra de Ungría" cuyo amo, un oidor parroquiano de San Pedro y San Pablo, compró a un genovés[78].

Probablemente a principios del seiscientos aumentó el fenómeno de los esclavos cortados; fenómeno que Felipe III intentó frenar mandando, en 1619, que las justicias de Granada no consintieran la presencia de "esclavos moros y moras" cortados e invalidando los contratos y conciertos que se hubiesen realizado con anterioridad. El rey entendía que las personas esclavizadas cuyos amos ponían a servir fuera de sus casas, aunque estaban obligados a entregar diariamente el rendimiento de su trabajo a los propietarios, vivían en un régimen de mayor "libertad", lo cual era perjudicial para la república. Los inconvenientes expuestos en la misiva real eran: que los esclavos cortados vivían públicamente en su ley, celebrando sus casamientos como si estuviesen en Berbería y persuadiéndose unos a otros a rechazar el cristianismo, "con lo qual no había esclavo ni esclava que quisiere servir a sus amos"; que los cristianos no se aprovechaban suficientemente de su trabajo; que la "libertad" que tenían los cortados los predisponía a la rebeldía, habiéndose producido "grandes daños, ansí de salteamientos como de muertes"; que muchos se rescataban y llevaban muchos ducados a su tierra. Sin duda, el texto engrandece la "libertad" de los cortados, aunque efectivamente, el control de las vidas de estas personas no podía ser tan inexorable como el de los esclavos y las esclavas que trabajaban bajo la supervisión directa del amo.

Pero los esclavos cortados continuaron existiendo en España a lo largo del siglo XVII e incluso en el XVIII; especialmente, las viudas vivían del trabajo extradomiciliario de sus esclavos. Este es el caso de Doña María de Bolea, cuyo marido cayó prisionero en la pérdida de Orán y no teniendo con qué alimentarse, su hermano le compró en

[78] "Dixo que se llama Diego de Santiago, y que es natural de tierra de Ungría (...) y a tres años que se bautizó en el monte santo desta çiudad de Granada y todos estos 3 años a rresidido en la parroquia de San Pedro y San Pablo, antes que se bautizara estubo en Génoba, y es de hedad de 20 años poco más o menos". A.C.G, Leg. 1608-C.

1714 un esclavo al que puso a trabajar de aguador en Lorca. Hamete pagaba 7 reales de vellón diarios a la viuda con los que se sustentaban ella y sus dos hijos "pues uno de los efectos del dominio que en su parte residía era la adquisición de todo lo que esclavo ganase"[79]. Pero el Alcalde mayor forzó al esclavo a ejecutar el oficio de verdugo, de manera que los vecinos no querían comprarle agua. Los representantes de la Chancillería de Granada dictaminan que el Alcalde mayor restituya a la viuda el precio del esclavo antes de ejecutar "sentencia de azotes" (su valor había disminuído después), porque "siendo constante que en la dicha çiudad avía esclavos de los carniceros y de otras personas de baja esfera no avía debido valerse del esclavo de la dicha Doña María". A pesar de ello el Alcalde señala que no podía saber que el esclavo era de la viuda "por ser muchos en dicha çiudad de diferentes espeçies de servidumbre".

El pleito pone de manifiesto que en la primera mitad del setecientos la esclavitud existe en la península; es más, en el terreno jurídico las leyes continúan justificando su existencia de la esclavitud[80]. No obstante, a finales del setecientos la tendencia política es suavizar la esclavitud. Carlos IV promulga en 1789 una Real Cédula recomendando una mejora del trato de los esclavos; en realidad se trata de directivas a seguir y no de prohibiciones concretas[81]. Pero a pesar de que empieza a existir propaganda contra la esclavitud; a su vez, en el Diario de Madrid se anuncian ventas de esclavos y esclavas procedentes de Angola, Guinea, el norte de África, La Habana y otras ciudades de América[82]. En el siglo XVIII, los precios de las esclavas continúan siendo mayores que los de los hombres[83].

No obstante, el fenómeno esclavista, a la vez que se recrudecía en las colonias de ultramar, disminuía drásticamente en territorio penin-

[79] A.Ch.G, Legajo 513, cabina 2.566, pieza 25. "Sobre paga y testificación de un esclavo propio de Doña María de Bolea y Castilla, viuda.", 1714.

[80] ROMERO MORENO, Jose Manuel: "Derechos fundamentales y abolición de la esclavitud en España" *Anexo de Revista de Indias*, Madrid, 1986, p. 245.

[81] Ibídem, p. 246.

[82] SARASÚA, Carmen: *Criados, nodrizas y amos. El servicio doméstico en la formación del mercado de trabajo madrileño 1758-1868*, Siglo XXI, Madrid,1994, p. 129.

[83] Ibídem, p. 129.

sular; de hecho, buena parte de los esclavos que quedaban en España estaban en poder de personas que mantenían contactos con América. Pero también había, en Granada, esclavos procedentes del reino de Argel como Hameth Menpessa cuyo propietario era un alguacil mayor de la Inquisición. Sin embargo, he constatado un cambio en la consideración social de las personas esclavizadas, ahora su "humanidad" se hace más patente y la asimilación al mundo animal va desapareciendo; esto por lo que concierne a la península, desde luego no ocurre así en Cuba. Por ejemplo, el Obispo de Almería adquirió en 1788 un esclavo natural del Congo al que bautizó un año después dándole posteriormente la libertad. El africano entró a trabajar en las dependencias del Marqués del Campoverde, corregidor de Granada y delegado regio cuando se hace el Catastro de Ensenada. Pero según el liberto, su vida no mejoró con su nuevo estatus, pues el salario era poco y el trabajo mucho, además su amo lo castigaba continuamente "con palos y malas palabras" y cuando intentó irse, no lo dejaron. De manera que el congoleño se queja de ser tratado como un perro a pesar de ser libre y cristiano, y pide que lo "dejen irse y colocarse a servir donde lo entiendan y estimen". En consecuencia, a pesar de que ahora se presten oídos a las protestas, el grado de dominación continúa siendo muy alto.

En cuanto al siglo XIX, en 1820, Fernando VII, a raíz de las quejas de un esclavo avecindado en la Corte, y después de constatar la veracidad de los hechos, pide a su dueño que lo deje en libertad. Asimismo, manda que en caso de que el propietario no tuviese la generosidad de contribuir con su desinterés "al bien de la humanidad", se le pague la cantidad que se estime conveniente descontando el importe de los daños ocasionados "a Enrique". El Consejo Supremo de Castilla, en vista de lo expuesto, pide a las Chancillería y Audiencias del Reino que informen con la mayor brevedad sobre el número de esclavos que haya en sus respectivos distritos "y de la mayor o menor facilidad que se observe de que puedan quedar en libertad". Desgraciadamente, únicamente se conserva la contestación del corregimiento de Lorca. En dicha villa había 2 esclavos, uno de ellos era un niño guineano de 10 años que estaba en poder de un coronel retirado, y el otro un criollo de La Habana de 12 años cuyos propietarios era un capitán de navío de la Real Armada y su hermana. Los amos señalan que sus esclavos se hallaban bien instruidos en los rudimentos del catolicismo y que habían sido bautizados; es más, el joven guineano, que fue adquirido bozal a los 7 años, asistía a la escuela, según señala su dueño. No obstante, los dos adolescentes eran legalmente esclavos[84].

Tres años más tarde, en 1823, encontramos la carta de horro de un esclavo negro nacido en Perú en el Archivo de Protocolos de Granada. Su dueño, un contador de diezmos y administrador de un arzobispo en el Alto Perú, a su vuelta a Granada trajo consigo un esclavo de 17 años que había adquirido en Lima. El propietario señala que es enemigo de tener esclavos lo que se contradice con su actuación pues lo compra siendo un niño, lo separa de sus padres y lo trae a España. Asimismo señala que el joven no le ha dado el más mínimo motivo de disgusto porque es muy dócil y fiel y que lo ha instruido "en los principios y dogmas de nuestra santa religión cristiana y en el servicio doméstico". Como "recompensa" a su "fidelidad" le otorga la libertad y manda a sus albaceas que a su muerte, le costeen el pasaje para volver a Lima.

4.1. *La abolición de la esclavitud*

En el siglo XIX, el movimiento abolicionista tenía numerosos adeptos a nivel internacional, de hecho Inglaterra procedió a la abolición en 1807. Cabe mencionar la importante actividad antiesclavista desarrollada por las mujeres en Inglaterra, Francia y América, uniendo la

[84] "Don Agustín Faxardo y Doña Ana de Paniza, únicos que son dueños de esclavos; cuyas contestaciones son del tenor siguiente: En Lorca a 17 días del mes de 1820 años: Yo, el exmo hize saber el auto precedente de la Real Orden que lo motiva al Sr Don agustín Faxardo, coronel retirado, vecino de esta ciudad y enterado, dixo: tiene un morenito natural de Guinea, llamado Vicente María del Rosario, su edad diez años, habiéndo adquirido bozal de 7; en los tres años que le tiene le a impuesto en la doctrina cristiana y administrado el sacramento del bautismo teniéndole en la escuela para que se acabe de instruir, y desde que le recibió le tiene ofrecida su libertad cuando estuviere en la edad suficiente para poderse manejar por sí, pero en virtud de la orden de SM de que se ha instruido, está pronto a dársela desde luego sin exigir cosa alguna de lo que le ha costado (..) Doña Ana de Parra, de este vecindario, y enterada, dijo: tiene un negro que se llama Cándido, criollo en la Habana, hijo de otros esclavos que fueron de su casa de edad de doce años, sabe leer y escribir y se halla bien instruido en los rudimentos de nuestra religión cristiana frecuenta los sacramentos de penitencia y eucaristía y se halla en la escuela perfeccionándose en las primeras letras". A. M. G., Cabina 503, legajo 536, pieza 12, 1820.

lucha contra la esclavitud a la lucha por los derechos de las mujeres[85]. La conciencia por nuevo orden de las cosas respecto a las relaciones de dominación entre personas libres y esclavizadas, tenía muchos puntos de unión con la conciencia feminista. Pero el espíritu liberador no hacía mella en los españoles que continuaban comprando masivamente negroafricanos en las colonias de ultramar. No hay que olvidar que España fue el último país en prohibir la esclavitud en sus colonias; concretamente, en Cuba la esclavitud fue abolida en 1886[86]. La iglesia española permanece pasiva frente al tráfico negrero. De hecho, las razones esgrimidas por los abolicionistas españoles se basaban principalmente en su baja rentabilidad, porque habiendo sido prohibida en tantos otros países sería necesario mejorar las condiciones de vida de los negros[87].

[85] FERGUSON, Moira: Subject to Other: *British women writers 1670-1834*, Londres, 1992. MIDGLEY, Clare: *Women against Slavery. The British campaigns 1780-1870*, Routledge, Londres, 1996. Asimismo en Estados Unidos había tres sociedades antiesclavistas femeninas. De hecho, el primer libro antiesclavista norteamericano está escrito por una mujer de la sociedad de Boston. BAUBÉROT, Jean: "La mujer protestante", *Historia de las Mujeres*, Tomo IV, Taurus, 1993, pp. 220-233.

[86] Un interesante estudio del racismo y la sociedad cubana en SCOTT, Rebeca: "Relaciones de clase e ideologías raciales: Acción rural colectiva en Louisiana y Cuba, 1865-1912", *Historia Social*, nº 22, 1995, pp. 127-149.

[87] MORENO GARCÍA, Julia: "España y los orígenes de la abolición de la esclavitud", *Revista de Indias*, vol. XLVI, nº 177, pp. 199-226.

APÉNDICE DOCUMENTAL: TRANSCRIPCIONES Y EXTRACTOS DE FUENTES MANUSCRITAS

LA ESCLAVITUD POR GUERRA: EL CASO DE LOS MORISCOS

Pregúntase si pueden ser captivos los moriscos y moriscas y sus hijos aunque ayan sido baptizados por averse rebelado contra el evangelio y contra su rey

Para responder a esta dificultad presupongo que, aunque la servidumbre y captiverio sea de jure gentium, como afirma canonistas y theólogos fundados en el capítulo Ius Gentium dis.I; pero la limitaçión de esta servidumbre perteneçe al derecho positivo. Esta es determinaçión de Santo Thomas en el 4. en la dis. 36. artículo primero ad zm de suerte que así como el pagar diezmos es de derecho natural pero el dar tanto de tales o tales cosas y tales o tales personas es dispusiçión del derecho positivo, ansí el aver siervos o esclavos de jure gentium est. Pero quales personas lo ayan de ser y por qué razones, al derecho positivo perteneçe, y así se puede responder a aquella pregunta del padre Soto, en su quarto de justa e jure en la qoz.r en el artículo 2 a donde pregunta cómo se compadeçe que alguna vez los derecho digan que la servidumbre es de jure gentium y otras que estableçimiento de emperadores puedese responder de lo dicho, que muy bien porque aunque su comienzo le tenga en el ius sentium, pero su determinaçión y limitaçión y quienes y quales an de ser los captivos, a la disposiçión del derecho positivo perteneçe de suerte que el dezir comúnmente que partus sequitur ventuem disposiçión es positiva. Supuesto esto sea la primera conclusión.

Sin escrúpulo los reyes en sus reynos podrían hazer premática mandar que estos moriscos levantados, aunque hasta aquí fuesen tenidos por christianos, pueden ser captivos y vendidos por tales. La primera razón se funda en el ca.ita quorumdam de judeis et sarracenis, adonde el Conçilio lateranense manda que los christianos que llevan armas a los ynfieles para efeto de ayudalles a ympunar y destruyr la christiandad que demás de ser descomulgados y perdidos todos sus bienes que sean cautivos de los que vençieron y subjetaron, pues si por sólo dar armas a los ynfieles, aunque los christianos no dexen la fe cathólica, juzgó el Conçilio por bastante causa para hazer decreto que los captivasen el dexar la christiandad y el tomar armas para de todo punto destruya porque no bastara por fundamento de hazer premática de captiverio contra ellos. Yten porque toda la razón que ay para que no se haga la tal premática es por lo que dize Batulo in lege hostes de captinitate et postlimnio reversis que es dezir que está introduzida costumbre que unos christianos no tengan por captivos a otros aunque los captiven en guerra just, digo que esta costumbre y la razón en ella fundada no ympide para hazer la tal premática, lo uno porque ese mesmo Batulo dize estas palabras en ese mesmo lugar: "puto quod çivitates ytalie contra quas ymperator indixit bellum ut contra çivitate florentie et simples sint vere ostest imperiis et captiesitiauntur serví" 10 2º, porque aunque regularmente se deva guardar esta costumbre enun caso como este particular en el qual estos moriscos tienen tan presta con alfileres la christiandad que a penas tienen más que el carácter baptismal, lo qual bien aclara an descubierto en lo que han hecho estos días dando tan crueles muertes a los christianos como los antiguos perseguidores tiranos dieron a los mártires. Y aún también lo an mostrado en las cartas que escribieron a Berbería a donde burlan de todos los sacramentos y en especial del dignísimo del altar diziendo entre otras cosas, que dezimos misas cantadas y rezadas y que las unas ni las otras no valen nada. Yten burlan de todas las çeremonias christianas y de todas las ymágenes de christo y de los santos en cuyo lugar con blasphemia atrevida an puesto puercos colgados y aún demás desto sino fuese algún enpacho para la onestidad chrisitana y se advertiesze en ello ninguno, dexarían de hallar çircumçidado pues por estas razones sin escrúpulo en este caso se podría hazer premática contra la tal costumbre. Yten porque en la ley primera, título 21, 4ª partida, se dize en suma que en la guerra que se haze contra los enemigos de la fe y todos los que se captivan son esclavos si les quieren dar la vida, pues como no aya otros mayores enemigos que estos moriscos levantados no es ynconveniente lo que avemos afirmado. También se confirma esto por ver que el christianísmo emperador Don Carlos en la Nueva Hispania mandó cosa semejante en caso semejante como ay testigos fidedinos en esta çibdad que lo afirman y entre ellos uno era oydor de la Chancillería en esta sazón y no es de pensarse determino sin gran acuerdo en ello. Yten favoreçe la premática que ay en este reyno que si algún morisco se pasare en Berbería y la captivaren que sea muerto y su mujer y hijos captivos, pues ya se vee si a sido mayor culpa el no sólo quererse pasar a Berbería pero subjetar la christiandad al ympíssimo Mahoma. Lo último haze mucha fuerça el conçierto que muchos dizen que uno entre los reyes cathólicos y los moriscos en días pasados queriéndose otra vez levantar que pidieron a los sobredichos reyes disimulasen entonçes con su culpa y que si tal les aconteçiese, pudiesen ser vendidos por esclavos. Sea la segunda conclusión la qual muy bien se sigue desta primera que las mugeres y los hijos de los sobredichos moriscos que an tomado armas y dado favor a sus padres pueden ser también captivos y se puede hazer premática de su captiverio. La razón es clara pues los cómplices en la culpa lo pueden ser en la pena y pues a los padres se les puede poner tal pena como queda arriva probado, también se les puede poner a los que les an ayudado y se dize alguno o que ellas y los hijos no podían hazer otra cosa pues sus maridos y padres los mataran a no hazer su voluntad y a esto digo que demás de que se puede colegir de las cosas que ellas an hecho ansí en bestirse como ombres para que pareçiese mayor el exérçito de sus maridos como en hazer por sí proçesión con grandes gritos y ritos a Mahoma, como en ser ellas las verdugos de muchos christianos y lo mesmo los hijos. Digo que aunque en esto no manifestaran su voluntad que de la observançia de la ley divina y natural ninguno se escusa aunque le pongan todos los tormentos posibles delante y por eso ni los hijos ni las mugeres cómplices del delito de sus padres y maridos no tienen excusa. Yten estas mugeres y estos hijos que an favoreçido a sus padres pueden ser muertos por esta culpa luego captivos pruebo la consecuençia porque si alguna cosa lo estorbara en la chrisitandad como arriba persuadí esto no ympide luego puedese hazer premática de su captiverio. En la terçera conclusión los niños pequeños hijos de estos traidores y rebeldes aunque no pueden ser de iure muertos por la culpa de sus padres podríase empero hazer premática de su captiverio. Esta se colige de la Bulense en el capítulo quinto de San Matheo, el qual tratando si uno puede ser captivado por el pecado de otro, dize de esta manera: "Si tratamos de las penas dadas por el derecho humano o por algún hombre es bien distinguir porque ay una pena que se llama perosonal que la padece la mesma persona y ay otra real que no la padeçe la persona sino sus cosas". Dize pues que la primera que es personal ynjustamente los niños inoçentes la padeçen ab homise vel a iure por los pecados de sus padres. Aunque dios bien pueda hazer eso, la diferencia es porque de dios somos posesión y puede hazer lo que quisiere de sus criaturas y el hombre no porque hominis ad hominem est iustum politicum y por eso no puede un hombre tener acción contra otro sino en quanto la razón y la ley le dan lugar y por que la ley y la razón dan lugar para matar a uno por el pecado de otro por eso el hombre ni el derecho humano no pueden 10r porque dios puede aunque mate al hombre conmutar esta muerte ynmelinonen statum pues le puede conmutar la vida corporal en eterna el hombre no puede hazer este trueco antes del ser que tiene el hombre duçit adnoneste y esto no a de ser sin culpa, pues no se lo consiente la ley. La pena empero real que consisten en las cosas que perteneçen al hombre como bienes suyos como son riquezas, honras o libertad, el derecho puede por la qulpa de uno dellos a otro por graves crímenes como por el de la heregía y crimen lesse magestatis que los pequeños niños sin culpa partiçipan de las penas de sus padres pues desta distinçión questá tan platicada tengo no pequeña fuerza para lo que afirmo porque pues la libertad no es pena personal sino real y vemos que el derecho por los pecados de heregía y crimen lessa magestatis ynduce en lo ynoçente pérdida de hazienda, de gloria temporal y fama, luego por el pecado mayor de los que entre christianos baptizados avemos oydo puede ynducir la pérdida de la libertad pues como ponderó Abulense es pena real y no personal ytem ninguno pone escrúpulo en que el pequeño ynoçente en vientre de su madre heredó la pena del captiverio por ser su madre captiva, luego quanto a los primero, pues las mugeres como avemos dicho pueden ser captivas, los niños ynoçentes que aún no avían naçido pueden ser dados por captivos. Y siguiese lo segundo que pues ay muy poca diferencia de los niños después de naçidos a los no naçidos en el heredar las penas por los pecados de los padres como paresçe en el crimen de heregía y lesse magestatis que los unos y los otros las heredan luego por este crimen, ansí como los ynoçentes que estaban gestatis que los unos y los otros las heredan luego por este crimen ansí como los ynocentes que estavan en el vientre de sus madres las podran heredar dándolas a ellas por captivas las pueden heredar los ya naçidos por ser tan parte de sus padres y tan subjetos a su voluntad y patria potestad quasi como los otros. Lo qual bien se ve en lo que más comúnmente se admite por verdadero en la escuelas. Que los niños durante el tiempo que no tienen libertad de albedrío no pueden ser baptizados sin voluntad de sus padres dispenda a esto Santo Thomás en la 2ª 2e en la cuestión 18 en el artículo quarto ad primun donde dize que aunque no puede ser captivado con pena espiritual por pecado de otro porque la pena spiritual es pena del alma según la qual cada uno es libre y no pende de otro hombre, pero con pena temporal munchas vezes uno es castigado por otro, lo uno porques cosa suya y por esto dize Santo Thomás que los hijos y los siervos pueden ser castigados por sus padres y señores. Sea la quarta conclusión de facto los que aora an traydo captivos si se a hecho sin particular y espresa voluntad del rey no son captivos, la razón es porque ni contra ley ni contra costumbre que tiene fuerza de ella ningun ymferior puede induçir mandato que tenga fuerça pues como según arriba queda dicho de la muerte de Batulo está la costumbre tan admitida y tolerada en contrario ninguno fuera del rey puede ser en su reyno hazer contra ella. Yten seper de la segunda conclusión porque los juristas todos tienen por averiguado que cada y quando que la universidad delinque coicato conçilio, ansí los ynoçentes así como los demás yncurren en las penas reales. Tiene esto Batulo juegue aut sausa sª ph numeque de penis et numeb y en la extravagante ad reprimendum.

Archivo de la Catedral de Granada
Libro de asuntos varios, nº 3. fols 520r-v

SUBASTAS PÚBLICAS DE MORISCOS Y MORICAS

Almoneda de esclavos y esclavas moriscos, 14-abril-1571

En la çiudad de Granada, a 14 días del mes de abril de myl y quynientos y setenta y un años, ante my el escribano público y testigos de yuso escriptos, Francisco de Arroyo, capitan de una de las quadrillas que por horden de su magestad corren la tierra de Granada e vecino de ella, dixo que a traydo a cierta cabalgada de esclavos del Alpujarra de corredurías que fiçieron de los rrebelados deste rreyno y dellos quiere azer almoneda que pide a my el presente escribano me halle presente della para dar testimonio de lo que en ello se hiziere.

Testigos: Juan Díez y Juan Luys y Juan Candelero, vecinos de Granada y por él lo firmó un testigo porque dixo no saber escrebir. Ante my, Joan de Olibares. Por testigo: Juan Luis

E luego el dicho Francisco de Arroyo otorgó su poder cumplido quan bastante el lo tiene y de derecho para ser balido se rrequiere a Juan Carrillo estante en esta çiudad que es presente para que en su nombre rrepresentando su propia persona se halle presente a la dicha almoneda y pueda bender los dichos esclabos a las personas o personas y por el preçio y horden y condiçiones que le paresçiere y lo rreçibieren y de ellos otorgó escripturas con las fuerças que conbengan y obligando en ellos su persona e bienes con poder a las justiçias y rrenunçiaron de las leyes que siendo por el fecho lo aprueba y rratifica y otorgo este poder para lo tocante a lo susodicho con poder de ynjuiziar y jurar y sostituyr y obligó su persona e bienes con poder de las justiçias ansy pasadas en cosa juzgada y lo otorgó y lo firmó un testigo. Testigos: los dichos anteriores. Ante my, Joan de Olibares. Por testigo: Juan Luis

E luego este dicho dia mes e año suso dicho estando debaxo de los portales desta çiudad a pedimyento de los dichos Juan Carrillo e mandato de su parte se declaró que los dichos esclabos se benden por avydos de buena guerra y subjetos a servidumbre y con declaraçion que si paresçieren tener enfermedad o otro biçio alguno ba a rriesgo del comprador y los que pareçieren menores de diez años y medio ban conforme al bando de su magestad y los mayores como dicho es por sujetos a servidumbre y por avydos de buena guerra como esta dicho y desta manera en este dicho dia mes e año susodicho se prosiguio a la dicha almoneda y lo que se fue haziendo della este dia e los siguientes testigos Diego Hernández y Juan Luys, vezinos de Granada

Primeramente rrematό un esclavo que se dixo llamar Domyngo Velasco, hijo de Francisco denechit y declaró ser de hedad de treze años en Criptoval Maestre vezino de antequera en preçio de 38 ducados que pago por el de contado a juan carrillo

Yten se rrematό otro esclavo que se dixo llamar Andres De Baena, natural denechit de hedad de quinze años en Diego Hernandez, vezino de Granada en preçio de 42 ducados que por el pago al dicho Juan Carrillo

Yten se rrematό otro esclavo que se dixo llamar Andres De Malaga, de 26 años, natural de Meçina el Fajar, en Alonso Sánchez, vezino de Tribuxena, en 28 ducados

En Granada a 16 de abril del dicho año se prosiguió esta almoneda y lo que se hizo es lo siguiente:

Rrematáronse dos esclabos que el uno se dize Pedro El Hasit, natural de Andarax de hedad de 18 años y Francisco Yadid, su primo, natural de Andarax en Lucas de Saravia, vezino de Granada, en 55 ducados, ambos que se pagó por ellos al dicho Juan Carrillo

Yten se rrematό otro esclavo que se dixo llamar Lorenço De Mendoza, natural de Dalyas, de 25 años y Alonso Alguaçi, de Guéçija, de 16 años; en Juan Moran, vezino de Granada, en 59 ducados

Yten se rrematό otra esclava que se dixo llamar Bryanda, hija de Francisco el Batán, de Almóçita de Andarax, de 20 años, en Juan Moran, vezino de Granada, en 47 ducados

Yten se rrematό otra esclava que se dixo llamar Ursula De Baeça, de 20 años, de Almóçita de la taha de Padul, y Miguel Elxuryhit, de Ugijar de la Alpujarra, un muchacho que parece ser de hedad de doze años; en Pedro Bermudez, mercader, vezino de Granada, en 54 ducados y con que si el muchacho paresçiere ser menor sea de guardar el bando de su magestad

Yten se rrematό otro esclavo que se dixo llamar Bernardino El Fajar, de 28 años, Dalyas, en Juan Turrado, vezino de Córdoba,en 29 ducados

Yten se rrematό otra esclava que se dixo llamar María, hija de Garçía de Espinosa, de 17 años, en doña Guiomar Hurtado, vezina de Granada, en 30 ducados

En Granada a diez y siete dias de abril de del dicho año se prosiguió esta almoneda y lo que este día se hizo es lo siguiente:

Yten se rrematό otro esclavo que se dixo llamar Andres Tofaile, de 25 años; en Blas Perez, vezino de Hornachuelos, en 30 ducados

Yten se rrematό otro esclavo que se dixo llamar Miguel Crespo, natural de Piçena, de 26 años y Luis De Baena, hijo de Bernardino de Enechit, de 17 años, y Diego mulato, hijo de Martin de Toledo de Chirin de Ugijar, de 16 años, y Domingo, hijo de Andres de Granada, de Meçina del Fajar, 18 años; en Juan Gomez y Anton Alvarez en 120 ducados

Yten se rrematό otro esclavo que se dixo llamar Alonso de Madyl, Abentariq, 34 años; en Nicolás Vychel, vezino de Granada para Francisco Morales, vezino de la villa de Porcuna, en 23 ducados

Yten se rrematό otro esclavo que se dixo llamar Lorenço De Madyl, hijo de Francisco de Madyl, de 17 años, natural de Bentariq, en Pedro Rramírez, vezino de Granada, en 26 ducados

Yten se rrematό otro esclavo que se dixo llamar Lorenço, de 27 años y Lorenço, de 24 años, en Fernando de Maya, vezino de Granada, en 43 ducados

En Granada, a veynte yun dias del mes de abril de myl y quinientos y setenta e un años juan carrillo çertificó que de la partida se quitaron catorze ducados porque los bolbyan por caros y enfermos

En Granada a 18 de abril del dicho año se proseguió esta almoneda y lo que se hizo es lo siguiente:

Vendióse una esclava que se dixo llamar Leonor, hija de Luis el Malaquí del Lúchar, en Almóçita, de hedad de 20 años en Juan Turrad, vezino de Córdova, en 46 ducados que rreçibió el dicho Juan Carrillo

Yten se rrematό otra esclava que se dixo llamar María Garçía, natural de Notaes, de 22 años, y Angelina, su hija 3 años que va conforme al bando; en Juan Turrado, vezino de Córdoba, en 50 ducados

Yten se rrematό otro esclavo que se dixo llamar Luis El Carfi, natural de Meçina de Buen Barón, de 25 años y Benito De Berrio, del Fech, de 20 años; en Juan Carnogino, vezino de Granada, en 58 ducados

Yten se rrematό otro esclavo que se dixo llamar Luis Hernández, hijo de Gonçalo Hernandez, natural de Válor, de 20 años; en Alonso Ramos, vezino de Granada, en 28 ducados

Yten se rrematό otro esclavo que se dixo llamar Benito Yañez, natural de Ugijar, de 24 años; en Francisco García, vezino de la Puebla de Caçalla, en 28,50 ducados

Yten se rrematό otro esclavo que se dixo llamar Lorenzo, hijo de Myguel Poayza, natural de Dalías, de hedad de 12 o 13 años; en Francisco Sánchez, mercader, vezino de Granada, en 37 ducados

Yten se rrematό otro esclavo que se dixo llamar Luys, hijo de Myguel de Baeça, natural de Dalyas, de 15 años; en Pedro de Carvajal, vezino de Granada, en 32 ducados

Yten se rrematό otro esclavo que se dixo llamar Biçente, hijo de Lorenço de Morales, de la Alpujarra, de 24 años; en Pedro de Carvajal, en 12 ducados

Yten se rrematό una esclava tuerta de un ojo, el yzquierdo, que se dize Sabina, hija de Diego Laynez, natural de Almóçita de Andarax, de 15 años; en Francisco Dávila, en Granada, en 29 ducados

Yten se rrematό una esclava que se dixo llamar Luçia, mujer de García Rramón, natural de Yllar de la taha de Marchena, de 34 años; en Grabiel de Arguello, vezino de Granada, en 27 ducados

Yten se rrematό otro esclavo que se dixo llamar Andres De Baena, natural de Válor, de 32 años; en Juan de Rryaça y de Cañete, racionero de Córdoba, en 20 ducados

Yten se rrematό otro esclavo que se dixo llamar Garçía de Baena, natural de Almóçita, de 32 años; en Andrés de Merlo, vezino de Granada, en 15 ducados

Yten se rrematό otro esclavo que se dixo llamar Lorenço de la Myel, natural de la taha de Lúchar, dec34 años; en Juan de Rriaça y de Cañete, racionero de Córdoba, en 15 ducados para Alonso de Rriaça, el moço, vezino de Córdoba

En Granada a 19 dias de abril del dicho año se prosigyó esta almoneda y lo queste día se hizo es lo siguiente:

Yten se rrematό otro esclavo que se dixo llamar Rrafael, hijo de Rrocayda, natural de Dalyas, de edad que dijo el dicho muchacho ser de honze años y se bendió con que si paresçiere ser mayor ba por cautibo e si fuere menor conforme al bando de su magestad, en Antonio de Baeça, çapatero, en 32 ducados

Yten se rrematό otra esclava que se dixo llamar María, mujer de Lorenço García, natural de Algabia en la taha de Marchena, de 25 años; en Baltasar Garçía, natural de Tarifa, en 38 ducados

Yten se rrematό otra esclava que se dixo llamar María de Murçia, algarabía, de 36 años, en Sebastián Sánchez, soldado de la quadrilla, vezino de Granada, en 29 ducados

Yten se rrematό otro esclavo que se dixo llamar Benito, hijo de Martin de Toledo, negro, natural del Alpujarra, de 8 años, en 17 ducados; en Llorente Martín, pregonero y el dicho muchacho pareçe estar enfermo y va conforme al bando de su magestad.

Yten se rrematό otra esclava que se dixo llamar Agustin Izquierdo d Alcobaya, de años; en Diego Rros, vezino de Pliego, en 16 ducados

Yten se rrematό otra esclava que se dixo llamar Ysabel, hija de Diego Laynez, en 23 años, natural de Almóçita en la taha de Andarax; en Antón Bueno, vezino de Alcaudete, en 27 ducados

Yten se rrematό otro esclavo que se dixo llamar Ximón, hijo de Lorenço Hojeda, natural de Bentariq, de 7 años; en Francisco Díaz, vezino de Granada, en 12 ducados

En 20 de abril de 1571, se rrematό otro esclavo que se dixo llamar Ximón, hijo de Mendoça el Guachane, natural de Marchena, de 14 años; en Blas Pérez de la Gabia, vezino de Hornachuelos en Córdoba; en 41 ducados

En 21 dias del mes de abril, se rremató otra esclava que se dixo llamar Úrsula, hija de Luys el Bachaly, natural de Bentariq, de 20 años que paresçía estar enferma en 28 ducados, en Juan Díaz, tenyente de Luys de Arroyo que la compra para Catalyna de Alcaraz, hija de Francisca de Alcaraz, vezino de Alcaudete y con su dinero.

En 22 dias del mes de abril, se rremató otro esclavo que se dixo llamar Geronimo Çeneti, natural de Rrágol, de 18 años, en Diego de Espinosa, caporal desta compañya, vezino de Granada que el dicho Juan Carryllo se hizo cargo para la quenta desta almoneda de 25 ducados por los que confesó aber vendido un moro que se dice Gerónimo Çenetí

Yten se rremataron dos muchachos en el señor Duque de Arcos, en 36 ducados y 4 rreales

Yten se rremataron dos muchachos en Francisco Gutierrez en 20 ducados, queda a cargo del dicho Juan Carryllo aunque no a rreçibido el dinero porque lo a de cobrar

Yten se rremataron dos mujeres esclavas desta cabalgada que se vendieron fuera de Granada en 60 ducados, dellos se hizo cargo Juan Carryllo

Yten se rremató un esclavo que se dijo llamar Luis de Murçia, natural de Algabia, de 60 años, en 12 ducados

Yten se rremató un esclavo que se dijo llamar Luis El Pardel en 16 ducados

Yten se rremató un esclavo que se dijo llamar Luis De Cordova en 18 ducados

Yten se rremató un esclavo que se dijo llamar Biçente, natural de Dalyas, en 20 ducados

Yten se rremató un moro que se enbió a vender fuera çertificó el dicho Juan Carryllo que se murió en el camino

Quedan otros 6 moros, 4 hombres y 2 mujeres, por bender por causa questán enfermos, y algunos de modorra, y no se pudieron bender. Por éstos se le cargan al capitán 40 ducados y quedan a su cargo y rriesgo

Quenta del gasto que se a tenydo con la cavalgada de Francisco Arroyo es la siguiente:

De la costa que se tubo en Fiñana y en Guadix y en Lapeça y en Beas es 102 rreales

En Granada se tuvo de costa ducados de que entró la cavalgada hasta que se vendió que fueron honze días con sesenta pieças. Montó con el sueldo y ayuda de costas y sustento de los soldados que tenían quenta en guardar la cavalgada y llevallos a la almoneda y traellos 60 ducados

Yten un soldado que se encargó en yr a cobrar el dinero de los rremates de los que no tenían dinero presente y en otros cosas tocantes a esta almoneda de siete días que se ocupó 4 ducados

Del alquiler y ocupaçión de las casas donde se hizo el almoneda 18 ducados

Al pregonero porque estuvo muchos días encargado en ello 5 ducados

Se dió al sr Don Hernando 180 reales

Se gastaron en dar de comer a los dichos moros 4 ducados

Reçibo este descargo y montan 1.103 rreales y medio.

En la çiudad de Granada, a veinte y dos días del mes de abril de mil y quinientos y sesenta y un años, en presencia del illmo sr Don Hernando de Mendoça, cabo de las quadrillas deste reino se hizo la quenta desta almoneda en la forma siguiente:

Cargo,

Montan el cargo diez y seys mil y seys çientos y quarenta y tres rreales segun parece por esta quenta.

Descargo,

Pareçe que se han gastado de costas con los moros desta cabalgada myl y çiento y tres rreales

Sácanse mas 100 ducados para soldados abentajados que an trabajado en esta cabalgada, que ansí monta el dicho descargo dos mil y doszientos y tres reales, los quales baxados del dicho cargo, quedan que se an de partir en tresçientos y nobenta y tres partes desta quadrilla catorze mil y quatrozientos reales y a se de partir este dinero y cabe a cada parte a setenta y un rreales que montan catorze myl y dozientos y setenta y un rreales y que dan al dicho Francisco de Arroyo para rrepartir entre enfermos o lo que le paresçiere çiento y veynte y nuebe rreales

Este dicho dia mes e año susodicho el dicho señor don Hernando aprobó esta quenta y lo firmo de su nombre en Granada a beynte y dos de abril de myll y quinientos y setenta y un años. Testigos: Rrodrigo y Juan Carrillo, estantes los dos en Granada. Ante my, don Hernando de Mendoça. Fdo: Alonso de Olibares

Archivo de Protocolos del Colegio Notarial de Granada
Legajo 182, s.f

EL TRABAJO

Esclava morisca a jornal para que hile seda, 1574

En la çiudad de Granada, a treynta días del mes de junyo de myl y quynientos e setenta e quatro años en presencia de mi, el escribano público e testigos aqui convenidos, pareçió presente Juan Hurtado boticario e vezino de Granada a San Gil y dixo que por cuanto Lucas Rruiz, platero, vezino de Granada, questá presente, le da una esclava morisca suya para hilar seda de oy dicho día que ha por nombre Isabel Ximenez para que desde oy dia hile toda la seda que el dicho Juan Hurtado le diere para hilar en la villa de poqueyra donde a de yr la dicha Ysabel hasta el dia de San Myguel deste presente año y por rrazón dello se obligó de dar y pagar al dicho Lucas Rruiz tres rreales cada un día eçeuto los días de fiesta que solamente le a de dar de comer y solamente a de ganar los días de trabajo pagados en fín del dicho día de San Myguel con las costas de la cobranza y a condición que traídos dos maços o uno hilados de su mano de la dicha Ysabel sino contentare se le pagara hasta el dicho día que tornare a traer a su casa y se la traerá a costa del dicho Juan Hurtado y el dicho Lucas Rruiz a de rreçevir y dar por ninguna la escritura y el dicho Juan Hurtado se obligó que si la dicha esclava se fuere o se la llevaren los moros que él le pagará por la dicha esclava ochenta ducados obligando su persona y bienes (...)

Fdo: Bartolome Díaz, Juan Hurtado, un real.

Archivo de Protocolos del Colegio Notarial de Granada. Legajo 195, fol. 238v-239v, 1574.

Esclavillo de 7 años a soldada, 1536

Sepan cuanto esta carta de servicio vieren como yo Beatriz de la Azalea, vecina que soy de esta nombrada ciudad de Granada, otorgo y conozco que pongo a soldada y mozo de servicio a Antón, mi esclavo, de edad de 7 años poco más o menos con vos Alonso Hernández, herrador, vecino de esta dicha ciudad que sois presente por tiempo y espacio de 2 años cumplidos primeros siguientes que corren y se han de contar desde hoy día de la fecha desta carta y el dicho mi esclavo os ha de servir en todas las cosas que le mandaredes y que honestas y posibles sean de hacer y vos sois obligado a le dar durante el dicho tiempo de ocmer y beber cama en que duerma y vida con razón, y más de soldada cada un año un ducado que es por todo el dicho tiempo dos ducados os cuales sois obligado de me dar y pagar de seis en seis meses a razón de medio ducado y me obligo que el dicho Antón, mi esclavo, hará y cumplirá el dicho servicio y que no se irá ni ausentará del sopena que si se fuere o ausentare que pierda lo servido y torne a servir de nuevo y yo sea obligada a vos lo volver a vuestro poder y me obligo que si hubiere de vender el dicho mi esclavo de vos lo dar a vos el dicho Alonso Hernández por el precio que otra persona por él me diere (...)

(Fdo) Alonso Moreno, Miguel de Olibares.

Archivo de Protocolos del Colegio Notarial
Legajo 40, fol 542r-543v.

MORISCOS PROPIETARIOS DE PERSONAS ESCLAVIZADAS

Sobre que se prohiba que los moriscos de Granada tengan esclavos. Respuesta del Santo Oficio, 1562.

Rmos y muy magníficos sres,

Los días passados resçebimos una çedula real de su magestad por la qual nos mandava que ynformásemos si convenya que los moriscos deste Reyno tuviesen esclavos negros y, en esto, lo que nos paresçe es que su magestad no debía de dar lugar a ello y que convendría mandase executar lo proveydo por su pragmática, porque por muchos processos del secreto deste Santo Officio paresçe que moriscos deste Reyno han buelto moros muchos negros esclavos suyos, y tenemos por notorio que los más moriscos deste Reyno son moros, y que el negro boçal tomará la ley que su amo guarda, y ansi que, si entrare en poder de criptiano sera criptiano y si en poder de moro, será moro, y que no sería razón dar lugar a que las ánymas destos negros se perdiesen y para los pocos moriscos que ay de quien se tenga crédito que son criptianos podría su magestad hazer merced de les dar el privilegio particular para los poder tener como lo haze en lo de las armas y con esto çesarían sus quexas y agravios que pretenden de la pragmática y que se proveería lo que conviene al servicio de Dios nro señor. A vuestr merced suplicamos sea servido de mandar dar a su magestad esta nra. respuesta por el orden que paresçiere que más conviene. Guarde nro señor las Rmas y muy magcas personas.

En Granada, a 2O de octubre de 1562.

Besan las manos de v.s. Rma,

(Fdo) El licenciado Juan Beltrán y el licenciado Martín Alonso.

Archivo Histórico Nacional, Sección Inquisición. Legajo nº 2603, pieza 12, fol. 27.

Probanza hecha ante la justicia de la villa de Huetor Taxar a pedimiento de Alvaro Ate, morisco. Va ante su magestad, cerrada y sellada. Sobre tener esclavos, 1562.

Juan de Alaba, en nombre de Albaro Ate, vezino de la villa de Guetor Tajar, digo que en las Cortes que v. ala. mandó çelebrar en la çiudad de Toledo el año pasado de 1560, por un capítulo dellas sestableçió y mandó que nyngún morisco destos rreynos pueda tener en su servicio esclabos de color negros por ynconbinyentes que a ello podían resultar, después de lo qual, en declaraçión del dicho capítulo por boz de pregonero público, se ha mandado y dado probisiones sobre ello que el dicho capítulo de cortes no se entienda con los moriscos en cuyas personas concurrieren calidad y vida de buenos criptianos, y es así que el dicho mi parte y Francisca Garçía, su muger, aunque son moriscos, son buenos católicos criptianos y, como tales, oyen mysa hordinairamente y los demas otros ofiçios y se confiesan y comulgan en tiempo devidos y hazen otras obras de buenos criptianos, y el dicho mi parte, como a tal, le está dada liçencia por el Arçobispo de la çiudad de Granada para que pueda ser compadre en los bautismos y padrino de las bodas y por v. ala. le está dada liçencia para que pueda traer armas y, es hombre de tan buena conçiençia que a dos esclavos que tiene llamados Pedro e Isabel, les ha enseñado las oraçiones y dotrina criptiana y los tiene bien dotrinados, como todo consta deste testimonyo que presento. Por tanto a v. ala. pido y suplico que teniendo consideraçión a lo dicho y a que en el dicho mi parte y en la dicha su mujer concurren las calidades susodichas de buen criptiano y çesa en las causa por que hizo el dicho capítulo de cortes mande dar liçençia para que el dicho mi parte pueda tener en su casa y serviçio los dichos esclavos y otros cualesquier que en su serviçio pudiera aber sin embargo de lo dispuesto por los dichos capítulos de cortes (...)Fdo: El liçençiado Tobar y Juan de Alaba.

Poder de Alvaro Ate al procurador Juan Eslava, 1562-marzo-20

Sepan quantos esta carta de poder, vieren como yo Alvaro Ate, vecino que soy desta villa de Guetor Taxar, otorgo y conosco que doy y otorgo todo mi poder cumplido libre que yo lo tengo e de derecho más puede o debe valer, a vos Juan de Alava, procurador y soliçitador en la corte real de su mag que agora al presente rezide en la villa de Madrid questays ausente, como si estuviese presente, para que por my y en my nombre e como yo mismo, representando mi propia persona podays paresçer e parezcais ante su magestad rreal e ante los señores presidentes y oydores de su rreal corte e ante quien con derecho debays presentar e presenteys una probanza que yo tengo para en my fabor, sobre que soy buen cristiano e puedo tener esclavos negros e sevyrme dellos conforme a la premática de su magestad que sobre ello habla. Pido a su magestad que sea servido de me hazer merced de me dar e conçeder liçençia e facultad para que pueda tener los dichos esclabos negros e serbirme dellos e sacar las çédulas e provisiones que sobre ello me fueren conçedidas (...)

Yo Gonçalo Guete escribano de su magestad rreal y escribano público desta villa de Guetor Taxar y su tierra por merced del muy ilustre señor Don Antonio de Luna.

(Fdo) Gonzalo de Guete escribano público.

Memoria de los testigos de Alvaro Ate y su esposa 1562-marzo-03.

Ante el magmco. señor Luis de Tapia, alcalde mayor desta villa y su término y jurisdición, y en presençia de mí, Gonzalo de Guete, escribano público y del q°. desta dicha villa, paresçió ALvaro Ate, vezino desta dicha villa e presentó un escrito con ciertas preguntas firmado de letrado que so tenor de aquel dize así:

Muy magmco. Sñor Alvaro Ate, vezino desta villa de Guetor Tajar, digo que por uno de los capítulos de las cortes de su magestad mandó hazer y celebrar en la çiudad de Toledo el año pasado de 1560 se proveyó e mando que ningún criptiano nuebo morisco de los nuevamente convertidos deste reyno de Granada no pudiesen tener ny tuviesen ningún esclavo negro ny servirse dellos, so çiertas penas contenidas en el dicho capítulo, eçeto si los tales criptianos nuebos fuesen personas en quyen concuriesen calidad y vida de buenos cptianos para que pudiesen tenerlos tales esclavos. E porque yo tengo por mys esclavos, a Pedro de color negro, boçal, y a Bernabel, y a su hijo, de hedad de dos años, y porque conforme a las provisiones de su magestad los puedo tener e servirme de los dichos esclavos. Pido y suplico a vuestra merçed mande rresçebir la ynformaçión que çerca dello diere e haga fee para presentar ante su magesta e ante los señores del Conçejo en la qual v. md. ynterponga su autoridad e dar su paresçer para que más enteramente conste a su magestad de la calidad e vida e xptiandad de mi persona como para ello el ofiçio de v. md. Ymploro e pido justiçia e testymonio y a los testigos que para la dicha ynformaçión se presentaren vtra. merced, mande se examinen por las preguntas syguientes

Primeramente si conosçe al dicho Alvaro Ate e Francisca Garçía su mujer e a Pedro e Ysabel sus esclavos

Yten si saben que los dichos Alvaro Ate e Françisca Garçía, su mujer, son buenos criptianos y como tales dan muestras, tenyendo casa de criptianos viejos e mesas e syllas e visten e comen como tales e no se llaman los demás criptianos nuevos a las misas e dibinos ofiçios por los curas a quyen cabe el tal cargo ny estan puestos ny empadronados como los demas vezinos.

Yten sy saben que la mujer del dicho Alvaro Ate confiesa e comulga hordinariamente, y está hordinariamente quando se ofreçe algun jubileo quello requyera e quel dicho Alvaro Ate confiesa comulga de hordinario y quando ésta hordinariamente se ofreçe y al presente comulga e syempre a tenydo este deseo, y como syempre oye mysa e son hermanos de la cofradía del santísimo sacramento que en esta villa se a fecho de presente, y como ay cosa que demuestra de religión xprtiana que los suyos no la tengan

Yten si saben que Pedro e Isabel, esclabos de los susodichos, son boçales e de poco entendimyento e con todo eso son buenos criptianos e confiesan e nunca les an visto escomulgar, y saben la dotrina criptiana, porque sy no la supieren vinyeran cada día a la yglesya como los demás que no la saben

Yten si saben que todo lo susodicho es pública boz e fama e público e notorio. El bachiller Villen.

13-abril-1562

Antonio Hernandez, benefiçiado de la villa de Yllora, estante en esta villa, el qual puso su mano derecha en su pecho e juro por el ábito de San Pedro, como buen criptiano, de dezir berdad de lo que supiere e él fuere preguntadoen este caso de ques presentado por testigo. Ante my Gonçalo de Guete escribano público.

20-abril-1562

Alonso de Salamanca, e Francisco Martín, e Diego Hernandez de Baça, e Francisco Hernandez de Villatoro, e Sebastian de Rras, criptianos viejos, vezinos desta villa, de los quales e de cada uno dellos fué rreçebido juramento en forma de derecho diziendo por santa María e por las palabras de los Santos Evangelios e por la señal de la Santa Cruz, donde corporalmente pusieron sus manos derechas, que digan la berdad de lo que supieren y les fuese preguntado e prometieron dezir berdad.

Ante my, Gonzalo de Guete, escribano público.

Primer testigo:

El dicho Antonio Hernandez, vicario e benefiçiado de la villa de Yllora e estante en esta villa de Huetor Tajar (...) Preguntado por las preguntas generales, dixo que es de hedad de 53 años poco más o menos, que no es pariente amygo ny enemigo de nynguna de las partes.

A la primera pregunta dixo que conosce al dicho Alvaro Ate de 20 años a esta parte, e a Francisca Garçía, su muger, de 3 años a esta parte, e a Pedro e Ysabel, sus esclabos, de çinco años a esta parte de vista, habla e conversación que con ellos a tenydo e tiene del dicho tiempo a esta parte

A la segunda pregunta dixo que este testigo los tiene por buenos criptianos e temerosos de Dios e de sus conçiençias e como tales les a visto hazer obras de criptianos e hablar lenguaje de criptianos viejos de tal manera que casy no saben hablar en algarabía, e visten, e se tratan e comen como criptianos viejos, e ansy mysmo tiene la casa y mesas, e syllas, e cama como los criptianos viejos e que en el tiempo que este testigo fue cura de la Yglesia desta villa a visto las buenas obras vida e costumbres del dicho Alvaro Ate no lo llamava en el padrón a mysa ny a los demás debinos ofiçios que se dizen en la dicha Yglesia, e que asy mismo rrespeto de lo susodicho no los llama de padrón, e que el cura desta villa le a dicho a este testigo que dexa de llamar al dicho Alvaro Ate al dicho padrón por que se lo a mandado el arçobispo de Granada por tener notiçias de su buena vida e fama e costumbres, del e de su muger, e también porque el dicho cura vee que no es menester porque ellos tienen muncho cuydado de venyr a la yglesya desta villa e a yr a mysa e los demás dibinos ofiçios que en ella se dizen, e ansy todas las personas que no saben que son criptianos nuebos los tienen por criptianos viejos porque asy es su trato y manera de criptianos viejos y esto sabe desta pregunta.

A la tercera pregunta dixo que lo que della sabe es queste testigo no a visto confesar ni comulgar a la dicha Francisca Garçía, muger del dicho Alvaro Ate, más que sabe ques público e notorio que la dicha Francisca Garçía confiesa e comulga todas las vezes que lo manda la Santa Madre Yglesya, porque ella e sus padres son de la villa de Archidona, y allá todos confiesan e comulgan, que después que la dicha Francisca Graçía está en esta villa, casada con el dicho Alvaro Ate, siempre a confesado e comulgado todas las vezes que lo mandaba la Santa Madre Yglesia más vezes quella quysisere porque asy se loa dicho a este testigo el cura que agora está en esta dicha villa e porques notorio e quel dicho Alvaro Ate este testigo en el tiempo que fue cura de la Yglesya desta villa lo confesó e halló en gracia para dales el santysimo sacramento, y el dicho Alvaro Ate lo deseava rreçebir, e lo pedía, y este testigo no se lo osava dar por no aber en la puerta a los demás criptianos nuebos, e visto su yntinçión del dicho Alvaro Ate, este testigo lo comunicó con el reberendísimo Arçobispo de Granada el qual proveyó que atento su deseo e vida e manera quel dicho Alvaro Ate tiene probeyó que se le diese e asy despues acá se le da e a dado. Y este testigo sabe que el dicho Alvaro Ate y la dicha Francizca García, su mujer, son cofrades de la Cofradía del Santísismo Sacramento y no ay cosa que demuestre religión que el dicho Alvaro Ate y muger no las tengan porque presumen de cristianos sin otra cosa en contrario, y esto sabe desta pregunta.

A la cuarta pregunta dixo que este testigo sabe que los dichos Pedro e Isabel, negros, del dicho Alvaro Ate, son negros de Guinea y boçales porque a poco que los tiene e con todo eso saben las oraçiones que tienen el dicho Alvaro Ate y su mujer cuidado dello enseñar las oraciones e dotrina cristiana porque sino la supieran el cura desta villa los hobiera descomulgado e molestado ansy visto que saben las dichas oraçiones los dichos esclabos confiesan e oyen misa las vezes que lo manda la Santa Madre Iglesia como cristianos viejos no los llamara a la dotrina ny a otra cosa y esto sabe desta pregunta.

A la quinta pregunta dixo que lo que tiene dicho es verdad público y notorio, es pública voz e toma para el juramento que hizo de su nombre, retificose en él Antonio Hernandez, Luis de Tapia.

Ante mi, Gonçalo de Guete, escribano público.

Segundo testigo:

El dicho Alonso de Salamanca, cristiano viejo, vezino de la dicha villa de Gueto Taxar, presentado por el dicho Alvaro Ate, el qual después de aver jurado dixo e declaró lo siguiente:

Preguntado por las preguntas generales dixo ques de hedad de 40 años poco más o menos, e que no es pariente ni amigo ni enemigo de ninguna de las partes, ni le toca ninguna de las preguntas generales que le fueron fechas por my el dicho escribano e que vença este pleito la parte que tuviere justicia.

A la primera pregunta dixo que conosçe al dicho Alvaro Ate e Francisca Garçía, su mujer, e a Pedro e a Ysabel sus esclabos de vista, habla e conversaçión que con ellos a tenydo e tiene de 16 años a esta parte que a queste testigo bive e reside en esta villa.

A la segunda pregunta dijo que despues queste testigo conoçe a los dichos Alvaro Ate y Françisca Garçía, su muger, que es de los dichos 16 años a esta parte, este testigo los tiene por buenos cristianos temerosos de dios e de sus conçiencias e como tales les a visto hazer obras de cristianos, ansy en dar limosnas a cristianos viejos o nuevos como en otras obras de relegión que qualquier cristano deve tener e oyen misa e los demás divinos oficios que se dizen y çelebran en la yglesya desta dicha villa e confiesan e comulgan todas las vezes que que qualquier buen cristiano lo deve hazer e con muncha devozión y en tal reputaçión están e son abidos e tenydos e que su traxe e ábito e manera es a la castellana como cristianos viejos e no de otra manera que tienen casa e cama e syllas e mesas como cristianos viejos e ansy qualquier persona que no los conosç no dira syno que son criptianos viejos segun su habla e traje a ansy mysmo sabe que son cofrades de la Cofradía del Santísismo Sacramento y este testigo los a visto yr acompañando el Santísimo Sacramento todas las vezes que sale fuera en la dicha villa, los quales ban con sus velas ensendidas y con muncha deboçión como buenos criptianos y en esta reputación están e son avidos e tenydos y esto sabe desta pregunta.

A la tercera pregunta dixo que dize lo que dicho tiene en la pregunta antes desta que se refiere

A la quarta pregunta dixo que despues queste testigo conosçe a los dichos Pedro e Ysabel, negros y esclabos del dicho Alvaro Ate y Francisca García su mujer, los tiene por buenos cristianos porque el dicho Alvaro Ate los compró boçales y los a dotrinado de tal manera que aunquellos eran boçales los a ystruido en las obras de cristianos e ansy este testigo los a visto confesar e oyr misa e los demás divinos oficios que se diçen y çelebran en la yglesia mayor desta villa e confiesan todas las vezes que lo manda la santa madre yglesia e este testigo sabe que los dichos esclabos saben las dichas horaçiones de mysa porque se la a oydo e porque no los llaman a la dotrina como llaman a los demás que no la saben e los dichos sus amos tienen muncho cuydado dello y esto sabe desta pregunta.

A la qynta pregunta dixo que todo lo que dicho tiene es la verdad, público y notorio, y pública voz e fama para el juramento que hizo e por no saber leer fuele leydo su dicho, e rretificose Luis de Tapia.

Ante my, Gonzalo de Guete, escribano público.

Tercer testigo:

El dicho Francisco Martín, cristiano viejo, vezino de la villa de Guetor Taxar, testigo proveydo por el dicho Alvaro Ate el qual después de aber jurado en forma de derecho e syendo preguntado por el dicho ynterrogatorio, dixo e declaró lo syguiente

Preguntado por las preguntas generales dixo ques de hedad de çinquenta años poco más o menos e que no es pariente de ninguna de las partes ni le tocan las generales(...)

Conoce a los cuatro de más de 30 años e desde que los conoce los a tenydo por muy buenos cristianos, temerosos de dios e de sus conciençias, e como tales lo demuestra e hazen obras ansy en cosas de religion como en limosnas e otras e que sabe que visten e comen e tratan como cristianos viejos por que tienen casa dello , e tienen cama e mesa e syllas e se visten a la castellana como tales cristianos viejos y todas las personas que no los conosçieren no diran syno que verdaderamente son cristianos viejos de su propio nascymiento e generaçión e como tales los tienen e son avidos e tenydos e ansy no los llaman los curas desta villa a los padrones que se leen en la dicha yglesia para llamar a los otros cristianos nuevos que no vienen a la yglesia porquel dicho Alvaro Ate e Francisca Garçía, su muger, se preçian de no hazer falta ninguna e de tenerse por cristianos y en esta reputación los tiene este testigo e son avidos e tenydos y esto sabe desta pregunta.

Que después que conosce a la dicha Françisca Garçía ques después que la truxeron de la villa de Archidona, que se casó con el dicho Alvaro Ate, syempre a confesado e comulgado e confiesa e comulga todas las vezes que lo manda la Santa Madre Yglesia e quando se ofrece algún jubileo que lo requyere, y ella se preçia dello de oyr la misa y los demás divinos oficios que se dizen en la yglesya desta villa como buen cristiano y en tal reputación está y es avida e tenyda e lo mismo hace el dicho Alvaro Ate, confesar todas las veces que lo manda la santa madre yglesia, e quando se le ofreçe, e aunque rresçibía el santísimo sacramento syempre, él lo deseaba rreçebir y hazer obras para lo rreçebir como buen cristiano y visto que el dicho Alvaro Ate es tan ombre de bien e haze e procura hazer obras de buen cristiano el reberendísimo arzobispo de Granada dio liçencia que resçibiese e le diesen el santísimo sacramento todas las vezes que confesase como lo reçibe la dicha su muger e ansy después acá, comulga e resçibe el santísimo sacramento todas las vezes que lo quyere rescebir como buen cristiano e por tal se tiene e preçia dello e que sabe que el dicho Alvaro Ate e Francisca Garçía, su muger, son cofrades de la cofradía del Santísimo Sacramento desta villa e como tales van acompañando todas las vezes que sale fuera el santo en la villa, los quales van con sus velas ensendidas con muncha deboçión como buenos cristianos (...)

Cuarto testigo:

Diego Hernandez de Baça, cristiano viejo, vezino de la dicha villa de Guetor Taxar (...)

Quinto testigo:

Fracisco Hernandez de Villatoro, cristiano viejo, vezino desta villa (...)

Sexto testigo:

Sebastian de Torres, cristiano viejo, vezino de la villa de Guetor Taxar (...)

21-abril-1562

E después de los susodicho en la dicha villa de Guetor Taxar, a 21 días del mes de abril de 1562 años, ante el dicho señor alcalde mayor paresçió el dicho Alvaro Ate e dixo que pide a su merçed mande que se le de un traslado de todo ello de la manera que lo tiene pedido e pidió justiçia.

El Ilmo. señor alcalde mayor, vista la dicha probança que el dicho Albaro Ate a dado, dixo que mandava e mandó, a my, el dicho escribano, que le de un traslado de todo lo susodicho sacado en limpio y en pública forma y en manera que haga fee en todo lo qual ynterpuso su autentiçidad.

Archivo General de Simancas.
Consejo de Juntas y de Hacienda, Legajo 43, pieza 305.

EL MATRIMONIO Y EL AMANCEBAMIENTO

Expediente matrimonial de una esclava negroafricana y un esclavo de las Indias de Portugal, 1579.

Esperanza de Horozco, vezina desta çiudad, esclava de Pedro de Yepes, receptor, digo que siendo la voluntad de nuestro señor, tengo tratado y concertado de casarme con Francisco Mexía, esclavo del señor ynquisidor Megía. Suplico a vuestra merced que avida ynformaçion de nuestra libertad mande darnos mandamiento para que el cura de Santo José nos despose y bele.

Otrosi atento a que nosotros somos esclabos vuestra merced mande se notifique al dicho inquisidor y a Juana de Horozco, muger de Pedro de Yepes que por razón de querer contraer este matrimonio no nos bendan, hierren, ni ausenten desta çiudad, ni hagan otro ningun mal tratamiento sino que nos dejen libremente contraer el dicho matrimonio apremiendoles a ello con censura y para ello

(Fdo) Esperança de Horozco. Firma el escribano de su mano.

El señor probisor la obo por presentada e dixo que mandava e manda que los señores escribanos den ynformaçion de como son libres de contraer matrimonio y que se notifique a el ylustre señor dotor messía de Lasarte, ynquisidor en este reyno, que por razón deste matrimonio no venda ni trasporte ni hierre a el dicho Francisco, esclavo, ni le haga malos tratamientos y sy es neçesario manda ansy lo cumpla so pena de prisión mayor e ansy lo probeyó e mandó. Gaspar Guerrero, notario.

El señor probisor mando se notifique a Pedro de Yepes y Juana de Horozco, su muger que por raçón de querer la dicha Esperança de Horozco, morena, su esclaba, contraer el dicho matrimonio so pena de escomunion mayor late sentencia no la benda hierren ausenten ny hagan otro maltratamiento sino que la dexen estar y casarse libremente con aperçibimiento que no lo cumpliendo haciendo lo contrario prozeder a contra ellos a execucion de las dichas çensuras ansi lo proveyo e mando. Gaspar Guerrero, notario.

En Granada, a diez y ocho días del mes de nobiembre de mil y quinientos y ochenta e un años, yo el notario ynfra escripto notifico el auto arriba contenido a la dicha Juana de Horozco en su persona la qual dixo que Pedro Yepes, su marido, no está en Granada y no se puede hazer a ella esta notificación porque es su haçienda y el dicho señor probisor no puede casar su esclaba y que no consiente en ello porque no puede hazer ninguna cosa sin el dicho su marido y ansi lo contradize de nuebo esto respondió. Testigos Juan de la Cámara, Lucas de Miloba, vezinos de Granada. Pedro Herriega de Valdés, notario.

En la çiudad de Granada, a 14 días del mes de noviembre de 1581 años, para la dicha ynformaçion se rreçibio juramento en forma de derecho de doña luysa de horozco muger de salbador ventura vezinona desta çiudad a santiago preguntada por el pedimiento dixo que conoze a la dicha esperança de horozco negra porque es esclaba de su madre desta testigo de onze a doze años a esta parte de hordinario en Granada donde la a tratado mucho y sabe que es moza soltera por casar libre de matrimonio porque si lo fuera o tubiera algun pedimiento lo supiera esta testigo por ser esclaba de su madre como a dicho y estar en una casa la qual es verdad para el juramento que hizo es de veinte y dos años firmolo de su mano. Doña Luisa de Horozco. Ante my pedro herriega de Valdes, notario

Para mas ynformaçion de lo contenido en el pedimiento se rrecibio juramento en forma de derecho de (blanco), texedor de toca vezino de Granada a santiago preguntado por el pedimiento dixo que conoze al dicho fco mexia negro esclabo del sñor ynquisidor mexia de 4 años a esta parte poco mas o menos y lo a tratado en esta çiudad de Granada de hordinario por lo qual ypor ser muy mozo quando lo empezo a conozer sabe que es libre de matrimonio y no casado por que si lo fuera lo supiera el testigo como pudiera ser menos por abello tratado mucho esta es la verdad para el juramento que hizo es de 40 años no firmo porque no supo escrevir. Ante my, pº herriega de valdes notario.

En Granada a 15 dias de nov de 1581 para la dicha ynformaçion se rreçibio juramento en forma de derecho de juan de echabarria vezino de Granada a la colaçion de sto matia preguntado por el pedimiento dixo que conoce a esperança morena esclaba de pº de yepes vezinoª de Granada de mas de 4 años a esta parte ordinariamente en Granada en casa del dicho su amo siempre por moça soltera e por casar e por tal la a tenido y tiene sin saber cosa en contrario mas delo que a declarado lo qual es verdad para el juramento que hizo es de hedad de 25 años y firmo lo en su nombre. Ante my Juan de echebarria. Pedro de Harriega Valdés notario

Juramento de Joan Xuarez, vezino de Granada, a San José. Dijo que conoze a la dicha Esperança de Horozco, morena esclava, de Pedr de Yepes, receutor, de 12 años a esta parte y mas tiempo de hordinamiento en esta çiudad de Granada en el barrio y parrochia deste testigo visto y tratado en casa del dicho su amo sabe que es moça libre y soltera para poder contraer matrimonio y que no es casada, ni tiene otro ympedimento alguno porque si lo obiera este lo supiera o entendiera e no pudiere ser menos por lo que ha declarado y porque quando la empeço a conocer era muy muchacha y que no era de hedad para ser casada lo qual era verdad (...) de 24 años mas o menos y firmo en su nombre. juan suarez .Pedro de Herriega

16-noviembre-1581

Ysabel de Heredia, vezina de Granada a Santiago, "dixo que conoce al dicho Francisco Mexía, negro, esclavo del señor ynquisidor Messía, de 6 años a esta parte mas o menos este dicho tiempo le empeçó a conocer en casa del licenciado Salgado en la calle de Elvira y siempre de hordinario le a visto y tratado por lo qual sabe que es moço libre soltero para poderse casar porque si fuera al contrario lo supiera esta testigo viera u entendiera. 26 años. No sabe firmar.

E luego juro sobre lo susodicho Antón Domínguez, barbero, vezino de Granada a Santiago preguntado por el pedimiento dixo que conoce al dicho Francisco Mexía, moreno de 4 años a esta parte poco más o menos estando en casa del licenciado Salgado, y aora en casa del señor ynquisidor Mexía en esta çiudad de Granada ordinariamente e sabe que es moço soltero por casar libre de matrimonio. 38 años. Pedro de Herriega.

Confesión dél: E luego rreçibió juramento en forma de derecho del dicho contrayente y le fueron fechas las preguntas siguientes preguntado como se llama que hedad tiene de donde es vezino y natural dixo que se llama francisco mexia y natural de las yndias de portugal vezino de Granada de 10 años a esta parte que a que vino de su tierra y siempre a estado en Granada y es de edad de 20 años poco mas o menos preguntado si es moço por casar o si a hecho algun boto o dado palabra de casamyento a alguna persona dixo que es moço e nunca a sido casado ni a fecho ningun boto

preguntado con quien quiere casar dixo que con esperança de horozco morena esclaba de Pedr de Yepes vezino de Granada

Preguntado si con la susodicha tiene alguna parentesco dentro del quarto grado en afinidad o consanguinidad o en otra manera dixo que no y que lo que tiene declarado es la verdad so cargo del juramento que hizo no firmo porque no supo escrevir.

Ante my, Pedro de Harriega valdes notario

Confesión della: Dixo que se llama esperança de horozoco es esclaba de p° de yepes de hedad de 20 años vezinoa de Granada de 12 años a esta parte y natural de (blanco) dixo que es moça soltera por casar e no a fecho ningun boto ni dado palabra de casamiento preguntado con quien se quiere casar dixo que xo faco mexia esclabo del sñor ynquisidor messia vezino de Granada. Dixo que no tiene ningun parentesco con el susodicho y que lo que a declarado es verdad no firmo porque no supo escrevir. Ante my, Pedro de Harriega

En Granada a 10 días de março de 1582 ante el ilustre sñor licenciado Antonio Barba, probisor deste arzobispado se presentó la petición siguiente: Pedr de Yepes, preceutor desta real audiençia que rreside en Granada dixo que a my noticia es venydo que Esperança, my esclaba, se quyere casar con un Francisco, esclabo del señor ynquisidor Mexía de Lasarte, y porque siendo la susodicha my esclaba no puede disponer de su persona y en caso que pudiere yo contradigo el dicho matrimonio pido y suplico a v. m. les denyegue la dicha peticion que tienen pedida por ser en mi perjuizio y protesto el derecho de la servidumbre que la susodicha mes obligada como my esclaba e de lo que v. m. hiziere o preveyere hablando como de no apelo por ante quyen e con derecho de no (borrón) protesto la nulidad e pido se me de por testimonio. Pedro de Yepes.

El sñor provisor lo ovo por presentada e mando se ponga en el proceso y se le de por testimonio, ansí lo probeyó e mandó. Gaspar Guerra, notario

07-abril-1582

El licenciado Antonio Barba, probisor deste arçobispado, visto el pedimiento e ynformaçión fecha por el dicho Francisco, moreno, y Esperança de Horozco, sin embargo de las contradiciones fechas a el dicho matrimonio mando se de mandamiento para que el cura de san jose los despose y vele aviendo procedido las amonestaciones ansi probeyo e mando. Gaspar Guerra, notario

09-diciembre-1582

Pedro de Yepes "mi esclaba pretende o trata de casarse con un esclabo cautivo que fue del ynquisidor mexia de lasarte y agora dize que es del licdo salgado rrelator o con otra persona lo qual v. m. no a de permitir ni dar licencia que contrayga y si se a dado v. m. lanteponga que yo desde luego lo contradigo y protesto porque dize que va en perjuizio del derecho de servidumbre

24-diciembre-1582

Francisco Hernández moreno vezino desta çiudad esclabo del licdo salgado (el apellido cambia al cambiar de dueño, antes era Mexía) digo que como a v.m. consta con liçencia y mandamiento yo estoy casado e velado segun orden de la santa madre yglesia con Esperança de Horozco, morena, esclaba de Pedro de Yepes, receptor en esta corte, y es ansi que siendo el susodicho obligado dar lugar a que la dicha mi muger me bea e hable y dar el debito no loa hecho ni consiente antes le trata muy mal de obra e palabra sin consentir ni dar lugar que la dicha mi muger me hable conforme el matrimonio que tenemos contraido. Pide que le entregue a su muger tres dias en cada semana conforme es justo y me de el debito, de manera que el dicho Pedro de Yepes no de lugar se me hagan bexaçiones. Francisco Hernández.

El probisor manda al propietario que deje a Esperanza los 3 díaas (...) so pena descomunión mayor y que por razón de averse casado la dicha Esperança, su esclava, no la hierre açote ni en ninguna manera maltrate y la trate bien como el obligado dando el devito al dicho fco mexia y dexe a el dicho Francisco Hernández entrar en su casa y estar con la dicha su muger 3 días cada semana y la dicha Esperança vaya con el dicho su marido donde el la llebare sin les poner ympedimento y hazer contradición ninguna a ello. El licençiado Antonio Barba. Ante my, Gaspar Guerrero, notario.

07-enero-1578

Juan Salgado, rrelator desta rreal audiençia, que reside en Granada como señor de Francisco Hernández, negro, my esclavo digo que a my noticia es venydo que el dicho mi esclavo pretende o trata de casarse con Esperança, negra, esclava de Pedro Yepes, rreceutor desta R.A.. lo qual v.m. no a de permityr ni dar licençia que contraigan matrimonio porque demas de ser contra mi voluntad es causa de perjuizio del serbiçio que el dicho mi esclabo me ha de fazer(...)

07-enero-1583- Pedro de Yepes, por mí y por Juana de Horozco, mi muger, como señor de Esperança, morena cautiba, digo que de pedimiento de la susodicha a (borrón) de Francisco, esclavo de color negro, me fue notificado que a venido a my noticia dos autos por vuestra merced proveydos en 13 de noviembre de 1582 y en 24 de diciembre deste año de 1582 por los quales v. m. manda que yo no benda a la dicha mi esclava y la dexe 3 días de cada semana salir de casa e yrse con el dicho esclabo do quisiere y le paresçiere y otras cosas referidas en los autos y no pudo ni puede v.m proybírme la enaxenaçion y libre disposicion della como de hazienda propia mia, ni menos conpelerme con penas y censuras ni en otra manera. Suplico a v. m reponga y reboque y de por ningunos los dichos autos y de cada uno dellos.

Al señor presidente de la Chancillería

Alonso de Lugones, en nombre de Pedro de Yepes, por sí, y como conjunta persona de Juana de Horozco, su muger, como señores de Esperança, su esclava, me querello ante vuestra alteza de el dotor Antonio Barba, probisor de Granada, so color de que la dicha esclava le pidió licençia para contraer matrimonio con Francisco, esclabo por autos que probeyó demás de darle licençia y probeyó y mandó que my parte no pueda bender a la dicha su esclaba ni disponer della y que le dexe yrse de su casa con el dicho esclabo 3 días de cada semana y otras cosas referidas en los autos y apelo de los dichos autos, que se otorguen las apelaciones por mi parte ynterpuestas y rresponda lo por el susodicho probeydo

Archivo de la Curia Episcopal de Granada.
Legajo 1579-1585

LA ENFERMEDAD

Sobre un mercader de esclavos que quiere devolver una esclava porque no le baja su regla, 1567

Sepan quantos esta carta bieren como ante my, escribano público, paresçieron el jurado Diego Pérez de Cárçeles y Alonso de Baldearenas, mercader de esclavos, vezinos desta çiudad de Granada, y dixeron que al dicho Alonso de Baldearenas puede aver 5 meses poco más o menos que vendió el dicho jurado, una esclaba de color blanca, herrada en la cara, que se dize Juana por 127 ducados, con condiçión que sy dentro de 5 meses no le contentase la dicha esclaba se bolbiese; y el dicho Alonso de Baldearenas quiere bolber la dicha esclaba diziendo questá enferma y no le baxa su rregla (...). El jurado le paga 10 ducado en dineros y se queda la esclaba.

Archivo de Protocolos del Colegio Notarial de Granada
Legajo154, fol 399v.

EL HERRAJE

Sobre un esclava fugitiva y que se de licencia para herrarla de nuevo, 1508.

El propietario de la esclava, Cristóbal Ruiz, vecino de Granada, declara "(...) que teniendo en mi casa, por mi esclava a Luisa, berberisca, se salió della y bino a quexarse ante vuestra merçed de Juan del Castillo, su primer amo, que fué la persona que a mi me la vendió pretendiendo ser libre. Suplico a v.m se me entreque la dicha Luysa, my escalva, como cosa mía propia, que si es neçesario estoy presto a pagar fianças (...)

Petición del propietario para herrarla de nuevo 1508-julio-27

"(...) porque estando herrada desde nyna, con más de 8 o 10 años, se pone adereços para quitárse los hierros y se los va quitando para poderse yr e ausentar (...) V.M me dé liçencia para que los dichos hierros se los ponga de la manera que antes estaban para que se pueda conoçer y no se pueda ausentar (...)"

Auto 1508-septiembre-25

Se da licencia para que pueda renovar el hierro de la frente de la dicha Luisa que es esclava y la pueda vender, trocar e cambiar.

Archivo Municipal de Granada
Cabina 513, Legajo 2575, pieza 13, 1508.

MECANISMOS DE RESISTENCIA: LA FUGA

Sobre un esclavo berberisco fugitivo hallado en Málaga, 1567

Sepan quanto esta carta de venta vieren como yo, Isabel de Osorio, muger que soy de Gaspar de Paredes, procurador del número desta nombrada y gran çiudad de Granada a la collaçion de la Yglesia mayor y muger que primero fuy de Alonso López, confitero, difunto vezino que fué desta dicha çiudad, e yo el dicho Gaspar de Paredes como tutor y curador que soy de Luis López y de Ysabel López, menores hijos del dicho Alonso López y de la dicha Isabel de Osorio y por virtud de la curaduría que fue dysçernyda delante del sr alcalde mayor de Granada ante el presente escribano y yo la dicha Ysabel de Osorio en presençia e con liçencia del dicho Gaspar de Paredes, mi marido, que le pido y demando para hacer y otorgar jurar y me obligar a lo que de yuso en esta escritura se contiene e yo el dicho Gaspar de Paredes otorgo y conozco que doy e conçedo a la dicha liçencia e facultad a la dicha my muger segun y para ef efto que por vos me es pedida e demandada la qual prometo y me obligo de aver por firme y no la rebocar so espresa obligación que para ello hago de mi persona y bienes avidos y por aver por birtud de la qual dicha liçencia yo la susodicha Ysabel de Osorio por my propia e yo el dicho Gaspar de PAredes como tal curador de los dichos menores dezimos que por quanto tenyendo el dicho Alonso López en su vida e yo la dicha Ysabel de Osorio por nuestro esclavo cautivo Almanzor moro natural de Teçeta, en Berbería, de hedad de quarenta años poco más o menos, se conçertó de le ahorrar por çiento e quarenta ducados y del dicho rrescate quedó y rrestó debiendo ochenta ducados los quales quedó el dicho Almanzor moro de le dar y pagar en çierta forma y en çierto preçio conforme a una escritura que sobre ello se otorgó y el dicho Almanzor moro yendo a buscar para pagar los dichos ochenta ducados se pasó y fué a Berbería dónde después fué preso en la çiudad de Orán y fué rremytido y embiado a la carçel pública de la çiudad de Málaga para çierto efeto y por nosotros fue sabido la provisión del dicho Almanzor moro y por requisitoria de la justiçia desta çiudad y mandada cumplir por lo señores presidentes y oidores della nos fué dado y entregado el dicho Almanzor moro para que dél fuésemos pagados de los dichos ochenta ducados y costas y teniéndolo como lo tenemos en nuestro poder para el dicho efeto hizimos çierto pedimiento ante la dicha justiçia desta dicha çiudad diziendo que el dicho Almanzor, moro, consentía que se vendiese en el dicho preçio de los dichos ochenta ducados que se le diese liçençia para ello y ansí el dicho Almanzor moro lo dixo y declaró delante de la dicha justiçia y de su pedimiento e consentimiento se nos dió liçencia para vendello en el dicho preçio con declaraçión que cada y quando el dicho almanzor diese los dichos ochenta ducados quedase y fuese libre. Y usando agora de la dicha liçencia otorgaron y conoçieron que vendían e bendieron al señor Gonçalo Chacón capitan de su magestad vezino de la çiudad de Vélez Málaga al dicho Almanzor moro el qual le vendemos por preçio y quantía de los dichos ochenta ducados de los quales nos damos or contentos y pagados y entregados a toda nuestra voluntad por quanto los reçebimos realmente por mano del señor Gonzalo de Torres jurado y vezino de la dicha çiudad y por el dicho Gonzalo Chacón y en su nombre en rreales y menudos en presençia del escribano público y vendemos el dicho esclavo con el dicho agravamiento y condiçión que luego que le dé y pague al dicho gonzalo los dichos ochenta ducados sea libre el dicho Alamanzor moro y se le otorgue carta de libertad y no quedamos obligados a quel dicho esclavo no tiene viçio ni tacha alguna y si más vale del dihco preçio de la demasya o más Válor con el dicho gravamen y condiçión hacemos graçia y donaçión yrrebocables cerca de lo cual rrenunçiamos las leyes y ordenamientos fechos en las Cortes de Alcalá de Henares que hablan en rrazón de las cosas que se venden y compran por más o por menos de la mytad de su justo preçio y en la cual ny en los quatro años en ella declarados no nos queremos ayudar ny aprobechar desde oy día questa carta es fecha y otorgada en adelante nos desistimos des derecho que al dihco esclavo nos perteneçe y lo çedemos rrenunçiamos y traspasamos en el dicho comprador para que sea suyo propio y lo pueda vender y disponer a su voluntad como cosa suya propia con el dicho gravamen e condiçión quedando los dichos ochenta ducados quede libre y en señal de posesión lo damos y entregamos a vos el dicho jurado Gonzalo de Torres por cuya mano reçebimos los dichos ochenta ducados en el dicho nombre y como reales vendedores nos obligamos al saneamiento del dicho Almanzor moro que es çierta e verdadera la dicha deuda de los dichos ochenta ducados que ansi rrestava dever del dicho rescate y si algo dello le fuere pedido lo pagaremos con las costas e para ello obligamos nuestras personas e bienes avidos e por aver yo el dicho Gaspar de Paredes,las personas y bienes de los dichos mys menosres y damos poder a la justizia de su magestad que nos apremie en a ello como por sentencia pasada o causa juzgada e renunçiamos todas y qualesqyer leyes e fueros que sean en nuestro favor y espeçialmente renunciamos a la ley del derecho y renunçiamos a las leyes de los emperadores en forma de las quales fuy avisada por el presente escrivano e para más fuerça e validaçión esta escritura juro por Dios e por Santa maría e por la señal de la Santa Cruz en que puse mi mano derecha que como buena cristiana tendré e guardaré e compliré estas escrituras en todo lo en ella contenida y no iré contra della por razón de my dote ny arras ny bienes multiplicados ny diziendo que para la hazer e otorgar fuy ferida ny induzida por el dicho mi marido y por otras persona alguna salvo que yo la hago e otorgo de mi propia libre y espontánea voluntad syn premia ny fuerza alguna y deste juramento no pediré avsolución ny rrelaxaçión a quien de derecho me lo conçede y no avusaré ny aprovecharé en tiempo alguno ni forma alguna y el dicho jurado Diego de Torres que estava presente a todo lo que dicho es aviendo oydo el efeto y oído la dicha curaduría y esta escritura la exejutó e dió por entregado del dicho almanzor moro por quanto rreçibió en my presençia del dihoc escrivano y del os dichos testigos para dalle al dicho capitan para quien se vende y es testimonio del qual otorgamos esta carta ante el escribano púbico e testigos susescritos en cuyo registro nos los dichos Gaspar de PAredes y Gonçalo de Torres fyrmamos nuestros nombres y por my la dihca Ysabel Osorio fyrmo un testigo que es fecha y otorgada en la çiudad de Granada a veynteytres días del mes de mayor de myl y quinientos y sesenta e siete años syendo testigos Pedro Bueno vezino de la dicha çiudad de Belez que dixo conoçer al dicho Gaspar de Torres, Santiago de Contreras, Francisco Ximenez, vezinos de Granada.

Fdo: Gaspar de Paredes, Gonzalo de Torres, Santiago de Contreras.

Archivo de Protocolos del Colegio Notarial de Granada. Legajo nº 157, fol. 409v-503r, 1567.

LA VIOLENCIA

Carta de pago de Doña Luisa de la Cerda a Gerónimo de Valverde por las heridas que le causó su esclavo, 1552

En la ciudad de Granada, a 12 días del mes de mayo, año del naçimiento de nuestro señor jesucristo de myl y quinientos e çinquenta e dos años, ante mi el escribano público pareçieron Gerónimo de Balverde, vecino de la ciudad de Úbeda, estante al presente en esta dicha çiudad de Granada, como prinçipal, e Antonio de Balverde, su tío, vecino ansí mismo de la çiudad de Úbeda, estante al presente en esta dicha cíudad, como su fiador e prinçipal pagador, y ambos juntamente, de mancomumidad, a boz de uno, renunçiando las leyes de la mancomunydad como en ellas se contiene, otorgaron e conoçieron que reçibieron de Hernán Martín, vecino desta çiudad, en nombre de la señora Doña Luisa de la Çerda, viuda y vecina de esta çiudad, ocho ducados, los quales se dieron por contentos y entregados a su voluntad por quanto los reçibieron en reales de plata en presençia del mí el escrivano público. Los quales dichos ochos ducados reçibieron por razón de çierto perdón que el dicho Gerónimo de Balverde otorgó en favor de, Bartolomé, de color negro, esclavo de la dicha Doña Luysa de la Çerda, y por razón del dicho perdón se conçertó que le diesen los dichos ocho ducados, por razón de las heridas que el dicho esclavo le dió, y de la cura y gasto que en ello se a tenido, y de los dichos ocho ducados le otorgaron carta de pago e de finiquito en forma que se obligaron de que sy agora o en algún tiempo fueren o vinieren en contra del dicho perdón que ansy tiene otorgado por ante my el dicho escrivano oy día de la fecha que bolverán e pagaran los dichos ocho ducados a la dicha Doña Luysa o a quyen su poder oviere con las costas y los daños y por quanto el dicho Grerónimo de Balverde es mayor de dieçiocho años e menor de veynte e cinco años juró por dios y por santa maría e por una señal de cruz en que puso su mano derecha de tener e guardar e complir e pagar esta carta como de suso se contiene y de no alegar en este caso menoría de edad ny aprobechar de otro nyngún remedio en favor de los menores so pena de perjuro (...) fueron presentes por testigos Diego de Escobar y Sebastian de Baeça y Luys García vecinos de la ciudad de Úbeda, estantes en Granada y juraron conoçer a los dichos otorgantes.

Ante my: Joan de Olivares, escribano público. (Fdo) Gregorio de Balverde

Archivo de Protocolos del Colegio Notarial de Granada
Legajo 75, fol 34r-35r.

VIVENCIAS DE RELIGIOSIDAD

Instrucción para remediar y assegurar quanto con la divina graçia fuere possible que ninguno de los negros que vienen de Guinea, Angola y otras provinçias de aquella corte de África carezcan del sagrado bautismo, 1612

Por mandado del Ilustrísimo señor Don Pedro de Castro y Quiñones, arçobispo de Sevilla del Consejo del Rey nuestro señor.

La importancia y necesidad de poner eficaz remedio en este negocio tiene muy clara prueva, constando como consta por información muy plena y fidedigna que son muchos los negros que vienen de varias naçiones de África sin reçibir el baptismo y que muchos otros lo reçiben de manera que no les es de ningún valor. De lo qual resultan inconvenyentes prinçipales, sin otros, que a ellos siguen. El primero, carecer tantas almas del único remedio de nuestra salvación y, por tanto, no poderla alcançar con la más fácil disposiçión y más acomodada a su poca capaçidad, que la atrición sino ser neçesario tener contricción: y aún para tenerla, carecer de grande copia de auxilios que la divina bondad comunica por el sagrado baptismo. El segundo darle depués los demás sacramentos a personas totalmente incapazes de recibirlos. La qual obra de suyo es muy grave sacrilegio: y ya después de sabido, lo que passa en el hecho, no podrá eta culpa escusarle con la ignorancia. Por otra parte, los negros son tantos en número, y comúnmente tan bien inclinados, y por virtud de la divina gracia les asistenta también la fe; y que es gran lástima que mueran sin el sacramento del baptismo.

1. Padrón o catálogo.

En todas las parroquias hagan los curas padrón o catálogo en que se escrivan todos los negros, varones y mugeres, captivos y libres. Escríbanse el nombre del negro, declarándo cuyo es. Y de todos se escriva si fue baptizado en España o no, y si es casado. Item se escriva si es boçal, o si es ladino, y bien ynstruido, y con tan buen notiçia de alguna lengua de su nación, que pueda servir de intérprete para los boçales de su lengua y de que lengua es.

2. En este padrón con una señal, o raya en la margen se noten los negros y negras que estuviesen enfermos porque más fácilmente conste; quales son las personas que tienen más urgente necesidad de que se les de remedio espiritual con más deligencia y brevedad. Y los dichos curas por sus personas, o por medio de otros sacerdotes, que ayudaren a esto; procuren con toda diligencia de acudirles a tiempo con el remedio del baptismo, precediendo el cathecismo y exortación que se dirá después.

3. En esto será forçoso que tomen algún trabajo mayor los curas del Sagrario de santa María la Mayor buscando y empadronando los negros extravagantes o forasteros que no tienen casa çierta ni parrochia sino la Yglesia mayor, informándose cómo y dónde los podrán hallar quando los busquen.

4. También perteneçe a los curas del Sagrario el cuydado de los armazones. Negros, que fueren de aqui adelante viniendo de nuevo para tratar de su remedio espiritual; pidiendo a su señoría ilustrísima el socorro de operarios que fuese menester.

Suavidad de padre espiritual

5. En lo dicho, y en todo lo que resta por dezir, que hizieren los curas, examinadores, o catechistas o qualquier otros ministros procuren vestirle de las entrañas de nuestro señor Iesu Christo con verdadera caridad, paciencia y mansedumbre, sazonado con la devida autoridad de padres espirituales, así de los que uvieren de ser baptizados como de sus amos, por que mejor ayuden al remedio de estas almas y no pongan ningún estorvo.

Examen

6. Quatro son los puntos substanciales para cuya averiguación se endereça prinçipalmente todo el examen presente. Primero, si en su

tierra o al salir de el puerto le echaron agua diziéndoles las palabras del baptismo. Segundo, si por medio de algún intérprete que supiese su lengua y la nuestra, les dixeron algo de el baptismo. Tercero, si entendieron entonces algo de lo que se les dixo acerca desto, siquiera tosca y groseramente conforme a su capacidad. Quarto, si dieron entonces verdaderamente su libre consentimiento con la voluntad para reçebir lo que sus amos y el cura pretendía darles con aquel lavatorio corporal; o si solamente sufrieron a más no pder lo que sus amos hazían. De suerte, que aunque no contradixeron exteriormente, o aunque fingieron que tenían voluntad de reçebir el baptismo, pero en su corazón o no tenían tal voluntad entre sí que no consentían.

7. Y sea regla general, que habiendo faltado uno sólo de estos puntos será menester baptizar de nuevo al negro.

8. Si contase con certeza moral que no faltó ninguno de estos puntos substanciales no será baptizado. Para esto se hará un catálogo aparte en que se escrivan los nombres suyos y de sus amos; y como les deven suplir solamente ceremonias de el Baptismo.

9. Para fundamenteo de el examen se a de acvertir que los que vienen de Guinea, Xolofe, Mandinga y otras naçiones que todas se embarcan en el puerto de Cacheo: casi todos vienen sin bautismo que sea válido. Porque no se les dize nada de el baptismo ni de la Fe ni de la Religión Xptiana ni ellos entienden otra cosa más de lo que ven. Y por consiguiente deven ser baptizados sin condición.

10. Pero los del Congo y angola tienen de ordinario alguna marca de enseñanza y de pedirles su consentimiento y por esto requieren más examen, para que conste si hubo lo neçesario para que valiese el baptismo. Por que algunos no entienden declaración y exortaçión porque no lo oyeron que estavan lejos quando les enseñaban o divertidos con la turbaçión. Según estas reglas se podían examinar también los negros que vienen de otros puertos que son menos en número.

11. Esto supuesto, el examinador pregunte lo primero de qué tierra o naçión es el negro y en qué puerto de África lo compraron los mercaderes que lo truxeron a España, Si se halló presente quando baptizaron a los demás negros de su armazón y si le dixeron en su lengua para qué fin le lavaban la cabeça con agua y si entendió lo que le dixeron en su lengua, y si fue su voluntad entonces de tomar la fe de los blancos que le baptizaban o de adorar al dios que ellos adoraban

12. Según lo que a esto respondieron; verán si an de preguntar más o mudar maneras de preguntar a prudencia del examinador.

13. Aviendo hecho las preguntas y de sus respuestas constare que tuvo verdadramente los 4 puntos substanciales que se dixeron en el número sexto: escrivan en un momorial, Fulano, libre o captivo de fulano en tal parrochia fue examinado tal día, mes y año; y se averiguóque su baptismo avía sido válido.

14. Si de las preguntas constare que le faltó alguno de los puntos substanciales: escrívalo en el memorial, diziéndo los nombres del captivo y de su amo y de la parrochia y que se debe baptizar sin condición.

15. Si el examinador quedarre con alguna duda, escriva en el memorial que el dicho fulano dice ser baptizado sub conditione por aver duda probable.

16. Advierta el examinador que dexar de baptizar es de mayor peligro que baptizar sub conditione al que está ya verdaderamente bautizado.

17. En la duda que tuviere deven los examinadores pedir consejo a teólogos, doctos y especialmente a los padres de la compañía de Jesús de el Colegio de San Hermenegildo.

18. Particularmente quando se examinasen alguno de los más ladinos que se corre mucho de que ayan menester el baptismo después de averse tratado como xptianos tanto tiempo y por no vencer esta repugnancia, niegan, quanto pueden, la verdad.

19. Por esta misma causa en sintiendo esta dificultad el examinador certifique al examinado con gran aseveración que le gaurdará todo secreto y que le darán a escoger que se baptizen en oculto sin que lo sepa más que el examinador y que si se hallare que de ninguna manera quiere baptizarse en público acuda el examinador a uno de los padres de la compañía de Jesús del Colegio de San Hermenegildo que tienen este negocio a su cargo para que de orden de que se baptize en secreto.

20. Y si los amos dificultan la publicidad del bautismo por excusar la costa les aseguren que se les dará quien los baptize sin que les cueste nada.

21. En todo el examen es menester yr con mucho espacio y paciencia, dándoles tiempo de pensar lo que dizen porque vienen turbados y son de corta capacidad y fácilmente se arrojarán a responder sí o no sin saber lo que se dizen. Avísenles que les va la salvación en decir la verdad, no sea que la honrrilla vana les haga dezir lo que no es. No les aprieten mucho de manera que se aflijan, pero con todo esto no se contenten una vez o dos questén ya baptizados.

22. Es menester advertir que no les pregunten sino lo que antes del baptismo entendieron y quisieron y no según lo que después acá han entendido.

23. Para examinar o catechizar los negros bozales que no entiendan bastantemente nuestra lengua se ayuden de intérpretes que sean de aquella lengua. Para lo cual importará mucho que el intérprete sea muy ladino y de buen ley y tenerle ganada voluntad con algunos premios y buen modo de tratalle. Por que de otra manera fácilmente dirá uno por otro y avreviará por yrse.

24. Todo lo dicho se entiende con los que salieron de su tierra teniéndo ya cumplidos 7 años de edad los que constare fueron baptizados antes de tener 7 años no ay que examinar sino escrevirlos en el catálogo de los baptizados.

Cathecismo

25. Los que se ubieren de baptizar, sin condición o con ella, se deben primero catechizar y disponer con dolor de sus pecados propósito de enmienda.

26. Los misterios substanciales que será forzoso enseñarles y que los entiendan conforme a su capacidad de cada uno, son: un sólo dios creador de todas las cosas, el misterio de la santísima trinidad, padre y hijo y espíritu santo, tres personas y un sólo dios, que el hijo de dios se hizó hombre por salvarnos y que murió y resucitó y está glorioso en el cielo, que ay otra vida, y en ella gloria para siempre o tormento para siempre, que no se pueden salvar sin el baptismo y sin la ley de nuestro señor Iesu Christo. Que todo esto creemos los crisitianos porque nos lo enseñó dios, nuestro señor, que no es posible engañarnos y por esta causa lo an guardado todos los santos y sabios que a avido.

27. Convendrá encomendar a los amos que les enseñen las oraciones, aunque no será forçoso saberlas de memoria.

28. Será conveniente hacerles dezir algunas palabras que signifiquen dolor de sus pecados sobretodas las cosas y propósito firme de guardar ley de uestro señor y nunca más pecar.

29. De todas estas cosas digan muy poco y muy toscamente dicho a su modo y repetido muchas vezes y dándoles tiempo y espacio para entenderlo.

Enfermos

30. En los enfermos se avrevie todo lo dicho cuanto más cuanto menos asegurase la enfermedad y su peligro.

31. Los curas o los demás sacerdotes que acudieren a los enfermos procuren de la limosna de la parrochia o del limosnero su señoría ilustrísima o de alguna persona piadosa con qué regalar y socorrer al enfermo y con esto ganarle la voluntad y alentarlo para ayudar a su salvación

32. Los que por enfermedad fueran baptizados en su casa se note en el padrón: para que si nuestro señor les diere salud, se supla después en la Yglesia toda la solmenidad que faltó en la ceremonia.

33. A los enfermos deven darles el santísimo sacramento por viático si la enfermedad lo requiere.

Modo de bautizar

34. Los bautismos de los sanos an de ser siempre en su parrochia y con solemnidad y ceremonias que manda la Santa Madre Yglesia y siempre será por mano de los curas.

35. Que el agua no quede sólo en los cabellos sino que llegue a bañar la piel de la cabeza y rostro por lo menos y si quisieren bañar más del cuerpo sea guardando toda la decencia y decoro posible.

37. En el libro de baptismos se escrivan con cuydado y sin faltar ninguno todos los baptismos de estos adultos.

Negras que sirven a monjas

38. Las negras que están sirviendo en conventos de monjas si fueren sujetas al ordinario o a cualquier clérigo seglar, su visitador tomará a su cargo dar orden en lo que se tuviere de hazer, pero si los conventos fueren sujetos a religiosos se remite a la prudencia y santo celo de los prelados, que den orden, como se asegure la salvación y baptismo de las negras que en sus conventos sirvieren.

Sacramento de penitencia

39. En la confesión a de cofesar solamente los pecados que hizo después del baptismo.

Confirmación

42. Los que se baptizaren sub conditione si estavan antes cofirmados no se confirmen, pero si se baptizaron sine conditione se podrán confirmar.

Matrimonio

43. Cuando de las dos personas que havían contraydo matrimonio, la una de nuevo se baptizare sin condición y la otra no fuere menester baptizar, es menester que de nuevo consientan en el matrimonio, avisándoles que están libres del vínculo y que pueden dexar de casarse, pero que conviene que de nuevo consientan. Cuya execución se encomienda al cura si no hallare alguna causa justa de divorcio. Y sea esto con la mayor brevedad posible porque le sea lícito el uso del matrimonio.

En los demás pueblos del arçobispado

44. El vicario de cualquier distrito dará orden en todo él para que se execute todo lo que arriba está dicho.

46. Habiendo establecido esto en el principal pueblo de su vicaría donde reside, vaya personalmente a los demás de su vicaría y establezca lo mesmo.

48. Los pueblos que fuesen muy pequeños y tuvieran pocos vezinos serán para este efecto gobernados, examinados y catechizados por algún pueblo más grande. El que más vezinos tuviere.

Archivo de la Abadía del Sacromonte.
Legajo 7, fol. 871r - 880v.

DE LA ESCLAVITUD A LA LIBERTAD

Un barbero granadino se obliga a pagar la libertad de la hija de una esclava morisca porque dice ser su padre, 1589

Ante mi, el escribano y testigos yuso escritos, se presentó Juan Martín, barbero, veçino de la çiudad de Granada en la collaçión de Santa Escolástica, y Andrea Ruiz, su mujer, (con licencia del marido y de mancomunidad). Y dijeron que por cuanto el dicho Juan Martín tiene por su hija legítima a María, de cuatro años poco más o menos, la cual ubo en Sabina López, esclava de Diego López, corredor de lonja, vecino de Granada, que es morisca deste reino de Granada, la cual dicha Sabina trata tiempo de su libertad con el dicho Diego López e respeto de ser, como es, su hija ha tratado con el susodicho de que por razón de los alimentos que con la dicha María ha gastado el dicho Diego López, y en la criança della, e por vía de tasaçión y conçierto, y por se quitar de pleytos, le quiere dar y pagar al susodicho Diego López treinta y seis ducados con que le de y entregue a la dicha María, su hija, y el dicho Diego López, que está presente, lo quiere hacer y cumplir así por tanto, por esta presente carta, otorgaron e conocieron que recibían y recibieron del dicho Diego López a la dicha María, de la qual se otorgaron por entregados por la qual recibieron vista; y en presencia de mí, el presente escribano, de lo cual doy fé y por la dicha razón, se obligaron de dar e pagar al dicho Diego López o a quien su poder hubiere, los dichos treinta y seis ducados, que son de la causa e razón susodicha, de los cuales dichos treinta y seis ducados se obligaron de le pagar en esta manera: doce ducados en fín del mes de septiembre deste presente año de ochenta y nueve y otros doce ducados en fín del mes de enero, y otros doce el día del señor San Juan de junio, ambos plazos del año venidero de mil y quinientos noventa años pagados en esta çiudad de Granada y con las costas de la cobranza de cada paga e para lo así cumplir e pagar, se obligaron sus personas y sus bienes habidos y por haber, y dieron poder cumplido a cualesquier jurado del rey nuestro señor de cualquier fuero y jurisdiçión. El dicho Diego López otorgó que aceptaba y aceptó esta escritura en su fabor y dió por libre y quita a la dicha María de cualquier derecho que a ella podía tener por la razón que está en esta escritura y para que sea persona libre y no sujeta a ninguna servidumbre y los susodichos lo firmaron y por la susodicha firmó un testigo por no saber, testigos: Lucas de Angulo y Cristóbal de Ribas y Blas Martín, vecinos de Granada.

Fdo: Juan Martín, Diego López y Cristóbal de Ribas por testigo.

Ante mí: Luis de Morales.

Archivo de Protocolos del Colegio Notarial de Granada
Legajo 282, fol. 121r-122v.

Carta de horro de una esclava, 1542

Sepan quantos esta carta vieren como yo, Elivra Ruyz, vibda, muger que fuy de Sebastian de Tuesta, difunto que Dios aya, vezina que soy de esta çibdad de Granada, a la collaçion de Santa María Madalena. Digo que por quanto yo me conçerté de rescatar a Ysabel de Tuesta Arbia, de color morena, mi escalva e cativa, de hedad de treynta e çinco años, poco más o menos, por preçio e contía de setenta e çinco ducados, de los quales me dió e pagó treynta ducados, que me doy por contenta e pagada y entregada a toda mi voluntad. Por quanto los veynte e ocho ducados de ellos los reçibi en reales de plata, en presençia del escribano público de esta çibdad; la qual paga yo el dicho escribano público doy fe que se hizo en mi presençia e de los testigos yuso escriptos; y en razón de los dos ducados que de presente no pareçí, renunçio la exevçion de la pecunia e leys de la entrega e paga, como en ellas se contiene, e por los otros quarenta e çinco ducados restantes, complimiento de los dichos setenta e çinco ducados del dicho su rescate, se obligó la dicha Ysabel de Tuesta e Lorenço Xorayque e María Xorayquia, su muger, e Lorenço de Melexix, su cuñado, todos quatros de mancomud, para me los pagar a çiertos plazos, como se contiene en la carta de obligación que sobre ello pasó, ante el presente escribano, a que me refiero. La qual obligaçion yo acevto en mi favor, porque queda en su fuerça e vigor. Por hende, por esta presente carta, en la mejor forma e manera que puedo e de derecho devo, otorgo e conosco que ahorro e pongo en livertad perpetua, a vos la dicha Ysabel de Tuesta, mi esclava, de qualquier cativerio e servidumbre que por razon de ser mi esclava cativa me herades obligada a fazer, por quanto todos aveys rescatado como de suso se contiene, e vos doy liçençia e facultad cumplida para que podays fazer de vuestra persona e bienes todo lo que quisieredes, e por bien tuvieredes, ordenar buestra anima, e fazer buestro testamento, como qualquiera presona horra, e libre, e quita, lo pueda fazer e si agora, o en algun tiempo, dichos setenta e çinco ducados de la tal demasía, vos fago graçia e donaçion buena, pura, perpetua, ynrebocable, que llama el derecho entre bibos, açerca de esto renunçio la ley del hordenamiento real fecha en las cortes de Alcala de Henares, que hablan en razon de las cosas que son vendidas otracadas, por mas o por menos, de la mitad del justo o derecho preçio, e Válor, como en ella se quontiene. Otorgo e me obligo de tener, e guardar, e cumplir, esta carta de rescate o todo lo en ella contenido, e de no yr ni venir contra ello por la remover, e ni por la deshazer en juyzio ni fuera de él, so pena que si lo contrario haziere, que me non vala, ni sobre ello sea oydo en juyzio ni fuera de él, so pena de diez mil maravedis para la camara de sus magestades, con más las costas e daños que sobre ello se vos recreçieren, e la pena, paga o no qonformese a esta carta, e lo en ella contenido para sienpre jamas. La cual dicha carta otorgo con que vos la dicha Ysabel de Tuesta, aveys pagar la alcavala del dicho vuestro rescate, porque así fue conçertado entre nosotros. E para lo asi pagar e cumplir obligo mi presona, con todos mis bienes muebles e rayzes, avidos e por aver, e para la execuçion de ello doy e otorgo todo mi poder cumplido a qualesquier justiçias de sus magestades, de qualquier fuero e juredIçion que sean, para que por todo remedio o rigor del derecho, me conpelan e apremien asi por vía de execuçion, como en otra manera, bien, e ansi, e a tan cunplidamente, como en esta carta fuese suya, defenitiva de juez conpetente, e pasada en cosa juzgada. E renuncio todas e qualesquier leys, fueros e derechos que sean en mi favor que me non vala en esta razon ni en juyzio ni fuera de él, y espeçialmente renunçio a la ley que diz que general renunçiaçion fecha de leys non vala. E renunçio las leys de los Enperadores Justiniano e Veliano, e la Nueva, e Costetuyçion, e leys de Toro, que son en favor de las mugeres. Que me non valan en esta razon por quanto por el escribano público yuso escripto, fuey aperçibida del su efeto, de que avia por mitad de derecho, como arteficada de ellas las renunçio. En testimonio de lo que otorgue esta carta ante el escribano publico e testigos de yuso escriptos. En el registro de la qual porque no se escrevir, rogue un testigo la firme por mi de su nonbre, que es fecha e otorgada en la dicha çibdad de Granada a veynte e quatro días del mes de henero año del nasçimiento de nuestro Salvador Ihesu Christo de mil e quinientos e quarenta e dos años. Testigos que fueron presentes a lo que dicho es Juan de Paredes, escribiente, e Pedro Peres Serrano, clérigo e beneficiado de la Yglesia de la Madalena desta çibdad e Pero Díaz e Miguel Martínez, tratantes en vino vezinos y estantes en Granada.

(Fdo): Juan de Paredes, testigo. Martín de Olivares, escribano público.

Archivo de Protocolos del Colegio Notarial
Legajo 41, fol. 176r-178r.

Licencia a un esclavo marroquí para que pida limosna durante 3 años y así pague su rescate estipulado en 40 ducados, 1541.

Sepan cuanto esta carta vieren como yo Diego de Avila, veinte y cuatro y vecino de la muy noble y nombrada ciudad de Granada, y en nombre y en voz de García de Avila, mi señor, veinticuatro y vecino de Granada, por el cual presto voz, me cocerté con Bartolomé Arbi, esclavo, de lo rescatar por precio de 40 ducados, por los cuales se hizo cierta obligación que lo pagaría en tres años primeros siguientes en fín de cada un año la tercera parte como se contiene en la obligación que sovre ello me otorgó el dicho Bartolomé por ante el presente escribano hoy día de la fecha. Otorgo y conozco en el dicho nombre que doy licencia y facultad cumplida al dicho Bartolomé de Marruecos para qe pueda pedir y demandar limosna para su rescate por esta ciudad y en todo su término durante el dicho término de los dichos tres años y me obligo que en acabando de pagar los dichos cuarenta ducados que a sí a de pagar por su rescate de le otorgar carta de horro en forma y por ante escribano público y me obligo de tener y guardar este concierto y todo lo en esta carta contenido (...)

A 24 días del mes de diciembre de 1541.

Archivo de Protocolos del Colegio Notarial de Granada
Legajo 41, fol. 76r-77v

Esclavita liberada por un tejedor de terciopelo que dice ser su padre, 1564

Ana de Miçergilio, viuda mujer de Antón Madueño, vecina de Granada a la colación de San Cecilio, digo y declaro que yo tengo una nyna que al presente es de quatro años poco más o menos, de color lora, que a por nombre Micaela, hija de Luisa, my esclaba que ya es difunta, y porque la dicha Micaela nació en mi casa y le tengo amor y boluntad y está algo enferma y Luys Brío, texedor de terciopelo, vezino Granada, dice que es padre de la dicha Micaela y así lo tengo entendido y me a rrogado liberte a la dicha Micaela y para ayuda a las costas que yo e fecho en la criança della me a ofreçido y quiere dar 12 ducados con los quales yo soy contenta (...)

Archivo de Protocolos del Colegio Notarial de Granada.
Legajo 212, fol 156.

LIBERTOS Y LIBERTAS

Contrato de trabajo de un liberto negro en la caña de azúcar en Motril, 1561

Sepan cuanto esta carta, vieren como yo, Lorenzo Cristóbal, de color negro, vecino de esta nombrada y gran ciudad de Granada a la colación de San Nicolás, otorgo y conozco por esta presente carta que entro a servicio con vos Gerónimo Ceutine, mercader, vecino de esta ciudad que sois presente para vos servir de foguero en la aduana del azúcar que teneis en la villa de Motril en la cual os serviré desde otro día después de pascua de Navidad primera de este año venidero de 1562 años porque vos el dicho Jerónimo el Ceutine habeis de ser obligado de me dar por cada tarea de azúcar que se labrare en la dicha aduana real y medio y de esta manera me obligo que para el dicho día y otro día luego siguiente después de pascua de Navidad de este presente años estaré en la dicha aduana y trabajaré desde el dicho día en adelante todo el tiempo que durare la temporada del dicho moler de las dichas cañas y que no me iré ni ausentaré de la dicha aduana y trabajaré desde el dicho día en adelante todo el tiempo que durare la temporada del dicho moler de ls dichas cañas y que no me iré ni ausentaré de la dicha aduana so pena que si me fuere o ausentare que vos el dicho Jerónimo delCeutine podais tomar otros hombres para el dicho oficio de foguero de la dicha aduana para todo el dicho tiempoy opr lo que costare y por lo que por la dicha razón el dicho Jerónimo Ceutine perdiere y se le siguiere daño y perjuicio le pueda ejecutar tan sólo su juramento o de quien su poder hubiere en el cual desde agora lo dejo deferido de cesorio como si fuera diferido en contienda de juicio ante juez competente sin que seais obligado a hacer otra diligencia alguna para ello ansi cumplir pagar y haber por firme obligo mi persona y bienes muebles e raices habidos y por haber y yo el dicho Jerónimo Ceutine que a lo que dicho es presente acepto esta escritura (...) y yo el dicho Lorenzo CRistóval por ser menor de 25 años y mayor de 17 juro por Dios y por la Santa Madre y por las palabras de los Santos Evangelios e por una señal de la Santa Cruz en que corporalmente puse mi mano derecha que entiendo bien el efecto de esta escritura que hago y otorgo y que la guardaré y cumpliré como en ella se contiene (...)

Archivo de Protocolos del Colegio Notarial
Legajo 123, fol. 1513r-1514r.

Un liberto negro de 17 años puesto a aprender el oficio de sastre, 1539.

En la nonbrada e gran çibdad de Granada, a diez seys días del mes de diziembre, año del nasçimiento de nuestro Salvador Ihesu Christo de mil e quinientos e treynta e nueve años. El muy reverendo señor liçençiado don Fernando de Montoya, deán de esta yglesia de Granada, ynquisidor de esta çibdad de Granada y su reyno, pusó a Françisco de

Toro, de color moreno, criado de Frančisco de Toro, benefiçiado de sante Yuste, que aya gloria, con Hernando Çeron, sastre, vecino de esta dicha çibdad, que estava presente, por tiempo de dos años y medio, primeros siguientes que comiençan a correr e se cuentan desde primero de henero, prençipio de este año venidero de mil e quinientos e quarenta años, para que este tiempo el dicho Francisco, que es agora de hedad de diez e siete años, poco más o menos, sirba al dicho Hernando Çeron, en el dicho su ofiçio de sastre, en todas las cosas que le mandare, tocantes al dicho ofiçio. Y el dicho Hernando Çeron a de ser obligado a le dar al dicho Françisco de Toro de comer, e bever, y bestir, e calçar, e cama en que duerma, e vida con razón, todo el dicho tiempo; y así mismo a de ser obligado a le mostrar el dicho su ofiçio de sastre, bien e cumplidamente, según que es de costumbre de ofiçiales, a vista de maestro que de ello sepan, de manera que en fin del dicho tiempo de los dichos dos años e medio, salga ofiçial del dicho ofiçio como dicho es, sobre pena que de yuso sera contenida, y por razón que le a de mostrar el dicho ofiçio. En el dicho tiempo, el dicho señor deán a de dar al dicho Fernando Çeron, doze ducados de oro, que son quatro mil e quinientos maravedis (ilegible) presente año de quinientos e treynta e nueve años (ilegible), seiys ducados restantes le an de pagar para en fin de los dichos dos años y medio, para quando el dicho Françisco de Toro (roto) del dicho ofiçio como dicho es y en la manera que dicha es. El dicho Françisco de Toro a de conplir el dicho serviçio, e que no se absentará durante el dicho tiempo so pena que si se fuere o absentare, dicho Fernando Çeron le pueda apremiar por todo rigor de justiçia a que cunpla el dicho serviçio. Y el dicho Fernando Çiron, estando presente a lo que dicho es, otorgó e conosçio que reçibe en serviçio al dicho Françisco de Toro, de color moreno, al dicho ofiçio de sastre, el tiempo de los dichos dos años e medio, primeros siguientes, e se obligo que durante el dicho tiempo le dará, como dicho es, de comer, e bever, e vestir e calçar, e cama en que duerma, vida con razon y más se obligó de le mostrar el dicho ofiçio de sastre, como dicho es, en el dicho tiempo de los dichos dos años e medio, so pena que bolvera los maravedis que obiere reçibido con (roto) e costas y encaras en pena de tres mil maravedis porque el dicho (roto) declaro a cabe de deprender el dicho ofiçio y que no (roto) dicho ofiçio so pena de pagar devazio lo susodicho. Y para si pagar e cumplir lo susodicho, obligó su persona e bienes avidos e por aver, e para la execuçion de ello dio poder a quales quier justiçias, alcaldes e jueçes de su magestades, de qualquier fuero e jurisdicción que sean para que le apremien a lo ansi (roto) e cumplir como de suso se qontiene, bien asy como si contra ellos fuese juzgado e sentençiado por sentençia definitiva de juez conpetente, e aquella fuese por el consentida e pasada en cosa juzgada e renunçió quaeles quier leyes e derechos que en su favor e contra los suso dicho sean, que no valan en esta razon, en especialmente la ley que dize que general renunçiaçion fecha de leyes non vala, y el dicho se comprometió de lo ansi cumplir. En testimonio de lo qual (roto) la presente carta ante mi el dicho escribano e testigos de yuso (roto) que es fecha e otorgada en la dicha çibdad de Granada, en el mes e año suso dicho, a lo que fueron presentes por testigos (roto), escribano e Juan de Santacruz, y Rodrigo Hernandez, vecino de Santa Fe, vecinos y estantes (roto). E porque el dicho Fernando Çeron dixo que no sabia firmar.

Archivo de Protocolos del Colegio Notarial
Legajo 44. No se lee folio.

Un matrimonio de libertos compra una casa en el Albaicín, 1566.

Pedro Macarruf, moreno, esclabo que fue de Lorenço Macarraf, difunto, dijo que puede aber 8 años poco más o menos que se casó ligitimamente segun orden de la santa madre yglesya con Ynes Dalia e al tiempo del dicho casamiento el dicho su amo le mandó 30 ducados en dote, los quales no les abía dado, e quedó de se los pagar para ayuda a comprar una casa después de lo qual, el dicho Lorenço Macarraf, su amo, puede haber 2 años que murió, e por su testamento, le mandó a Luys, su hijo, e de la dicha otros 30 ducados, los quales dichos 60 ducados, Ysabel Macarrafa, viuda señora le a dado en dineros contados con los quales e con otros más a comprado ella unas casas en esta dicha çiudad de Granada en la collaçión de santa Ysabel de los Abades, de Francisca Tapia y de sus hijos, por 102 ducados (...)

Entre los testigos hay “un lengua de aljamía Diego López” como intérprete.

Archivo de Protocolos del Colegio Notarial de Granada.
Legajo 150, fol. 496v.

LIBERACIONES SOLIDARIAS DE MORISCOS Y MORISCAS

Rescate de dos niñas moriscas por su padre, 1573

Gaspar de Mercado, capellán desta Santa Yglesia de Granada y vezino desta çiudad en la collaçion de la Yglesya Mayor, digo que por quanto podrá aver quatro años poco mas o menos que yo compre en Ujijar de la Alpujarra a Ysabel, morisca, hija de Francisco Pérez Alazara, que es vezino de Chite del Marquesado del Cenete con dos criaturas hijas suyas, que la una se llama Luysa y la otra María después de lo qual por parte del dicho Francisco Pérez Alazara que es su padre se conçertó conmygo de rrescatar a las dicha Ysabel y a las dichas dos nynas, sus hijas, y por el rrescate dellas por su parte se me dieron e pagaron cient ducados en que se conçerto el dicho rrescate y desde luego de palabra por ante testigos yo le di libertad a la dicha ysabel y a las dichas sus hijas y en el entretanto que el dicho su padre enbiaba por ella a estado en mi serviçio durante el qual de enfermedad que dios le dio a la dicha maria murio y por parte de la dicha ysabel mes pedido le otorgue escritura de libertad en su fabor y de la dicha luysa su hija por ante escribano por tanto por esta presente carta aprovando como por la presente a apruevo e rratifico la libertad que de palabra y por ante los sudichos testigos di a la dicha ysabel y luysa su hija otorgo y conozco por esta presente carta que ahorro y doy entera libertad a vos las dichas ysabel e luysa (...)A treynta dias del mes de março de myl e quinientos e setenta y tres años.

Archivo de Protocolos del Colegio Notarial de Granada. Legajo 191, s.f

EL INCUMPLIMIENTO DE LA LIBERTAD DE LOS NIÑOS Y NIÑAS MORISCOS

Pleito sobre la libertad de una morisca, 1589

Demandante: Luisa de la Torre, morisca.
Procurador: Hernán López.
Reos demandados: Melchor Jurado, vecino de Córdoba y su mujer, Beatriz Alvarez. Procurador: Antonio de Córdoba.

10-enero-1589

Ante el liceciado Sanchez de León, alcalde mayor se presentó un escrito contra el dicho Melchor, el qual dixo que al tiempo del rebelión y alçamiento caundo su parte abía sido cautivada y llevada a la dicha çiudad de Córdoba era de hedad de 8 años y no abía podido ni podía ser cautivada ni sujeta a servidumbre y Francisco Sánchez, de quien la avían abido y la tenían y tienen que pedía la dicho juez la declarasen por persona libre condenando a las partes que de allí en adelante la dexasen y no la ynquietasen ni perturbaren e le pagasen e diesen el servicio que la susodicha les avía fecho de todo el tiempo que la avían tenido a rrespeto de cada un año 2.000 maravedises de más del vestido y comida que abía mereçido y mereçia justamente por haber servido de muy buen serviçio y pedía justiçia y costas.

10-febrero-1589- El matrimonio propietaio alega que "al tiempo que la dicha Luysa abía sido cautiva era de más hedad de 18 o 20 años y que de aquella hedad y más era quando el dichoFrancisco Sanchez la abía abido y comprado de Juan Fernández de Lara , en cuyo derecho habían suçedido porque ansí los paresçía por su aspeto e porque haçía haçiendas de muger a la dicha hedad". Piden al juez les quite las demanda y la declarase cautiva condenándola en las costas del pleito.

Declaran Gonzalo de Cervantes y su mujer, Doña María de Saavedra (sobrina de Melchor Jurado): (...) cuando la abía abido y comprado Francisco Sánchez, mercader, difunto, de quien la abía abido y comprado Doña Mencía de Sotomayor, su mujer, era de más de 20 años y de presente por su aspeto parecía de más de 40 años y ansí no podía ser de las comprendidas en el bando.

Sentencia 29-noviembre-1589- El Alcalde mayor de Córdoba, licenciado Galarça (...) que la parte de la dicha Luisa, morisca, e su procurador en su nombre probó todo lo que probar le convenía contra lo qual los dichos no probaron cosa en contrario, en consecuençia de lo qual, debo de dar y doy por libre a la dicha Luisa, morisca, del cabtiberio en que estava y no estar sujeta a servidumbre.

La sentencia fue notificada a Melchor Jurado.

Apelación, 29-novimebre-1589- Melchor Jurado pide se revoque la sentencia porque los testigos "(...) eran comunes testigos y estaba averiguado que dijeron sus dichos por precios que les dieron (...)Y porque debieron los dichos nuestros oidores tener consideración a que con 36 testigos que tenía su parte presentados tenía probado que la dicha Luisa de la Torre el año de 73 cuando la abía comprado Francisco ánchez, suegro de su parte, herá de más de 18 años, de manera que siendo el rebelión deste reino el año 70 la dicha Luysa de la Torre era de hedad de 16 años, y más, cuando se cabtivó y los testigos presentados por su parte decían asímismo que la dicha Luisa tenía 34 años o 40 años, y todos los testigos eran hombres ricos y prinçipales y fidedinos y que no padeçían ningún género de tacha ya que los dichos testigos presentados por parte de la dicha Luysa heran tan solamente Juan Rodriguez de Fontalbo y Andrés Aguilera y Pedro Hernández Pareja y Diego de Truxillo y Bartolomé López, portero, los quales eran testigos falsos por tales tenidos y abidos y que padecían otros muchos defetos y cosas que se ofrecían de pleitos de libertad e hidalguías decían falsamente sus dichos, no debian nuestros oydores dar crédito a sus dichos ni deposiçiones ni a los dichos otros tres o quatro testigos moriscos que ansí mismo se abíanpresentado y demás de ser moriscos, eran participantes y enteresados en la dicha libertad, y pues su parte tenía hecha mejor probança ansí con más número de testidos y de mejor calidad que no los de las partes contrarias e porque Ana, madre de la dicha Luisa de la Torre, avía siguido pleito ante nos de libertad en fabor de un hijo llamado Luis y de unahja llamada Françisca a los quales dieron por libres por ser pequeños como lo heran y hera cosa llana que si la dicha Luysa de la Torre fuera de las dichas que la dicha su madre ubiera siguido pleyto delibertad en fabor de la dicha Luysa de la Torre y sino lo trató fue por la hedad que su parte tenía probado y aberiguado y habiendo la dicha Luysa de la Torre comprado por dineros y otras dádivas los dichos de los testigos que había presentado e comprado por ser como eran pobres ombres, bajos, y abidos y tenydos por testigos generales falsos no se debía dar crédito a sus dichos y porque su parte tenía probado y probara como los testigos que abía presentado la dicha Luysa de la Torre abían andado metiéndose y escondiéndose en una taberna enfrente de donde su parte vivía para reconocella y beella y las señas que tenía para disponer en sus dichos que abían de deçir (...)"

30-noviembre-1589- El juez confirma la sentencia y no hace condenación de costas a ninguna de las partes.

Revista del pleito 01-julio-1594- Se guarde y cumpla la sentençia anterior y no haçemos condenación de costas contra ninguna de las partes y por este nuestra sentençia definitiva en grado de revista, el presidente y oydores en audiençia pública de Granada(...)

Se confirma el veredicto anterior. 21-enero-1594

Archivo Municipal de Granada.
Cabina 321, Legajo 4357, pieza 2, 1594.

Dionisio Osorio se constituye en depositario de Clara, morisca de las naturales del Reino, durante el tiempo que se extienda el pleito incoado por haber sido la citada morisca reducida de forma improcedente a la esclavitud, ya que era menor de edad, 1579.

En la çiudad de Granada, a diez e nueve días del mes de junio, de mill e quinientos e nueve años. Dionisio Osorio, sastre, vecino de esta çiudad, a quien doy fe que conozco; otorgó, e conoçio, e dixo que, por quanto el señor alcalde mayor de esta çibdad puso en deposito, en poder, del dicho Thomas de Madrigal, a Clara, morisca de las naturales de este Reino, que pareçio ser libre y no subjeta a cavtiverio por ser menor, y se proçedio contra el dicho Dionisio çerca de la aver herrado en la barba, y se va siguiendo el pleito, ansi en lo que toca a la libertad de la suso dicha, como en el delito çerca del hierro por ante Lorenço Sanches, escribano publico. Y durante el tiempo que el dicho Thomas de Madrigal la tiene en deposito la dicha Clara se a ydo muchas vezes a casa, (d)el dicho Dionisio Osorio y de presente la tiene en su casa; que él se constituye por depositario de ella y se obliga, como tal, de la tener de manifiesto y no la vender, herrar ni trasportar, y de le hazer buen tratamiento como persona libre en el ynter que el pleito y causa se determina, y que dara quenta de ella como tal depositario, y la entregara cada y quando que por el dicho Thomas de Madrigal le fuere pedida carta, por otra persona so pena de yncurrir y caer en las penas de los depositarios, de mas de que pagara al dicho Thomas de Madrigal los daños e yntereses que se le sygueren y recreçieren como depositario que es de la suso dicha, y las costas con solo su juramento del dicho Thomas de Madrigal, sin otra prueba ni averiguaçion alguna. Y para el cumplimiento de lo suso dicho el dicho Dionisio Osorio dió poder a las justicias de su magestad, para que le apremien como de cosa pasada en cosa juzgada, y renunciando las leyes en su fabor, y otorgo escritura de deposito en forma, con todas las fuerças e firmezas que de derecho se requieren. Y lo otorgó y firmó de su nombre siendo testigos Jusepe Monclus y Francisco de Avila, y Graviel de Saravia, vecinos de Granada.

Archivo de Protocolos del Colegio Notarial de Granada. Legajo 223, 1579, fol.365rº.

LOS ÚLTIMOS AÑOS DE LA ESCLAVITUD

Carta de Libertad otorgada por D. Indalecio Espinosa de los Monteros a su esclavo Hameth, cuyos padres son naturales de la ciudad de Mostagan, reino de Argel, 1744

En el nombre de Dios todo Poderoso, amen. Sepan quantos esta carta de libertad bieren, como yo D. Indalecio Espinosa de los Monteros Iglesias, familiar del número y Alguazil mayor del Santo Oficio de la Inquisición de la ciudad de Granada, alcalde hordinario de las aguas, escuadrilla del honrado conzexo de la Mesta en esta villa de Orze, ganadero trasumante y hermano de dicho honrado conzexo de la mesta. Vecino de esta referida villa, de mi grado y buena voluntad otorgo y conozco que ahorro y liberto de toda suxección y captiverio a Hameth Menpessa, mi esclavo, de color trigueño, vien carado, de buena estatura, oxos negros, de edad de veinte años, que tiene tres zicatrices en el brazo izquierdo, y otra en las espaldas; hijo de otro del mismo nonbre y apellido, y de Ahissa Bens Bensamas, naturales y vecinos de la ziudad de Mostagan, reino de Argel, en el Africa del Sur, para que desde oí, día de la fecha en adelante, sea libre y orro (...) por los buenos servizios que me a hecho el suso dicho, e porque asi es mi voluntad.

Fdo: D. Indalecio de Espinosa, Juan Nicolas Cepero, escribano.

Archivo de Protocolos del Colegio Notarial de Granada. Legajo 1750-1754, s.f.

Quejas de un esclavo congoleño, 1791

Pablo de Gracia, cristiano nuebo y natural de Guinea del Congo expone "que abiendo sido cautibo en la çiudad y plaza de Orán por escritura fecha fue vendido por Don José del Barco al Exmo. Sr. Obispo de Almería en 1788 y abiendo abrazado la ley de Jesuchristo fue hecho cristiano dexando el nombre de Salem como consta por fe de su bautismo en 1789 le dieron libertad con escritura y pasaporte para fín de acomodarse o trabajar según su agilidad donde y cómo fuese su voluntad y ya se acomodó con el Señor Marqués de Campoverde (...) por el poco salario y el mucho trabaxo y por las muchas veces que le ha castigado con palos y malas palabras y cómo que es libre y no esclavo quando a querido yrse dice dicho señor que no se va y están sus amos disgustados y nunca quieren dezarlo yr (...) y deseando colocarse en donde sea mirado como cristiano que es y no como a un perro (...) Que le den recado a su amo a fín de que lo dexe yrse porque quiere colocarse a servir donde lo entiendan y estimen según su proceder, gracia que espera del Señor Presidente de la Chancillería.

Archivo de la Chancillería de Granada
Legajo 312, pieza 4.406, nº 82.

Orden de registro de esclavos, 1820

A Real Acuerdo de esta Chancillería se ha dado cuenta de la orden del Real y Supremo Consejo de Castilla que sigue. Exmo sr= El Exmo Sr Duque del Infatado Presidente del Consejo me comunicó con fecha 4 de Diciembre último la orden siguiente=El Sr. Secretario del despacho de Gracia y Justica con fecha de 22 de noviembre último, me dice lo que sigue= Exmo sr= Enterado el Rey Ntro. Sr. de las varias exposiciones que ha puesto entre sus Reales manos Enrique Martínez, natural de costa firme y esclabo de D. Julian Martinez, avecinado en esta Corte, quejándose de los malos continuos tratamientos, que injustamente sufre de parte de su amo y del total abandono en que le tiene con respeto a la instrucción religiosa pues se halla incapaz de recibir el sacramento de la penitencia, tubo a bien S.M. mandar, conforme al parecer de V.E dado en su informe de primero de mayo último, que el Alcalde del Quartel Don Vicente García procediese a la justificación de los hechos y constándole su certeza obrase en el asunto con arreglo a derecho. Enrrique renobó últimamente sus quexas en el memorial que acompañó informado por Cavero, en vista del qual, ha venido S.M. en resolver que avocando V.E. todos los antecedentes de este negocio y con la prudencia que le caracteriza haga que quede en libertad expresándose en la certificación o cédula que se le expida, que de bolber a venderse, él y el que le compre, serán castigados con la mayor severidad y se tendrá por nulo y sin efecto el contrato que celebre; en inteligencia de estar comunicada Real Orden al Alcalde para que no anuncie la venta del esclavo en el Diario de Madrid, para evitar la estrañeza que esto debería causar en una Nación ilustrada. También quiere S.M. se haga entender al que que se titula dueño del esclavo, que acreditando el justo origen de su esclavitud y su pertenencia, si no tuviese la generosidad de contribuir con su desinterés al bien de la humanidad, se le satisfará la cantidad que V.E. estime con su prudencia, descontando de ella el importe de los daños ocasionados a Enrique con el mal trato que ha sufrido, a cuyo fín tomará V.E. la suma necesaria de donde le parezca más conforme, consultando si tuviese duda, así como dictará si lo estimase oportuno la providencia que crea justa para su corrección e instrucción religiosa, atendida la inmoralidad que le atribuye y la ignorancia de los principios de la Religión Católica que él mismo confiesa; sin perjuicio de esto, encarga S. M que V.E pase al Consejo noticia de esta ocurrencia para que tomando en consideración la antiguedad de la Ley de Partida copiada de la legislación Romana sobre que a descansado el informe de Cavero, el sistema de las Potencias Ilustradas y lo demás que crea justo, consulte a S.M=la Ley que deva establecerse en la península sobre este punto seguro de que así desea S.M. que se execute con brevedad después de haber oído el voto uniforme de sus secretarios de estado y del despacho en Junta que de su Real orden han celebrado intento=De igual Real Orden lo comunico a V.E para su inteligencia y cumplimiento en todas sus partes. Lo que traslado a V.E. para inteligencia del Consejo y efectos consiguientes en la parte que le toca=El Consejo en su vista y de lo expuesto por los Señores Fiscales ha acordado que las Chancillerías y las Audiencias del Reino, tomándo todas las noticias necesarias, informen a este Supremo Tribunal, por mi mano con toda posible brevedad a cerca del número de esclavos que haya en su respectivo distrito y de la mayor o menor facilidad que se observe de que puedan quedar en livertad, ya sea por generoso desprendimiento de sus dueños o indennizandose a éstos del precio que los compraron o adquirieron por otro título, manifestando en este último caso los fondos o medios que se hallen más en proporción o presenten menos dificultades de ocurrir a este servicio tan interesante a la humanidad, así como los que en ambos casos puedan estar prontos para sostenerles e instruirles religiosa y moralmente cuando por su edad e indisposición habitual se encuentren imposibilitados de antender por sí mismos a uno y otro objeto, con todo lo demás que se les ofrezca y parezca y pueda ser conducente al intento de la Real Orden que va inserta en las referido Exmo. Sr. Duque Presidente= Lo que participo a V.E de orden del Consejo para que haciéndolo presente en el Acuerdo de ese Tribunal disponga su cumplimientoen la parte que le corresponde, sirviéndose entre tanto darme aviso del recibo de esta = Dios guarde a V.E muchos años. Madrid 11 de Enero de 1820=Exmo. Sr=Por el Secretario Don Bartolomé Muñoz= Don Valentín de Pinilla=Exmo Sr Presidente de la Real Chancillería de Granada

Y en su vista por Auto del 20 del corriente, entre otras cosas se ha mandado guardar y cumplir y que se imprima y circule a los Jueces de los Pueblos cabezas de Partido del distrito desta Real Chancillería, para que en el preciso término de ocho días informen al Real Acuerdo el número de Esclavos que haya en los Pueblos de sus respectivos partidos, tomando efecto las noticias más fixas y positivas y de la mayor o menor facilidad que se observe de que puedan quedar en libertad, extendiendo su informe a todos los demás particulares que se mandan por dicho Real y Supremo Consejo. Lo que comunico a V. de dicha superior orden para su puntual cumplimiento, dándome aviso de su recibo por mano del Fiscal de S.M.

Dios guarde a V. muchos años. Granada 31 de enero de 1820.

Dr. D. Ramón de Linarez.

Archivo Municipal de Granada.
Cabina 503, legajo 536, pieza 12, 1820.

Escritura de libertad de un esclavo de 17 años, 1823

En la ciudad de Granada, en veinte y seis de Abril, de mil ochocientos veinte y tres. Ante mi, el escribano del número de ella, y testigos que se expresarán. El señor D. Simón de Olañeta, caballero de la Real Orden Americana de Isabel la Católica, y de la Flor de Lis, contador de diezmos y administrador de las anualidades del Arzobispo de Charcas, por su magestad, en la América del Sur, en el Alto Perú, y oy emigrado, y residente en esta capital, a quien doy fe conozco, dixo: que tiene un esclavo, Pedro Pablo, que así es llamado, de edad de diez y siete años, de color moreno, o negro, que según la partida de su bautismo, nació en la parroquia de Santa Marcela, de la ciudad de Lima, hijo de

Cayetano Bonet, y de María de la Cruz Rodríguez, que lo compró el otorgante de Dña Paula Almoguera , vecina de la mencionada ciudad, capital del Perú, en la América del Sur, por escriptura de veinte y ocho de Marzo de mil ochocientos veinte, ante Don Vicente García, escribano público, en la cantidad de quatrocientos duros o pesos fuente, fuera de la alcabala, derechos de escritura, corredor y demás, como consta en la minuta o voleto del escribano que me exhivio en este acto. Que el otorgante, siendo opuesto o enemigo a tener esclavos, nunca ha pensado de servirse de ellos, solo en la América, en donde no se consigue ningún criado. No siendo de esta clase, y por ello se vio precisado a comprar al referido Pedro Pablo, a quién le ofreció su libertad desde el momento que lo tomó, y si no lo verificó, fue porque las desgraciadas combulsiones intestinas acaecidas en la capital del Perú, y demás lugares, se lo impidieron; y mediante a que el referido Pedro Pablo, en los tres años que ha estado en poder del otorgante, no le ha dado el más leve motivo de disgusto, que siempre lo ha encontrado docil, y pronto a emplearse en servicio del otorgante con la mayor docilidad y fidelidad que ha correspondido en todo al esmero con que lo ha educado, pagando maestros que lo enseñen a leer, e instruyendole el otorgante en los principios, y dogmas de nuestra santa religión cristiana, y en el servicio domestico. Y finalmnete que en el tiempo que lo ha tenido el otorgante le ha dado pruevas de un verdadero cristiano y criado sumamente fiel, sin haberle notado nunca ningún vicio, ni falta alguna. Es el ánimo del otorgante manumitirle; y para que tenga efecto, en la forma que más haya lugar en derecho, otorga: que da plena libertad al citado Pedro Pablo Bonet y Rodriguez, para que la tenga, goce y disfrute, como si fuera naturalmente libre (...). Y manda a sus albaceas o herederos que si ocurriese su fallecimiento antes que quisiese retirarse el nominado Pedro Pablo, su criado para su país nativo de Lima, capital del Perú, se le entreguen fielmente seis mil reales de vellon, que hacen trescientos pesos fuertes (...) para que con ellos tenga el citado Pedro Pablo, con que costear el transporte o pasage del Buque que lo conduzca hasta lima, queriendo el otorgante que esta manda o legado, se tenga por clausula y parte integral de su testamento(...).

Fdo: Simon de Olañeta. Antonio del Rey, escribano público.

Archivo de Protocolos del Colegio Notarial de Granada. Legajo 1588, fol.380r-382v.

BIBLIOGRAFÍA

ACOSTA GONZALEZ, Andrés. "Moriscos e Inqusición en Canarias durante el siglo XVI". *Espacio, tiempo y forma Revista de la Facultad de Geografía e Historia* Nº 4 (1988): 31-68.

ALCAINA FERNÁNDEZ, Pelayo. "La esclavitud en Vélez Blanco y María en el siglo XVII". *Revista Velezana* Nº 9 (1990): 13-20.

ALCALDE PALACIOS, María. "Formas marginales de trabajo femenino en la Andalucía moderna". *Espacio, tiempo y forma* Nº 2 (1989): 23-44.

AMELANG, James. S. y NASH Mary. *Historia y género: Las mujeres en la Europa moderna y comtemporánea*. Valencia: Alfons el Magnánim, 1990.

ANAYA FERNÁNDEZ, Luis Alberto. "Repercusiones del corso berberisco en Canarias durante el siglo XVII: cautivos y renegados canarios". *V Coloquio de Historia Canario-Americana*. Vol. II. Cabildo Insular de Las Palmas, 1982.

ANDREU OCARIZ, Juan José. *Movimientos rebeldes de los esclavos negros durante el dominio español en Luisiana*. Zaragoza: Dpto. Historia Moderna, Fac. Filosofía y Letras, 1977.

ANDÚJAR CASTILLO, Francisco. "Del esclavo morisco al berberisco. Sobre la esclavitud en Almería en el siglo XVII". *Boletín de Estudios Almerienses* 11/12 (1992-1993): 81-101.

— Entre la administración y la esclavitud de los niños moriscos. Vélez Blanco, Almería (1570-1580)". *Mélanges Louis Cardaillac.*Vol. II. Zaghouan: 1995.

— "La esclavitud en Almería en el siglo XVII (1621-1627)". *Actas del II Congreso de Historia de Andalucía.*Vol. II. Córdoba: 1995.

ARAGÓN MATEOS, Santiago y SANCHEZ RUBIO Rocío. "La esclavitud en la alta extremadura: proceso de auge y decadencia". *Norba. Revista de Hispania* nº 71 (1986): 93-109.

ARANDA DONCEL, Juan. "La esclavitud en Córdoba durante los siglos XVI y XVII". *Córdoba: apuntes para su historia*, 149-70. Monte de Piedad y Caja de Ahorros de Córdoba, 1981.

— "La esclavitud en Lucena durante el último tercio del siglo XVI". *Lucena: apuntes para su historia*, 31-59. 1981.
— "Los esclavos en Jaén durante el último tercio del siglo XVI". *Homenaje a Antonio Dominguez Ortiz*, 233-51. Ministerio de Educación y Ciencia, 1981.
ARCHER, Léonie J. edit. *Slavery and other forms of unfree labour*. Londres, New York: Routledge, 1988.
ARIÉS, Philipe. *El niño y la vida familiar en el Antiguo Régimen*. Madrid: 1987.
ASENJO SEDANO, Carlos. *Sociedad y esclavitud en el Reino de Granada. Siglo XVI. Las tierras de Guadix y Baza*. Granada: Publicaciones de la Academia granadina de notariado, 1997.
— "Trabajo, honra y esclavos en las Granada en los siglos XVI y XVII". *Revista del Centro de Estudios Históricos de Granada y su Reino* 6 (1992): 223-54.
AUGÉ, Marc. "Les feiseurs d'ombre. Servitude et structure lignagère dans la sociéte´alladian". *L'esclavage en Áfrique précoloniale*. MEILLASSOUX, Claude (ed.) París: Máspero, 1975.
AUSTEN, R. A. "The trans-saharian slave trade: a tentative census". *The uncommon market*. New York: 1979.
AZOPARDO, Idelfonso. "Los franciscanos y los negros en el siglo XVII". *Archivo iberoamericano* Nº 50, (1990): 197-200.
AZPIAZU, Elorza. *Esclavos y traficantes. Historias ocultas del país vasco*. Donostia: Ttartalo, 1997.
BALLARÍN DOMINGO, Pilar. "Estrategias femeninas:resistencias y creación de identidades". *Del patio a la plaza: Las mujeres en las sociedades mediterráneas*. BALLARÍN DOMINGO, Pilar y MARTÍNEZ LÓPEZ, Cándida Granada: Universidad de Granada, 1995.
BALLARÍN, Pilar y ORTÍZ Teresa. *La mujer en Andalucía*. Granada: Universidad de Granada, col. Feminae, 1990.
BARRIOS AGUILERA, M. y BIRRIEL SALCEDO Margarita María. *La repoblación del reino de Granada después de la expulsión de los moriscos*. Granada: Uniersidad de Granada, 1986.
BENITEZ SANCHEZ BLANCO, Rafael. "Guerra y sociedad: Málaga y los niños moriscos cautivos". *Estudis* III (1974): 31-54.
BENNASSAR, Bartolomé. *La España del siglo de Oro*. París: 1990.
— *Histoire des espagnols VIe-XXe siècle*. París: 1992.
— "Les parentés de l'invention: enfants abandonnés et esclaves". *Les parentés fictives en Espagne (XVIe-XVIIe siècles)*, 95-100. París: Publications de la Sorbonne, 1988.
— *Valladolid en el siglo de Oro. Una ciudad de Castilla y su entorno agrario en el siglo XVI*. Valladolid: Fundación Municipal de Cultura. Ayuntamiento de Valladolid, 1989.

BENNASSAR, Bartolomé y JACQUART Jean. *Le XVIe siècle*. París: Armand Collin, 1990.

BENNASSAR, Bartolomé y Lucile. *Les chrétiens d'Allah. L'histoire extraordinaire des renégats XVIe-XVIIe siècles*. París: Perrin, 1989.

BERNAL, A. M. "Andalucía en el siglo XVI. La economía rural". *Historia de Andalucía. La Andalucía del Renacimiento*. Vol. IV. Barcelona: Planeta, 1980.

BERNIS, Carmen. "Modas moriscas en la sociedad cristiana española del siglo XV y principios del XVI". *Boletín de la Academia de Historia* (1959): 199-226.

BIRRIEL SALCEDO, Margarita María. "La experiencia silenciada. Las mujeres en la Historia de Andalucía. Andalucía Moderna". "*Las mujeres en la Historia de Andalucía. Actas del II Congreso de Historia de Andalucía*" , 41-56. Córdoba: 1994.

— "Guardianas de la tradición. Algunas reflexiones sobre las mujeres y el género en la historiografía morisca". *Vidas de mujeres en la España del Antigüo Régimen*. Begoña VILLAR GARCÍA Málaga: Universidad de Málaga, 1997.

BLOCH, Marc. "¿Cómo y por qué terminó la esclavitud?" *La transición del esclavismo al feudalismo*, 159-94. Akal, 1976.

BOLONIO-BARCENA, R. *Une merchandise humaine dans le Port de Valence 1517-1557*. Thése de doctorat, Université de Paris I: 1980.

BONASSIE, Pierre. *Del esclavismo al feudalismo en Europa*. Barcelona: Crítica, 1992.

BORONAT Y BARRACHINA, Pascual. *Los moriscos españoles y su expulsión*. Valencia: 1901.

BORREGO CASTILLO, J. y JURADO MUÑOZ F. "La esclavitud en el estado de Estepa. Compras, ventas, permutas, cambios, fugas y cartas de libertad de esclavos en el Estado de Estepa". *Actas sobre las I Jornadas sobre Historia de Estepa*. V.V.A.A, 335-45. Estepa: 1994.

BOSH CABRERA, María Dolores. "Las raíces ilustradas de una conquista liberal: la abolición de la esclavitud". *Trienio, ilustración y liberalismo. Revista de Historia* Nº 12 (1988): 273-91.

BRAUDEL, Ferdinand. *La Méditerranée et le monde méditerranéen à l'époque de Philipe II*. París: Armad Collin, 1966.

BRAVO LOZANO, J. "Mulos y esclavos Madrid 1670". *Cuadernos de Historia Contemporánea* 1 (1980): 11-30.

BROOKS HIGGINBOTHAM, Evelyn. "African-american women's history and the metalanguague of race". *Feminism and History*, 183-208. Londres: Oxford University Press, 1996.

BURKE, Peter. *La revolución historiográfica francesa: La escuela de Annales: 1929-1989*. Barcelona: Gedisa, 1993.

BURNS, Robert Ignatius. "La manumisión de un musulmán: un documento doble de Valencia en el 1300". *Sharq al-Andalus* Nº 5 (1988): 141-45.

— "Regalo para una madre: una muchacha esclava musulmana del nieto de Abu Zayd, el señor de Borriol: 1301". *Sharq Al-andalus* Nº 6 (1989): 115-17.

CABRILLANA CIÉZAR, Nicolás. *Almería morisca*. Granada: Universidad de Granada, 1990.

— "Málaga y el comercio norteafricano 1517-1521". *Cuadernos de la Biblioteca española de Tetuán* (1979).

CARANDE, Ramón. *Carlos V y sus banqueros*. Madrid: Crítica, 1983.

CARIÑENA BALAGUER, Rafael y DÍAZ BORRÁS Andrea. "Corsaris valencians i esclaus barbarescs a les darreries del segle XVI: una subhasta d'esclaus a Valencia el 1385". *Estudis Castellonencs* Nº 2 (1984-1985): 439-56.

CARO BAROJA, Julio. *Las formas complejas de la vida religiosa (siglos XVI y XVII)*. Madrid: Sarpe, 1985.

— *Los moriscos del Reino de Granada*. Madrid: Istmo, 4ª ed., 1991.

CARRASCO, Raphael. *L'Espagne classique 1474-1814*. París: Hachette, 1992.

VINCENT, Bernard y CARRASCO, Raphael. "Amours et marriage chez les morisques au XVIᵉ siècle". *Amours légitimes, amours illégitimes en Espagne (XVIᵉ-XVIIᵉ siècle)*. REDONDO, Agustín (comp.), 122-33. París: Publications de la Sorbonne, 1985.

CARREIRA, Antonio. "Etat des recherches sur la traite au Portugal. La traite négrière du XVᵉ au XIXᵉ siècle". *Histoire générale de l'Afrique. Études et documents*, 258-72. París: Publications de la Unesco, 1979.

CARRIAZO, J. "Negros, esclavos y extranjeros en el barrio sevillano de San Bernardo". *Archivo Hispalense* XX (1954): 64-69.

CARRIÓN, A. L. "No más esclavos". *Revista de Andalucía,* vol. XIX (1880): 43-48.

CASEY, James. "Le mariage clandestine en Andalousie à l'époque moderne". *Amours légitimes, amours illégitimes en Espagne (XVIᵉ-XVIIᵉ siècle).* Agustín comp. REDONDO, 32-57. París: Publications de la Sorbonne, 1985.

CASTELLANO CASTELLANO, Juan Luis. "El Mediterráneo en la Edad Moderna: del enfrentamiento a la convivencia". *Granada 1492-1992. Del reino de Granada al futuro del mundo mediterráneo.* Granada: Universidad de Granada, 1995.

CASTILLO FERNÁNDEZ, Javier. "Luis Enríquez Xoaida, el primo hermano del rey católico (análisis de un caso de falsificación histórica e integración social)". *Sharq Al-andalus* Nº 12 (1995): 235-53.

— "Mudéjares y moriscos en la tierra de Baza (1488-1508)". *Actas del II Congreso de Historia de Andalucía*, 391-400. Córdoba: 1995.

CISSOKO, Sekene Mody. *Tombouctou et l'Empire Songhay. Epanouissement du Soudan Nigérien aux XVᵉ-XVIᵉ siècles.* Dakar y Abidjan: Les nouvelles éditions africaines, 1975.

COELLO, Pilar. "Las actividades de las esclavas según Ibn Butlan (s.XI) y Al-Saqati de Málaga (ss. XII-XIII)". *La mujer en Al-Andalus. Reflejos históricos de su actividad y categorías sociales.* Ed. Mª Jesús Viguera ed., VV.AA, 201-29. Universidad Autónoma de Madrid.

COLLANTES DE TERAN SÁNCHEZ, A. "Contribución al estudio de los esclavos en Sevilla medieval". *Homenaje al profesor Carriazo*, 109-21. Vol. 2. Sevilla: Editorial de Luis Núñez de Contreras, 1972.

CONTRERAS, Jaime. *Sotos contra Riquelme, Regidores, inquisidores y criptojudíos*. Madrid: 1992.

CORONA VIDAS, Luis Javier. "El Cabildo de la catedral de Jaén, padrino de bautismo de un esclavo negro en 1818". *Códice* Nº 1 (1) (1985): 43-46.

CORTÉS ALONSO, Vicenta. *La esclavitud en Valencia durante el reinado de los Reyes Católicos, 1479-1516.* Valencia: Ayuntamiento. Publicaciones del Archivo Municipal de Valencia, col. Estudios monográficos. Nueva Etapa, 1964.

— "Valencia y el comercio de esclavos negros en el siglo XV". *Estudios sobre la abolición de la esclavitud*, 33-85. Vol. Anexos 2 de la revista de Indias. Sevilla: 1985.

— "Los pasajes de esclavos en Valencia en tiempo de Alfonso V". *Anuario de Estudios Medievales* Nº 10 (1980): 791-815.

— "Algunas ideas sobre la esclavitud y su investigación". *Miscelánea Charles Verlinden. Bull. de L'Institut historique belge de Rome* XLI (1974): 127-44.

CORTÉS CORTÉS, Fernando. *Esclavos en la Extremadura meridional siglo XVII.* Badajoz: 1987.

CORTÉS LÓPEZ, Jose Luis. *La esclavitud negra en la España peninsular del siglo XVI.* Salamanca: Universidad de Salamanca, 1989.

— "Aproximación a la vida del esclavo negro en la España de los siglos XV y XVI". *Studia Africana* (1990): 39-48.

— "Esclavos en los medios esclesiásticos entre los siglos XII-XIV: apuntes para el estudio de la esclavitud en la Edad Media". *Espacio, tiempo y forma* III (1992): 423-40.

— "Negros para la casa de la moneda en Segovia: un apunte esclavista a finales del siglo XVI". *Studia Histórica* XIII (1995): 119-30.

DAVIS, Natalie Zemond. "Mujeres urbanas y cambio religioso". *Historia y género: Las mujeres en la Europa Moderna y contemporánea*, 127-65. Valencia: Alfons el Magananim, 1990.

— "Women's History in transition: The European case". *Feminist Studies* 3 (1975).

DE BUNES IBARRA, Miguel Angel. *Los moriscos en el pensamiento histórico. Historia de un grupo marginado*. Madrid: Cátedra, 1983.

DE CIRES ORDOÑES, José Manuel y GARCÍA BALLESTEROS, Pedro. "El tablero de ajedrez sevillano: bautizos y matrimonios de esclavos". *La antigua hermandad de los negros de Sevilla. Etnicidad, poder y sociedad en 600 años de Historia.* Isidoro MORENO Sevilla: Universidad de Sevilla y Consejería de Cultura de la Junta de Andalucía, 1997.

DE LA FUENTE GARCÍA, Alejandro. "Índices de morbilidad e incidencia de las enfermedades enre los esclavos en La Habana (1580-1699)". *Asclepio* XLIII (1991): 7-22.

DE LA OBRA SIERRA, Juan. "El esclavo extranjero en la Granada de principios del siglo XVI". *Anuario de Historia contemporánea* (1985): 5-27.

DE MESQUINA SAMARA, Eni y GUTIERREZ Horacio. "Mujeres esclavas en el Brasil del siglo XIX". *Historia de las mujeres.* Duby, G. y Perrot, M. ed., 643-51. Madrid: Taurus, 1993.

DE MOXÓ, Salvador. *La alcabala: sus orígenes, concepto y naturaleza.* Madrid: CSIC, Instituto Balmes de Sociología, 1963.

DEVISSE, Jean. "L'Afrique dans les relations intercontinentales". *Histoire generale de l'Afrique. L'Áfrique du XII*ᵉ *au XVI*ᵉ *siècle.* Dijon: Unesco, 1898.

DEX, Shirley. *La división sexual del trabajo. Revoluciones conceptuales en las ciencias Sociales.* Madrid: Ministerio de trabajo y seguridad social, 1991.

DOCKES, Pierre. *La liberación medieval.* México: Fondo de Cultura Económica, 1984.

DOMÍNGUEZ ORTIZ, Antonio. *Los extranjeros en la vida española del siglo XVII y otros artículos.* Sevilla: Diputación provincial, 1996.

— *La sociedad española en el siglo XVII.* Granada: Universidad de Granada, 1992.

— *Historia de los moriscos. Vida y tragedia de una minoría.* Madrid: Alianza editorial, 1989.

— *El Antiguo Régimen: Los Reyes Católicos y los Austrias.* Madrid: Alianza Editorial, 1988.

— *Política fiscal y cambio social en la España del siglo XVII.* Madrid: 1984.

— *Historia de Sevilla. La Sevilla del siglo XVII.* Sevilla: 1984.

— "La sociedad bajo-andaluza". *Historia de Andalucía. La Andalucía del Renacimiento.* Barcelona: Planeta, 1980.

— "La esclavitud en Castilla durante la Edad Moderna". *Estudios de Historia Social en España.* Tomo 2 (1952): 367-428.

DUBY, Georges. *Guerriers et paysans.* París: Gallimard, 1973.

ENNAJI, Mohamed. "La fuite". *Etre marginal au Maghreb.* CNRS ed., 125-34. París: 1993.

— *Soldats, domestiques et concubines. L'esclavage au Maroc au XIX*ᵉ *siècle.* Rabat: Balland Le Nadir, 1994.

ENSENYAT PUJOL, Gabriel. "Algunas medidas restrictivas contra la importación de esclavos turcos a Mallorca (1462-1481)". *Bolleti de la Societat Arqueológica luliana.* Nº 41 (839) (1985): 199-206.

ESCALONA MONGUE, Julio y RODRÍGUEZ CEREZO, Tomás. "El léxico sobre las relaciones de dependencia en un texto de época visigoda. Un ensayo metodológico". *Studia Histórica. Historia Antigua* Nº 6 (1988): 201-10.

FABRE, G. "Esclaves de la liberté: les Noirs, l'indépendence et la Révolution". *Les oubliés de la Révolution américaine.* Vincent, Bernard y Marienstras, Elyse ed., 55-98. Nice: PUN, 1990.

FAJARDO SPÍNOLA, Francisco. "El maltrato de los esclavos en documentos de la Inquisición canaria". *Homenaje a Antonio de Béthencourt Massieu.* 565-81. Las Palmas: Ed. del Cabildo insular de Gran Canaria. 1995.

FARGE, Arlette. "Pratique et effets de l'histoire des femmes". *Une histoire des femmes, est-elle possible?* PERROT, Michéle París: Rivages, 1984.

FERNANDEZ MARTÍN, Luis. *Comediantes, esclavos y moriscos en Valladolid. Siglos XVI y XVII.* Valladolid: Universidad de Valladolid, col. "Estudios y documentos", nº 44, 1988.

FINLEY, Moses. *Esclavitud antigua e ideología moderna.* Barcelona: Crítica, 1982.

FISHER, A. G. Y FISHER H. J. *Slavery and muslim society in África: the institution in Sahara and sudanic Africa and the tras-saharian slave trade.* Londres: C-Hurst, 1971.

FONTAINE, M. "El magreb berberisco y la esclavitud mediterránea, siglos XVI y XVII". *Cahier de Tunis* 44 (1991): 157-58.

FONTANA, Joseph. *Introducción a la Historia: análisis del pasado y proyecto social.* Barcelona: Crítica, 1982.

FONTELA ALONSO, Carlos. *La esclavitud a través de la Biblia.* Madrid: Consejo Superior de Investigaciones Científicas, col. Biblioteca Hispana Bíblica, 1986.

FOS I MARTÍ, Josep Lluis. "Negres i esclaus a Sueca en la segonia meitat del segle XVI". *Estudis Històrics i documents dels arxius de protocols* X (1982): 147-61.

FOURNIE MARTÍNEZ, Christine. *Contribution a l'étude de l'esclavage en Espagne au siècle d'or: les esclaves devant l'Inquisition.* Ecole National de Chartes: Tesis Doctoral de Archivista-paleógrafa, 1988.

FRA MOLINERO, Baltasar. *La imagen de los negros en el teatro del Siglo de Oro.* Madrid: Siglo XXI, 1995.

FRANCO SILVA, Alfonso. *Esclavitud en Andalucía 1450-1550.* Granada: Universidad de Granada, 1992.

FRIEDMAN, Ellen G. "El estatus jurídico de la mujer castellana durante el Antiguo Régimen". *Ordenamiento jurídico y realidad social de las mujeres. Siglos XVI al XX*, 41-58. Madrid: Seminario de Estudios de la Mujer, Universidad Autónoma de Madrid, 1986.

— *Spanish captives in North Africa in the Early Modern Age.* Madison: 1983.

FURTET CABANA, E. "El mercado de eslcavos en Cartagena de 1590 a 1600". *Congreso Histórico Ciudad y Mar en la Edad Moderna.* Cartagena: 1984.

GALLEGO BURÍN, A. y GÁMIR SANDOVAL A. *Los moriscos del Reino de Granada según el Sínodo de Guadix-Baza en 1554.* Granada: Universidad de Granada, 1996.

GARANGER, Marc. *Femmes Algériennes 1960.* París: Cahier d'images, 1982.

GARCÍA ARENAL, Mercedes. *Los moriscos.* Madrid: Editorial nacional, Biblioteca de visionarios, heterodoxos y marginados, 1975.

— "Últimos estudios sobre moriscos: estado de la cuestión". *Al-Qántara* IV (1983): 101-14.

GARCÍA BAQUERO, Antonio. "¿Economía urbana frente a economía rural?". *Historia de Andalucía. La Andalucía del Renacimiento.* Barcelona: Planeta, 1980.

GARCÍA CÁRCEL, Ricardo. "La historiografía sobre los moriscos españoles: aproximación a un estado de la cuestión". *Estudis* 6 (1977): 71-99.

GARCÍA FUENTES, José María. *La Inquisición en Granada en el siglo XVI.* Granada: Diputación Granada (colaboración), 1981.

GARCÍA IVARS, Flora. *La represión en el tribunal inquisitorial de Granada 1550-1819.* Madrid: Akal, Serie Historia Moderna, 1991.

GARCÍA PASTOR, Víctor. "La esclavitud en la Castilla de los Reyes Católicos". *1er Congreso de Historia de Castilla-La Mancha*, 5-13. Vol. VII. Ciudad Real: 1985.

GARCÍA PEDRAZA, Amalia. "La vida religiosa de los moriscos en el pensamiento historiográfico". *Revue d'Histoire Magrebinne* (1997): 315-77.

— "El otro morisco: Reflexiones sobre el estudio de la religiosidad morisca a través de fuentes notariales". *Sharg Al-Andalus* 12 (1996): 223-35.

— "La asimilación del morisco Don Gonzálo Fernández el Zegrí: edición y análisis de su testamento". *Al-Qántara* XVI (1995): 39-58.

— "Algunas notas para el estudio de los testamentos femeninos en la primera mitad del siglo XVI". *Las mujeres en Andalucía. Actas del II Encuentro Interdisciplinar de Estudios de la mujer en Andalucía*, 205-17. Málaga: Diputación provincial, 1992.

GARNSEY, Peter. *Ideas on slavery from Aristotle to Augustine.* Cambridge: Uinversity Press, 1996.

GARRIDO ATIENZA, Miguel. "Los moriscos granadinos, hechizos, agueros y otros maleficios". *La Alhambra,* II (1982): 349-50.

GARZÓN PAREJA, Manuel. "Los bienes del ducado de Medina Sidonia". *Homenaje a Antonio Domínguez Ortiz*, 183-210. Madrid: Ministerio de Educación y Ciencia, 1981.

GOMES DE AMARIN, Henrique. "Historia do Açucar em Portugal. Estudos de historia, de geografía, de expansao portuguesa". *Anais da Junta de Investigaçoes do Ultramar* vol VII, t. I (1952).

GÓMEZ GARCÍA, María Carmen y MARTÍN VERGARA, Juan María. *La esclavitud en Málaga entre los siglos XVII y XVIII*. Málaga: Diputación Provincial de Málaga, 1993.

GONZÁLEZ GARBIN, A. "El negro Juan Latino". *Revista de Andalucía*. Tomo XV (1878): 5-13.

GRACIA BOIX, Rafael. *Autos de fé y causas de la Inquisición en Córdoba*. Córdoba: Diputación Provincial, 1983.

GRAULLERA SANZ, Vicente. *La esclavitud en Valencia en los siglos XVI y XVII*. Valencia: Institución Alfónso el Magnánimo, CSIC, 1978.

GUAL CAMARENA, Miguel. "Un seguro contra crímenes de esclavos en el siglo XV". *Anuario de Historia del derecho español,* 23 (1953): 247-58.

— "Una cofradía de negros libertos en el siglo XV". *Estudios de la Edad Media en la Corona de Aragón,* 5 (1952): 457-58.

GUARDICCI, Piero y OTTANELLI Valeria. *I servitori domestici della casa borghese toscana nel basso medioevo*. Florencia: 1982.

GUERRERO MAYLLO, Ana. *Familia y vida cotidiana de una élite de poder. Los regidores madrileños en tiempos de Felipe II*. Madrid: siglo XXI, 1993.

GUICHARD, Pierre. *Al-Andalus. Estructura antropológica de una sociedad islámica en Occidente*. Granada: Universidad de Granada, 1995.

GUILLAUMIN, Colette. *Sexe, race et practique du pouvoir. L'idée de nature*. París: Côté femmes, 1992.

HAASE DUBOSC, Danielle y VIENNOT Eliane ed. *Femmes et pouvoirs sous l'ancient régime*. París: Rivages, 1991.

HAIR, P. E. H. "Black african slaves at Valencia 1482-1516: an onomastic inquiry". *History of Africa: a journal of method,* 7 (1980): 117-39.

HAMILTON, Earl. J. *El tesoro americano y la revolución de los precios en España, 1501-1550*. 1934.

HARDING, Sandra. *Ciencia y feminismo*. Madrid: Morata, 1996.

HEERS, Jacques. *Esclavos y sirvientes en las sociedades mediterráneas durante la Edad Media*. Valencia: Alfonso el Magnánimo, 1989.

— "Guerres et rébellions en Europe méridionale (XIIème-XVème siècles): prisonniers et esclaves". *Historia económica y de las instituciones financieras en Europa: Trabajos en Homenaje a Ferran Valls i Taberner.*, 3371-95. Universidad de Málaga, 1990.

IZQUIERDO LABRADO, Julio. "La esclavitud en Huelva y Palos a fines del siglo XVI". *Huelva y su historia.*Vol. 6, 1997.

JANSEN, Willy. "Ethnocentrism in the study of Algerian women". *Current issues in Women's History*. Londres: Routledge, 1989.

KAMEN, Henry. "Mediterranean slavery in its last phase: the case of Valence 1660-1700". *Anuario de Historia Económica y Social,* t. III (1970): 211-34.

KARRAS, Ruth Mazo. *Slavery and society in medieval Scandinavia*. New Haven: Yale University Press, 1988.

KELLY, Joan. "¿Tuvieron las mujeres renacimiento?" *Historia y género: Las mujeres en la Europa moderna y contemporánea.* AMELANG, James y NASH, Mary, 93-126. Valencia: Alfons el Magnánim, 1990.
KLEIN, Herbert. S. *La esclavitud africana en América latina y el Caribe.* Madrid: Alianza Editorial, 1986.
KLEIN, Martin. A. "Women slavery in Soudan". *Women and Slavery in Africa*, 67-88. Madison: The university of Wisconssin Press, 1983.
KOVALIOV, S. I. *Historia de Roma.* Madrid: Akal, 1973.
LABARTA, Ana. "La mujer morisca: sus actividades". *La mujer en Al-Andalus: Reflejos Históricos de su actividad y categorías sociales.* Ed. Mª Jesús Viguera ed., 219-31. Universidad Autónoma de Madrid.
LADERO QUESADA, M. A. "La esclavitud por guerra a fines del siglo XVI: el caso de Málaga". *Hispania* Nº 77 (1967): 63-68.
— *Granada, Historia de un país islámico (1232-1571).* Madrid: Gredos, 1989.
LAGARDE, Marcela. *Género y feminismo. Desarrollo humano y democracia.* Madrid: Horas y horas, 1996.
LAPEYRE, Henry. "La trata de negros con destino a la América española durante los últimos años del reinado de Carlos V (1544-1555)". *Cuadernos de investigación histórica* Nº 2 (1978): 335-39.
LARGUECHE, Abdelhamid. "La minorité noire de Tunis au XIXe siècle". *Etre marginal au Maghreb.* CNRS ed., 135-53. París: 1993.
— *L'abolition de l'esclavage en Tunisie a travers les Archives 1841-1846.* Túnez: Alif, 1990.
LAROUI, Abdallah. *L'histoire du Magreb. Un essai de synthése.* Casablanca: Centre Culturel Árabe, 1995.
LARQUIÉ, Claude. "Captifs, chrétiens et esclaves maghrebins au XVIIe siècle: une tentative de comparaison". *Colloque GIREA.* Palma: 1991.
— "Les esclaves de Madrid à l'époque de la decadance 1650-1700". *Revue Historique* sept, vol CCXLIV (1970): 41-74.
— "L'Eglise et le commerce des hommes en Méditerranée: l'example des rachats de chrétiens au XVIIe siècle". *Mélanges de la Casa de Velasquez* (1980).
— "Rehenes en el Mediterráneo". *Historia 16* Nº 11 (119) (1986): 70-78.
LARREA PALACÍN, A. "Los negros en la provincia de Huelva". *Archivo del Instituto de Estudios Africanos,* 20 (1952).
LATOUR DA VEIGA, Françoise. "La participation du Portugal à la traite négrière". *La traite négrière du XVI*[e] *au XIX*[e] *siècle. Histoire générale de l'Afrique. Etudes et documents*, 130-160. París: Publications de l'Unesco, 1979.
LAW, Robin. *The slave coast of West Africa 1550-1750.* Oxford-Clarendon Press, 1991.
LEDESMA RUBIO, María Luisa. "Los moros esclavos en Aragón". *Estudios sobre mudéjares en Aragón.* Teruel: Centro de Estudios Mudéjares, 1996.

LERNER, Gerda. *El origen del patriarcado*. Barcelona: Crítica, 1990.

LEVAGGI, A. "La condición jurídica del esclavo en la época hispánica". *Insituto de publicaciones de Historia del Derecho* (1973).

LEWIS, Bernard. *Race et couleur en pays d'Islam*. París: Payot, 1982.

— *Race et esclavage au Proche-Orient*. París: Gallimard, 1990.

LOBO CABRERA, M y DÍAZ HERNÁNDEZ R. "La población esclava de las Palmas durante el siglo XVII". *Anuario de Estudios Atlánticos* nº 30 (1984).

LOBO CABRERA, Manuel. "La esclavitud en España en la Edad Moderna: su investigación en los últimos cincuenta años". *Hispania* Nº 176 (1990): 1091-104.

— *La esclavitud en las Canarias orientales en el siglo XVI (negros, moros y moriscos)*. Gran Canaria: Ediciones del Exmo. Cabildo Insular de Gran Canaria, 1982.

— "Las Partidas y la esclavitud: reminiscencias en el sistema esclavista canario". *Génese de l'Etat Moderne en Méditerranée*, 121-30. Romme: Ecole Française de Rome, 1993.

— *Los libertos en la sociedad canaria del siglo XVI*. Madrid: Instituto de Estudios Canarios, 1983.

— "La población esclava de Teide en el siglo XVI". *Hispania,* vol XLII (1982): 47-89.

LONGÁS, Pedro. *La vida religiosa de los moriscos*. Granada: Universidad de Granada, 1990.

LÓPEZ BELTRÁN, M. Teresa. "La accesibilidad de la mujer al mundo laboral: el servicio doméstico en Málaga a finales de la Edad Media". *Estudios históricos y literarios sobre la mujer medieval.* Servicio de Publicaciones Diputación Provincial de Málaga ed., 120-142. Málaga: Biblioteca de Estudios sobre la Mujer.

LÓPEZ ESTRADA, F. "Bautismo de esclavos en Antequera 1614-1624". *Anales de la Universidad Hispalense* XI (1950): 39-49.

LÓPEZ GARCÍA, José Tomás. *Dos defensores de los esclavos negros en el siglo XVII: Francisco José de Jaca y Epifanio de Moirans*. Maracaibo/ Caracas: Biblioteca Corposulia, 1981.

LÓPEZ MOLINA, Manuel. *Una década de esclavitud en Jaén 1675-1685*. Jaén: Ayuntamiento de Jaén, 1995.

LORENZO CADARSO, Pedro. *Los conflictos populares en Castilla, siglos XVI-XVII*. Madrid: Siglo XXI, 1996.

LOURINO DÍAZ, R. "La abolición de la esclavitud de cristianos en Marruecos en el siglo XVIII". *Cuadernos de historia del Islam* Nº 8 (1977): 5-46.

MAGALHAES-GODINHO, Vitorino. *L'economie de l'empire portugais aux XVème et XVIème siècles*. París: SEVPEN. Ecole Practique des Hautes Etudes, 1969.

MALOWIST, Marian. *La schiavitú nel Medioevo e nell'etá moderna.* Napoli: 1987.

MALUQUER DE MOTES, Jordi. "Abolicionismo y esclavismo en España". *L'Avenc* Nº 101 (1987): 38-45.

— "Abolicionismo y resistencia a la abolición en la España del siglo XIX". *Anuario de estudios americanos* Nº 43 (1986): 311-31.

MANGAS MANJARRÉS, Julio. *Esclavos y libertos en la España romana.* Universidad de Salamanca, 1971.

MAQUEIRA, Virginia y VARA M Jesús. *Género, clase y etnia en los nuevos procesos de globalización.* Madrid: Universidad Autónoma de Madrid, 1997.

MARCOS MARTÍN, Alberto. *De esclavos a señores: Estudios de Historia Moderna.* Universidad de Valladolid, 1992.

MARCOS MARTÍN, Alberto. "La esclavitud en la ciudad de La Laguna durante la segunda mitad del siglo XVI a través de los registros parroquiales". *De esclavos a señores: Estudios de Historia Moderna.* Alberto MARCOS MARTÍN, 11-42. Vol. col. Estudios y Documentos. Universidad de Valladolid, 1992.

MARCOS SIMÓN, F. "Esclavitud y servidumbre en la conquista de Hispania". *Estudios del Seminario de prehistoria, arqueología e historia antigua* Nº 3 (1977): 87-104.

MARÍN OCETE. "El Concilio provincial de Granada". *Archivo Teológico granadino* 25 (1962): 22-35.

MARRERO RODRÍGUEZ, M. "De la esclavitud en Tenerife". *Revista de Historia* 100 (1952): 428-41.

MARTÍN CASARES, Aurelia. *Contribution à l'étude de l'esclavage en Mauritanie.* D.E.A. en Antropología Social: E.H.E.S.S, 1991.

— "De la esclavitud a la libertad: las voces de moriscas y moriscos en la Granada del siglo XVI". *Sharq Al-Andalus* 12 (1995): 197-212.

— "Del vestido y la servidumbre en la Granada del siglo XVI". *Moda y sociedad*, 355-66. Granada, Universidad de Granada, 1998.

— "Imaginario y realidad de la esclavitud femenina". *Del patio a la plaza: las mujeres en las sociedades mediterráneas.* BALLARÍN DOMINGO, Pilar y MARTÍNEZ LÓPEZ, Cándida (ed.), 155-63. Granada, Universidad, Instituto de Estudios de la Mujer, 1995.

— "Moriscos propietarios de personas esclavizadas en Granada a lo largo del siglo XVI". *Chronica Nova* 24 (1997): 213-36.

— "Mutilaciones sexuales femeninas ¿una práctica islámica?" *Campus.* (1994): 8-12.

— "¿Qué se me da a mí que mis vasallos sean negros?", *Palabras de la CEIBA*, 1998, nº 2, pp. 27-40.

— "Los primeros viajes de europeos al África subsahariana", *Extramuros. Revista Literaria*, 1999, nº 15-16, 137-141.

— "Esclavitud y mentalidad: la población esclava de Granada a lo largo del siglo XVI", *Chronica Nova,* nº 25, 1998, pp. 337-348
MARTÍNEZ CARRERAS, José Urbano. "La abolición de la esclavitud en España durante el siglo XIX, segúna la reciente bibliografía y estado de cuestiones". *Revista de Indias* Nº 45 (175) (1985): 263-74.
MARTÍNEZ, François. "Les enfants morisques de l'expulsion (1610-1612)". *Mélanges Louis Cardaillac.* Zaghouan: FTERSI, 1995.
MARTÍNEZ GOMIS, Mario. "El control de los niños moriscos en Alicante tras el decreto de expulsión de 1609". *Anales de la Universidad de Alicante, Historia moderna* Nº 1 (1981): 251-80.
MARTÍNEZ LÓPEZ, Cándida. "El silencio y la palabra, reflexiones sobre la Historia de las Mujeres". *Educación en valores*, 100-116. Almería: 1997.
— "Las relaciones de género, una nueva perspectiva en el análisis de la sociedad bética". *La bética en su problemática histórica.* Cristóbal ed. GONZÁLEZ ROMAN Granada: Universidad de Granada, 1991.
— "Textos para la Historia de las Mujeres en la Antigüedad". *Textos para la Historia de las Mujeres en España.* Cándida y NASH Mary MARTÍNEZ LÓPEZ Madrid: Cátedra, 1994.
MATHIEU, Nicole Claude. *L'Anatomie politique. Categorisation et idéologies du sexe.* París: Côté Femmes, 1991.
MAUNY, Raymond. *Tableau geographique de l'ouest Africain au Moyen Age. D'apres les sources écrites, la tradition et l'archeologie.* Amsterdam: Swetes and Zeitlinger, 1967.
MEILLASSOUX, Claude. *Anthropologie de l'esclavage. Le ventre de fer et d'argent.* París: PUF, 1986.
— "Female slavery". *Women and slavery in África*, 49-66. Madison: The University of Wisconssin Press, 1983.
MEILLASSOUX, Claude ed. *L'esclavage en Áfrique précoloniale.* París: Maspero, 1975.
MIDGLEY, Clare. *Women against slavery. The British campaigns.* Londres: Routledge, 1996.
MOLINA MOLINA, A. L. "Contribución al estudio de la esclavitud en Murcia a fines de la Edad Media (1475-1516)". *Murgetana* Nº 53 (1978): 111-34.
MONTANER GIRO, Pere. "Aspectos de la esclavitud en Mallorca durante la Edad Moderna". *Bolleti de la Societat arqueológica luliana* Nº 37 (1979): 289-328.
MORENO GARCÍA, Julia. "España y la conferencia anti-esclavista de Bruselas". *Cuadernos de Historia moderna y contemporánea* Nº 3 (1982): 151-79.
— "España y los orígenes de la abolición de la esclavitud (finales del siglo XVIII y principios del XIX)". *Revista de Indias* Nº 46 (177) (1986): 199-226.

— "Nota bibliográfica sobre comercio de esclavos, esclavitud y abolicionismo". *Cuadernos de Historia moderna y contemporánea* Nº 8 (1987): 297-310.

MORENO, Isidoro. *La antigua hermandad de los negros de Sevilla. Etnicidad, poder y sociedad en 600 años de Historia.* Sevilla: 1997.

MOSHER STUARD, Susan. "To town to serve: Urban domestic slavery in medieval Ragusa". *Women and work in Preindustrial Europe.* Ed. B.A. Hanawalt ed., 39-55. Indiana University Press, 1986.

MURILLO RUBIERA, Fernando. "Agricultura comercial y esclavismo en la época de Carlos III: un proyecto para las regiones peruanas". *Moneda y crédito* Nº 187 (12) (1988): 63-82.

NADAL OLLER, J. "La revolución de los precios españoles en el siglo XVI". *Hispania* 19 (1959): 503-29.

NDAMBA KABONGO, Albert. *Les esclaves à Cordue au debut du XVIIe siècle (1600-1621).* Tesis doctoral, Université de Toulouse Le Mirail: 1975.

NDONGO-BIDYOGO, Donato. "España y el comercio de negros". *Historia 16* Nº 6 (59) (1981): 23-33.

NENAD FEJIC. "Notes sur la traîte des Esclaves de Bosnie a Barcelone au Moyen Age". *Estudis Històrics i documents dels arxius de protocols* X (1982): 107-26.

NICHOLSON, Linda. "Feminismo y Marx: integración de parentesco y economía". *Teoría feminista y teoría crítica.* BENHABIB, Sheila y CORNELLA, Drucilla Alfons el Magnanim: Valencia, 1990.

NUNES DA SILVA HORTA, José Augusto. "A imagen do africano pelos portugueses: O horizonte referencial das representaçoes anteriores aos contactos dos séculos XV e XVI". *Primeiras jornadas de História Moderna*, 1013-36. Vol. II. Centro de História da Universidade de Lisboa: 1989.

OCAÑA TORRES, Mario. "Aportaciones sobre la esclavitud en la comarca en el siglo XVIII". *Almoraima,* 9 (1993): 215-21.

OLIVIER DE SARDAN, Jean Pierre. "Captifs ruraux et esclaves impériaux du Songhay". *L'esclavage en Áfrique précoloniale.* MEILLASSOUX, Claude (ed.) París: Maspero, 1975.

ORSONI-AVILA, Françoise. "Les femmes esclaves de Lucena (Cordue) et leur relations avec les hommes (1539-1700)". *Relations entre hommes et femmes en Espagne aux XVIe et XVIIe siècles.* Agustín comp. REDONDO, 95-104. París: Publications de la Sorbonne, 1995.

ORTEGA LÓPEZ, Margarita. "Una reflexión sobre la Historia de las Mujeres en la Edad Moderna". *Norba, Revista de Historia* (1987-1988): 159-68.

OULD CHEIKH, Abdel Woudoud. *Nomadisme, Islam et pouvoir politique dans la société maure précoloniale XIe-XIXe siécle. Essai sur quelques aspects du tribalisme.* París V: Tesis doctoral inédita, 1985.

P. LANSLEY, Nicholas. "La esclavitud negra en la parroquia sevillana de Santa María la mayor, 1515-1519". *Archivo Hispalense* nº 66 (1983): 37-63.

PADILLA, Paul. "El transporte de esclavos musulmanes a través de Valencia en los primeros años del reinado de Alfonso el Magnánimo: 1421-1440". *Sharq Al-Andalus* Nº 4 (1987): 59-71.

PAEZ GARCÍA, Antonio. "Corredores y corretaje de esclavos en Córdoba a comienzos del siglo XVI". *Ifigea* Nº 9 (1993): 155-75.

— "La esclavitud en Córdoba en el tránsito a la Edad Moderna". *Coloquio GIREA*. Palma: 1991.

— "Notas en torno a los aspectos sociales de la esclavitud en Córdoba a comienzos del siglo XVI". *Astas del II Congreso de Historia de Andalucía,* 1991.

PANERO, Francesco. "La servitu tra Francia e Italia nei sécoli IX-XIV: un problema di storia comparativa". *Studi Istorici* Nº 4 (1991): 799-836.

PEINADO SANTAELLA, Rafael y LÓPEZ de COCA CASTAÑER J. E. *Historia de Granada. La época medieval. Siglos VIII-XV*. Granada: Don Quijote, 1987.

PEÑAFIEL RAMÓN, Antonio. *Amos y esclavos en la Murcia del setecientos.* Murcia: Real Academia Alfonso X El Sabio, 1992.

PEREIRO BARBERA, María Presentación. "Esclavos en Málaga en el siglo XVI. Arcaismo productivo-cohesión ideológica". *Bética* Nº 9 (1986): 321-29.

PÉREZ DE COLOSÍA, M Isabel. "La mujer y el Santo Oficio de Granada durante la segunda mitad del siglo XVI", 55-69. Málaga.

PÉREZ EMBID, F. *Los descubrimientos en el Atlántico y la rivalidad castellano-portuguesa hasta el tratado de Tordesillas.* Sevilla: 1948.

PÉREZ FERNÁNDEZ, P. Isacio. *Bartolomé de las Casas ¿contra los negros?* Madrid: Mundo Negro, 1991.

PÉREZ, Joseph. "La femme et l'amour dans l'Espagne du XVIe siècle". *Amours légitimes, amours illégitimes en Espagne (XVIe-XVIIe siècles).* Agustín comp. REDONDO, 19-29. París: Publications de la Sorbonne, 1985.

PÉREZ PRENDES, Jose Manuel. "La revista abolicionista (1865-1876) en la génesis de la abolición de la esclavitud en las Antillas españolas". *Anuario de estudios americanos* Nº 43 (1986): 215-35.

PERRY, M Elisabeth. *Gender and disorder in early modern Seville.* New Jersey: Princeton University Press, 1990.

PHILIPS, Williams. D. *Historia de la esclavitud en España.* Madrid: Playor, 1990.

— *La esclavitud desde la época romana hasta los inicios del comercio transatlántico.* Madrid: Siglo XXI, 1989.

PIGNON, Jean. "L'esclavage en Tunisie de 1590 à 1620". *Revue Tunisienne* (1930): 18-37.

PIKE, Ruth. *Rural servitud in Early modern Spain*. Univ. of Wisconssin Press, 1983.
PITT-RIVERS, J. y PERISTANY J. G. *Honor y gracia*. Madrid: Alianza Universal, 1992.
PORRO GUTIÉRREZ, Jesús María. "Inquietudes en la parte española de la isla, sobre la sublevación de los esclavos en Saint Domingue". *Estudios de Historia Social y Económica de América* Nº 10 (1993): 165-79.
POZUELO MASCAREQUE, Belén. "Sociedad Española y abolicionismo en la segunda mitad del siglo XIX". *Cuadernos de Historia moderna y contemporánea* Nº 10 (1988): 71-92.
RENAULT, F. y DAGET S. *Les traites négrières en Afrique*. Paris: Karthala, 1985.
ROBERTSON, Claire. C. y KLEIN Martin. A. ed. *Women and slavery in Africa*. Madison: The university of Wisconssin Press, 1983.
RÓDENAS VILAR, Rafael. *Vida cotidiana y negocio en la Segovia del siglo de oro. El mercader Juan de Cuéllar.* Salamanca: Junta de Castilla y León. Consejería de Cultura y Bienestar Social, 1990.
RODRÍGUEZ CASTELLANO, Juan. "El negro esclavo en el entremés del siglo de oro". *Hispania* vol XLIV, nº 1: 55-65.
RODRÍGUEZ CEREZO, Tomás. "Alejandro Magno y el problema de los rehenes". *Hispania Antiqua* vol 14 (1990): 117-34.
RODRÍGUEZ DE GRACIA, Hilario. "Actividad comercial entorno al esclavo". *Vivir y morir en Montilla. Actitudes económicas y sociales en el siglo XVII*, 29-41. Córdoba: 1994.
RODRÍGUEZ, M. "Redención de cautivos". *Diccionario de Historia Eclesiástica de España*, 625-42. Madrid: CSIC, 1987.
RODRÍGUEZ MOLINA, J. "El reino de Jaén". *Historia de Andalucía. La Andalucía del Renacimiento (1504-1621)*. Vol. IV. Madrid: 1980.
ROMERO MORENO, J. M. "Derechos fundamentales y abolición de la esclavitud en España". *Revista de Indias* Anexo 2 (1985): 241-57.
RUDT de COLLENBERG, Wiperhes H. "Le baptême des musulmans esclaves à Rome aux XVIIe et XVIIIe siècles". *Mélanges de l'école française de Rome* 101-1 (1989): 9-181.
— *Esclavage et rançons des chrétiens en Méditerranée (1579-1600)*. París: 1987.
RUIZ MARTÍN, Felipe. "Movimientos demográficos y económicos en el Reino de Granada durante la segunda mitad del siglo XVI". *AHES* (1968): 127-83.
SACO, Jose Antonio. *Historia de la esclavitud*. Madrid: Júcar, 1974.
SALA-MOLINS, Louis ed. *L'Afrique aux Amériques: Le Code Noir espagnol*. París: PUF, 1992.
SALAFRANCA ORTEGA, Jesús F. "Cristianización de los esclavos musulmanes en Melilla (1535-1772)". *Cuadernos del Archivo Municipal de Ceuta* 8 (1994): 67-96.

SALICRÚ I LLUCH, Roser. "Dels capitols de 1413 als de 1422: un primer intent de fer viable la guarda d'esclaus de la generalitat de Catalunya". *Pedralbes* 13 (1993): 355-66.

— "Esclaus i propietaris d'esclaus a la Barcelona de 1424-1425.Una aproximació des del punt de vista sòcio-professional". *III Congrés d'historia de Barcelona*, 225-32. Barcelona: 1993.

— "Propietaris d'esclaus a l'àmbit rural de la vegueria de Barcelona segons el llibre de la guarda de 1425. El cas del maresme". *X sessió d'estudis mataronins*, 115-25. Mataró: Museu arxiu de Santa María. Patronat Municipal de Cultura, 1994.

SÁNCHEZ DE TAPIA, Serafín. "La endogamia morisca". *La comunidad morisca de Ávila.* Salamanca: Universidad, 1991.

SÁNCHEZ GÓMEZ-CORONADO, Manuel. "El comercio de esclavos en Zafra en el siglo XVI". *Revista de Zafra y su Feria* (1994): 40-43.

SÁNCHEZ MARTÍNEZ, José. "Cádiz, plaza de comercio de esclavos a finales del siglo XVI". *Gades* Nº 5 (1980): 77-83.

— "La esclavitud en Villanueva de los Infantes (Cabecera del campo de Montiel) según los registros bautismales 1552-1662". *1er Congreso Histórico Castilla-La Mancha.* 1985.

SÁNCHEZ MONTES, Francisco. *La población granadina del siglo XVI.* Universidad de Granada, 1989.

SANCHIS LLORENS, Rogelio. "Aportación de Alcoy al estudio de la esclavitud en el Reino de Valencia". Alcoy: Cronista oficial (1972): 9-74.

SANCHO, Hipólito. "Perfil demográfico de Cádiz en el siglo XVI". *Estudios de Historia Social España*, 602-3. Vol. II.

SARASÚA, Carmen. *Criados, nodrizas y amos. El servicio doméstico en la formación del mercado de trabajo madrileño 1758-1868.* Madrid: Siglo XXI, 1994.

SARTI, Raffaela: Vita di casa, Roma, 1999.

SAUNDERS, A. C. *A social history of black slaves and freedman in Portugal 1441-1551.* Londres: Cambridge University Press, 1982.

SCOTT. J., Rebecca. "Introducción al monográfico: La raza y el racismo en una perspectiva histórica". *Historia Social* 22 (1995): 56-59.

— "Relaciones de clase e ideologías raciales: acción rural colectiva en Louisiana y Cuba, 1865-1912". *Historia Social* (1995): 127-49.

SCOTT, Joan. "El género, una categoría útil para el análisis histórico". *Historia y género: las mujeres en la España moderna y contemporánea.* AMELANG, James y NASH, Mary (ed.) Valencia: Alfons el Magnánim, 1990.

SHERWOOD, Ellen. "El niño expósito, cifras de mortalidad de una inclusa del siglo XVIII". *Anales del Instituto de Estudios Madrileños* 18 (1981).

SILVA ANDRADE, Elisa. *Les îles du Cap-Vert de la "découverte" à l'indepéndance nationale (1460-1975).* París: L'Harmattan, 1996.

SMUTKO, Gregorio. "La lucha de los capuchinos contra la esclavitud de los negros en los siglos XVII y XVIII". *Naturaleza y gracia* Nº 37 (2) (1990): 297-309.
SOLANO, Francisco. *Estudios sobre la abolición de la esclavitud.* Madrid: Centro de Estudios Históricos. CSIC, 1986.
— "Las Indias en el siglo XVII". *Historia 16. Historia de España* Nº 19 (7) (1981): 103-27.
SOLANO PÉREZ-LILA, Francisco coord. *Esclavitud y derechos humanos. La lucha por la libertad del negro en el siglo XIX. Actas del Coloquio Internacional sobre Abolición de la esclavitud.* Madrid: Centro de Estudios Históricos. CSIC, 1990.
STAUERMAN, E. M. y TROFIMOVA M. K. *La esclavitud en la Italia imperial.* Madrid: Akal, 1973.
STELLA, Alessandro. "Des esclaves pour la liberté sexuel de leurs maitres. Europe occidentale, XIVe-XVIIIe siècles". *CLIO. Histoire, Femmes et Sociétés,* 5 (1997): 191-209.
— "L'esclavage en Andalousie à l'époque moderne". *Annales ESC,* 1, ene-feb (1992): 35-64.
— "Herrado en el rostro con una s y un clavo: l'homme-animal dans l'Espagne des siècles XV-XVIII". *Figures de l'esclave au Moyen Age et à l'époque moderne.* París: L'Harmattan, 1996.
STOLCKE, Verena. *Mujeres invadidas. La sangre en la conquista de América.* Madrid: Horas y horas, 1993.
— *Racismo y sexualidad en la Cuba colonial.* Madrid: Alianza, 1992.
TARDIEU, Jean Pierre. "Brève synthèse des études consacrées aux noirs en Espagne aux XV, XVI et XVII siècles". *Notes africaines* 171 (1981): 57-63.
— *Le destin des noirs aux Indes de Castille XVIe XIIe siècles.* París: L'Harmattan, 1984.
— "El soldado negro en Perú (siglos XVI y XVII)". *Melanges de la Casa Velázquez,* 28 (2) (1992): 87-100.
TARIFA FERNÁNDEZ, Adela. *Marginación, pobreza y mentalidad social en el Antiguo Régimen: Los niños expósitos de Úbeda (1665-1778).* Granada: Universidad de Granada, 1994.
THORTON DILL, Bonnie. "The dialectics of Black womanhood". *Feminism and History.* Joan WALLACH SCOTT (ed), 34-47. Oxford: Oxford University Press, 1996.
TORRÉS, Dominique. *Esclavos de hoy.* Barcelona: Flor del viento, 1997.
TORRES FONTES, Juan. "Los alfaqueques castellanos en la frontera de Granada". *Homenaje a D. Agustín Millares Carlo,* 99-116. Vol. II. Las Palmas: 1975.
TORRES SANCHEZ, Rafael. "La esclavitud en Cartagena en los siglos XII y XVIII". *Contrastes,* 2 (1986): 81-101.

TYMOSKI, Michael. "L'economie et la société dans le bassin du moyen Niger. Fin du XVIe-XVIIe siècles". *African Bulletin,* 18 (1973): 9-64.

UNESCO. *La trata negrera del siglo XV al XIX*. Barcelona, París: Serbal, Unesco, 1981.

URVOY, Y. *Petis atlas etno-demographique du Soudan. Entre Senegal et Chad.* Amsterdam: Swets and Zeitlinger, 1968.

VERLINDEN, Charles. "Aspects quantitatifs de l'esclavage méditerranéen au Bas Moyen Age". *Anuario de Estudios Medievales,* nº 10 (1980).

— *L'esclavage dans l'Europe médievale: vol. 1 Peninsule iberique-France; vol. 2: Italie*. Bruges: 1955.

— "La esclavitud en la enonomía de las Baleares, principalmente en Mallorca". *Cuadernos de Historia de España* Nº 67-68 (1982): 123-64.

— "Le retour de l'esclavage aux XVe et XVIe siècles". *Forme ed evoluzione del lavoro in Europa XIII-XVIII sécolo*, 65-92. Firenze: 1991.

VIGIL, Mariló. *La vida de las mujeres en los siglos XVI y XVII*. Madrid: Siglo XXI, 1986.

VILAR VILAR, Enriqueta. "En torno al P. Sandoval, autor de un tratado sobre esclavitud". *Eglise et politique en Amerique Hispanique, XVI-XVIIIe siècles*, 65-75. Bordeaux: Presses Universitaires, 1984.

— "Intelectuales españoles ante el problema esclavista". *Anuario de Estudios Hispano-americanos,* vol. 43 (1986): 201-14.

— "Posibilidades y perspectivas para el estudio de la esclavitud en los fondos del Archivo General de Indias". *Archivo Hispalense* Nº 207-208, (1985).

VINCENT, Bernard. *Andalucía en la Edad Moderna: Economía y sociedad.* Granada: Diputación provincial, 1985.

— "L'homme-marchandise. Les esclaves à Vera (Almería) 1569-1571". *Pouvoirs et société dans l'Espagne Moderne. Mélanges offerts à Bartolomé Bennassar*, 193-204. Toulouse: 1994.

— *Minorías y Marginados en la España del siglo XVI*. Granada: Diputación de Granada, 1987.

— "Le nonce et les morisques". *Mélanges Louis Cardaillac*. Zaghouan: FTERSI, 1995.

VINCENT, Bernard y STELLA Alessandro. "L'Europe, marché aux esclaves". *L'Histoire,* 2, sept (1996): 64-70.

VVAA. *Las mujeres en la Historia de Andalucía*. Córdoba: Publicaciones de la Consejería de Cultura y medio Ambiente. Junta de Andalucía. Cajasur, 1994.

VVAA. *La mujer en la Historia de España (siglos XVI-XX)*. Madrid: Universidad Autónoma de Madrid, 1990.

VVAA, and Seyla y CORNELLA Drucilla ed. BENHABIB. *Teoría feminista y teoría crítica*. Valencia: Alfons el Magnànim, 1990.

WEB, James. *Shiftings sands. An economic history of the mauritanian Sahara 1500-1850*. Jhon Hopkins University: Tesis doctoral inédita.

WETTINGER, G. *Some aspects of slavery in Malta, 1530 to 1800*. London: University of London Press, 1971.

ZARANDIETA ARENAS, Francisco. "Almendralejo en los siglos XVI y XVII. Demografía, sociedad e instituciones". *Los marginados. Los esclavos*, 660-747. Vol. Tésis doctoral, Tomo II. Cáceres: 1992.

FUENTES IMPRESAS

ALBORNOZ, Bartolomé de. "De la esclavitud". *Biblioteca de Autores españoles*. Vol. LXV. Atlas, (re-ed. de 1953).

BERMÚDEZ DE PEDRAZA, Francisco. *Historia eclesiástica de Granada*. Granada: Universidad de Granada y editorial Don Quijote, 1989.

BODINO, Jean. *Los seis libros de la República*. Caracas: Instituto de Estudios Políticos. Universidad Central de Venezuela, 1966.

— *Los moriscos del reino de Granada según el Sínodo de Guadix de 1554*. Granada: Universidad, 1968.

CERVANTES SAAVEDRA, Miguel de. *Don Quijote de la Mancha*. Madrid: Castalia, 1997.

CUOG, Joseph. *Recueil des sources árabes concernant l'Áfrique occidental du VIIIe au XVIe siècle*. París: CNRS, 1975.

GONZÁLEZ DE CELLORIGO, Martín. *Memorial de la política necesaria y útil restauración a la república española*. Madrid: Instituto de Estudios Fiscales, (reed. de 1991).

HENRÍQUEZ DE JORQUERA, Francisco. *Anales de Granada*. Granada: Universidad de Granada, 1987.

HURTADO DE MENDOZA, Diego. *Guerra de Granada*. Madrid: Clásicos Castalia, (reed. de 1970).

IBN BATTUTA. *A través del Islam*. Madrid: Alianza Universidad, 1989.

MÁRMOL DE CARVAJAL, Luis de. *Rebelión y castigo de los moriscos*. Málaga: Arguval, 1991.

Joao MASCARENHAS *Esclave à Alger: recit de captivité de Joao Mascarenhas (1621-12626)*. TEYSSIER, Paul (ed. y trad.). Paris: Chandeigne, 1993.

MÜNZER, Jerónimo. *Viaje por España y Portugal. Reino de Granada*. Granada: Tat, 1987.

PÉREZ DE MESA, Diego. *Política o razón de Estado. Corpus Hispanorum Pace*. CSIC, Madrid, 1980, 1591.

SANDOVAL, Alonso. *Un tratado sobre esclavitud*. Madrid: Alianza, 1987.

VITORIA, Francisco de. *Relictio de Indis. Corpus hispanorum pace*. CSIC: Madrid, (reed. de 1989).

ABREVIATURAS

A.P.G.	Archivo de Protocolos del Colegio Notarial de Granada
A.C.G.	Archivo de la Curia Episcopal de Granada
A.A.S.	Archivo de la Abadía del Sacromonte
A.Ch.G.	Archivo de la Chancillería de Granada
A.H.P.G.	Archivo Histórico Provincial de Granada
A.M.G.	Archivo Municipal de Granada
A.P.C.	Archivo de Protocolos de Córdoba
A.G.S.	Archivo General de Simancas
A.H.N.	Archivo Histórico Nacional
A.P. San Gil	Archivo Parroquial de San Gil y Santa Ana
A.P. San José	Archivo Parroquial de San José
A.P. Sagrario	Archivo Parroquial del Sagrario

ÍNDICES

ÍNDICE DE GRÁFICOS

ÍNDICE DE CUADROS

ÍNDICE DE MAPAS

[illegible]

ÍNDICE GENERAL

CAPÍTULO 3: LA POBLACIÓN ESCLAVA

CAPÍTULO 4: LA PROCEDENCIA Y LOS MODOS DE ADQUISICIÓN

CAPÍTULO 7: LOS PROPIETARIOS Y EL TRABAJO ESCLAVO

CAPÍTULO 8: LA VIDA EN ESCLAVITUD

CAPÍTULO 9: LA CONDICIÓN ESCLAVA

CAPÍTULO 10: DE LA ESCLAVITUD A LA LIBERTAD